T0271156

الإدارة والأعمال

الدكتور
صالح مهدي محسن العامري
جامعة البترا
كلية العلوم الإدارية والمالية
قسم إدارة الأعمال

الدكتور
طاهر محسن منصور الغالبي
جامعة الزيتونة الأردنية
كلية الاقتصاد والعلوم الإدارية
قسم إدارة الأعمال

دار وائل للنشر
الطبعة الثانية
2008

رقم الايداع لدى دائرة المكتبة الوطنية : (2006/11/2993)
العامري ، صالح مهدي
الادارة والأعمال / صالح مهدي محسن العامري ، طاهر محسن منصور الغالبي .
- عمان ، دار وائل 2006
(723)
ر.إ. : (2006/11/2993)
الواصفات: ادارة الأعمال
* تم إعداد بيانات الفهرسة والتصنيف الأولية من قبل دائرة المكتبة الوطنية

****

رقم التصنيف العشري / ديوي : 658
ISBN 9957-11-675-4 (ردمك)

* الإدارة والأعمـال
* الدكتور صالح مهدي محسن العامري - الدكتور طاهر محسن منصور الغالبي
* الطبعـة الأولى 2007
* الطبعـة الثانية 2008

* جميع الحقوق محفوظة للناشر

دار وائـل للنشر والتوزيع
* الأردن - عمان - شارع الجمعية العلمية الملكية - مبنى الجامعة الاردنية الاستثماري رقم (2) الطابق الثاني
هـاتف : 00962-6-5338410 - فاكس : 00962-6-5331661 - ص. ب (1615 - الجبيهة)
* الأردن - عمـان - وسـط البـلد - مجمـع الفحيص التجـاري- هـاتف: 00962-6-4627627
www.darwael.com
E-Mail: Wael@Darwael.Com

بسم الله الرحمن الرحيم

﴿ وَلِلَّهِ غَيْبُ ٱلسَّمَٰوَٰتِ وَٱلْأَرْضِ وَإِلَيْهِ يُرْجَعُ ٱلْأَمْرُ كُلُّهُۥ
فَٱعْبُدْهُ وَتَوَكَّلْ عَلَيْهِ ۚ وَمَا رَبُّكَ بِغَٰفِلٍ عَمَّا تَعْمَلُونَ ١٢٣ ﴾

صدق الله العلي العظيم
سورة هود(123)

الإهداء

إلى عائلتينا

وإلى كل المهتمين بالإدارة وتطويرها

مقدمـة

الحمد لله رب العالمين والصلاة والسلام على سيد المرسلين سيدنا محمد وآله الطيبين وأصحابه المنتجبين ..وبعد،،

فانه من دواعي سرورنا ان نكتب هذه السطور كمقدمة للطبعة الثانيـة مـن كتابنا "الإدارة والأعمال" بعـد ان نفـذت طبعته الأولى خلال فترة قياسية لا تتجاوز بضعة شهور. وهذا ان دل على شيء فانما يدل على القبول العالي لهذا النص الأكاديمي من قبل الأساتذة الأفاضل والطلبة الأعزاء والمديرين والجهـات الاكاديمية وشركات الأعمال حيـث وصـلتنا الكثير مـن رسائل الإشـادة والاقتراحات التي يبدون فيها إعجابهم واهتمامهم مع تقديمهم بعض الملاحظات القيمة التي أخذناها بنظر الاعتبار في هذه الطبعة الجديدة، فلهم منا خالص الشكر والتقدير.

لقد تم إجراء التعديلات التالية في هذا الطبعة :

1- تم تجاوز وتصحيح الأخطاء المطبعية التي وردت في بعض صفحات الطبعة الأولى.

2- تم تعديل بعض الأشكال التي لم تظهر بصورتها الكاملة في الطبعة الأولى.

3- إضافة ملحق للفصل العاشر (اتخاذ القرارات ودور تكنولوجيا المعلومات) يتضمن موضوعاً مهماً وهو دور النماذج الكميـة في اتخاذ القرارات، حيث جرى استعراض مفهوم وأهمية وأنواع النماذج ومجالات تطبيقها في إدارة الأعمال مع أمثلة كمية على تطبيق بعضها في اتخاذ القرارات ليضاف إلى ما وردت الطبعة السابقة من معلومات تخص هذا الموضوع .

4- إضافة فصل جديد هو الفصل السابع عشر خاص بالمنظمات والأشكال القانونية لها حيـث يعطـي منظـوراً متكـاملاً حـول المنظمات وأنواعها وأهميتها للمجتمع والعوامل المؤثرة في اختيار الشكل القانوني للأعمال والبدائل المتاحة كأشكال قانونية يمكن ان تعتمدها منظمات الأعمال.

نأمل ان يكون النص المنهجي في طبعته الجديدة اكثر تكاملاً وغنى وقدرة على تلبية متطلبات الجهـات المعنيـة مـن طلبة وأساتذة ومديرين في مختلف الكليات والمعاهد وشركات الأعمال، وختاما لابد من تكرار الشكر والتقدير لزملائنا الأسـاتذة الأعـزاء وابنائنا الطلبة لدورهم في نجاح هذا الكتاب سائلين المولى جلت قدرته أن يوفقنا وأياهم لمزيد مـن الجهـد الخـير الهـادف لخدمـة بلداننا العربية والله ولي التوفيق.

المؤلفان

عمان 2008

8

تمهيد

نقدم كتابنا هذا للتعريف بالإدارة والأعمال هذا الموضوع الذي يعتبر مفتاحاً لتقدم الأمم والشعوب في عالم اليوم. والكتاب صمم لكي يكون نصاً منهجياً شاملاً ومركزاً وحاوياً لكل المفاهيم الأساسية في هذا الحقل المعرفي. لقد حاولنا أن نحاكي النصوص العالمية المعروفة والمتداولة في جامعات العالم الرصينة وبعض جامعاتنا. نعتقد أن المكتبة العربية تعاني من نقص في النصوص المنهجية المتكاملة والمركزة رغم وجود بعض النصوص الجيدة المختصرة. لذلك وجدنا من المناسب القيام بمهمة نأمل أن نكون قد نجحنا فيها وهي تقديم نص يكون مرشداً عاماً ودليلاً لطلاب كليات الاقتصاد والعلوم الإدارية بكافة تخصصاتها باعتبار أن هذه الشريحة هي المعنية مباشرة بهذا النوع من الموضوعات والذي نأمل كذلك أن يكون مرجعاً لهم في امتحانات الكفاءة الجامعية والتي كان التركيز فيها منصباً على مواضيع حديثة تخلو منها أغلب المراجع العربية وهي تمثل أساسيات اختصاص إدارة الأعمال والتخصصات ذات العلاقة. كذلك لقد وضعنا نصب أعيننا إثارة الرغبة والتحدي لدى الأساتذة الكرام والطلبة الأعزاء بطرح كم من المعلومات والمعارف يتماشى مع التطور في عالم الأعمال اليوم. ولو لاحظنا النصوص المنهجية في جامعات بعض دول العالم القريبة منا ومنها الجامعات الهندية والباكستانية والكورية فإننا نجدها نصوصاً ضخمة تحوي كماً كبيراً من المعلومات، وقد ضربنا المثل بهذه الجامعات لأنها تنتمي إلى دول لها تجارب علمية متميزة ولنا علاقات علمية واقتصادية واسعة معها. كذلك يمكن أن يستفيد من الكتاب طلاب كليات المجتمع ومعاهد الإدارة والمدراء في الشركات المختلفة خصوصاً وأن الكثير منهم يحمل مؤهلاً في تخصص آخر غير الإدارة ولكنه يشغل منصباً إدارياً مهماً. وفي نفس السياق، فإن الطلاب في الدراسات العليا من تخصصات أخرى على وجه الخصوص يستطيعون من خلاله تجسير الفجوة المعرفية في موضوع الإدارة والأعمال. وفي تقديرنا فإن العالم المتطور اليوم تحتاج جميع الشرائح فيه على اختلاف مستوياتهم وأعمارهم إلى ثقافة في الإدارة والأعمال والاقتصاد لأن هذه الأمور لها دور في حياة الناس وأن طبيعة المجتمعات أصبحت مرتبطة بالأعمال والتطور المستمر فضلاً عن كونهم مستهلكين للسلع والخدمات بشكل كبير لذا فهم يحتاجون وظائف الإدارة في تعاملاتهم اليومية وتخطيط حياتهم في ظل تغيرات هائلة يشهدها العالم باستمرار.

ولغرض إنجاز الكتاب بصيغة حديثة ولكون المعرفة الواسعة والمعمقة في هذه المواضيع معرفة عامة متداولة في جميع النصوص العالمية المعروفة فقد وجدنا من المناسب اعتماد اثنى عشر نصًا منهجيًا أساسيًا من العالمية الحديثة كمصدر رئيسي لإعداد الكتاب ووجدنا أن المفردات المنهجية في هذه المصادر الاثنى عشر متشابهة بحدود كبيرة جداً(*). كذلك ارتأينا الإشارة إلى مجموعة من المراجع الإضافية باللغتين العربية والإنجليزية في نهاية كل باب من أبواب الكتاب الستة والتي تم الاستفادة منها في إعداد الكتاب.

_____

(*) قائمة بهذه المصادر الاثنى عشر في نهاية التمهيد.

لقد تم تقسيم الكتاب إلى ستة أبواب تشتمل على اثنان وعشرين فصلاً.

وتم تخصيص الباب الأول لمعالجة مواضيع تتعلق بمفاهيم الإدارة والأعمال والتطور التاريخي للإدارة وكذلك أخلاقيات الأعمال والمسؤولية الاجتماعية. أما الباب الثاني فقد كرس لمعالجة مواضيع البيئة وثقافة المنظمة والتنوع والأعمال في ظل العولمة وأفردنا فصلاً للريادة والإبداع والأعمال الصغيرة، والباب الثالث تناول مواضيع التخطيط وتحقيق الأهداف والرقابة والإدارة الاستراتيجية واتخاذ القرارات ودور تكنولوجيا المعلومات فيها. وبالنسبة للباب الرابع فهو يحتوي على قضايا التنظيم الأساسية وتصميم المنظمات وكذلك التغيير والتطور في منظمات الأعمال. ويأتي الباب الخامس ليستعرض مواضيع القيادة والتحفيز وبناء فرق العمل والاتصالات في منظمات الأعمال. وأخيراً فإن الباب السادس يحتوي على وظائف المنظمة الرئيسية من عمليات وإنتاج وتسويق وإدارة للموارد البشرية والمالية والمحاسبية وبعض الوظائف الأخرى.

لقد ألحقنا بكل فصل مجموعة من الأسئلة مقسمة إلى ثلاثة مجاميع، تخص الأولى المعارف العامة حيث أن الإجابة عليها تعكس المقدرة على الفهم والاستيعاب لمحتويات الفصل. أما المجموعة الثانية فهي أسئلة تشجع على التفكير خارج حدود النص وتدفع باتجاه إثارة تساؤلات إبداعية لكون الإجابة ليست قطعية وتختلف باختلاف القدرات التحليلية والربط والاستنتاج وتخيل المواقف المختلفة، وهنا ركزنا على إثارة أسئلة صحيحة وليس المطالبة بإجابة قاطعة. أما المجموعة الثالثة والخاصة بأسئلة الخيارات المتعددة فإنها تحتاج إلى دقة في الإجابة وعناية كبيرة باستيعاب المفاهيم المتشابهة أحياناً.

ختاماً، نود أن نشكر كل منتسبي دار وائل للنشر وبالأخص السيد وائل أبو غربية لجهوده المتميزة في إخراج النصوص المنهجية المتميزة، كذلك الشكر موصول لزملائنا التدريسيين وأبنائنا الطلبة الذين أغنوا تجربتنا في تدريس مساقات متنوعة في إدارة الأعمال لأكثر من خمسة عشر سنة. وأخيراً، لا ننسى أن نقدم شكرنا الجزيل لعائلتينا اللتين تحملتا الكثير من أجل إعداد هذا الكتاب. نسأل الله أن يكون هذا العمل مفيداً وخالصاً لوجهه الكريم ومن الله التوفيق.

المؤلفان

عمان/ الأردن

Salihalam@yahoo.com
GalTaher9999@yahoo.com

مقترح تدريس المادة

أولاً: في حالة تدريس المادة بمقررين (إدارة 1 وإدارة 2) ننصح بأن يكون الترتيب كالآتي:

- **مقرر إدارة 1:**
  1. **الفصل الأول:** مفاهيم الإدارة والأعمال في عالم اليوم.
  2. **الفصل الثاني:** الإدارة بين الماضي والحاضر
  3. **الفصل الثالث:** أخلاقيات الأعمال والمسؤولية الاجتماعية للمنظمات
  4. **الفصل الرابع:** البيئة، ثقافة المنظمة والتنوع
  5. **الفصل السابع :** تخطيط وصياغة الأهداف
  6. **الفصل الثامن:** الرقابة
  7. **الفصل العاشر:** اتخاذ القرارات ودور تكنولوجيا المعلومات
  8. **الفصل الحادي عشر:** أساسيات التنظيم
  9. **الفصل الرابع عشر:** أساسيات القيادة
  10. **الفصل الخامس عشر:** التحفيز وبناء فرق العمل
  11. **الفصل السادس عشر:** الاتصالات

- **مقرر إدارة 2:**
  1. **الفصل الخامس:** إدارة الأعمال في ظل العولمة
  2. **الفصل السادس:** الريادة والإبداع والأعمال الصغيرة
  3. **الفصل التاسع:** الإدارة الاستراتيجية
  4. **الفصل الثاني عشر:** تصميم المنظمات
  5. **الفصل الثالث عشر:** التغيير والتطور في المنظمات
  6. **الفصل السابع عشر:** المنظمات وأشكالها القانونية
  7. **الفصل الثامن عشر:** إدارة الإنتاج والعمليات
  8. **الفصل التاسع عشر:** التسويق
  9. **الفصل العشرون:** إدارة الموارد البشرية
  10. **الفصل الحادي والعشرون:** الإدارة المالية والمحاسبية
  11. **الفصل الثاني والعشرون:** وظائف منظمية أخرى

ثانياً: في حالة تدريس المادة في فصل دراسي واحد بشكل مبادئ الإدارة أو مدخل إلى الإدارة فإننـا ننصـح بدراسـة الفصـول التالية ولكن بعضها تفصيلياً والأخرى باختصار.

1. **الفصل الأول:** مفاهيم الإدارة والأعمال في عالم اليوم (بالتفصيل)
2. **الفصل الثاني:** الإدارة بين الماضي والحاضر (بالتفصيل)
12. **الفصل الثامن عشر:** إدارة الإنتاج والعمليات (باختصار)
13. **الفصل التاسع عشر:** التسويق (باختصار)
15. **الفصل الحادي والعشرون:** الإدارة المالية والمحاسبية (باختصار)
16. **الفصل الثاني والعشرون:** وظائف منظمية أخرى (باختصار)

المصادر الاثنى عشر الرئيسية المعتمدة في إعداد الكتاب

1. Certo, Samuel C., "Modern Management", 9th Edition, Prentice-Hall, New Jersey, 2003.

2. Daft, Richard L., "The New Era of Management", Thomson, Ohio, 2006.

3. Griffin, Ricky W., "Management", 8th Edition, Houghton Mifflin Co., Boston, 2006.

4. Griffin, Ricky W. and Ronald J. Ebert, "Business'" 8th Edition, Pearson Prentice-Hall, New Jersey, 2006.

5. Ferrell, O. C. and Geofrg Hirt, "Business: A Changing World", Mc Graw-Hill, New York, 2003.

6. Kinicki, Angelo and Brian K. Williams, "Management: A Practical Introduction", McGraw-Hill, Boston, 2006.

7. Kreitner, Robert, "Management", 8th Edition, Houghton Mifflin Co., Boston, 2004.

8. Nickels, William G. et. Al., "Understanding Business", 6th Edition, McGraw-Hill/Irwin, Boston, 2002.

9. Shermerhorn, John S., "Management", 8th Edition, Wiley & Sons, New York, 2005.

10. Robbins, Stephen P., "Business Today", Harcourt Inc., Florida, 2001.

11. Robbins, Stephen P. and David A. Decenzo, "Fundamentals of Management", Pearson Prentice-Hall, New Jersey, 2004.

12. William, Pride M. et al., "Business", 8th Edition, Houghton Mifflin Co., Boston, 2005.

المحتوى العام للكتاب

14

16

الباب الرابع: التنظيم

الباب الخامس: القيادة

الباب السادس: وظائف المنظمة

20

الباب الأول

" مدخل إلى الإدارة "

الباب الأول

"مدخل إلى الإدارة"

مقدمة

إن أهمية الإدارة للأعمال والمجتمع تتزايد باستمرار كلما ازداد التطور التكنولوجي وتطور الحياة بشكل عام. فالمدراء اليوم والوظائف الإدارية يشكلون عصب الحياة بسبب سرعة التغيرات والحاجة الماسة لاتخاذ القرارات الواعية والسريعة. ولغرض الاستجابة لهذه التحديات يجب على المدراء فهم وظائفهم أولاً وفهم المجتمع ومتطلباته والتنوع الحاصل فيه. لذلك فإن هذا الباب يمثل مدخلاً لدراسة الإدارة وفهم معناها ومعنى المنظمات والتحديات التي تواجهها وكذلك دراسة تاريخ الإدارة وتطورها وأهم مدارسها العلمية وأشهر نظرياتها وارتأينا مناقشة الجوانب الأخلاقية والمسؤولية الاجتماعية لمنظمات الأعمال باعتبارها ضرورة من ضرورات العمل في بيئة الأعمال المعاصرة.

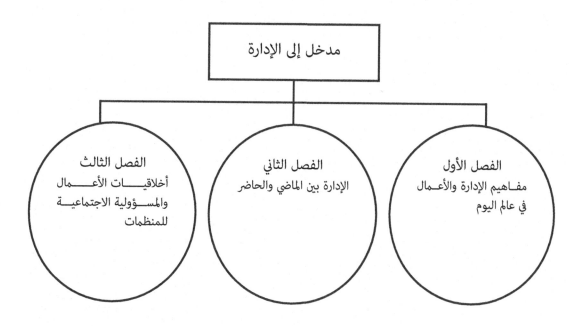

الفصل الأول

مفاهيم الإدارة والأعمال
في عالم اليوم

الفصل الأول

مفاهيم الإدارة والأعمال في عالم اليوم

بعد دراستك لهذا الفصل تستطيع الإجابة على الأسئلة التالية:

1. ما معنى مصطلح "الإدارة"؟
2. من هو المدير وما هي أدواره ومهاراته؟
3. ماذا نقصد بالمنظمة وما هي أنواع المنظمات؟
4. ما هي أهم خصائص المجتمعات التي تزدهر فيها الإدارة والأعمال؟
5. ما هي أهم التحديات التي تواجه الأعمال في عالم اليوم؟

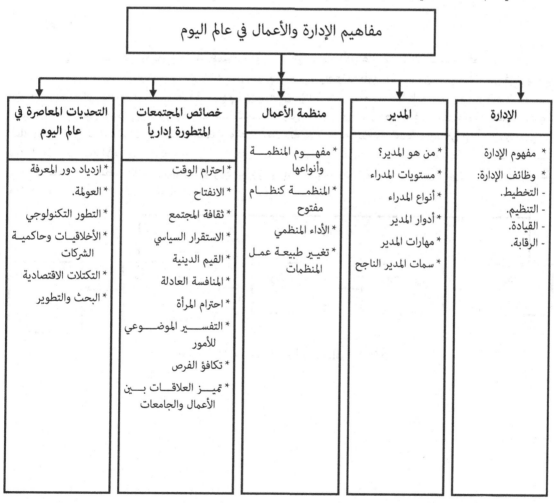

مفاهيم الإدارة والأعمال في عالم اليوم

الإدارة	المدير	منظمة الأعمال	خصائص المجتمعات المتطورة إدارياً	التحديات المعاصرة في عالم اليوم
* مفهوم الإدارة * وظائف الإدارة: - التخطيط. - التنظيم. - القيادة. - الرقابة.	* من هو المدير؟ * مستويات المدراء * أنواع المدراء * أدوار المدير * مهارات المدير * سمات المدير الناجح	* مفهوم المنظمة وأنواعها * المنظمة كنظام مفتوح * الأداء المنظمي * تغيير طبيعة عمل المنظمات	* احترام الوقت * الانفتاح * ثقافة المجتمع * الاستقرار السياسي * القيم الدينية * المنافسة العادلة * احترام المرأة * التفسير الموضوعي للأمور * تكافؤ الفرص * تميز العلاقات بين الأعمال والجامعات	* ازدياد دور المعرفة * العولمة. * التطور التكنولوجي * الأخلاقيات وحاكمية الشركات * التكتلات الاقتصادية * البحث والتطوير

مقدمة الفصل الأول:

أصبحت الإدارة مفتاحاً للتقدم سواء على مستوى الشركات أو الدول وازدهرت دراستها في المعاهد والجامعات بشكـل غـير مسبوق لأي علم آخر وترددت كثيراً المقولة التي تنص على أن ليس هناك دول متقدمة وأخرى متـأخرة بـل توجـد إدارات متقدمـة وأخرى متخلفة. إن النجاح الذي تحققه شركات معروفة كثيرة يعود بالدرجة الأساس إلى وجـود إدارات قـديرة ومتفهمة لطبيعـة عملها وللبيئة العالمية والمحلية. لقد عرف الكثير من المدراء اللامعين بإنجازاتهم التي صارت تـدرس في المعاهـد والكليـات التـي تتخصص في إدارة الأعمال بل إن بعضهم سميت باسمه معاهد عالمية مرموقة مثل الـ Sloan School of Management وغيرها. إن هؤلاء المدراء ركزوا على خصائص ضرورية لنجاح الأعمال وازدهارها مثل احترام الوقت وبناء فرق العمل وتحفيز العاملين وجعلهـم أكثر التزاماً بمعايير الأداء والإنجاز العالي الأمر الذي انعكس إيجابياً في ترسيخ قيم وتقاليد حـب العمل واحترام الوقت والإنسـان وتنمية التفكير الحر والممارسة الخلاقة والمسؤولة.

أولاً: الإدارة Management

* مفهوم الإدارة

إن المهمة الأساسية للإدارة هو جعل المنظمة بمختلف مكوناتها منجزة لأداء عالي من خلال استخدام أفضل للموارد البشرية والمادية. لقد تطور مفهوم الإدارة بشكل كبير شأنه شأن جميع نواحي الحياة وتم تطوير العديد من التعريفات مـن قبل بـاحثين وكتاب في علم الإدارة في ضوء مداخل متعددة، فمنهم مـن يـرى أن الإدارة تمثل مجمل العمليـات المرتبطـة بالتخطيط والتنظيم والقيادة والرقابة التي تهدف إلى تحقيق أهداف حددت مسبقاً. ويرى آخرون أن الإدارة هي تحقيق الأهداف المنظميـة بطريقـة فاعلة وكفوءة من خلال عمليات التخطيط والتنظيم والقيادة والرقابة لموارد هذه المنظمة. وذهب البعض إلى أن الإدارة هـي فـن إنجاز الأعمال بواسطة الآخرين. وخلاصة القول فإن الإدارة عمليات فكرية تنعكس في الواقع العملي للمنظمات بشكل ممارسـات في مجال التخطيط والتنظيم والقيادة والرقابة للموارد البشرية والمادية والمالية والمعلوماتية وتؤدي إلى تحويل هذه الموارد إلى سـلع أو خدمات تنتج بشكل فاعل وكفؤ محققة الأهداف التي تم صياغتها مسبقاً.

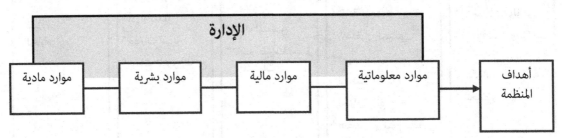

شكل (1-1): تنسيق الموارد للوصول إلى الأهداف

* وظائف الإدارة

إن أهم عنصرين وردا في تعريف الإدارة هما:
1. الوظائف الأربعة للإدارة.
2. تحقيق أهداف المنظمة بفاعلية وكفاءة.

عمليات فكرية تنعكس في الواقع العملي للمنظمات بشكل ممارسات في مجال التخطيط والتنظيم والقيادة والرقابة للموارد البشرية والمادية والمعلوماتية وتؤدي إلى تحويل هذه الموارد إلى سلع أو خدمات تنتج بشكل فاعل وكفوء محققة الأهداف التي تم صياغتها مسبقاً.

يتطلب الأمر من المدراء قدرات وقابليات للقيام بعملهم بشكل صحيح واتخاذ قرارات تنفذ للوصول إلى الأهداف ويتم هذا من خلال الممارسة الإدارية وعناصرها المرتبطة بالتخطيط والتنظيم والقيادة والرقابة المسماة أيضاً بالعمليات الإدارية (وظائف المدير) والتي يمكن أن توضح بالشكل التالي:

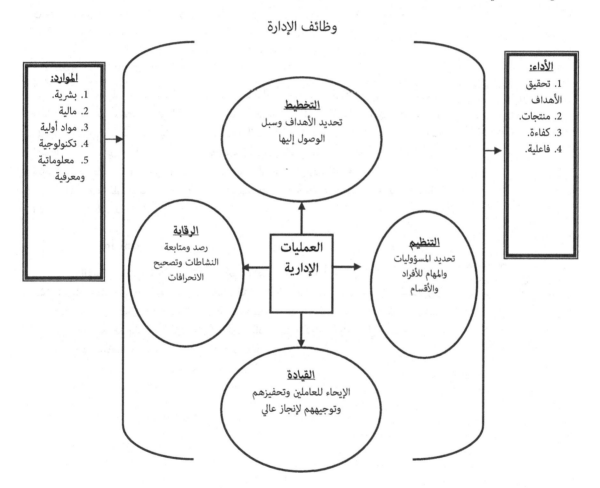

شكل (2-1): وظائف الإدارة

ولمزيد من التوضيح يمكن استعراض كل وظيفة على انفراد وبشكل موجز وكالآتي:

التخطيط   Planning

* التخطيط Planning
عملية تحديد الأهداف والأفعال
والموارد اللازمة لإنجازها.

يعرف التخطيط بأنه العملية التي من خلالها يتم تحديد أهداف المنظمة والموارد الضرورية والأفعال المؤدية إلى تحقيقها، ومن خلال التخطيط فإن المدير يحدد ويصف النتائج ولماذا يجب أن تتحقق هذه النتائج. إن العملية التخطيطية في المنظمات وخاصة الكبيرة منها ليست بالعملية السهلة وقد تحتاج إلى وجود هيئات تخطيطية Planning Staff لمساعدة الإدارة العليا في تحديد توجه المنظمة وتطورها المستقبلي. وفي العديد من الحالات فإن عدم كفاءة التخطيط Poor Planning ينعكس بنتائج سلبية مدمرة للمنظمة، خاصة إذا لم تستطع الجهات المسؤولة عن التخطيط إدراك واستقراء البيئة ومؤشراتها بشكل صحيح أو عدم معرفة إمكانات المنظمة وعناصر قوتها للاستفادة منها في تحديد الأهداف، فعلى سبيل المثال إن عدم قدرة الإدارة في فهم واستقراء اتجاهات السوق ونمو السكان وتطور الطلب يجعلها غير قادرة على وضع خطط عقلانية وواقعية.

التنظيم   Organizing

* التنظيم Organizing
عملية تخصيص المهام والموارد
وإقامة الدوائر والأقسام والتنسيق
بينها لإنجاز فعال.

هي العملية التالية للتخطيط والمؤدية إلى فشله أو نجاحه خاصة وهي ترتبط بتنفيذ فعال للخطط الموضوعة. ويمكن أن نعرف التنظيم بأنه العملية المرتبطة بتأشير المهام وتخصيص الموارد وتنسيق أنشطة العمل وتحديد التقسيمات الإدارية الضرورية من أقسام وشعب لإنجاز الأعمال بشكل فاعل. بواسطة العملية التنظيمية يستطيع المدراء نقل الخطط إلى فعل حقيقي وتنفيذي من خلال الوظائف والأفراد ودعمهم بالتكنولوجيا والموارد اللازمة. وعادة ما نجد في مكاتب المدراء مخططاً يسمى "الخارطة التنظيمية" Organization Chart تحدد فيها الوحدات الإدارية وارتباطاتها ببعضها.

القيادة   Organizing

* القيادة Leadership
التأثير في الآخرين وتحفيزهم
ومخاطبة قواهم الكامنة لإنجاز
الأهداف.

إن القيادة تتجسد بالتأثير في الأفراد وتحفيزهم لإنجاز عمل يؤدي إلى تحقيق هدف مشترك وعام للمنظمة. إن القدرة على الإيحاء والتأثير في الآخرين سمة من سمات القادة وإن كل مدير يجب أن تكون لديه مهارات قيادية ليستطيع تحريك الطاقات الكامنة لدى مرؤوسيه وبالتالي إنجاز أعمالهم بشكل أفضل. ومن خلال القيادة يبني المدراء التزام عالي ومشترك تجاه رؤية محددة للمنظمة وتشجيع الأنشطة الداعمة للأهداف.

- الرقابة Controlling

* الرقابة Controlling
قياس الأداء الفعلي ومقارنته بالأداء المخطط وتحديد الانحرافات واتخاذ إجراءات تصحيحية.

تعني الرقابة متابعة وقياس الأداء المتحقق أو نتائج الأعمال ومقارنة ذلك بالأهداف المخططة مسبقاً ومن ثم تحديد الانحرافات واتخاذ إجراءات تصحيحية إذا تطلب الأمر ذلك. من خلال العملية الرقابية يحافظ المديرون على وجود صلة مستمرة بالأعمال الجاري تنفيذها لجمع المعلومات الواردة بالتقارير واستخدامها في عمليات التغيير أو التصحيح عندما يتطلب الأمر ذلك. وفي عالم اليوم ساهمت تكنولوجيا المعلومات بشكل خاص في ترصين عمليات الرقابة سواء كانت أثناء الإنجاز أو قبله أو بعده.

ثانياً: المدير Manager

* المدير Manager
الشخص المسؤول عن أعمال آخرين يتواجدون في الوحدة التنظيمية التي يرأسها ويقدم لهم الدعم والإسناد.

* من هو المدير؟

إن مفهوم المدير يغطي مسميات عديدة متنوعة نجدها في جميع المنظمات فهم يعملون في وظائف متنوعة وبمسميات كثيرة: رئيس، مدير عام، قائد فريق، مدير مشروع، عميد كلية، رئيس قسم، مدير إدارة وغيرها. إن هؤلاء المدراء يعملون بشكل مباشر مع أفراد آخرين مرتبطين بهم ويقدمون دعماً وإسناداً لهؤلاء المرؤوسين في مختلف وظائفهم. والمدراء هم أناس عاملون في المنظمات على اختلاف أنواعها ويقدمون دعماً ومساعدة للمرؤوسين لغرض أفضل نتائج أداء ممكنة من خلال وجودهم على رأس وحدة تنظيمية تجعلهم مسؤولين عن مجموعة من الأفراد وأعمالهم أي أنهم مسؤولون عن فريق العمل وتنفيذه الخطط المؤدية لتحقيق أهداف المنظمة. إن عمل المدير في المجتمعات والمنظمات المعاصرة أصبح من الأهمية بمكان حتى أنه يمكننا القول أنه لا توجد وظيفة أكثر حيوية للمجتمع وتطوره من وظيفة المدير، خاصة وأن المدراء ينسقون حالياً ويديرون رؤوس الأموال البشرية والتي أصبحت أثمن رأس مال حيث تستند إليها النجاحات التي يمكن أن تتحقق في المنظمات.

* مستويات المدراء

إن تضخم وكبر حجم المنظمات خلق عناوين ومسميات ومستويات عديدة في هياكلها التنظيمية، وبالتالي أصبح هناك مستويات إدارية مختلفة يمكن أن نشير لها بشكل عام وكالآتي:

* مديرين الإدارة العليا
Senior Managers
هم من يقود أداء المنظمة الشامل أو الأجزاء الأساسية منها.

- مدراء الإدارة العليا

Managers in the Top Management (Senior Managers)

يمثل هؤلاء المستوى الأعلى من الإدارة ويكونون بمثابة الرأس من الجسد وعنوان الوظيفة المعروف لهم "CEO" Chief Executive Officer ويمكن أن نترجمها إلى "مدير مفوض" أو "مدير تنفيذي أعلى"، وفي إطار هذا العنوان الكبير يمكن أن نجد الرئيس President أو نائب الرئيس Vice President أو المدير العام General Manager وهم مسؤولون عن الأداء الشامل للمنظمة أو الأجزاء الرئيسية والأساسية منها. إن هؤلاء المدراء يعيرون أهمية كبيرة جداً للبيئة الخارجية ويبحثون عن الفرص التي تؤدي إلى تطوير المنظمة من خلال تحديد الأهداف المنظمية ورسم الاستراتيجيات ومراقبة ودراسة البيئة الخارجية واتخاذ القرارات التي تؤثر في المنظمة بأكملها وعلى المدى البعيد.

- مدراء الإدارة الوسطى Middle Managers

* المدراء في الإدارة الوسطى
Middle Managers
المدراء المسؤولون عن قيادة الأقسام والإدارات الرئيسية في المنظمة.

هؤلاء المدراء مسؤولون عن تنفيذ الاستراتيجيات المرسومة من قبل الإدارة العليا ويشغلون مناصب رئاسة الأقسام الكبيرة أو الإدارات الرئيسية، مثال ذلك عمداء الكليات في الجامعات أو رئيس قسم الجراحة في المستشفى أو رؤساء أقسام كبيرة في الشركات الصناعية مثل مدير الرقابة على الجودة أو مدير مختبرات البحث أو غيرها. إن وظيفة الإدارة الوسطى قد تغيرت بشكل كبير خلال العقدين الماضيين حيث ظهر مفهوم المنظمة الرشيقة Lean Organization وتم تقليص عدد مديرين الإدارة الوسطى ولكن أهميتهم ازدادت بشكل كبير حيث أصبح التركيز على أن تكون وظيفة المدير في الإدارة الوسطى موجهة نحو بناء وقيادة فرق العمل الكبيرة Team Building and Leading وإدارة المشاريع حيث اكتسب مسمى Project Manager أهمية خاصة في المنظمات الكبيرة والتي صارت تنجز أعمالها من خلال إدارة المشاريع وتطوير الخطط التكتيكية Tactical Plans والتي هي عبارة عن تجزئة للخطط الاستراتيجية الرئيسية لغرض تنفيذها.

* مدير المشروع
Project Manager
المدير المسؤول عن تنسيق مشروع عمل مؤقت مع مهام محددة بتاريخ انتهاء معين.

- مدراء الإدارة الإشرافية Supervisors

* المشرفون أو قادة الفرق الصغيرة
Supervisors
هم مدراء مرتبطون بالإدارة الوسطى من حيث تقديم التقارير لها ويشرفون مباشرة على مرؤوسين لا يمارسون الإدارة.

إن أول وظيفة إدارية تشرف إشرافاً مباشراً على عمل مرؤوسين لا يمارسون الإدارة تسمى الإدارة الدنيا أو الإشرافية ومهمتها قيادة الفرق الصغيرة كما يطلق على شاغلي هذه الوظيفة "المشرف" أو "الملاحظ" في بعض الدول. إن أغلب المدراء في

هذا المستوى وخصوصاً في المنظمات الصناعية هم مـن قـدامى العـاملين الفنيـين الـذين أمضوا فترة زمنية طويلة في مجال العمل. وفي منظمات أخرى مثل الجامعات يمكن أن يكون رئيس القسم العلمي مشرفاً وفي البنوك أيضاً فإن رئيس قسم التدقيق أو مسؤول شعبة الاقـراض هم مدراء إشرافيين مباشرين من هذا النوع.

ولتوضيح المستويات الثلاثة السابقة يمكن الاستعانة بالمخطط الآتي:

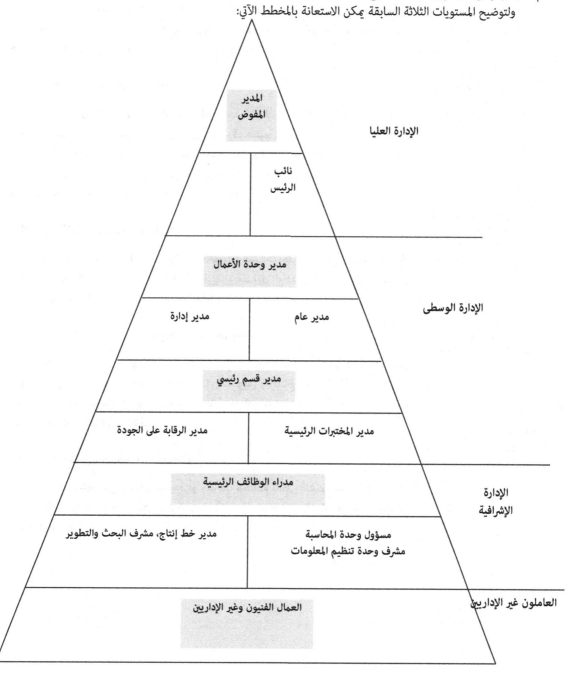

* أنواع المدراء Types of Managers

إن المستويات الإدارية التي سبق وأن تحدثنا عنها في الفقرة السابقة تمثل نظرة رأسية لوظيفة المدير حيث اعتمدنا التدرج الهرمي الرأسي لتوضيح الفرق بين المدراء. أما في هذه الفقرة فإننا سنلجأ على إلقاء نظرة أفقية على وظائف المدراء، حيث يمكن تصنيف المدراء وفق هذه النظرة الأفقية Horizontal إلى:

- مدراء الخطوط Line Managers

وهم المدراء المسؤولون عن إنتاج السلع والخدمات الأساسية بشكل مباشر في المنظمات ومن أمثلة هؤلاء المدراء: الرئيس، مدير التوزيع، مشرف قسم في سوق مركزي كبير للتوزيع. وتجمع هؤلاء خاصية المسؤولية المباشرة على العمل سواء بالإنتاج الصناعي أو تقديم الخدمة. إذن فهم يرتبطون بشكل أو بآخر مباشرة بتقديم أو إنتاج السلعة أو الخدمة رغم أنهم في مستويات إدارية مختلفة (من الناحية الرأسية Vertical).

*** مدراء الخطوط**
Line Managers
مدراء مساهمون مباشرة بإنتاج السلعة أو الخدمة التي تقدمها المنظمة.

- الكوادر الإدارية Staff Managers

وهؤلاء هم مديرين لديهم خبرة فنية تخصصية يستخدمونها لتقديم الدعم والإسناد للعاملين في خط الإنتاج فمثلاً مدير الموارد البشرية أو مسؤول الوحدة المالية في سوق مركزي لديهم مسؤوليات كادر إداري تقدم الدعم للعاملين.

*** الكوادر الإدارية**
Staff Managers
مدراء يستخدمون خبرة فنية تخصصية لدعم العاملين في خط الإنتاج.

- مدراء الوظائف الرئيسية Functional Managers

عادة ما توجد هذه الوظائف في منظمات الأعمال خصوصاً الصناعية وهم مديرين مسؤولون عن مجال محدد من الأنشطة مثل التسويق والإنتاج والمالية والموارد البشرية والبحث والتطوير وغيرها. إنهم يستخدمون الخبرة والمهارة المتخصصة لإنجاز أعمال ضرورية تقدم دعماً للتوجه الكلي للمنظمة.

*** مدراء الوظائف الرئيسية**
Functional Managers
مدراء مسؤولون عن أنشطة ضمن مجال محدد مثل الإنتاج أو التسويق.

- المدراء العامون General Managers

هم مسؤولون عن وحدات عديدة أو وظائف مختلفة تغطي أنشطة متباينة أو أقسام عديدة مثل مدير مصنع حيث يكون مسؤولاً عن أكثر من وظيفة مثل الشراء والتخزين والإنتاج والتسويق وغيرها.

*** المدير العام**
General Manager
هو المدير المسؤول عن وحدة فيها عدة وظائف مثل مدير المصنع أو غيره.

أدوار المدير Manager Roles *

رغم تباين أنشطة المدراء وأدوارهم من حيث التركيز على البعض منهم أو العمق في الممارسة إلا أنه يمكن أن نضع هـذه الأدوار في ثلاث مجموعات رئيسية استناداً إلى التصنيف الشائع الذي قدمه Henry Mintzberg والذي وضع فيه الأدوار كما يلي:

1. الأدوار التفاعلية Interpersonal Roles

وتغطي في مجملها طبيعة التفاعل مع الآخرين سواء كانوا أفراداً أو مجموعات أو منظمات أخرى، لذلك فإن المـدير يمكن أن يلعب دور ممثل المنظمة الرئيسي مع الأطراف الأخرى Figurehead أو القائـد Leader الـذي يفتـرض أن يـؤثر إيجاباً بالآخرين ويوجههم نحو الأهداف الموضوعة وأخيراً فإنه حلقة وصل Liaison مع مختلف الأطراف.

2. الأدوار المعلوماتية Informational Roles

وتلخص هذه الأدوار طبيعة التبادل المعلوماتي بكافة أشكاله من خلال العمليات المرتبطة بالبيانات والمعلومات التي يحصل عليها المدير أو يقدمها للآخرين. وتضم هذه الأدوار مجموعة الأدوار المرتبطة بالرصد Monitor أي استلام المعلومات من مصادرها المختلفة ومتابعة التقارير وغيرها من وسائل الاتصال. كذلك هناك دور المرسال Disseminator الـذي يقوم بإرسال المعلومـات إلى الجهات الأخرى داخل وخارج المنظمة وأخيراً دور الناطق الرسمي باسم المنظمة Spokes Person.

3. الأدوار القرارية Decisional Roles

وتتمثل هذه الأدوار بقدرة المدير على استخدام المعلومات في عمليات صنع القرار داخل المنظمـة. وتضم مجموعـة مـن الأدوار مثل الدور الريادي Entrepreneur والذي يجسد قدرة المدير على المبادرة والإبداع وتطوير الأفكار الجديـدة. ثم هنـاك دور معالج الاضطرابات أو الإشكالات Disturbance Handler والذي يمارس من خلاله المدير دوراً فاعلاً في معالجة المشاكل والاضطرابات في مختلف المواقف واتخاذ إجراءات التصحيح اللازمة إذا تطلب الأمر. كذلك هناك دور مـوزع المـوارد Resource Allocator وفيـه يلعب المدير دوراً مهماً من خلال تخصيص الموارد التي غالباً ما تتسـم بالنـدرة علـى الأنشطة المختلفة وحسـب طبيعـة أهـدافها. وأخيراً فإن المدير يلعب دور المفاوض Negociator مع الأطراف المختلفة. ويلخص الشكل التالي هذه المجاميع من الأدوار المختلفة.

الأدوار القرارية	الأدوار المعلوماتية	الأدوار التفاعلية
كيف يستخدم المدراء المعلومات في صنع القرارات؟ ●الريادي (الرائد). ●معالج الاضطرابات والمشاكل. ●موزع الموارد. ●المفاوض.	كيف يتبادل المدير المعلومات ويعالجها؟ ●الراصد. ●المرسال. ●الناطق الرسمي باسم المنظمة.	كيف يتعامل المدير مع الآخرين: ●ممثل المنظمة. ●القائد. ●حلقة الوصل.

شكل (4-1) : أدوار المدير

* مهارات المدير Manager Skills

إن الأدوار المشار إليها أعلاه تتطلب مهارات متنوعة يجب أن تتوفر في شخص المدير خاصة وأن عالم اليوم مليء بالمفاجآت والتغييرات السريعة إلى درجة أن الدراسات الحديثة تركز على صفة استثنائية يجب أن يتحلى بها المدير وهي التعلم مدى الحياة Long Life Learning. ويمكن أن تعرف المهارة Skill على أنها القدرة أو القابلية على ترجمة المعرفة إلى أفعال ينتج عنها أداء متميز. إن أهم المهارات المطلوب من المدير أن يتقنها هي:

*** المهارة Skill**
القدرة على تحويل المعرفة إلى أفعال ذات أداء متميز.

*** التعلم مدى الحياة**
Long Life Learning
التعلم المستمر من واقع الخبرة اليومية.

1. المهارات الفنية **Technical Skills**

وتتمثل بالقدرات والقابليات على استخدام معرفة تخصصية لأداء مهام محددة مثل القدرات المحاسبية والتسويقية والهندسية وغيرها ويحصل المدير على هذه المهارات خلال الدراسة وكذلك التدريب أثناء الوظيفة. ويلاحظ أن هذه المهارات في الاقتصاد المعاصر قد توسعت وازدادت غنى من خلال تكنولوجيا المعلومات والاستخدام الواسع للحاسوب. ومن المعلوم أن هذه المهارات مهمة جداً في بداية الحياة الوظيفية في المستويات الإدارية الدنيا.

*** المهارات الفنية**
Technical Skills
هي القدرات لاستخدام المعرفة والخبرة لأداء مهام محددة.

2. المهارات الإنسانية **Human Skills**

تتجسد هذه المهارات في العمل مع الآخرين بشكل جيد ومتفاعل ومتعاون وتظهر في مكان العمل من خلال روح التعاون والثقة والحماس للعمل مع الآخرين والتفاعل الإيجابي من خلال العلاقات الطيبة معهم. إن

*** المهارات الإنسانية**
Human Skill
القدرات على العمل بشكل جيد في المنظمة والتعامل مع الآخرين.

•

المدير يجب أن يتحلى بدرجة عالية من الوعي الذاتي بقدراته على التواصل والشعور بالآخرين وهذه تسمى الذكاء العاطفي Emotional Intelligence أي إدارة النفس والعلاقات مع الآخرين بكفاءة عالية.

* الذكاء العاطفي
Emotional Intelligence
إدارة النفس والعلاقات مع الآخرين بكفاءة عالية.

3. المهارات الإدراكية **Conceptual Skills**

* المهارات الإدراكية
Conceptual Skills
القدرة على التفكير المجرد وبشكل تحليلي وناقد لحل المشاكل المعقدة.

إن المدير الجيد هو الذي يرى المواقف من جميع جوانبها بشكل شمولي ولديه القدرة على حل المشاكل لصالح الجميع أي أنه خبير في فن إيجاد الحلول الملائمة والمناسبة، فضلاً عن هذا يجب أن يكون للمدير قدرة على التفكير الناقد والتحليل بحيث يستطيع أن يشكل الصورة الكلية لعمل المنظمة من خلال تكامل مكوناتها وأجزائها المختلفة. وهذه المهارات تحتاجها المستويات العليا من الإدارة أكثر من غيرها.

ويمكن أن نوضح هذه المهارات الثلاث ومدى حاجة كل مستوى إداري إليها بالشكل التالي:

الإدارة العليا

فنية	إنسانية	إدراكية

الإدارة الوسطى

فنية	إنسانية	إدراكية

الإدارة الدنيا (الإشرافية)

فنية	إنسانية	إدراكية

شكل (5-1) مهارات المدير

* سمات المدير الناجح

Successful Manager Characteristics

* الكفاءة الإدارية
Managerial Competency
حزمة المهارات والقابليات التي تساهم في أداء عالي في الوظيفة الإدارية.

ليس من السهل أن يكون المدير ناجحاً في عالم الأعمال اليوم بمجرد الحصول على شهادة أو خبرة من واقع ممارسة محدودة. إن النجاح في الإدارة يتطلب توفر ما يسمى الكفاءة الإدارية Managerial Competency وهذه تمثل حزمة من المهارات والقابليات التي تساهم في أداء عالي في الوظيفة الإدارية وأهم أبعاد هذه الكفاءة الإدارية ما يلي:

1. الاتصال **Communication**

وهي إمكانية تقاسم الأفكار والرؤى مع الآخرين والشعور الحقيقي والصحيح والواضح من خلال العبارات المكتوبة أو التعبير الشفهي وهذه ترتبط اليوم باستخدام صحيح للتكنولوجيا واستلام وإرسال معلومات والبيانات لمختلف الجهات.

2. فريق العمل **Teamwork**

أي العمل بشكل فاعل وكفؤ كعضو في فريق وقائد للفريق نفسه ويندرج في إطار ذلك المساهمة في فريق العمل وقيادته وإدارة الصراع والتفاوض وبناء الاجماع والإتفاق بين أعضاء الفريق.

3. إدارة الذات **Self Management**

تقييم الذات وتقويم السلوك ووضع معايير للأداء والالتزامات ويدخل في إطار ذلك السلوك الأخلاقي القويم والشخصية المرنة المتسامحة وعدم إهمال جوانب الغموض في بعض المواقف كذلك تحمل المسؤولية عن الأداء وعدم التهرب منها.

4. القيادة **Leadership**

التأثير بالآخرين ودعمهم لإنجاز المهام المعقدة أو غير الواضحة كذلك الوعي بالتنوع في قوة العمل وفهم آثار العولمة وإدارة المشروع والفعل الاستراتيجي المستقبلي المتميز.

5. التفكير الناقد المتفتح **Critical Thinking**

تجميع وتحليل المعلومات لتقديم حلول مبدعة للمشاكل المختلفة. تشتمل هذه الصفة على فهم المواقف بصورتها الشمولية ومن ثم تجميع معلومات وحل المشكلة كذلك التفكير المبدع والخلاق القادر على التفسير الناضج للمعلومات.

6. المهنية **Professionalism**

تعني الاحترافية وإدامة الانطباع الإيجابي لدى المرؤوسين وبناء الثقة واستمرارية التطور المهني والوظيفي من خلال الحضور الشخصي المستمر وتقديم المبادرات الفردية وإدارة المسار الوظيفي Carrier Management.

ثالثاً: منظمة الأعمال Business Organization

* مفهوم المنظمة وأنواعها

Organization Concept and Types

نقصد بالمنظمة بشكل عام تجمع لأفراد يعملون مع بعضهم في إطار تقسيم واضح للعمل لإنجاز أهداف محددة ويتخذ طابع الاستمرارية. وفي المنظمة ككيان

*** المنظمة**

Organization

كيان من أفراد يعملون في إطار تقسيم واضح للعمل للوصول إلى أهداف معينة وتتسم بالاستمرار.

* منظمات الأعمال
Business Organizations
منظمات فردية أو جماعية خاصة تمارس نشاطاً اقتصادياً مفيداً للمجتمع بهدف تحقيق ربح.

اجتماعي تحدد الأدوار والمهام والعلاقات بحيث يستطيع كل فرد أو مجموعة أو وحدة إدارية العمل مع الآخرين لإنجاز أهدافها التي هي جزء من الأهداف الشاملة للكيان الاجتماعي. إن هذا الوصف للمنظمة يجعل من هذا الكيان الاجتماعي المفتوح مختلفاً في إطار العديد من الخصائص مثل الحجم وطبيعة العمل الذي تمارسه وعائدية أو ملكية هذا الكيان وخصائص أخرى غيرها.

وأهم أنواع المنظمات هو منظمات الأعمال Business Organizations والتي تعرف بأنها كيانات أوجدتها المبادرات الفردية والجماعية الخاصة (وليس الحكومة) لغرض ممارسة نشاط اقتصادي (زراعي، صناعي، تجاري، خدماتي) مفيد للمجتمع وتهدف إلى تحقيق الأرباح. وفي عالم اليوم فإن الغرض الأساسي لهذه المنظمات كما تعلنه هو تقديم منتجات بنوعية جيدة وإرضاء المستهلكين من خلال استخدام الموارد بشتى الطرق والأساليب لتحقيق ميزات تنافسية وأداء مالي عالي.

وهناك أنواع أخرى من المنظمات يمكن أن تشير إليها في أدناه :

1. المنظمات الحكومية **Public Organizations**

وهي منظمات تنشئها الدولة من مواردها وتقدم من خلالها الخدمات السيادية بالدرجة الأساس مثل خدمات الدفاع والأمن وإصدار الوثائق الثبوتية وغيرها.

2. المؤسسات الحكومية **Public Enterprises**

وهذه منظمات متنوعة بعضها ينتج ويقدم سلع وخدمات لكي لا تكون محتكرة من قبل القطاع الخاص مثل خدمات المياه والكهرباء والموانئ والمطارات والسكك الحديد. وهناك مؤسسات أخرى مثل الجمعيات الاستهلاكية الحكومية المدنية والعسكرية والتي تخدم شرائح موظفي الدولة من مدنيين وعسكريين. كذلك بعض المؤسسات المنتجة لسلع مهمة مثل مشتقات النفط أو غيرها.

3. المنظمات الدولية **International Organizations**

وهذه على أنواع عديدة تتواجد على أراضي دولة أخرى مثل السفارات والمنظمات الدولية مثل منظمة الأمم المتحدة والجامعة العربية ومنظمة اليونسكو واليونسيف وغيرها.

4. منظمات مجتمع مدني غير هادفة للربح **Non- Profit Organizations**

هذا النمط من المنظمات هو نوع خاص لا يهدف للربح بل تقديم خدمات جماهيرية متنوعة ومن أمثلة هذه المنظمات الأحزاب السياسية وجمعيات حماية المستهلك وحماية البيئة وأطباء بلا حدود ومنظمة الشفافية الدولية والجمعيات العلمية ودور العبادة وغيرها.

5. التعاونيات Cooperative Organizations

تهدف هذه المنظمات إلى خدمة مجموعة من الأفراد في مجال معين حيث تتحمل هذه الفئة مسؤولية إنشائها وإدارتها مثل ذلك جمعيات التسويق الزراعي وغيرها.

* المنظمة كنظام مفتوح

Organization as an Open System

* النظام المفتوح
Open System
كيان يتكون من عدة أجزاء تتفاعل مع بعضها ليحول الموارد (المدخلات) إلى سلع وخدمات (مخرجات) مفيدة للمجتمع.

إن منظمات الأعمال ككيانات تتكون من أجزاء عديدة ولكنها تتفاعل مع بعضها لكي تنتج سلع أو خدمات. إن هذه الكيانات تمثل ما يسمى بالنظام المفتوح Open System الذي يتعامل باستمرار مع البيئة التي يعمل فيها حيث انه يأخذ كل احتياجاته من البيئة ويقوم بتحويلها إلى سلع وخدمات مفيدة ويعيدها إلى هذه البيئة كما يوضح الشكل التالي:

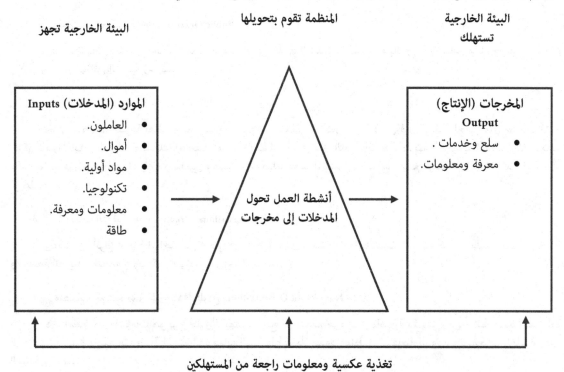

البيئة الخارجية تجهز
المنظمة تقوم بتحويلها
البيئة الخارجية تستهلك
الموارد (المدخلات) Inputs
العاملون.
أموال.
مواد أولية.
تكنولوجيا.
معلومات ومعرفة.
طاقة
أنشطة العمل تحول المدخلات إلى مخرجات
المخرجات (الإنتاج) Output
سلع وخدمات .
معرفة ومعلومات.
تغذية عكسية ومعلومات راجعة من المستهلكين

شكل (1-6) المنظمة كنظام مفتوح

* الأداء المنظمي Organizational Performance

لكي تستمر المنظمة يجب أن تؤدي أعمالها بشكل جيد وأن تستخدم الموارد بشكل فعال لخدمة المستهلكين. إن مفهوم خلق القيمة Value Creation مهم جداً في إطار معادلة استمرار المنظمة كما أن قدرة عمليات المنظمة

على إضافة قيمة تتجاوز بكثير تكاليف استخدامها للموارد كمدخلات يعطي المنظمة أداءً متميزاً وإنتاجية عاليـة. إن أداء المنظمة بشكل عام يمكن أن يقاس بثلاثة مؤشرات مهمة تتناولها جميع أدبيات إدارة الأعمال وهي:

1. الفاعلية **Effectiveness**

وهي قياس لمدى تحقيق الأهداف المحددة وهي تركز على المخرجات.

2. الكفاءة **Efficiency**

وهي مقياس لحسن استغلال الموارد التي ترتبط بأهداف محددة وتركـز الكفـاءة عـلى المدخلات.

3. الإنتاجية **Productivity**

عبارة عن العلاقة بين كمية ونوع الأداء واسـتغلال المـوارد بعبـارة أخـرى هـي حاصـل قسمة قيمة المخرجات على قيمة المدخلات.

***الفاعلية**
Effectiveness
مقياس لمدى إنجاز الأهداف.

***الكفاءة**
Efficiency
مقياس لحسن استغلال الموارد.

***الإنتاجية**
Productivity
العلاقة بين كمية ونوع الأداء واستغلال الموارد.

يمكن للمنظمة أن تكون فاعلة ولكنها غير كفـؤءة حيـث أن اسـتخدام المـوارد بـدون ترشـيد ولا عقلانيـة يمكـن أن يحقـق الأهداف (الفاعلية) ولكن هذا التبذير وعـدم الاسـتغلال الأمثـل للمـوارد يـدل عـلى عـدم الكفـاءة وقـد يحصـل العكـس في بعـض المنظمات بمعنى رغم الاستخدام الجيد للموارد فإن الأهداف لا تتحقق بالشكل المطلوب. إن الحالة المثلى هي التي ترتبط بتحقيق الأهداف في ظل استغلال جديد للموارد كما في الشكل التالي.

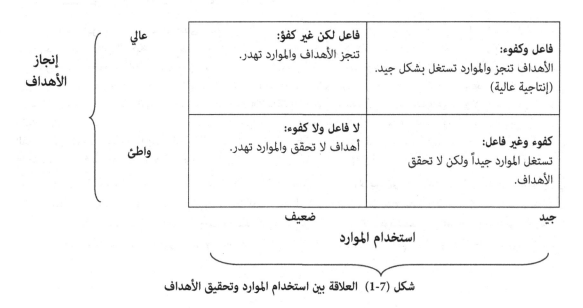

إنجاز الأهداف

	جيد	ضعيف
عالي	**فاعل وكفوء:** الأهداف تنجز والموارد تستغل بشكل جيد. (إنتاجية عالية)	**فاعل لكن غير كفؤ:** تنجز الأهداف والموارد تهدر.
واطئ	**كفوء وغير فاعل:** تستغل الموارد جيداً ولكن لا تحقق الأهداف.	**لا فاعل ولا كفوء:** أهداف لا تحقق والموارد تهدر.

استخدام الموارد

شكل (7-1) العلاقة بين استخدام الموارد وتحقيق الأهداف

* تغيير طبيعة عمل المنظمة في عالم اليوم

إن نجاح منظمات الأعمال في البيئة المعاصرة يتطلب منها أن تعي طبيعة التغيرات العميقة والجذرية التي ظهرت في عالم الأعمال اليوم حيث الأهمية الكبيرة لرأس المال المعرفي والتأثير الشامل للعولمة والتسارع في تطور التكنولوجيا والتنوع الشديد في مكان العمل والاهتمام والحساسية العالية بجوانب المسؤولية الاجتماعية والأخلاقية للأعمال والاهتمام المتزايد بتطور المسار المهني للعاملين. إن مجمل هذه التغيرات تطلبت من منظمات الأعمال أن تكون منظمات مرنة ومعرفية تستطيع تقبل التغيرات وتجسيدها في واقع أنشطتها بشكل صحيح. ولعل أهم الاتجاهات الحديثة التي أجبرت المنظمات على التغيير في أساليب إدارتها وعملها:

1. الاعتقاد بأهمية رأس المال الفكري والمعرفي.
2. تغير مفهوم إصدار الأمر والرقابة على العمل.
3. التركيز على بناء فرق العمل.
4. بروز دور التكنولوجيا بشكل كبير في منظمات الأعمال.
5. شبكات الاتصال المتطورة.
6. تطلعات جديدة لقوى العمل.
7. الاهتمام والموازنة بين حياة الأفراد وعملهم.
8. التركيز على السرعة في الإنجاز.

رابعاً: خصائص المجتمعات المتطورة إدارياً

يرتبط ظهور الأعمال الحديثة بمدى ازدهار واستقرار المجتمعات الإنسانية، فمنذ الثورة الصناعية وما رافقها من استخدام للمخترعات والآلات الميكانيكية ولغاية فترة الكساد الاقتصادي العظيم في أمريكا كانت منظمات الأعمال تتطور بوتائر تصاعدية سواء من حيث حجوم الإنتاج أو التنويع في المنتجات والخدمات وكذلك من حيث نوعية هذه المنتجات والخدمات. لكن العالم الغربي واليابان بشكل خاص سجلا تطوراً هائلاً ومتصاعداً بعد النصف الثاني من القرن العشرين وتسارعت وتعاظمت التطورات في نهاية القرن العشرين في ظل تأثير تكنولوجيا المعلومات والانتقال إلى الاقتصاد المعرفي وانعكاسات العولمة والإنترنت على الأعمال بشكل خاص. ويمكن أن نلاحظ ازدياد الفجوة الاقتصادية والمعرفية بين الدول الصناعية المتقدمة وباقي دول العالم وإن هذه الفجوة أكثر اتساعاً بالنسبة للدول النامية لذلك فإن الأمر يتطلب حث الخطى وبذل مزيد من الجهود من قبل هذه الأخيرة لغرض اللحاق بركب التقدم. وسنجمل هنا أهم الخصائص المرتبطة بتطور المجتمعات إدارياً والتي تنعكس إيجابياً على الأعمال فيها:

(1) احترام الوقت والالتزام به: إن الوقت هو ثروة نادرة لا يمكن تخزينها ولا يفترض أن تبدد، فقياس إنتاجية العاملين في المنظمات مرتبط باستخدام الموارد ومن ضمنها الوقت بشكل كفوء وفعال. إن المجتمعات المتقدمة إدارياً تحرص على أن يتعلم أبناؤها منذ صغرهم أهمية الوقت واستغلاله بشكل أمثل من خلال تعويدهم على استخدام المفكرة (الأجندة) وتخطيط الوقت حيث يرفعون شعار Time is Money وإن مثل هذه الممارسات لا يتم التركيز عليها كثيراً في الدول النامية.

(2) الانفتاح وقبول الجديد واحترام الآخر: إن هذه الخاصية ذات دلالة إيجابية كبيرة في ميدان الأعمال حيث أن المرونة الفكرية وقبول التغيير الإيجابي سمة من السمات المعاصرة وتمثل متطلب أساسي من متطلبات العمل في عصر الاقتصاد الرقمي. إن احترام الآخرين وقبول أفكارهم الإيجابية والاستفادة من تجاربهم يساعد على إثراء الممارسات الإدارية المحلية في الأعمال وخير مثال على ذلك هو التجربة اليابانية في الإدارة واقتباس دول العالم المختلفة الكثير من الدروس منها.

(3) ثقافة المجتمع المتجددة المتسامحة: إن ثقافة مجتمعات الأعمال المزدهرة أكثر انفتاحاً وأقل جموداً وأيدولوجية فهي تبحث عن ما هو مفيد وليس التقيد بأطر سياسية وقوالب جامدة، فهي تركز دائماً على أن الغد أفضل من اليوم وأنه سيكون مختلفاً وواعداً. وعلى العكس فإن المجتمعات النامية لديها الحنين الدائم للماضي بدون فرز لسيئات وحسنات هذا الماضي.

(4) الاستقرار السياسي والنموذج الديموقراطي: وهذا ينعكس إيجابياً على الأعمال حيث تدخل هذه الممارسات مجالس الإدارة وتؤثر على المدراء في مستوياتهم المختلفة. إن الإدارة السليمة تشجع المرؤوسين على إبداء آرائهم وتقديم مقترحاتهم والمشاركة الفاعلة في اتخاذ القرارات.

(5) تجسيد مبادئ القيم الدينية في العمل: إن الأديان على اختلافها سواء كانت سماوية أم وضعية فإنها تدعو إلى فضائل عديدة ونبذ رذائل محددة، فجميع الأديان تدعو للصدق والأمانة والإخلاص في العمل والتسامح ومحبة الآخرين والتعايش معهم بسلام وكذلك تركز على الربح المشروع الحلال. لكن نلاحظ أن درجة الاقتراب والابتعاد في تطبيق هذه القيم عملياً تختلف بين المجتمعات المتقدمة والمجتمعات النامية، حيث يكثر الحديث عن هذه الجوانب في المجتمعات النامية دون أن تنقل إلى الممارسة العملية في حين نجد أن المجتمعات التي تطورت فيها الإدارة على درجة عالية من التطبيق العملي لهذه القيم.

(6) المنافسة العادلة والمشروعة في ميدان الأعمال: إن الحرية الاقتصادية في أبسط مبادئها تدعو إلى فسح المجال أمام الجميع لإبداء قدراتهم وقابلياتهم في العمل والإنتاج، لذا تتعدد الشركات أو الافراد الذين ينتجون نفس السلعة أو الخدمة وهنا يجب أن تسود المنافسة الشريفة بينهم ولا يجوز أن يلحق أي منهم الضرر بالآخر في السوق.

(7) احترام المرأة في مكان العمل ورعاية الطفولة وحماية الأحداث: تمثل المرأة نصف المجتمع ولها دورها الكبير في مجالات الحياة المختلفة لذلك أوجدت المجتمعات المتطورة آليات تتفق وقيمها دمجت من خلالها المرأة في مجالات العمل المختلفة واحترمت خصوصيتها في منظمات الأعمال على اختلاف أشكالها. إن هذا الأمر لا يزال موضع نقاش واختلاف في المجتمعات الأقل تطوراً. كذلك الأمر مع الأطفال والأحداث وما يرتبط بذلك من تشريعات تهدف إلى حمايتهم وعدم استغلالهم في أعمال لا تتناسب مع أعمارهم.

(8) التفسير الموضوعي للأمور وعدم تحميل الغير مسؤولية الفشل أو التلكؤ في إنجاز الأعمال والتبرير العلمي للأمور وعدم اللجوء إلى تفسيرها بنظرية المؤامرة وتحميل الغير مسؤولية عدم النجاح في المجالات المختلفة. لقد امتلكت المجتمعات المتقدمة الكثير من الشجاعة في قول الحق والصدق والتفسير الموضوعي للإشكالات والأحداث حتى أصبحت ظاهرة محاسبة المسؤولين والجهات الحكومية حالة متطورة عكس ما هو عليه الحال في المجتمعات المتأخرة.

(9) تكافؤ الفرص والعدالة الاجتماعية: تحرص المجتمعات المتطورة على فتح الفرص المتساوية أمام الجميع للدخول للوظائف القيادية والإدارية العليا سواء في القطاع العام أو الخاص في حين لا تزال الدول النامية تراوح مكانها في جعل التوظيف قائماً على أساس الوجاهة الاجتماعية أو الانتماء السياسي أو القبلي أو العشائري وبذلك فإن المجتمع والأعمال أصبحت محرومة من الكثير من الطاقات المبدعة.

(10) العلاقة المتميزة بين منظمات الأعمال ومراكز البحوث والجامعات: ويرتبط هذا الأمر بكون منظمات الأعمال مهتمة بشكل خاص بالاستثمار برأس المال البشري حيث يعتبر المورد البشري هو الأساس في خلق الميزات التنافسية لهذه الأعمال لذلك نجدها تجسد علاقات جيدة مع مراكز البحوث والجامعات وبالمقابل لا نجد هذه الحالة في مجتمعات الدول النامية أو التي لا تزال فيها الإدارة متخلفة.

خامساً: التحديات المعاصرة في عالم اليوم

إن العمل في البيئة المعاصرة وتحقيق النجاح في منظمات الأعمال ليس بالأمر السهل بل يحتاج إلى فهم جيد لطبيعة التحديات التي تواجهها هذه الأعمال وكيفية خلق فرص للنمو والتطور والازدهار التي يمكن أن توجد في إطار هذه التحديات ذاتها. إن التحديات التي نشير إليها لا تعني صعوبات ومشاكل واستحالة تحقيق الأهداف في ظلها، بل إنها تحمل في طياتها فرصاً عظيمة يمكن للإدارة الواعية أن تقتنصها وتستفيد منها. ولعل أهم هذه التحديات ما يلي:

1. ازدياد دور المعرفة وتحول الاقتصاد إلى اقتصاد معرفي

لعل مصطلح رأس المال المعرفي Intellectual Capital الذي يتم تداوله اليوم يوضح أن التركيز في قياس قيمة الشركة أو العمل لا يعتمد على الأصول والممتلكات المادية الملموسة بل على ما تمتلكه الشركة من رأس مال فكري تجسده قدرة العاملين ومهاراتهم ومعارفهم المكتنزة في عقولهم. وظهر حقل جديد في عالم الإدارة يطلق عليه اسم "إدارة المعرفة" Knowledge Management بموجبه تركز إدارة المنظمة على التعامل مع المعرفة الضمنية والصريحة بما يعزز الموقع التنافسي في السوق.

*** رأس المال المعرفي**
Intellectual Capital
هو مجموع القوى العقلية والفكرية أو المعرفة التي يتم تقاسمها بين العاملين في المنظمة.

2. العولمة **Globalization**

لقد أصبح العالم اليوم قرية صغيرة بفعل تطور وسائل الاتصال والمواصلات وصار بالإمكان نقل الأموال وحركة الأشخاص وتبادل الأفكار بشكل سريع بين مختلف القارات والدول. إن هذا الأمر ولد منافسة شديدة وأصبح غير ممكناً حماية الصناعة التقليدية بالوسائل التشريعية بل يتطلب الأمر أن تعمل هذه الصناعة الوطنية بآليات متطورة قادرة على مجاراة منظمات الأعمال الحديثة في دول العالم الأخرى.

*** العولمة**
Globalization
تداخل وتقارب عالمي بفعل تطور الاتصالات والمواصلات من خلال حركة الموارد المادية والبشرية والمنتجات بين دول العالم المختلفة مع زيادة المنافسة.

3. التطور التكنولوجي **Technological Development**

تمثل التكنولوجيا ظاهرة وسمة من سمات الاقتصاد المعاصر حيث ولدت تحديات بفعل نقل المنافسة من الإطار التقليدي في الأسواق إلى فضاء افتراضي رحب (الإنترنت) Virtual Space. فقد تغيرت كل آليات العمل ابتداء من تصنيع السلع والخدمات وانتهاء بتوزيعها ووصولها إلى المستهلك. لقد أصبحت السرعة والدقة والتعقيد والمرونة التي تبدو في الظاهر متناقضة حاضرة جميعها في منظمات الأعمال المعاصرة. لذلك ازدادت متابعة التطورات التكنولوجية في منظمات الأعمال من خلال إيجاد خلايا أو وحدات لما يسمى بالتنبؤ التكنولوجي Technological Forecasting وكذلك الاهتمام المتزايد بتكنولوجيا المعلومات Information Technology ومكوناتها التي غيرت من طبيعة العمل في المكاتب خصوصاً.

*** التنبؤ التكنولوجي**
Technological Forecasting

4. التنوع **Diversity**

إن اتساع الأعمال وانتشارها الجغرافي أوجد ظاهرة تنوع قوى العمل في منظمات الأعمال كما أن ضخامة حجوم الشركات جعلت أعداد العاملين في تزايد وتنوع مستمر. إن هؤلاء العاملين يمثلون شرائح المجتمع المختلفة من ناحية الجنس والعمر والعرق والدين والثقافة وغيرها. وهنا يجب أن تكون الإدارة ماهرة في التعامل مع هذا التنوع في القوة العاملة بحيث تجعل منه ميزة إيجابية تساعدها في تحقيق أهدافها.

*** التنوع في قوة العمل**
Workforce Diversity
هو الاختلاف الموجود بين العاملين القائم على أساس الجنس أو العرق أو الدين أو العمر أو غيره.

حرمان شرائح معينة من العاملين كالنساء والأقليات من الحصول على المزايا الكاملة التي تقدم لأعضاء المنظمة.

*** الحكم السلبي المسبق**
هو إصدار حكم سلبي وعدم تقبل شرائح معينة في المنظمة مثل النساء والأقليات.

حاجز غير مرئي يحد من تقدم المسار الوظيفي للمرأة أو الأقليات في منظمة معينة.

وعادة ما تثار مشاكل وقضايا من نوع التمييز Discrimination بـين العاملين بسبب انتماء بعضهم إلى أقليات عرقية أو دينية أو غيرها. كذلك تبرز أحياناً إشكالية الحكـم السـلبي المسبق Prejudice على أفراد معينين مثل النساء أو الأقليـات أو غيرها. وأحياناً تـبرز مشكلة وضع الحواجز أمام فئات معينة لمنعها من الوصول إلى المناصب العليـا في الإدارة حيـث تسمـى هذه الظاهرة Glass ceiling Effect (السقف الزجاجي).

5. أخلاقيات الأعمال وحاكمية الشركات

Ethics and Corporate Governance

أصبح موضوع الأخلاقيات في ميادين الأعمال والإدارة العامـة مـن المواضيع الحساسـة التي تطرق بشكل مستمر وتمثل تحدي للإدارة التـي يفـترض أن تتعامـل معـه بـوعي ووضوح خاصة وأنه يمثل معايير للحكم على ما هو صحيح أو خاطئ في سلوكيات العاملين تجاه مختلف الأطراف.

أما الحاكمية الشاملة Corporate Governance فهـي عبـارة عـن القواعد التـي تحكـم العلاقات بين مختلف الأطراف من أصحاب المصالح في المنظمة وخارجها. وعادة مـا يفترض أن تكون الإدارة ممثلة لجميع هذه الأطراف وراعيـة لمصالحها ويجسد هـذا الأمـر بشكل كبـير مجلس الإدارة في الشركات المساهمة.

6. تخطيط المسار الوظيفي Careers Development

أصبح تخطيط المسار الوظيفي من المسائل الحرجة والتي يكثر فيها الجدل في منظمات الأعمال خاصة وأنها ترتبط بكثير من المهارات الجديدة التي يجب توفرهـا في الأفراد العاملين وكذلك رغبة هؤلاء العاملين بالحصول على مزايا إضافية بمرور الـزمن وزيادة مهاراتهم وتوفر فرص عمل في منظمات أخرى. إن منظمات الأعمال تتحدث اليـوم عـن مـا يسمى "حافظة مهارات" العامل Portfolio of Skills التي تعطي بشكل آني أولوية للمخزون المعرفي من المهارات للعاملين لديها عند ترقيتهم أو زيادة مرتباتهم.

* الحاكمية الشاملة
Corporate Governance
القواعـد التـي تحكـم العلاقـات بـين مختلف أطراف أصحاب المصالح.

7. التكتلات الاقتصادية العالمية والمعايير الدولية المفروضة على الأعمال

لقد ظهرت الكثير من التجمعات بين الـدول التي شكلت منظمات اقتصادية تخـدم مصالحها ومصالح الشركات التابعة لها وهذا ولد تحدياً جديداً في العالم. فهناك مثلاً المجموعـة الأوروبيـة ومنظمة الأوبك ومنظمة الاسيان أو النافتا أو غيرها.

* الأخلاقيات
Ethics
مجموعة الضوابط والمعايير التي تفرز بـين مـا هـو صحيح ومـا هـو خطأ في السلوك.

وتفرض هذه التكتلات معايير وشروط لحركة المواد والأفراد إليها، كذلك فإن منظمات مثل منظمة المعايير والمقاييس الدولية International Standardization Organization تفرض حزماً من المعايير والتعليمات الخاصة بالسلع والخدمات مثل ISO 14000 وغيرها. كذلك الأمر مع منظمة الشفافية العالمية التي تكافح الفساد بكافة أنواعه (ITO) International Transparency Organization.

8. البحث والتطوير والإبداع

Research and Development and Innovation

تخصص منظمات الأعمال والدول أموالاً طائلة لدعم أنشطة البحث والتطوير وحفز الإبداع فيها، حيث أنها تمثل الوسائل الرئيسية لدخول أسواق جديدة أو البقاء في الأسواق الحالية. إن هذه الحالة تمثل تحدياً كبيراً أمام منظمات الأعمال في الدول النامية بالذات، فالحرية الاقتصادية من ناحية وطلب السوق والمستهلكين المتزايد لأنواع من السلع والخدمات الجديدة يضغطان على المنظمات التي لا يكون بمقدورها القيام بالبحث المستمر أو تحقيق إبداع جديد.

أسئلة الفصل الأول

* أسئلة عامة:

1. ما المقصود بالإدارة؟ ولماذا تعتبر ضرورية في المجتمعات المعاصرة؟
2. من هم المدراء؟ وماذا يعملون؟
3. ما هي أهم المهارات التي يجب أن يتقنها المدير؟
4. ماذا يقصد بالإدارة العليا؟
5. بماذا تختلف الإدارة الوسطى عن الإدارتين العليا والإشرافية؟
6. كيف يتم قياس أداء المنظمات؟
7. ما معنى المنظمة؟ وما هي أهم أنواع المنظمات؟
8. بماذا تختلف المجتمعات المتطورة إدارياً عن غيرها من المجتمعات؟
9. ما هي أهم التحديات التي تواجهها منظمات الأعمال في عالم اليوم؟
10. ماذا يقصد بالنظام المفتوح؟

** أسئلة الرأي والتفكير

1. كيف كانت فكرتك الأولية عن الإدارة قبل قراءتك لهذا الفصل؟
2. هل تعتقد أن الإدارة والمدراء أكثر أهمية من غيرهم من المتخصصين في المجالات الأخرى؟ ولماذا؟
3. في تقديرك، لماذا يفضل بعض الناس وظائف معينة دون غيرها في الإدارة؟
4. هل تعتقد أن ما ورد في فقرة خصائص المجتمعات المتطورة إدارياً صحيح بشكل مطلق؟ هل لديك إضافات أخرى عليها؟ وهل ترى أن البعض منها أكثر أهمية وله أولوية على غيره في بيئة الدول النامية؟
5. برأيك ما هو أهم تحدي يواجه الأعمال في بيئتك التي تعيش فيها ولماذا؟

*** أسئلة الخيارات المتعددة

1. إن الوظائف الإدارية التي يمارسها المدير هي: التخطيط، والقيادة والرقابة، و:

A. المحاسبة   B. الإبداع   C. التنظيم   D. الاختراع

2. من منظور التصنيف الهرمي لمستويات المدراء فإنه يمكن تصنيفهم إلى:

A. خبراء وغير خبراء
B. مدراء خطوط ومدراء كادر
C. مستوى إدارة عليا ومتوسطة وإشرافية
D. مدراء إنتاج ومدراء تسويق

3. عندما يصف المدير للعاملين الأهداف ومديات تحقيقها فإنه يمارس وظيفة:

A. التخطيط
B. الرقابة
C. الإشراف
D. التنظيم

4. يعتبر مدير الحسابات في صحيفة يومية :

A. مدير خط
B. كادر
C. مدير عام
D. مدير مفوض

5. إن رئيس قسم علمي في جامعة معينة يعتبر:

A. كادر
B. مدير عام
C. مدير مفوض
D. مدير خط

6. يحتاج المدراء في الإدارة الدنيا والإشرافية إلى المهارات التالية أكثر من غيرها:

A. الإنسانية
B. المفاهيمية والإدراكية
C. مهارات اتخاذ القرار
D. مهارات فنية

7. يكرس المدراء في الإدارة العليا أغلب وقتهم لوظيفة:

A. الرقابة
B. القيادة
C. التخطيط
D. التنظيم

8. إن القدرة على التعامل مع الآخرين والتعاون معهم يحتاج إلى تطوير مهارات:

A. إدراكية
B. فنية
C. إنسانية
D. إشرافية

9. عندما يقرر أحد المدراء تحديد راتب أقل للموظفات العاملات بحجة كثرة الإجازات فإنه يمارس:

A. التميز
B. الحكم المسبق
C. القيادة
D. السقف الزجاجي

10. إن مجموعة الضوابط والمعايير التي تفرز ما هو صحيح وما هو خاطئ في سلوك العاملين هي:

A. تنوع في قوة العمل
B. الحاكمية الشاملة
C. الأخلاقيات
D. العولمة

11. إن التأثير في الآخرين وتحفيزهم ومخاطبة قواهم الكامنة لإنجاز الأهداف هو:

A. القيادة
B. الرقابة
C. الإدارة العليا
D. المهارات الإنسانية

12. أي من الخصائص الآتية لا يمثل سمة من سمات منظمات الأعمال:

A. تأسيسها من قبل الحكومة
B. تهدف للربح
C. تمارس نشاط اقتصادي
D. تنتج سلع وخدمات مفيدة

13. تعتبر منظمة اليونسكو:

A. منظمة حكومية   B. مؤسسات عامة   C. منظمة دولية   D. تعاونية

14. إن المنظمة التي تحقق أهدافها كاملة لكن تهدر الكثير من الموارد هي:

A. منظمة فاعلة ولكن غير كفوءة   B. إنتاجيتها عالية

C. كفوءة ولكن غير فاعلة   D. ليست كفوءة وليست فاعلة

15. عندما يقوم مسؤول المبيعات بمطابقة ما تحقق خلال اليوم ومقارنته مع الأهداف المحددة لقسم المبيعات في ذلك اليوم فإنه يمارس:

A. التخطيط   B. تنظيم العمل   C. الرقابة   D. القيادة

الفصل الثاني

الإدارة بين الماضي والحاضر

الفصل الثاني

الإدارة بين الماضي والحاضر

بعد دراستك لهذا الفصل تستطيع الإجابة على الأسئلة التالية:

1. لماذا ندرس التطور التاريخي للإدارة؟
2. ما معنى المدرسة أو المدخل أو المنهج أو المنظور في دراسة الإدارة؟
3. ماذا نتعلم من المدرسة الكلاسيكية؟
4. ماذا نتعلم من المدرسة السلوكية؟
5. ماذا نتعلم من المدرسة الكمية؟
6. ماذا نتعلم من المدرسة الحديثة؟
7. ما هي الآفاق المستقبلية للإدارة؟

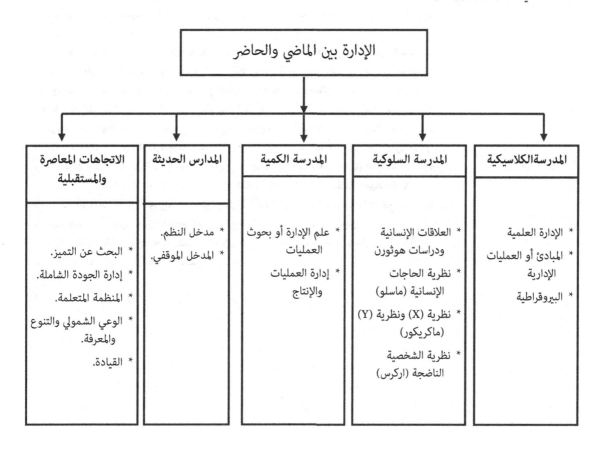

مقدمة الفصل الثاني:

رغم أن الإدارة بالمفهوم العام مورست بأشكال شتى من قبل الحضارات القديمة إلا أن الإدارة كعلم له قواعد وأصول ونظريات ومفاهيم يعتبر حديثاً مقارنة بعلوم أخرى كثيرة. ويشير البعض إلى أن بداية ظهور علم الإدارة بمعناه المتعارف عليه اليوم لا يتجاوز مئة عام الأخيرة، حيث كتابات الاقتصاديين الأوائل والثورة الصناعية في العالم الغربي. في هذا الفصل نحاول أن نعطي لمحة مركزة وسريعة عن التطور التاريخي لعلم الإدارة من خلال تقسيمها إلى عدة مدارس فكرية تتكامل في فروضها وتتطور وفق اعتبارات زيادة حجم ونوعية التطور الاقتصادي والاجتماعي في المجتمعات. ولكن قبل أن ندخل في تفاصيل المدارس نود أن نشير إلى معنى المدرسة بشكل عام وأهميتها وأسباب تعددها.

* مفهوم المدرسة أو المدخل

يستخدم مصطلح المدرسة School أو المدخل Approach ليشير إلى مجموعة المتخصصين أو العلماء الذين يشتركون في رؤيتهم وتعريفهم وتفسيرهم لظاهرة معينة وتحديد حدودها وطريقة دراستها وفهمها والمواضيع المنضوية في إطارها، مثال ذلك مدرسة الشعر الحديث أو مدرسة الفن الحديث أو الرسم الانطباعي وغيرها. وبهذا المعنى فإن هؤلاء المنتمين إلى مدرسة معينة لا يشترط أن يكونوا في المكان الواحد ولا أن يعيشوا في نفس الفترة الزمنية ولا يعرف بعضهم بعضاً، إنما يشتركون في رؤيتهم وافتراضاتهم حول الحقيقة العلمية للاختصاص الذي يصنفون ضمنه.

*** المدرسة أو المدخل**
School or Approach
مجموعة العلماء والباحثين والأفكار المشتركة في رؤية ودراسة وتفسير ظواهر معينة في الإدارة أو الأدب أو الفن، ولا تعني أنها حقبة تاريخية منتهية ولا مكان محدد.

والمدرسة أو المدخل في الإدارة يعني مجموعة العلماء والمتخصصين في الإدارة الذين لو سئلوا حول الإدارة وأهميتها ومعناها ومفهوم الإداري الناجح لهم لأعطوا إجابات متشابهة بحدود كبيرة بحيث نستطيع أن نضعهم في إطار فلسفة واحدة ومنظور متشابه نسميه مدرسة معينة مثل المدرسة الكلاسيكية أو السلوكية أو غيرها. إن أهمية دراسة المدارس الإدارية ومعرفة روادها وأفكارهم يساهم في تشكيل تراكم وتكامل جهود مختلفة ومتنوعة تصب باتجاه اتساع نطاق علم الإدارة وزيادة مكوناته وإغناء مفاهيمه كما أن هذه المدارس تعطي رؤى مختلفة لكيفية الارتقاء بالممارسة الإدارية وتحسين قدرة المدراء في إدارة منظماتهم وتحقيق نتائج أفضل. إن أسباب تعدد وتنوع المدارس أو المداخل يرتبط بالاجتهادات المختلفة في دراسة الظواهر الإدارية ورؤية الباحثين وطريقة تعاملهم مع الأسباب والنتائج المرتبطة بدراسة هذه الظواهر. ومن المعلوم أنه في علم الإدارة توجد عدة مدارس لدراسة الظواهر الإدارية وما يرتبط بها وجميعها مهمة لتشكيل حصيلة معرفية لدى المدراء مفيدة في تعاملهم مع مختلف المواقف في المنظمات الحديثة.

أولاً: المدرسة الكلاسيكية (التقليدية) Classical School

تضم هذه المدرسة – التي تعتبر من أقدم المدارس في نشأتها التاريخية – مجموعـة مـن الاتجاهـات وهـي الإدارة العلميـة والمبادئ (العمليات أو التقسيمات) الإدارية والبيروقراطية وكما في المخطط أدناه:

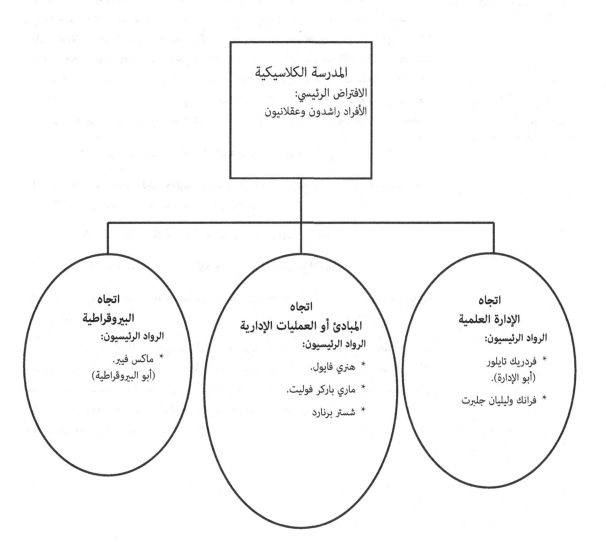

شكل (1-2): المدرسة الكلاسيكية واتجاهاتها

* الإدارة العلمية Scientific Management

يمثل هذا الاتجاه بداية استخدام المنهج العلمي المنظم للتعامل مع الإشكالات في المنظمات. وينطلق من مسلمات معينة تمثل منهجاً فكرياً تحليلياً للمشاكل الإدارية ومن ثم إيجاد حلول واقعية لها لغرض تحسين أداء العاملين ورفع إنتاجيتهم مما ينعكس إيجابياً على طرفي العلاقة: رب العمل Employer والعاملين Employees. ويعتبر فردريك تايلور (1915-1856) Fredrick Taylor الأب الروحي لهذا الاتجاه ويسميه البعض أبو الإدارة الحديثة. لقد نشر تايلور كتاباً بعنوان "مبادئ الإدارة العلمية" عام 1911 وأوضح فيه أهم أفكاره بخصوص التعامل الإداري ودراسة الوقت والحركة Time and Motion Study والتي أسهمت في ما بعد بتطوير تخصص علمي مهم في كلية الهندسة وهو الإدارة الصناعية Industrial Management.

إن أهم إسهامات تايلور والإدارة العلمية يمكن إجمالها في ما يلي:

1. إعداد قواعد علمية لكل وظيفة تشتمل على دراسة الحركة والوقت القياسي اللازم لإنجازها وتحضير ظروف مناسبة في مكان العمل.
2. اختيار العاملين بعناية فائقة بحيث يمتلكون المهارات المطلوبة للوظيفة.
3. تدريب العاملين بعناية لأداء أعمالهم ودفع أجور تتلاءم مع أدائهم.
4. إعانة ودعم العاملين في أداء أعمالهم عن طريق التخطيط السليم للعمل وتسهيل مهمة إنجازه.

وتجدر الإشارة إلى أن الزوجين ليليان جلبرت (1972-1878) Lillian Gilbreth وفرانك جلبرث (Frank Gilbreth 1924-1868) قاما بتطوير معدات لغرض دراسة الوقت والحركة وكذلك علم النفس الصناعي. وقد كان الهدف من دراسة الوقت والحركة تقليل الوقت الضائع من قبل العامل وبالتالي فقد مهد هذا الأمر إلى ما يعرف اليوم بتبسيط العمل Work Simplification والمعيارية Standardization.

* الإدارة العلمية
Scientific Management
تركز الإدارة العلمية على اختيار وتدريب العاملين والمشرفين بعناية ودعمهم بالتخطيط السليم للعمل.

* دراسة الوقت والحركة
Time and Motion Study
تحليل الحركات وأنشطة الأعمال ووضع أوقات قياسية لأدائها.

* المبادئ (العمليات أو التقسيمات) الإدارية

Administrative Principles

* العمليات الإدارية
Administrative Principles
اتجاه يركز على الاهتمام بالوظائف الإدارية وأنشطة المنظمة مدعومة بفهم جيد للمبادئ الإدارية.

يمثل هذا الاتجاه نظرة مكملة للاتجاه السابق (الإدارة العلمية)، ففي الإدارة العلمية كان التركيز على إنتاجية الفرد وزيادتها، في حين يركز هذا الاتجاه على المنظمة كوحدة واحدة. ويعتبر هنري فايول (Henry Fayol 1841-1925) الرائد الأول لهذا الاتجاه والذي نشر كتاباً بعنوان "الإدارة العليا والإدارة الصناعية"(*) عام 1916. إن أفكار فايول والرواد الآخرين في هذا الاتجاه شكلت القاعدة الأساسية لتخصص "إدارة الأعمال". ولعل أبرز أفكار فايول ومساهماته هي:

1. العمليات الإدارية

فقد قسم فايول مهام وواجبات الإدارة إلى خمسة عمليات رئيسية:

* **الاستبصار والحكمة Foresight:** والتي من خلالها توضع الخطة لتنفذ مستقبلاً.
* **التنظيم Organization:** لحشد وتأطير الموارد التي تستخدم في تنفيذ الخطة للوصول إلى الأهداف.
* **القيادة وإصدار الأوامر Command:** لتقييم العاملين وإنجازاتهم للحصول على أفضل نتائج من خلال تنفيذ الخطة.
* **التنسيق Coordination:** لمطابقة الجهود مع بعضها وتقاسم المعلومات لحل الإشكالات الإدارية وتحقيق أفضل النتائج .
* **الرقابة Control:** للتأكد من أن الإنجاز يأتي متوافقاً مع الخطة الموضوعة واتخاذ إجراءات تصحيحية إذا لزم الأمر.

* أنشطة المنظمة
تمثل مجمل الأنشطة الأساسية لأي منظمة أعمال صناعية كانت أم خدمية، على الرغم من أن فايول قد خص بها المنظمات الصناعية.

2. أنشطة المنظمة

في منظمات الأعمال التي تهدف إلى إنتاج السلع الصناعية يمكن ملاحظة الأنشطة التالية:

(*) لقد فضلنا ترجمة "Administration Industriell et Général" من اللغة الفرنسية إلى اللغة العربية بهذا الشكل لكون الكتاب يعالج موضوع الإدارة العليا للمنظمة والأنشطة الصناعية فيها وليس كما يترجم في الكتب العربية بعنوان "الإدارة العامة والصناعية" والتي يفهم منها أن المضمون يخص الإدارة الحكومية والإدارة الصناعية.

* **النشاط الإنتاجي الفني Technical Operations**: ويتعلق بإنتاج السلع المختلفة.
* **النشاط التجاري Commercial Operations**: ويتعلق بشراء المواد الأولية اللازمة للإنتاج وبيع المنتجات تامة الصنع.
* **النشاط المالي Financial Operations**: وهذه الوظيفة تتعلق بأساليب الحصول على الأموال وتخصيصها لمختلف الأنشطة بطريقة مثلى مع مراقبة حركة رأس المال في المنظمة.
* **نشاط الحماية من المخاطر Security Operations**: تركز هذه الوظيفة على الخطوات الضرورية لحماية الأفراد في المنظمة وكذلك إنتاج منتجات سليمة وأمينة.
* **النشاط المحاسبي Accounting Operations**: وتتضمن هذه الوظيفة توثيق وتسجيل مجمل العمليات المحاسبية والمالية وتهيئة البيانات المحاسبية الخاصة بالمخزون والأرباح والمطلوبات وإعداد الميزانية العمومية مع تحليل هذه البيانات إحصائياً.
* **النشاط الإداري Managerial Operations**: ويمثل العمليات الإدارية الأربعة وهي:
  - التخطيط Planning
  - التنظيم Organization
  - القيادة Leadership
  - الرقابة Control

3. المبادئ الإدارية الأربعة عشر لفايول

*** المبادئ الإدارية لفايول**
هي اعتقادات وأفكار صاغها فايول في أربعة عشر مبدأ لتحسين الممارسة الإدارية.

يرى فايول أن الإدارة هي تفكير واعتقادات لذلك اعتنى كثيراً بنوعية الإدارة Quality of Management واقترح أربعة عشر مبدأ للارتقاء بمستواها وهذه المبادئ هي:

* **تقسيم العمل Division of Work** : بمعنى أن يعطى كل عامل جزء صغير من العمل لإنجازه لكي يكون متخصصاً في هذا الجزء.
* **السلطة والمسؤولية Authority and Responsibility**: وهذا يعني أن السلطة هي حق إصدار الأوامر بينما المسؤولية هي التزام بمسؤوليات محددة لانجاز ما يتطلب الموقع الوظيفي لتكون العرضة للمحاسبة واجبة عن إساءة استخدام السلطة.

* **القواعد المنظمة للعمل Discipline**: قواعد واتفاقات تحدد بوضوح العلاقة بين الأطراف المختلفة في المنظمة والتي يجب أن تطبق بعدالة وقانونية.
* **وحدة الأمر Unity of Command**: إن كل موظف أو عامل يجب أن يتلقى الأوامر من رئيس واحد فقط.
* **وحدة الاتجاه Unity of Direction** : إن جهود أي فرد في المنظمة يجب أن تنسق وتركز بنفس الاتجاه.
* **خضوع مصالح الأفراد لمصالح المنظمة Subordination of Individual Interests to Organizational Interests**: يجب أن يكون هناك تكامل بين مصالح الأفراد ومصالح المنظمة لكن الأولوية تعطى لمصالح المنظمة إذا حصل تعارض بين المصلحتين.
* **مكافأة العاملين بعدالة Remuneration of Staff**: يجب أن تدفع للعاملين أجور مجزية مع حوافز مناسبة للمجهودات التي يبذلونها.
* **المركزية Centralization**:أن القرارات المتعلقة بالسياسات العامة والمهمة يجب أن تتركز بيد الإدارة العليا.
* **التدرج الهرمي Scalar Chain**: يجب أن تخضع الاتصالات لمبدأ التدرج الهرمي حسب خط السلطة من أسفل إلى أعلى أو بالعكس.
* **الترتيب Order**: وضع الشيء المناسب في مكانه المناسب حيث يتطلب الأمر معرفة دقيقة بالمتطلبات الإنسانية والموارد المتعلقة بها.
* **العدالة Equity**: يجب أن يكون المدراء عادلون وأصدقاء للعاملين.
* **استقرار الكادر Stability of Staff**: يجب أن يكون دوران العمل أقل ما يمكن، ويجب أن يشجع مبدأ تكريس العامل حياته للعمل في منظمة واحدة.
* **المبادرة Initiative**: يجب تشجيع العاملين على تقديم أفكار جديدة أثناء تنفيذ الخطط.
* **روح الفريق Espirit de Corps**: حيث يشجع العاملون على العمل ضمن فريق وعلى الإدارة أن تدعم هذا الاتجاه.

ومن الجدير بالذكر أن من بين الرواد الآخرين في الاتجاه ماري باركر فوليت (1868-1933) Mary Parker Follyet وشستر برنارد (1886-1961) Chester Bernard اللذان ساهما بأفكار مهمة في هذا الاتجاه. فقد ركزت فوليت على المجاميع وتكريس الجهود للعمل في المنظمة حيث ترى أن المنظمة هي عبارة عن تجمع (Community) يجب أن يعمل المدراء والعاملون فيه بتناغم وتناسق دون هيمنة طرف على آخر. كما أن وظيفة المدير مساعدة الأفراد على التعاون أحدهم مع الآخر للوصول إلى مصلحة مشتركة. أما برنارد فقد أسهم بإضافة ما يسمى التنظيم غير الرسمي Informal Organization كما أشار إلى أن المنظمات هي ليست ماكينات وإنما مجاميع اجتماعية وتوجد فيها علاقات غير رسمية. كما أسهم أيضاً بتطوير ما يسمى نظرية قبول السلطة Acceptance Theory of Authority والتي نص فيها على أن الأفراد لديهم الحرية باتباع أوامر الإدارة أو رفضها.

* البيروقراطية
Bureaucracy
صيغة تنظيمية عقلانية ورشيدة قائمة على أساس المنطق والنظام والسلطة الشرعية لإنجاز الأعمال وتحقيق الأهداف.

* البيروقراطية Bureaucracy

تمثل البيروقراطية مع الاتجاهين السابقين نظرة رشيدة وكفؤة للمنظمة من خلال منطق وقواعد عمل وشرعية سلطة. ويعتبر ماكس فيبر (1920-1864) Max Weber هو الرائد الأول والرئيس لهذا الاتجاه. ولكونه عالم اجتماع فقد اهتم في إيجاد آليات للعمل في المنظمة وفق تسلسل هرمي ومنطقي قائم على مجموعة من المبادئ أهمها:

1. **تقسيم واضح للعمل Clear Division of Labor**: وفيه تحدد الوظائف لكي يزود العاملون بمهارات كافية لأدائها كما ينبغي.
2. **هيكلية واضحة للسلطة Clear Hierarchy of Authority**: أن السلطة والمسؤولية يجب أن تحددا بوضوح لجميع المواقع وكل موقع يجب أن يعرف إلى أي جهة يقدم تقاريره.
3. **قواعد وإجراءات عمل رسمية Formal Rules and Procedures**: يجب أن تكون هناك قواعد مكتوبة بوضوح لتوجيه السلوك والقرارات لجميع الوظائف.
4. **اللاشخصية في التعامل Impersonality**: إن القواعد والإجراءات تطبق على الجميع دون استثناءات شخصية ولا معاملة تفضيلية لأي من العاملين.
5. **التدرج الوظيفي حسب الجدارة Careers Based on Merits**: يجب اختيار العاملين وترقيتهم في ضوء قابلياتهم الفنية وأدائهم.
6. **فصل الإدارة عن الملكية Management Separation from Ownership**: لضمان أداء أفضل وتحقيق للأهداف فإن الإدارة تفصل عن المالكين.

وتجدر الإشارة إلى أن هذا الاتجاه أسهم بشكل فاعل في تطوير تخصص الإدارة العامة الذي بدأ استحداثه في كليات القانون في أول الأمر ثم أصبح تخصصاً واسعاً قائماً بذاته. لقد أصبحت البيروقراطية وفق المفهوم الشائع اليوم مرادفة للحالة السلبية والروتين والتأخير في إنجاز المعاملات والجمود في التعامل مع ما يستجد في الإدارات المختلفة، في حين يفترض أن تعطي البيروقراطية توجهاً لخيارات يؤطر من خلالها الهيكل التنظيمي ليكون قادراً على العمل الكفؤ والاستجابة للموقف.

* المدرسة السلوكية
Behavioral School
مجموعة الأفكار والرؤى التي تؤكد على أن الأداء الجيد يرتبط بمتغيرات سلوكية وإنسانية.

ثانياً: المدرسة السلوكية Behavioral School

ظهرت بوادر تأثير الفكر السلوكي والإنساني منذ منتصف العشرينات من القرن الماضي في الفكر الإداري. ومثلت مجموعة كبيرة من الاتجاهات السلوكية الإنسانية يمكن عرض أهمها في المخطط التالي:

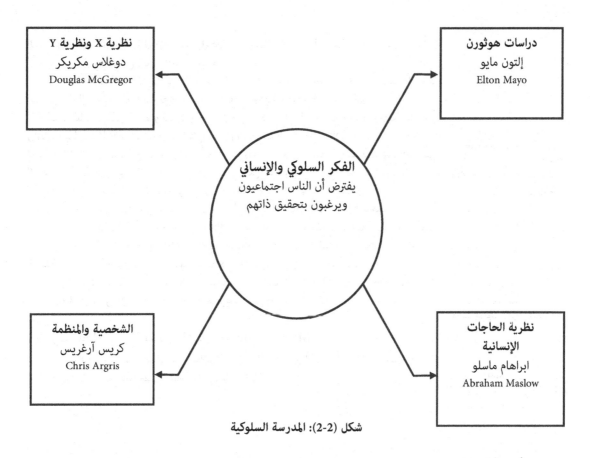

شكل (2-2): المدرسة السلوكية

إن أهم الأفكار المنضوية تحت لواء هذه المدرسة تتعلق بضرورة الاهتمام بالفرد العامل والمجموعات من خلال النظر إلى رضاهم وتطوير العلاقات الاجتماعية بينهم وبالتالي تتحقق أعلى إنتاجية. وهذه الأفكار جاءت رداً مكملاً على أفكار المدرسة الكلاسيكية التقليدية.

* العلاقات الإنسانية ودراسات هوثورن

Human Relations and Hothorne Studies

*** دراسات هوثورن**
Hothorne Studies
مجموعة من الدراسات والتجارب في شركة Western Electric فتحت المجال للتركيز على الجوانب الإنسانية والسلوكية في إنجاز العمل.

إن المنطلق الرئيسي في الاتجاه هو الدراسات التي أجرتها شركة Western Electric (تسمى اليوم Lucent Technologies) في موقعها المسمى Hothorne في ولاية شيكاغو. وفحوى الدراسة هو معرفة ما إذا كان هناك علاقة بين الحوافز الاقتصادية والظروف المادية لمكان العمل وإنتاجية العاملين. وبعد سلسلة من الأبحاث لمعرفة تأثير الإضاءة والضوضاء والحرارة وغيرها تبين أن تأثير هذه العوامل لا يرتبط بعلاقة من نوع محدد الأمر الذي دفع الباحثين إلى الاعتقاد بأن هناك عوامل غير مرئية تساهم في تحسين الأداء وزيادة الإنتاجية وليس الظروف المادية والحوافز الاقتصادية لوحدها. وقد استعان المصنع بفريق عمل من جامعة Harvard برئاسة Elton Mayo وقد كان هذا في عام 1927. وقد بدأ مايو دراسته بالبحث عن تأثير التعب على الإنتاجية، حيث تم عزل ستة عاملات في غرفة خاصة وتم ترتيب عملهن بحيث يحصلن على فترات راحة متباينة وكذلك فإن أسابيع العمل لهن كانت ذات فترات مختلفة وعند قياس إنتاجيتهن بشكل مستمر وجد أن هناك تحسن في الإنتاجية ولكن بدون وجود علاقة بين الإنتاجية وظروف العمل المادية. وقد استنتج فريق البحث أن هناك عوامل أخرى تفسر هذه الزيادة في الإنتاجية تم تلخيصها بعاملين أساسيين: الأول هو مناخ العمل الجماعي Group Atmosphere والإشراف المشترك Participative Supervision. ففي إطار العامل الأول يتقاسم العاملون علاقات اجتماعية طيبة ومرحة بين بعضهم الأمر الذي يؤدي إلى أداء العمل بنشاط. وفي ظل العامل الثاني فقد شعر

العاملون بأهميتهم من خلال تزويدهم بالمعلومات وسماع آرائهم باستمرار. أن هاتين الحالتين كانتا مفقودتين في السابق وهما اللتان تسببتا في تحسين الإنتاجية.

ورغم الانتقادات التي يمكن أن توجه إلى دراسات هوثورن ونتائجها ضمن منظور البحث العلمي الحالي بعدم إمكانية تعميم النتائج ومحدودية العينة إلا أنه يمكن القول أن هذه الدراسات نقلت انتباه المدراء والإدارة والباحثين من التركيز على الجوانب الفنية والهيكلية التي ركزت عليها كافة اتجاهات المدرسة التقليدية إلى الجوانب الاجتماعية والإنسانية كمفاتيح مهمة لتحسين الإنتاجية. لقد أعطت هذه الأبحاث اهتمام للشعور الإنساني والسلوك والعلاقة بين العاملين أهمية كبيرة وكذلك اشرت تأثير المجموعة على سلوك الفرد. إن أهمية دراسات هوثورن الكبيرة اكتشفت عندما لاحظ الباحثون زيادة إنتاجية العاملين غير الخاضعين للدراسة بسبب توقعهم أن الاهتمام سيشملهم لاحقاً وأنهم سيعاملون كما يعامل العاملين الخاضعين للتجربة وسميت هذه الظاهرة "تأثير هوثورن" Hothorne Effect. وساهمت دراسات هوثورن بظهور حركة العلاقات الإنسانية Human Relations Movement التي ترى أن استخدام العلاقات الإنسانية الجيدة ومعاملة العاملين معاملة حسنة سينعكس إيجابياً على زيادة الإنتاجية.

إن هذه الحركة كانت مدخلاً لما سمي في ما بعد السلوك التنظيمي Organizational Behavior الذي يركز على دراسة الأفراد والمجموعات وسلوكهم في المنظمات.

* **حركة العلاقات الإنسانية**
Human Relations Movement
حركة ترى أن المدراء يستخدمون علاقات إنسانية جيدة لغرض الوصول إلى إنتاجية أعلى للعاملين.

* **تأثير هوثورن**
Hothorne Effect
هو ميل العاملين غير المشمولين باهتمام خاص للإنجاز كما هو متوقع منهم.

* **السلوك التنظيمي**
Organizational Behaviors
دراسة سلوك الأفراد والمجموعات في المنظمات.

* نظرية الحاجات الإنسانية لماسلو Maslow Theory

في إطار المدرسة السلوكية والعلاقات الإنسانية تعتبر أعمال ابراهام ماسلو (1908-1970) Abraham Maslow حول الحاجات الإنسانية نقلة نوعية في

* **الحاجة Need**

علم الإدارة. والمقصود بالحاجة Need هي عوز مادي أو نفسي يشعر به الفرد ويميل إلى إشباعه.

وهذا المفهوم حيوي للمديرين لأن الحاجات تولد ضغوطاً تؤثر في عمل وسلوكيات العاملين وتصرفاتهم وقد أشار ماسلو إلى وجود خمسة مستويات من الحاجات وضعها في تسلسل هرمي ابتداءً من الحاجات الفسيولوجية وانتهاءً بحاجات تحقيق الذات كما في الشكل (3-2).

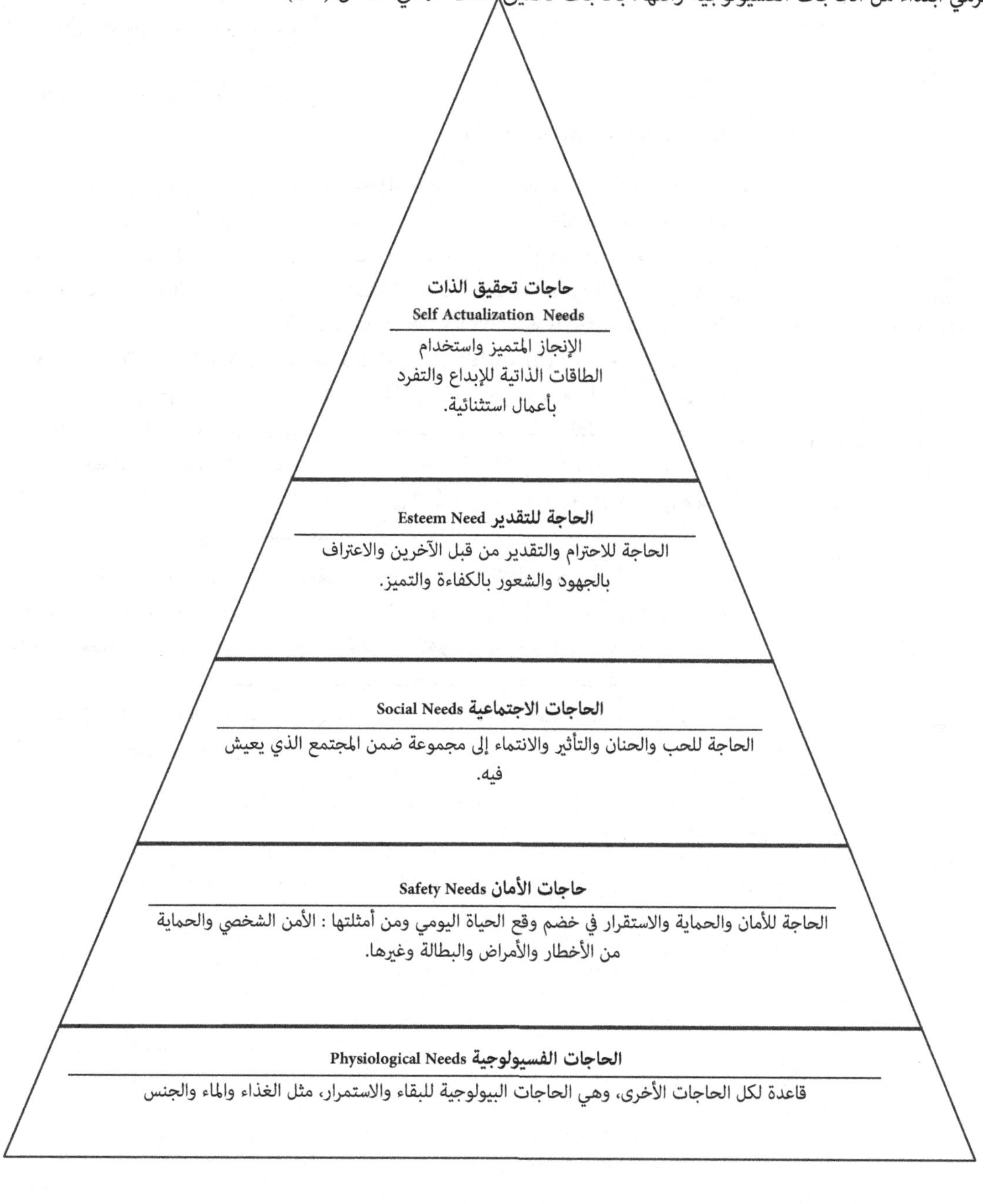

حاجات تحقيق الذات
Self Actualization Needs
الإنجاز المتميز واستخدام الطاقات الذاتية للإبداع والتفرد بأعمال استثنائية.
الحاجة للتقدير Esteem Need
الحاجة للاحترام والتقدير من قبل الآخرين والاعتراف بالجهود والشعور بالكفاءة والتميز.
الحاجات الاجتماعية Social Needs
الحاجة للحب والحنان والتأثير والانتماء إلى مجموعة ضمن المجتمع الذي يعيش فيه.
حاجات الأمان Safety Needs
الحاجة للأمان والحماية والاستقرار في خضم وقع الحياة اليومي ومن أمثلتها : الأمن الشخصي والحماية من الأخطار والأمراض والبطالة وغيرها.
الحاجات الفسيولوجية Physiological Needs
قاعدة لكل الحاجات الأخرى، وهي الحاجات البيولوجية للبقاء والاستمرار، مثل الغذاء والماء والجنس

شكل (3-2): هرم ماسلو للحاجات

إن هذه النظرية قائمة على أساس مبدأين أساسيين: الأول، مبدأ الحرمان من الإشباع Deficit حيث أن الحاجات المشبعة لا أثر لها في دفع الفرد لسلوك معين في حين أن الحاجات غير المشبعة Deprived Needs هي التي تؤثر في سلوك الفرد وتدفعه للبحث عن إشباعها. أما الثاني فهو مبدأ التدرج في إشباع الحاجات Progression Principle أي أن الحاجات في مستوى أعلى لا تفعل إلا بعد أن تكون حاجات المستوى الأدنى منه قد أشبعت، فلا يفكر أي عامل في الحاجات الاجتماعية أو غيرها ما لم تكن الحاجات الفسيولوجية أو حاجات الأمان قد أشبعت بحدود معقولة.

وفي إطار الفكر السلوكي الإنساني فإن نظرية ماسلو تحث المدراء على مساعدة العاملين لإشباع حاجاتهم المهمة من خلال العمل لكي ينعكس إيجابياً على الأداء والإنتاجية.

* نظرية X ونظرية Y لماكريغر

Mc Gregor's Theory X and Theory Y

* نظرية X
Theory X
افتراضات بأن العاملين لا يحبون العمل ولا يرغبون بتحمل المسؤولية ولا طموح لديهم ويحفزون بالحوافز المادية فقط.

* نظرية Y
Theory Y
ترى أن العاملين يحبون العمل ومستعدون لتحمل المسؤولية ولديهم قدرات إبداعية.

لقد تأثر دوغلاس ماكريفر (1906-1964) Douglas McGregor بشكل كبير بدراسات هوثورن وماسلو وقد بدا هذا واضحاً في كتابه المشهور "The Human Side of Enterprise" الذي قدم فيه وجهة نظر تنص على ضرورة عناية المدراء بالجوانب الاجتماعية وتحقيق الذات للعاملين كما دعاهم إلى الانتقال من الممارسات القائمة على أساس النظرة الكلاسيكية للعمل وسماها "نظرية X" إلى الممارسات القائمة على أساس النظرة الإنسانية والاجتماعية والتي أطلق عليها "نظرية Y". ووفق أفكار ماكريغر فإن افتراضات نظرية (X) تدور حول عدم حب العاملين للعمل ونقص الطموح وعدم الاستعداد لتحمل المسؤولية ومقاومة التغيير كما أنهم يفضلون أن يقادوا بدلاً من أن يكونوا هم القادة ويحفزون مادياً فقط. لذلك فإن الباحث يرى أن هذه الافتراضات سلبية وغير واقعية واقترح بدلها افتراضات نظرية (Y)، والتي في إطارها يرى المدراء العاملين بكونهم يحبون العمل ومستعدين لتحمل المسؤولية وقادرين على ممارسة الرقابة الذاتية على عملهم وهم كذلك مبدعون وذوي خيال خصب.

ولعل أهم ما ولدته أفكار ماكريغر في إطار الممارسات الإدارية هو أن المدراء يخلقون بيئة عمل تتماشى وتنسجم مع الافتراضات التي لديهم حول العاملين وبالتالي فإن العاملين يمارسون عملهم بآليات وطرق تنسجم مع هذه الافتراضات وما يتوقعه مدراؤهم منهم. فالمدراء في إطار نظرية (X) يتصرفون بطريقة محددة ومباشرة في إطار سلسلة الأمر والرقابة، ولا يعطون العاملين مجالاً لإبداء الرأي في أعمالهم. إن هذا الجو يخلق مناخاً سلبياً وشعوراً بالتبعية يجعل العاملين يؤدون

عملهم وفق ما يقال لهم وحسب المتطلبات. أما المدراء في إطار نظرية (Y) فإنهم يؤمنون بالمشاركة ويخلقون جواً من الحرية وتكريس الجهود للعمل وتحمل المسؤولية وهذا يخلق مناخ مفعم بالرضا والتقدير وتحقيق الذات وتقديم المبادرات.

* نظرية الشخصية الناضجة
Adult Personality Theory
إن شخصيات العاملين الناضجين تتسم بالمرونة والإبداع وتتناقض مع الجمود الذي تفترضه المدرسة الكلاسيكية.

* نظرية الشخصية الناضجة Adult Personality Theory

تدرج هذه النظرية كاتجاه في المدرسة السلوكية الإنسانية لكونها تمثل مساهمة استثنائية في دعم هذه المدرسة رغم أن الغالبية العظمى من كتب الإدارة لا تشير إليها عند معالجة موضوع التطور التاريخي للإدارة. وصاحب هذه النظرية هو كريس آرجرس Chris Arygris الذي يرى أن تناقضاً سيحصل بين الممارسات الإدارية القائمة على المفاهيم التقليدية والهيكلية التنظيمية التقليدية مع الحاجات والقابليات للأشخاص الناضجين العاملين في المنظمة، واستنتج أن بعض الممارسات وخاصة المتأثرة بالمدرسة الكلاسيكية واتجاهاتها لا تنسجم مع الشخصية الناضجة. إن الأمثلة كثيرة ويمكن الإشارة إلى أحدها وهو أن اتجاه الإدارة العلمية يرى في التخصص وتقسيم العمل سبيلاً إلى مزيد من الكفاءة في الأداء عندما تحدد المهمات بدقة في حين يرى آرغرس أن هذا المبدأ لا ينسجم مع تحقيق الذات للعامل في مكان العمل، حيث أنه يريد مزيد من المرونة وحرية التصرف وطرح الأفكار الإبداعية. وكذلك ترى نظرية الشخصية الناضجة أن تحديد السلطة الواضح وممارسة الرقابة وكتابة الإجراءات بالتفصيل في النظرية البيروقراطية يخلق نوعاً من الاتكالية والجمود لدى العاملين ويشعر من خلالها العامل أن بيئة العمل مفروضة عليه وبالتالي يقل اندفاعه للعمل. ولعل أهم ما توصل إليه ارغرس في انتقاده لمبدأ وحدة الإدارة الذي نادى به فايول، هو أن هذا المبدأ يخلق ظروف الفشل النفسي للعاملين، وأن النجاح يتحقق عندما يشارك العاملون في تحديد الأهداف.

ثالثاً: المدرسة الكمية Quantitative School

في الوقت الذي تطورت فيه الاتجاهات السلوكية في الإدارة كان هناك العديد من الباحثين يحاولون تطوير أساليب رياضية وكمية وإحصائية لمساعدة متخذي القرارات في تحسين نوعيتها. إن الافتراض الأساسي لهذه المدرسة يستند إلى كون الرياضيات والأساليب الكمية يمكن أن تستخدم في تحسين نوعية القرارات وحل المشكلات في منظمات الأعمال.

لقد زادت استخدامات هذه الأساليب حديثاً خاصة بعد التطورات التي حصلت في تكنولوجيا المعلومات والحاسوب والبرامجيات الجاهزة. ويمكن ملاحظة اتجاهين رئيسيين داخل هذه المدرسة وهما اتجاه علم الإدارة Management Science واتجاه إدارة العمليات Operations Management.

* علم الإدارة أو بحوث العمليات Operations Research

* علم الإدارة أو بحوث العمليات
Management Science (Operations Research)
الحقل العلمي الذي يهتم باستخدام الأساليب الكمية والرياضية لحل المشاكل الإدارية.

إن هذا الفرع يعنى باستخدام التطبيقات والأساليب الرياضية في حل المشاكل الإدارية حيث يعتمد الطريقة العلمية في صياغة النموذج الرياضي وحله وتطبيقه. وفي الوقت الحاضر توجد الكثير من النماذج والأساليب الكمية التي نجحت في حل مشاكل كبيرة في مجال التخطيط والتنبؤ ومنها نماذج البرمجة الخطية وصفوف الانتظار ونماذج المخزون والمحاكاة وغيرها.

* إدارة العمليات والإنتاج

Operations and Production Management

* إدارة العمليات والإنتاج
Operations and Production Management
الحقل المعرفي المعني بمساعدة المنظمة على إنتاج السلع والخدمات بكفاءة عالية.

وهذا الحقل يهتم بالتطبيقات العملية للأساليب الكمية في مجال الإنتاج للسلع والخدمات ولكن بشكل أقل من علم الإدارة أو بحوث العمليات. فالتنبؤ بالطلب واختيار موقع الوحدة الإنتاجية وموازنة خطوط الإنتاج والجدولة والصيانة والسيطرة النوعية هي تطبيقات كمية شائعة في هذا الحقل المعرفي.

ولا بد من الإشارة إلى أن الأساليب الكمية وعلم الإدارة ساهم بشكل كبير في تطوير حلول لمشاكل إدارية خصوصاً بعد نجاحه في الحرب العالمية الثانية في تقديم حلول للقادة العسكريين، لكنه يعاني من محددات في الاستخدام ولا يمكن أن يكون بديلاً عن المدير ذاته بل مساعد في اتخاذ قراراته خصوصاً وأن الأساليب الكمية لا يمكن أن تتعامل مع كثير من الجوانب السلوكية والقيمية. ولكن من المهم جداً للمديرين أن يعرفوا أساسيات التقنيات الرياضية والكمية ويجب أن يعرفوا أيضاً متى تستخدم وما هي محدداتها.

رابعاً: المدارس الحديثة Modern Schools

إن تطور المدارس جاء مستنداً ومكملاً للتوجهات السابقة والافتراضات التي قامت عليها هذه المدارس. في إطار توجهات المدارس الحديثة ينظر إلى الأفراد في المنظمات باعتبارهم مكونات مختلفة ولا يمكن فهمها بسهولة لذلك فإن تحليلاً معمقاً وشاملاً يقربنا من فهم أفضل للأفراد والمجموعات في المنظمات الحديثة. ورغم أن المدارس الحديثة تحوي العديد من التوجهات والمداخل لكننا نشير هنا إلى مدخلين مهمين وهما مدخل النظم والمدخل الموقفي أو الشرطي.

* مدخل النظم System Approach

يرى هذا المدخل أن منظمات الأعمال هي أنظمة مفتوحة تتعامل مع بيئتها باستمرار. والنظام System هو مجموعة من الأجزاء المتكاملة تعمل مع بعضها بشكل متدائب Synergic لغرض تحقيق الأهداف المحددة لها. وهذا يعني أن منظمات الأعمال تتكون من أنظمة فرعية أصغر Subsystems ليتشكل النظام الكلي الأكبر. ومنظمات الأعمال درست من قبل العديد من الباحثين كأنظمة مفتوحة تتعامل مع بيئة متغيرة باستمرار وتأخذ منها مدخلاتها لتقوم بتحويلها من خلال تداؤبية أجزائها الفرعية جميعاً إلى مخرجات مفيدة للزبائن والمجتمع وكما في الشكل (4-2).

* النظام System
مجموعة متكاملة من الأجزاء تعمل مع بعضها من أجل تحقيق هدف محدد.

* التداؤب Synergy
حالة عمل أكثر من جزء في نظام أو أكثر من نظام تؤدي إلى نجاح أكبر مما لو عمل كل جزء لوحده.

* النظام الفرعي Subsystem
مكون أصغر لنظام أكبر.

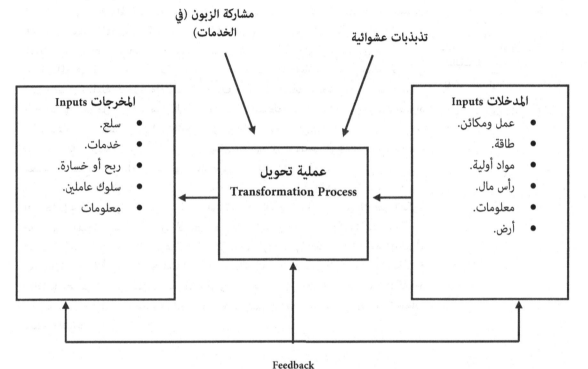

شكل (4-2) : مفهوم النظام

* النظام المفتوح Open System
هو نظام يتفاعل مع بيئته.

ومن المعلوم أن منظمات الأعمال في إطار هذا المدخل تعتبر نظم مفتوحة Open System متعددة الأبعاد الاقتصادية والاجتماعية تتفاعل مع البيئة في إطار قدرتها على فهم وإدراك متغيرات هذه البيئة وانعكاسات تأثيرها على المنظمة كنظام بشكل شمولي أو على أحد أجزائها. أما المنظمات التي تعمل كأنظمة مغلقة

67

Closed System فإنه يصعب عليها حالياً النجاح وتقع في أخطاء كثيرة بسبب هذا السلوك المنغلق فلا يعقل أن تكون البيئة ليست مهمة لمنظمات الأعمال الحديثة. وسواء كانت منظمات الأعمال مفتوحة أو مغلقة فإنها وفي ضوء استمرار تطور دورة حياتها فإنها ستصل إلى الهبوط والاضمحلال سواء على المدى القريب أو البعيد. إن مفهوم التلاشي Entropy يعبر عن حالة فقدان القدرة على التداؤب والاستمرار بالعمل بسبب عدم الفهم لمعطيات البيئة أو لأي سبب آخر. إن المهمة الأساسية للإدارة وفق مفهوم النظام هي إعادة شحن المنظمة باستمرار بالطاقة لتفادي الوقوع في خطر التلاشي والاضمحلال.

*** النظام المغلق**
Closed System
هو نظام لا يتفاعل مع بيئته.

*** التلاشي**
Entropy
عمليات طبيعية تقود النظام إلى فقدان التداؤب ومن ثم الاضمحلال.

* المدخل الموقفي Contingency Approach

يعتبر المدخل الموقفي مساهمة نوعية متميزة في المدارس الحديثة. إن أغلب المداخل التي تم عرضها في المدارس التقليدية والسلوكية والكمية يمكن اعتبارها ممثلة لمنظورات عامة شاملة Universal Perspective لأنها تبحث عن أفضل طريقة لإدارة المنظمة، في حين يقترح المدخل الموقفي إن كل منظمة يمكن اعتبارها نظاماً متفرداً في خصائصه وبيئته ولذلك لا يمكن تعميم طرق شاملة للنجاح وإنما لكل موقف Situation هناك سلوك إداري يلائمه ويتأثر بالعديد من العوامل الموقفية مثل الحجم والبيئة والتكنولوجيا المستخدمة وطبيعة الأفراد والمجموعات في المنظمة ونوع الاستراتيجيات وقيم الإدارة العليا وغيرها.

*** المدخل الموقفي**
Contingency Approach
منظور يطابق بين الممارسات الإدارية ومتطلبات الموقف.

*** المنظور الشامل**
Universal Perspective
محاولة لتحديد طريقة واحدة أفضل لعمل الأشياء.

وإذا ما أردنا أن نرى أمثلة فيمكن الإشارة إلى الهيكل التنظيمي الذي قد يصلح لمنظمة معينة ولا يصلح لمنظمة أخرى مشابهة وعاملة في نفس القطاع الصناعي.

وبعد استعراض هذه المدارس الأربعة (التقليدية والسلوكية والكمية والحديثة) وأهم أفكارها فإنه يمكن القول أن التراكم المعرفي المتكامل هو السمة السائدة وليس التناقص الفكري الحاد لهذه المداخل حيث أن إدارة الأعمال وهي تبحث عن فاعلية وكفاءة المنظمة تحاول إيجاد التوليفة المناسبة من التطبيقات والممارسات التي تزودها بها هذه المدارس ومداخلها أو اتجاهاتها. بعبارة أخرى فإن هدف الإدارة في منظمات الأعمال هو إنجاز الأعمال بكفاءة وفاعلية ويمكن التعبير عن تكامل الأفكار في جميع المدارس بهدف الوصول إلى الكفاءة والفاعلية واعتماد المدراء أساليب وأدوات ومفاهيم ونظريات من مختلف المدارس والاتجاهات بالشكل التالي:

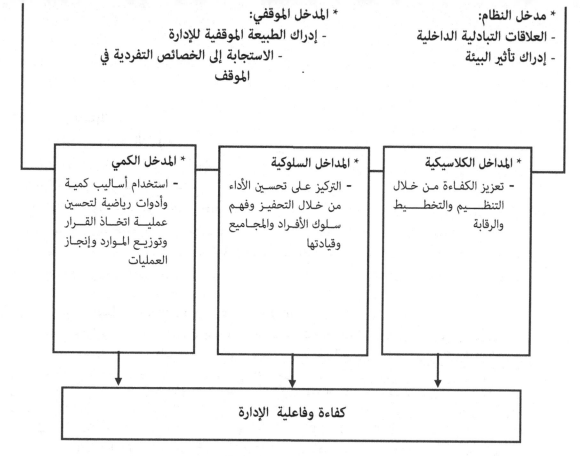

* مدخل النظام:
- العلاقات التبادلية الداخلية
- إدراك تأثير البيئة
* المدخل الموقفي:
- إدراك الطبيعة الموقفية للإدارة
- الاستجابة إلى الخصائص التفردية في الموقف
* المداخل الكلاسيكية
- تعزيز الكفاءة من خلال التنظيم والتخطيط والرقابة
* المداخل السلوكية
- التركيز على تحسين الأداء من خلال التحفيز وفهم سلوك الأفراد والمجاميع وقيادتها
* المدخل الكمي
- استخدام أساليب كمية وأدوات رياضية لتحسين عملية اتخاذ القرار وتوزيع الموارد وإنجاز العمليات
كفاءة وفاعلية الإدارة

شكل (5-2): مدخل تكاملي للإدارة

خامساً: الاتجاهات والممارسات المعاصرة والمستقبلية في الإدارة

Contemporary and Future Issues

تتطور الإدارة بوتائر سريعة في العصر الحديث ويرتبط هذا التطور بمجموعة كبيرة من المتغيرات والأبعاد يدخل في إطارها التقدم التكنولوجي والمعرفي والانفتاح وترابط العالم كوحدة واحدة وما يترتب على ذلك من شدة المنافسة. إن مجمل هذه التغيرات والتطورات فتحت أفقاً رحباً للباحثين ومنظمات الأعمال لاشتقاق توجهات معاصرة تراكم فيها المعرفة والتطبيقات لتعطي نتائج تجسدت في ظواهر إدارية أغنت علم الإدارة وتطبيقاته وفروعه ولعل أهمها ما سنناقشه في الفقرات التالية:

* البحث عن التميز Search of Excellence

إن التميز Excellence أصبح ميزة مهمة في عالم الأعمال اليوم، فالمدراء والعاملين في المنظمات يعتبرون التميز مدخلاً مناسباً لخلق ميزات تنافسية تعطي منتجات وخدمات عالية الجودة للمستهلكين. إن ما يسند ذلك هو ثقافة تنظيمية تحوي الجودة كقيمة أساسية وكذلك تقوي الالتزام بها في جميع جوانب بيئة العمل. إن باكورة الاهتمام بالتميز تمثلت في طروحات وليم اوجي William Ouchi التي ضمنها النظرية المعروفة "نظرية Z" والتي حاولت أن تجعل التميز مرتبطاً بثقافة تدعو إلى الاهتمام بالعاملين ومجاميع العمل كفرق متكاملة تناقش مختلف ما يرتبط بالنوعية وتحسينها باستمرار من خلال الاهتمام بالعاملين بشكل شامل والتعاقد معهم مدى الحياة وتطوير جوانب الرقابة الذاتية والمسؤولية الجماعية. أما المساهمة البارزة الأخرى فقد جاءت من Thomas Peters وRobert Waterman في كتابهما المعروف In Search of Excellence والذي حددا فيه مجموعة من خصائص مشتركة لأفضل منظمات الأعمال أداءً ومنها:

*** نظرية Z**
Z Theory
طروحات تضمنت التركيز على التوظيف مدى الحياة وفرق العمل والثقافة التنظيمية.

*** التميز**
Excellence
خصائص تنفرد فيها المنظمات الرائدة والناجحة دون غيرها من المنظمات.

- قربها من المستهلك.
- نزعة وتوجه نحو الفعل الدقيق والمبادرة.
- ارتباط الإنتاجية بالأفراد ورأس المال المعرفي.
- الاستقلالية والإبداع والمغامرة المحسوبة.
- التمسك بقيم وثقافة تنظيمية تدعو إلى الإبداع.
- هيكل تنظيمي بسيط وقيادة إداريين محنكين.
- نمو محسوب وعدم الدخول في أنشطة أعمال دون معرفة مسبقة وعميقة لها.
- حرية المبادرة والرقابة الذكية والمحكمة.

* إدارة الجودة الشاملة Total Quality Management

لقد برع اليابانيون في تطوير أساليب ووسائل واتجاهات مكنت منظمات الأعمال من تقديم منتجات وخدمات تحمل صفات الجودة والتميز، فحلقات السيطرة النوعية Quality Circles مثلت مدخلاً عملياً للاهتمام بالجودة من خلال إيجاد فرق عمل تناقش بشكل حر وطوعي مختلف الجوانب الثانوية والمهملة والمؤثرة سلباً على جودة السلعة أو الخدمة لمساعدة الإدارة التي تركز على القضايا المهمة. وتزايد الاهتمام بالجودة وطرحت أفكار كثيرة في نطاقها حتى تشكل مدخل شمولي فكري ومنهجي في إدارتها سمي إدارة الجودة الشاملة Total Quality Management حيث يشير هذا المدخل إلى بناء الجودة في جميع مراحل العمليات بدأً من التفكير الأولي بالحصول على الموارد مروراً بعمليات تحويلها من خلال نظم العمل في المنظمة وانتهاءاً بوصول المنتج إلى الزبون. ويمكن أن يعطي هذا المدخل نتائج جيدة بارتباطه بمفهوم سلسلة القيمة Value Chain والذي بموجبه تعتبر المنظمة سلسلة متعاقبة من الأنشطة تحول بموجبها المواد الأولية إلى منتجات في شكل سلع أو خدمات نهائية . والجودة يجب أن تتجسد في جميع حلقات هذه السلسلة.

*** إدارة الجودة الشاملة**
Total Quality Management
فلسفة تعبر عن كون الجودة هي مسؤولية جميع العاملين وفي جميع العمليات والأنشطة منذ الحصول على الموارد ولغاية وصول المنتج للمستهلك.

*** سلسلة القيمة**
Value Chain
سلسلة متعاقبة من الأنشطة التي تحول المواد الأولية إلى سلع وخدمات من خلال إضافة قيمة في كل مرحلة من مراحل التحويل.

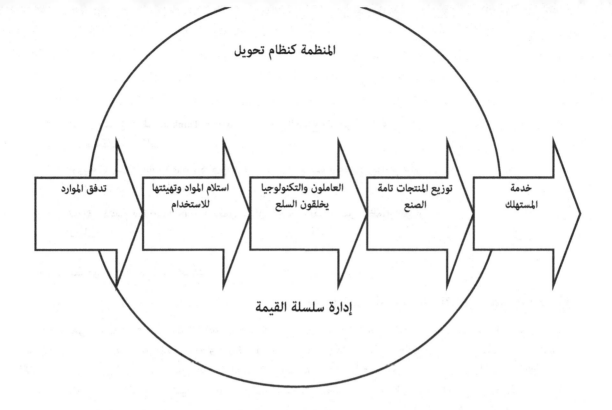

المنظمة كنظام تحويل

| خدمة المستهلك | توزيع المنتجات تامة الصنع | العاملون والتكنولوجيا يخلقون السلع | استلام المواد وتهيئتها للاستخدام | تدفق الموارد |

إدارة سلسلة القيمة

شكل (6-2): سلسلة القيمة

* المنظمة المتعلمة Learning Organization

مع اشتداد المنافسة في ميدان الأعمال وازدياد حالة عدم التأكد البيئـي لم يعـد ممكنـاً العمل وفق مفاهيم المنظمة التقليدية والقائمة على السلطة وتوزيع الأدوار والاهـتمام الجـزئي بالعمل. لذلك طرح مفهوم المنظمة المتعلمة Learning Organization والتي تمثل منظمـة لهـا القدرة على التعلم باستمرار لتكيف نفسها مع المستجدات والظروف الطارئة. إن هذه المنظمة تحمل خصائص النجاح لكونها قادرة على الاستفادة والتعلم من خبرتها وخبرة الآخرين. لقـد أعطى الباحث Peter Senge مفهوم المنظمة المتعلمة معنى واسعاً وثريـاً مـن خـلال كتابـه The Fifth Discipline والذي شخص فيه عناصر ارتأى أنها أساسية للمنظمة المتعلمة وكما يلي:

* المنظمة المتعلمة
Learning Organization
المنظمة التي تقوم بالتحسـين والتغير المستمر مستفيدة مـن دروس الخـبرة السابقة.

* **النماذج العقليـة** Mental Models : ويفهـم منـه أن يـترك جميـع العـاملين أسـاليب التفكير القديمة واستبدالها بأساليب إبداعية.

* **الحذق الشخصي** Personal Mastery: وفيه يجب أن يتمتـع الجميـع بـالوعي الـذاتي والتفتح على الآخرين.

* **التفكير بمنطق النظم** System Thinking: يجب على الجميع أن يعرفوا كيف تعمل المنظمة كنظام متكامل.

* **الرؤية المشتركة** Shared Vision: في إطارها يجب أن يفهم الجميع ويوافق على الخطط والأفعال في المنظمة.

* **الفريق المتعلم** Team Learning: العمل بشكل جماعي وبفرق عمل منظمة لإنجاز الخطط .

* الوعي الشمولي والتنوع والمعرفة

Global Awareness, Diversity and Knowledge

إن العولمة وعصر الاقتصاد الرقمي دفعا منظمات الأعمال إلى الاهتمام الشمولي بالأعمال وتأثيراتها المتبادلة وتجسد هذا الأمر بتطوير مجموعة كبيرة من المفاهيم تحاول أن تجعل هذه المنظمات أكثر نجاحاً من خلال الاهتمام بمختلف جوانب العمل. فالأداء والنوعية المتميزة ارتبطت بتطبيق هذه المفاهيم مثل إعادة هندسة العملية Process Reengineering والمنظمات الافتراضية Virtual Organizations والمصانع الرشيقة Agile Factories والمنظمات الشبكية Network Firms والإدارة الإلكترونية Electronic Management وإدارة المعرفة Knowledge Management وغيرها من المفاهيم. إن مجمل هذه المفاهيم ساعدت المنظمات في تطوير أعمالها كثيراً ومثلت مدخلاً مهماً في دراسات الباحثين المعاصرين ورجال الأعمال كما أنها فتحت آفاقاً مستقبلية مهمة. ولعل ظاهرة الاهتمام بالتنوع Diversity والتي تعني الاختلافات بين العاملين في المنظمة بسبب الجنس والعمر والقومية وبلدا المنشأ والقيم والثقافة والدين والمعتقد والأقلية والأكثرية. وإذا ما أحسنت الإدارة التعامل مع هذا التنوع فإنه يمثل غنى كبير للمنظمة يخلق ميزات تنافسية متفردة.

* القيادة Leadership

تمثل القيادة في منظمات الأعمال تحدياً مستمراً وعنصراً فاعلاً في النجاح أو الفشل. إن للقيادة دور مهم في خلق مجتمع معرفي إبداعي باعتبارها رمزاً لوحدة المنظمة وبالتالي فإن القادة الإداريون الناجحون هم رموز في المجتمع. وفي السنوات المعاصرة تمت الإشارة إلى مجموعة من الخصائص التي اتصفت بها القيادات الناجحة في منظمات الأعمال بحيث شكلت هدفاً مستقبلياً يجب أن يصل إليه القادة في مختلف منظمات الأعمال وهذه الخصائص هي:

- مفكر استراتيجي شمولي Global Strategist

أي أن القائد لديه القدرة على فهم العلاقات المتداخلة بين القوميات والثقافات والاقتصادات المعاصرة عند ممارسة التخطيط والتنفيذ.

– إتقان التعامل مع التكنولوجيا   **Master of Technology**

له القدرة الكافية على التعامل مع تكنولوجيا المعلومات والتنبؤ التكنولوجي ومعرفة اتجاهات تطوره واستخدامه في خلـق ميزات تنافسية.

– قائد ملهم   **Inspiring Leader**

يجتذب العاملين الماهرين إلى منظمته ولديه القدرة على إلهامهم وتحفيزهم لأداء أعمالهم من خـلال بنـاء ثقافـة منظميـة متميزة.

– نموذج في سلوكه الأخلاقي   **Model of Ethical Behavior**

يتصرف دائماً ضمن إطار أخلاقي ويضع معايير أخلاقية عالية مع بناء ثقافة منظمية داعمة للأخلاق والمسؤولية الاجتماعية.

أسئلة الفصل الثاني

* أسئلة عامة

1. ما المقصود بالمدرسة العلمية؟
2. ما هي فائدة دراسة التطور التاريخي للإدارة؟
3. ما هو مضمون المدرسة التقليدية من الإدارة وما هي أهم الاتجاهات فيها؟
4. استعرض أهم الأفكار التي أضافها كل اتجاه في اتجاهات المدرسة التقليدية.
5. ما هي أهم أفكار اتجاه الإدارة العلمية؟ وأي الحقول المعرفية تطور نتيجة لهذه الأفكار؟
6. ما هي أهم مبادئ فايول؟ وما الفرق بين مبدأ وحدة الأمر ووحدة الاتجاه؟
7. حدد مضمون اتجاه الفكر البيروقراطي وما هي أهم المبادئ التي يستند إليها؟
8. ما هو وجه الاختلاف الرئيسي بين المدرسة السلوكية والمدرسة الكلاسيكية في الإدارة؟
9. ناقش مضمون نظرية الحاجات لماسلو.
10. حلل أهم افتراضات نظرية X ونظرية Y.
11. ما هي الإضافة التي قدمتها كل من نظريتي الشخصية الناضجة ونظرية Z؟
12. ماذا يقصد بالمدرسة الكمية في الإدارة؟
13. ما معنى التداؤب والتلاشي في النظام المفتوح؟
14. لماذا يعتبر المدخل الموقفي مساهمة نوعية متميزة في الفكر الإداري؟
15. عرف بمفهومي المنظمة المتعلمة وإدارة الجودة الشاملة؟

** أسئلة الرأي والتفكير

1. من وجهة نظرك، هل أن هناك مدرسة مثلى يمكن أن تطبق أفكارها لوحدها في إدارة منظمات الأعمال؟
2. خذ الجامعة أو المعهد الذي تدرس فيه كمثال لمنظمة أعمال ثم ارسم مخططاً يوضح فكرة النظام المفتوح لهذه المنظمة وحدد المدخلات والمخرجات والعمليات فيه.
3. هل تتفق مع تصنيف الحاجات كما وردت في سلم ماسلو، وكيف ستستفيد من هذا التصنيف لو كنت مديراً في إحدى منظمات الأعمال.
4. لو كنت موظفاً في مصرف كبير، كيف تحب أن يعاملك رؤساؤك في العمل؟ وهل ترضى أن تطبق عليك مبادئ إحدى المدارس التي سبق وأن درستها؟
5. بين وجهة نظرك الشخصية في ما إذا كان هناك ضرورة لدراسة تاريخ الإدارة وفكرها القديم.

*** أسئلة الخيارات المتعددة :

1. إن الأب الروحي للإدارة العلمية هو:

A. ماكس ويبر   B. فريدريك تايلور   C. آرغرس   D. ماكريغر

2. إن المستوى الأعلى في سلم حاجات ماسلو هو:

A. الأمن والسلامة   B. الحاجات الفسيولوجية

C. الحاجة للتقدير   D. حاجات تحقيق الذات

3. إن المدرسة التي اهتمت بدراسة الوقت والحركة هي:

A. المدرسة الإنسانية   B. المدرسة الكمية

C. المدرسة الحديثة   D. المدرسة الكلاسيكية

4. إن الحقل المعرفي الذي ساهم في تطويره اتجاه العمليات الإدارية:

A. الهندسة الصناعية   B. الإدارة العامة

C. إدارة الأعمال   D. السلوك التنظيمي

5. إن المدير الذي يعتمد الأساليب الكمية في اتخاذ قراراته ينتمي إلى:

A. المدرسة الكلاسيكية   B. المدرسة الإنسانية

C. المدرسة الكمية   D. المدرسة الحديثة

6. عندما يركز المدير على الإنتاجية ويحفز العاملين مادياً فقط فإن تفكيره يقع ضمن:

A. اتجاه الإدارة العلمية   B. اتجاه البيروقراطية

C. اتجاه العمليات الإدارية   D. الاتجاه الموقفي

7. عندما يتصرف المدير بناء على معطيات الموقف أو الحالة في اتخاذ قراره فإن هذا يعني:

A. أخذ العوامل الإنسانية بنظر الاعتبار   B. الاهتمام بحاجات العاملين

C. تطبيق لمبادئ الاتجاه الموقفي   D. تطبيق للمبادئ البيروقراطية

8. إن الصراع بين الشخصية البالغة الناضجة والمنظمة غير المرنة كان جوهر اهتمام الباحث:

A. شستر برنارد   B. هنري جانت

C. آرغرس   D. ماري فولت

75

9. إن اعتماد الأساليب الرياضية والإحصائية في اتخاذ القرارات يقع ضمن تخصص:

A. القانون الإداري   B. الإدارة العامة

C. السلوك التنظيمي   D. بحوث العمليات

10. إن كون العاملين محبين للعمل ويرغبون بتحمل المسؤولية ولديهم قدرات إبداعية هو جوهر:

A. نظرية X   B. نظرية Y

C. نظرية Z   D. الاتجاه البيروقراطي

11. عندما يؤدي الأفراد عملهم كما هو متوقع منهم دون اهتمام خاص من قبل الرؤساء فإن هذا يسمى:

A. تأثير هوثورن   B. تأثير البيروقراطية

C. تأثير النظم المفتوحة   D. تأثير الموقف

12. إن الحصول على الموارد ورضا الزبائن تكون مهمة عندما ينظر للمنظمة:

A. كنظام بيروقراطي   B. كنظام مفتوح

C. كنظام هرمي   D. كنظام مغلق

13. إن دراسات هوثورن مهمة لكونها أدركت أهمية تأثير _____ على الإنتاجية.

A. الهياكل والسلطة   B. الظروف الفسيولوجية للعمل

C. العوامل الإنسانية   D. الدوافع والحوافز المادية

14. في المنظمة المتعلمة يمكن أن نجد:

A. قواعد وإجراءات عمل ثابتة ومحددة   B. ترقيات قائمة على أساس الأقدمية في العمل

C. وضوح للأدوار والسلطات   D. رغبـة لـدى العـاملين بتقبل مـا هـو جديـد وتطبيقه

15. إن القسم العلمي الذي تدرس فيه يعتبر بالنسبة للنظام الكلي (الجامعة أو المعهد):

A. نظام مغلق   B. نظام فرعي   C. منظمة متعلمة   D. حالة تلاشي

16. عندما نحلل مفهوم سلسلة القيمة فهذا يعني أننا:

A- نهتم برضا الزبون

B- نربط بين الأداء والعوائد

C- نتابع تدفق الأنشطة التي تحول الموارد إلى سلع وخدمات

D- ندرس مفهوم إدارة المبيعات

17. نقصد بمصطلح التداؤب:

A- عمل أجزاء النظام بشكل منفرد

B- تكامل عمل الأجزاء مع بعضها

C- تفاعل الأجزاء مع البيئة الخارجية

D- حالة اضمحلال النظام

18. إن مفهوم المدرسة العلمية أو المدخل في دراسة الإدارة يعني:

A- مجموعة من العلماء والباحثين يفسرون ظاهرة معينة بصورة مشتركة ومتفق عليها.

B- مجموعة من العلماء والباحثين يعيشون في نفس الحقبة التاريخية.

C- مجموعة من العلماء والباحثين يعيشون في منطقة جغرافية واحدة.

D- قسم علمي في جامعة معينة.

19. يعتبر تأثير الحاجات غير المشبعة على السلوك:

A- باعثاً على الشعور بالحرمان.

B- دافعاً للفرد للبحث عن وسيلة لإشباعها.

C- باعثاً على تصرفات عقلانية.

D- ليس لها تأثير على السلوك.

20. يفترض السلوك الإنساني الآتي ما عدا:

A- الناس راشدون وعقلانيون في تصرفاتهم ويبحثون عن المال فقط.

B- الناس اجتماعيون ويرغبون بتحقيق ذاتهم.

C- تؤثر الحوافز المعنوية إيجابياً على السلوك.

D- إن العلاقات الطيبة بين العاملين تزيد من الإنتاجية.

الفصل الثالث

أخلاقيات الأعمال

والمسؤولية الاجتماعية للمنظمات

الفصل الثالث

أخلاقيات الأعمال والمسؤولية الاجتماعية للمنظمات

بعد دراستك لهذا الفصل يكون باستطاعتك الإجابة على الأسئلة التالية:

1. ما المقصود بأخلاقيات الإدارة والأعمال؟
2. ما هي الإشكاليات الأخلاقية في مكان العمل؟
3. ما هي العوامل المؤثرة بالسلوك الأخلاقي؟
4. ماذا نقصد بالمسؤولية الاجتماعية؟
5. من هم المستفيدون أو أصحاب المصالح من وجود المنظمات؟
6. ما المقصود بالحاكمية المؤسساتية؟
7. ما طبيعة العلاقة التبادلية بين الأعمال والمجتمع؟

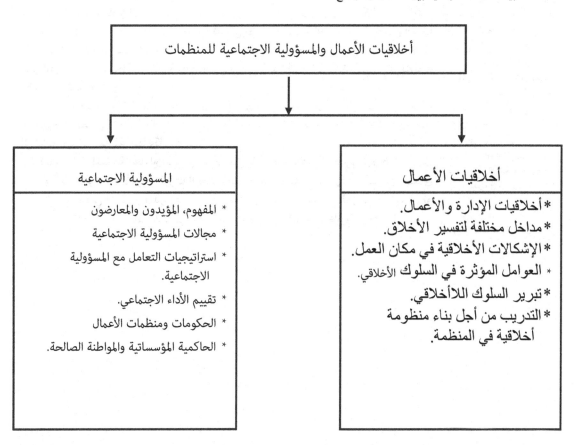

أخلاقيات الأعمال والمسؤولية الاجتماعية للمنظمات

أخلاقيات الأعمال

* أخلاقيات الإدارة والأعمال.
* مداخل مختلفة لتفسير الأخلاق.
* الإشكالات الأخلاقية في مكان العمل.
* العوامل المؤثرة في السلوك الأخلاقي.
* تبرير السلوك اللاأخلاقي.
* التدريب من أجل بناء منظومة أخلاقية في المنظمة.

المسؤولية الاجتماعية

* المفهوم، المؤيدون والمعارضون
* مجالات المسؤولية الاجتماعية
* استراتيجيات التعامل مع المسؤولية الاجتماعية.
* تقييم الأداء الاجتماعي.
* الحكومات ومنظمات الأعمال
* الحاكمية المؤسساتية والمواطنة الصالحة.

مقدمة الفصل الثالث:

إن التطور الحاصل في البيئة العالمية على المستوى الاقتصادي والثقافي رافقه أيضاً العديد من الإشكالات على المستوى الأخلاقي والاجتماعي. لقد اظهرت العديد من الشركات الصناعية على سبيل المثال، وجود خروقات في سلوكها الأخلاقي تجسد في عمليات عدم الوفاء بالالتزامات تجاه المستهلكين وكذلك تجاه البيئة الطبيعية، فهناك استنزاف للموارد وتلوث كبير في المياه والتربة والهواء نتيجة الاستهلاك الكثيف للموارد الطبيعية والوقود المستخدم في تشغيل الكثير من وسائل الحياة الحديثة. إن جوانب السلوك الأخلاقي وضرورة تحمل مسؤولية اجتماعية من قبل منظمات الأعمال لا ترتبط بمجتمعات محددة بل إنها أصبحت موضوعاً حيوياً مهماً تواجهه منظمات الأعمال في الدول المتقدمة والنامية. وإذا تجسد السلوك غير الأخلاقي من قبل منظمات أعمال كبيرة في العالم مثل شركة Enron فإن هذا لا يعني أنه غير موجود في أماكن أخرى ومنظمات أعمال في مختلف أنحاء العالم، لذلك ارتأينا استعراض فقرات أساسية توضح هذا الموضوع ويفترض أن يطلع عليها العاملون والإدارة وجميع شرائح المجتمع.

أولاً: أخلاقيات الأعمال

* مفهوم أخلاقيات الإدارة والأعمال

يقصد بمصطلح الأخلاق Ethics مجموعة المبادئ والمعايير والقيم التي تحكم سلوك الفرد أو المجموعة في ما يخص الصواب أو الخطأ وكذلك الجيد أو السيء في المواقف المختلفة. والأخلاقيات تعزز المبادئ التي توجه سلوك الفرد في خياراته المختلفة. وفي الحياة العملية يمثل السلوك الأخلاقي Ethical Behavior جوانب تتعلق بصحة وسلامة الخيار وتبعده عن الخطأ والسوء. تتجسد الجوانب الأخلاقية بشكل واضح عند رؤيتها من خلال التأثر بالقوانين والخيار الحر للفرد. وتبرز المشكلة الأخلاقية Ethical Dilemma عندما تكون تصرفات الأفراد أو المنظمة مضرة أو نافعة للآخرين.

أما الأخلاقيات الإدارية Managerial Ethics فإنها تشير إلى معايير السلوك التي تقود المدراء وتوجههم في عملهم. وهكذا فالأخلاقيات تؤثر على عمل المدراء بطرق مختلفة يمكن أن نشير إلى ثلاث مجالات أساسية منها وكالآتي:

أ. كيف تعامل المنظمة العاملين فيها في ما يتعلق بالتعاقد معهم أو تسريحهم من العمل وكذلك الرواتب والأجور وظروف العمل واحترام خصوصية العاملين: ويمكن أن نجد في الواقع العملي أن بعض المدراء يميزون بين العاملين بسبب انتمائهم العرقي أو الديني أو بسبب الجنس أو المعتقد السياسي وهذا يمثل سلوكاً لا أخلاقياً وغير قانوني في نفس الوقت.

*** الأخلاق Ethics**
مجموعة المبادئ والقيم التي تحكم سلوك الفرد في ما يتعلق بما هو صواب أو خطأ.

*** السلوك الأخلاقي**
Ethical Behavior
هو السلوك الصائب والخيار السليم الملتزم بالمبادئ الأخلاقية وهو عكس السلوك اللاأخلاقي Unethical Behavior الذي لا يخضع للمبادئ الأخلاقية الصحيحة.

*** المشكلة الأخلاقية**
Ethical Dilemma
هو الموقف الذي يرتبط بخيارات سلوكية ينجم عنها عواقب سلبية يصعب معها التمييز بين ما هو صحيح أو خطأ.

*** الأخلاقيات الإدارية**
Managerial Ethics
هي المعايير الأخلاقية التي توجه سلوك المدراء في العمل.

*** القيم Values**
هي قناعات عامة حول السلوك المناسب.

ب. **كيف يعامل العاملون أو الموظفون المنظمة:** حيث تبرز هنا الكثير من الإشكالات المتعلقة بما يعرف صراع المصالح (أو تضارب المصالح) وكذلك النزاهة والثقة وحماية أسرار العمل. فمثلاً، يمكن أن يوجد موقف فيه صراع أو تضارب مصالح بين الفرد العامل والمنظمة عندما يتم قبول هدية من مجهز المواد الأولية للمنظمة من قبل الشخص المسؤول عن استلام هذه المواد. كذلك فإن إفشاء أسرار المنظمة والعمل أو استخدام موجوداتها بشكل يخدم المصالح الشخصية يعتبر عملاً لا أخلاقياً وغير نزيه.

ج. **كيف تتعامل المنظمة والعاملين فيها مع الأطراف الأخرى:** هنا يتجسد السلوك الأخلاقي بالتعامل مع أطراف كثيرة يأتي في مقدمتهم المستهلكون والمنافسون والمجهزون والوسطاء والنقابات العمالية وغيرها. إن التعامل مع هذه الجهات قد يتضمن بعض الغموض الأخلاقي في إطار الإعلان والترويج والإفصاح المالي والمفاوضات والمساومات الجماعية بين المنظمة ونقابات العمال.

* مداخل مختلفة لتفسير الأخلاق

يحتكم المدراء إلى رؤى أخلاقية مختلفة قائمة على أساس المنظور الذي يفسرون بموجبه السلوك الأخلاقي وهذا الأمر يستند إلى وجود مداخل مختلفة طورها باحثون وعلماء وفلاسفة حاولوا تقديم تفسير للأخلاق كل حسب قناعاته. وقد شاعت هذه المداخل والتفسيرات بحيث أصبح الكثير من المدراء متأثرين بمدخل أو آخر وهذا انعكس على قراراتهم. ومن المفيد هنا استعراض هذه المداخل الرئيسية

- **المدخل النفعي Utilitarian Approach**

* **المدخل النفعي**
Utilitarian Approach
السلوك الأخلاقي هو الذي ينجم عنه أكبر فائدة لأكبر عدد من الناس.

بموجب وجهة النظر هذه فإن السلوك يعتبر أخلاقياً إذا تمخضت عنه أكبر فائدة أو نفع لأكبر عدد من الناس. وفي الإدارة فإن بعض المدراء ممن يؤثر هذا المدخل في قراراتهم قد يبررون مثلاً تسريح ما يعادل 30% من القوة العاملة بسبب ظروف السوق للاحتفاظ بالباقي وهو 70% من القوة العاملة. أي أن ما يراعى هو العواقب الناجمة عن القرار والتي يجب أن تقدم أقصى منفعة ممكنة لأكبر عدد ممكن من العاملين.

- مدخل الفردية **Individualism Approach**

يقوم السلوك الأخلاقي وفق منظور الفردية على أساس أن السلوك الأخلاقي هو الذي يؤدي إلى تعظيم مصلحة الفرد بذاته على المدى البعيد. لذلك يتخذ المدراء القرارات التي تحقق المصالح الشخصية أولاً وآخذين بنظر الاعتبار مصالح الأطراف الأخرى ثانياً.

* مدخل الفردية
Individualism Approach
السلوك الأخلاقي يستند إلى المنفعة الشخصية الذاتية على المدى الطويل.

- مدخل الحقوق **Moral-Right Approach**

يعتبر هذا المدخل السلوك أخلاقياً إذا احترم وحافظ على الحقوق الأساسية للأفراد وكذلك فإن القرار الإداري الأخلاقي هو القرار الذي يحترم هذه الحقوق لكل من يتأثر به. والحقوق الأساسية تتضمن حقوق الإنسان في الحرية والحياة والمعاملة الإنسانية وفق القانون وحق الخصوصية وحرية التعبير والصحة والأمان. إن هذه الحقوق قد تم تطويرها وتوسيعها من قبل منظمات الأعمال بناءً على الحقوق الأولى التي حددها John Locke و Thomas Jefferson والتي اشتملت على: حق الحياة والحرية وأن يعامل العاملون وفق القانون.

* مدخل الحقوق
Moral-Right Approach
السلوك الأخلاقي هو السلوك الذي يحترم ويحافظ على الحقوق الأساسية للإنسان.

- مدخل العدالة **Justice Approach**

يشير هذا المدخل إلى أن السلوك الأخلاقي هو الذي يستند إلى معاملة الآخرين بحيادية وعدالة اعتماداً على قواعد قانونية. لذا فإن معيار الحكم على القرار الإداري هنا هو مقدار عدالته ومساواته بين الجميع. ويميز الباحثون بين ثلاثة أنواع من العدالة: الأولى، العدالة الإجرائية Procedural Justice وتعني درجة وضوح صياغة سياسات وقواعد العمل واستقرار وحيادية تطبيقها، فعلى سبيل المثال أن ارتكاب نفس الخطأ من قبل مدير قسم أو عامل في أحد الأقسام يجب أن يعالجا بنفس الطريقة. الثاني هو العدالة الموزعة Distributed Justice وهذه تشير إلى مدى أو درجة توزيع وتخصيص الموارد والمخرجات دون تمييز بسبب العمر أو الجنس أو القومية إذا تساوت الكفاءة والمهارات. فمثلاً هل تحصل المرأة في موقع معين على نفس مرتب الرجل الذي يحمل نفس الكفاءة والخبرة؟

أما الثالث فهو العدالة التفاعلية Interact ional Justice والذي يتضمن مدى معاملة الجميع بكرامة ونزاهة واحترام، مثال ذلك ما إذا كان الموظف في قسم التسجيل في الجامعة يعامل الجميع بنفس الطريقة ويخصص لكل منهم نفس الوقت الذي خصصه للآخرين من أجل توضيح إجراءات التسجيل وتقديم نفس النصائح لهم.

* مدخل العدالة
Justice Approach
المدخل الذي يستند إلى معاملة الناس بنزاهة وحيادية.

* العدالة الإجرائية
Procedural Justice
مدى تطبيق الإجراءات والسياسات بعدالة.

* العدالة الموزعة
Distributed Justice
توزيع الموارد أو المخرجات بغض النظر عن الخصائص الفردية للعاملين.

* العدالة التفاعلية
Interact ional Justice
مدى معاملة الآخرين بكرامة ونزاهة واحترام.

ويلخص الشكل أدناه المداخل الأربعة المشار إليها أعلاه.

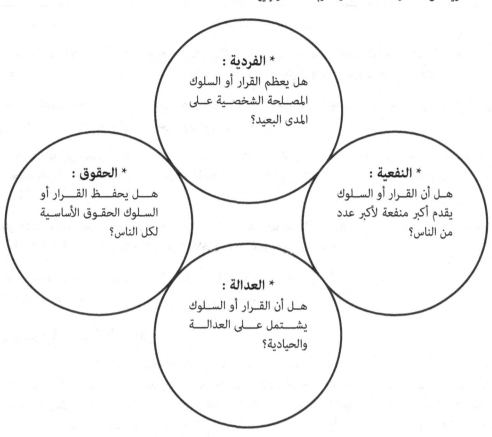

شكل (1-3): مداخل فهم أو تفسير الأخلاق

* الإشكاليات الأخلاقية في مكان العمل

تمثل الإشكاليات الأخلاقية مواقف يصعب فيها التمييز بوضوح بين ما هو صحيح وما هو خطأ. ومن الصعب أن يكون هناك إجماع على هذه المواقف بسبب عدم وضوح الخصائص المميزة لكل موقف وكذلك مدى تأثر الموظف أو العامل بفلسفة معينة لتفسير الأخلاق والسلوك الأخلاقي. ويمكن أن نحدد المشاكل الأخلاقية الرئيسية التي يمكن أن يواجهها المدير كما يلي:

- **تضارب المصالح** Conflict of Interest تحصل هذه المواقف عندما تتعارض وتختلف مصلحة الفرد في موقف معين عن مصلحة المنظمة، مثال ذلك قبول هدايا أو رشاوى مقابل اتخاذ قرارات لصالح من دفع هذه الهدايا أو الرشاوى، كذلك الأمر عندما يكون هناك عمل خاص يملكه أو يديره أحد الموظفين وهو

مشابه لعمل المنظمة حيث أن تشجيع الزبائن على التعامل مع العمل الخاص لتحقيق المصلحة الشخصية على حساب مصلحة المنظمة.

- **ثقة الزبون** Customer Confidence وأوضح مثال لها تسريب معلومات ذات علاقة بالزبائن ونشاطاتهم إلى أطراف أخرى، مثال ذلك عندما يسرب بعض العاملين في المصارف معلومات عن الزبائن إلى شركات وجهات أخرى.

- **التمييز** Discrimination ويحدث هذا الأمر عندما تحجب الترقية أو التعيين في وظيفة معينة عن مرشح لها بسبب عرقه أو جنسه أو دينه أو عمره أو أي خصائص أخرى ليس لها علاقة بالكفاءة.

- **التجاوز أو التحرش الجنسي** Sexual Harassment مجمل التصرفات التي تسبب عدم الشعور بالراحة في مكان العمل والمتعلقة بالتجاوز بألفاظ مخجلة أو تعبيرات شفهية أو تصرفات تخدش الحياء ذات طابع جنسي وخصوصاً على المرأة العاملة.

- **موارد المنظمة** Organizational Resources هي إساءة استخدام الموارد المادية والمالية وتسخيرها للأغراض الشخصية مثل إساءة استغلال الإنترنت والهواتف والتجهيزات الأخرى المكتبية أو السيارات وغيرها.

- **الاتصالات** Communications وهذه تمثل حالة نقل المعلومات بين مختلف الأطراف بطريقة تؤدي إلى إلحاق الضرر بالمنظمة. ويعد الكذب والمبالغة وبث الإشاعات من أكبر المشاكل في مجال الاتصالات.

* العوامل المؤثرة في السلوك الأخلاقي

من السهل الحديث عن الأخلاق والسلوك الأخلاقي في إطار كتاب علمي أو بحث علمي أو في ندوة ثقافية ولكن الأمر مختلف تماماً في واقع الحياة العملية حيث يتعرض المدراء أو العاملون لشتى الضغوط الخارجية التي تدفعهم إلى سلوكيات لا أخلاقية أو تتعارض مع بعض القواعد القانونية. فقد أشارت إحدى الدراسات في الولايات المتحدة الأمريكية أن 56% من العاملين يشعرون بضغوط قوية لممارسة سلوكيات غير أخلاقية وأن 48% منهم قد ارتكب فعلاً أفعالاً تتضمن مساءلات قانونية أو تصرفات لا أخلاقية خلال السنة السابقة في مكان عملهم. لذلك يتطلب الأمر من المنظمات الاهتمام بالبناء الأخلاقي السليم خاصة وأن الفرد يستمد سلوكه الأخلاقي متأثراً بثلاثة عناصر أساسية مهمة وهي الشخص بذاته والمنظمة التي يعمل فيها والبيئة الخارجية.

- الفرد The person

يتأثر السلوك الأخلاقي للفرد بمجموعة من العوامل ترتبط بتكوينه العائلي والشخصي، فالقيم الدينية والمعايير الشخصية والحاجات الفردية وتأثير العائلة والمتطلبات المالية وغيرها تدفع الأفراد إلى نوع أو آخر من

السلوك، فالمدير الذي ليس لديه قاعدة قوية من الأخلاق المكتسبة من العائلة والدين وغيرها نجد أن قراراته تتأرجح في المواقف المختلفة في ضوء تعظيم مصلحته الشخصية فقط. أما الذين يستندون إلى قاعدة أخلاقية قوية فإن ثقتهم بأنفسهم تكون أكبر وهناك تجانس سلوكي في قراراتهم. إن القيم الأخلاقية التي تعطي الأولية للنزاهة والعدالة والكرامة والاستقامة واحترام النفس توفر دعائم للمديرين تسندهم في عملية اتخاذ القرار وتجعله أكثر صواباً حتى لو كانت الظروف المحيطة غير واضحة أو غامضة والضغوطات كبيرة.

- المنظمة The Organization

إن للمنظمة تأثيراً مهماً في أخلاقيات مكان العمل من خلال الهيكل التنظيمي الموجود وخطوط السلطة وكذلك قواعد العمل والإجراءات وأنظمة الحوافز وغيرها. كذلك فإن المجاميع والتنظيمات غير الرسمية الموجودة لها أثر في سلوكيات الأفراد. ولعل الثقافة التنظيمية السائدة Organizational Culture - والتي تعني مجموعة القيم والأعراف المشتركة التي تتحكم بالتفاعلات بين أعضاء المنظمة بعضهم مع بعض ومع الجهات الأخرى خارج المنظمة – هي مؤثر كبير وفاعل في السلوك سواء كان أخلاقياً أو غير أخلاقي من خلال اعتماد الفرد العامل أو الإداري على هذه الأعراف والقيم ومدى تأكيدها على الالتزام أو عدم الالتزام بسلوكيات معينة.

> * الثقافة التنظيمية
> Organizational Culture
> هي مجموعة القيم والأعراف المشتركة التي تتحكم بالتفاعلات بين أعضاء المنظمة وكذلك مع الأطراف الخارجية.

- البيئة The Environment

تعمل منظمات الأعمال في بيئة تنافسية تتأثر بقوانين الحكومة وتشريعاتها وكذلك بالقيم والأعراف الاجتماعية السائدة. فالقوانين تلزم المنظمات بسلوكيات معينة وتضع معايير لتصرفاتها وبحدود معينة، في حين أن التشريعات تساعد الحكومة في التحكم بسلوك المنظمات وجعله متماشياً مع المعايير المقبولة. وكثيراً ما تتدخل الحكومة بسن تشريعات جديدة بناءً على حصول خروقات للقوانين أو عدم الالتزام بها من قبل بعض المنظمات كما حصل مع شركة Enron في فضيحتها الأخلاقية الشهيرة وتدخل الحكومة الأمريكية بتشريعات معينة لمعالجة الوضع. إن مجمل التشريعات والقوانين الحكومية وكذلك الأعراف والقيم الاجتماعية تعطي تصوراً عن طبيعة المناخ الأخلاقي السائد في صناعة معينة وهذه تؤثر بدورها بالسلوك الأخلاقي للمديرين، والشكل التالي يوضح هذه الأفكار.

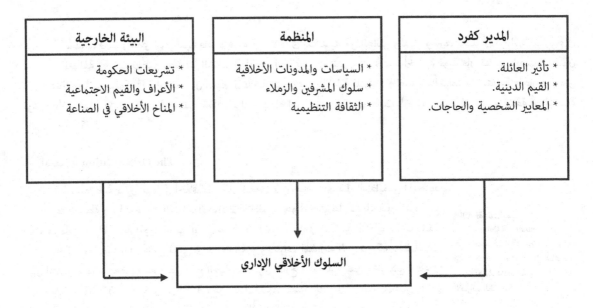

المدير كفرد
* تأثير العائلة.
* القيم الدينية.
* المعايير الشخصية والحاجات.
المنظمة
* السياسات والمدونات الأخلاقية
* سلوك المشرفين والزملاء
* الثقافة التنظيمية
البيئة الخارجية
* تشريعات الحكومة
* الأعراف والقيم الاجتماعية
* المناخ الأخلاقي في الصناعة
السلوك الأخلاقي الإداري

شكل (2-3): المؤثرات في السلوك الأخلاقي

* تبرير السلوك اللاأخلاقي **Rationalization for Unethical Behavior**

إن السلوكيات اللاأخلاقية في الأعمال من قبيل دفع رشاوى وهدايا للحصول على عقود عمل أو تغيير بسيط أو كبير في الأرقام الخاصة بفواتير المصروفات للحصول على عوائد شخصية أو أي سلوك آخر مشابه يكون موضع مساءلة يحاول القائمون به تقديم مبررات ليقنعوا أنفسهم بها وبصحة ما يعملون وغالباً ما تكون هذه التبريرات في إطار أربعة تفسيرات للقيام بمثل هذه السلوكيات:

- إقناع النفس بأن السلوك الحاصل لا يدخل حقيقة في إطار اللامشروعية أو عدم القانونية لذلك فإن الإداري أو العامل يقوم به.
- محاولة إقناع الذات بأن جميع الأفراد في المنظمة يتصرفون وفق مصالحهم الشخصية أولاً وضرورة تعظيم هذه المصالح لذلك فهو يقلدهم ولم يأت بجديد.
- التبرير بأن ما قام به لن يكشفه أحد سواء من داخل المنظمة أو خارجها وأنه لا يلفت النظر.
- إقناع النفس بأن المنظمة التي يعمل فيها من قام بالسلوك اللاأخلاقي سوف تحميه من طائلة القانون وأن ما قام به إنما هو لمصلحتها.

إن هذه التبريرات هي محاولات بسيطة رغم أنها شائعة وعادة ما تقع سلوكيات لا أخلاقية مستندة إليها وكثيراً ما ينجم عنها عقوبات ويلحق بالقائمين بها ضرر بعد اكتشافها. ففي المواقف الغامضة والتي يصعب التمييز فيها بسرعة وبدقة بين ما هو صحيح أو خطأ فإن الحكمة تقتضي عدم اتخاذ القرار وفعل أي شيء إلا بعد أن ينجلي الوقف.

أما المواقف التي يبدو فيها الأمر وكان أي تصرف يستفيد منه أحد العاملين هو مبرر كافي لأن يقوم به الآخرون فإن ذلك غالباً ما يكون ذو فائدة على المدى القصير ولكنه ذو آثار سلبية على المدى البعيد وكيف يتأكد من أن لا أثر سلبياً على مصلحة الآخرين أو المنظمة. كذلك فإن التبرير المتعلق بعدم اكتشاف السلوك اللاأخلاقي من قبل الآخرين فإن أفضل وسيلة لإزالة هذه القناعة هو أن يكون بعلم الجميع أن هذا الأمر غير ممكن وأن المسؤولين لديهم الرغبة بالاطلاع على كل شيء وأن هناك عقوبات واضحة لمثل هذه السلوكيات كما أن العقوبات ستتخذ بحق من يرتكب مثل هذا السلوك حتى لو اكتشف الأمر بعد فترة طويلة. وأخيراً، فإن الحماية التي يتوقع القائم بالسلوك اللاأخلاقي أن تتوفر له من قبل المنظمة وإدارتها، لا يمكن أن تحصل وأن الولاء للمنظمة لا يجب أن يقوم على أسس وتصرفات لا أخلاقية أو غير مقبولة وأن مصلحة المنظمة هي فوق هذه الاعتبارات ولا يجوز المجازفة بها من أجل حماية أفراد معينين حتى لو أخطأوا وتصرفوا بصورة غير مشروعة أو لا قانونية ويعتقدون انها في صالح المنظمة.

* التدريب من أجل بناء منظومة أخلاقية في المنظمة

Ethical Training

*** التدريب الأخلاقي**
Ethical Training
برامج تدريبية تهدف إلى مساعدة الأفراد على معرفة مختلف الجوانب الأخلاقية في قراراتهم.

إن مفهوم التدريب لبناء المنظومة الأخلاقية في المنظمة أو الأفراد العاملين فيها يتمحور حول إعداد برامج تخص تدريب العاملين على معرفة مختلف الجوانب الأخلاقية في القرار الإداري وكيفية تمييز المواقف الأخلاقية من غيرها. إن هذه البرامج تساعد الأفراد على دمج المعايير الأخلاقية العالية في سلوكهم وتصرفاتهم اليومية. وقد تجلى الاهتمام بالتدريب في هذا المجال بإدخال كبرى الجامعات ومدارس إدارة الأعمال مقررات وبرامج تدريبية في مناهجها تتضمن التوعية والإعداد الجيد في مجال السلوكيات الأخلاقية والمسؤولية الاجتماعية. ومن المفيد هنا استعراض قائمة مختصرة بخطوات ينصح باعتمادها لفحص الإطار الأخلاقي للقرارات وكالآتي:

1. إدراك الإشكالات الأخلاقية المحتملة.
2. جمع المعلومات والتأكد من الحقائق.
3. تشخيص الخيارات المتاحة.
4. اختبر وافحص كل خيار من ناحية الشرعية والصواب والدقة والفوائد المرجوة.
5. قرر أي خيار ستتبنى.
6. كرر التدقيق واسأل نفسك السؤالين التاليين:
   - كيف سيكون موقفي إذا عرفت عائلتي بقراري هذا؟
   - كيف سيكون موقفي إذا نشر القرار أو تداولته الصحف المحلية؟

7. تصرف بالقبول أو الرفض.

ومن المعلوم أن منظمات الأعمال في عالم اليوم تصدر لوائح مكتوبة تسمى المدونات الأخلاقية أو الدساتير الأخلاقية Codes of Ethics والتي هي عبارة عن مجموعة من القيم والمعايير والمبادئ الأخلاقية المكتوبة في لائحة والتي توجه سلوك المنظمة وأفعالها. إنها توفر دليلاً إرشادياً لمعالجة مختلف المواقف التي تثار فيها إشكاليات أخلاقية، وتصبح هذه المدونات بالتالي دساتير يمكن العودة إليها في حالة حصول تجاوزات غير مشروعة أو غير أخلاقية. ومن الضروري أن تفعل منظمات الأعمال هذه المدونات وتحاول أن تجسدها في السلوك اليومي للمديرين والعاملين فيها.

* **المدونات الأخلاقية**
Code of Ethics
صيغة مكتوبة بشكل رسمي تتضمن القيم والمعايير الأخلاقية التي توجه المنظمة في أعمالها وتصرفاتها.

وتجدر الإشارة هنا إلى قضية مهمة تحصل في كثير من منظمات الأعمال تسمى الإفصاح عن الجوانب اللاأخلاقية Whistle-blowing والتي تعني قيام بعض الموظفين أو العاملين بالإفصاح عن ممارسات أو تصرفات غير قانونية أو غير شرعية أو غير أخلاقية يقوم بها بعض المدراء أو المسؤولون في المنظمة أو قسم معين في المنظمة إلى جهات خارجية مثل مراسلي الصحف أو المسؤولين الحكوميين أو بعض الدوائر الرسمية. وعادة ما يتعرض من يقوم بهذا العمل إلى مضايقات وضغوط ربما تؤدي إلى طرده أو إبعاده عن مكان عمله، لذلك يحجم الآخرون عن الكشف عن الكثير من الممارسات الخاطئة أو اللاأخلاقية في المنظمات. ولغرض التقليل من حالات الإفصاح هذه فقد تتبع المنظمات وسائل عديدة للحد منها وجعلها حالة داخلية أي أن الإفصاح يكون داخلياً لإدارة المنظمة.

* **الإفصاح عن الجوانب غير الأخلاقية**
Whistle-blowing
إفصاح بعض العاملين عن الممارسات غير القانونية أو اللاأخلاقية أو غير الشرعية التي ترتكب في منظمة الأعمال إلى جهات خارجية.

ومن الأساليب المتبعة في هذا الإطار توفير خط ساخن يضمن سرية المتحدث ولا يفصح عن شخصيته وكذلك إعداد برامج تدريبية للعاملين تشجعهم على الإفصاح الداخلي وعدم تعريض المنظمة للفضائح. ولكن هناك منظمات وإدارات تحاول أن تمنع حصول هذا الأمر خارجياً أو داخلياً عن طريق فرض رقابة صارمة من خلال سلسلة طويلة من المراجع والأوامر كذلك تقوية الولاء داخل مجاميع العمل بحيث لا يمكن تجاوز مشرفي العمل والتغطية على التصرفات اللاأخلاقية خوفاً من الفضائح.

وبشكل عام فإن منظمة الأعمال إذا ما أرادت أن تكون منظمات أخلاقية ومسؤولة اجتماعياً فإن ثلاثة ركائز أساسية لا بد أن يجري بناؤها وتقويتها وهي الأفراد والقيادة وبنية المنظمة وأنظمتها كما في الشكل التالي:

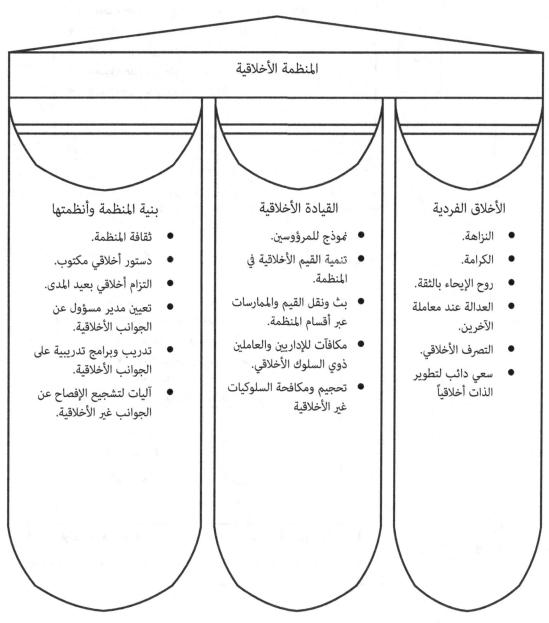

المنظمة الأخلاقية

بنية المنظمة وأنظمتها	القيادة الأخلاقية	الأخلاق الفردية
● ثقافة المنظمة.	● نموذج للمرؤوسين.	● النزاهة.
● دستور أخلاقي مكتوب.	● تنمية القيم الأخلاقية في المنظمة.	● الكرامة.
● التزام أخلاقي بعيد المدى.	● بث ونقل القيم والممارسات عبر أقسام المنظمة.	● روح الإيحاء بالثقة.
● تعيين مدير مسؤول عن الجوانب الأخلاقية.	● مكافآت للإداريين والعاملين ذوي السلوك الأخلاقي.	● العدالة عند معاملة الآخرين.
● تدريب وبرامج تدريبية على الجوانب الأخلاقية.	● تحجيم ومكافحة السلوكيات غير الأخلاقية	● التصرف الأخلاقي.
● آليات لتشجيع الإفصاح عن الجوانب غير الأخلاقية.		● سعي دائب لتطوير الذات أخلاقياً

شكل (3-3) : ركائز السلوك الأخلاقي في المنظمة

وإتماماً للفائدة نعرض مخططاً متكاملاً يوضح عملية فحص المواقف أو القرارات من جانبها الأخلاقي وكالآتي:

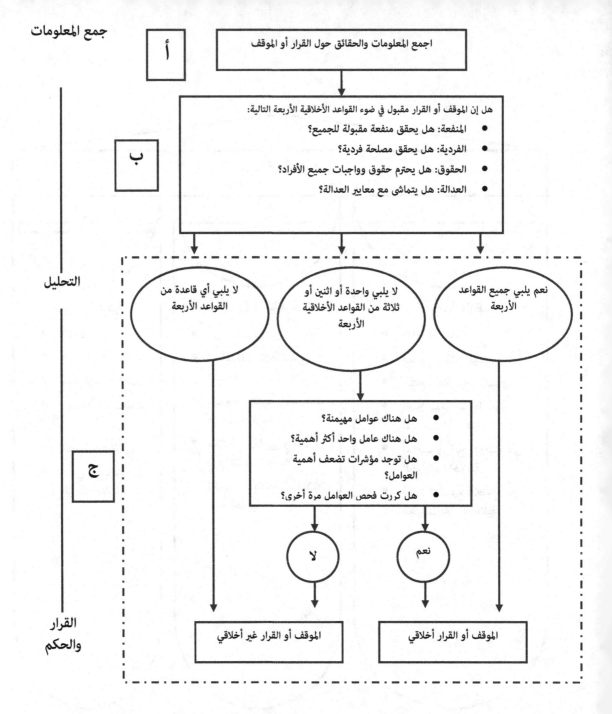

جمع المعلومات
أ
اجمع المعلومات والحقائق حول القرار أو الموقف
ب
هل إن الموقف أو القرار مقبول في ضوء القواعد الأخلاقية الأربعة التالية:
المنفعة: هل يحقق منفعة مقبولة للجميع؟
الفردية: هل يحقق مصلحة فردية؟
الحقوق: هل يحترم حقوق وواجبات جميع الأفراد؟
العدالة: هل يتماشى مع معايير العدالة؟
التحليل
لا يلبي أي قاعدة من القواعد الأربعة
لا يلبي واحدة أو اثنين أو ثلاثة من القواعد الأخلاقية الأربعة
نعم يلبي جميع القواعد الأربعة
ج
هل هناك عوامل مهيمنة؟
هل هناك عامل واحد أكثر أهمية؟
هل توجد مؤشرات تضعف أهمية العوامل؟
هل كررت فحص العوامل مرة أخرى؟
لا
نعم
القرار والحكم
الموقف أو القرار غير أخلاقي
الموقف أو القرار أخلاقي

شكل (4-3): دليل إرشادي لفحص الجوانب الأخلاقية في القرار

ثانياً: المسؤولية الاجتماعية للمنظمات

Social Responsibility for Organizations

إن منظمات الأعمال تعمل في بيئة واسعة تتشابك فيها العلاقات مع عناصر المجتمع المختلفة تؤثر وتتأثر بها. إن المجتمعات اليوم تتطلع إلى الحصول على مزيد من المساهمات الاجتماعية التي تقدمها منظمات الأعمال أو أصحاب رؤوس الأموال للشرائح الاجتماعية المختلفة. ويأمل المجتمع والحكومة أن تسهم هذه المنظمات بحماية البيئة والحد من التلوث البيئي والعمل

على زيادة المساحات الخضراء. كذلك هناك جهات في المجتمع بدأت بتشكيل قوى ضاغطة يجب مراعاتها وتحقيق مطالبها مثل جمعيات حماية المستهلك وجمعيات الدفاع عن حقوق الأطفال والنساء وحريات الصحفيين وغيرها. من هذا المنطلق أصبح موضوع تبني المسؤولية الاجتماعية من قبل منظمات الأعمال

محوراً أساسياً في كثير من دول العالم وخصصت له مساقات دراسية في الجامعات والمعاهد وأقيمت الكثير من المؤتمرات والندوات لمناقشة جوانبه المختلفة.

* مفهوم المسؤولية الاجتماعية

Social Responsibility Concept

*** المسؤولية الاجتماعية**
Social Responsibility
مجموعة الواجبات أو التصرفات التي تقوم بها المنظمة من خلال قراراتها بزيادة رفاهية المجتمع والعناية بمصالحه إضافة لمصالحها الخاصة.

يشير مفهوم المسؤولية الاجتماعية إلى واجب إدارات المنظمات بالقيام باتخاذ قرارات أو التصرف بطريقة تساهم بزيادة رفاهية المجتمع ومصالحه إضافة إلى مصالح المنظمات. لقد تصاعدت الدعوات إلى أن تتبنى منظمات الأعمال وأصحاب رأس المال المسؤولية بالصرف على الأنشطة الاجتماعية المختلفة بعد أن ازداد توجيه النقد إليها بتكديس الأرباح وعدم مراعاة المجتمع الذي تعمل فيه. وقد بدأ المفهوم بالظهور عندما قامت بعض المنظمات بتحسين ظروف العمل الداخلية وتحسين حياة العاملين وزيادة أجورهم وتوفير الرعاية الطبية لعوائلهم وغيرها من الممارسات. لكن المفهوم اليوم أصبح واسعاً جداً ويركز على جوانب تحسين نوعية الحياة بشكل شامل وتوفير الاستقرار الاجتماعي وزيادة التكافل والعناية بشرائح المجتمع كافة دون تمييز. وهنا لا بد من الإشارة إلى وجود اتجاهين متعارضين بصدد الدعوة إلى تبني المسؤولية الاجتماعية من قبل منظمات الأعمال. فالاتجاه الأول الذي يمثله المفكرون الكلاسيكيون بزعامة ملتون فريدمان Milton Friedman الحائز على جائزة نوبل في الاقتصاد والذي يركز على أن الوظيفة الأساسية للأعمال هي جعل الأعمال مربحة وتعظيم الربح والعوائد وعدم الصرف على أي أنشطة اجتماعية لأنها تؤدي إلى هدر أرباح المساهمين Shareholders أو Stockholders (تمييزاً لهم عن أصحاب المصالح Stakeholders).

كذلك يرى أصحاب هذه الفكرة أن الصرف على الجوانب الاجتماعية يزيد من كلفة الإنتاج ويمكن أن يتسبب في ذوبان الهدف الرئيسي للأعمال وهو تحقيق الربح. فضلاً عن ذلك فإن المدراء ليس لديهم خبرة بإدارة البرامج الاجتماعية إضافة إلى منح الأعمال مزيداً من القوة التأثيرية في المجتمع.

بالمقابل فإن وجهة النظر الأخرى أو الاتجاه الثاني يرى أن منظمات الأعمال يجب أن تتبنى دوراً اجتماعياً واسعاً وأن تنفق بسخاء على الأنشطة الاجتماعية ورفاهية المجتمع. ولعل أبرز المدافعين عن وجهة النظر هذه العالم الاقتصادي الأمريكي باول ساموليسون Paul Samuelson الحائز على جائزة نوبل في الاقتصاد. وفي إطار هذا المنظور فإن منظمات الأعمال يجب أن تراعي بشكل واسع مصالح جميع الأطراف وأن لا ينحصر دورها على مراعاة تحقيق الأرباح والعوائد للمساهمين. إن منظمات الأعمال يجب أن تحل مشاكل تسببت فيها مثل التلوث واستنزاف الموارد وأن تتصرف كمواطن اعتباري صالح. إن القيام بالدور الاجتماعي يساعد على تحسين صورة الأعمال في المجتمع ويجنب الأعمال التدخل الحكومي.

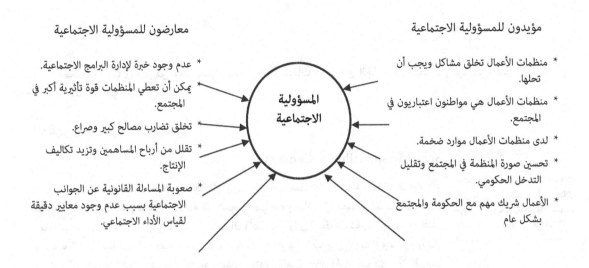

مؤيدون للمسؤولية الاجتماعية
* منظمات الأعمال تخلق مشاكل ويجب أن تحلها.
* منظمات الأعمال هي مواطنون اعتباريون في المجتمع.
* لدى منظمات الأعمال موارد ضخمة.
* تحسين صورة المنظمة في المجتمع وتقليل التدخل الحكومي.
* الأعمال شريك مهم مع الحكومة والمجتمع بشكل عام
المسؤولية الاجتماعية
معارضون للمسؤولية الاجتماعية
* عدم وجود خبرة لإدارة البرامج الاجتماعية.
* يمكن أن تعطي المنظمات قوة تأثيرية أكبر في المجتمع.
* تخلق تضارب مصالح كبير وصراع.
* تقلل من أرباح المساهمين وتزيد تكاليف الإنتاج.
* صعوبة المساءلة القانونية عن الجوانب الاجتماعية بسبب عدم وجود معايير دقيقة لقياس الأداء الاجتماعي.

شكل (5-3): المؤيدون والمعارضون لتبني المسؤولية الاجتماعية

* مجالات المسؤولية الاجتماعية Areas of Social Responsibility

يمكن لمنظمة الأعمال أن تمارس دوراً اجتماعياً تجاه أصحاب المصالح أو البيئة الطبيعية ورفاهية المجتمع بشكل عام. ونجد بعض منظمات الأعمال حاضرة في هذه المجالات الثلاث بقوة في حين أن البعض الآخر قد يكون متواجداً في مجال واحد أو اثنين وبممارسات محدودة وبسيطة.

*أصحاب المصالح
Stakeholders
هم المستفيدون أو المتأثرون مباشرة من سلوك المنظمة ولهم حصة أو فائدة في أدائها أو وجودها.

1- أصحاب المصالح **Stakeholders**

إن واحداً من المجالات المهمة التي تمارس فيها منظمات الأعمال دوراً اجتماعياً هو محور أصحاب المصالح. ومعنى مصطلح أصحاب المصالح هو الأفراد أو المجموعات أو المنظمات التي تتأثر مباشرة بسلوكيات ووجود المنظمة ولهم حصة أو فائدة منها أو من أدائها. وإذا ما أردنا استعراض بعض أصحاب المصالح فيمكن الإشارة إلى:

– العاملون Employees

– الزبائن Customers

– المجهزون Suppliers

– المالكون والمستثمرون وحملة الأسهم والدائنون
Owners, Stockholders, Investors and Creditors

– المنافسون Competitors

– الحكومة ودوائرها المختلفة Government and Agencies

– جماعات الضغط Interest Groups

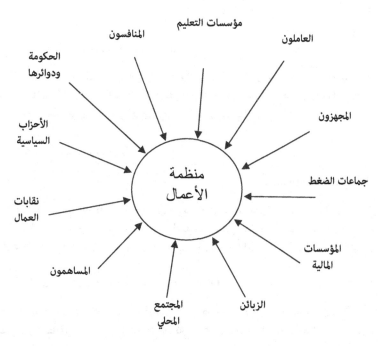

شكل (6-3): أصحاب المصالح أو المستفيدون من وجود منظمات الأعمال

2- البيئة الطبيعية Natural Environment

منذ زمن ليس بالبعيد وتحديداً عام 1970 عندما احتفل بيوم الأرض لأول مرة كان مدراء الشركات يرون أن الناشطين في هذا المجال والمحتفلين هم مجموعة من المتطرفين والمعارضين لحرية الاستثمار والعمل. أما اليوم فإن جماعات حماية البيئة من التلوث الذي يصيب الماء والهواء والتربة هم قوة حقيقية ضاغطة سياسياً واقتصادياً واجتماعياً وثقافياً ولهم كلمتهم المسموعة وآراؤهم المحترمة التي يساندها ملايين الناس. لقد أصبحت البيئة محل اهتمام المدراء خصوصاً بعد صدور الحزمة الخاصة بالأمان البيئي المتمثلة بالآيزو ISO 14000.

95

هناك الكثير من الأعمال التي تتسبب بتلوث بيئي خطير مثل الشركات الصناعية الكيماوية والنفطية بشكل رئيس وكذلك المستشفيات بمخلفاتها الخطيرة بل إنه لا توجد منظمة أعمال اليوم إلا وينجم عن عملها مخلفات تضرـ البيئة وتؤدي إلى تـأثيرات سلبية على الحياة النباتية أو الحيوانية. ويمكن لقيادات منظمات الأعمال أن تأخذ بنظر الاعتبار العناصر التالية المتعلقة بالبيئة:

* **الأفراد العاملون في المنظمة**: أن يكونوا واعين إلى أهمية العمل في بيئة صحية والموازنة بين حياتهم العائلية والعمل.

* **المجتمعات المحلية**: أن يسود الوعي بأن أداء المنظمات سيكون أفضل عندما تعمل في مجتمعات تقدر الصحة والنظافة.

* **البيئة الطبيعية**: كلما عاملت المنظمة البيئة الطبيعية باحترام وتنمية كلما كان ربحها وعوائدها أكثر.

* **المدى البعيد**: يجب أن يكون الاهتمام بالبيئة الطبيعية وحمايتها هدفاً بعيد المدى ومستمراً.

* **السمعة الحسنة**: إن سمعة منظمة الأعمال الحسنة في مجال حماية البيئة وصيانتها له مردودات مستقبلية بل هو استثمار مستقبلي.

3- رفاهية المجتمع بشكل عام Society Welfare in General

يعتقد البعض أن منظمات الأعمال، بالإضافة لاهتمامها بأصحاب المصالح والبيئة الطبيعية يجب أن تعمل على ترقية الرفاه الاجتماعي بشكل عام من خلال المساهمة في الأنشطة الخيرية Philanthropy وأعمال الإحسان Charity ودعم أنشطة ثقافيـة وفنيـة تساهم في رفع ذوق المجتمع وعدم خرق مبادئ وحقوق الإنسان وما يرتبط بها من أمور أخرى.

* استراتيجيات التعامل مع المسؤولية الاجتماعية

Social Responsibility Strategies

يمكن أن نجد الأداء الاجتماعي للمنظمة متمحوراً في أربعة توجهات أو استراتيجيات أو مواقف تنـدرج في تبنيها لممارسـات المسؤولية الاجتماعية والإسهام في الإنفاق على الأنشطة الاجتماعية ابتداءً من استراتيجية الممانعة أو عـدم تبنـي أي دور اجتماعـي على الإطلاق وانتهاءً باستراتيجية المبادرة الطوعية الاجتماعية حيث هناك دوراً اجتماعياً رئيسياً لمنظمة الأعمال وكالآتي:

- استراتيجية الممانعة أو عدم التبني Obstructionist Strategy

وتعرض هذه الاستراتيجية اهتماماً بالأولويات الاقتصادية لمنظمات الأعمال دون تبني أي دور اجتماعي لأنه يقع خارج نطاق مصالحها التي يجب أن تتركـز علـى تعظيم الـربح والعوائد الأخرى.

*استراتيجية الممانعة
Obstructionist Strategy
تجنـب الاتفـاق عـلى الأنشـطة الاجتماعية والتركيز على الأولويـات الاقتصادية.

96

- الاستراتيجية الدفاعية **Defensive Strategy**

*الاستراتيجية الدفاعية
Defensive Strategy
القيام بالحد الأدنى القانوني المفروض من الدور الاجتماعي لحماية المنظمة.

القيام بدور اجتماعي محدود جداً وبما يتطابق مع المتطلبات القانونية المفروضة فقط وهو لحماية المنظمة من الانتقادات وبالحد الأدنى (Do The Minimum Legally Required) ويقع هذا الدور ضمن المتطلبات الخاصة بالمنافسة وضغوط الناشطين في مجال البيئة.

- استراتيجية التكيف **Accommodative Strategy**

*استراتيجية التكيف
Accommodative Strategy
قبول دور اجتماعي ومحاولة الوفاء بجوانب اقتصادية وقانونية وأخلاقية.

هنا تخطو المنظمة خطوة متقدمة أخرى باتجاه المساهمة بالأنشطة الاجتماعية من خلال تبني الإنفاق في الجوانب المرتبطة بالمتطلبات الأخلاقية والقانونية إضافة إلى الاقتصادية. حيث يكون لها دور اجتماعي واضح من خلال التفاعل مع الأعراف والقيم وتوقعات المجتمع.

- استراتيجية المبادرة التطوعية **Proactive Strategy**

*استراتيجية المبادرة التطوعية
Proactive Strategy
تبني دور اجتماعي واسع جداً بحيث تؤخذ مصلحة المجتمع وتطلعاته في كل قرارات المنظمة.

تأخذ الإدارة هنا زمام المبادرة في الأنشطة الاجتماعية وذلك بالاستجابة للكثير من المتطلبات الاجتماعية وفقاً لتقديرات المدراء وتنسيباتهم وفق المواقف المختلفة. تتميز هذه الاستراتيجية بأن الأداء الشامل لمنظمة الأعمال يأخذ دائماً في الاعتبار أن لا تكون القرارات المتخذة أو التصرفات ذات أثر معاكس لتطلعات المجتمع ومصلحته.

ويمكن أن نصور ما تقدم من أفكار في المخططين التاليين:

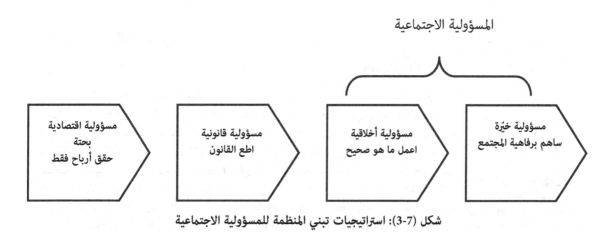

المسؤولية الاجتماعية
مسؤولية خيّرة
ساهم برفاهية المجتمع
مسؤولية أخلاقية
اعمل ما هو صحيح
مسؤولية قانونية
اطع القانون
مسؤولية اقتصادية
بحتة
حقق أرباح فقط

شكل (3-7): استراتيجيات تبني المنظمة للمسؤولية الاجتماعية

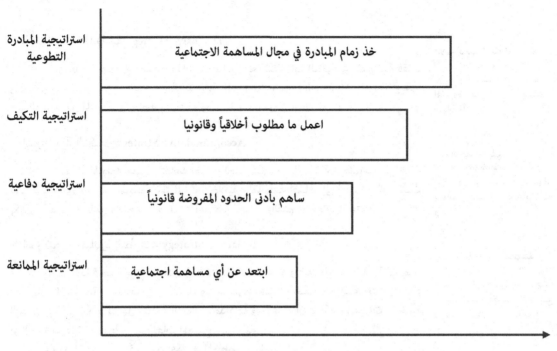

استراتيجية المبادرة التطوعية
خذ زمام المبادرة في مجال المساهمة الاجتماعية
استراتيجية التكيف
اعمل ما مطلوب أخلاقياً وقانونيا
استراتيجية دفاعية
ساهم بأدنى الحدود المفروضة قانونياً
استراتيجية الممانعة
ابتعد عن أي مساهمة اجتماعية
مدى التكريس والالتزام بالدور الاجتماعي

* تقييم الأداء الاجتماعي

Social Performance Evaluation

إن تقييم أداء منظمات الأعمال اليوم لا يقتصر على اعتماد المؤشرات المالية بل أصبح أكثر شمولية باعتماده على معايير مالية وغير مالية ومن ضمن المعايير غير المالية تأتي المعايير الاجتماعية في المقدمة. ويعتمد تقييم الأداء الاجتماعي للمنظمة على معرفة أداء المنظمة ومساهماتها تجاه مختلف أصحاب المصالح من مالكين وعاملين ومنافسين ومجتمع محلي وبيئة طبيعية والأقليات وذوي الاحتياجات الخاصة وغيرها، وقد طورت هذه الفئات مؤشرات ترى ضرورة تبني المنظمة لها. ولا بد من الإشارة إلى أن مصطلح التدقيق لجوانب المسؤولية الاجتماعية Social Responsibility Audit قد أصبح شائعاً وبموجبه يتم فحص وتدقيق المساهمات الاجتماعية لمنظمات الأعمال في مختلف المجالات. كما ظهر حقل محاسبي جديد هو محاسبة المسؤولية الاجتماعية Social Responsibility Accounting ويهتم بالقياس المحاسبي والمعالجات المحاسبية للإنفاق الاجتماعي الذي تقوم به منظمات الأعمال.

*** تدقيق المسؤولية الاجتماعية**
Social Responsibility Audit
تقييم وفحص المساهمات الاجتماعية لمنظمات الأعمال في مختلف المجالات.

ونلخص في أدناه بعض فئات أصحاب المصالح والمؤشرات المعتمدة لقياس الأداء الاجتماعي:

فئة أصحاب المصالح	المؤشرات
*** المالكون**	* تحقيق أكبر الأرباح. * تعظيم قيمة السهم. * زيادة قيمة المنظمة. * رسم صورة محترمة للمنظمة في المجتمع. * سلامة الموقف القانوني والأخلاقي.
*** العاملون**	* أجور ومرتبات مجزية. * فرص ترقية متاحة وجيدة. * تدريب وتطوير مستمر. * ظروف عمل صحية مناسبة. * عدالة وظيفية. * مشاركة بالقرارات. * خدمات وامتيازات أخرى.
*** الزبائن**	* منتجات بأسعار مناسبة ونوعية جيدة. * إعلان صادق وأمين. * منتجات أمينة عند الاستعمال. * متاحية وميسورية للحصول على المنتج أو الخدمة. * التزام بمعالجة الأضرار إذا ما حدثت. * إعادة تدوير بعض الأرباح لصالح فئات من الزبائن. * التزام أخلاقي بعدم خرق قواعد العمل أو السوق.
*** البيئة**	* ربط الأداء البيئي برسالة المنظمة. * تقليل المخاطر البيئية. * وجود مدونات أخلاقية خاصة بالبيئة. * إشراك ممثلي البيئة في مجلس الإدارة. * مكافآت وحوافز للعاملين المتميزين بالأنشطة البيئية. * جهود تقليل استهلاك الطاقة وسياسات واضحة بشأن استخدام المواد. * ترشيد استخدام المياه. * معالجة المخلفات. * حماية التنوع البيئي.
*** المجتمع المحلي**	* دعم البنى التحتية. * احترام العادات والتقاليد وعدم خرق القواعد العامة والسلوك. * محاربة الفساد الإداري والرشوة. * دعم مؤسسات المجتمع المدني. * دعم الأنشطة الاجتماعية. * دعم المراكز العلمية ومؤسسات التعليم.
***الحكومة**	* الالتزام بالتشريعات والقوانين الصادرة من الحكومة. * تسديد الالتزامات الضريبية والرسوم بصدق. * تعزيز سمعة الدولة والحكومة في التعامل الخارجي. * احترام مبدأ تكافؤ الفرص بالتوظيف. * احترام الحقوق المدنية للجميع دون تمييز. * تعزيز جهود الدولة الصحية وخصوصاً ما يتعلق بالأمراض المتوطنة.

المؤشرات	فئة أصحاب المصالح
* استمرار التعامل العادل. * أسعار عادلة ومقبولة للمواد المجهزة. * تطوير استخدام المواد المجهزة. * تسديد الالتزامات والصدق بالتعامل. * تدريب المجهزين على مختلف أساليب تطوير العمل.	* الموردون
* منافسة عادلة ونزيهة وعدم الاضرار بمصالح الآخرين. * عدم سحب العاملين من الآخرين بطرق غير نزيهة.	* المنافسون
* عدم التعصب ونشر روح التسامح نحو الأقليات. * المساواة في التوظيف والعدالة في الوصول للمناصب العليا. * تجهيزات للمعوقين. * دعم الجمعيات التي تساعد المعوقين على الاندماج في المجتمع. * احترام حقوق وخصوصية المرأة. * فرص الترقية العادلة. * تشجيع التفكير العلمي عند الشباب ونشر ثقافة التسامح. * الاهتمام بكبار السن والمتقاعدين. * الحفاظ على الطفولة واحترام حقوق الأطفال.	* الأقليات وذوي الاحتياجات الخاصة
* التعامل الجيد مع جمعيات حماية المستهلك والنقابات. * التعامل الصادق مع الصحافة ووسائل الإعلام. * الصدق والشفافية بنشر المعلومات المتعلقة بالمنظمة.	* جماعات الضغط الأخرى

* الحكومة ومنظمات الأعمال

Government and Society

لا يتوقع من إدارات منظمات الأعمال أن تقوم بالدور الاجتماعي المطلوب في أغلب الأحيان لذا تتدخل الحكومات باعتبارها الممثل الشرعي للشعب بجميع فئاته لتؤثر بشكل مباشر أو غير مباشر على منظمات الأعمال التي لا تلتزم دوراً اجتماعياً واضحاً أو على الأقل بحدوده الدنيا. فالتشريعات المباشرة Direct Regulation هي أدوات الحكومة القانونية والإجرائية المتمثلة بسن القوانين ووضع الضوابط التي تملي على المنظمة ما يجب أن تعمله أو ما يجب أن تتجنبه. أما التشريعات غير المباشرة Indirect Regulations فهي أدوات تشجيع أو حث على القيام بأعمال معينة أو الامتناع عنها ولكن ليست بصورة قوانين وإلزام مباشر عن طريق فرض ضرائب أو تقديم محفزات وإعفاءات. ويمكن للمنظمات أيضاً أن تؤثر بأساليب وطرق مختلفة على الحكومة لغرض تقليل ضغطها عليها لتبني المزيد والمزيد من المسؤولية الاجتماعية ومن هذه الطرق:

*** التشريعات المباشرة**
Direct Regulation
القوانين والضوابط التي تملي على المنظمة ما يجب وما لا يجب القيام به.

*** التشريعات غير المباشرة**
Indirect Regulation
تشجيع غير مباشر على القيام أو الامتناع عن أعمال معينة أو تصرفات من خلال فرض ضرائب أو تقديم إعفاءات أو حوافز.

- الاتصالات المباشرة الشخصية **Personal Contact**

ومن خلالها يتم الاتصال من قبل المدراء بالقادة السياسيين والمسؤولين الكبار في الدولة لغرض إقناعهم بوجهة نظر المنظمات بشأن المسائل المطروحة والمتعلقة بالجوانب الاجتماعية.

- اللوبي **Lobbying**

يقصد باللوبي استخدام أشخاص أو مجموعات ممثلة للمنظمة أو لمجموعة منظمات بشكل رسمي للتفاوض والضغط على الحكومة وممثليها.

وهذه طريقة تستخدم لموازنة أو معادلة الضغط الحكومي وبيان قوة المنظمة أو المنظمات مقابل الأحداث السياسية التي ترى فيها الحكومة وجهة نظر مغايرة أو متناقضة مع رؤية منظمات الأعمال.

*** اللوبي Lobbying**
أفراد أو مجاميع تمثل منظمات الأعمال بشكل رسمي للتفاوض والتأثير على الحكومة وتشريعاتها.

- لجان الدعم السياسي **Political Action Committees (PAC)**

*** لجان الدعم السياسية (PAC)**
عبارة عن تنظيمات تقوم بجمع الأموال لدعم الحملات الانتخابية للمرشحين السياسيين وتدعمها منظمات الأعمال.

وهي لجان تشكل في الدول الديموقراطية وتساهم منظمات الأعمال في دعمها مالياً لغرض دعم مرشحين سياسيين من مختلف الأحزاب تتطابق وجهات نظرهم مع وجهات نظر مدراء هذه المنظمات وذلك من خلال التبرعات المالية والمشاركة في مساندة الحملات الانتخابية لهؤلاء المرشحين ولكن عن طريق اللجان هذه وليس بالتبرع المباشر للمرشحين من قبل منظمات الأعمال.

- الأفضال **Favors**

تلجأ أحياناً منظمات الأعمال إلى أسلوب الافضال، لإحداث التأثير المناسب بالمنظمات الحكومية واكتساب الدعم منها ورغم أنه أمر قانوني إلا أنه موضع نقد وإجماع على عدم قبوله في المجتمع.

وأخيراً فإن الشكل التالي يلخص التأثير المتبادل بين منظمات الأعمال والحكومة.

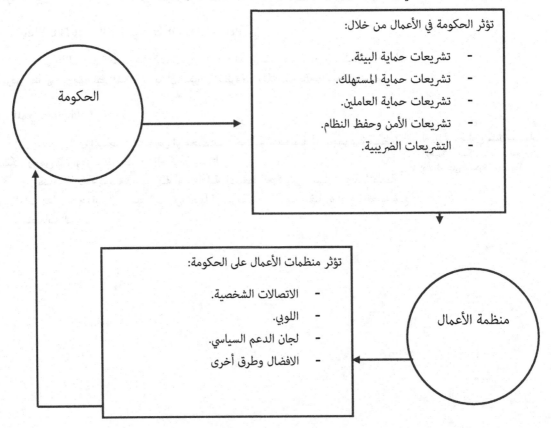

شكل (3-9): التأثير المتبادل بين الحكومة ومنظمات الأعمال

*الحاكمية المؤسساتية
Corporate Governance
نظام للرقابة والفحص يحكم عمل منظمات الأعمال على أعلى المستويات.

* الحاكمية المؤسساتية والمواطنة الصالحة

Corporate Governance and Corporate Citizenship

لقد شاع في الآونة الأخيرة تداول مفاهيم مثل الحاكمية الشاملة أو الحاكمية الصالحة أو الحكمانية للدلالة على نظام الفحص والرقابة الشامل الذي يوضع من قبل مجلس الإدارة لمراقبة أداء الإدارة العليا لمنظمات الأعمال. وفي إطار هذا النظام تحاول المنظمات إيجاد علاقات متوازنة لمصالح كافة الأطراف وخاصة المستثمرين والإدارة والعاملين. إن شيوع هذا المفهوم وتطوره وكثرة البحث والدراسات فيه جاء بعد سلسلة فضائح وفساد عانت منها الشركات الكبيرة حيث أقدمت إدارات هذه الشركات وبمساعدة مكاتب الاستشارات والتدقيق المحاسبي بإخفاء وتحريف معلومات مهمة تتعلق بالجوانب المالية للشركات تسبب في انهيار هذه الشركات ومن ثم تسريح أعداد كبيرة من العاملين وضياع أموال صغار المستثمرين مما أدى إلى ردة فعل قوية ومطالبة بأن تكون حاكمية هذه الشركات وقيادتها أكثر صلاحية وسلوكاً أخلاقياً والتزاماً بالمسؤولية الاجتماعية واعتماد معايير أخلاقية صارمة للقرارات المتخذة.

إن هذا الأمر لم يقتصر فقط على منظمات الأعمال بل انسحب على المنظمات غير الهادفة للربح وكذلك المنظمات الحكومية وأصبح ينظر إليه في إطار مسؤولية شاملة لمنظمات الحكومة تجاه المواطنين والأطراف الأخرى. إن المفهوم توسع ليشمل المطالبة بوجود حكومات وقيادات سياسية صالحة ونزيهة تعمل بشفافية ووضوح وتراقب من قبل الجميع بآليات محددة وواضحة وتعرض قراراتها المهمة على عموم الجمهور لإبداء الرأي فيها. وإجمالاً يمكن التعبير عن مؤشرات الحكم السياسي الصالح وحاكمية منظمات الأعمال الصالحة بالآتي:

- التزام بالمبادئ الأخلاقية في جميع التصرفات.
- عدم الإضرار بمصالح الجهات الأخرى.
- الشفافية والإفصاح والصدق في تقديم المعلومات.
- عدالة ونزاهة بالتعامل مع كافة الأطراف.
- الالتزام بتجنب الفساد ومكافحته بكافة أشكاله.
- مراعاة المسؤولية الاجتماعية والأخلاقيات في جميع القرارات.

وأخيراً تجدر الإشارة إلى أن مصطلحاً آخر قد شاع استخدامه بشكل متلازم مع الحاكمية المؤسساتية ألا وهو المواطنة الصالحة Corporate Citizenship وبموجبه يفترض أن تعبر الشركات عن التزام عالي تجاه المجتمع والدولة وكأنها مواطن اعتيادي صالح ملتزم بما تمليه قواعد المواطنة الحقة. وبهذا فإن منظمات الأعمال عليها واجبات كما أنها تتمتع بحقوق كبيرة كفلها القانون. إن حماية البيئة واجب أساسي لمنظمات الأعمال حتى لو لم تكن هناك جهات ضاغطة أو جمعيات لحماية البيئة في بلد ما، حيث يراد هنا تطوير جانب الرقابة الذاتية والضمير الصالح بحيث تصبح منظمة الأعمال مواطناً واعياً قائماً بواجباته برقابة ذاتية حتى لو استطاع التملص منها أو إلقاء التبعات على غيره في الإطار العرفي أو القانوني.

***المواطنة الصالحة**
Corporate Citizenship
تصرفات مسؤولة من قبل منظمات الأعمال تجاه مختلف الأطراف وبما يراعي الواجبات بصورة شمولية وكأنها مواطن اعتيادي صالح.

أسئلة الفصل الثالث

* أسئلة عامة

1. لماذا ازداد الاهتمام بالمسؤولية الاجتماعية وأخلاقيات الأعمال؟
2. ما المقصود بالمسؤولية الاجتماعية وإلى ماذا تهدف؟
3. ما هي أنواع الإشكاليات الأخلاقية التي تواجهها الإدارة في منظمات الأعمال؟
4. ما هي أهم العوامل التي تؤثر في السلوك الأخلاقي في مكان العمل؟
5. هل يمكن تدريب المدراء والعاملين لبناء منظومة أخلاقية؟
6. استعرض أهم مرتكزات السلوك الأخلاقي في منظمات الأعمال؟
7. ما هي الحجج التي يقدمها كل من المؤيدين والمعارضين لتبني منظمات الأعمال مسؤولية اجتماعية؟
8. من هم أصحاب المصالح في منظمات الأعمال؟
9. ما الفرق بين المصطلحين Stakeholders و Stockholders؟
10. ماذا يقصد بالحاكمية المؤسساتية؟ استعرض بعض مؤشراتها؟

** أسئلة الرأي والتفكير

1. تناول بالتحليل قضية أخلاقية تعرضت لها إحدى الشركات في بيئتك المحلية وتداولتها الصحافة بشكل كبير يثير الانتباه.
2. بوصفك طالب جامعي، ما هو رأيك بالسلوكيات والممارسات التالية موضحاً نوع المشكلة الأخلاقية:
   - استخدام الوساطة من قبل الطالب لغرض النجاح.
   - تمييز الأستاذ بين الطلاب والطالبات.
   - قيام بعض الطلاب بالغش بالامتحانات.
   - حث بعض العاملين الطلاب للالتحاق بمعاهد خاصة يملكونها لغرض التقوية في بعض المواد الدراسية.
3. ما هو رأيك الشخصي بالحجج المقدمة من كلا الطرفين المؤيدين والمعارضين لتبني منظمة الأعمال مسؤولية اجتماعية.
4. لو كنت موظفاً في أحد المصارف وأبلغك أحد زملاء العمل بأنه يقتطع مبلغ صغير جداً من أغلب الزبائن الذين يتعاملون مع المصرف بحجة عدم وجود قطع نقدية صغيرة لإرجاعها إليهم ومنذ سنوات، ما رأيك بسلوكه وهل ستخبر المدير المسؤول عنكما بذلك، علماً أن أسلوب زميلك في التعامل مع الزبائن ممتاز ولم يتذمر أو يشتكي منه أي من الزبائن.

5. في مجتمعاتنا النامية، أي من المرتكزات الأخلاقية الثلاثة التي درستها، يبدو دورها أكبر من غيرها في بناء السلوك الأخلاقي، ولماذا؟

*** أسئلة الخيارات المتعددة

1. **إن مجموعة المبادئ والقيم التي تحكم سلوك الفرد في ما يتعلق بما هو صواب أو خطأ يسمى:**
A. المسؤولية الاجتماعية
B. المشكلة الأخلاقية
C. الأخلاق
D. الحاكمية المؤسساتية

2. **إن إخفاق المدير وعدم استطاعته تعزيز وتقوية سياسة معالجة تأخر العاملين عن العمل بشكل متساوي مع جميع العاملين يعتبر خرق أخلاقي للعدالة:**
A. التوزيعية
B. الإجرائية
C. المعنوية
D. التكاملية

3. **إن المدخل الذي يفسر السلوك الأخلاقي بأنه السلوك الذي تنجم عنه أكبر فائدة لأكبر عدد من الناس هو المدخل:**
A. الفردي
B. الحقوق
C. النفعي
D. العدالة

4. **إذا كان المدير مراعياً للحريات والمبادئ الأساسية لحقوق الإنسان في قراراته فإنه بذلك يفكر ضمن:**
A. مدخل العدالة
B. المدخل النفعي
C. المدخل الفردي
D. مدخل الحقوق

5. **أي من المعايير التالية لتقييم الأداء الاجتماعي للمنظمة يتم وضعه في البداية في إطار التأكيد على العمل بطرق مسؤولة:**
A. المعايير الاقتصادية
B. المعايير الشرعية
C. المعايير الخيرة
D. المعايير القانونية

6. **عندما تتحدث عن حالة Whistle-Blower فإن هناك:**
A. عاملون يفضحون سلوكيات بعض الرؤساء لزملائهم في العمل.
B. أصحاب مصالح يشتكون من سوء إدارة المنظمة.
C. عاملون يفضحون سلوكيات بعض الرؤساء للصحف المحلية وغيرها من الجهات الخارجية.
D. فريق عمل يناقش خطة عمل قسم معين.

7. **واحد من أصحاب المصالح أدناه لا يعتبر من فئات أصحاب المصالح الخارجيين:**
A. المساهمون
B. الزبائن
C. العاملون
D. جماعات الضغط

8. أي من العبارات التالية تكون أكثر قبولاً لوجهة نظر المعارضين لتبني مسؤولية اجتماعية:

A. المسؤولية الاجتماعية تحسن صورة المنظمة في المجتمع.

B. الأعمال تزداد أرباحها عندما تتبنى دوراً اجتماعياً أكبر.

C. المسؤولية الأساسية للأعمال هي زيادة الأرباح.

D. بالعمل المسؤول اجتماعياً تتجنب الأعمال تدخل الحكومة.

9. إن القناعات العامة حول السلوك المناسب هي:

A. العدالة   B. القيم   C. الشفافية   D. ثقافة المنظمة

10. إن استخدام الهاتف الخاص بالشركة للأغراض الشخصية يمثل مشكلة أخلاقية تصنف ضمن :

A. تضارب مصالح   B. ثقة الزبون

C. موارد المنظمة   D. الاتصالات

11. أي من الباحثين المدرجة أسماؤهم أدناه يعتبر معارضاً لتبني دوراً اجتماعياً لمنظمات الأعمال:

A. Carroll   B. Samuelson   C. Friedman   D. Davis

12. إن الصيغة المكتوبة بشكل رسمي وتتضمن القيم والمعايير الأخلاقية التي توجه المنظمة في أعمالها وتصرفاتها هي:

A. الثقافة التنظيمية   B. الحاكمية المؤسساتية

C. المدونة الأخلاقية   D. إجراءات العمل

13. عندما تتجنب منظمة أعمال معينة الإنفاق على أي نشاط اجتماعي فإنها تمارس استراتيجية:

A. دفاعية   B. ممانعة   C. مبادرة تطوعية   D. تكيف

14. واحد من بين الآتي ليس من المصادر المهمة للسلوك الأخلاقي للعاملين:

A. العاملون أنفسهم   B. المنظمة التي يعملون فيها

C. البيئة الخارجية المحيطة بهم   D. عدد المنظمات المنافسة

15. إن استخدام أشخاص أو مجموعات ممثلة لمنظمة أو مجموعة منظمات بشكل رسمي للضغط والتفاوض مع الحكومة وممثليها يسمى:

A. اللوبي   B. المساومة الاجتماعية

C. لجان الدعم السياسي   D. التدقيق الاجتماعي

مصادر الباب الأول

* المصادر العربية :

1. برنوطي، سعاد نايف، "الإدارة"، دار وائل للنشر، عمان، 2001.

2. زيارة، فريد فهمي، "المبادئ والأصول للإدارة والأعمال"، الطبعة الخامسة، مطبعة الشعب، إربد، 2006.

3. الشماع، خليل محمد حسن، "مبادئ الإدارة مع التركيز على إدارة الأعمال"، دار المسيرة، عمان، 2002.

4. عباس، علي، "أساسيات علم الإدارة"، دار المسيرة، عمان، 2004.

5. العتيبي، صبحي، "تطور الفكر والأنشطة الإدارية"، دار الحامد للنشر والتوزيع، عمان، 2002.

6. عقيلي، عمر وصفي، "الإدارة: أصول وأسس ومفاهيم"، دار زهران للنشر، عمان، 1997.

7. القريوتي، محمد قاسم، "مبادئ الإدارة: النظريات، العمليات، الوظائف"، الطبعة الثانية، دار وائل للنشر، 2004.

8. الغالبي، طاهر محسن وصالح مهدي محسن العامري، "المسؤولية الاجتماعية وأخلاقيات الأعمال"، دار وائل للنشر، عمان، 2005.

9. نجم، عبود نجم، "أخلاقيات الإدارة ومسؤولية الأعمال في شركات الأعمال"، دار الوراق للنشر والتوزيع، عمان، 2006.

10. عبد الرحمن، أحمد عبد الكريم، "المسؤولية الاجتماعية لمنظمات الأعمال، مجالاتها ومعوقات الوفاء بها: دراسة ميدانية تطبيقية"، مجلة البحوث التجارية المعاصرة، المجلد 11، العدد 2، 1997.

* المصادر الأجنبية:

11. Shermerhorn, John S., "Management", 8th ed., Wiley & Sons, New Jersey, 2005.

12. Mintzberg, Henry, "The Nature of Management", Harper Collins, 1997.

13. Wren, Daniel, "The Evolution of Management Thought", 4th ed, Wiley & Sons, New York, 1994.

14. Kreitner, Robert, "Management", 9th ed., Houghton Mifflin Co., Boston, 2004.

15. Griffin, Ricky W., "Management", 8th ed, Houghton Mifflin. Co. , Boston, 2006.

16. Daft, Richard, "New Era of Management", Thomson, Ohio, 2006.

17. Certo, Samuel C., "Modern Management", 9th ed, Prentice-Hall New Jersey, 2003.

18. Geert Hofstede, "Gultur's Consequences: International Differences in Work Related Values", Beverly Hills, California, Sage, 1980.

19. Post, James E. et al., "Business and Society", 10th ed, McGraw-Hill, New York, 2003.

20. Carroll, Archie B. and Buchloltz, Ann K., "Business and Society", Thomson, 2002.

21. Robbins, Stephen P., "Fundamentals of Management", 2nd ed., Prentice. Hall, New Jersey, 1998.

22. Thomas, Roosevelt. R., "From Affirmative Action to Affirming Diversity", Harvard Business Review, March-April, 1990.

23. Fletcher, Joyce K., "A Modest Manifesto For Shattering the Glass Ceiling", Harvard Business Review, January-February, 2000.

24. Scott, Richard W., "Organizations, Rational, Natural and Open Systems", 4th ed., Prentice Hall, New Jersey, 1998.

25. Deal, Terrence E. and Allen, A. Kennedy, "Corporate Culture: The Rightsand Rituals of Corporate Life", Addisson Wesley, 1982.

الباب الثاني

" بيئة الإدارة والأعمال "

الباب الثاني

بيئة الإدارة والأعمال

مقدمة

إن للبيئة تأثيراً كبيراً ومهماً على الإدارة ومنظمات الأعمال، وبالتالي فإن معرفة المؤثرات البيئية والتطورات التي تحصل في البيئة بكافة أشكالها تعتبر أمراً حيوياً للمدير. إن البيئة مفهوم واسع تتعدد أبعاده وتتنوع مفرداته ويصبح من الضروري عند اتخاذ القرارات في منظمات الأعمال مراعاة هذه الجوانب والتنوع. ولعل أهم ظاهرة بيئية خارجية هي العولمة وتأثيراتها على الإدارة والأعمال حيث فرضت أنماطاً من التأثيرات التي لا بد أن تراعيها منظمات الأعمال. كذلك فإن ظاهرة انتشار وتوسع الأعمال الصغيرة والعائلية ومساهمتها المتزايدة في الحياة الاقتصادية والاجتماعية للدول أصبحت من الموضوعات التي تستحق الدراسة والتحليل. في هذا الباب سندرس البيئة وأنواعها وتأثيراتها والعولمة والعمل في ظل افرازاتها وكذلك الريادة والأعمال الصغيرة.

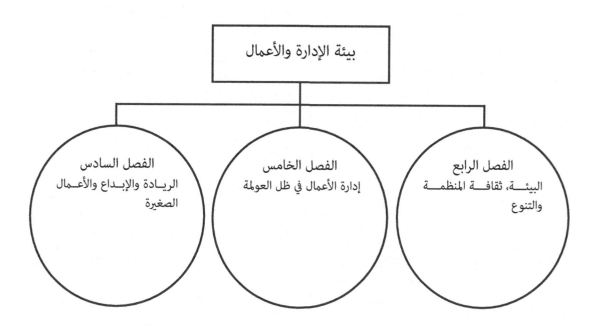

الفصل الرابع

البيئة، ثقافة المنظمة والتنوع

الفصل الرابع

البيئة، ثقافة المنظمة والتنوع

بعد دراستك لهذا الفصل تستطيع الإجابة على الأسئلة التالية:

1. ما المقصود بالبيئة الخارجية لمنظمة الأعمال؟
2. ما معنى المنظمة الملتزمة بخدمة الزبون؟
3. ما معنى المنظمة الملتزمة بالجودة؟
4. ما معنى ثقافة المنظمة؟ وما محتواها؟
5. كيف يمكن إدارة التنوع في منظمات الأعمال؟

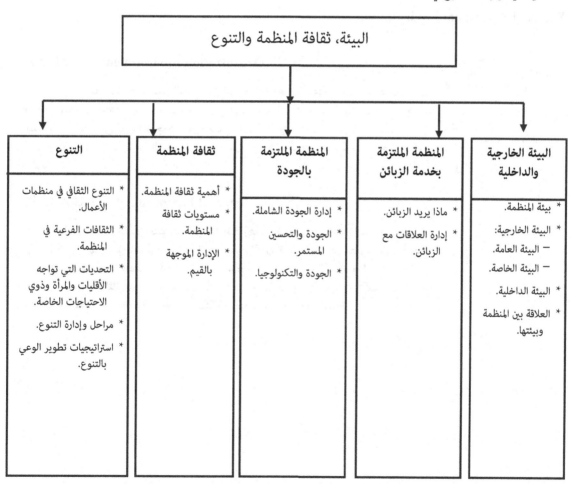

البيئة، ثقافة المنظمة والتنوع
البيئة الخارجية والداخلية
* بيئة المنظمة.
* البيئة الخارجية:
– البيئة العامة.
– البيئة الخاصة.
* البيئة الداخلية.
* العلاقة بين المنظمة وبيئتها.
المنظمة الملتزمة بخدمة الزبائن
* ماذا يريد الزبائن.
* إدارة العلاقات مع الزبائن.
المنظمة الملتزمة بالجودة
* إدارة الجودة الشاملة.
* الجودة والتحسين المستمر.
* الجودة والتكنولوجيا.
ثقافة المنظمة
* أهمية ثقافة المنظمة.
* مستويات ثقافة المنظمة.
* الإدارة الموجهة بالقيم.
التنوع
* التنوع الثقافي في منظمات الأعمال.
* الثقافات الفرعية في المنظمة.
* التحديات التي تواجه الأقليات والمرأة وذوي الاحتياجات الخاصة.
* مراحل وإدارة التنوع.
* استراتيجيات تطوير الوعي بالتنوع.

مقدمة الفصل الرابع:

إن منظمات الأعمال لا تعمل في فراغ وإنما تعتبر أنظمة اجتماعية مفتوحة على بيئة خارجية فيها الكثير من العناصر التي يمكن أن تشكل مؤثرات توجه سلوك المنظمة باتجاه أو آخر. لذا فإن معرفة هذه البيئة ومكوناتها وطبيعة تفاعلاتها يصبح أمراً ضرورياً لنجاح إدارة المنظمة خصوصاً في عالم اليوم الذي تتسارع فيه التطورات التكنولوجية والمعرفية. إن هناك بعدين أساسيين هما: فهم الزبائن والمستهلكين ومعرفة ما يريدون وما يرفضون، وهذه المعرفة الدقيقة تعني ضمان ولائهم وبالتالي الاحتفاظ بالحصة السوقية للمنظمة. والبعد الآخر هو قدرة المنظمة على الإنتاج بجودة عالية بما يضمن سمعة حسنة وبالتالي الاحتفاظ بالزبائن وإمكانية الحصول على زبائن جدد. إن الاستجابة للمؤثرات البيئية الخارجية تحددها قدرة المنظمة وإمكاناتها ومكونات بيئتها الداخلية والتي تلعب فيها ثقافة المنظمة دوراً مهماً باعتبارها ترتبط بالعاملين والإدارة. وإذا كانت البيئة الداخلية تتمثل بالثقافة والهيكل والموارد المتاحة فإننا سنركز في هذا الفصل على الثقافة التنظيمية وعرض مفهوم موارد المنظمة تاركين هيكل المنظمة للفصول اللاحقة.

أولا: البيئة الخارجية والداخلية للمنظمة

External & Internal Environment

* بيئة المنظمة Organization Environment

تتكون بيئة المنظمة بالمعنى الواسع من المحيط الخارجي الذي نسميه البيئة الخارجية External Environment والإطار الداخلي الذي يمثل البيئة الداخلية Internal Environment. فالبيئة الخارجية تعني كل ما موجود خارج حدود المنظمة والذي يمكن أن يؤثر فيها بشكل مباشر أو غير مباشر. أما البيئة الداخلية فهي مجمل الظروف والقوى التي توجد داخل حدود المنظمة.

*** البيئة الخارجية**
External Environment
كل ما موجود خارج حدود المنظمة وله تأثير مباشر أو غير مباشر عليها.

*** البيئة الداخلية**
Internal Environment
كل الظروف والقوى التي توجد داخل حدود المنظمة.

* البيئة الخارجية External Environment

تتبادل المنظمة التأثير وتستمد وجودها وتطورها وقوتها من مجموعة المتغيرات والأبعاد التي تحيط بها وتمثل مكونات لهذه البيئة الخارجية. ولكون البيئة الخارجية مفهوماً واسعاً فقد وجد الباحثون منهجية علمية نظامية للتعامل مع هذه المكونات الكثيرة وذلك لوضعها في تصنيفين استناداً إلى التأثير المباشر وغير المباشر لهذه المكونات وبذلك فإننا نتكلم عن البيئة الخارجية العامة General Environment والبيئة الخاصة Specific Environment.

- البيئة الخارجية العامة :General Environment

وتسمى أيضاً بيئة التعامل غير المباشر أو البيئة المجتمعية أو البيئة الواسعة أو غيرها من المسميات. وتشير إلى مجمل المكونات الاقتصادية والسياسة والاجتماعية والقانونية والتكنولوجية والثقافية وما يرتبط بها من متغيرات يكون لها تأثير غير مباشر في أغلب الحالات على منظمات الأعمال.

1. القوى الاقتصادية Economic Forces : وتتمثل بإجمالي المتغيرات الاقتصادية المحيطة بالمنظمة مثل الوضع الاقتصادي العام والتضخم ومستويات الدخل وأسعار الفائدة والناتج المحلي الإجمالي ومستوى البطالة ومتوسط دخل الفرد وغيرها من العوامل المتعلقة بالسياسات المالية والنقدية.

2. القوى الاجتماعية الثقافية Socio-Cultural Forces: وتشتمل هذه على عناصر مثل الأعراف والتقاليد والقيم الاجتماعية التي يجب مراعاتها والاتجاهات التربوية والتعليمية والمؤسسات الاجتماعية باختلاف أنواعها والمؤشرات الديموغرافية السكانية.

3. القوى القانونية والسياسية Political – Legal Forces : وتمثل التشريعات والقوانين التي تسنها الحكومة وأسلوب الحكم والفلسفة التي يستند إليها نظام الحكم.

4. القوى التكنولوجية Technological Forces: والمقصود بها تطور وميسورية الحصول على التكنولوجيا كما يشمل أيضاً التطور العلمي والمعرفي والبنية التحتية العلمية في المجتمع.

5. ظروف البيئة الطبيعية Natural Conditions: تتضمن ما يتعلق بمكونات البيئة الطبيعة من أرض وماء وهواء وكذلك السياسات البيئية والقوانين المرتبطة بها والجمعيات المتخصصة بحماية البيئة ورعايتها.

6. البعد الدولي International Dimension : ويقصد به المدى الذي تتأثر به منظمة الأعمال من قبل المنظمات الموجودة في دول أخرى أو بقوانين وتشريعات تلك الدول.

* البيئة الخارجية العامة
General Environment
هي مجموعة القوى المحيطة بالمنظمة والتي تمثل المجتمع العام للمنظمة وتسمى بيئة التعامل غير المباشر.

* القوى الاقتصادية
Economic Forces
المتغيرات الاقتصادية المحيطة بالمنظمة ومدى صحة وحيوية النظام الاقتصادي الذي تعمل في ظله المنظمة.

* القوى الاجتماعية والثقافية
Socio-Cultural Forces
الأعراف والعادات والتقاليد والخصائص السكانية للمجتمع الذي تعمل فيه المنظمة.

* القوى القانونية والسياسية
Political-Leal Forces
التشريعات الحكومية والقوانين وأسلوب الحكم وفلسفية في الدولة التي تعمل فيها المنظمة.

* القوى التكنولوجية
Technological Forces
الطرق العلمية والفنية التي يتم تحويل المدخلات إلى مخرجات بموجبها.

* الظروف الطبيعية
Natural Conditions
ما يتعلق بالتربة والماء والهواء والسياسات البيئية.

* البعد الدولي
International Dimension
مدى تأثر المنظمة بمنظمات وقوانين دول أخرى.

- البيئة الخاصة (بيئة المهمة) **Specific (Task) Environment:**

* **البيئة الخاصة (بيئة المهمة)**
Specific (Task) Environment
مجموعة المتغيرات والأبعاد ذات التأثير المباشر على عمل المنظمة.

وتسمى أيضاً بيئة التعامل المباشر وتتمثل بمتغيرات وأبعاد ومجموعات محددة تؤثر على منظمة الأعمال بشكل مباشر. ولكون تأثير البيئة الخارجية العامة غير مباشر وغير محدد بوضوح فغالباً ما تركز منظمة الأعمال انتباهها على متغيرات البيئة الخاصة أو البيئة المباشرة. وتشمل هذه البيئة المنافسون والزبائن والمجهزون والمشرعون (في ما يتعلق بالمنظمة وعملها) وكذلك التحالفات الاستراتيجية مع الآخرين. إن هذه البيئة معقدة وتتغير بسرعة لذلك يتطلب الأمر من إدارة المنظمة متابعتها من خلال البيانات والمعلومات وتحديث هذه البيانات والمعلومات باستمرار. ويشير البعض إلى عناصر بيئة المنظمة الخاصة باسم أصحاب المصالح (الخارجيون) Stakeholders باعتبارهم أكثر ارتباطاً وتأثيراً في منظمة الأعمال.

* **المنافسون**
Competitors
منظمات تنافس بعضها على الموارد والزبائن.

1. المنافسون **Competitors:** جميع المنظمات التي تنافس منظمة معينة بشأن الحصول على الموارد أو الزبائن، مثال ذلك أن الجامعات الخاصة تتنافس في ما بينها في الحصول على الموارد مثل الأساتذة المتخصصين وكذلك على الزبائن الذين هم الطلاب.

* **الزبائن Customers**
أفراد ومنظمات تدفع للحصول على السلع والخدمات التي تنتجها منظمة ما.

2. الزبائن **Customers:** وهم من يدفع مقابل الحصول على السلعة أو الخدمة التي تنتجها المنظمة فالمطاعم زبائنها في الغالب أفراد يدفعون من أجل الحصول على وجبات الطعام، وفي حالات أخرى قد يكون الزبائن منظمات أخرى. لذا لا بد من معرفة الزبائن وشرائحهم ورغباتهم وسلوكهم في الشراء.

* **المجهزون Suppliers**
منظمة أو فرد يقوم بتجهيز مواد أولية أو معلومات أو أموال أو قوة عاملة إلى منظمة ما.

3. المجهزون **Suppliers:** مجمل المنظمات التي تزود منظمة ما بالموارد التي تحتاجها مثل المواد الأولية والأيدي العاملة والمعلومات والأموال. فالمصارف ومكاتب استقدام اليد العاملة ووكلاء استيراد بعض المواد الأولية وبعض الجهات المتخصصة بجمع وتحليل المعلومات كل هؤلاء هم مجهزون.

* **المشرعون**
Regulators
وحدات تنظيمية لها قوة إصدار القوانين والتشريعات أو الرقابة على أعمال المنظمة.

4. المشرعون **Regulators:** جميع عناصر البيئة الخاصة الذين لديهم قوة التشريع وإصدار القوانين والرقابة التي تؤثر في سياسات المنظمة وممارساتها. وفي الدولة عادة ما يوجد نوعان من المشرعين: الأول هو الدوائر الحكومية Regulatory Agencies وهي وحدات تنشئها الحكومة لغرض حماية الجمهور أو المنظمات من ممارسات بعض المنظمات وذلك عن طريق سن قوانين وإصدار ضوابط عمل. أما الثاني فهو ما يسمى مجاميع المصالح Interests Groups وهي عبارة عن تكتلات من مختلف الشرائح للضغط على المنظمات في سبيل حماية أعضاء هذه التكتلات من التصرفات والممارسات التي تقوم بها هذه المنظمات، مثال ذلك المنظمة الوطنية لحماية حقوق المرأة أو جمعيات حماية المتقاعدين.

5. الشريك الاستراتيجي Strategic Partner: منظمتان أو أكثر تعمل مع بعض في مشاريع مشتركة وهذه الشراكة الاستراتيجية توفر للشركة خبرة في مجالات معينة أو تمسح لها الدخول إلى أسواق ومجالات عمل جديدة بسرعة أكبر. ويمكننا تلخيص الأفكار المتعلقة ببيئة المنظمة في الشكل التالي:

* **الشريك الاستراتيجي**
Strategic Partner
منظمات تعمل مع بعضها في مشاريع مشتركة أو لديها علاقات من نوع آخر.

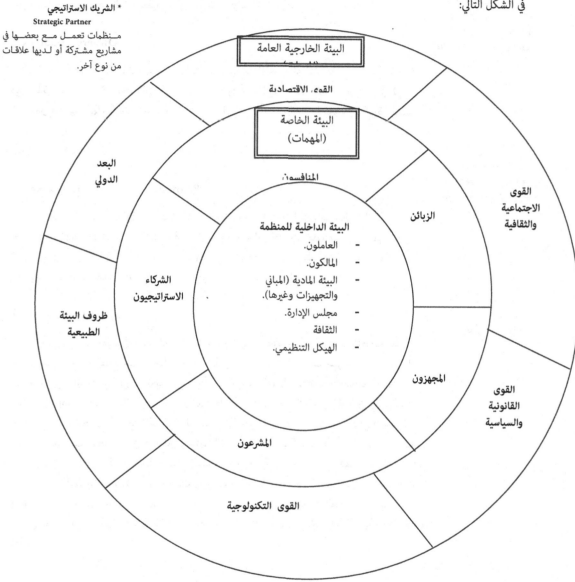

شكل (1-4): بيئة المنظمة

* البيئة الداخلية
Internal Environment
هـي الظـروف والقـوى والعنـاصر المتواجدة داخل حدود المنظمة.

* البيئة الداخلية Internal Environment

لو رجعنا إلى الشكل (1-4) أعلاه نجد أن بيئة المنظمة الداخلية تتمثل بـالظروف والقـوى والعناصر المتواجدة داخل حدود المنظمة، وبعبارة أخرى يمكن القـول أنهـا تشـتمل عـلى المـالكين ومجلس الإدارة والعاملين والبيئة المادية للعمل مثل التجهيزات والمكـائن والمبـاني وغيرهـا، كـذلك تعتبر ثقافة المنظمة وهيكلها التنظيمي من مكونات البيئة الداخلية.

* المالكون Owners
أفراد أو كيانـات لهـم حـق الملكيـة القانونية للأعمال أو المنظمات.

1. المالكون Owners

هم الأفراد أو الكيانات الذين لهم الملكية القانونية للأعمال أو المنظمات، حيـث يمكـن أن تكون ملكية فردية Individual كأن تكون أعمال صغيرة أو عائلية أو قد تكون مسـاهمة في شركـة، وقد تكون الملكية جماعية مثل شركات التضامن أو التوصية أو الشركات المساهمة الكبيرة. يشكل المالكون عنصراً مهماً في البيئة الداخلية للمنظمة باعتبارهم المستفيد الرئيسي مـن وجـود المنظمـة وتطورها ونموها.

* مجلس الإدارة
Board of Directors
مجلس حاكم للمنظمة يشرف عـلى عمـل الإدارة العليـا وينتخـب مـن قبل المساهمين.

2. مجلس الإدارة Board of Directors

ينتخب مجلـس الإدارة مـن قبـل المسـاهمين Stockholders لـلإشراف عـلى الإدارة العامـة (العليا) General Management للمنظمة ومراقبة عملها والحفاظ على مصلحة المسـاهمين. وقـد يكون تأثير مجلس الإدارة قوياً في رسم اتجاه ومسار المنظمة وعملها ويتدخل كثيراً في عمل الإدارة أو قد يكون دوراً لا يتعدى المصادقة على ما تعرضه عليه الإدارة العليا من قرارات.

* العاملون Employees
جميع الأفراد الذين يمارسـون عمـلاً فنياً أو إدارياً أو غيره في المنظمة.

3. العاملون Employees

عنصر أساسي ومهم في بيئة المنظمة الداخليـة حيـث يعتمـد علـيهم أداء المنظمـة بشـكل كبير. يشتمل هذا المصطلح عـلى كافـة الأفـراد الـذين يعملـون في المنظمـة سـواء كـانوا فنيـين أو موظفين إداريين أو عاملين غير ماهرين. ويمكن أن يكونوا على الملاك الدائم Permanent أو بعقـود مؤقتة Temporary حيث هناك نزعة أو ميل للاعتماد أكثر فأكثر على العاملين المؤقتين في منظمات الأعمال لأن الأمر يعتبر أكـثر مرونـة. لقـد أثـرت تكنولوجيـا المعلومـات بالـذات عـلى المسـميات الوظيفية والمهارات المطلوبة من العاملين واستحدثت الكثير من الوظـائف التـي لم تكـن معروفـة سابقاً. وتولي الشركات الكبرى عناية خاصة بالعاملين وتهيئة مكان العمل لهـم، فهـذه شركـة Sun Microsystems الأمريكيـة مـثلاً، اسـتحدثت وظيفـة مـدير فاعليـة مكـان العمـل Workplace Effectiveness Manager محتواها الأساسي ينصب على التأكـد مـن أن مكـان العمـل مناسـب جـداً للعاملين بحيث يستطيعون تقديم أفضل ما يمكن على مستوى تحقيق الأهداف الفردية وأهـداف المنظمة.

* البيئة المادية

4. البيئة المادية Physical Work Environment

تتمثل هذه العناصر بمختلف ممتلكات المنظمة المادية مثل التجهيزات والمكائن والمباني والمعدات والمكاتب وغيرها.

Physical Work Environment
ممتلكات المنظمة المادية من تجهيزات ومكائن ومباني وغيرها.

* العلاقة بين المنظمة وبيئتها

Relationship Between the Organization and Its Environment

تستطيع المنظمة التي تفهم بيئتها الخارجية جيداً، أن تحصل على ميزات تنافسية Competitive Advantages أفضل من غيرها خاصة إذا ما تمكنت من حشد مواردها وباقي عناصر بيئتها الداخلية للاستفادة من الفرص المتاحة في البيئة الخارجية. ونقصد بالميزة التنافسية هنا التفوق على المنافسين من خلال امتلاك قدرات محورية Core Competencies تتجسد بمنتجات وأسعار وخدمة مستهلكين وكفاءة بالإنتاج تعطي للمنظمة قدرة للتفوق والتميز في السوق.

* الميزة التنافسية
Competitive Advantage
وجود قدرات محورية أساسية تسمح للمنظمة بالتفوق والتميز على المنافسين الآخرين.

ولكي تكون الميزة التنافسية مستدامة يفترض أن تبنى على معرفة ضمنية ولا يستطيع المنافسون الآخرون تقليدها بسهولة وتتمكن المنظمة من الاستفادة منها لأطول فترة ممكنة. إن هذا الأمر يتطلب معرفة البيئة الخارجية التي تعمل في إطارها المنظمة من ناحيتي تعقد البيئة Complexity والتغير البيئي Change. فدرجة التعقد البيئي تتمثل بعدد مكونات البيئة وإمكانية تجزئتها فالبيئة البسيطة تكون عادة بعناصر قليلة وبتجزئة بسيطة في حين أن البيئة المعقدة عادة ما تكون بمكونات كثيرة وتجزئة عالية. أما درجة التغير فتعني مدى استقرار أو حركية هذه البيئة. ومن خلال تقاطع هذين البعدين في البيئة يتشكل مستوى عدم التأكد Uncertainty والذي يمثل أكبر تحدي أمام إدارة منظمات الأعمال ومتخذي القرار فيها. ونستطيع أن نوضح هذا الأمر من خلال الشكل التالي:

* التعقد البيئي
Complexity
كثرة مكونات وعناصر البيئة وإمكانية تجزئة عالية.

* التغير البيئي Change
استقرار أو حركية في مكونات وعناصر البيئة.

* عدم التأكد
Uncertainty
نقص المعلومات حول البيئة الذي ينتج عن التغير والتعقد البيئي.

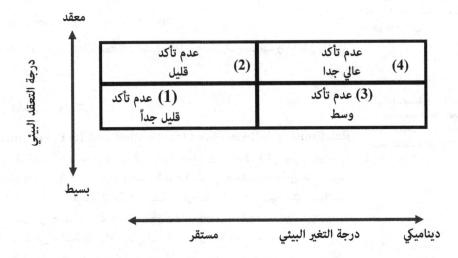

شكل (2-4): العلاقة بين التغير والتعقد البيئي

ثانياً: المنظمة الملتزمة بخدمة الزبائن

Customers – Driven Organization

يعد الزبائن في عالم اليوم قوة جبارة تبذل المنظمات قصارى جهدها لإرضائهم والحصول على ولائهم. إن العامل الرئيسي في قوة الزبائن اليوم هو حريتهم الكاملة في الاختيار والميسورية العالية للسلع والخدمات الناتجة عن كثرة المنافسين وقدراتهم الكبيرة على توفير أنواع متعددة وكثيرة من المنتجات السلعية أو الخدمية. إن معرفة الشرائح المختلفة من الزبائن أصبحت بحد ذاتها عملاً قائماً حيث نجد أن الكثير من محركات البحث والمواقع المتخصصة على الإنترنت تقوم بإعداد قوائم الزبائن لكثير من الشركات مع كافة التفاصيل المتعلقة بأحوالهم الشخصية وسلوكياتهم في الشراء. وتجدر الإشارة إلى أن منظمات الأعمال تنظر إلى الزبائن بمنظور مختلف عن السابق فهي تميز بين نوعين من الزبائن : الزبون الخارجي External والزبون الداخلي Internal. فالأول قد يكون فرداً أو شركة تستهلك مباشرة السلعة أو الخدمة أو تكون وسيطاً لمستهلك نهائي. أما الثاني، أي الزبون الداخلي فهو موجود داخل المنظمة وهو تعبير مجازي عن الأفراد والمجموعات العاملة في المنظمة والذين يعتمدون في عملهم على بعضهم حيث تنتج السلعة أو تقدم الخدمة بعمليات متتابعة يكون فيها كل عامل زبوناً (مستلِماً) للعامل الآخر لذا يجب أن تكون العملية السابقة منجزة بأعلى المواصفات وتقدم للعامل التالي بأحسن صورة. وهكذا فإن مفهوم خدمة الزبون Customer Service تبدأ أولاً داخل المنظمة، والشكل التالي يوضح هذه الفكرة.

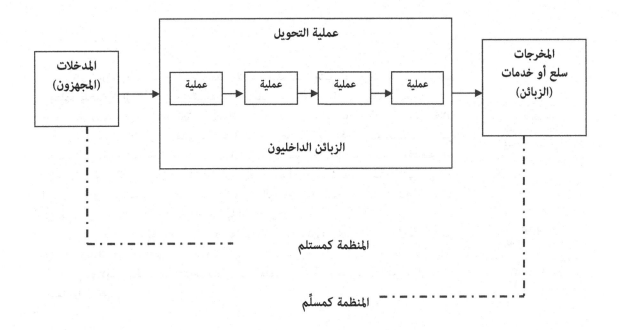

شكل (3-4): الزبائن الداخليين والخارجيين للمنظمة

* ماذا يريد الزبائن؟ What Customers Need ?

إن اعتبار الزبائن من أهم المستفيدين أو أصحاب المصالح فإن ذلك يجعلهم يوضعون في مقدمة الجهات التي وجدت المنظمة من أجل خدمتها. واليوم يضع الزبائن منظمات الأعمال أمام اختيار ليس بالسهل من خلال العديد من المطالب والرغبات التي لا يمكن تحقيقها إذا لم تكن المنظمة متفهمة لطبيعة زبائنها وأساليب تلبية مثل هذه المتطلبات. ولكن غالباً ما يركز الزبائن على ثلاث مطالب أساسية في السلعة أو الخدمة وهي: **الجودة العالية والسعر المعقول والتسليم في الوقت المحدد.** إن أي منظمة لا تستطيع الوفاء بهذه المتطلبات ستعاني من تبعات ذلك في السوق حيث تفقد ميزاتها التنافسية لصالح غيرها. على الشركات التأكد من منتجاتها عند إدخالها للسوق فوجود عيوب وإن كانت قليلة قد يفقد المستهلكين ثقتهم بالشركة وبالتالي فإن من الصعب بناء الثقة مرة أخرى وإن السمعة Reputation التي تبنى بصعوبة كبيرة قد تفقد بسهولة وكذلك الزبائن، لذا ترى كبريات الشركات في عالم اليوم تعطي الزبون الحق دائماً.

* إدارة العلاقات مع الزبائن Customer Relationship Management

أشارت العديد من الدراسات والبحوث في الولايات المتحدة الأمريكية على الخصوص إلى أن خدمة الزبون ونوعية المنتج تأتي في المرتبتين الأولى والثانية من حيث نجاح الأعمال وتحقيق أهدافها كذلك أشارت هذه الدراسات إلى أنهما السببان الأول والثاني في فشل الكثير من الأعمال وتخلي الزبائن عن منتجات هذه المنظمات.

إن إدارة الزبائن السليمة وتنمية العلاقة معهم هي التي توسع من قاعدة ولائهم وجعلهم يتحدثون إلى الآخرين عن السلع أو الخدمات التي تنتجها المنظمة وبالتالي جلب زبائن جدد. كما أن مفهوم إدارة العلاقات مع الزبائن تستند اليوم إلى مبدأ بناء علاقة وطيدة من خلال مستوى عالي من خدمة الزبائن معتمدة على آخر ما توصلت إليه تكنولوجيا المعلومات التي تتجسد باتصالات مكثفة ومستمرة حول خصائصهم ورغباتهم واحتياجاتهم. وهنا تبرز أهمية بناء قواعد المعلومات الخاصة بالزبائن في الفنادق والمصارف وغيرها حيث تقدم الخدمة التي يريدها الزبون بناءً على البيانات المتوفرة لدى إدارة علاقات الزبائن في الفندق أو المصرف دون الحاجة إلى طرح المزيد من الأسئلة والاستفسار عن بيانات أخرى.

* إدارة العلاقات مع الزبائن
Customer Relationship Management (CRM)
إدارة وتكثيف العلاقات مع الزبائن وبناء قواعد معلومات لزيادة فاعلية الخدمة المقدمة لهم.

كذلك تحتاج منظمة الأعمال إدارة العلاقات مع المجهزين Suppliers من خلال ما يسمى إدارة سلسلة التوريد Supply Chain Management والتي تشمل الإدارة الاستراتيجية لكل العمليات المتعلقة بالموردين بما فيها استخدام تكنولوجيا المعلومات لتحسين عمليات الشراء والتصنيع والنقل والتوزيع.

* إدارة سلسلة التوريد
Supply chain Management
إدارة العمليات الخاصة بالموردين واستخدام تكنولوجيا لمعلومات لتحسين عمليات الشراء والتصنيع والنقل والتوزيع.

ثالثاً: المنظمة الملتزمة بالجودة

Quality-Driven Organization

إن تحقيق ميزات تنافسية وأداء عالي يرتبط اليوم إلى حد كبير بالاهتمام بالجودة Quality حيث يرغب المستهلكون بسلع وخدمات ذات نوعية عالية، كما أن النوعية تعتبر هدفاً لمجمل العمليات المرتبطة بالأداء المنظمي في الصناعة والخدمات على حد سواء. ولم تكتف الشركاء بالضبط الداخلي للجودة بل لجأت إلى اعتماد شهادات خارجية من جهات متخصصة أهمها منظمة التقييس العالمية International Standardization Organization (ISO) والتي مقرها سويسرا، حيث تمثل اعترافاً بجودة السلع أو الخدمات ويشار لها مثلاً بـ ISO 9000 أو ISO 14000. إن التركيز من قبل المنتجين للسلع والخدمات على الجودة يأتي لكونها العنصر الرئيس الذي يعتمده الزبون في المقارنة مع المنتجات الأخرى.

* شهادة الآيزو
ISO Certifications
اعتراف من قبل منظمة التقييس العالمية بمطابقة مواصفات السلعة والخدمة المنتجة للمعايير الدولية.

* إدارة الجودة الشاملة
Total Quality Management
إدارة المنظمة بالتزام تام ومستمر للارتقاء بمستوى جودة المنتجات وتحقيق تحسين مستمر فيها للوصول إلى أكثر من رضا الزبون.

* إدارة الجودة الشاملة Total Quality Management

يشير هذا المفهوم إلى تكريس المنظمة لكافة جهودها ومواردها للوصول إلى مستوى عالي من جودة الأداء وخدمة المستهلك ليس بما يحقق الرضا له بل بتقديم

أكثر مما يتوقع وبما يحقق تحسيناً مستمراً في نوعية المنتجات. إن أهم مظاهر الجودة الشاملة هو التزام الإدارة العليا بدعم هذا البرنامج وضمان مشاركة جميع العاملين في تحقيق أهدافه وأن تكون الجودة من مسؤولية جميع العاملين وليس قسم متخصص بالرقابة على الجودة، كذلك يجب تعزيز مفهوم الوقاية Prevention أي توقي العيب قبل حدوثه. ويعتبر Phillip Crosby من أشهر الباحثين في هذا المجال والذي أشار إلى أربعة مسلمات أساسية تعد كمتطلبات لإدارة ورقابة الجودة الشاملة وهي:

* الوقاية من العيوب
Pretension
التحسب من وقوع الأخطاء أو العيوب لمنع حدوثها.

* التصحيح (العلاج)
Correction
اتخاذ إجراءات علاجية لإزالة الخطأ أو العيب بعد حدوثه.

- الجودة تعني مطابقة للمواصفات Conformance to Standards
- الجودة تتحقق من خلال الوقاية وليس العلاج للعيوب
Defects Prevention, Not Defects Correction
- الجودة كمعيار للأداء تعني خلو العمل من الخطأ والعيوب
Defect-Free Work
- الجودة توفر الأموال Quality Saves Money.

* الجودة والتحسين المستمر

Quality and Continuous Improvement

لقد كان لبعض العلماء في ميدان إدارة ورقابة الجودة إسهامات متميزة كان لها الأثر الأكبر في الارتقاء بجودة المنتجات اليابانية بالذات، حتى صارت اليابان مرادفة للجودة. ومن هؤلاء ادوارد ديمنغ Edward Deming الذي استدعي إلى اليابان لتوضيح أساليب ضبط الجودة وبالذات الإحصائية منها. وقد كرمت اليابان هذا العالم باستحداث جائزة ديمنغ Deming Prize للتميز والجودة. ويمكن تلخيص مبادئ ديمنغ للجودة والتي حث اليابانيين عليها كالآتي:

- احسب عدد العيوب أو الأخطاء.
- حلل هذه العيوب وانسبها إلى مصادرها.
- صحح هذه العيوب.
- وثق ما حصل للاستفادة منه في المستقبل.

* التحسين المستمر
Continuous Improvement
البحث الدائم عن أساليب جديدة ترتقي بمستوى الأداء الحالي.

كما صاغ ديمنغ أربعة عشر نقطة يؤكد فيها على الإبداع المستمر Constant Innovation واستخدام الأساليب الإحصائية والتكريس التام للتدريب في مجال أساسيات ضمان الجودة Quality Assurance. إن طلب التميز في مجال الجودة يرتبط ارتباطاً وثيقاً بالتحسين المستمر Continuous Improvement الذي يعني

البحث الدائم عن أساليب جديدة ترتقي بمستوى الأداء الحالي. إن الأساس الذي يستند إليه مفهوم التحسين المستمر هو أن الزبون لن يرضى بشكل تام وبالتالي فإن هناك ما يتطلب تحسينه وهكذا يصبح التحسين المستمر أسلوب حياة متجدد. لقد طور اليابانيون فكرة اندماج العاملين مع فكرة التحسين المستمر من خلال استحداث مجاميع شهيرة عرفت بحلقات الجودة Quality Circles، والتي هي عبارة عن مجاميع صغيرة من العاملين تجتمع بانتظام وبشكل دوري لمناقشة طرق تحسين الجودة للمنتجات من سلع أو خدمات وبهذا يمكن استثمار طاقات العاملين الذهنية إضافة إلى طاقاتهم العضلية، وبهذا تتحقق وفورات كبيرة مع تطوير لقابليات العاملين وزيادة تمكينهم ورفع معنوياتهم.

* حلقات الجودة
Quality Circles
مجاميع من العاملين تجتمع بشكل دوري ومنظم لمناقشة طرق تحسين الجودة للسلع والخدمات المنتجة.

* الجودة والتكنولوجيا Quality and Technology

لقد ساعدت التكنولوجيا كثيراً في الارتقاء بمستوى الجودة من خلال مساعدة العاملين في تحقيق تكامل العمليات مع تفضيلات الزبائن وإجراء تغييرات في المنتجات بسرعة وبكلفة واطئة. وقد ظهرت مصطلحات مثل الإنتاج الرشيق Lean Production الذي يعني استخدام التكنولوجيا لتحقيق انسيابية عالية في نظم الإنتاج تعتمد على مجاميع صغيرة من العاملين أما نظام الإنتاج المرن Flexible Manufacturing System فهو نظام إنتاج يستفيد من التكنولوجيا بشكل كبير للسماح بإجراء تغييرات سريعة وبكفاءة لإنتاج منتجات مختلفة أو إجراء تغييرات في المنتجات الموجودة حالياً. كما ظهر بفضل التكنولوجيا مصطلح آخر وهو الإيصاء الواسع (الزبونة) Mass Customization الذي يعني إنتاج منتجات بناء على الذوق الفردي للزبون لمنتجات كانت تنتج بشكل دفعات كبيرة. إن ما أشرنا إليه من أنماط جديدة يرتبط ارتباطاً وثيقاً بالجودة وحرص المنظمة على اقتناء التكنولوجيا المتطورة لتضمين هذه الجودة بمنتجاتها. ولعل مرحلة تصميم المنتج Product Design أصبحت سلاحاً فعالاً في المنافسة في ميدان الأعمال في عالم اليوم، حيث يسهل التصميم عملية التصنيع كما يعتبر عامل جذب مهم للزبون.

* ثقافة المنظمة
Organizational Culture
هي نظام من القيم والمعتقدات يتقاسمها الأعضاء في المنظمة وتوجه سلوكهم.

رابعاً: ثقافة المنظمة Organizational Culture

تمثل ثقافة المنظمة جانب ذو أهمية كبيرة للأعمال في البيئة المعاصرة، وهي نظام من القيم والمعتقدات يتقاسمها أعضاء التنظيم وتصبح موجهة للسلوك الفردي والجماعي والمنظمي. ويتأثر بناء الثقافة التنظيمية عادة بثلاثة عناصر رئيسية:

1- بيئة الأعمال التي تعمل فيها المنظمة، فبعض المنظمات ذات البيئة المتحركة الديناميكية تصبح ثقافتها متفتحة وشفافة وسريعة التغير مثل منظمات الاتصالات أو المنظمات العاملة في مجال الحاسوب في حين تكون في منظمات تعمل في مجالات تقليدية أكثر استقراراً وأقل عرضة للتغيير.

2- القادة الاستراتيجيون الذين تنتشر أفكارهم وآراؤهم إلى باقي أجزاء المنظمة والعاملين.

3- الخبرة لدى القادة وممارساتهم السابقة وكذلك التجارب التي مرت بها المنظمة سابقاً.

ويتحدث البعض عن الثقافة الشاملة Corporate Culture والتي تعني نفس إطار ثقافة المنظمة وتحوي عناصر كثيرة، فقد تكون قوية ومتماسكة بحيث تتميز بها المنظمة من غيرها أو قد تكون مجرد كونها ثقافة منظمية عادية.

* أهمية ثقافة المنظمة

Organizational Culture Importance

تلعب الثقافة المنظمية دوراً مهماً في تعزيز أو تدهور الأداء المنظمي ويمكن تلخيص أهميتها بالآتي:

1. بناء إحساس بالتاريخ **History** : فالثقافة ذات الجذور العريقة تمثل منهجاً تاريخياً تسرد فيه حكايات الأداء المتميز والعمل المثابر والأشخاص البارزين في المنظمة.

2. إيجاد شعور بالتوحد **Oneness**: حيث توحد الثقافة السلوكيات وتعطي معنى للأدوار وتعزز القيم المشتركة ومعايير الأداء المتميز.

3. تطوير إحساس بالعضوية والانتماء **Membership**: وتتعزز هذه العضوية من خلال مجموعة كبيرة من نظام العمل وتعطي استقراراً وظيفياً وتوضح جوانب الاختيار الصحيح للعاملين وتدريبهم وتطويرهم.

4. زيادة التبادل بين الأعضاء **Exchange**: ويأتي هذا من خلال المشاركة بالقرارات وتطوير فرق العمل والتنسيق بين الإدارات المختلفة والجماعات والأفراد.

ويمكن توضيح هذه الأهمية بالشكل التالي:

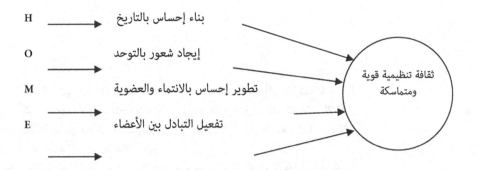

H
O
M
E
بناء إحساس بالتاريخ
إيجاد شعور بالتوحد
تطوير إحساس بالانتماء والعضوية
تفعيل التبادل بين الأعضاء
ثقافة تنظيمية قوية ومتماسكة

شكل (4-4): أهمية ثقافة المنظمة

* **الثقافة التنظيمية القوية**
Strong Culture
وهي الثقافة التنظيمية التي تتسم بالوضوح ويتقاسمها أعضاء التنظيم وتشجع السلوكيات الإيجابية.

أسلوب هوندا
Honda Way
ثقافة شركة هوندا التي تركز على الطموح واحترام الأفكار والاتصالات المفتوحة والعمل الجاد الممتع.

إن الثقافة التنظيمية القوية تتسم بالوضوح والتعريف المحدد ويتقاسم مفرداتها جميع أعضاء التنظيم وكذلك تشجع السلوك الإيجابي والمثابرة في العمل والإبداع والالتزام بالمصالح العليا الرئيسية للمنظمة. وبشكل عام فإن الثقافة التنظيمية القوية والمتماسكة تمثل بالنسبة للشركات فلسفة تصرفات وعمل كما هو الحال في شركة هوندا Honda الذائعة الصيت حيث يطلق عليها The Honda Way وهذه تمثل مجموعة مبادئ تركز على الطموح Ambition واحترام الأفكار Respect Ideas والاتصالات المفتوحة Open Communications والمتعة في العمل Work Enjoyment والتناسق والتناغم Harmony والعمل الجاد والشاق Hard Work.

* مستويات الثقافة التنظيمية

Organizational Culture Levels

* **الثقافة المرئية**
Observable Culture
مجموعة العناصر المرئية أو المسموعة من قبل العاملين والزبائن والتي تتعزز من خلال القيم الجوهرية.

يمكن تحديد مستويين اثنين للثقافة التنظيمية يتمثل الأول بالثقافة المرئية Observable Culture وهذه تتجسد بما يمكن أن يُرى أو يُسمع في المنظمة وخاصة من قبل العاملين والزبائن. بعبارة أخرى تتجسد بكيفية السلوك في العمل وتنظيم المكاتب والعلاقات بين العاملين بعضهم بالبعض الآخر وأسلوب تعاملهم مع الزبائن ونوعية وطريقة اللبس والملابس.

كذلك يستطيع الأعضاء الجدد في المنظمة اكتساب وتقاسم الثقافة التنظيمية من خلال العناصر التالية:

* **القصص والحكايات Stories**: التي يتم تناقلها بين أفراد المنظمة جيلاً بعد جيل والتي تحتوي على مواقف وأفعال بطولية أو أعمال تدل على الحكمة وحسن التصرف بحيث يقتدى بها.

الثقافة الجوهرية*
Core Culture
هي القيم الجوهرية أو الافتراضات
والمعتقدات المهمة التي تشكل
وتوجه سلوك الأفراد.

* **الأبطال** Heros: الأفراد الذين تفردوا أو تميزوا بإنجازات أو أعمال استثنائية وتعترف لهم المنظمة بذلك بكل احترام وتقدير ومن هؤلاء عادة المؤسسون وبعض الآخرين ممن قاموا بأعمال كبيرة.

* **الطقوس والشعائر** Rites and Rituals: وهي مجمل الاحتفالات أو المناسبات التي تحييها المنظمة وتعكس فكرها الجماعي سواء كانت مخططة أو عفوية لاستذكار مناسبات الإنجاز المتميز.

* **الرموز** Symbols: استخدام لغة خاصة وتعبيرات وإشارات غير لفظية لبث وإيصال مواضيع مهمة في حياة المنظمة.

أما المستوى الثاني فيتمثل بما يسمى الثقافة الجوهرية Core Culture والتي نقصد بها القيم الجوهرية Core Values أو الافتراضات والمعتقدات المهمة التي تشكل وتوجه سلوك الأفراد وتساهم فعلاً في صياغة حدود الثقافة المرئية المشار إليها سابقاً. والثقافة المتأصلة القوية تمجد قيماً جوهرية تدعو إلى الالتزام العالي حيث يتم تعظيم التميز بالأداء والإبداع والمسؤولية الاجتماعية والنزاهة والاندماج بالعمل وخدمة الزبون والعمل ضمن فريق، ويمكن توضيح العلاقة بين المستويين في الثقافة التنظيمية بالشكل التالي:

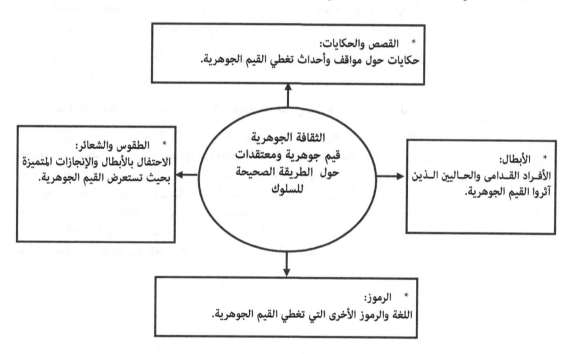

شكل (4-5) مستويات الثقافة التنظيمية

131

* الإدارة الموجهة بالقيم
Value-Based Management
الإدارة التـي تقـوم بتطـوير وبـث
وإيصـال وسـن القيـم ونشرها في
أرجاء المنظمة.

* الإدارة الموجهة بالقيم Value-Based Management

لا يكفي أن تعلن المنظمة أنها تتمسك بالقيم والأخلاق في تعاملها مـن خـلال رسـالتها أو موقعها على الإنترنت، بل يجب أن تمارس عملياً ويتم تقاسم هذه القيم ونشرها في جميـع أرجـاء المنظمة وأن تدعم بشكل حقيقي مـن قبـل جميـع المـدراء وباختلاف مستوياتهم. وقد ظهـر مصطلح الإدارة الموجهة بالقيم Value-Based Management والذي يعني الإدارة التي تقوم بتطوير وبث وإيصال وسن وممارسـة القيـم ونشرها في المنظمـة ولعل أهـم مجالات هـذا الـنمط هـو التمسك بأخلاقيات الأعمال وتبني المسؤولية الاجتماعية. إن جميع المـدراء بـاختلاف مستوياتهم وجميع قادة فرق العمل في المنظمة يجب أن يمارسوا هذا النمط من الإدارة حتى وإن كان هنـاك ثقافة منظمية فرعية لدى بعض فرق العمل بسبب طبيعة عملهم فـإن الإدارة الموجهـة بـالقيم يجب أن يمتد تأثيرها لهم وأن هذا التأثير يمكن التأكد من وجوده من خلال فحص الآتي:

*   **وثوق الصلة Relevance:** يجب أن تكون القيم الجوهرية وثيقة الصـلة وداعمـة للأهـداف الأساسية التي تسعى المنظمة لتحقيقها.

*   **النزاهة Integrity:** يجب أن توفر القيمة الجوهرية دعائم أخلاقية واضحة ومستمرة لكـل الأعمال والتصرفات في المنظمة.

*   **المثابرة Pervasiveness :** إن القيم الجوهرية يجب أن تكون مفهومة من قبل جميع أعضاء المنظمة.

*   **القوة Strength:** يجب أن تكون القيم الجوهرية مقبولة من قبل جميع أعضاء المنظمة.

* القائد الرمزي
Symbolic Leader
القائد الإداري الذي يستخدم رمـوز
المنظمة بفاعلية لبناء وترسيخ ثقافة
منظمية قوية.

وقبل أن ننهي هذه الفقرة، لا بد من الإشارة إلى أهمية القـادة الإداريـين في تعزيـز القيـم الجوهرية في المنظمة. لقد ظهر مصطلح آخر يتعلق بالقائد الرمزي Symbolic Leader الذي يعني القائد الإداري الـذي يكـثر مـن الاستخدام الجيد للرموز في الإدارة بحيـث يرسـخ ويبـني ثقافـة تنظيمية قوية معززة باستمرار. إن هؤلاء القادة يتكلمون ويمارسون العمل بلغة المنظمة الرمزية حيث قصص ومواقف الأبطال من المؤسسين وغيرهم من العاملين حاضرة في حديثهم وتوجيهاتهم للاستفادة منها وتوظيفها في توجيه سلوك الأفراد وتشكيل لغة مجازية رمزية تعزز العمل وتسند الولاء الوظيفي بحيث يشعر العاملون أنهم جزء أساسي من هذه المنظمة العريقة.

132

وأخيراً تجدر الإشارة إلى أن هناك وسيلة للتمييز أو قراءة الاختلافات الموجودة بين الثقافات التنظيمية في المنظمات المختلفة تختصر بالرموز (SCORES) والتي يعطي كل حرف منها دلالة مرتبطة بالإجابة على سؤال معين وكالآتي:

S ← Structure إلى أي مدى يكون هيكل المنظمة متماسكاً أو رخواً؟

C ← Change هل أن القرارات موجهة لأحداث التغيير أو أنها أسيرة للواقع الراهن؟

O ← Outcome ما هي النتائج أو العوائد التي تقيم بشكل كبير؟

R ← Risk Taking ما هو المناخ السائد لتقبل المخاطرة والإبداع؟

E ← Empowerment إلى أي مدى يتم نشر مبدأ التمكين واندماج العاملين في المنظمة؟

S ← Style ما هو الأسلوب التنافسي المعتمد داخلياً وخارجياً؟

خامساً: التنوع Diversity

عندما تتحدث عن ثقافة المنظمة لا بد من الإشارة إلى التنوع بين أعضائها وعندما تبنى المنظمات من قبل الأفراد فإن من الضروري المحافظة على نظرة مستقلة لكل من هؤلاء الأعضاء على حدة حيث أن واقع الحال في منظمات الأعمال اليوم يشير إلى أن مفتاح خلق ميزة تنافسية للمنظمة يستند مباشرة إلى احترام تنوع أعضائها والسماح لكل منهم بان يستخدم قابلياته ومهاراته إلى أقصى الحدود. والتنوع Diversity هو مصطلح يدل على الاختلافات الموجودة بين الأفراد في المنظمة الواحدة من حيث العمر أو الجنس أو العرق أو الأقلية أو الدين أو القدرة الجسمية أو توجهات الفرد السياسية والاجتماعية أو غيرها. يرتبط التنوع بشكل مباشر بثقافة المنظمة خاصة وأن الأفراد العاملين يرغبون بأن يكونوا محترمين ومندمجين في العمل والمنظمة بدون تمييز وإذا ما كان هناك تمييز واقصاء فإن هذا الأمر يرتبط بثقافة منظمية غير سليمة. إن التنوع مصدر مهم لنجاح الأعمال خاصة وأنه يؤطر ويمزج المهارات والمعارف لعدد كبير من الناس المتمايزين في قدراتهم وقابلياتهم وبالتالي يعطي هذا المزيج المنظمة قدرة في التعامل مع التعقيد وعدم التأكد في بيئة الأعمال في القرن الحالي.

*** التنوع Diversity**
الاختلافات الموجودة بين أعضاء المنظمة من حيث خصائص عديدة مثل العمر والجنس والدين والعرق والانتماء السياسي والمناطقي وغيرها.

* التنوع الثقافي في منظمات الأعمال

Organizational Multiculturalism

يفترض في ثقافة منظمات الأعمال أن تكون حاضنة للكفاءات بغض النظر عن الفروقات الموجودة بين المتقدمين للعمل وفي حدود احتياجاتها طالما كان لهؤلاء الأفراد القدرة على الأداء المتميز في الوظائف التي يشغلونها، لأن منظمات الأعمال وجدت أساساً لتحقيق أهداف أهمها الربح وتحقيق مبدأ تكافؤ الفرص. وإذا كانت المنظمات بهذا الشكل فإنها تحقق مبدأ التنوع الثقافي Multiculturalism والذي يعني قابلية المنظمة على احتضان التعدد واحترام التنوع في العمل. وهكذا فإن المنظمة التي تحترم التنوع الثقافي تجد نفسها قد طورت ما يمكن أن يسمى المنظمة ذات الثقافات المتعددة Multicultural Organization حيث تمتزج فيها الأعراق والخصائص السكانية الأخرى والثقافات والأفكار لتعطي نتائج متميزة في الأداء. كما أن هذا التعدد في الثقافات يمكن أن ينعكس بمزايا إيجابية نلخصها في الآتي:

*** التنوع الثقافي**
Multiculturalism
قدرة المنظمة على احتضان التعدد واحترام التنوع في القوة العاملة.

*** المنظمة ذات الثقافات المتعددة**
Multicultural Organization
هي المنظمة التي تمتزج فيها الأعراق والخصائص السكانية الأخرى والثقافات والأفكار واحترام التنوع لتعطي نتائج متميزة في الأداء.

- التعددية **Pluralism**

في إطارها يساهم الجميع سواء كانوا أكثرية أم أقلية بوضع السياسات وتحديد القيم الرئيسية في العمل.

- تكامل هيكلي **Structural Integration**

تكون الأقليات ممثلة في كل الوظائف وبمختلف المستويات الإدارية ويتحملون جميع المسؤوليات الوظيفية.

- تكامل شبكي غير رسمي **Informal Network Integration**

دعم من قبل مجاميع غير رسمية للمسار الوظيفي لأعضاء الأقليات في المنظمة.

- غياب الحكم المسبق والتمييز

Absence of Prejudice and Discrimination

توجيه أنشطة التدريب وفرق العمل باتجاه إزالة الفروقات والتحيز المرتبط بخصائص لا علاقة لها بالأداء والإنجاز.

- أقل ما يمكن من النزاعات بين المجاميع

Minimum Intergroup Conflict

إن وجود التنوع لا يؤدي إلى نزاعات هدامة بين مجاميع العمل أو بين الأقلية والأكثرية في المنظمة.

* الثقافات الفرعية في المنظمة

Organizational Subcultures

تشتمل منظمات الأعمال على مزيج من الثقافات الفرعية التي تمثل ثقافات لمجاميع من الناس ولديهم قيم ومعتقدات متشابهة قائمة على أساس تقاسم مسؤوليات العمل والخصائص الفردية. وإذا كانت التعددية الثقافية تعتبر خاصية للمنظمات الحديثة فإنها تشير أيضاً إلى احترام الثقافات الفرعية الناشئة في المنظمات. وقد يظهر لدى بعض المجاميع ميل إلى العنصرية (الاثنية) Ethnocentrism والتي تشير إلى وجود اعتقادات لبعض أعضاء أو مجموعات من ثقافة فرعية بكونهم متفوقين عرقياً على غيرهم من بقية الأعراق. وقد لا تكون هذه السمة ملازمة للأكثرية بل إن بعض الأقليات يكون لديها مثل هذا الشعور. وفي منظمة الأعمال فإن الثقافات الفرعية تقوم على أساس الاهتمام المهني مثل المحاسبين أو الأطباء أو المهندسين وغيرهم، أو قد تكون مرتبطة بالوظيفة فنرى مثلاً من يصفون أنفسهم بأنهم رجال التسويق أو المالية أو رجال التصنيع أو غيرهم. إن كلا النوعين المشار إليهما قد يتولد لديهما الشعور بالتفوق والأفضلية على غيرهم وبأنهم الأكثر أهمية للمنظمة. وفي العصر الحديث وبسبب العولمة والانفتاح الكبير على العالم غالباً ما نجد في منظمات الأعمال مجموعات تمثل أكثرية أو أقلية وفق اعتبارات معينة، فالأكثرية Majority Group هي المجموعة التي تستحوذ على العدد الأكبر من المواقع الوظيفية التي تتحكم بصنع القرار وتسيطر على الموارد والمعلومات ولها القدرة على الاستفادة القصوى من نظام المكافآت والحوافز. أما الأقلية Minority Group فتشير إلى المجموعة التي تحظى بعدد قليل من المواقع الوظيفية والحقوق الأخرى والامتيازات ذات التأثير.

* التحديات التي تواجه الأقليات والمرأة وذوي الاحتياجات الخاصة

إن التنوع بطبيعته هو تجسيد لوجود الاختلافات والفوارق بين الأفراد والمجموعات والثقافات، لذا فإن منظمات الأعمال تواجه صعوبات للتعامل معه واستثماره لأداء أفضل، فغالباً ما تظهر تحديات عديدة أمام المنظمة تستدعي اتخاذ إجراءات تصحيحية استجابة لهذه التحديات وتقليلاً لآثارها السلبية وأهم هذه التحديات:

- **التمييز** Discrimination: الذي قد يكون بسبب الجنس أو المعتقد أو القومية أو الدين أو المذهب أو أي فارق آخر. ويتجسد التمييز في المنظمة بأشكال عديدة منها التمييز بالأجور والرواتب Pay Discrimination أو التمييز الوظيفي Job Discrimination.

---

* الثقافة المنظمية الفرعية
Organizational Sub- Cultures
الثقافة السائدة بين مجموعة من الأعضاء في المنظمة الذين لديهم قيم وعادات متشابهة ويتقاسمون خصائص ومسؤوليات محددة.

* العنصرية
Ethnocentrism
اعتقاد لدى أعضاء أو مجموعة أو ثقافة فرعية بكونهم متفوقين على الآخرين عرقياً.

* الأكثرية
Majority Group
هي المجموعة التي تسيطر على المواقع الوظيفية الرئيسية والموارد والمعلومات وأنظمة المكافآت والحوافز.

* الأقلية
Minority Group
يقصد بها المجموعة التي لها مواقع وظيفية قليلة كما أن حقوقها وامتيازاتها منخفضة وقليلة التأثير قياساً بالأكثرية.

* التمييز
Discrimination
التفرقة بين العاملين بناء على جنسهم أو دينهم أو معتقدهم أو غير ذلك.

* الحكم المسبق
Prejudice
إصدار الأحكام المسبقة على قضية معينة أو سلوك أو أفراد أو مجموعات وغالباً ما يكون حكم سلبي.

* السقف الزجاجي
Glass Ceiling
حاجز غير مرئي يمنع النساء أو الأقليات من الوصول إلى المناصب الإدارية العليا.

* الجدران الزجاجية
Glass Walls
حواجز غير مرئية تمنع الأقليات أو النساء من الاستفادة من الامتيازات المتاحة في نفس الموقع الوظيفي.

- **الحكم المسبق** Prejudice: هو إصدار أحكام مسبقة على أفراد أو مجموعات أو سلوك أو قضية معينة، وفي أغلب الأحيان يكون هذا الحكم سلبياً.

- **السقف الزجاجي** Glass Ceiling: هو حاجز غير مرئي يحد من تقدم المسار الوظيفي للمرأة أو الأقليات في منظمات الأعمال ويمنعهم من الوصول إلى المناصب العليا الإدارية ويحرم المنظمة من الاستفادة من خبراتهم وطاقاتهم التي تكون متميزة في أحيان كثيرة.

- **الجدران الزجاجية** Glass Walls: وهي حواجز غير مرئية أفقية على عكس السقوف الزجاجية التي تكون رأسية، والمقصود هنا أن هناك منع للأشخاص من الأقليات أو النساء من الاستفادة من المزايا المتاحة في نفس الموقع الوظيفي والتي يستفيد منها الآخرون بسبب التمييز على أسس مختلفة

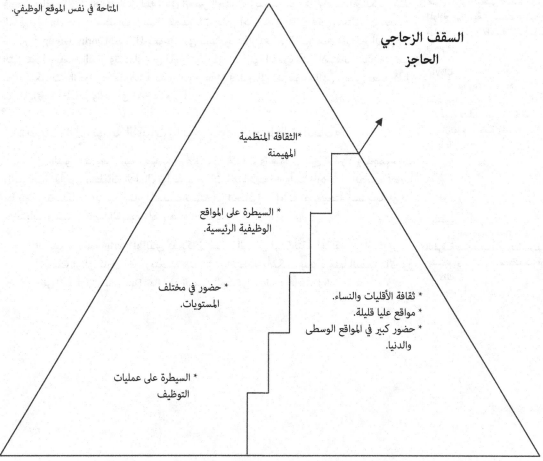

السقف الزجاجي
الحاجز

*الثقافة المنظمية المهيمنة

* السيطرة على المواقع الوظيفية الرئيسية.

* حضور في مختلف المستويات.

* ثقافة الأقليات والنساء.
* مواقع عليا قليلة.
* حضور كبير في المواقع الوسطى والدنيا.

* السيطرة على عمليات التوظيف

شكل (4-6) السقف الزجاجي الحاجز

- حكم ضمن القوالب الجاهزة **Stereotype**

هو تقييم لأعضاء مجموعة معينة سواء كانت أقلية أو نساء أو ذوي احتياجات خاصة سواء بشكل سلبي أو إيجابي بناء على قناعات جاهزة مسبقاً ومبنية على أسس غير موضوعية مثل افتراض جدية اليابانيين في العمل بشكل مطلق أو إن بعض الشعوب ذكية بشكل مطلق أو أن عنصر أو عرق معين كسول بشكل مطلق.

- الفردانية **Tokenism**

تشير هذه الحالة إلى كون الفرد عضواً من مجموعة قليلة جداً داخل المنظمة بحيث يكون مهماً جداً أو غير مهم على الإطلاق.

- الثقافة الثنائية **Biculturalism**

حالة تحصل عندما يتقمص أعضاء الأقلية خصائص ثقافة الأكثرية بهدف النجاح وينشأ عنها ضغوط ثنائية الثقافية Bicultural Stress والتي يمكن تعريفها بأنها الضغوط النفسية الناجمة عن اضطرار الفرد لتقمص ثقافة الأكثرية بهدف النجاح وما يرتبط بهذا التقمص من تعارض مع بعض قيم وعناصر ثقافته الأصلية.

- صراع الأدوار **Role Conflict**

يحصل هذا الأمر عندما يشغل الفرد موقعاً يقوم فيه بدورين متنافسين أو متناقضين بسبب كون هذين الدورين ينتميان لثقافتين مختلفتين.

- تضخيم الأدوار **Role Overload**

مطالبة الفرد بإنجازات أو أداء يفوق بكثير ما يقع ضمن مسؤولياته أو محتوى وظيفته بسبب انتمائه إلى أقلية معينة، حيث يطالب ويتوقع منه أداء أعمال لا تطلب عادة من العاملين الآخرين المنتمين للثقافة المهيمنة أو ثقافة الأكثرية ويؤدي هذا إلى حصول ضغوط ثنائية الثقافة في كثير من الأحيان.

- التحرش الجنسي في مكان العمل **Sexual Harassment**

نوع خاص من التحديات الشائعة والمسكوت عنها حيث أنها تتضمن أي تجاوز أو تطاول لفظي أو سلوكي ذو طابع جنسي موجه بشكل خاص للموظفات أو العاملات في المنظمة. ويعد هذا النمط من التحديات في البيئة العربية شائعاً ولكنه غالباً ما يتكتم عليه بسبب الثقافة السائدة وطبيعة المجتمعات المحافظة حيث الخوف من الفضيحة وكون المجتمع ذو صفة ذكورية يتحامل على المرأة في أغلب الأحيان.

*** حكم ضمن القوالب الجاهزة**
Stereotype
تقييم إيجابي أو سلبي لأعضاء مجموعة معينة أو لخصائصهم بشكل غير موضوعي بناء على قناعة مسبقة.

*** الفردانية Tokenism**
حالة كون الفرد من مجموعة صغيرة جداً في المنظمة بحيث يكون مهماً جداً أو عكس ذلك.

*** الثقافة الثنائية**
Biculturalism
تقمص أعضاء الأقلية لخصائص ثقافة الأكثرية بهدف النجاح.

*** ضغوط ثنائية الثقافة**
Bicultural Stress
هي ضغوط نفسية ناتجة عن تقمص ثقافتين مختلفتين قد تتعارضان فيما بينهما.

*** صراع الأدوار**
Role Conflict
حالة تحصل عندما يضطر الفرد لشغل موقع معين يتضمن دورين متنافسين أو متعارضين بسبب انتمائهما لثقافتين مختلفتين.

*** تضخيم الأدوار**
Role Overload
مطالبة الفرد بإنجازات أو أداء يفوق بكثير ما يقع ضمن مسؤولياته أو محتوى وظيفته لكونه منتمياً إلى أقلية معينة.

*** التحرش الجنسي في مكان العمل**
Sexual Harassment
التجاوز أو التطاول اللفظي أو السلوكي ذي الطابع الجنسي الذي يوجه بشكل خاص للنساء العاملات في المنظمة.

* مراحل إدارة التنوع Diversity Management and Stages

إن اهتمام منظمة الأعمال بقضايا تنوع قوة العمل يندرج وفق مستويات متعددة بـدأت في فترات معينة بحالات من الرفض بقبول التنوع الكبير بل على العكس كان هناك توجهات لجعل المنظمات ذات ثقافة موحدة لا تتقبل الاختلاف أو الثقافات الفرعية. أما في عـالم الأعـمال اليـوم فإن التنوع حالة إيجابية تستطيع الإدارة من خلالها تعزيز قدراتها التنافسية وبذلك أصبح هنـاك وعي عالي بإيجاد أساليب وطرق مختلفة لغرض تكامل ثقافات متعـددة تنتهـي مندمجـة بثقافـة موحدة للمنظمة. ويمكن أن نلخص مراحل تطور الوعي بالتنوع كما في الشكل التالي:

أعلى مستوى للوعي بالتنوع

*** التكامل Integration**
سلوك متعدد الثقافات بحيث تقوم الشركة بجعـل التنـوع والاختلافـات تتكامـل إدراكياً وسلوكياً والتعامل معها كحقيقة واقعة.

*** التكيف Adaptation**
- القدرة على تبني أو التعامل مع الثقافات الأخرى.
- القدرة على التحول من منظور ثقافي إلى آخر.

*** القبول Acceptance**
- تقبل الاختلافات في السلوك واحترام الاختلافات القيمية.
- الإعتراف بصحة الطرق الأخرى للتفكير ورؤية العالم.

*** تقليل الاختلافات Minimizing Differences**
- إخفاء أو التقليل من أهمية الاختلافات الثقافية.
- التركيز على التشابه بين جميع الناس.

*** الدفاع Defence**
- الشعور بالتهديد للرؤى المختلفة.
- استخدام الحكم السلبي المقولب على الآخر.
- افتراض تفوق ثقافة معينة.

*** الرفض والنكران Denial**
- نظرة ضيقة ومحدودة للعالم..
- عدم وعي بالاختلافات الثقافية.
- في حالات متطرقة يكون هناك ادعاء بعدم إنسانية الثقافات الأخرى.

أدنى مستوى للوعي بالتنوع

شكل (7-4) : مراحل تطور الوعي بالتنوع

* إدارة التنوع
Diversity Management
بناء ثقافة تنظيمية تسمح لجميع
أعضاء التنظيم وبضمنهم النساء
والأقليات بالوصول إلى اقصى
استخدام ممكن لطاقاتهم
وقابلياتهم.

إن إدارة التنوع تعني بناء ثقافة تنظيمية تسمح لجميع أعضاء التنظيم وبضمنهم النساء والأقليات في الوصول إلى أقصى ـ استخدام ممكن لطاقاتهم وقابلياتهم. وبذلك فإن إدارات المنظمات يمكن أن تستخدم مداخل مختلفة للتعامل مع التنوع في المنظمة هدفها النهائي هو الاستفادة من الطاقات الذهنية والمهارات الفنية لجميع العاملين من خلال مناخ يستطيع فيه الجميع أن يعطي أفضل ما عنده.

* استراتيجية تطوير الوعي بالتنوع Diversity Strategies

إن عملية تطوير الوعي بالتنوع والتكيف معه يمكن أن تنطلق بالاعتماد على العنصرين الرئيسين وهما الأفراد والمنظمة. ففي إطار الاستراتيجيات الفردية فإن قبول التنوع والتعدد الثقافي يتم وفق أربعة سلوكيات متسلسلة وكما يلي:

* **الفهم** Understanding : يعتبر الفهم سلوك أولي تجاه التنوع والتعدد الثقافي ويندرج في إطاره ممارسة المدراء أولاً لمبدأ تكافؤ الفرص وعدم التطرف أو التحيز وهي أمور ينص عليها القانون ولكن يجب أن تتولد القناعة بها عند هؤلاء المدراء ومن ثم ترجمتها في مكان العمل عن طريق الإيحاء للعاملين بفهم هذه الأمور ومعاملة الآخرين باحترام واعتراف بالاختلافات الثقافية.

* **الصبر والمطاولة** Empathy: تحمل الآخرين من الأقليات أو النساء وإشعارهم بأهميتهم في فرق العمل والتأكد من مشاعرهم على المدى البعيد ومدى تقبلهم لوظيفتهم ودورهم في موقعهم الوظيفي وعدم رد الفعل السريع والسلبي تجاه أخطائهم أو تصرفاتهم.

* **التسامح** Tolerance: إن حسن النية وعدم تحميل الأمور أو تصرفات الآخرين أكثر مما تحتمل وكذلك الثقة المتبادلة هي أمر مهم وحيوي مرتبط بالتعدد الثقافي والتنوع، فالتسامح يجعل العمل أكثر سلاسة وكذلك يساعد العاملين على تقديم أفضل ما لديهم مع تطوير قابلياتهم الإبداعية.

* **الرغبة في الاتصال والحوار** Willingness to Communicate: عدم التحرج من مناقشة التنوع الثقافي والعرقي والديني وغيره مع الآخرين لأن هذا يساعد على مزيد من الفهم المتبادل ويحل الكثير من الإشكالات ويزيل العديد من الأحكام المسبقة والظنون السيئة وسوء الفهم.

أما في إطار استراتيجيات المنظمة فإن منظمة الأعمال تستطيع أن تلعب دوراً مهماً في إدارة التنوع وفهمه من خلال سياساتها وممارساتها التي يمكن أن نجملها في الآتي:

* **السياسات** Policies: يمكن للمنظمة أن ترسم سياسات أو طريقاً واضحاً لإدارة التنوع والتعدد الثقافي من خلال سياساتها التنظيمية المعتمدة والتي تؤثر بشكل مباشر أو غير مباشر في بناء علاقات الأفراد بعضهم بالبعض الآخر.

* **الممارسات Practices** : إن إجراءات معينة يمكن أن تتخذها المنظمة بطريقة مرنة تساهم بفاعلية في فهم وإدارة التنوع وتعدد الثقافات وتجعل الأقليات أكثر انسجاماً. فمثلاً، ساعات العمل المرنة واحترام خصوصية المرأة وإجازات الأمومة وحرية العبادة للأقليات الدينية واحترام المناسبات الخاصة والمساهمة في دعمها كذلك تسهيل أمور الموظفين أو العاملين الذين يدرسون مساءً، تجعل من الجميع داعمين للتنوع. كذلك السماح بتمثيل المرأة والأقليات أو المعوقين باللجان المهمة أو فرق العمل تساهم بخلق ثقافة متعددة.

- التدريب على التعدد الثقافي والتنوع

Multiculturalism and Diversity Training

يقصد هنا بالتدريب على التعدد الثقافي والتنوع هو تلك البرامج التدريبية الموجهة لجعل أعضاء المنظمة أكثر تقبلاً للعمل في بيئة متعددة الثقافات ومتنوعة. ويمكن أن يأخذ هذا النمط من التدريب أشكالاً مختلفة مثل السماح للأفراد بالتعرف على الاختلافات والتشابه الموجود في ما بينهم والتدريب الخاص بمساعدة النساء والرجال على العمل مع بعض، أو تعليم العاملين الأجانب لغة البلد الذي يعملون فيه ومساعدتهم عن طريق كتيبات إرشادية مترجمة.

*** التدريب على التنوع والتنوع الثقافي**
Multiculturalism and Diversity Training
إعداد برامج تدريبية موجهة لجعل أعضاء المنظمة أكثر تقبلاً للعمل في بيئة متعددة الثقافات.

- ثقافة المنظمة **Organizational Culture**

إن ثقافة المنظمة التي يتقاسمها جميع الأفراد العاملين في المنظمة يجب أن تركز على القواسم المشتركة بين الثقافات الفرعية المتعددة وتقوم بإعطائها نوعاً من التكامل الذي يؤدي إلى التزام من قبل الجميع باحترام الاختلافات والتنوع مهما كان مصدره.

أسئلة الفصل الرابع

* أسئلة عامة

1. ما المقصود ببيئة الأعمال؟ وما أهميتها للمنظمات؟
2. وضح الفرق بين البيئة الخارجية والبيئة الداخلية لمنظمة الأعمال؟
3. ما معنى المنظمة الملتزمة بخدمة الزبائن؟
4. فسر مفهوم المنظمة الملتزمة بالجودة والتحسين المستمر.
5. عرف ثقافة المنظمة، وبين أهميتها وما هي أهم مكوناتها؟
6. ما معنى الإدارة الموجهة بالقيم؟
7. ما معنى التنوع؟ وماذا يقصد بالتنوع الثقافي في منظمات الأعمال؟
8. استعرض مراحل تطور الوعي بالتنوع في منظمات الأعمال.
9. حلل أهم التحديات التي تواجه الأقليات والمرأة العاملة في منظمات الأعمال؟
10. اذكر أهم الاستراتيجيات الفردية والتنظيمية التي تتبناها منظمات الأعمال لتطوير الوعي بالتنوع.

** أسئلة الرأي والتفكير

1. لو كنت تعمل في احدى الشركات الصناعية الكبيرة المتخصصة في صناعة الإسمنت في بيئتك، وطلبت منك الإدارة أن تجري دراسة وتحليل للبيئتين الداخلية والخارجية وتقدم تقريراً بذلك، كيف ستعد هذا التقرير وما هي أهم العناصر التي سيتضمنها.
2. خذ البيئة الجامعية التي أنت فيها كمثال، وحاول أن تستعرض التنوع الموجود في قوة العمل في الجامعة أو في زملائك الطلبة وبين أين تكمن عناصر التنوع فيهما.
3. برأيك كزبون تتعامل مع الجامعة ومع الأسواق التجارية ومع المصارف ومع مؤسسات كثيرة أخرى، ما هي أهم المؤشرات التي تحكم من خلالها على جودة السلع أو الخدمات المقدمة منها.
4. من خلال تعاملك اليومي مع الزملاء وأفراد عائلتك وأصدقائك، هل تستطيع أن تذكر بعض المواقف التي حصل فيها تمييز وحكم مسبق على بعض فئات الأقليات أو النساء لأسباب مختلفة.
5. خذ إحدى الشركات العاملة في بيئتك وحاول أن تعرف المستوى الذي وصلت إليه في تطور وعيها بالتنوع وذلك بالاستعانة بالشكل (7-4) الذي درسته.

*** أسئلة الخيارات المتعددة

1. **هناك بعدان أساسيان يحددان مستوى عدم التأكد في البيئة الخارجية هما:**
   A. عدد العوامل البيئية ونسبة التغيير فيها
   B. الموقع الجغرافي وعدد المنتجات التي تنتجها المنظمة
   C. ضخامة حجم المنظمة وعدد العاملين فيها
   D. أسلوب الإدارة والتدخل الحكومي

2. **إن معيار الجودة العالمي الذي أصبح أساساً في تصنيف منظمات الأعمال للتنافس في الأسواق العالمية هو:**
   A. جائزة Deming
   B. جائزة Baldrige
   C. شهادات الآيزو
   D. الأسعار المنخفضة

3. **إن أهم ما يساعد في بناء الثقافة التنظيمية من خلال الاحتفالات المخططة والعفوية هو:**
   A. المكافآت المادية
   B. الأساطير والقصص
   C. الطقوس والشعائر
   D. القيم الأساسية

4. **واحد من الآتي ليس من أسماء البيئة الخارجية العامة لمنظمة الأعمال:**
   A. بيئة التعامل المباشر
   B. بيئة التعامل غير المباشر
   C. البيئة الواسعة
   D. البيئة المجتمعية

5. **إن الآتي يمثل مكونات البيئة الداخلية للمنظمة ما عدا:**
   A. الهيكل التنظيمي
   B. الموارد
   C. المنافسون
   D. الثقافة التنظيمية

6. **إن الأعراف والعادات والتقاليد والخصائص السكانية للمجتمع تمثل:**
   A. قوى اقتصادية
   B. قوى قانونية وسياسية
   C. قوى اجتماعية وثقافية
   D. قوى تكنولوجية

7. **تكتسب منظمات الأعمال خبرة في مجالات معينة تساعدها في الدخول إلى أسواق ومجالات عمل جديدة وبسرعة من خلال:**
   A. مجلس الإدارة
   B. الشريك الاستراتيجي
   C. التخطيط الاستراتيجي
   D. المشرعين

8. **إن قوة الزبائن الرئيسية تأتي من الآتي عدا واحد:**

A. الحرية الكاملة في الاختيار

B. الميسورية العالية للسلع والخدمات

C. كثرة عدد المنافسين

D. احتكار بعض المنظمات لسلعة معينة

9. **يشير مصطلح International Standardization Organization إلى:**

A. جمعية حماية البيئة

B. منظمة الشفافية العالمية

C. منظمة اليونسكو

D. منظمة التقييس العالمية

10. **إن البحث الدائم عن أساليب جديدة ترتقي بمستوى الأداء الحالي يسمى:**

A. تأكيد الجودة

B. أسلوب هونداي

C. التحسين المستمر

D. الايصاء الواسع

11. **عندما تنتج المنظمة منتجات مفصلة على حسب ذوق كل زبون فإن هذا يعني أن هناك:**

A. إنتاج مرن

B. إيصاء واسع (زبونه)

C. قائد رمزي

D. حلقات الجودة

12. **تشير الثقافة التي يمكن أن ترى وتسمع في المنظمة من قبل العاملين والزبائن إلى:**

A. ثقافة جوهرية

B. قيم جوهرية

C. ثقافة مرئية

D. ثقافة قوية

13. **عندما يكثر أحد المدراء من الإشارة إلى الرواد الأوائل وقصصهم وتاريخهم عند توجيه مرؤوسيه فهو:**

A. مدير ذي ثقافة تعددية

B. مدير مهتم بالمنافسة

C. مدير رمزي

D. مدير بيروقراطي

14. **عندما تتقمص الأقلية ثقافة الأكثرية في منظمة معينة فإن هذا يسمى:**

A. تنوع ثقافي

B. تمييز

C. حكم مسبق

D. ثنائية ثقافة

15. **في حالة قيام أحد المدراء بمكافأة مجموعة من العاملين أدوا نفس الأعمال وبذلوا نفس الجهود لكن دفع لأحدهم مكافأة أقل من زملائه لكونه ينتمي إلى أقلية معينة فإن هذا يعني وجود**

A. تمييز عنصري

B. سقف زجاجي حاجز

C. جدار زجاجي

D. تضخيم أدوار

الفصل الخامس

إدارة الأعمال في ظل العولمة

الفصل الخامس

إدارة الأعمال في ظل العولمة

بعد دراستك لهذا الفصل تستطيع الإجابة على هذه الأسئلة:

1. ماذا نقصد بالعولمة والأعمال الدولية؟
2. ما هي الأبعاد الاقتصادية والسياسية والقانونية والثقافية والاجتماعية للأعمال الدولية؟
3. ما هي أنماط وطرق إقامة الأعمال الدولية؟
4. ما هي أهم الإشكالات الأخلاقية التي تواجه الأعمال الدولية؟
5. كيف تكون الممارسات الإدارية في ظل ثقافات مختلفة؟

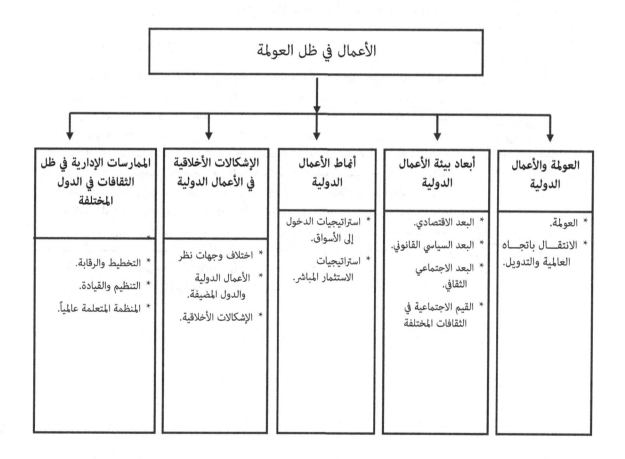

مقدمة الفصل الخامس:

تتنافس منظمات الأعمال اليوم في ما يمكن أن نسميه عالم بلا حدود Borderless World خاصة بعد التطور السريع والمستمر في مجال الاتصالات والمواصلات وظهور شبكة الإنترنت والمنظمات الافتراضية وغيرها من الأمور. لذلك يتطلب الأمر من مدراء منظمات الأعمال فهم البيئة الدولية ومتطلبات العمل فيها والتحديات التي يحتمل مواجهتها ومعرفة الفرص المتاحة التي يمكن أن تستغل ويتحقق منها عائد للمنظمة.

إن الأعمال الدولية تتباين في أشكالها وحجومها وأساليب إقامتها وطرق إدارتها وكذلك الظرف المحيطة بكل نوع منها. ويمثل التحدي الأخلاقي والتنوع الثقافي إشكالية أساسية تواجه الأعمال الدولية خاصة الكبيرة منها والمؤثرة والتي يتطلب الأمر منها أن تتعلم تطبيقات إدارية تعي طبيعة التبادل والاختلاف الثقافي الحاد. إن مجمل هذه القضايا سيتم التطرق إليها في فقرات هذا الفصل.

أولاً: العولمة وإدارة الأعمال الدولية

Globalization and International Business

* العولمة Globalization

تمثل المرحلة الاقتصادية التي يعيشها العالم اليوم ما يمكن أن يطلق عليه الاقتصاد العالمي Global Economy الذي تتشابك فيه العلاقات الاقتصادية الدولية من إنتاج وتجهيز موارد وتسويق ومنافسة وتكون في إطار عالمي أكثر منها ضمن حدود محلية. يتأثر الاقتصاد اليوم بظاهرة العولمة Globalization والتي تعني زيادة وتأثر التداخل والعلاقات بين مختلف عناصر الاقتصاد العالمي بسبب زيادة التطور التكنولوجي خصوصاً في مجال الاتصالات والمواصلات. وهنا سيكون التركيز على الجانب الاقتصادي من العولمة بالرغم من وجود مظاهر أخرى لهذه الظاهرة مثل العولمة الثقافية والسياسية وغيرها. لقد تحول العالم إلى قرية كونية بفضل التطور الهائل في الاتصالات والمواصلات وانتشار المعرفة وشبكة الإنترنت. إن الاقتصاد العالمي يتيح لمنظمات الأعمال فرصاً كبيرة من خلال التزود بالموارد أو زيادة فرص التصدير والبيع لكن منظمات الأعمال تواجه أيضاً تحديات تنافسية ليست بالقليلة في إطار هذا الاقتصاد العالمي. لذلك فإن منظمات الأعمال بحاجة إلى تطوير مفاهيم الإدارة الدولية International Management والتي يقصد بها إدارة منظمات الأعمال التي لديها مصالح في أكثر من بلد واحد.

*** الاقتصاد العالمي**
Global Economy
الاقتصاد الذي تشابكت فيه العلاقات سواء في مجال الإنتاج أو التسويق أو المنافسة وتعدت الحدود الوطنية لتشمل كافة دول العالم.

*** العولمة**
Globalization
زيادة وتأثر التداخل والعلاقات الدولية الاقتصادية بكافة أشكالها بسبب تطور الاتصالات والمواصلات.

*** الإدارة الدولية**
International Management
إدارة الأعمال على مستوى دولي وخارج الحدود الوطنية.

فمنظمات مثل إدارة شركة ماكدونالدز McDonald's وبوينغ Boeing ومايكروسوفت Microsoft بحاجة إلى إدارة دولية يلعب فيها قياديون ومدراء لديهم المعرفة الكافية بالإدارة الدولية ومتطلباتها دوراً فاعلاً سواء على مستوى المنافسة أو فهم وإدراك التحديات الثقافية والتنوع وهؤلاء المدراء يطلق عليهم مدراء عالميون Global Managers.

إن المدراء العالميين لديهم اطلاع واسع على ثقافات الشعوب الأخرى وكيفية العمل على فهم التقاطع الثقافي الموجود بين هذه الثقافات ويمكنهم بناء ثقافة تنظيمية تستوعب هذه الثقافات. وهناك الكثير من مدارس وكليات إدارة الأعمال التي تقدم تخصصات محورها الأساس إدارة الأعمال الدولية.

* المدير العالمي
Global Manager
هو المدير الواعي بالثقافات المتنوعة للشعوب الأخرى ولديه معرفة بالشؤون الدولية.

* الانتقال باتجاه العالمية والتدويل

إن مراحل الانتقال باتجاه العالمية والتدويل تأتي في سياقات متصاعدة ومتعددة، فالمنظمة أو الأعمال المحلية Domestic Business هي منظمات الأعمال التي تعمل وتحصل على جميع مواردها وتبيع منتجاتها في بلد واحد فقط. ومن أمثلتها جميع الشركات الصناعية أو المالية الصغيرة أو المتوسطة التي تعمل في دولة معينة. أما الأعمال الدولية International Business فهي المنظمات التي تعمل وتقيم أساساً في دولة واحدة لكنها تتزود بجزء معتبر من مواردها أو تحصل على جزء معتبر من عوائدها أو الاثنين معاً من دول أخرى. وعادة ما تكون لهذا النمط من الأعمال جنسية واحدة وإن كان يعمل في أماكن متعددة مثال ذلك مخازن Sears الكندية الشهيرة حيث أن إيراداتها الرئيسية تأتي من أمريكا بنسبة 90% ومن كندا 10%. أما الأعمال متعددة الجنسيات Multinational Business فإنها تلك الأعمال التي لديها عمليات إنتاج وتسويق دولية واسعة في أكثر من بلد حيث تقام مرافق الإنتاج ودوائر التسويق في كل منها. وفي إطار ملكية هذه الشركات وجنسيتها يمكن أن نجد منظمات ثنائية الجنسية Binominal مثل شركة Shell الهولندية البريطانية حيث تكون الملكية والرقابة لكل من البلدين. وقد تكون الشركة متعددة الجنسيات وفي هذه الحالة فإن عدداً من الدول تتقاسم ملكية مثل هذه الشركات.

وأخيراً فإن الأعمال العالمية Global Business هي الأعمال العابرة للحدود الوطنية ولا ترتبط بأي بلد أو جنسية. ويمكن تصوير هذه المراحل بالشكل التالي :

* الأعمال المحلية
Domestic Business
هي منظمات أعمال تعمل وتحصل على جميع مواردها وتبيع منتجاتها في بلد واحد فقط

* الأعمال الدولية
International Business
منظمات الأعمال التي تعمل وتقيم أساساً في بلد واحد لكنها تتزود أو تبيع في أقطار أخرى.

* الأعمال المتعددة الجنسية
Multinational Business
الأعمال التي لديها عمليات إنتاج وتسويق دولية واسعة في أكثر من بلد حيث تقام مرافق الإنتاج والتسويق في كل منها.

* الأعمال العالمية
Global Business
هي الأعمال العابرة للحدود الوطنية ولا ترتبط بأي بلد أو جنسية.

مستوى النشاط الدولي
الأعمال العالمية
Global Business
الأعمال متعددة الجنسية
Multinational Business
أعمال دولية
International Business
أعمال محلية
Domestic Business

شكل (1-5) : مراحل تحول الأعمال باتجاه العالمية

ثانياً: أبعاد بيئة الأعمال الدولية International Business Dimensions

إن المنظمات العاملة في البيئات الدولية تواجه تحديات لم تكن مألوفة في البيئات المحلية ومنها ما هو اقتصادي أو سياسي أو ثقافي أو اجتماعي أو قانوني. إن اتساع رقعة البيئة التي تعمل فيها المنظمة وما يرتبط بهذا الاتساع من كثرة مكونات وتعقد نتيجة المنافسة والتشريعات والسياسات المختلفة للدول فإن الأمر يتطلب دراسة هذه الجوانب وفهمها لغرض التعامل معها بشكل صحيح. سوف نتناول في هذه الفقرة ثلاثة أبعاد أساسية لبيئة الأعمال الدولية وعناصرها وكما موضح في الشكل التالي:

شكل (2-5): أبعاد بيئة الأعمال الدولية الأساسية

* البعد الاقتصادي Economic Dimension

إن البعد الاقتصادي له أهمية خاصة لمنظمات الأعمال عندما تتعامل في البيئة الدولية ويشتمل هذا البعد على عناصر أساسية نشير إلى بعضها في أدناه:

- التطور الاقتصادي Economic Development

يتباين التطور الاقتصادي من دولة إلى أخرى بشكل كبير حيث يمكن تصنيف دول العالم إلى دول متقدمة وأخرى نامية أو دول عالم أول أو ثاني أو ثالث. إن المعيار الأساسي في هذا التصنيف هو متوسط دخل الفرد Per Capita Income والذي يعني الدخل المتولد من الناتج المحلي الإجمالي للسلع والخدمات في دولة معينة مقسوماً على عدد سكانها. فدول أوروبا وأمريكا واليابان وكندا هي دول متقدمة صناعياً وتتمتع بمتوسط دخل عالي جداً مقارنة بدول أخرى في آسيا وإفريقيا. لذا فإن الشركات التي تعمل في البيئة الدولية غالباً ما تقيم مقرات إدارتها الرئيسية في الدول الصناعية المتقدمة، ولكن هذا لا يمنع من استثمارها أموالاً طائلة في دول نامية في أمريكا اللاتينية وآسيا بالذات حيث أظهرت بعض الدول مؤشرات تطور عالية خصوصاً في مجال المعرفة والاتصالات.

- البنى التحتية Infrastructures

هي البنى المادية والتسهيلات الخدماتية في دولة ما والتي تسند الأنشطة الاقتصادية وتسهل أعمالها، ومن أهم أنواعها طرق المواصلات والمطارات وإنتاج الطاقة وشبكات الاتصالات والمجاري وغيرها. كذلك فإن نظم التبريد والتكييف في البنايات والمصاعد والبنى التحتية العلمية مثل المعاهد والجامعات والمختبرات ومراكز البحث كلها عناصر تساعد على جذب الأعمال الدولية وتشجع الشركات على الدخول إلى الأسواق التي تتوفر فيها.

* البنى التحتية
Infrastructure
هـي البنـى الماديـة والتسـهيلات الخدميـة في دولـة مـا والتي تسـند الأنشطة الاقتصادية.

- الموارد والأسواق Resources and Markets

عندما تدخل شركة أعمال إلى سوق في دولة أخرى فإنها تقوم بتقييم مستوى الطلب على السلعة أو الخدمة التي ستنتجها وكذلك تدرس مدى كفاءة السوق بتوفير متطلبات الإنتاج من مواد أولية وعمال ورأس مال وأرض وكفاءة إدارية وغيرها.

- معدل التحويل (سعر الصرف) Exchange Rate

هو معدل تحويل العملة الوطنية لبلد ما مقابل عملات البلدان الأخرى، حيث أن لتغير سعر الصرف اليومي أثر كبير في تحقيق أرباح أو خسائر للشركات العاملة في دول أخرى. وقد ظهر مصطلح Currency Risk أي مخاطرة العملة والذي يعني الخسارة المحتملة بسبب تذبذب سعر الصرف للعملات.

* مخاطرة العملة
Currency Risk
الخسـارة المحتملـة بسـبب تذبـذب سعر الصرف للعملات.

* البعد السياسي - القانوني Political- Legal Dimension

إن جذب الأعمال الدولية يعتمد بشكل كبير على طبيعة النظام السياسي الموجود في بلد ما ومدى استقرار الحكم فيه، فإن هذه الأعمال ستتعامل مع حكومات مختلفة عن تلك التي تعودت التعامل معها في بلادها. ويمكن أن نشير هنا إلى أهم ما يتضمنه هذا البند من عناصر وكالآتي:

***المخاطرة السياسية**
Political Risk
احتمال خسارة موجودات أو أصول أو أرباح أو السيطرة الإدارية والرقابية في الدولة المضيفة بسبب أحداث سياسية أو تغييرات حكومية.

***تحليل المخاطر ة السياسية**
Political-Risk Analysis
تنبؤ بمدى تأثير الأحداث السياسية على الاستثمارات والشركات العاملة في دولة أخرى.

***عدم الاستقرار السياسي**
Political Instability
إحداث عنف أو شغب أو ثورات ضد حكومات الدولة المضيفة للأعمال الدولية وتنعكس سلبياً على هذه الأعمال.

- المخاطرة السياسية وعدم الاستقرار Political-Risk and Instability

يمكن تعريف المخاطرة السياسية Political Risk بأنها مخاطرة فقدان الموجودات أو الأصول أو الأرباح أو السيطرة الإدارية بسبب أحداث سياسية أو تصرفات من قبل حكومة الدولة المضيفة. لذا فإن شركات الأعمال الدولية غالباً ما تقوم بإجراء تحليل المخاطرة السياسية Political - Risk Analysis وهو عبارة عن تنبؤ بمدى حصول أحداث سياسية مؤثرة في الاستثمار وعمل هذه الشركات. وأوضح مثال للمخاطرة السياسية هو عمليات التأميم التي تستولي بموجبها دولة ما على ممتلكات شركات عالمية وتحولها إلى شركات وطنية. كذلك فإن أعمال العنف الموجهة للعاملين في هذه الشركات بسبب المواقف السياسية لدولها من حكومات الدول المضيفة. وهناك نوع آخر من المخاطر يسمى عدم الاستقرار السياسي Political Instability حيث يتضمن الأحداث والثورات وأعمال الشغب الموجهة للحكومة المضيفة وتنعكس سلبياً بشكل مباشر أو غير مباشر على أعمال الشركات الدولية.

- القوانين والتشريعات Laws and Regulations

تصدر الدول الكثير من القوانين والتشريعات والنظم التي تؤثر بشكل كبير على أعمال الشركات الدولية مثل القوانين الخاصة بحماية المستهلك والسلامة المهنية والأجور والنقابات العمالية وتعبئة وتغليف المنتجات لذا فعلى مدراء هذه الشركات أن يكونوا عارفين بقوانين وتشريعات الدولة التي سيستثمرون فيها. ولعل أهم ما يجب معرفته في هذا البعد هو ازدياد عدد الاتفاقيات الدولية المنظمة لعمل الشركات الكبرى والتجارة وكذلك التحالفات والتكتلات الاقتصادية التي يمكن أن نشير إلى بعضها.

1- الاتحاد الأوروبي European Union

تأسس هذا التكتل المهم في عام 1958 لتحسين الظروف الاقتصادية والاجتماعية للدول الأعضاء وقد سمي في البداية المجموعة الأوروبية الاقتصادية

European Economic Community وقد تغير اسمه إلى European Union حيث يزيد عدد أعضائه الآن عن 22 دولة .

ولعل أهم حدث أوروبي هو توحيد عملة الدول الأعضاء والتي تسمى "اليورو" Euro. كذلك يلعب البرلمان الأوروبي دوراً فاعلاً في إقرار السياسات الاقتصادية والاجتماعية.

2- التكتل التجاري لدول أمريكا الشمالية (نافتا)

(NAFTA) North American Free Trade Agreement

أقيم هذا التكتل في عام 1994 بين الولايات المتحدة وكندا والمكسيك حيث يغطي أسواق يبلغ عدد سكانها 360 مليون نسمة. وأهم أهدافه تسهيل حركة العمالة والبضائع وتوحيد السياسات الاستثمارية وتوسيع فرص العمل في الدول الثلاثة. ولعل أهم إنجازات هذا التكتل هو ما يسمى "ماكيادوراس" Maquilladoras وهي مجموعة كبيرة من المصانع الأجنبية التي تعمل في المكسيك وتتمتع بامتيازات خاصة وأهم أهدافها توظيف العاملين المكسيكيين وتطوير مهاراتهم وتقليل حركة نزوح العاملين إلى الولايات المتحدة.

3- منظمة التجارة العالمية **World Trade Organization**

تعتبر منظمة التجارة العالمية مؤسسة دولية مهمة انبثقت نتيجة التطور الحاصل للأعمال والتجارة الدولية حيث سبقتها منظمة GATT (جات) والتي تمثل اتفاقية عامة للتجارة والتعرفة الدولية The General Agreement on Trade and Tariffs. وتعتمد منظمة التجارة العالمية على إجراءات معينة أهمها الإعفاءات من الرسوم التي تمنح لبعض الدول وتسمى الدول الأكثر تفضيلاً Most Favored Nations حيث تحظى الدولة المستفيدة بمعاملة خاصة من قبل جميع الدول الأعضاء في المنظمة. كذلك هناك آلية الحماية Protectionism والتي توفر الحماية للصناعات المحلية من المنافسة الأجنبية. ومن أهم ما توفره هذه المنظمة هو حل النزاعات المتعلقة بالتعرفة الجمركية والقيود التجارية المفروضة بين الدول.

4- وهناك عدد آخر من التحالفات والتكتلات التجارية منها على سبيل المثال الآسيان Association of South East Asian Nation (ASEAN) وتضم عشرة دول من جنوب شرق آسيا وكذلك تكتل مركاسور (Mercosur) والذي يضم أكثر من 30 دولة من دول أمريكا الجنوبية والوسطى. ولا ننسى هنا منظمات أخرى في منطقتنا مثل أوبك ومجلس التعاون الخليجي وغيرها.

وتثار العديد من الإشكالات والتساؤلات أمام هذه التكتلات التي من المؤمل أن تلعب دوراً مهماً على صعيد الأعمال والتجارة الدولية وتحقيق التوازن الاقتصادي بين مناطق العالم المختلفة.

***الاتحاد الأوروبي**
European Union
هو اتحاد اقتصادي سياسي لمجموعة دول أوروبا.

***اليورو Euro**
العملة الجديدة الموحدة لدول الاتحاد الأوروبي.

***النافتا NAFTA**
عبارة عن تكتل اقتصادي بين أمريكا وكندا والمكسيك ينظم حرية التجارة وحركة العاملين والاستثمار.

*** ما كيادوراس**
Maquilladoras
عدد كبير من المصانع الأجنبية التي أقيمت في المكسيك لغرض التطور وزيادة مهارة العاملين وتوظيفهم والحد من نزوح العاملين المكسيكيين إلى أمريكا.

*** منظمة التجارة العالمية WTO**
World Trade Organization
عدد من الدول متوافقة على حل النزاعات المتعلقة بالتعرفة الجمركية والقيود التجارية من خلال المفاوضات.

***الدول الأكثر تفضيلاً**
Most Favored Nations
هي الدول التي تحظى بإعفاءات خاصة ومعاملة تفضيلية في الاستيراد والتصدير.

***الحماية**
Protectionism
دعوة لحماية المنتجات المحلية من المنافسة الأجنبية.

* البعد الاجتماعي الثقافي Socio Cultural Dimension

يلعب البعد الاجتماعي الثقافي دوراً حيوياً في نجاح الأعمال الدولية حيث أن فهم ثقافة الشعوب الأخرى تساعد على التفاهم معهم وبالتالي تسهيل إنجاز الأعمال. وثقافة بلد معين تعني المعرفة والمعتقدات والقيم المشتركة بين أفراد الشعب وكذلك أنماط السلوك العامة وطرق التفكير الشائعة بين أفراد المجتمع. وعندما تدخل الأعمال إلى بلد آخر غير مألوف قد يحصل لدى بعض العاملين ما يسمى صدمة الثقافة Culture Shock والتي تعني الغموض وعدم الارتياح الذي يتولد لدى بعض العاملين بسبب تعاملهم مع ثقافة جديدة غير مألوفة. وفي الحقيقة فإن مدارس إدارة الأعمال والجامعات أفردت تخصصات لدراسة ثقافة الشعوب الأخرى مع التركيز على بعض ثقافات عندما يكون توجه الطلاب نحو العمل في هذه البيئات الثقافية. وأهم عناصر البعد الثقافي الاجتماعي ما يلي:

*** الثقافة Culture**
المعارف والمعتقدات والقيم المشتركة بين أفراد الشعب وكذلك أنماط السلوك وطرق التفكير الشائعة بين أفراد المجتمع.

*** صدمة الثقافة**
Culture Shock
الغموض وعدم الارتياح الذي يتولد لدى بعض العاملين بسبب تعاملهم مع ثقافة جديدة غير مألوفة.

- اللغة Language

اللغة هي وعاء الثقافة والوسط الناقل لها والمساعد على فهمها، واللغة نفسها قد تتباين في الاستخدام والتعبير من مجتمع لآخر فاللغة الإنجليزية لها خصوصياتها في أمريكا وبريطانيا وأستراليا وغيرها من الدول. ومعرفة اللغة من قبل المدراء والعاملين مهمة جداً للأعمال الدولية وأحياناً يحتاج المدير إلى لغة وسيطة أخرى للتفاهم مع الآخرين في بعض الدول لتوضيح إجراءات العمل ومناقشة الصفقات وشراء الموارد وغيرها. ولا بد من الإشارة إلى أن الثقافات المختلفة تتعامل مع اللغة بطريقة مختلفة فهناك ما يسمى الثقافة ذات السياقات اللغوية الواطئة Low-Context Culture حيث تكون معظم الاتصالات فيها مكتوبة أو شفهية وبكلمات دقيقة وواضحة جداً لذا فإن على المتلقي أن يقرأ بعناية أو ينصت بانتباه ليفهم ما يريد أن يقوله المرسل بالضبط. أما ثقافة السياقات اللغوية العالية High-Context Culture فإن الاتصالات تكون فيها بشكل كبير عن طريق وسائل غير شفهية أو كتابية بل تعتمد على لغة الجسد والإشارات والإيحاء الموقفي واستنباط ما مطلوب بناء على الفهم الضمني والعلاقات السابقة بين الأطراف التي تطورت بحيث تجعل الأطراف يفهمون بعضهم البعض الآخر وما يريد وطريقة تفكيره.

*** ثقافة ذات سياقات لغوية واطئة**
Low-Context Culture
ثقافة تكون معظم الاتصالات فيها مكتوبة أو شفهية لكنها دقيقة واضحة ومحددة.

*** ثقافة ذات سياقات لغوية عالية**
High-Context Culture
ثقافة تكون معظم الاتصالات فيها بوسائل تعبيرية أو تلميحات إضافة إلى المكتوبة والشفهية.

- الفضاء الفاصل بين الأفراد **Interpersonal Space**

يحتمل هذا العنصر معنيين: مجازي وحقيقي، فالمجازي يمثل اللغة الصامتة في الثقافة التي تفصل بين الأفراد المتحاورين فاستخدام بعض العبارات يمكن أن يجعل الأمور المطلوبة مفهومة وواضحة في بعض الثقافات في حين أن الأمر يحتاج إلى الكثير من التفسير والشرح لكي تفهم بشكل جيد. أما الحقيقي، فهو يشير إلى الجانب المادي حيث تفضل بعض الثقافات الخصوصية العالية والعمل في مكاتب واسعة ومعزولة في حين هناك فهم آخر في بعض الثقافات حيث يتم تقاسم المكاتب حتى أعلى مستوى الإدارات العليا كما هو الحال في اليابان.

- الاهتمام بالوقت **Time Orientation**

وهذا العنصر يختلف باختلاف الثقافات، فبعض الشعوب تحترم المواعيد ودقتها والالتزام بالوقت المحدد عكس شعوب أخرى. ومن مظاهر الاهتمام بالوقت تحديد جدول أعمال واعتماد ترتيب للقاءات وإنجاز الأعمال. وقد ظهر مصطلح الثقافة أحادية التركيز Monochromic Culture للدلالة على الأفراد الذين يميلون إلى إنجاز عمل واحد في الوقت الواحد. أما الثقافة متعددة التركيز Polychromic Culture فهي تعني ثقافة الأفراد الذين تعودوا على إنجاز عدة أعمال في وقت واحد، فنرى بعض المدراء عند لقائه بشخص أو مقابلة زبون يتعرض لعدة مقاطعات أثناء المقابلة لإنجاز أعمال أو توقيع أوراق أو رد على تليفونات مما يجعل الزبون أو المراجع يصاب بالإحباط أو يشعر بعدم الارتياح.

* **ثقافة أحادية التركيز**
Monochromic Culture
الأفراد الذين يميلون إلى إنجاز عمل واحد في وقت واحد.

* **ثقافة متعددة التركيز**
Polychromic Culture
ثقافة الأفراد الذين تعودوا على إنجاز عدة أعمال في وقت واحد.

- الدين **Religion**

من المهم جداً معرفة التقاليد والشعائر الدينية في البلد الذي يزوره المدير أو يعمل فيه، فتأثير الدين يمتد ليشمل مختلف نواحي الحياة للفرد فقد يصل إلى الأكل واللبس والسلوك. ويجب مراعاة التزام الناس وحسب دينهم ومعتقداتهم في العمل، كذلك يجب احترام الأيام المقدسة وأوقات الصلوات وغيرها من المناسبات.

- العقود والاتفاقيات **Contracts and Agreements**

تعتبر العقود من الالتزامات المهمة التي يجب أن تحترم لكن في بعض الثقافات والدول يعتبر العقد نقطة البداية ويمكن أن يضاف عليه أو يعدل باتفاق الطرفين عند بدء سريان هذا العقد في حين أن ثقافات أخرى لا يمكن أن تقبل أي تعديل وتؤكد على

الالتزام التام ببنوده. وكذلك فإن بعض الشعوب تحترم الكلمة التي تعطى ولا يحتاج الأمر إلى كتابة عقد أو اتفاقية.

* القيم الاجتماعية في الثقافات المختلفة

Social Values in Different Cultures

تتباين الثقافات المختلفة لدى الشعوب في نظرتها وتعاملها مع الآخرين الـذين يحملون قيماً وعادات وتقاليد مختلفة وكذلك تختلف النظرة لبعض القضايا الإنسانية الأساسية في الحياة الأمر الـذي يجب أن يعيه المـدراء في الأعمال الدولية. وفي بحثه الشهير فـإن العالـم هوفستيد Hofstede حاول دراسة عدد كبير مـن العاملين في شركـة IBM في 40 دوليـة مختلفـة بلـغ عـددهم 116000 موظف وعامل، حيث ركز على أبعاد القيم الاجتماعية الأساسية في ثقافات هـذه البلـدان وهذه القيم هي:

1- توزيع القوة Power Distance

وتعني مدى قبول أو رفض أفراد المجتمع ومؤسساته لتوزيع القوة بشكل غير متساوي في المجتمع ومؤسساته وأفراده.

* توزيع القوة
Power Distance
مـدى قبول أو رفض أفراد المجتمع ومؤسساته لتوزيع القوة بشكل غـير متساوي في المجتمـع ومؤسسـاته وأفراده.

2- تجنب عدم التأكد Uncertainty Avoidance

المدى الـذي يكون فيه الأفراد والمنظمات والمجتمع متقبلين أو رافضين وغير مرتاحين للمخاطرة وعدم التأكد والتغيير.

* تجنب عدم التأكد
Uncertainty Avoidance
مدى قبول أو رفض الأفراد المخاطرة أو التغيير وعدم التأكد.

3- الفردية والجماعية Individualism and Collectivism

درجـة تأكيـد المجتمع علـى الإنجاز الفردي والمصلحة الذاتية مقابـل الإنجاز الجماعي ومصلحة المجموعة.

* الفردية والجماعية
Individualism and Collectivism
درجـة تأكيـد المجتمع علـى الإنجاز الفـردي والمصلحـة الذاتيـة مقابـل مصلحة المجموع.

4- الذكورة والأنوثة Masculinity Versus Femininity

ويسميها البعض السلوك الدفاعي أو السلوك الهجومي في إنجاز الأهداف بمعنى مـا الـذي يحفز الأفراد لإنجاز الأهداف المختلفة بأولويات متباينة. فالتركيز على النجاح المادي والمركزية في العمل وتحقيق الإنجازات البطولية مرتبطة بالتوجه الـذكوري أو السـلوك الهجومي Aggressive Behavior في حين أن التركيز على القيم الاجتماعية وتطوير نوعية الحياة ورفاه الآخرين وسعادتهم هو توجه أنثوي أو Passive Behavior أي سلوك دفاعي إيجابي.

* الذكورة والأنثوية
Masculinity and Femininity
مدى تفضيل الإنجاز المادي والمالي والمركزية بالعمل أو الاهتمام بالقيم الاجتماعية ونوعية الحياة.

5- الاهتمام بالوقت Time Orientation

إلى أي مدى يركز المجتمع والأفراد والمنظمات على التوجه المستقبلي بعيد الأمد أو قصير الأمد والآني.

* الاهتمام بالوقت
Time Orientation
مدى تركيز المجتمع على التوجه بعيد المدى أو قصير المدى.

ونظراً لأهمية هذا الموضوع واهتمام الباحثين ورجال الأعمال الدوليين به فإننا سنعرض الشكل التالي زيادة في الإيضاح.

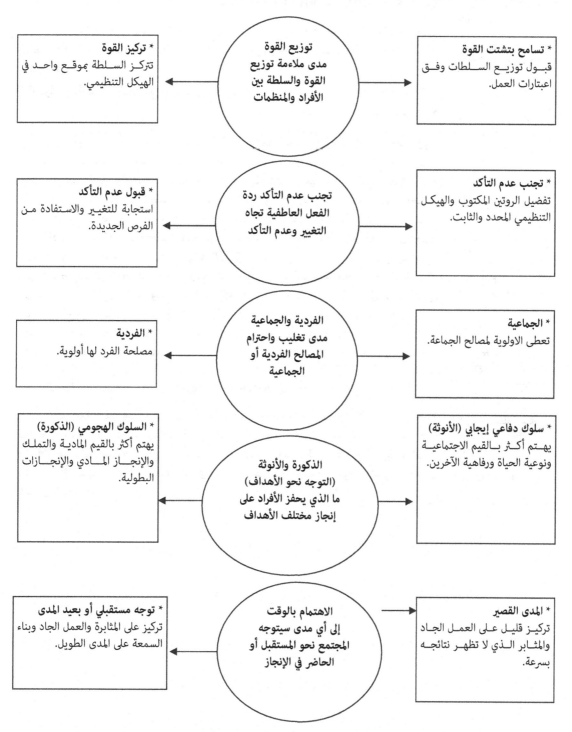

توزيع القوة
مدى ملاءمة توزيع القوة والسلطة بين الأفراد والمنظمات
* تسامح بتشتت القوة
قبول توزيع السلطات وفق اعتبارات العمل.
* تركيز القوة
تتركز السلطة بموقع واحد في الهيكل التنظيمي.
تجنب عدم التأكد ردة الفعل العاطفية تجاه التغيير وعدم التأكد
* تجنب عدم التأكد
تفضيل الروتين المكتوب والهيكل التنظيمي المحدد والثابت.
* قبول عدم التأكد
استجابة للتغيير والاستفادة من الفرص الجديدة.
الفردية والجماعية
مدى تغليب واحترام المصالح الفردية أو الجماعية
* الجماعية
تعطى الاولوية لمصالح الجماعة.
* الفردية
مصلحة الفرد لها أولوية.
الذكورة والأنوثة
(التوجه نحو الأهداف)
ما الذي يحفز الأفراد على إنجاز مختلف الأهداف
* سلوك دفاعي إيجابي (الأنوثة)
يهتم أكثر بالقيم الاجتماعية ونوعية الحياة ورفاهية الآخرين.
* السلوك الهجومي (الذكورة)
يهتم أكثر بالقيم المادية والتملك والإنجاز المادي والإنجازات البطولية.
الاهتمام بالوقت
إلى أي مدى سيتوجه المجتمع نحو المستقبل أو الحاضر في الإنجاز
* المدى القصير
تركيز قليل على العمل الجاد والمثابر الذي لا تظهر نتائجه بسرعة.
* توجه مستقبلي أو بعيد المدى
تركيز على المثابرة والعمل الجاد وبناء السمعة على المدى الطويل.

شكل (3-5): الفروقات بين الثقافات المختلفة

ثالثاً: أنماط الأعمال الدولية

Forms of International Business

تتنوع طرق إقامة الأعمال الدولية ودخول أسواق الدول الأخرى حيث هناك استراتيجيات مختلفة الآليات والمخاطرة ومدى الاهتمام بالسوق الدولية ويمكن أن نجمل هذه الاستراتيجيات في مجموعتين:

* استراتيجيات الدخول إلى الأسواق

Market Entry Strategies

في إطار هذا النمط من الاستراتيجيات يمكن أن نجد أعمال دولية تتزود بالمواد الأولية ومستلزمات الإنتاج ومتطلبات الخدمات من مختلف أنحاء العالم وتسمى هذه باستراتيجية التزود العالمي (التجهيز العالمي) Global Sourcing. وتستفيد الشركات باتباعها هذا الأسلوب من التقسيم العالمي للعمل حيث يكن أن تحصل على منتجات وقطع ومواد أولية منخفضة الكلفة وبجودة عالية لأن المزود متخصص بإنتاج هذه المواد. أما النوع الثاني من الاستراتيجيات فهو التصدير والاستيراد Exporting and Importing فالتصدير هو بيع المنتجات المحلية في بلدان أو أسواق أخرى والاستيراد هو شراء منتجات أجنبية وبيعها في الأسواق المحلية. وأخيراً فإن هناك استراتيجية أخرى هي الترخيص والامتياز Licensing and Franchising، فالترخيص هو اتفاقية تحصل بموجبها الشركة المرخص لها على حقوق تصنيع وبيع منتجات شركة أخرى في منطقة محددة مقابل رسوم متفق عليها ويسمح لها باستعمال تكنولوجيا الإنتاج الخاصة وبراءة الاختراع أو العلامة التجارية. أما الامتياز فهو صيغة من صيغ الترخيص تشتري بموجبه الشركة المستفيدة حقوق استخدام الاسم التجاري وطرق العمل في موطنها.

* استراتيجيات الاستثمار المباشر Direct Investment Strategies

يمثل هذا النمط وسيلة من وسائل الأعمال الدولية المباشرة حيث يتم استثمار مبالغ مالية ضخمة في إقامة أعمال دولية. وعادة ما تكون البداية من خلال الدخول بمشاريع مشتركة Joint Venture يقصد بها استثمار مباشر على أساس ملكية مشتركة وتقاسم للمخاطر والتكاليف والموارد بنسب متفق عليها بين شركة أجنبية وأخرى محلية، وهي تحالفات استراتيجية تسهل الدخول للأسواق التي يصعب

---

* التزود العالمي
Global Sourcing
الاستفادة من التقسيم العالمي للعمل للتزود بالمواد الأولية والمنتجات والخدمات وشرائها من مختلف أنحاء العالم لاستخدامها محلياً.

* التصدير Exporting
بيع المنتجات المحلية في أسواق أجنبية.

* الاستيراد Importing
شراء منتجات أجنبية وبيعها والاستفادة منها في الأسواق المحلية.

* الترخيص Licensing
اتفاقية تدفع بموجبها شركة ما حقوق إنتاج وبيع منتجات شركة أخرى.

* الامتياز
Franchising
رسوم تدفع لاستخدام الاسم التجاري وطرق العمل لشركات أخرى.

* المشاريع المشتركة
Joint Venture
مشاريع تقام في دول أخرى بمشاركة شركاء محليين بنسب متفق عليها.

* الفروع المستقلة للشركات
Subsidiary
فروع لشركات أجنبية في دول معينة مملوكة بالكامل للشركة الأم ومستقلة تماماً في عملها.

دخولها بشكل منفرد. أما النوع الآخر فهو الفروع المستقلة للشركات Subsidiary حيث يكون فرع الشركة في سوق أجنبية مستقلة تماماً ومملوك للشركة الأم تماماً. ويعرض الشكل التالي ملخصاً للأفكار الواردة في أعلاه

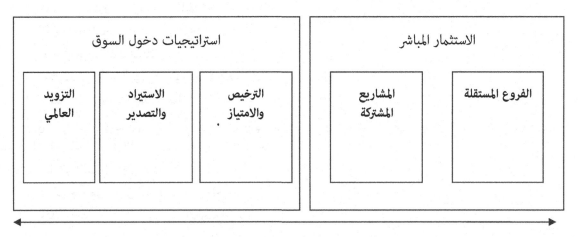

استراتيجيات دخول السوق			الاستثمار المباشر	
التزويد العالمي	الاستيراد والتصدير	الترخيص والامتياز	المشاريع المشتركة	الفروع المستقلة

تزايد ملكية ورقابة الأعمال الدولية في الأسواق الأجنبية

شكل (4-5) : أنماط الأعمال الدولية

رابعاً: الإشكالات والتحديات الأخلاقية في الأعمال الدولية

Ethical Challenges for International Business

تثار أمام الأعمال الدولية العديد من التحديات والمشاكل يرتبط بعضها باختلاف وجهات نظر وتوقعات الدول المضيفة وإدارات هذه الشركات الدولية ويرتبط البعض الآخر بمجموعة كبيرة من انتقادات أخلاقية توجه للأعمال والشركات الدولية.

* اختلاف وجهات النظر بين الأعمال الدولية والدولة المضيفة

تتوقع الدولة المضيفة Host Country وكذلك الشركة القادمة فوائد مشتركة لكلا الجانبين يحصلان عليها من جراء إقامة العمل الدولي. إن الدولة المضيفة تستفيد بالشكل التالي:

- ضرائب يمكن أن تستحصلها نتيجة هذه العمليات الجديدة.
- فرص عمل جديدة يمكن أن تحل أزمة البطالة.
- إقامة صناعات جديدة.
- تطوير الموارد المحلية واستخداماتها.

ولكن في نفس الوقت فإن للدول المضيفة العديد من الانتقادات الموجهة للأعمال الدولية المقامة فيها ومنها:

- الشكوى من استنزاف الموارد بشكل كبير.

- تحويل نسبة عالية من الأرباح إلى الدولة الأم Home Country .
- التدخل بالشؤون الحكومية الداخلية.
- عدم احترام العادات والتقاليد والقوانين.
- عدم تطوير الشركات المحلية.
- استقطاب الكفاءات المهمة المحلية للعمل فيها.
- لا تنقل التكنولوجيا المتقدمة جداً.

وفي إطار نفس التوجه فإن الدولة الأم التي ينتمي إليها العمل الدولي أو الشركة الدولية تثير بعض التساؤلات والإشكالات أمام شركاتها العاملة في الدول الأخرى ومن أمثلة هذه الإشكاليات:

- نقل الوظائف إلى دول أخرى.
- سحب جزء من رؤوس الأموال إلى أماكن أجنبية.
- فقدان بعض الأسرار التكنولوجية والمعرفية المهمة.
- تعريض سمعة الدولة الأم للخطر بسبب بعض الممارسات الخاطئة المحتملة.

والآن بعد استعراض تحفظات كلا الطرفين (على مستوى الدولة) فإن للشركة أيضاً شكاواها وتحفظاتها على الدول المضيفة ومن أهمها:

- قيود على نقل الأرباح للخارج.
- أسعار مبالغ فيها للمواد المحلية.
- إجراءات عمل استغلالية.
- قيود على سعر صرف العملة والتحويل الخارجي.
- الفشل في الالتزام بالعقود والاتفاقات المبرمة.

* الإشكالات الأخلاقية Ethical Issues

تبرز بعض القضايا ذات البعد الأخلاقي في عمل الشركات الدولية في بلدان أخرى ومن أهم هذه الإشكالات:

- الفساد الإداري **Administrative Corruption**

يقصد به التورط في ممارسات غير قانونية لمصلحة العمل أو تحقيق مكاسب غير مشروعة للشركة. وفي كثير من الدول فإن الحكومات تحاسب الشركات العاملة في دولة أجنبية إذا ما مارست أنواعاً من الفساد الإداري مثل دفع الرشاوى وغيرها من خلال قوانين وتشريعات سنتها لهذه الغاية.

*** الفساد الإداري**
Administrative Corruption
التورط في ممارسات غير قانونية أو شرعية لمصلحة العمل أو بهدف تحقيق مكاسب.

- استغلال العاملين **Sweatshops**

إن الترجمة الحرفية لهذا المصطلح هي "الورشة المجهدة" وتعني المعامل التي تستخدم عاملين بأجور منخفضة جداً وتشغلهم ساعات عمل طويلة في ظروف عمل سيئة. وتنتشر مثل هذه المصانع في دول آسيوية كثيرة.

* **الورشة المجهدة**
Sweatshop
مصانع توظف عاملين بأجور متدنية جداً ولساعات طويلة وفي ظل ظروف عمل سيئة.

- تشغيل الأطفال أو الأحداث **Child Labor**

التشغيل بوجبات عمل كاملة للأطفال والأحداث واستغلالهم لتحقيق أرباح عالية لا يمكن تحقيقها عند تشغيل العمال البالغين وخصوصاً في مجال الأعمال اليدوية كما هو الحال في كثير من الدول الآسيوية.

* **تشغيل الأطفال**
Child Labor
تشغيل الأحداث أو الأطفال واستغلالهم لتحقيق أرباح عالية.

- الاستنزاف البيئي والتلوث

Pollution and Environment Exploitation

عادة ما تتغاضى الأعمال الدولية عن الكثير من الآثار السلبية التي تتركها على البيئة في الدولة المضيفة دون مراعاة لمبدأ مهم وهو التنمية المستدامة Sustainable Development والذي يعني الوفاء باحتياجات الأجيال الحاضرة دون الاضرار بمصالح الأجيال القادمة. وقد أصدرت منظمة التقييس العالمية حزمة الآيزو 14000 وهو عبارة عن معايير تمنح فيها شهادة بالالتزام بالسياسات البيئية. وتجدر الإشارة هنا إلى أن الكثير من الشكاوى ترفع بصدد قيام بعض الدول عبر شركات معينة بدفن النفايات النووية والمخلفات الكيمياوية في أراضي دول فقيرة أو نامية.

* **التنمية المستدامة**
Sustainable Development
الوفاء باحتياجات الأجيال الحاضرة دون الاضرار باحتياجات الأجيال القادمة.

* **الآيزو 14000**
ISO 14000
حزمة من المعايير تمنح فيها شهادة الالتزام بالسياسات البئيية.

خامساً: الممارسات الإدارية في ظل ثقافات الدول المختلفة

Management Practices across Cultures

إن الممارسات الإدارية المتمثلة بعمليات التخطيط والتنظيم والرقابة والقيادة تكتسب أهمية خاصة في الأعمال الدولية حيث تأثير الثقافات المختلفة يؤدي إلى إضفاء خصوصية كل ثقافة عليها وبالتالي جعلها مختلفة عن ما تعوده المدراء في البيئة الوطنية. إن الإدارة المقارنة Comparative Management تهتم بدراسة الاختلافات بشكل منهجي ومنظم بين الدول والثقافات المختلفة بكل ما يتعلق بجوانب الإدارة. لقد شجعت المنافسة الحادة والاقتصاد العولمي على تطور هذا النمط من الإدارة ولجوء المدراء العالميين إلى التعمق في معرفته وتمكنهم من النظر إلى الاقتصاد العالمي والأبعاد التكنولوجية والاجتماعية للبيئة العالمية بعمق وفهم أكثر لتحقيق إنجاز أفضل.

* **الإدارة المقارنة**
Comparative Management
حقل معرفي يعنى بدراسة اختلافات الإدارة بين الثقافات والدول.

* التخطيط والرقابة Planning and Controlling

تواجه عملية التخطيط والرقابة تحديات حقيقية في بيئة الأعمال الدولية المعقدة. إن تكنولوجيا المعلومات تمثل التطور المهم والتحدي الحقيقي في هذا المجال فشبكات المعلومات وإمكانية نقل الوثائق والدخول إلى شبكة الإنترنت ساعد في جعل فروع الشركة الواحدة ومكاتبها في مختلف الدول تتقاسم نفس قواعد المعلومات وتستفيد منها، كذلك أصبح بالإمكان عقد مؤتمرات افتراضية عبر الإنترنت أو اتخاذ قرارات دون الحاجة إلى المواجهة المباشرة واللقاء وجهاً لوجه. ومن الأمور الأخرى المهمة، يجب الأخذ بنظر الاعتبار المخاطر السياسية والأحداث المحتملة التي تتعلق بالعملة وتشريعات الحكومة المحلية. لذا يجب دراسة البيئة جيداً ومعرفة المؤثرات التي يمكن أن تغير الخطط الموضوعة وكذلك التفكير بأساليب مواجهة مثل هذه الأمور عند حصولها.

* التنظيم والقيادة Leadership and Organizing

إن الذهاب باتجاه الأعمال الدولية سيترتب عليه إجراء تغييرات تنظيمية مهمة مثل افتتاح أقسام جديدة وإيجاد مواقع وظيفية جديدة مثل نائب رئيس لشؤون العمليات الدولية أو مدراء أقسام جديدة. وقد تطور المنظمات هياكلها لتتلاءم مع طبيعة أعمالها الدولية سواء بشكل جغرافي أو على أساس مجاميع المنتجات الموجهة إلى الدول المختلفة بإسناد متخصصين أو خبراء في كل منطقة من المناطق والشكل التالي يوضح ذلك.

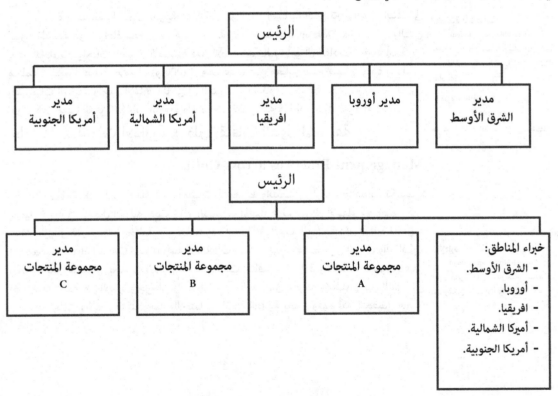

شكل (5-5): هياكل تنظيمية للأعمال الدولية

162

والملاحظ في الأعمال الدولية أن القيادة يفترض أن تعي ظواهر عديدة لكي تنجح منها التعامل مع عاملين من بلدان مختلفة (المغتربون) Expatriates يأتي بعضهم للعمل فترات زمنية قصيرة مثل الطلاب في فترات الصيف أو المهاجرين الذين يتخذون الدولة المضيفة وطناً لهم ومكاناً للعمل والعيش وهنا يفترض أن ينتبه المدير إلى أن هؤلاء حتى وإن حملوا جنسية الموطن الجديد (موطن الشركة) فإنهم يحملون ثقافة وقيم بلدانهم التي جاؤوا منها كما هو الحال مع الأتراك في الشركات الألمانية والعرب المغاربة في الشركات الفرنسية. كذلك لا بد من الإشارة إلى خصوصية في النظرة للمدراء من قبل العاملين حيث أن بعض الثقافات تعتبر أي علاقة هي علاقة شخصية كما أن بعضها الآخر يعتبر النقد الموجه إليه في العمل مسألة تهدر كرامة الفرد وتلحق عار بالعائلة، لذا فإن دراسة الثقافات قبل بدء الأعمال الدولية هو مسألة مهمة.

* المغتربون
Expatriates
مهاجرون لفترة دائمة أو مؤقتة يعيشون ويعملون في دولة أجنبية.

وأخيراً يمكن أن نشير إلى أن عملية تحفيز العاملين تختلف من بلد إلى آخر حسب ثقافة ذلك البلد، فالبعض يمكن أن يكون التحفيز المالي فيه غير مهم كما هو في البعض الآخر ومسألة إظهار الاحترام في مكان العمل واستخدام الكلمات المناسبة لتشجيع العاملين وإشعارهم بأهميتهم وأنهم جزء من الشركة هو أمر ضروري في بعض البلدان، أكثر من بلدان أخرى.

* المنظمة المتعلمة عالمياً Global Learning Organization

رغم أن التطبيقات الإدارية المعتمدة في الإدارة هي في غالبيتها أمريكية أو أوروبية إلا أن النظريات الإدارية هذه يفترض أن تكيف وفق معطيات الثقافات المحلية والاختلافات بين الدول وكما أشارت دراسة (هوفستيد) المشار إليها سابقاً. إن هذا يعني أن المنظمات العاملة في البيئة الدولية يتوجب عليها تعلم الدروس من تجاربها وتجارب الآخرين والتكيف مع كل ثقافة على حدة ولعل أبرز النجاحات هو ما حققته اليابان حيث القدرة العالية لشركاتها على التعلم واكتساب الخبرات والتكيف السريع. وتتفاوت قابليات المنظمات والمدراء في الاستفادة من العمل في البيئة الدولية فالبعض منهم هو حامل للسلوك المرتبط بفكرة أن الممارسات الإدارية وأساليب الإدارة في بلده هي الأفضل من أي مكان آخر Ethnocentric Attitude وبالتالي فهو لا يتقبل أي أساليب إدارية أخرى ولا يكتسب أي خبرة دولية. وهناك من المدراء من يرى وجوب احترام أساليب الإدارة والعمل في الدولة المضيفة ويسمح للعاملين المحليين بإدارة العمليات ويستفيد بنفس الوقت ولكن بشكل محدود وتسمى

* التصرف الإداري العنصري
Ethnocentric Attitude
فكرة كون الممارسات والأساليب الإدارية في البلد الأصلي للمدير هي الأفضل من أي مكان آخر.

هذه الحالة Polycentric Attitude. وأخيراً فإن بعض الأعمال الدولية تسلك سلوكاً يوفر لها حالة تعلم غنية جداً مستفيدة من تجارب الآخرين المحليين (إضافة إلى تجربتها الخاصة. ويعتقد المدراء بأنه يجب الاستفادة من ممارسات الآخرين أينما كانوا وأن الموهبة يجب أن تقيم أياً كان حاملها ومن أي جنسية أو دولة، وتسمى هذه الحالة Geocentric Attitude. إن المهم في هذه الحالة الأخيرة هو وجوب معرفة الممارسات الجيدة والأفكار الجديدة مع ملاحظة أثر الثقافة المحلية فيها.

* **التصرف الإداري المتعدد**
Polycentric Attitude
التصرف الذي يتقبل بشكل محدود الممارسات الإدارية الأخرى في الدول المضيفة.

* **التصرف الإداري العالمي**
Geocentric Attitude
تصرف يعتبر أن الممارسات والنظريات الإدارية من أي دولة مفيدة ويمكن أن تغني التجارب التي تمر بها منظمة الأعمال الدولية وإن الموهبة يجب أن تقيم أياً كان حاملها ومن أي جنسية أو دولة.

أسئلة الفصل الخامس

* أسئلة عامة

1. ما المقصود بالعولمة؟ وما معنى الإدارة الدولية والأعمال الدولية؟
2. ما الفرق بين الأعمال الدولية والأعمال متعددة الجنسية والأعمال العالمية؟
3. وضح مضمون الأبعاد الاقتصادية والسياسية والقانونية والثقافية والاجتماعية للأعمال الدولية.
4. ما هي أهم التكتلات والتحالفات الاقتصادية الدولية؟
5. وضح أهم العناصر الخاصة بالبعد الثقافي الدولي.
6. استعرض أفكار هوفستيد Hofstede حول أبعاد القيم الاجتماعية الأساسية في ثقافات البلدان المختلفة.
7. ما هي أنماط الأعمال الدولية؟
8. استعرض أهم الإشكالات والتحديات الأخلاقية في الأعمال الدولية.
9. كيف تختلف القيادة الإدارية في ظل الثقافات الدولية المختلفة؟
10. ما معنى المنظمة المتعلمة عالمياً؟

** أسئلة الرأي والتفكير

1. بين وجهة نظرك في العولمة والآثار التي يمكن أن تترتب عليها في البيئة التي تعيش فيها من الناحية الاقتصادية والاجتماعية والثقافية.
2. لو سنحت لك الفرصة للعمل في إحدى الدول العربية الأخرى، ما هي أهم القضايا التي يجب أن تسأل عنها وتعرفها وتعتقد أنها مهمة لنجاحك في عملك الجديد.
3. لو طلب إليك تطبيق أفكار هوفستيد في البيئة التي تعيش فيها وباعتماد الشكل (3-5) في هذا الفصل، أين تضع ثقافة بيئتك على المحاور الخمسة المذكورة في الشكل.
4. في رأيك، ما هي العوامل التي يجب أن توفرها وتركز عليها الدولة التي تعيش فيها لكي تصبح أكثر جاذبية للاستثمارات الدولية؟ وما هي الإشكالات التي تتوقع أن تثار أمام هذه الاستثمارات؟ وما هي المشاكل التي قد تتسبب فيها الشركات القادمة من الخارج للمجتمع المحلي؟
5. لو أتيحت لك فرصة العمل في شركة أجنبية عالمية تعمل في بلدك، في اعتقادك ما هي أهم المهارات التي ستطالبك الشركة بإتقانها لكي تكون ناجحاً في عملك.

*** أسئلة الخيارات المتعددة

1. بالإضافة إلى الأسواق الجديدة، فإن ذهاب المنظمة نحو العالمية يهدف إلى:

   A. الخطر السياسي   B. الحماية

   C. أفضل موقع وطني   D. أيدي عاملة رخيصة

2. إذا قامت إحدى الحكومات بتأميم الاستثمار الأجنبي في بلدها، فإن الخسائر المتحققة للعمل الدولي تمثل:

   A. خطر عالمي   B. خطر اجتماعي

   C. خطر سياسي   D. خطر تعاملات نقدية

3. أي من الصيغ التالية هي الصيغة الصحيحة بالنسبة لترتيب الأعمال باتجاه العالمية والتدويل:

   A- أعمال محلية – أعمال دولية – أعمال متعددة الجنسية – أعمال عالمية .

   B- أعمال متعددة الجنسية – أعمال دولية – أعمال عالمية – أعمال محلية.

   C- أعمال دولية – أعمال محلية – أعمال عالمية – أعمال متعددة الجنسية.

   D- أعمال عالمية – أعمال محلية – أعمال دولية – أعمال متعددة الجنسية.

4. عندما نجد في الهيكل التنظيمي لمنظمة أعمال ما نواب للرئيس لكل من أوروبا، آسيا، افريقيا، أمريكا فإن هذه المنظمة تستخدم:

   A. هيكل تنظيمي على أساس المنتج   B. هيكل على أساس وظيفي

   C. هيكل على أساس مناطق   D. هيكل مصفوفي

5. إن الأعمال التي لديها عمليات إنتاج وتسويق دولية واسعة في أكثر من بلد حيث تقام مرافق الإنتاج ودوائر التسويق في كل منها هي:

   A. أعمال دولية   B. أعمال محلية

   C. أعمال متعددة الجنسية   D. أعمال عالمية

6. إن المعاهد والجامعات والمختبرات ومراكز البحث هي:

   A. بنى تحتية مادية   B. بنى تحتية اجتماعية

   C. بنى تحتية علمية   D. أنشطة اقتصادية

7. تسمى المخاطرة المرتبطة بتذبذب سعر صرف عملات دولة معينة بمخاطرة:

   A. النظام السياسي   B. مالية   C. العملة   D. مصرفية

8. إن التكتل الاقتصادي القائم بين أمريكا وكندا والمكسيك يسمى:

A. آسيان   B. ماكيادوراس   C. نافتا   D. منظمة التجارة العالمية

9. إن الغموض وعدم الارتياح الذي يتولد لدى العاملين بسبب تعاملهم مع ثقافة جديدة غير مألوفة هو:

A. الحماية الثقافية   B. صدمة الثقافة

C. ثقافة أحادية التركيز   D. ثقافة متعددة التركيز

10. نوع شائع من الأعمال الدولية يوضع في إطار استراتيجية الاستثمار المباشر هو:

A. التصدير   B. الترخيص   C. المشاريع المشتركة   D. الامتياز

11. إن استخدام الاسم التجاري وطرق العمل لشركات أخرى مقابل رسوم محددة يسمى:

A. المشاريع المشتركة   B. الترخيص

C. الامتياز   D. الفروع المستقلة للشركات

12. إن إذعان الأعمال لحماية حقوق النشر وحماية الملكية الفكرية في مختلف دول العالم توضح تأثر الأعمال بالبعد الدولي:

A. الاجتماعي   B. القانوني   C. السياسي   D. الاقتصادي

13. هناك من المصانع ما يوظف عاملين بأجور متدنية جداً ولساعات عمل طويلة وفي ظل ظروف عمل سـيئة، هـذا النـوع مـن المصانع يسمى:

A. مصانع ذات تكلفة واطئة   B. ورش عمل اقتصادية

C. الورشة المجهدة   D. الورشة المربحة

14. عندما يؤمن المدير بأنه يجب الاستفادة من الكفاءة وممارسات الآخرين أياً كانوا فإن سلوكه من نوع:

A. Ethnocentric   B. Polycentric   C. Geocentric   D. Universalist

15. عندما تشتري إحدى الشركات الأمريكية ذات العلامات التجارية المعروفة القطن من مصر لينسج في تايلند في ضوء تصاميم إيطالية وتباع المنتجات في أمريكا فإن هذا الشكل من الأعمال الدولية هو:

A. امتياز   B. واردات

C. مشاريع مشتركة   D. تجهيز (تزود) عالمي

الفصل السادس

الريادة والإبداع والأعمال الصغيرة

الفصل السادس

الريادة والإبداع والأعمال الصغيرة

بعد دراستك لهذا الفصل تستطيع الإجابة على هذه الأسئلة:

1. ماذا نقصد بالريادة؟
2. من هم الرواد وما هي خصائصهم؟
3. ما معنى الأعمال الصغيرة؟
4. ما هي فوائد الأعمال الصغيرة؟
5. ما هي أسباب نجاح أو فشل الأعمال الصغيرة؟
6. ما هو دور الريادة في تطوير الأعمال الصغيرة والكبيرة؟
7. ما المقصود بالإبداع؟ وما أهميته لمنظمات الأعمال؟

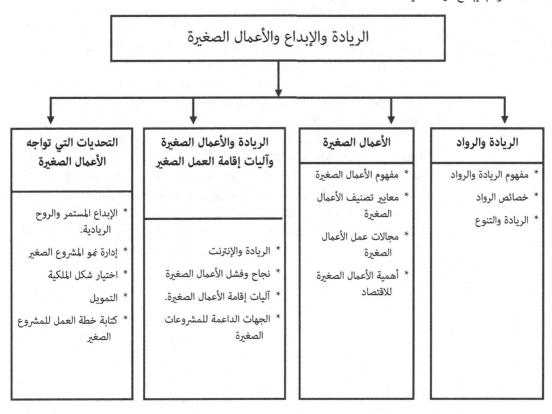

مقدمة الفصل السادس:

تعتبر الأعمال الصغيرة في عالم الأعمال اليوم المحرك الرئيس والمصدر الأساس لفرص العمل والإنتاج، ففي الاقتصادات المتطورة تمثل الأعمال الصغيرة صورة واضحة للاقتصاد بأكمله فلا يخلو قطاع من القطاعات الإنتاجية من وجود لهذه الأعمال. كما أن الأعمال الصغيرة لا تعني كونها منشآت محلية فقط فهناك أعمال صغيرة تصدر بملايين الدولارات وتتعامل على المستوى العالمي. ولكن مثل هذه الأعمال تحتاج إلى نمط خاص من المؤسسين والمدراء أو المالكين نسميهم الرواد. والرائد يتمتع بصفات مختلفة عن بقية المدراء أو العاملين. في هذا الفصل سنركز على موضوع الريادة والرواد والأعمال الصغيرة والإبداع وما يرتبط بها من أفكار.

أولاً: الريادة والروّاد

Entrepreneurship and Entrepreneurs

* الريادة
Entrepreneurship
خصائص وسلوكيات تتعلق بالابتداء بعمل والتخطيط له وتنظيمه وتحمل مخاطره والإبداع في إدارته.

* الرائد (الريادي)
Entrepreneur
فرد يتمتع بقدرات على تحمل المخاطر ورؤية الفرص والتخطيط والإدارة الإبداعية لعمل خاص به.

* المفهوم **Concept**

يقصد بالريادة Entrepreneurship خصائص وسلوكيات تتعلق بالابتداء بعمل والتخطيط له وتنظيمه وتحمل مخاطره والإبداع في إدارته. ومن يتمتع بهذه الصفات فهو من يسمى بالرائد (الريادي) Entrepreneur، لذلك فإن من يبدأ عملاً ويتعاقد مع مهنيين لإدارته وتشغيله لا يمكن أن يسمى رائد أو ريادي لأنه لا يقوم بمهمات الرائد الرئيسية. كما أن من يدير العمل لا يعتبر رائد أيضاً وذلك لأنه لا يتحمل المخاطرة كاملة للعمل الذي يديره. والرائد يرى فرصاً لا يراها غيره بل إن غيره يمكن أن يراها تهديداً وليست فرصة. ويقوم الرائد بالتخطيط وتهيئة الموارد والجمع بينها وإدارتها ومتابعتها وتحمل المخاطر المالية والقانونية لملكية العمل وإدارته وبالتالي جني الأرباح الناجمة عن العمل. والدولة التي يكثر فيها الرواد تزدهر اقتصادياً وتخلق لها سمعة عالمية، لذا فإن الدول من خلال مؤسساتها التعليمية تسعى إلى تنمية ما يسمى بالروح الريادية Entrepreneurial Spirit لدى الأفراد والمنظمات. وتختلف دوافع الريادة والطريقة التي يقيس الرائد بها مكافأته وهذا يعني أن الرواد ليسوا صنفاً واحداً ولا يوجد مقياس واحد للمكافأة المتوقعة يرضي طموحهم وتوقعاتهم. ومن المفيد أن نستعرض هنا دراسة مهمة صنفت الرواد إلى خمسة طبقات، الأولى هم المثاليون Idealists والباحثون عن الأمثلية Optimizers والمثابرون Hard Workers والشطار Jugglers والمؤازرون Sustainers. والشكل التالي يعرض خصائص رئيسية ونسبة كل فئة من هؤلاء.

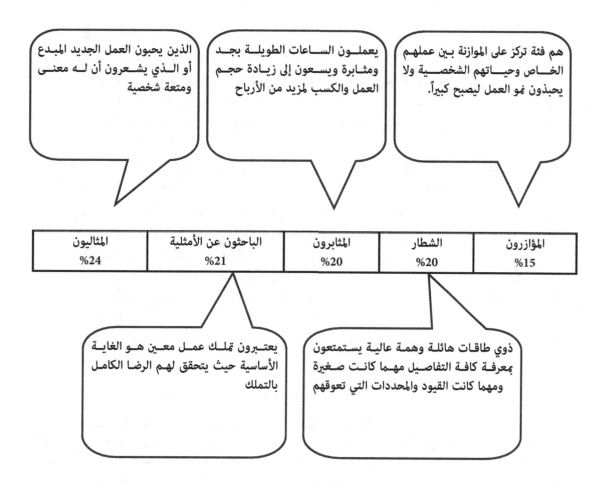

شكل (1-6): أنواع الرواد

"Source: Yorklovich Partner, reported in Mark Henricks

Type – Cast", Entrepreneur, March, 2000. p. 14-16

* خصائص الرواد Entrepreneurs Characteristics

يتطلع الرواد إلى أن تكون أعمالهم متميزة وتحقق نجاحاً كبيراً، ولكن هذا يعتمد على مدى توفر صفات معينة تساعد في ذلك. وعندما ندرس حياة مجموعة من الرواد وسلوكياتهم فإننا نجد أن هؤلاء يتقاسمون خصائص استثنائية تجعلهم مختلفين عن غيرهم وأهم هذه الصفات:

- القدرة على التحكم الذاتي والاعتقاد بأن مصيرهم يحددونه بأنفسهم ويحبون الاستقلالية وإدارة أنفسهم.
- يتمتعون بطاقة عمل هائلة ويعملون بجد واجتهاد ومثابرة ورغبة بالتميز والنجاح.
- الشعور بحاجة كبيرة لتحقيق إنجازات متميزة.
- يسعون وراء تحقيق أهداف فيها قدر كبير من التحدي ويستفيدون من التغذية العكسية لأدائهم المتميز.

- يتقبلون حالات الغموض ويتحملون المخاطر والمواقف ذات طبيعة لا تأكد عالي.
- ثقة عالية بالنفس والشعور بأن لديهم طاقة كبيرة للمنافسة واستعداد لاتخاذ قرارات في مواقف صعبة.
- صبورون ويهتمون بالأفعال أكثر من الأقوال ويركزون على حل المشاكل وعدم تضييع الوقت.
- الاستقلالية وعدم الاتكال على الآخرين فهم يحبون أن يكونوا مدراء أنفسهم ولا يتبعون لآخرين.
- مرونة بالتفكير والعمل واستعداد لقبول حالات الفشل ومن ثم التصحيح وتغيير الخطط باستمرار وديناميكية وعدم الجمود أمام المواقف ذات التحدي.

ومن الخصائص الأخرى التي أثبتتها بعض الدراسات فإن الرواد غالباً ما ينتمون إلى عوائل تملك أعمال معينة أو مشاريع صغيرة ولديها خبرة في مجال معين. كما أن دراسة أخرى أشارت على أن أعمار الرواد غالباً ما تتراوح بين 22-45 سنة.

وبالمقابل فهناك تصورات خاطئة لدى البعض حول الرواد تتجسد بافتراضات معينة أهمها:

- الرواد يولدون بموهبة ولا يصنعون، أن الخبرة والممارسة والمثابرة يمكن أن تخلق الرواد لذا فإن هذه الفكرة خاطئة.
- الرواد مغامرون وهذه ليست حقيقة فهم في حقيقة الأمر يقبلون المخاطرة المحسوبة.
- الأموال هي مفتاح النجاح للرواد، وهذا أمر غير صحيح لأن الكثير من الرواد بدأوا بأموال قليلة أو مقترضة.
- يجب أن يكون الرائد شاباً أو صغير السن وهذا غير صحيح أيضاً فالعمر ليس حاجزاً أو مانعاً للريادة فقد تأتي الريادة مع تقدم العمر.
- يجب أن يكون الرائد حاملاً لشهادة جامعية في تخصص معين، وهذا غير صحيح لأن الشهادة تساعد في العمل وليست كل شيء.

الريادة والتنوع Entrepreneurship and Diversity *

لا ترتبط الريادة بجنس معين ولا عرق ولا دين محدد فالكثير من الأعمال الناجحة في دول متقدمة أنشأتها نساء رائدات أو أقليات عرقية أو دينية. وأشارت إحدى الدراسات الأمريكية التي قامت بها المنظمة الوطنية لسيدات الأعمال الأمريكية (NEWBO) أن الأعمال الصغيرة الرائدة التي أنشأتها السيدات يصل إلى ضعف المعدل الوطني لمجموع هذا النمط من الأعمال. كما أشارت نفس المنظمة على أن 33% من السيدات اللائي أقمن أعمالهن الخاصة تركن العمل في منظمات أعمال أو إدارات حكومية بسبب عدم الاحترام الكامل والأخذ بجدية لقدراتهن وطاقاتهن من قبل المدراء، وأن 29% فهن أشرن على أن ما أسميناه في فقرة سابقة الحاجز الزجاجي Glass Ceiling والذي يحد من تقدمهن في السلم الوظيفي والارتقاء إلى الإدارة العليا. كما تشير بعض الدراسات إلى أن الأعمال الريادية الصغيرة هي أكثر انتشاراً وإقبالاً لدى الأقليات العرقية في أمريكا ففي الفترة الزمنية 1987-1997 ازدادت هذه الأعمال بنسبة 103% بين الأمريكان الأفارقة و 232% بين الأمريكان من أصول إسبانية وأمريكية لاتينية. ويمكن تفسير هذا بأن أغلب المهاجرين لديهم طاقات إبداعية لم تتوفر الظروف

المناسبة لهم في بلادهم لاستثمارها وبالتالي فإنهم يبحثون عن فرص وأماكن يثبتون وجودهم فيها خصوصاً وأن الدول المتقدمة المستقبلة للمهاجرين تتفنن في دعم وتوفير الظروف المناسبة لهم.

ثانياً: الأعمال الصغيرة Small Business

* مفهوم الأعمال الصغيرة Small Business Concept

يمكن أن نعرف العمل الصغير (أو المشروع الصغير) بأنه نشاط اقتصادي مملوك ومدار بشكل مستقل من قبل فرد واحد أو عدد قليل من الأفراد لغرض تحقيق أرباح وينتج سلع أو خدمات مفيدة للمجتمع. وفي أي اقتصاد كان فإن العمل الصغير يتميز بقلة عدد العاملين وصغر رأسماله قياساً بأعمال أخرى نسميها متوسطة أو كبيرة الحجم بل إن بعضها يعد شركات عملاقة بسبب ضخامة حجمها غير الاعتيادي. غالباً ما تكون الأعمال الصغيرة شركات أفراد أو تضامن أو شركات عائلية يتداخل فيها عنصر الملكية والإدارة وتمارس نوعاً واحداً من النشاط الاقتصادي. وتجدر الإشارة إلى أن تحديد معايير دقيقة لتصنيف الأعمال الصغيرة تتباين بشكل كبير بين الدول المختلفة بل ربما نجد هذا الاختلاف داخل الجهات المختلفة في البلد الواحد. إن سبب هذا الاختلاف دفع غالبية الدول إلى اعتماد معيار عدد العاملين أساساً للتصنيف. وفي إطار منظمات الأعمال الصغيرة يمكن أن نجد صيغاً أخرى مرادفة لهذا المفهوم وتتداخل معه بل إن البعض يعتبرها صورة مطابقة للعمل الصغير مثل:

* العمل الصغير
Small Business
هو العمل الذي يمتلك ويدار من قبل فرد أو أفراد معدودين وبشكل مستقل ويعمل فيه عدد قليل ولا يهيمن بأي شكل من الأشكال على القطاع الذي يعمل فيه.

- الأعمال الصغيرة جداً (المايكروية) Micro Business

وهي نمط من الأعمال توجد في مكان واحد ويعمل فيها أقل من خمسة أشخاص وبعض الدول تعتبر العمل مايكروياً إذا كان عدد العاملين فيه أقل من عشرة أشخاص مثل دول المجموعة الأوربية ويضم هذا النمط عدد كبير من المنشآت الحرفية في مختلف القطاعات تعتمد عادة على الموارد المحلية في البلد وتسوق منتجاتها في مناطق محددة داخل البلد.

* الأعمال الصغيرة جداً (المايكروية)
Micro Business
أعمال توجد في مكان واحد ويعمل فيها أقل من خمسة أفراد وغالباً ما تكون أعمالاً حرفية.

- الأعمال العائلية Family Business

هي نمط آخر من الأعمال الصغيرة تمتلك وتدار من قبل أفراد عائلة صغيرة واحدة لتوفير مصدر رزق لها وأبسط صورها المحلات التجارية الصغيرة والصيدليات وغيرها.

* الأعمال العائلية
Family Business
نمط آخر من الأعمال الصغيرة تمتلك وتدار من قبل أفراد عائلة واحدة لتوفير مصدر رزق لها.

- الأعمال المنزلية **Home-Based Business**

هي أعمال تمارس في المنزل ومملوكة مباشرة من قبل فرد أو أفراد لها جاذبية خاصة بسبب سهولة التمويل وعادة ما يلجأ الرياديون إلى الانطلاق في أعمالهم بالبدء بالأعمال المنزلية. وقد ساعد الحاسوب كثيراً على ممارسة هذه الأعمال بالاستفادة من شبكة الإنترنت والخدمات التي تقدمها لدعم هذا النوع من الأعمال. كما أن العمل عن بعد من المنزل Telecommuting الذي تشجع عليه كثير من الشركات اليوم قد ساعد هو الآخر في تنمية هذا الاتجاه.

*** الأعمال المنزلية**
Home-Based Business
أعمال تمارس في المنزل ومملوكة مباشرة من قبل فرد أو أفراد وسهلة التمويل.

* معايير تصنيف الأعمال الصغيرة

Small Business Classification Criteria

لغرض تصنيف الأعمال الصغيرة وفق أسس معينة فإن عدة معايير يمكن أن تعتمد لهذا الغرض ومن أهمها: عدد العاملين ورأس المال وحجم المبيعات وقيمة الموجودات والأصول والحصة السوقية وغيرها. كما أن قياس هذه المؤشرات ليس سهلاً من جانب ومن جانب آخر فإن العلاقة بين هذه المؤشرات معقدة لذلك يصعب اعتماد واحد منها فقط كمؤشر للحجم. ولكن أغلبية الأدبيات المتخصصة في إدارة الأعمال الصغيرة تعتمد معيار عدد العاملين أو رأس المال أو كليهما كأساس لتصنيف المشاريع الصغيرة. وبالنسبة للمتخصصين في الإدارة فإن العمل الصغير بأي صورة كان فإنه صغير بمؤشر عدد العاملين وغير متنوع الإنتاج وعادة ما يكون شركة أفراد وليس شركة أموال يديره مالكه ويعمل في سوق محددة وتعتبر العلاقات الشخصية بين العاملين حميمة كما أن العمل صغير برأسماله ويعتمد مصادر التمويل الداخلية الذاتية للتوسع المحدود المستقبلي.

وفي إطار عدد العاملين كمعيار للتصنيف ولتحديد العمل الصغير فإن الدول تتباين في ذلك ومن الأمثلة الواضحة على هذا ما يلخصه الجدول التالي:

الدولة	الأعمال الصغيرة
أمريكا	5 أفراد - أقل من 500
بريطانيا	5 - 100
دول المجموعة الأوروبية	10 - أقل من 99
الهند	أقل من 100 (إذا كان غير مجهز بآلات ومعدات كهربائية)
	أقل من 500 (إذا كان مجهز بآلات ومعدات كهربائية)
ماليزيا	أقل من 50

الدولة	الأعمال الصغيرة
الأردن:	
دائرة الإحصاءات العامة	أقل من 5
غرفة الصناعة	أقل من 10
وزارة الصناعة والتجارة	5 – 9
الأمم المتحدة للتنمية الصناعية	أقل من 10
جائزة الملك عبدالله للتميز	أقل من 30 (صغيرة ومتوسطة صناعية)
	أقل من 100 (صغيرة ومتوسطة خدمية)

شكل (2-6): مقارنة توضح تباين معايير تصنيف الأعمال الصغيرة بالاستناد إلى عدد العاملين

كما أن رأس المال هو الآخر يعتبر معياراً مهماً للتصنيف والاختلافات كبيرة بين الدول في هذا الصدد بحيث لا يوجد رقم محدد متفق عليه. ففي المملكة العربية السعودية مثلاً إن رأس المال إذا كان أقل من 5 ملايين ريال يعتبر صغيراً في حين أن منظمة الخليج الصناعية تعتبر المشروع صغيراً إذا لم يتجاوز رأس ماله المليون دولار. وإن القضية الأساسية في المشاريع الصغيرة بشكل عام يجب أن لا تكون مهيمنة أو ذات حصة سوقية رئيسية في القطاع الذي تعمل فيه.

* مجالات عمل الأعمال الصغيرة Industries Attracting Small

بالرغم من أن الأعمال الصغيرة موجودة في جميع القطاعات الاقتصادية سواء الصناعية أو التجارية أو العقارية أو الخدماتية إلا أن تواجدها في بعض القطاعات يكون أكثر من غيرها لأنها أكثر جاذبية لمثل هذا النوع من الأعمال. ومن هذه القطاعات:

- أعمال التوزيع بكافة أشكالها **Distribution**

يشتمل هذا النوع على أعمال بدرجة عالية من التنوع مثل تجارة التجزئة والبيع بالجملة وخدمات النقل والاتصالات وخدمات أخرى مرتبطة بها. وبشكل عام فإن هذه الأعمال تركز على حركة انتقال السلع والخدمات من المنتجين إلى المستهلكين. ويعد هذا المجال من أوسع المجالات لأن الجهات الحكومية لا يمكن أن تغطي مثل هذه الأعمال لذلك فإن الفرص المتاحة وأجزاء مهمة من السوق Niches تبقى غير مغطاة بالخدمة بما فيه الكفاية من قبل المنظمات الكبيرة الخاصة أو الحكومية فتكون محط أنظار الرواد ويبادرون إلى استغلال هذه الفرص لإقامة أعمالهم الصغيرة.

- الخدمات الأخرى غير المالية Non-Financial Services

ويشكل هذا النمط نسبة عالية من الأعمال الصغيرة فقد وصلت إلى 48% في الولايات المتحدة الأمريكية. ويضم خدمات متعددة مثل الخدمات الطبية والصحية وخدمات المطاعم والفنادق وخدمات التنظيف وخدمات تصليح الأجهزة على اختلاف أنواعها وغيرها من الخدمات غير المالية الأخرى. والفرص هنا أكثر وضوحاً لمن يريد أن يدخل في هذا المجال ويحقق عوائد عالية تجعله جذاباً للمستثمرين الصغار.

- أعمال البناء Construction

هناك الكثير من المشاريع الصغيرة التي تعمل في مجال المقاولات والبناء وترميم المباني والإنشاءات. وغالباً ما يعمل هؤلاء في المشاريع المحلية بصفة مقاولين أساسيين أو مقاولين فرعيين وعادة ما يكون هؤلاء في بداية حياتهم العملية عاملين لدى الغير وبعد اكتساب الخبرة يبدأون عملهم الخاص بهم. وأوضح مثال على هؤلاء هم البناؤون والكهربائيون والنجارون والحدادون وغيرهم من أصحاب المهن المتعلقة بالبناء والإنشاءات.

- التصنيع Manufacturing

نقصد بها هنا الصناعات ذات الطابع الإنتاجي الحرفي أو التصنيع أو التجميع البسيط. لأن الصناعة عادة تحتاج إلى رأس مال كبير وتجهيزات غالية الثمن، لذلك فإن الأعمال الصغيرة الصناعية تقتصر على صناعات فلكلورية أو متوارثة أو ما يخدم شريحة محددة صغيرة من المجتمع أو أحياناً تخدم هذه المشاريع الصناعات الكبيرة حيث أن بعض هذه الشركات الكبيرة توفر فرص عمل لمئات من المشاريع الصغيرة لتزويدها بالقطع والأجزاء والمستلزمات الأخرى.

* أهمية الأعمال الصغيرة للاقتصاد Small Business Importance

تلعب الأعمال الصغيرة اليوم دوراً مهماً في اقتصادات دول العالم وعادة ما كانت الأعمال الكبيرة اليوم أعمالاً صغيرة بالأمس. وهنا يمكن تأشير أهمية خاصة للأعمال الصغيرة تخدم بها الاقتصاد الوطني لأي دولة من خلال الآتي:

- خلق الوظائف Job Creation

لعل هذا الأمر من أهم مزايا الأعمال الصغيرة فهي مصدر أساس لخلق وظائف جديدة ومساعدة الحكومات في حل مشاكل البطالة. ففي أمريكا مثلاً خلقت الأعمال الصغيرة عام 1998 ما يزيد عن 3 ملايين فرصة عمل جديدة. وأن الصناعات التي تخلق وظائف تكون في أغلبها ذات أعمال صغيرة كثيرة كما أن قطاع الخدمات يتميز بمساهمة واسعة في هذا المجال، وفي الدول العربية على سبيل المثال فإن مدينة الرياض في المملكة العربية السعودية بلغت نسبة المصانع الصغيرة 98% من مجموع المصانع كما أنها توظف حوالي 89% من القوة العاملة في هذه المدينة.

178

- مصدر للإبداع التكنولوجي

Source of Technological Innovation

يعني الإبداع التكنولوجي تحسين منتجات موجودة أو إطلاق منتجات جديدة أو ابتكار عمليات إنتاجية جديدة أو تحسين عمليات موجودة حالياً، وبالطبع فإن كلمة منتجات تشمل السلع والخدمات. والإبداع التكنولوجي يعتبر عنصر المنافسة الرئيس في عالم حيث أن المستهلكين يطلبون دائماً ما هو جديد. إن أغلب المنتجات التي طورت جاءت من ورش وأعمال صغيرة، فمثلاً نصف الإبداعات التكنولوجية في القرن الماضي قام بها رياديون وأعمال صغيرة وحتى أن بعض الإبداعات المهمة جداً في مجالات رائدة في الاقتصاد مثل صناعة طائرات الهليكوبتر وصناعة البنسلين والحواسيب الشخصية والكاميرات المتطورة والكثير من التطورات الحاصلة في صناعة الطيران والأجهزة الطبية جاءت باجتهاد أعمال صغيرة يديرها رياديون ذوي عقول متفتحة. وفي بلداننا فإننا إذا أردنا تنمية نشاط الإبداع التكنولوجي لا بد من احتضان الرياديين وخلق ما يسمى بحاضنات الأعمال وتشجيع الأعمال الصغيرة وتوفير تمويل لها.

* **الإبداع التكنولوجي**
Technological Innovation
تحسين منتجات موجودة أو إطلاق منتجات جديدة أو ابتكار عملية إنتاجية جديدة أو تحسين عملية موجودة حالياً.

- المنافسة **Competition**

إن الأعمال الصغيرة تمثل تحدياً لغيرها من الأعمال الكبيرة أو الصغيرة المشابهة لها وبذلك فإنها تخلق منافسة وتنشط الاقتصاد الوطني، إن سبب قدرتها التنافسية العالية هو كفاءتها في الأداء وبحثها الدائم عن إشباع حاجات الزبائن. إن القدرة التنافسية لبعض المشاريع الصغيرة لا تقتصر على السوق الداخلي أو المحلي بل إنها بدأت تخرج إلى الإطار الدولي وتنافس بكفاءة وقد أشارت بعض الدراسات إلى أن الصناعات الصغيرة الأمريكية في عام 2000 ساهمت بما نسبته 33% من إجمالي التصدير الأمريكي للخارج.

- إشباع حاجات المجتمع والأعمال الأخرى **Filling Customer and Other Business Needs**

إن الأعمال الكبيرة تستفيد غالباً من المئات من الأعمال الصغيرة في تزويدها بالكثير من احتياجاتها من مستلزمات وقطع وغيرها. وعندما توجد شركة لصناعة السيارات مثلاً فإن انتعاشاً اقتصادياً ونمواً للأعمال الصغيرة سيرافق ذلك وخير مثال هو شركة "جنرال موتورز" لصناعة السيارات فهي تعتمد في تجهيزها بالقطع والمستلزمات الأخرى على ما يزيد عن 32000 شركة صغيرة وتعتمد في مبيعاتها على ما يزيد عن 11000 وكيل ووسيط. كما أن هناك الكثير من الاحتياجات في المجتمع لشرائح محددة وصغيرة أحياناً لا تستطيع الأعمال الكبيرة تلبيتها وبذلك فإن دور الأعمال الصغيرة يكون فاعلاً في تلبية هذه الحاجات. ولا ننسى كذلك

دورها المهم في حفظ الفلوكلور الشعبي والصناعات الحرفية التقليدية التي تمثل في بعض الدول مصدراً مهماً للدخل الوطني.

ثالثاً: الريادة والأعمال الصغيرة

Entrepreneurship and Small Business

لقد أشرنا في فقرة سابقة إلى السمات الريادية وأنها عنصر أساسي لنجاح أي عمل صغير، فمن يتصدى لإقامة مشروع صغير مستقل ويديره بنفسه يجب أن تتوفر فيه هذه الصفات. والرائد لديه القدرة على اقتناص الفرص ورؤيتها قبل غيره لذلك فالرابطة وثيقة بين الريادة والعمل الصغير.

* الريادة والإنترنت والأعمال الدولية

Entrepreneurship, Internet and International Business

لقد فتحت الإنترنت آفاقاً واسعة أمام الرواد فالكثير من الأعمال الناجحة اليوم على الإنترنت فتحت بجهود أفراد مستقلين بناء على أفكار إبداعية وهي اليوم أعمال عالمية وواسعة الانتشار مثال ذلك موقع e-Bay. إن الكثير من الأعمال الصغيرة هي أعمال افتراضية Virtual في فضاء الإنترنت وحتى الأعمال الصغيرة التقليدية تستفيد من الإنترنت وتحصل على فرص كثيرة من هذه الشبكة حيث تتسع عمليات التجارة الإلكترونية يوماً بعد يوم مستفيدين من انخفاض التكاليف حيث لا ديكورات ولا عمال كثيرين ولا مياه ولا كهرباء للأعمال التي يمكن أن تفتح على مدار الساعة وتعرض بضاعتها في كل أنحاء العالم. وليس البيع المباشر هو الفائدة التي يجنيها رياديو الإنترنت Internet Entrepreneurs بل إن التعامل بين الأعمال من خلال ما يسمى Business to Business أصبح واحداً من الأعمال المهمة والمربحة لهؤلاء الرياديين.

كما يمكن أن تكون الأعمال الصغيرة أعمالاً دولية بطرق مختلفة وقد تكون فائدتها موازية للفائدة التي تجنيها الأعمال الكبيرة من حيث البيع والتجارة والحصول على فرص تمويلية وأسواق كبيرة وإمكانية تحسين جودة منتجاتها والوصول إلى موارد منخفضة الكلفة وإمكانية التعاقد مع مهارات عالية كما هو الحال في المختبرات الطبية. إن التكنولوجيا جعلت من إمكانية إيصال المنتجات وتسليمها بسرعة عالية ممكناً وهذا دعم الأعمال الصغيرة بالذات. كذلك لا ننسى قدرات الأعمال الصغيرة اليوم على إقامة تحالفات مع أعمال أجنبية يمكن أن تساندها كثيراً. وتحاول الأعمال الصغيرة اليوم المنافسة من خلال استراتيجية التنويع Diversification بين الداخل والبيئة الدولية بحيث يمكن أن تستمر بالعمل حتى إذا حصل كساد أو انخفاض في السوق المحلي.

* لماذا تنجح أو تفشل الأعمال الصغيرة

Small Business Success or Failure

بالرغم من كثرة الأعمال الصغيرة التي تقام في أي دولة من الدول إلا أن تلك التي تحقق نجاحاً متميزاً وتستمر لسنوات طويلة وبقدرة عالية على الإبداع والتجديد هي قليلة وأن نسبة الفشل بين الأعمال الصغيرة عالية. إن نجاح الأعمال الصغيرة وخاصة التي يقيمها الرواد تحتاج إلى فكرة جيدة واضحة وشجاعة وجرأة للتنفيذ. كذلك يجب أن تهيأ الأرضية المناسبة لاتباع استراتيجيات إبداعية قادرة على خلق ميزات تنافسية للمشروع الجديد. ولعل تشخيص الجزء الباقي من السوق Niche والذي لم يخدم بشكل جيد من المنظمات الأخرى هو أهم خطوة لإقامة العمل الصغير. إن هذا التشخيص يمكن أن يعطي ميزة "المتحرك الأول" First-Mover Advantage باتجاه هذه الفرصة أو هذا الجزء من السوق، فمن يصل أولاً يكسب أكثر. إن التركيز على الزبون في الأعمال الصغيرة حيوي لنجاحها لذا فالالتزامات الأخلاقية والتعامل الجيد ودراسة احتياجات الزبون كل هذه عوامل نجاح مهمة. كذلك إن أسباب الفشل عديدة أيضاً لكن المهم منها يمكن أن يشار إليه كما في أدناه علماً أن عوامل النجاح الأخرى هي معاكسة لعوامل الفشل هذه:

* سوق صغير Niche
جزء من السوق غير مشبع من قبل المنظمات الكبيرة.

* ميزة الداخل الأول للسوق
First-Mover Advantage
الخاصية التي يتميز بها العمل الصغير عند وصوله أولاً للفرصة والسوق.

* **نقص الخبرة Lack of Expertise:** ليس للمؤسس خبرة في مجالات الشراء والتمويل والبيع والإنتاج بجودة عالية.

* **نقص التجربة Lack of Experience:** أن نقص التجربة والمعرفة يجعل المشروع الصغير يتخبط في السوق وفي قطاع العمل نفسه.

* **عدم وجود استراتيجية واضحة للعمل Lack of Strategy:** حيث قد تغيب الرؤية الواضحة والرسالة الخاصة بالعمل والاستراتيجيات المتبناة للوصول للهدف.

* **عدم وجود القيادة الواعية للمحيط البيئي Lack of Leadership:** إن ديناميكية عالم الأعمال اليوم والتغيرات السريعة التي تحدث تتطلب قيادة واعية ومتابعة وقادرة على التصرف السليم وبسرعة.

* **رقابة مالية غير كفوءة Poor Financial Control:** أن المشاريع الصغيرة تتطلب إدارة مالية رشيدة خصوصاً في بداية تأسيسها.

* **النمو السريع غير المسيطر عليه Rapid, Growing:** أحياناً لا يسيطر صاحب العمل الصغير على نمو عمله وبالتالي يتعرض للكثير من المفاجآت التي لا يستطيع تجاوزها بشكل صحيح.

* **قلة الالتزام بالعمل Lack of commitment** وعدم تكريس وقت كاف لمتابعة العمل وحل مشاكله وتسليم العمل إلى شخص آخر لإدارته.

181

* **المشاكل الأخلاقية Ethical Problems**: فكثيراً ما تكون عمليات الغش والاحتيال سبباً في انتشار سمعة سيئة للعمل الصغير وبالتالي فشله.

* آليات إقامة الأعمال الصغيرة Small Business Creation

تتعدد الآليات المعتمدة لإقامة العمل الصغير ويعتمد اختيار الأسلوب أو الآلية على مدى توفر فرصة مناسبة طموحة يمكن استغلالها وفق هذه الآلية ونشير في أدناه إلى أهم هذه الآليات التي اعتمدت من قبل الكثير من الرواد :

- البدء بعمل جديد تماماً Starting New Business

إن الكثير من أصحاب الأعمال الصغيرة كانوا يعملون لدى الغير ولكنه اقتنص فكرة نتيجة تعامله اليومي ووجود قدرة ريادية لديه فبدأ عملاً جديداً لم يكن موجوداً. كما أن توفر مهارات معينة وسنوح فرصة معينة يدفع لإنشاء عمل جديد.

- شراء عمل قائم Buying Existing Business

يقوم بعض أصحاب الأعمال الصغيرة بشراء أعمال موجودة قد تكون فاشلة ثم يعمل على إعادة بنائها وتنظيمها وجعلها أعمالاً مربحة. إن القدرة على تشخيص عوامل الفشل في العمل ومن ثم إزالتها هو بحد ذاته قدرة استثنائية لدى البعض توفر لهم مجالاً للنجاح في الأماكن التي فشل فيها الآخرون.

- تغيير اختصاص العمل Changing Business Field

يمكن أن يقام العمل الصغير بديلاً عن عمل سابق لم يكتب له النجاح ليس نتيجة لقصور في القدرات الإدارية والتجربة بـل نتيجة تغييرات خارجة عن إرادة صاحب العمل الصغير. أو أحياناً يكون العمل الجديد قد اكتشف نتيجة التعامل اليومي في العمل الأول وأنه يمكن أن يكون أكثر ربحاً.

- الشراكة مع الآخرين Partner ship

قد يبدأ العمل الصغير بناء على شراكة مالية مع شخص آخر أو شراكة بأفكار وممتلكات مادية مثل استغلال بناية تعود لشخص آخر بطريقة يمكن أن تكون عملاً جديداً وناجحاً.

- الامتياز Franchising

يعتبر الامتياز من أهم صور الأعمال الصغيرة لـذا سنتناوله بشيء من التفصيل هنا. يعرف الامتياز بأنه شراء حقوق تشغيل واستخدام اسم أعمال أخرى في أماكن غير دولتها الأم. فشركات مثل ماكدونالدز وكنتاكي وغيرها هي امتيازات ممنوحة بموجب اتفاقات إلى أفراد أو شركات في دول أخرى مقابل مبالغ سنوية تدفع للشركة الأم. ومن الأمثلة الشائعة للامتياز شركة ماكدونالدز

> * الامتياز
> Franchising
> شراء حقوق تشغيل واستخدام اسم أعمال أخرى في أماكن غير دولتها الأم.

وكوكاكولا وكنتاكي وبنيتون وغيرها. والامتياز يقوم على أساس اتفاق بين الشركة المانحة للامتياز وغالباً ما تكون شركة كبيرة معروفة وشركات صغيرة تحصل على هذا الامتياز وتكون الشركة المستفيدة مستقلة في إدارتها وعملها ولكنها ستحمل اسم الشركة المانحة بموجب عقد قانوني متفق عليه مقابل رسوم سنوية محددة. وهكذا فإن الشركة الحاصلة على الامتياز يجب أن تراعي قوانين الدولة التي تعمل فيها وكذلك شروط الشركة مانحة الامتياز.

لقد انتشرت صيغة الامتياز كثيراً وفي جميع القطاعات ذات الإنتاج السلعي أو الخدمي خاصة وأن الشركة الحاصلة على الامتياز تجد صعوبة في فتح شركة جديدة والحصول على تراخيص من الدولة لذلك تفضل العمل وفق صيغة العقد. وأهم فائدة تحصل عليها الشركة المستفيدة من الامتياز هي الاسم التجاري والسمعة المكتسبة، كذلك تستفيد من خبرات إدارية متقدمة وأساليب إنتاج متطورة وبذلك فإن المصلحة تعم الطرفين لأن الشركة المانحة دخلت إلى أسواق جديدة دون الحاجة إلى فتح فروع جديدة في الدول الأخرى. وبالمقابل فإن للامتياز مساوئ منها تعرض سمعة الشركة الأم للخطر في حالة إساءة استخدام العلامات التجارية والتضحية بالجودة والتهاون بشروط الإنتاج ومعاييره العالية في بعض الأحيان. لذلك يجتهد كلا الطرفان للتقليل من هذه المساوئ وذلك بتوضيح كافة الأمور بموجب عقد الامتياز وتفصيل كافة شروط ضمان الجودة والإنتاج بنوعية عالية.

* الجهات الداعمة للمشروعات الصغيرة

Unities Support for Small Business

نظراً لأهمية الأعمال الصغيرة ودورها الفاعل في تنمية اقتصاد الدول المختلفة وإسهامها في حل مشكلة البطالة وخلق فرص العمل الجديدة، فإنه لا بد من وجود جهات داعمة ومساندة لهذه المشروعات سواء كان هذا الدعم دعماً فنياً أو إدارياً أو تمويلياً. لذا فإن أغلب الدول أنشأت وحدات إدارية خاصة بمتابعة الأعمال الصغيرة وتطورها ودعمها. ففي أمريكا مثلاً فإن Small Business Administration (SBA) وهي إدارة الأعمال الصغيرة، وكالة حكومية أنشأها الكونغرس عام 1953 توفر دعماً استشارياً وتحمي مصالح الأعمال الصغيرة في أمريكا. ويشمل عمل هذه الوكالة اليوم العديد من الجهات والمؤسسات مثل (SBI) Small Business Institute & (SBDC) Small Business Development Center & (FBA) Financial Business Assistance المتخصص بالدعم المالي وغيرها.

وفي الأردن فإن هناك برنامج دعم وتطوير المشروعات الصغيرة وهدفه استيعاب الأعداد المتزايدة من العاطلين وتنمية مفهوم الريادة لدى فئات المجتمع وتشجيع الاعتماد على الذات وتحسين مؤشرات الإنتاجية. وفي حقيقة الأمر فإن هذه البرامج والمؤسسات تمثل مصدراً للدعم بأشكاله المختلفة حيث لا نقصد بالدعم هنا الدعم المالي فقط بل هناك الدعم الفني والدعم القانوني والاستشارات الإدارية.

رابعاً: التحديات التي تواجه الأعمال الصغيرة

Challenges Facing Small Business

تواجه الأعمال الصغيرة العديد من التحديات والمصاعب سواء منها المرتبطة ببدء فكرة إنشاء العمل الصغير أو تحديات تظهر بعد أن يكون العمل قد أصبح معروفاً في السوق. ويمكن أن نشير هنا إلى أهم هذه التحديات وكالآتي :

* الإبداع المستمر والروح الريادية

Continuous Innovation and Entrepreneurial Spirit

يرتكز نجاح العمل الصغير على قدرة مالكه والعاملين فيه على جعل حالة الإبداع حالة مستمرة ودائمة. إن استعراض أهم الابتكارات والمخترعات التي غيرت حياة الناس يشير إلى أنها كانت من إنتاج الأعمال الصغيرة. ويمكن تعريف الإبداع على أنه الإتيان بشيء جديد سواء كان في مجال الإنتاج أو التسويق. ففي مجال الإنتاج يمكن أن يكون الإبداع منتجاً جديداً أو تحسيناً لمنتج موجود أو عملية أو أسلوب إنتاجي جديد أو تحسين في عملية أو أسلوب إنتاجي، أما في مجال التسويق فإنه يمكن أن يكون أسلوباً جديداً في التوزيع أو التغليف أو غيره. ويساهم الإبداع في تطوير سلسلة القيمة التي تضيفها مختلف الأنشطة في العمل الصغير على المنتج. والعمل الصغير يحتاج الإبداع لكي يستمر فالمستهلكون يطلبون دائماً كل ما هو جديد ومختلف. والإبداع يمكن أن يكون في عدة صور منها:

- الإبداع التكنولوجي مقابل الإبداع الإداري

Technological Innovation Versus Managerial Innovation

إن الإبداع التكنولوجي أو التقني هو عبارة عن تغيرات في المظهر المادي للمنتج أو الخدمة يؤدي إلى تحسين أدائها أو العمليات الخاصة بتحسين عمليات إنتاج السلع والخدمات أما الإبداع الإداري فهو تغيرات في العمليات الإدارية أو الأساليب التنظيمية التي تؤدي إلى إنتاج وتسليم المنتج.

*** الإبداع Innovation**
الجهود المنظمة بهدف تطوير منتجات جديدة أو عمليات إنتاجية جديدة أو تحسين الموجود من كليهما.

*** الإبداع التكنولوجي**
Technological Innovation
تغيير مادي في مظهر المنتج سواء كان سلعة أو خدمة ويؤدي إلى تحسين أدائه وكذلك التغير الحاصل في العمليات الإنتاجية

*** الإبداع الإداري**
Managerial Innovation
تغير في العمل الإداري يؤدي إلى تحسين في إجراءات العمل والأساليب التنظيمية التي تؤدي إلى إنتاج وتسليم المنتج.

- إبداع المنتج مقابل إبداع العملية

Product Innovation Versus Process Innovation

يركز إبداع المنتج على تغيير الخصائص المادية للمنتجات بحيث نحصل على منتجات جديدة أو تحسين أداء المنتجات الموجودة حالياً. أما إبداع العملية فهو تغيير بطرق إنتاج السلع أو الخدمات وتصنيعها سواء من ناحية الإنتاج المادي لها أو توزيعها.

ولكي يتحقق الإبداع في المشروعات الصغيرة لا بد من وجود الروح الريادية لدى العاملين ومالكي المشروع، وهذه الروح الريادية مثلت ثورة في الفكر الإداري وعملت على خلق وظهور ثقافة تنظيمية ذات نمط جديد بسبب الحاجة إلى مواجهة المنافسة الشديدة القائمة على أساس تطور تكنولوجي هائل. وهذا الأمر أصبح ضرورياً ليس فقط للمشاريع الصغيرة بل أن المنظمات الكبيرة بحاجة إلى روح ريادية وسلوك ريادي متجدد. وهذا ينتج من خلال ما يسمى بالريادة الذاتية Entrapreneurship والتي تصف سلوك ريادي يلعبه الأفراد أو الوحدات التنظيمية الفرعية في منظمات الأعمال الكبيرة وتستطيع من خلاله تعزيز الأفكار الجديدة المؤدية إلى إنتاج منتجات جديدة باستمرار. فقد وجد المدراء في المنظمات الكبيرة أن الحصول على قدرة تنافسية عالية ونجاح في السوق من خلال الريادة الذاتية يعتمد على قدرة هذه المنظمات في العمل كما لو كانت أعمال صغيرة. ولتحقيق ذلك قاموا بإيجاد وحدات صغيرة تسمى Skunk Works وفيها يسمح بتشكيل فرق عمل ذات قدرة إبداعية عالية مع حرية كاملة بعيداً عن جميع القيود التي يفترضها العمل في المنظمات الكبيرة. ومن مزايا الريادة الذاتية هو التحفيز العالي والحماس باتجاه تطوير الخصائص الريادية في العمل وتدعيمها بشكل مستمر ويتم ذلك من خلال وحدات تسمى حاضنات الأعمال Business Incubators وهي وحدات متخصصة تشتمل على مكان للعمل وتجهيزات ومختلف الخدمات الأخرى بالإضافة إلى استشارات إدارية لبدء عمل صغير لتطوير منتج جديد بناء على فكرة ريادية. وبعض الحاضنات تتخصص ببعض الصناعات أو المنتجات أو بعض الأعمال في حين أن بعضها الآخر يمكن أن يكون عاماً وعلى مستوى المناطق.

* الريادة الذاتية
Entrapreneurship سلوك ريادي يلعبه الأفراد والوحدات الفرعية في منظمة أعمال كبيرة الحجم

* وحدات الابداع في المنظمات الكبيرة Skunk Works
فرق عمل ذات قدرات إبداعية عالية يسمح لها بالعمل بكل حرية وبعيداً عن القيود الإدارية في المنظمات الكبيرة.

* حاضنات الأعمال
Business Incubators
وحدات متخصصة توفر مكان وتجهيزات وخدمات إدارية وفنية لمساعدة الأعمال الصغيرة في الانطلاق.

* إدارة نمو المشروع الصغير

Small Business Growth Management

تواجه الأعمال الصغيرة تحديات مختلفة خلال مراحل دورة حياتها. ففي بداية دورة حياتها وفي مرحلة الولادة Birth Stage فإن التحديات تتمثل في تأسيس وإقامة العمل والحصول على الموارد اللازمة وخاصة المالية منها وجذب الزبائن. إن المشكلة المحورية هنا تتجسد بالنضال من أجل البقاء. وإذا ما انتقل العمل الصغير إلى المرحلة الثانية وهي مرحلة النمو واختراق السوق Breakthrough Stage فإن هناك تحديات من نوع آخر مثل جعل العمل مربحاً والالتزام بمتطلبات مالية معينة وتعقد إدارة العمل والتعاملات بسبب النمو النسبي للعمل الصغير وكذلك التوافق بين عملية النمو وتحقيق الأرباح. وفي الثالثة Maturity Stage فإن المشاكل تتعلق باستمرارية النمو وإعادة صياغة الاستراتيجيات والإدارة للنجاح والتميز. والمشكلة الأساسية هنا الاستثمار في مجالات تضمن عوائد جيدة للمشروع مع الحفاظ على مرونة العمل. وهناك من الباحثين من يحدد خمسة مراحل لدورة حياة العمل الصغير وفي كل منها يختلف تركيز الإدارة على مشاكل محددة وفقاً لاعتبارات تطور الحجم وعمر العمل الصغير وفقاً لما يعرضه الشكل التالي:

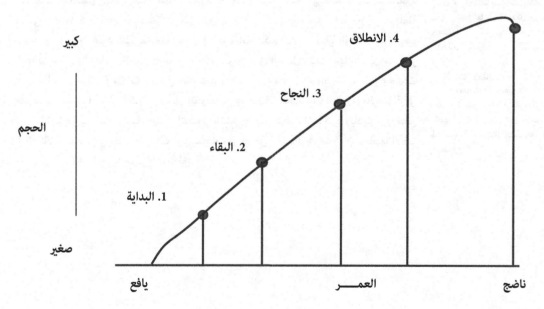

شكل (3-6): دورة حياة المشروع الصغير

* اختيار شكل الملكية Ownership Form Choice

إن اختيار شكل الملكية للمشروع الصغير هو مشكلة تواجه صاحب المشروع، لذلك يتوجب عليه دراسة الأشكال القانونية المختلفة للمشروع لمعرفة ميزاتها وعيوبها واختيار الشكل القانوني الأنسب للعمل. كما أن هذا الشكل القانوني قد يتطلب تغيراً لاحقاً بسبب محدودية الشكل السابق أو لفتح آفاق جديدة أمام المشروع. وبشكل عام فإن الأشكال الشائعة للمشاريع الصغيرة هي:

1. الملكية الفردية لمشروع Sole Proprietorship

مشروع شخصي بسيط يملكه فرد أو شخص مع زوجته يهدف للربح وعادة ما يحمل اسم هذا الشخص وهو أبسط صورة للمشاريع وبدايته وأدائه أسهل بكثير من الأشكال الأخرى كما أن نهايته سهلة أيضاً. وهنا يتحمل صاحبه كامل المسؤولية والالتزامات كما يستفيد من كافة العوائد.

*** المشروع الفردي**
Sole Proprietorship
عمل يقيمه فرد أو شخص مع زوجته يهدف للربح ويكون صاحبه مسؤول عنه بشكل كامل.

2. المشاركة Partnership

هو صيغة يشترك فيها شخصان أو أكثر بإقامة عمل يتقاسمون الالتزامات فيه وكذلك العوائد الناتجة عنه. وقد تكون المشاركة بأموال من كل الأطراف أو بموارد من البعض ومهارات من البعض الآخر وهنا يتقاسمون الأرباح ويتحملون الخسائر. ومن أهم أنواع المشاركة هي شركات التضامن وشركات التوصية بالأسهم وتكون عادة ذات مسؤولية محدودة.

*** المشاركة**
Partnership
صيغة يشترك فيها اثنان أو أكثر من الأفراد لبدء عمل يتقاسمان الموارد فيه ويحصلان على الأرباح ويتحملان الخسائر بشكل مشترك.

*** شركات الأموال**
Corporations
صيغة قانونية من الأعمال تنفصل فيها ملكية الشركة عن ملكية المساهمين فيها.

3. شركات الأموال Corporation

شكل من المشاريع تنفصل فيه ملكية الشركة عن شخصيات مالكيها حيث تتوفر الأموال من خلال الأسهم التي تعرض للبيع على الجمهور والمسؤولية هنا بحدود ما يملكه كل مساهم في الشركة. وهذا النوع من الشركات يكون عادة كبير الحجم ويحتاج إلى إدارة مهنية كفوءة. ولعل أهم ميزتين لهذا النوع هما ضمان حقوق قانونية معينة للشركة والثانية أن الشركة شخصية مستقلة لها مسؤولية تامة عن التزاماتها وبهذا فإن هناك فصل بين الملكية الشخصية للمساهمين وملكية الشركة وهذا يساهم في إطالة عمر الشركة. أما أهم عيوب هذه الشركة فهي تعقد عمليات إنشائها واحتياجها إلى إجراءات طويلة لإقامتها. وقبل أن نختم الفقرة لا بد من الإشارة إلى مشكلة تظهر في الأعمال العائلية والصغيرة تتمثل في الوراثة وتعاقب المالكين والإدارة على العمل. إن نقل القيادة والإدارة من جيل إلى جيل

آخر تمثل إشكالية حقيقية في الأعمال الصغيرة فليس أن يكون الأولاد بالضرورة رياديين ولديهم قدرات إدارية لمواصلة العمل الذي بدأه أبوهم في حالة وفاته.

* التمويل Financing

* التمويل بالقروض
Debt Financing
الاقتراض من المصارف أو الأفراد الآخرين أو المؤسسات التمويلية الأخرى.
* التمويل بالتنازل عن جزء من المشروع
Equity Financing
التنازل عن جزء من الموجودات لصالح شريك آخر.
* الممولون الرأسماليون
Venture Capitalists
أفراد لديهم قدرات مالية كبيرة متخصصون بتمويل مشاريع كبيرة.

إن مشكلة التمويل خاصة في بداية العمل تمثل تحدياً خطراً يفترض أن يحسب حسابه وبشكل عام فإن أمام أصحاب العمل الصغير طريقتين لتمويل أعمالهم في بدايتها وهما التمويل بالقرض Debt Financing سواء من المصارف أو الأفراد أو المؤسسات المالية الأخرى. والقرض عادة ما يسترد خلال فترة زمنية معينة مع فوائده. أما الأسلوب الثاني فهو Equity Financing أي التمويل بالتنازل عن جزء من الموجودات لصالح شريك آخر والسماح له بالسيطرة على جزء من العمل ومراقبته. وهناك ممولون رأسماليون Venture Capitalists يقومون عادة بتمويل جزء من رأس مال المشاريع الصغيرة وعادة يتخصصون بتمويل أعمال كبيرة. وإجمالاً فإن مشكلة التمويل تحتاج إلى عناية خاصة ودراسة متأنية من قبل صاحب المشروع لأن ما يترب عليها يتوقف عليه نجاح المشروع واستمراره أو إخفاقه وانهياره.

* كتابة خطة الأعمال Business Plan Writing

* خطة الأعمال
Business Plan
دليل يصف اتجاه العمل ومتطلباته وحاجاته المختلفة من تمويل وعمال وغيره.

تعني خطة العمل دليل يصف اتجاه العمل الجديد ومتطلباته وحاجاته المختلفة من تمويل وفنيين وعمل وغيرها. وتعد الخطة هذه عادة لغرض تقديمها مع طلب قرض إلى الجهات المختلفة. وحتى في المنظمات الكبيرة القائمة فإن المدراء التنفيذيون يطلبون خطة الأعمال قبل المجازفة بتخصيص الموارد التنظيمية النادرة لدعم مشروع ريادي جديد. وبالنسبة للمشاريع الصغيرة فإن هذه الخطة تكتسب أهمية خاصة وعلى إعدادها يعتمد نجاح المشروع وفشله وأهم ما يجب أن تتضمنه خطة العمل الآتي:

— ملخص عام يحتوي على الغرض الأساسي من العمل وعناصر الخطة الأساسية.

— تحليل للصناعة التي سيعمل فيها ويشمل طبيعة الصناعة والتوجهات الاقتصادية وأهم القضايا القانونية والتشريعية وأهم المخاطر.

— وصف للمشروع الصغير يستعرض رسالة المشروع ومالكوه وشكله القانوني.

— وصف للسلع أو الخدمات المزمع إنتاجها مع تركيز على السمات المميزة لهذه المنتجات مقابل المنافسين.

- وصف للسوق من حيث الحجم وحدة المنافسة وأهداف المبيعات للسنوات المقبلة.

- استراتيجية التسويق يستعرض فيها خصائص المنتجات وأساليب التوزيع والترويج والتسعير وبحوث السوق.

- وصف للعمليات الإنتاجية سواء كانت تصنيعية أو طرق تقديم الخدمة وكذلك التجهيز والمجهزون وإجراءات الرقابة.

- وصف للكوادر العاملة من فنيين وإداريين الموجود منهم والمطلوب وكذلك سياسات الأجور والتحفيز ونظام الموارد البشرية.

- الاتجاهات المالية والتدفق النقدي لمدة خمسة سنوات مثلاً ونقطة التعادل ومراحل استرداد رأس المال.

- رأس المال المطلوب للمشروع إنشاءً وتشغيلاً وكم هي الاحتياجات المطلوبة وما هو الجزء المتوفر لدى صاحب المشروع.

- أهم المواعيد المفصلية لبداية وتطور المشروع.

أسئلة الفصل السادس

* أسئلة عامة

1. ما المقصود بالريادة؟ ومن هم الرواد؟
2. ما هي أهم السمات الريادية؟
3. ما معنى العمل الصغير؟ وما هي المعايير المعتمدة في تصنيفه؟
4. ما هي المزايا التي تحققها الأعمال الصغيرة لاقتصاد الدولة؟
5. ما هي أهم المجالات التي تكثر فيها الأعمال الصغيرة؟
6. حدد أهم أسباب فشل الأعمال الصغيرة.
7. اذكر أهم العوامل التي تؤدي إلى نجاح الأعمال الصغيرة.
8. كيف تنمي المنظمات الكبيرة حالة الريادة وتستفيد منها؟
9. ما هي أهم أشكال ملكية الأعمال الصغيرة؟
10. ما هي أهم العناصر التي يجب أن تتضمنها خطة العمل الصغير؟

** أسئلة الرأي والتفكير

1. برأيك، هل أن كل من يقيم عملاً صغيراً هو رائد؟
2. هل تفضل العمل بعد تخرجك لصالح الغير (في دوائر الحكومة أو شركات القطاع الخاص) أم ستحاول إقامة مشروع صغير خاص بك؟ وضح الأسباب.
3. قد تجد في الحي الذي تسكنه العديد من الأعمال الصغيرة المتشابهة (مقاهي إنترنت، صالونات حلاقة، أسواق تجارية، محلات بيع أجهزة التلفون الخلوي وغيرها)، بعضها ناجح جداً والبعض الآخر متعثر في عمله، حاول أن تستقصي أسباب النجاح أو الفشل لهذه المشاريع.
4. من وجهة نظرك، كيف يمكن تنمية وتنويع الأعمال الصغيرة القائمة على أساس الريادة؟ وهل تعتقد أن هناك شرائح اجتماعية معينة أو فئات عمرية معينة يكون لديها استعداد وسمات ريادية أكثر من غيرها؟
5. لو أردت أن تبدأ عملاً صغيراً بعد تخرجك وليس لديك المال الكافي لكن لديك فكرة واضحة عن المشروع وتعتقد أن بإمكانك تنفيذه بنجاح لو توفر لديك المال، إلى اين ستتوجه للحصول على الدعم المالي؟ وما هي المؤسسات المتواجدة في بيئتك والمتخصصة بدعم الأعمال الصغيرة؟

*** أسئلة الخيارات المتعددة

1. **عندما يقيم أحد الأفراد عملاً صغيراً ويوكل إدارته إلى شخص آخر فهو:**

A. رائد
B. صاحب عمل صغير
C. رائد وصاحب عمل صغير
D. لا رائد ولا صاحب عمل صغير

2. **إن الرائد الذي يكتفي بتحقيق حلم امتلاك عمل صغير وإدارته هو:**

A. رائد مثالي
B. رائد مثابر
C. رائد شاطر
D. رائد باحث عن الأمثلية

3. **عندما يستطيع العمل الصغير الحصول على جزء من السوق سريعاً قبل المنافسين فإن هذا يدعى:**

A. الريادة الذاتية
B. مبادرة سريعة
C. خطط تعاقب
D. ميزة الداخل الأول للسوق

4. **إن أكثر التصنيفات الشائعة للأعمال الصغيرة تقوم على أساس:**

A. رأس المال
B. عدد الفروع
C. عدد العاملين
D. حجم المبيعات

5. **واحد من بين الآتي ليس من مزايا الأعمال الصغيرة:**

A. خلق الوظائف
B. مصدر للإبداع التكنولوجي
C. تحقيق المنافسة
D. الضغط على المنظمات الحكومية

6. **إن الجزء من السوق غير المشبع من قبل منظمات الأعمال الكبيرة هو:**

A. Market Share
B. New Market
C. Niche
D. Small Business

7. **جميع الأسباب التالية تؤدي إلى فشل الأعمال الصغيرة ما عدا:**

A. المشاكل الأخلاقية
B. النمو السريع غير المسيطر عليه
C. العمل لساعات طويلة
D. عدم وجود استراتيجية مستقبلية

8. **عندما يكون الشخص الريادي راغباً بالتعامل مع حالة عدم التأكد ومستعداً لتحمل المخاطرة، فإن هذه المؤشرات تدل على شخصية:**

A. تحب الإنجاز العالي
B. موجهة للفعل الحقيقي
C. تقبل العمل في ظل الغموض
D. تراقب وضعها الداخلي

9. إن التغيير في الأساليب التنظيمية وإجراءات العمل التي تؤدي إلى إنتاج وتسليم المنتج يسمى:

A. الإبداع التكنولوجي   B. الريادة الذاتية

C. الإبداع الإداري   D. التنوع

10. إن فرق العمل ذات القدرات الإبداعية والتي تعمل بمرونة وحرية تامة في منظمات الأعمال الكبيرة بهدف تعزيز الإبداع تسمى:

A. Business Incubators   B. Skunk Workers

C. Innovators   D. Franchising

11. إن الوحدات المتخصصة بتهيئة مكان عمل وتجهيزات واستشارات فنية وإدارية لتطوير منتج جديد بناء على فكرة ريادية هي:

A. الريادة الذاتية   B. الإبداع التكنولوجي

C. فرق إنتاج ذاتية   D. حاضنات الأعمال

12. في دورة حياة المشروع الصغير فإن المرحلة التي تظهر فيها المشاكل المتعلقة باستمرارية النمو وإعادة صياغة استراتيجيات الإنتاج هي:

A. البقاء   B. النجاح   C. النضوج   D. الانطلاق

13. الآتي يعد من صور تمويل المشاريع الصغيرة عدا:

A. التمويل بالتنازل عن جزء من المشروع   B. الممولون الرأسماليون

C. التمويل بالقروض   D. البنك المركزي

14. إن مالك العمل الصغير الذي يعتني عناية كبيرة بمستقبل العمل الصغير بعد تقاعده أو موته فهو يضع خطة في إطار:

A. التقاعد المبكر   B. التعاقب والوراثة

C. المرونة الذاتية   D. إنهاء صفة الريادة

15. عند إقامة المشروع الصغير فإن مالكه يحتمل أن يطالب بتقديم خطة عمل المشروع إلى الآتي من الجهات عدا:

A. المصارف عند طلب القروض   B. حاضنات الأعمال عند طلب دعمها

C. الجهات الحكومية عند طلب الموافقات   D. العاملين عند توظيفهم في المشروع

مصادر الباب الثاني

* المصادر العربية :

1. أبو ناعم، عبد الحميد مصطفى، "إدارة المشروعات الصغيرة"، دار الفجر للنشر والتوزيع، القاهرة، 2002.

2. أيوب، نادية، "مدخل إلى إدارة الأعمال" مطبعة جامعة دمشق، دمشق، 1988.

3. برنوطي، سعاد نايف، "إدارة الأعمال الصغيرة"، دار وائل للنشر، عمان، 2005.

4. جواد، شوقي ناجي، "إدارة الأعمال الدولية: مدخل تتابعي"، الأهلية للنشر والتوزيع، عمان، 2002.

5. جواد، شوقي ناجي، "إدارة الأعمال من منظور كلي"، دار الحامد لنشر، 2000.

6. حريم، حسين، "إدارة الأعمال من منظور كلي"، دار الحامد للنشر، 2003.

7. دراكر، بيتر، "الإدارة للمستقبل: التسعينات وما بعدها"، ترجمة صليب بطرس، الدار الدولية للنشر والتوزيع، القاهرة، 1994.

8. دنكان، جاك، "أفكار عظيمة في الإدارة". ترجمة محمد الحديدي، الدار الدولية للنشر والتوزيع، القاهرة، 1991.

9. الدهان، أميمة، "نظريات منظمة الأعمال"، مطبعة الصفدي، عمان، 1992.

10. عبد السلام، عبد الغفور وآخرون، "إدارة المشروعات الصغيرة"، دار الصفا للنشر والتوزيع، عمان، 2001.

11. الغالبي، طاهر محسن وصالح مهدي العامري، "المسؤولية الاجتماعية وأخلاقيات الأعمال"، دار وائل للنشر، عمان، 2005.

12. المنصور، كاسر نصر وشوقي ناجي جواد، "إدارة المشروعات الصغيرة"، دار الفجر للنشر والتوزيع، القاهرة، 2002.

13. النجار، فايز جمعة وعبد الستار العلي، "الريادة وإدارة الأعمال الصغيرة"، دار الحامد، عمان، 2006.

14. نجم، عبود نجم، "إدارة الابتكار"، دار وائل للنشر، عمان، 2003.

15. نجم، عبود نجم، إدارة المعرفة، دار الوراق للنشر والتوزيع، عمان، 2005.

16. ياسين، سعد غالب، "الإدارة الإليكترونية وآفاق تطبيقاتها العربية"، معهد الإدارة العامة، الرياض، 2005.

* المصادر الأجنبية:

17. Bucher, Richard D., "Diversity Consciousness: Opening Our Mids to People, Cultures and Opportunities", Prentice-Hall, New Jersey, 2000.

18. Certo, Samuel C., "Modern Management", 9ed. Prentice Hall, New Jersey 2003.

19. Daft, Rithard L., "Management", 8th ed., Thomson, Ohio, 2003.

20. Deresky, Helen, "International Management: Managing Across Borders and Cultures", Harper Collins, New York, 1994.

21. Griftin, Ricky and Michael Pustay, "International Business: A Managerial Perspective", 3rd ed., Prentice Hall, New Jersey, 2002.

22. Kuratko, Donald F, "Entrepreneurship: A Conceptual Approach", 5th e., Harcourt Inc., Florida, 2001.

23. Nickels, William G., et al., "Understanding Business", 6th ed., McGraw-Hill/Irwin, Boston, 2002

24. Sheremarhorn, John S., "Management", 8th ed., Wiley & Sons, New York, 2005.

25. Siropolis, Nicholas, "Small Business Management", 5th ed., Houghtom Mifflin, Boston, 1994.

26. Zimmerer, Thomas W. and Scarborough. Norman M., "Small Business and Entrepreneurship" "4th ed., Pearson Education Inc., New Jersey, 2005.

الباب الثالث

" التخطيط واتخاذ القرار "

الباب الثالث

التخطيط واتخاذ القرار

مقدمة

يمثل التخطيط جوهر عمل المدير والقاعدة التي تستند عليها الوظائف الإدارية الأخرى. لذلك يتطلب الأمر من إدارة المنظمة الاهتمام الجدي بالعملية التخطيطية وإغنائها من خلال وضع أهداف تنظيمية واضحة وبطريقة مترابطة سواء بمدياتها الزمنية القصيرة والبعيدة أو في إطار شمولية وجزئية الأهداف الموضوعة. ولا بد من وجود رقابة فاعلة تضمن التنفيذ الكامل للخطط الموضوعة وتكتشف الانحرافات إذا ما وجدت وتتخذ إجراءات تصحيحية بشأنها. والممارسة الإدارية المتكاملة لا تكتفي بالعملية التخطيطية بإطارها الفني بل يفترض أن توضع هذه الخطط بمحتوى استراتيجي يتجسد بممارسة تفكير منهجي ومنظم من جانب الإدارة العليا على المدى البعيد. وقد تحسنت عملية التفكير والتخطيط واتخاذ القرارات بفضل التطور الحاصل بالمعرفة وتكنولوجيا المعلومات. إن مجمل هذه الأمور ستكون محور الباب الثالث.

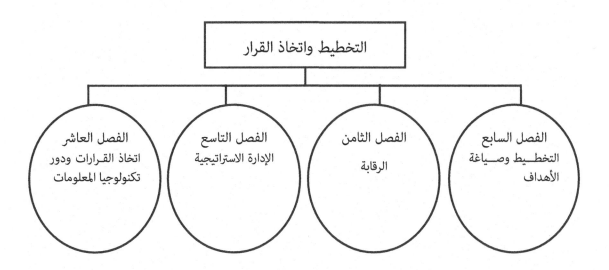

الفصل السابع

التخطيط وصياغة الأهداف

الفصل السابع

التخطيط وصياغة الأهداف

بعد دراستك لهذا الفصل تستطيع الإجابة على الأسئلة التالية:

1. ما معنى التخطيط ولماذا يخطط المدراء ؟
2. ماذا يقصد بأهداف المنظمة وما خصائص هذه الأهداف؟
3. ما هي أنواع التخطيط والخطط؟
4. ما هي أهم أساليب التخطيط؟
5. ما المقصود بالإدارة بالأهداف؟

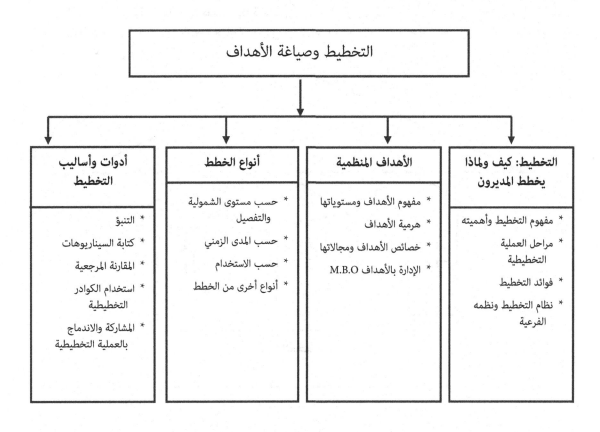

مقدمة الفصل السابع:

إن واحدة من أهم مسؤوليات المدراء على اختلاف مستوياتهم هي تحديد إلى أين تتجه المنظمة؟ وماذا تريد أن تحقق؟ وكيف تصل إلى ما تريد؟. إن هذه الجوانب هي جوهر العملية التخطيطية في منظمة الأعمال. إن نتائج بحوث عديدة تشير أن المنظمات التي تستخدم التخطيط بشكل علمي ومنهجي ومنظم هي أفضل في أدائها على كافة المستويات وخاصة الأداء المالي من تلك المنظمات التي لا تعطي اهتماماً كافياً للعملية التخطيطية. لذلك فإن إدارات منظمات الأعمال المعاصرة تستخدم التخطيط لتحسين الأداء وتطوير العمل. وأن التخطيط والعملية التخطيطية تشتمل على أنواع مختلفة من الخطط تتباين في مدى شموليتها ومداها الزمني. كذلك طورت الإدارات أساليب ووسائل مختلفة تساهم في تعزيز العملية التخطيطية وتجعل منها عملية منهجية منظمة ذات فاعلية عالية. إن هذه الجوانب وغيرها سيتم استعراضها عبر هذا الفصل.

أولاً: ما هو التخطيط ولماذا يخطط المدراء ؟

يعتبر التخطيط القاعدة الأساسية التي تستند عليها كافة مكونات العملية الإدارية من تنظيم وقيادة ورقابة لغرض تحقيق الأهداف لذلك اعتبر الوظيفة الأولى من وظائف الإدارة بمعنى أن المدراء يطورون الخطط ليأتي دور تحديد باقي عناصر التنظيم والهيكل وتحفيز الناس في مكان العمل ووضع النظام الرقابي معززاً لتنفيذ هذه الخطط ومحققاً للأهداف الواردة فيها ويمكن أن نمثل ذلك بالشكل التالي:

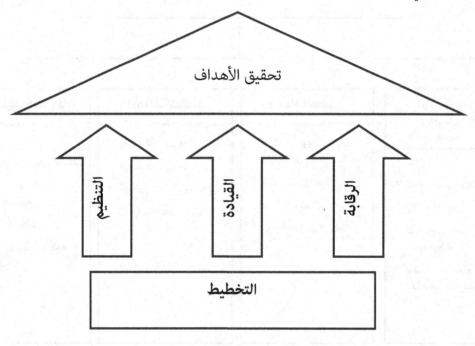

شكل (1-7): التخطيط أساس الإدارة

* التخطيط

Planning

عملية وضع أهـداف المنظمة وتحديد الوسائل اللازمة للوصول إليها بأحسـن الأحوال.

* الخطة Plan

كشف بالأهداف المرغوب الوصول إليها مع تخصيص المـوارد اللازمة لها وتحديد الجدول الزمني لتنفيذ ذلك.

* الهدف Objective

حالة أو وضع مستقبلي مرغوب تسعى المنظمة للوصول إليه.

* مفهوم التخطيط وأهميته Planning Concept and Importance

ذكرنا سابقاً أن الممارسة الإدارية تصنف الوظائف الأساسية للإدارة إلى تخطيط وتنظيم وقيـادة ورقابة وتستخدم مـوارد معينة لتحسـين الأداء وإنجاز الأهـداف. أن أولى الوظائف الإدارية هي التخطيط والتي تعنـي عملية وضع أهـداف المنظمة وتحديد الوسائل اللازمة للوصول إليها بأحسن الأحوال. مثال ذلك زيادة المبيعات للسنة القادمة بنسبة 5% عمـا هـو عليه هذا العام.

إن ناتج العملية التخطيطية يتجسد بخطة شاملة للمنظمة وخطط فرعية أخرى، وتعني الخطة كشف بالأهداف المرغوب الوصول إليها مع تخصيص المـوارد اللازمة لها وتحديـد الجدول الزمني لتنفيذ ذلك. والهدف يتمثل بنتيجة محددة أو أحد المخرجات المرغوبـة التي تسعى المنظمة لتحقيقها وبعبارة أخرى فإن الهدف هو حالة أو وضع مستقبلي مرغوب تحاول المنظمة الوصول إليه. وبذلك فإن العملية التخطيطية تقود إلى وضع الخطة الأساسية والخطط الفرعية ومجموع الخطط يحـوي مجمـل الأهـداف المـراد الوصول إليها بعـد أن يكـون قـد خصصت الموارد اللازمة لتحقيقها.

إن للعملية التخطيطية أهمية كبيرة في الممارسة الإدارية وتشكل القاعـدة الأساسية للوظائف الإدارية الأخرى باعتبارها محددة للاتجاه ومقررة وجهة المنظمة المرغوب بها وأفضل الطرق للوصول إليها في حين يفترض أن تسند باقي الوظائف الإدارية هذا التوجه العام وتجعل منه حقيقة واقعة. وفي إطار هذا التوجه فإن المنظمة ترغب أن تكون هـي الأفضـل دائمـاً بـين المنافسين، والشكل التالي يعرض هذه الأفكار.

شكل (2-7): دور التخطيط في الممارسة الإدارية

* مراحل العملية التخطيطية Planning Process Steps

تندرج العملية التخطيطية بمراحل عدة يجب مراعاتها ويمكن أن نجملها بالآتي:

1. تحديد الأهداف التي تسعى المنظمة لتحقيقها. إن وضوح الهدف ضروري جداً لتحقيقه لذا يجب أن يكون المخطط دقيقاً في صياغة الأهداف وتحديدها، لأن ذلك يعني وضوح المسار الذي تسلكه المنظمة نحو الحالات المستقبلية التي ترغب أن تكون عليها.

2. تحديد الموقف الحالي للمنظمة قبالة هذه الأهداف بمعنى تقييم الوضع الحالي نسبة إلى النتائج المرغوبة (الأهداف). إن هذا الأمر يساعد على تأشير نواحي القوة التي تدفع باتجاه الوصول للأهداف أو جوانب الضعف التي تعيق ذلك. وكأن المنظمة هنا تقوم بوضع قائمة بجميع الخيارات التي تؤدي إلى تحقيق الأهداف.

3. تحديد افتراضات Premise لما ستكون عليها الظروف المستقبلية لكل الخيارات التي تم تشخيصها وتوضع كمقدمات منطقية تسبق التنفيذ، ومثال ذلك لو كان أمام أحد المدراء خياران للوصول إلى هدف يتعلق بزيادة أرباح المنظمة الأول زيادة المبيعات من المنتج الحالي والثاني إنتاج وبيع منتج جديد تماماً. إن الخيار الأول قائم على مقدمة منطقية تفترض أن المنظمة تستطيع اكتساب حصة سوقية كبيرة من السوق الحالية في حين أن الخيار الثاني قائم على مقدمة منطقية تنص على أن المنتج الجديد له القدرة على أن يحصل على حصة معتبرة من السوق الجديدة. والمدير هنا عليه أن يؤشر جميع المقدمات المنطقية لكل خيار.

> *** المقدمة المنطقية**
> **Premise**
> هي افتراضات تستند إليها الخيارات المؤدية لتحقيق الهدف.

4. تحليل ومن ثم اختيار أفضل البدائل الموصلة لتحقيق الأهداف. هنا تقوم إدارة المنظمة بتقييم المقدمات المنطقية التي تستند عليها مختلف البدائل وقد يجد المدير أن بعض المقدمات المنطقية غير معقولة لذا فإنه يستبعدها وهذه العملية تساعد المدراء على معرفة أي البدائل ستكون هي الأفضل لتوضع موضع التنفيذ.

5. تنفيذ الخطة وتقييم النتائج. في هذه المرحلة الأخيرة يتم تنفيذ الخطة ويتم قياس التقدم باتجاه إنجاز الأهداف وتحديد الانحرافات واتخاذ إجراءات تصحيحية إذا اقتضى الأمر ذلك.

والشكل التالي يلخص مراحل العملية التخطيطية.:

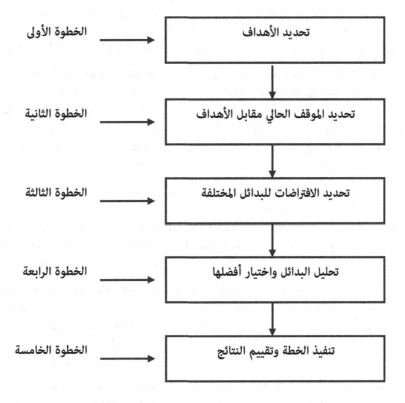

الخطوة الأولى ← تحديد الأهداف

الخطوة الثانية ← تحديد الموقف الحالي مقابل الأهداف

الخطوة الثالثة ← تحديد الافتراضات للبدائل المختلفة

الخطوة الرابعة ← تحليل البدائل واختيار أفضلها

الخطوة الخامسة ← تنفيذ الخطة وتقييم النتائج

شكل (3-7): مراحل العملية التخطيطية

إن التخطيط هو عملية مستمرة تؤدي مهمتين أساسيتين هما توضيح حدود الأداء المطلوب وتعزيز أفضل الطرق لإنجازه وهذه لا يمكن أن تكون مسؤولية مدير واحد بل إنها تتضمن عمل كبير وتتطلب جهد ومشاركة من الجميع لغرض أن يعي الجميع مضمون الخطة وأساليب تنفيذها.

* فوائد التخطيط Planning Benefits

إن البيئة العالمية للأعمال تتسم اليوم بالديناميكية والمنافسة الشديدة وبالتالي فإن المنظمة تتعرض إلى ضغوط من جهات عديدة تدفعها للعمل بطرق وأساليب متجددة ومرنة وأن أحد الوسائل المهمة لمواجهة مثل هـذه التحـديات تـأتي مـن خـلال التخطيط الجيد الذي يمكن أن يحقق الفوائد التالية:

- **الشرعية** Legitimacy : إن التخطيط السليم ابتداءً برسالة المنظمة Organization Mission والموضوعة على أسس سليمة تساهم في إعطاء مشروعية للمنظمة أمام مختلف الأطراف الخارجية مثل المستثمرون والزبائن والمجهـزون والحكومـة ومنظمات المجتمع المدني.

- **يحسن التخطيط من تركيز المنظمة ومرونتها** Focus and Flexibility : وكلاهما حيويين للنجـاح والأداء الجيـد. فالشركة ذات التركيز الجيد تعرف ماذا تريد بالضبط وماذا يحتاج الزبائن وكيف تخدمهم. كما أن

205

- الفرد ذي التركيز الجيد يعرف إلى أين يذهب في مساره الوظيفي أو المواقف المختلفة حتى وإن برزت مشاكل وصعوبات في طريقه. أما المنظمة المرنة فهي راغبة وقادرة على التغيير والتكيف ضمن الظروف المختلفة ويكون عندها توجه مستقبلي ولا تبقى أسيرة الماضي. وبالنسبة للأفراد فإن مرونتهم تتجلى في قدرتهم على الاستجابة للتغيرات التي تؤثر في مسارهم الوظيفي.

- يكون دليل للتصرف Guide to Action وتوجه المنظمة نحو الأفعال والتنفيذ: حيث تقوم الخطط بتوجيه جهود المنظمة والعاملين فيها نحو أهداف محددة وذات مردود مهم. إن التوجه نحو الفعل والتنفيذ يعني إعطاء أهمية كبيرة للأولويات التي تضيف قيمة للمنظمة بدلاً من العمل على أمور كثيرة لا تضيف شيئاً. والتخطيط الجيد يجعل الإدارة أكثر توجهاً نحو النتائج Results Oriented ومتوجهة نحو الأولويات Priority Oriented ومتوجهة نحو المزايا بحيث أن الموارد تستخدم لخلق أفضل المزايا Advantage Oriented وأخيراً التوجه نحو التغيير Change Oriented حيث التنبؤ بالفرص والمشاكل والتعامل معها بدون مفاجأة.

- يحسن التنسيق Improving Coordination: أن معرفة الأهداف تجعل من الأقسام المختلفة وفرق العمل تنسق أدائها وترشد قراراتها بحيث تتحقق الأهداف، خاصة إذا علمنا أن هناك العديد من الأفراد أو المجموعات والأنظمة الفرعية تنفذ أعمال كثيرة في نفس الوقت. إن هذا مدعاة لأن يتبع كل من هؤلاء مهامه المحددة لإنجاز أهدافه لكن الأمر المهم هو وعي الجميع لطبيعة مساهمة هذه الأهداف بالإنجاز الكلي للمنظمة. إن التخطيط الجيد يخلق ما يسمى في المنظمة سلسلة الوسائل والغايات Means-Ends Chain أو ما يسميه البعض هرمية الأهداف Hierarchy of Goals.

- يحسن التخطيط إدارة الوقت Time Management : إن التخطيط الجيد يساعد الإدارة على تخصيص الوقت لإنجاز الأعمال بشكل فاعل حسب أهميتها وأولويتها.   كثيراً ما يعاني المدراء من مشكلة موازنة الوقت المتاح لديهم والأعمال التي يتوجب عليهم إنجازها. فهناك أعمال يجب إنجازها Must Do وتأخذ أولوية عالية جداً في حين أن هناك أعمال من الضروري إنجازها Should Do وتأخذ أولوية عالية، وهناك أعمال يحبذ إنجازها Nice to Do ولها أولوية منخفضة وأخيراً فهناك أعمال لا حاجة لإنجازها Not Need to Do وليس لها أي أولوية.

- يحسن التخطيط عملية الرقابة ويكون بمثابة معايير للأداء Improving Control and Standard of Performance: يساعد التخطيط في قياس الأداء والنتائج وتحديد الانحرافات عن طريق مقارنة ما هو منجز فعلاً بما هو مخطط ومن ثم اتخاذ إجراءات تصحيحية عندما يتطلب الأمر ذلك.

* نظام التخطيط ونظمه الفرعية
Planning System and Subsystems

* النظام الفرعي للتخطيط
Planning Subsystem
جزء من النظام الكلي يساعد في فاعلية نظام الإدارة الكلي من خلال العملية التخطيطية.

إن وجود نظام للتخطيط في منظمة الأعمال لا يعني شيئاً ما لم يتم اتخاذ الإجراءات الكفيلة بتفعيل هذا النظام ووضعه موضع التنفيذ وترجمته إلى أفعال

تعطي نتائج محددة. وبهذا فإن التنفيذ يعتبر مفتاح النجاح لعمليات التخطيط، فلو اكتفى المدراء بالفهم النظري والتحليل المتعمق دون تطوير آليات التنفيذ، لـن يكون بمقـدورهم توليد خطة ناجحة. إن إحدى المـداخل لإجراء مثل هـذا الأمر هـي رؤيـة أنشـطة وعمليات التخطيط كأنظمة فرعية عديدة في المنظمة Subsystems. والنظام الفرعـي للتخطيط هو جزء من النظام الإداري في المنظمة والذي سبق أن درسناه في فصل سـابق. إن النظام الفرعـي للتخطيط يسـاعد المـدراء في زيـادة فاعليـة نظـام الإدارة مـن خـلال تشـخيص وتوجيه وقيـادة الأنشـطة التخطيطية وفق متطلبات النظام الكلي. ويعرض الشكلان التاليان هذه العلاقة ونتائجها.

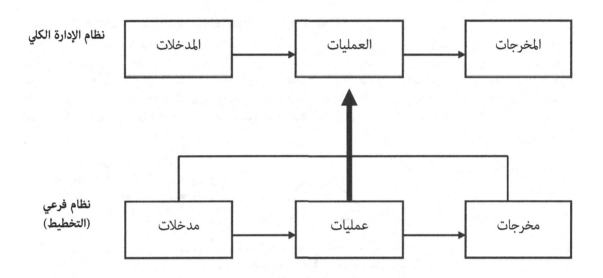

شكل (7-4) : العلاقة بين نظام الإدارة الكلي ونظام التخطيط

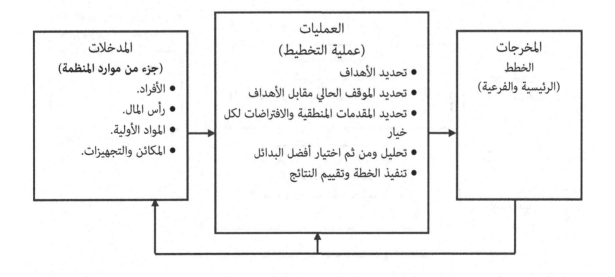

شكل (7-5): النظام الفرعي للتخطيط

إن جزء من موارد المنظمة توجه كمدخلات لنظام التخطيط الفرعي وهذه المدخلات تستخدم من قبل النظام وتحول إلى مخرجات من خلال مراحل العملية التخطيطية.

ثانياً: الأهداف المنظمية Organizational Goals

تشكل الأهداف وصياغتها أساس عملية التخطيط خاصة إذا عرفنا أن بدء هذه العملية ينطلق من تحديد أهداف المنظمة التي تسعى لتحقيقها. ولا يمكن متابعة مختلف مراحل عملية التخطيط إلا بعد أن يكون لدى الإدارة وضوح تام حول الأهداف المرغوب الوصول إليها.

* مفهوم الأهداف ومستوياتها Goals Concept and Levels

يستخدم البعض مصطلحي Goals و Objectives بشكل مترادف للدلالة على الأهداف. ويشير عدد من الباحثين إلى أن مصطلح Goals يدل على أهداف عامة غير مقاسة مثل قول المدير سنزيد المبيعات للسنة القادمة في حين يستخدم مصطلح Objective للدلالة على الأهداف المقاسة والمحددة بفترة زمنية معينة. وبشكل عام فإن الهدف يشير - كما مر علينا في بداية هذا الفصل - إلى الحالة أو الوضع المرغوب الوصول إليه مستقبلاً. وترتبط مفاهيم الأهداف والتخطيط والخطط بشكل تام وبذلك تصبح لدينا مستويات مختلفة للأهداف تعبر عن مستويات مختلفة للخطط في المنظمة. ونستطيع توضيح ذلك من خلال الشكل التالي:

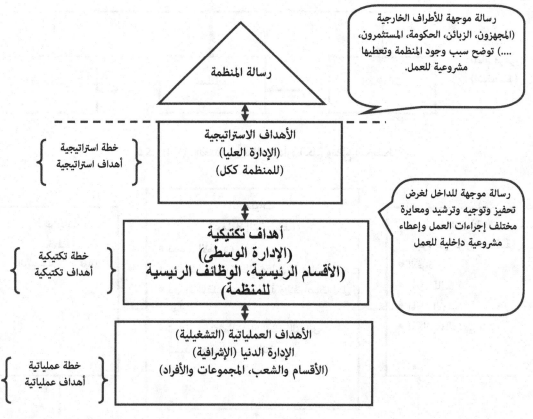

شكل (6-7): مستويات الأهداف والتخطيط في المنظمة

208

- رسالة المنظمة **Organization Mission:**

تمثل الرسالة السبب الرئيسي لوجود المنظمة Reason of Existence وتأتي في أعلى مستوى لهيكلية الأهداف وعادة ما تصف رسالة المنظمة قيمها وتطلعاتها. إن وضوح الرسالة يساعد كثيراً في تحسين عمليات وضع الخطط وتدرج الأهداف. وبدون رسالة واضحة ربما تكون عمليات صياغة الأهداف والخطط محفوفة بالمخاطر الكبيرة وتأتي بشكل عشوائي. وقد تصاغ رسالة المنظمة بشكل موسع أو بكلمات قليلة خاصة إذا ارتبطت بوصف مجال عمل المنظمة. فالمنظمة التي تعلن أنها تعمل في مجال النقل تكون رسالتها واسعة قياساً بمنظمة تعلن أنها تعمل في مجال النقل الجوي. ورسالة المنظمة تحوي عناصر متعددة لكنها في كل الأحوال تعطي مؤشرات إيجابية ومشروعية لوجود المنظمة في بيئتها.

- الأهداف الاستراتيجية **Strategic Goals**

تمثل الأهداف الاستراتيجية الأهداف العامة لما ترغب أن تكون عليه المنظمة مستقبلاً وهي تخص المنظمة بصورتها الشمولية وغير مرتبطة بأقسام أو أجزاء منها. وترتبط الأهداف الاستراتيجية بالخطط الاستراتيجية Strategic Plans والتي تعبر عن مختلف الخطوات التي من خلالها تحاول المنظمة الوصول إلى أهدافها الاستراتيجية.

- الأهداف التكتيكية **Tactical Goals**

هي النتائج التي تسعى الأقسام الرئيسية أو وظائف المنظمة (إنتاج، تسويق، مالية، موارد بشرية، ...) إلى تحقيقها. ويرتبط هذا المستوى من الأهداف بالإدارة الوسطى ويصف ما يجب أن تعمله الوحدات الرئيسية لغرض إنجاز الأهداف الاستراتيجية. أما الخطة التكتيكية Tactical Plan فهي الخطة المصممة للمساعدة في تنفيذ الخطة الاستراتيجية وتحقيق جزء مهم من استراتيجية المنظمة وعادة ما تكون الخطط التكتيكية أقل من الخطط الاستراتيجية في مداها الزمني.

- الأهداف العملياتية (التشغيلية) **Operational Objectives**

هي نتائج محددة تروم الأقسام الصغيرة والمجموعات والأفراد الوصول إليها، وعادة ما تكون محددة جداً ومقاسة. تكون هذه الأهداف محتواة في خطط

* **رسالة المنظمة**
Organization Mission
سبب وجود المنظمة.

* **الأهداف الاستراتيجية**
Strategic Goals
الأهداف العامة التي ترغب المنظمة الوصول إليها مستقبلاً وتخص المنظمة بأكملها.

* **الخطط الاستراتيجية**
Strategic Plans
الخطوات التي تتبعها المنظمة للوصول إلى أهدافها الاستراتيجية.

* **الأهداف التكتيكية**
Tactical Goals
الأهداف التي تحدد النتائج التي يجب على الأقسام الرئيسية والوظائف الأساسية إنجازها للوصول للأهداف الكلية الاستراتيجية.

* **الخطط التكتيكية**
Tactical Plans
خطط موجهة لمساعدة تنفيذ الخطط الاستراتيجية وإنجاز جزء رئيسي من استراتيجية المنظمة.

* **الأهداف التشغيلية**
Operational Objectives
نتائج محددة تروم الأقسام الصغيرة والمجموعات والأفراد الوصول إليها وتكون مقاسة ومحددة.

العمليات التشغيلية Operational Plans التـي هـي خطـط تعـد مـن قبـل الإدارة الـدنيا (الإشرافية) وتمثل خطوات محددة باتجاه تحقيق أهداف العمليات وتـدعيم الخطـط التكتيكيـة وهي وسيلة الإدارة الإشرافية في تنفيذ العمليات اليومية والأسبوعية. وعـادة مـا تكـون جدولـة العمل جزء أساسي من الخطط التشغيلية والذي يمثل برنـامج العمـل لأداء شغلات محـددة مـن حيث بداية وقت التشغيل ونهايته.

* **الخطط التشغيلية**
Operational Plans
خطـط تعـد مـن قبـل الإدارة الإشرافيـة تحـدد بدقـة الخطـوات باتجـاه إنجـاز الأهـداف التشـغيلية وتدعيم الخطط التكتيكية.

- هرمية الأهداف **Hierarchy of Goals**

ذكرنا سابقاً أن هناك ترابط في العملية التخطيطية حيث أنهـا تحسـن عمليـات التنسـيق بين مختلف الوسائل والغايات المرتبطـة بهـا. وبـذلك يتولـد لـدينا مـا نسـميه سلسـلة الوسـائل والغايات Means-Ends Chain أو تسـمى هرميـة الأهـداف Hierarchy of Goals. وفي إطـار هـذه السلسلة فإن المستويات الأدنى للأهـداف تقـود لإنجـاز المسـتويات الأعـلى منهـا وأن المسـتويات الأعلى للأهداف هي غايات مستهدفة مرتبطـة مبـاشرة بتحقيـق الأهـداف الأدنى منهـا كوسـائل. وبذلك تتشكل هذه السلسلة وتكون هرمية للأهداف مترابطة في مـا بينهـا وكـما يعـرض الشـكل التالي:

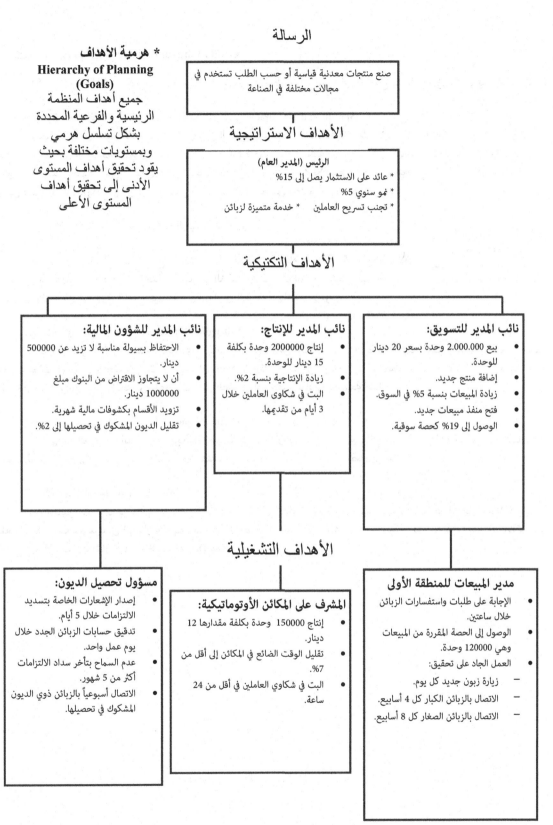

*** هرمية الأهداف**

Hierarchy of Planning (Goals)

جميع أهداف المنظمة الرئيسية والفرعية المحددة بشكل تسلسل هرمي وبمستويات مختلفة بحيث يقود تحقيق أهداف المستوى الأدنى إلى تحقيق أهداف المستوى الأعلى

الرسالة

صنع منتجات معدنية قياسية أو حسب الطلب تستخدم في مجالات مختلفة في الصناعة

الأهداف الاستراتيجية

الرئيس (المدير العام)

* عائد على الاستثمار يصل إلى 15%

* نمو سنوي 5%

* تجنب تسريح العاملين   * خدمة متميزة لزبائن

الأهداف التكتيكية

نائب المدير للتسويق:

- بيع 2.000.000 وحدة بسعر 20 دينار للوحدة.
- إضافة منتج جديد.
- زيادة المبيعات بنسبة 5% في السوق.
- فتح منفذ مبيعات جديد.
- الوصول إلى 19% كحصة سوقية.

نائب المدير للإنتاج:

- إنتاج 2000000 وحدة بكلفة 15 دينار للوحدة.
- زيادة الإنتاجية بنسبة 2%.
- البت في شكاوى العاملين خلال 3 أيام من تقديمها.

نائب المدير للشؤون المالية:

- الاحتفاظ بسيولة مناسبة لا تزيد عن 500000 دينار.
- أن لا يتجاوز الاقتراض من البنوك مبلغ 1000000 دينار.
- تزويد الأقسام بكشوفات مالية شهرية.
- تقليل الديون المشكوك في تحصيلها إلى 2%.

الأهداف التشغيلية

مدير المبيعات للمنطقة الأولى

- الإجابة على طلبات واستفسارات الزبائن خلال ساعتين.
- الوصول إلى الحصة المقررة من المبيعات وهي 120000 وحدة.
- العمل الجاد على تحقيق:
  - زيارة زبون جديد كل يوم.
  - الاتصال بالزبائن الكبار كل 4 أسابيع.
  - الاتصال بالزبائن الصغار كل 8 أسابيع.

المشرف على المكائن الأوتوماتيكية:

- إنتاج 150000 وحدة بكلفة مقدارها 12 دينار.
- تقليل الوقت الضائع في المكائن إلى أقل من 7%.
- البت في شكاوي العاملين في أقل من 24 ساعة.

مسؤول تحصيل الديون:

- إصدار الإشعارات الخاصة بتسديد الالتزامات خلال 5 أيام.
- تدقيق حسابات الزبائن الجدد خلال يوم عمل واحد.
- عدم السماح بتأخر سداد الالتزامات أكثر من 5 شهور.
- الاتصال أسبوعياً بالزبائن ذوي الديون المشكوك في تحصيلها.

شكل (7-7): هرمية الأهداف في منظمة صناعية

خصائص الأهداف Goals Characteristics *

لكي تكون الأهداف ممكنة التحقيق وتساهم في نجاح المنظمة من الضروري أن تصاغ بشكل دقيق وتتسم بالصفات التالية:

- أن تكون قابلة للقياس الكمي ومحددة بشكل دقيق Specific and Measurable

يفضل دائماً أن تكون الأهداف قابلة للقياس الكمي أو محددة بأرقام دقيقة مثل زيادة المبيعات بنسبة 15% أو تقليل التالف بنسبة 5% أو إضافة منتج واحد جديد أو خلق 50 فرصة عمل إضافية. وبالطبع فإن هناك من يعتقد أن الأهداف يمكن أن تكون غير كمية خصوصاً على مستوى الإدارة العليا وتعطي الحرية الكافية للأقسام والمجاميع لتحديد الأرقام والقياسات الكمية ولكن المهم هو أن تكون لدى الإدارة مقاييس أداء مطورة للتأكد من تحقيق نتائج مطابقة للأهداف.

- يجب أن تغطي الأهداف المجالات الرئيسية للعمل Cover Key Results Areas

* مجالات الأداء الأساسية
Key Result Areas
هـي الأنشـطة والمجـالات التـي تساهم بشكل كبير في أداء المنظمة.

لا يمكن تحديد أهداف لجميع جوانب سلوك العاملين وأقسام المنظمة بكل تفاصيلها لأن ذلك يجعل عملية الإدارة معقدة جداً. لذلك يتم التركيز من قبل الإدارة على الجوانب الأساسية للعمل والتي من الضروري النجاح فيها لغرض البقاء في السوق ومنافسة الآخرين.

- تثير التحدي لكنها واقعية Challenging But Realistic

يجب أن تكون الأهداف مثيرة للتحدي وتبعث على الإحساس بالقدرة على الوصول إليها بفخر واعتزاز ولكن في نفس الوقت يجب أن تكون واقعية وليست خيالية. إن إيجاد الموازنة بين هذين الجانبين هو من مسؤولية الإدارة، لأن عدم ضبط هذه الموازنة يؤدي إلى الإحباط وانخفاض المعنويات لدى العاملين أو تحقيق نتائج متواضعة جداً.

- محددة بفترة زمنية للإنجاز Defined Time Period

إن الهدف الجيد هو الذي يربط بجدول زمني لتنفيذه لا أن يترك مفتوحاً. وهناك بعض الأهداف التـي يحـدد لهـا مـدى زمني طويل قد يصل إلى 3 أو 5 سنوات في حين هناك أهداف تنجز بمدى زمني قد يصل إلى ساعات أو أيام.

- مرتبطة بالمكافآت Linked to Rewards

إن تحقيق الأهداف يرتبط بمدى تحقق زيادة في مكافآت العاملين وترقيتهم حيث يجب أن يرتبط الإنجاز بمكافآت مجزية للعاملين تتناسب مع مستوى الإنجاز والجهود المبذولة والإضافة النوعية المتحققة. ومن المفيد أن نشير هنا إلى أهم المجالات التي توضع لها أهداف كما أشار إليها الباحث Drucker وهي:

1. **الموقف في السوق Market Position**: تصاغ أهداف ذات علاقة بموقف الشركة في السوق مقابل المنافسين.
2. **الإبداع Innovation**: يجب أن تحدد مجموعة من الأهداف تؤشر الالتزام بإدخال منتجات وعمليات جديدة أو إجراء تحسينات عليها.
3. **الإنتاجية Productivity**: تحديد مؤشرات أو أهداف لقياس تطور مستوى الإنتاجية والإنتاج خلال فترات زمنية معلومة.
4. **الموارد المالية والمادية Physical and Financial Resources**: على الإدارة أن تصوغ أهداف لضبط استخدام الموارد المالية والمادية وصيانتها والحصول عليها.
5. **الأداء الإداري وتنميته Managerial Performance and Development** : وضع أهداف معدلات الأداء المرغوبة لزيادة فاعلية الإدارة وتنمية قدراتها.
6. **أداء العاملين وسلوكهم Workers Performance and Attitude** : مؤشرات واضحة لما هو مطلوب من العاملين من إنجاز للأعمال وأساليب للتصرف في المنظمة.
7. **الربحية Profitability** : أهداف مرتبطة بالأرباح التي تتوقع المنظمة تحقيقها خلال الفترات الزمنية المختلفة.
8. **المسؤولية الاجتماعية Social Responsibility**: هنا يجب وضع أهداف تتعلق بمساهمة المنظمة في الارتقاء برفاهية المجتمع وتحسين نوعية الحياة لمختلف أصحاب المصالح.
9. **التكنولوجيا Technology** : صياغة أهداف تتعلق بالتطور التكنولوجي الذي تطمح المنظمة أن تستفيد منه وتدخله إلى عملياتها.

* الإدارة بالأهداف

Management By Objectives (MBO)

* الإدارة بالأهداف
Management By Objectives (MBO)
اعتماد أهداف الأقسام والأفراد كدليل عمل لمنظمة الأعمال بحيث يتم وضع الأهداف بشكل مشترك بين العاملين والمشرفين والإدارة.

هو أسلوب إدارة يقوم بواسطته المديرون والعاملون بتحديد أهداف دقيقة لكل الأقسام والبرامج والمشاريع والأفراد العاملين وتستخدم للرقابة على الأداء والإنجاز بشكل مستمر. ومراحل الإدارة بالأهداف يمكن إجمالها بأربعة خطوات رئيسية :

1. **وضع الأهداف Goal Setting** : وهي أصعب مرحلة لكونها تشرك جميع العاملين في مختلف المستويات آخذين بنظر الاعتبار أنشطتهم اليومية. وهنا يثار السؤال الحاسم: ماذا يفترض أن ننجز؟ كما أشرنا سابقاً فإن مراجعة خصائص الهدف الجيد تساعد في تحديد الأهداف. ولكن الاتفاق بين العاملين والمشرفين أو المدراء يخلق التزاماً عالياً وعقداً لإنجاز هذه الأهداف وهذا هو المهم في هذا الأسلوب.

2. **تطوير خطط العمل Developing Action Plans** : تحدد هذه الخطط أساليب الوصول للأهداف والخطوات الواضحة المتسلسلة لتحقيق الأهداف المرغوبة وهي خطط توضع للأقسام والأفراد على حد سواء.
3. **مراجعة التقدم الحاصل Review Progress**: بمجرد بدء تنفيذ الخطط يجب أن تكون هناك مراجعة للتطبيق الفعلي واتخاذ إجراءات تصحيحية عند حصول انحرافات عن ما هو مخطط. وعادة ما تجري المراجعة خلال فترات زمنية محددة يتفق عليها بين العاملين والمشرفين والإدارة.
4. **تقييم الأداء الكلي Overall Performance Appraisal** : وهي المرحلة الأخيرة حيث يتم تقييم مدى إنجاز الأهداف بأجمعها للأقسام والأفراد والمجموعات. ونتيجة التقييم تساعد الإدارة على تعديل نظام المكافآت على أساس النجاح أو الفشل الذي تحقق في مجال إنجاز الأهداف. والشكل التالي يوضح أسلوب الإدارة بالأهداف.

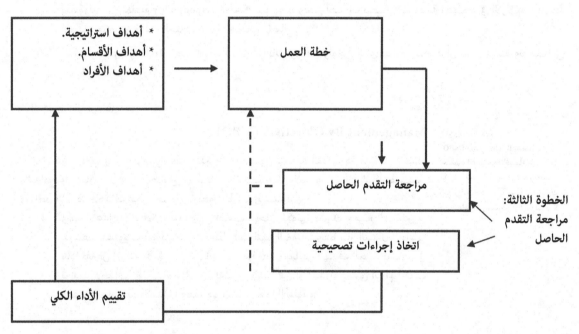

شكل (8-7): نموذج يوضح الإدارة بالأهداف

وكأي نظام إداري فإن أسلوب الإدارة بالأهداف إذا ما اعتمد بشكل صحيح يعطي نتائج إيجابية والعكس صحيح. ويمكن أن نلخص أهم المزايا والإشكالات أو العيوب المرتبطة بهذا الأسلوب في الجدول التالي:

مزايا نظام MBO	عيوب ومشاكل MBO
• تتركز جهود المدراء والعاملين على الأنشطة المؤدية إلى تحقيق الأهداف. • يمكن تحسين الأداء في جميع مستويات العمل في المنظمة. • يحفز العاملين. • أهداف الأقسام والأفراد ترتبط بشكل كبير بأهداف المنظمة.	• يحد من قدرة المنظمة على التعامل مع التغيرات. • عندما تكون العلاقة بين صاحب العمل والعاملين غير جيدة فإن فاعلية هذا النظام تقل كثيراً. • يمكن أن تفقد الأهداف الاستراتيجية أهميتها لصالح الأهداف التشغيلية. • يمكن أن توجد في بعض المنظمات الآلية (الميكانيكية) قيم سلبية تجاه المشاركة تؤثر سلباً في النظام. • ينتج عن النظام أعمال ورقية تقلل من الحماس للعمل.

شكل (9-7): مزايا وعيوب نظام MBO

ثالثاً: أنواع الخطط Plans Types

يتعامل المديرون مع أنواع عديدة من الخطط وذلك بسبب طبيعة العمل والتحديات التي تواجه المنظمة حيث إن البيئة التي تعمل فيها هذه المنظمة تتسم أحياناً بالاستقرار وأحيان أخرى بالديناميكية وعدم التأكد العالي وهذا ينعكس على نوع الخطط التي يضعها المديرون في سبيل الوصول إلى أهدافهم. إن هذا يعني أن الخطط أنواع عديدة وتختلف باختلاف طبيعة المعايير المستخدمة للتصنيف.

* **حسب مستوى الشمولية والتفصيل Comprehensiveness** : يمكن أن تضع إدارة المنظمة ثلاث أنواع من الخطط تندرج في مستوى شموليتها: الخطة الاستراتيجية والخطة التكتيكية والخطة التشغيلية (العملياتية) وقد أشرنا إلى مفهوم كل منها سابقاً.

* **حسب المدى الزمني Time Horizon**: فإن الخطط يمكن أن تكون خطة بعيدة المدى Long Range Plan وتغطي ثلاث سنوات أو أكثر وتحمل التوجهات العامة وتقابل الخطة الاستراتيجية للمنظمة. وعادة ما تكون الإدارة العليا هي المسؤولة عن هذا النوع من التخطيط باعتبار أنه يتعلق بوضع المنظمة الشامل وطبيعة المنافسة وصورة المنظمة المستقبلية. وهناك أيضاً خطة متوسطة المدى Intermediate Range Plan وهذه في العادة تغطي فترة زمنية أكثر من سنة إلى ثلاث سنوات.

* **خطة بعيدة المدى**
Long Range Plan
خطة تغطي مدى زمني يتراوح بين ثلاث سنوات فأكثر.

* **خطة متوسطة المدى**
Intermediate Range Plan
خطة تغطي مدى زمني أكثر من سنة وأقل من ثلاث سنوات.

وعادة ما تكون الإدارة الوسطى هي المسؤولة عن هذا النمط من الخطط وفي إطار التوجهات العامة للخطة بعيدة المدى. وعادة ما تمثل الخطة متوسطة الأمد تركيزاً على أنشطة التخطيط في مجالات مهمة لتحسين الإنتاجية والربحية فيها. أما النوع الثالث فهو خطة قصيرة المدى Short Range Plan وتغطي فترة زمنية أمدها سنة أو أقل وبشكل عام فإن الخطة قصيرة الأمد تؤثر بشكل كبير على الأنشطة اليومية للمدير وفي هذا النوع من الخطط يمكن أن تجد خطة عمل Action Plan لتفعيل أي خطة ثانية. وخطة رد الفعل Reaction Plan والتي توجه في الأساس لمواجهة ردود الفعل والظروف غير المتوقعة.

* **حسب الاستخدام Use:** فهناك خطط تستخدم بشكل دائم ومستمر مع إمكانية تغييرها وتحديثها تسمى الخطط القائمة Standing Plan وهذه الخطط تشمل السياسات Policies والإجراءات Procedures والقواعد Rules. فالسياسة عبارة عن خطة قائمة ذات توجهات عامة تقع في إطارها القرارات والأفعال مثال ذلك أن بعض المصارف تعتمد سياسة دائمة تتسم بالتحفظ في الاقراض. أما القواعد فإنها تصف ما يجب عمله بالضبط في مواقف معينة، مثال ذلك وضع الكمامات أو ارتداء القبعات المعدنية أو النظارات الواقية في بعض الأعمال الخطرة. وبالنسبة للإجراءات فإنها عبارة عن خطوات يجب أن تتبع للوصول إلى هدف معين مثال ذلك الإجراءات الخاصة بالتعامل مع شكاوى العاملين.

أما النوع الثاني فهو الخطط أحادية الاستخدام Single-Use Plan وهذه الخطط يتم تطويرها لإنجاز أهداف معينة ولا يحتمل تكرارها مستقبلاً، ويشمل هذا لنوع من الخطط البرامج Programs والمشاريع Projects.

فالبرنامج هو خطة أحادية الاستخدام لمجموعة كبيرة من الأنشطة المتباينة في طبيعتها وضخامتها فمثلاً برنامج إدخال خط إنتاجي جديد أو افتتاح مصانع جديدة للشركة أو برنامج تطوير مناهج تدريس الرياضيات في دولة معينة أو غير ذلك. أما المشروع فهو مشابه للبرنامج ولكنه أقل منه مدى وتعقيداً وقد يكون المشروع جزء من برنامج واسع مثال ذلك إدخال منتج جديد في خط إنتاجي قائم أو تطوير منتج قائم وإجراء تحسينات فيه وغيره من الأمثلة.

كذلك تعتبر الموازنة Budget خطة أحادية الاستخدام التي تحشد الموارد للأنشطة والمشاريع والبرامج. وهي أداة تعنى بتخصيص الموارد النادرة للاستخدامات المتنافسة والمتعددة في المنظمة. وتتجلى مهارة المدير بقدرته على المساومة والحوار للحصول على موازنة كافية تدعم مختلف احتياجات إدارته وفرق

* **خطة قصيرة المدى**
Short Range Plan
خطة تغطي مدى زمني سنة أو أقل من سنة واحدة.

* **خطة العمل**
Action Plan
خطة قصيرة المدى تعد لتفعيل أي نوع آخر من الخطط.

* **خطة رد الفعل**
Reaction Plan
هي خطة قصيرة المدى تصمم لمساعدة المنظمة بمواجهة الظروف وردود الفعل غير المتوقعة أو المحسوبة.

* **خطة قائمة**
Standing Plan
خطة تستخدم بشكل دائم ومستمر مع إمكانية تحديثها وتغييرها.

* **السياسة** Policy
هي خطة قائمة تعطي إطار عام لعملية اتخاذ القرارات والأفعال.

* **القواعد** Rules
وصف دقيق لكيفية القيام بأنشطة بذاتها أو التصرف في مواقف معينة.

* **الإجراءات**
Procedures
خطة قائمة توضح سلسلة خطوات تتبع للوصول إلى هدف معين في مواقف محددة.

* **خطة أحادية الاستخدام**
Single-Use Plan
خطة يتم تطويرها لإنجاز أهداف معينة ولا يحتمل تكرارها مستقبلاً.

216

العمل فيها. والموازنة الثابتة Fixed Budget تحدد موارد ثابتة لإنجاز أهداف محددة مثال ذلك يخصص للمدير مبلغ 25000 دينار سنوياً لشراء مستلزمات معينة. أما الموازنة المرنة Flexible Budget فهي الموازنة التي تسمح بتخصيص موارد باختلاف مستويات الأنشطة وبمرونة مثال ذلك أن تكون لدى المدير مرونة باستخدام عمال مؤقتين إضافيين لمواجهة الطلب. ويرتبط باستخدام الموازنات المرنة والثابتة مشكلة تتمثل في تدوير الموارد المخصصة لميزانية في فترة معينة إلى فترات لاحقة دون الأخذ في الاعتبار مراجعة مستفيضة ودقيقة للأداء أو ليتم صرف المبالغ في نهاية مدة الميزانية بسرعة وبدون أي إنجاز حقيقي بهدف طلب ميزانية جديدة وقد تمت معالجة هذه الإشكاليات من خلال أسلوب الموازنة الصفرية Zero-Based Budget. وهذا النمط يتعامل مع المشاكل المذكورة من خلال اعتبار فترة كل موازنة بداية جديدة لا تدور لها المبالغ السابقة وإنما تبدأ دورة الميزانية دائماً من الصفر.

* أنواع أخرى من الخطط Other Plan Types

هناك أنواع أخرى ذات خصوصية معينة ندرجها هنا مستعرضين أهم جوانبها المتميزة عن غيرها من الخطط:

- **الخطة الموقفية Contingency Plan**

وهي ناتج عملية تخطيط موقفي Contingency Planning لتحديد خيارات بديلة تتخذ عندما تصبح الخطط الموضوعة الأخرى عديمة الجدوى أو تتقاطع مع أحداث أو ظروف لم تؤخذ في الحسبان، أي يتم الصرف حسب الموقف الجديد في إعداد هذا النوع من الخطط.

- **خطة لأحداث طارئة Emergent Events-Plan**

وهي تعد لحدث طارئ مستقبلي يقتضي الخروج من الخطة الرئيسية وذلك لتحقيق فائدة من الحدث أو تجنب ضرر محتمل. مثال ذلك، أن الكثير من الشركات تحسب حساب إقامة دورة الألعاب الأولمبية فتضع خططاً للاستفادة منه مثال ذلك الشركات المتخصصة بالملابس الرياضية أو الفنادق أو شركات النقل أو الصناعات الحرفية.

- **خطة طوارئ Emergency Plan**

وهي خطة تعد لمواجهة أحداث خطيرة ومحتملة الحدوث حسب طبيعة عمل المنظمة بحيث يستطيع العاملون التصرف عند حصولها لتكون الخسارة في أدنى حدودها.

*** البرنامج**
Programs
خطة أحادية الاستخدام لمجموعة كبيرة من الأنشطة المتباينة في طبيعتها وضخامتها.

*** المشروع Project**
خطة أحادية الاستخدام لمجموعة من الأنشطة المتكاملة أقل مدى زمنياً وأقل تعقيداً من البرنامج.

*** الموازنة Budget**
خطة مالية تحشد فيها الموارد للمشاريع والأنشطة.

*** الموازنة الصفرية**
Zero-Based Budget
تخصيص الموارد بحيث تكون كل موازنة ذات بداية جديدة من الصفر.

*** الموازنة الموقفية**
Contingency Plan
خطة تحدد خيارات المنظمة استجابة لمواقف محددة أو أحداث غير متوقعة.

*** خطة أحداث طارئة**
Emergent-Events Plan
خطة تعد للاستفادة من حدث طارئ مستقبلي يتطلب الخروج من الخطة الرئيسية.

* خطة طوارئ
خطة لمواجهة أحداث خطيرة ومحتملة الحدوث وحسب طبيعة عمل المنظمة بحيث يستطيع العاملون التصرف في ظلها لتقليل الخسارة إلى أدنى حد ممكن.

مثال ذلك الخطط التي تعد لمواجهة الحريق أو مواجهة السرقة أو مواجهة أعمال شغب أو غيرها. وهنا يجب تدريب العاملين بشكل جيد على التصرف في هذه المواقف وعادة ما تبقى هذه الخطط دون تغيير إلا في حالة تطور وسائل احتياط جديدة تجعل منها أكثر إحكاماً وضماناً للأمن.

- خطة إدارة الأزمات **Crisis Management Plan**

نوع خاص من التخطيط الموقفي، تحتاجه المنظمة للتعامل مع أزمات تحصل بسرعة وذات تأثير كبير وتتطلب استجابة آنية وسريعة من المنظمة. والأزمة تحصل عندما تمر المنظمة بوضع خطير ومربك ويحتاج إلى تعامل حكيم لاجتيازه ومن أمثلة هذه الأوضاع حدوث حالة تسمم واسع النطاق بسبب استهلاك منتج معين أو سقوط بعض الطائرات بسبب خلل فني غير محدد حيث تتعرض الشركة وسمعتها إلى مخاطر كبيرة. وتختلف الأزمات في حدتها وتأثيرها من حالة إلى أخرى ولكن هناك خطوات (خطة) للتعامل معها بشكل عام وكالآتي:

1. الوقاية **Prevention**

إن هذه الخطوة أو المرحلة الأولى من مراحل التعامل مع الأزمة تتضمن بناء العلاقات مع أصحاب المصالح المهمين للمنظمة مثل الزبائن والمجهزين والحكومة والنقابات من خلال الحوار المفتوح وهذا يساعد على تشخيص الأزمة مبكراً والتشخيص المبكر يساعد في العلاج قبل أن يصبح الوضع كارثياً. كذلك يساعد الاتصال المفتوح التقاط المؤشرات الخاصة بالأزمة مبكراً وبالتالي إمكانية تفادي الكثير من الآثار - علماً أن الأزمة تأتي بعد حصول أحداث معينة لم تتمكن المنظمة من منع وقوعها.

2. التهيؤ والتحضير **Preparation**

تشكيل فريق للأزمة وتحديد متحدث باسم هذا الفريق لكي لا يحصل مزيد من التدهور والتشويش وهذا الفريق يجب عليه تفعيل نظام الاتصالات مع الأطراف المختلفة وعادة ما يكون متكوناً من أفراد من مختلف الإدارات والوظائف ويضع خطة لإدارة الأزمة تتسم بالتفصيل وتتعامل مع مختلف جوانب الأزمة.

3. احتواء الأزمة **Containment**

يبدأ فريق إدارة الأزمة بتفعيل خطته التي صاغها وأبعاد الجوانب أو الحقائق المخيفة بالأزمة والتحدث من خلال ناطق واحد باسم الفريق حتى لا تكون هناك رؤى متعارضة لدى الأطراف المتابعة للأزمة وطريقة إدارتها. ويجب اعتماد الحقائق والإحصاءات لدعم وجهات نظر الفريق الذي يتولى إدارة الأزمة، ومحاولة الرجوع قليلاً قليلاً إلى الوضع الطبيعي خلال بضعة أيام أو أقصر وقت ممكن بعد حصول الأزمة.

رابعاً: أدوات وأساليب التخطيط Planning Tools and Techniques

لغرض أن يكون التخطيط فاعلاً والخطط متكاملة لا بد من اعتماد أساليب وأدوات مختلفة وقادرة على دعم القائمين بعملية التخطيط ومن هذه الأدوات ما سوف نستعرضه في الفقرات التالية:

* التنبؤ Forecasting

* التنبؤ Forecasting
تقدير حصول أحداث مستقبلية بناءً على خبرات سابقة أو بيانات تاريخية.

عبارة عن حزر أو تقدير حصول أحداث مستقبلية وجميع الخطط تتضمن نوعاً من التنبؤ بشكل أو بآخر. وكثيراً ما تقوم بعض الجهات المتخصصة بإصدار تنبؤات حول التوجهات الاقتصادية وتحلل الظواهر الاقتصادية مثل أسعار الفائدة والتضخم ومعدلات البطالة وغيرها وهذا يسمى التنبؤ الاقتصادي Economic Forecasting. وكذلك هناك تنبؤ يتخصص بمعرفة مدى التطور التكنولوجي الذي سيحصل في صناعة معينة مثل صناعة البتروكيماويات أو الطباعة أو غيرها وهذا يسمى التنبؤ التكنولوجي Technological Forecasting. وأخيراً هناك التنبؤ بالطلب على السلع أو الخدمات التي تنتجها الشركات ويسمى التنبؤ بالطلب Demand Forecasting وهو الذي تعتمد عليه منظمات الأعمال في إعداد خططها المختلفة سواء ما يتعلق منها بالمبيعات أو المواد الأولية أو الأجور أو غيرها. وتجدر الإشارة إلى أن الكثير من التنبؤات تعتمد الأساليب الإحصائية والرياضية والاقتصاد القياسي وتعتبر أكثر التنبؤات دقة. أما النوع الآخر فهو تنبؤات نوعية تعتمد على استطلاع آراء الخبراء للتنبؤ بالطلب على المنتجات ومن أمثلة الطرق النوعية طريقة دلفي وغيرها.

* كتابة السيناريوهات Scenario Writing

* التخطيط بالسيناريو
Scenario Planning
تحديد خيارات مستقبلية متعددة وكتابة سيناريوهات وخطط للتعامل مع كل سيناريو على حدة.

هو أسلوب يأخذ بنظر الاعتبار حصول أحداث في الأمد البعيد تمثل خيارات ممكنة ومحتملة الحصول في ظل خطة معينة، أي ستكون هناك خطط متعددة تتلاءم مع كل سيناريو على سبيل المثال كيف ستتصرف الدول النفطية في حالة نضوب النفط؟ هنا يجب وضع سيناريوهات متعددة لمواجهة هذه الحالة بخطط متعددة للتعامل مع قضايا كثيرة بحيث تكون الدولة مهيأة بشكل أفضل للمواجهة المستقبلية. ومثال آخر على ذلك عندما يسأل الطالب نفسه ما الذي سأفعله بعد الحصول على الشهادة؟ توجد هنا سيناريوهات متعددة أهمها العمل لصالح الغير

أو إقامة مشروع صغير أو إكمال الدراسة العليا ويحتاج الأمر هنا إعداد خطة لكل سيناريو ومن ثم اختيار السيناريو المفضل.

* المقارنة المرجعية Benchmarking

تقوم المقارنة المرجعية على أساس استخدام مؤشرات أفضل أداء في مجال معين لغرض مقارنته مع الأداء في المنظمة أو بعبارة أخرى عدم اعتماد المؤشرات التاريخية الخاصة بالمنظمة كمعيار للمقارنة بل يجب البحث عن الأفضل في ميدان التخصص والمقارنة معه. وتبحث المنظمات اليوم عن أفضل الممارسات سواء في الإنتاج أو التسويق أو غيرها من الأمور ووضع خططها وأهدافها مقارنة بهؤلاء. إن هذا الأمر يساعد المنظمات على التعلم من المنظمات الأخرى وخاصة المنظمات المتميزة واستخدام أفضل التطبيقات لديها لمساعدة القائمين على التخطيط في المنظمة.

* **المقارنة المرجعية**
Benchmarking
اعتماد مؤشرات خارجية تخص أفضل الممارسات والأداء لمنظمات أخرى تعمل في مجال الاختصاص والمقارنة معها.

* **أفضل الممارسات**
جميع الممارسات التي تؤدي إلى أداء متميز.

* استخدام الكوادر التخطيطية Use of Staff Planners

كلما تضخم حجم المنظمة وانتشرت فروعها في مختلف المناطق تعقد نظامها التخطيطي وفي بعض الحالات تشكل المنظمة كادر تخطيطي متخصص بمسميات مختلفة مثل هيئة التخطيط أو لجنة التخطيط المشتركة أو غيرها. ومهمة هؤلاء الرئيسية هو متابعة وتنسيق العملية التخطيطية للمنظمة ككل أو لأحد أقسامها الكبيرة، وهؤلاء عادة ما يكونون مؤهلين ولديهم خبرة ومهارة في جميع مراحل العملية التخطيطية. والمشكلة التي قد تحصل هي احتمال حصول فجوة في الاتصالات والتفكير بين كادر التخطيط ومدراء التنفيذ المباشرين لذا يفترض أن يعملوا بشكل مشترك وأن تكون بينهم اتصالات مستمرة للتغلب على هذه المشكلة....

* المشاركة والاندماج بالعملية التخطيطية

Participation and Involvement

إن المشاركة قضية مهمة في مجال العمليات التخطيطية حيث أن المشاركة هذه تنتج تخطيطاً تشاركياً Participatory Planning وهو تخطيط يحوي جميع العاملين الذين يحتمل أن يؤثروا ويتأثروا وينفذوا الخطط الناتجة. يخلق هذا النوع التزاماً عالياً ويزيد القدرة الإبداعية ويوفر مزيد من المعلومات لعملية التخطيط حتى لو تطلب الأمر وقتاً أطول، فهو يفيد كثيراً أثناء التنفيذ وتحقيق النتائج.

* **التخطيط التشاركي**
Participatory Planning
هي نوع من التخطيط يحوي جميع العاملين الذين يحتمل أن يؤثروا أو يتأثروا وينفذوا الخطط الناتجة.

أسئلة الفصل السابع

* أسئلة عامة

1. ما معنى التخطيط؟ ولماذا يخطط المدراء ؟
2. ما الفرق بين التخطيط والخطة؟
3. حدد مراحل العملية التخطيطية؟
4. وضح الفوائد الرئيسية لعملية التخطيط في منظمات الأعمال؟
5. ما المقصود بالأهداف المنظمية؟ وما هي مستوياتها؟
6. ماذا يقصد بهرمية الأهداف؟ أعط مثال لها.
7. ما معنى مصطلح الإدارة بالأهداف؟ وما هي خطواته الرئيسية؟
8. ما هي أهم أنواع الخطط؟ وضحها مع أمثلة.
9. ما الفرق بين خطة الطوارئ والخطة الطارئة؟
10. ما هي أهم أدوات وأساليب التخطيط المعتمدة في منظمات الأعمال؟

** أسئلة الرأي والتفكير

1. لو كنت تعمل في شركة صناعية وطلب إليك الاشتراك في إعداد خطة لتحديث المكائن في المصنع، كيف سيكون تصورك حول الخطوات والمعلومات اللازمة لإعداد خطة ناجحة.
2. كيف تنصح إحدى الشركات المتخصصة في مجال صنع المواد الغذائية المعلبة بكتابة رسالة لها.
3. ما هي أهم ملامح الخطة التي وضعتها أو تفكر في وضعها لما ستقوم به بعد تخرجك من الجامعة؟ وهل تعتقد أن من الضروري وضع مثل هذه الخطة الآن أم أنه من المبكر التفكير بهذا الأمر؟
4. تفكر الجامعة التي تدرس فيها بطرح برنامج لتنمية قابليات الشباب وتنمية مهاراتهم، برأيك ما هي أهم المشاريع التي يمكن أن يتضمنها هذا البرنامج وما هي الأهداف الواقعية التي تحددها لكل مشروع؟
5. ناقش وأعط رأيك الخاص بالعبارات التالية:

   - التخطيط عملية مستمرة.
   - التخطيط يقلل حرية حركة الأقسام.
   - يجب أن يكون الهدف واقعياً ومثيراً للتحدي في نفس الوقت.
   - التخطيط علم وفن.
   - من الصعوبة إيجاد علاقة بين الأهداف والمقدمات المنطقية لها.

*** أسئلة الخيارات المتعددة

1. **إن منع التدخين كقاعدة في بعض منظمات الأعمال يمثل:**

A. خطة طويلة المدى
B. خطة للاستخدام مرة واحدة
C. خطة قائمة
D. خطة عمليات

2. **إن علاقة التخطيط ببقية الوظائف الإدارية هي:**

A- التخطيط هو القاعدة الأساسية لبعض الوظائف
B- لا توجد علاقة بين أي من الوظائف والتخطيط
C- إن وظيفة التنظيم هي الأساس
D- إن التخطيط مرتبط بالرقابة فقط

3. **تحدد الخطط جميع الآتي ما عدا:**

A. الموارد المطلوبة للتنفيذ
B. الأعمال المطلوب إنجازها
C. الزمن اللازم للإنجاز
D. الانحراف أثناء التنفيذ

4. **إن الوضع المستقبلي المرغوب والذي تسعى المنظمة للوصول إليه هو:**

A. خطة
B. تخطيط
C. هدف
D. برنامج

5. **عندما تعرف المنظمة أن هناك دورة رياضية ستقام في العام القادم وتريد أن تستفيد من هذا الحدث وزيادة المبيعات فإنها تضع خطة:**

A. طوارئ
B. قائمة
C. طارئة
D. استراتيجية

6. **إن المستوى الإداري الذي يكرس وقتاً أطول للتخطيط بعيد المدى هو:**

A- مستوى الإدارة الإشرافية
B- مستوى الإدارة العليا
C- مستوى الإدارة الوسطى
D- جميع المستويات تكرس وقت متساوي لهذا النوع من التخطيط

7. **إن سبب وجود المنظمة وشرعيتها في البيئة التي تعمل فيها يحدد في:**

A. استراتيجيات الأعمال
B. رسالة المنظمة
C. الأهداف التشغيلية
D. الأهداف التكتيكية

8. إن خطة الإنتاج وخطة التسويق هما مثال على الخطط:

A. الاستراتيجية   B. العملياتية   C. التكتيكية   D. بعيدة المدى

9. يشير مصطلح MBO إلى:

A. Management By Owners   B. Manufacturing By Objectives

C. Management By objectives   D. Manpower By Operations

10. أي من الآتي ليس مثالاً على الخطط القائمة:

A. المشروع   B. السياسة   C. الإجراءات   D. القواعد والضوابط

11. السياسة هي:

A- وصف دقيق لكيفية القيام بأنشطة بذاتها أو تصرف في موقف معين.

B- خطة أحادية الاستخدام لمجموعة كبيرة من الأنشطة المتباينة في طبيعتها.

C- خطة مالية تحشد فيها الموارد والمشاريع والأنشطة

D- خطة قائمة تعطي إطار عام لعملية اتخاذ القرارات والأفعال.

12. إن اعتماد مؤشرات خارجية تخص أفضل الممارسات والأداء لمنظمات أخرى تعمل في مجال معين يمثل:

A. أفضل الممارسات   B. مقارنة مرجعية

C. موازنة صفرية   D. تخطيط تشاركي

13. واحد من بين الآتي لا يمثل أحد أنواع الخطط حسب معيار الشمولية والتفصيل:

A. خطة استراتيجية   B. خطة تكتيكية

C. خطة أحادية الاستخدام   D. خطة عملياتية

14. أي من الآتي لا يدرج ضمن خطة العمل الصغير:

A. الاحتياجات المالية   B. وصف السوق

C. استراتيجية التسويق   D. بحوث السوق

15. يعتبر السيناريو:

A- أداة من أدوات التخطيط

B- خطة قائمة بذاتها

C- هدف أساسي تسعى المنظمة للوصول إليه

D- مرحلة أولى من مراحل العملية التخطيطية

الفصل الثامن

الرقابـــة

الفصل الثامن

الرقابــة

بعد دراستك لهذا الفصل تستطيع الإجابة على الأسئلة التالية:

1. ما المقصود بالرقابة؟ وما الغاية من وجودها في منظمات الأعمال؟
2. ما هي مراحل العملية الرقابية؟
3. ما هي أهم أنواع الرقابة في منظمات الأعمال؟
4. ما هي الأدوات الرقابية المستخدمة في العملية الرقابية وفق المستويات المختلفة؟
5. ما هي خصائص النظام الرقابي الفعال؟

الرقابة

الرقابة: طبيعتها وغايتها ومراحلها

* مفهوم الرقابة
* أغراض الرقابة
* مراحل العملية الرقابية

أنواع الرقابة

* الرقابة حسب المستوى
* الرقابة حسب موعد إجرائها
* الرقابة حسب المصدر
* الرقابة حسب الجهة
* الرقابة حسب المجال

الأدوات الرقابية

* الرقابة المالية :
  - الموازنات
  - النسب المالية
  - الكشوفات المالية
* الرقابة التشغيلية:
  - الرقابة على المشتريات
  - الرقابة على المخزون
  - تحليل نقطة التعادل
  - الرقابة الإحصائية على الجودة
* الرقابة الهيكلية
* الرقابة الاستراتيجية

نظام الرقابة الفعال

* النظام الرقابي
* خصائص النظام الرقابي الفعال
* مؤشرات ضعف النظام الرقابي
* مقاومة الرقابة وسبل التغلب عليها
* حجم الرقابة المطلوب

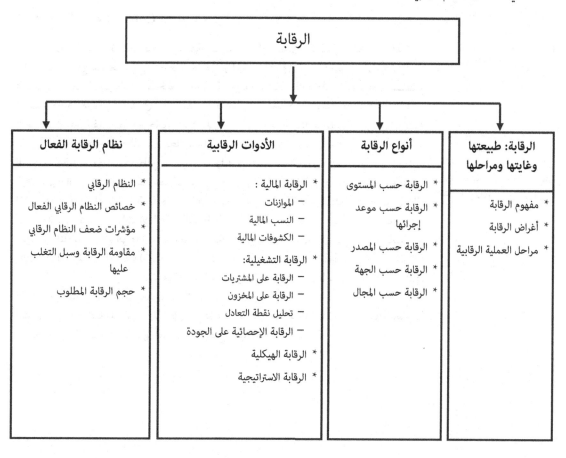

مقدمة الفصل الثامن:

تعد الرقابة من الوظائف الإدارية المهمة والتي ترتبط ارتباطاً كبيراً بالتخطيط في منظمات الأعمال الحديثة. لقد تطورت مفاهيم الرقابة وفلسفتها ومنظورها الإداري بشكل كبير خلال السنوات الحديثة وبدلاً من أن ينظر إليها كمرادف للسيطرة والسلطة والقوة أصبحت أكثر تشاركية وأكثر شحذاً للهمم وتلعب دوراً أكثر إيجابية في الممارسات الإدارية. سنتطرق في هذا الفصل إلى مفردات مهمة تغطي الجوانب المختلفة للرقابة بدءاً من المفهوم والغاية من الرقابة وكذلك مراحلها وأنواعها والأدوات الرقابية المستخدمة في مختلف مستويات العملية الرقابية ونختتم الفصل بالحديث عن أهم خصائص نظام الرقابة الفعال في منظمات الأعمال.

أولاً: الرقابة: طبيعتها، غايتها ومراحلها

Control: Its Nature, Objective and Steps

* **الرقابة Control**
هي أنشطة منظمية منهجية تهدف إلى جعل الأنشطة المختلفة والخطط والنتائج منسجمة مع التوقعات والمعايير المستهدفة.

* مفهوم الرقابة Control Concept

الرقابة هي أنشطة تنظيمية منهجية تهدف إلى جعل الأنشطة المنظمية المختلفة والخطط والنتائج منسجمة مع التوقعات والمعايير المستهدفة وفي حال وجود انحرافات تؤشر الأسباب وتتخذ الإجراءات التصحيحية اللازمة. وبدون هذه الأنشطة المنظمية لا تستطيع المنظمة معرفة مواطن الخلل في أدائها مقارنة بالأهداف المحددة مسبقاً. بعبارة أخرى فإن الرقابة تركز على مقارنة ما هو حاصل فعلاً على أرض الواقع عند التنفيذ بما تم إقراره في الخطط مسبقاً. والرقابة هي البوصلة التي تحافظ على مسار المنظمة واتجاهها الصحيح في أي وقت عبر الزمن المستقبلي. وهناك مصطلح آخر يتم تداوله في الأدبيات الإدارية الحديثة هو العملية الرقابية Controlling والتي تمثل عمليات مستمرة لقياس الأداء واتخاذ الإجراءات لضمان النتائج المرغوبة. وبهذا فالعملية الرقابية هي حالة مستمرة في جميع أجزاء المنظمة ويجب أن تأتي منسجمة مع باقي العمليات الإدارية. فالتخطيط يؤشر الاتجاه ويخصص الموارد والتنظيم يجد التوليفة المناسبة ويبني الوحدات الإدارية من أفراد وموارد بحيث تعمل مع بعضها بانسجام والقيادة تلهم الأفراد الاستخدام الأفضل للموارد والعملية الرقابية تراقب الجميع للتأكد من أن الأمور الصحيحة هي التي تحدث وبالطريقة الصحيحة وفي الوقت المناسب. والنظام الرقابي يعمل على أساس البيانات والمعلومات المتوفرة بأشكال وأساليب شتى مثل التقارير المختلفة المتداولة بين مختلف المستويات لذا فإن الاهتمام بالتوثيق وحفظ البيانات وتصنيفها وتحليلها واستخراج المؤشرات المفيدة منها أمر حيوي لنجاح وزيادة فاعلية العملية الرقابية برمتها.

* **العملية الرقابية**
Controlling
عبارة عن عمليات مستمرة لقياس الأداء واتخاذ الإجراءات لضمان النتائج المرغوبة.

أغراض الرقابة Control Purposes *

تتعدد الأغراض من وجود الرقابة والنظام الرقابي في منظمات الأعمال وتعطي قدرة كبيرة للمنظمة على التكيف مع التغيرات البيئية، وتقليل تراكم الأخطاء والحد منها في كل المجالات. كذلك تساعد المنظمة للتعامل مع التعقيد المنظمي المتزايد بسب تعقد الحياة بشكل عام وكبر حجم المنظمات وأخيراً فإنها تساعد في تخفيض التكاليف عن طريق تقليل التالف والوقت العاطل وغيرها. وهذه الفكرة نوضحها في الشكل التالي:

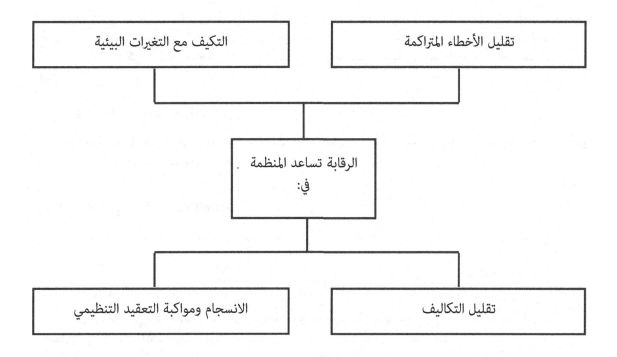

شكل (1-8): أغراض الرقابة

- التكيف مع التغيرات البيئية Adapting to Environmental Change

لقد أصبحت بيئة منظمات الأعمال اليوم معقدة ومضطربة وكل المنظمات تواجه التغيير فإذا استطاع المدير أن يحدد الأهداف ويحققها دائماً وبدون مشكلة فلا حاجة للرقابة لكن هذا الأمر مستحيل التحقيق. وسبب ذلك، هو أن الفاصلة الزمنية بين وقت تحديد الأهداف ووقت الوصول إليها يتأثر بكثير من الأحداث سواء على مستوى المنظمة أو بيئتها، وهذه الأحداث تعوق الوصول للهدف وهنا يبرز دور النظام الرقابي الجيد. فهذا النظام يساعد المدراء على استباق التغيرات والتعامل معها والتكيف مع الحالة الجديدة.

- تقليل تراكم الأخطاء **Limiting the Accumulation of Errors**

إن الأخطاء الصغيرة والانحرافات البسيطة قد لا تؤثر في المنظمة مالياً مثلاً ولكن تراكم هذه الأخطاء والانحرافات الصغيرة يمكن أن يؤدي إلى مشكلة كبيرة. أن المعالجة يجب أن تكون أولاً بأول وأي انحراف يجب أن يؤخذ على محمل الجد لأن هذا الخطأ الصغير قد يخفي وراءه ما هو أكبر وأخطر.

- المواكبة والانسجام مع التعقيد التنظيمي **Coping With Organizational Complexity**

عندما تكون المنظمة بسيطة في هيكلها وعملها كأن تكون موجودة في رقعة جغرافية محلية وتنتج منتجاً واحداً فقط فإن نظامها الرقابي سيكون بسيطاً، لكن العمل الكبير الذي ينتج منتجات كثيرة ويستخدم مواد أولية متنوعة ويغطي مساحات جغرافية واسعة وله منافسون كثيرون فإنه يحتاج إلى نظام رقابي يستطيع أن يوضح هذا التعقيد ويساعد الإدارة في التعامل معه ومعرفة كل آليات عمله.

- تخفيض التكاليف **Minimize Costs**

إذا ما استخدم النظام الرقابي بشكل فعال فإنه سيؤدي إلى خفض كبير في التكاليف من خلال ضبط عمليات الإنتاج ووضع معايير دقيقة للأداء ونسب التالف والوقت الضائع.

* مراحل العملية الرقابية Controlling

بشكل عام فإن العملية الرقابية تحتوي على أربعة مراحل متسلسلة تبدأ بتحديد أهداف ومعايير وتنتهي باتخاذ إجراءات تصحيحية وكالآتي:

1- تحديد أهداف ومعايير **Establishing Objectives and Standards**

إن الخطط التي تعدها المنظمة تشتمل على أهداف ولا بد من وضع معايير أداء لمجالات العمل الرئيسية تسعى الأقسام ومجاميع العمل والأفراد لتحقيقها. وهذه المعايير تعد أمراً مهماً للمنظمة لذا فإن العملية الرقابية تركز عليها وتعتبرها مرحلتها الأولى. والمعيار Standard هو رقم محدد كمياً أو حالة نوعية تسعى للوصول إليها واعتبارها حكماً لقبول أو رفض الإنجاز. وقد يكون المعيار للمخرجات ويسمى Output Standard ونقصد به قياس النتائج والأداء في إطار كمي أو نوعي أو كلفوي أو زمني. أما معيار المدخلات Input Standard فيخصص أو يكرس لجهد العمل الداخل في أداء المهام والعمليات.

*** المعيار Standard**

هو رقم محدد كمياً أو حالة نوعية تسعى المنظمة للوصول إليها باعتبارها حكماً لقبول الإنجاز أو رفضه.

*** معيار المخرجات**
Output Standard

قياس النتائج للأداء في إطار كمي أو نوعي أو كلفوي أو زمني.

*** معيار المدخلات**
Input Standard

معيار يقيس جهد العمل الداخل في أداء المهام والعمليات

2- قياس الأداء الفعلي Measuring Actual Performance

إن الخطوة الثانية هي قياس ما حصل أو ما أنجز فعلاً من مهام وأنشطة سواء للعاملين أو الأقسام أو المنظمة بأكملها في مجال المخرجات والمدخلات ويجب أن يكون القياس دقيقاً لمعرفة ما تحقق بالضبط على أرض الواقع لمقارنته في ما بعد بما تم تخطيطه مسبقاً.

3- مقارنة النتائج بالمعايير والأهداف Comparing Results With Objectives and Standards

في هذه المرحلة تقوم المنظمة بمقارنة النتائج المتحققة فعلاً بما تم تحديده من معايير وأهداف. ويمكن أن نعبر عن ذلك بمعادلة الرقابة التالية:

الحاجة للفعل أو الإجراء التصحيحي (الانحراف) = الأداء المرغوب - الأداء الفعلي

إن الحاجة إلى اتخاذ إجراء تصحيحي (الخطوة التالية) تتحدد بموجب كمية الأغراض الحاصلة. وقد تكون في بعض الأحيان هناك انحرافات سالبة أو انحرافات موجبة أي يكون فيها الأداء الفعلي أكبر من الأداء المرغوب وهذه حالة جيدة ولكنها قد تؤشر أن الأهداف أو المعايير المحددة لم توضع على أسس سليمة أو أنها متواضعة لذا يجب تحليل هذا الأمر بدقة. إن المقارنات التي يجريها المدراء قد تكون مقارنات تاريخية Historical Comparison يقارن فيها الأداء في الفترات الزمنية السابقة بالأداء الحالي وكذلك قد تكون مقارنة نسبية Relative Comparison حيث تتم المقارنة بين الأداء المتحقق من الأفراد أو الأقسام أو المنظمة ككل مع أفراد أو أقسام أو منظمات معيارية. أما المقارنة الهندسية Engineering Comparison فإنها تستخدم معايير محددة علمياً بطرق فنية مثل طريقة دراسة الوقت والحركة Time and Motion Study.

4- اتخاذ الإجراءات التصحيحية Taking Corrective Actions

* الإدارة بالاستثناء
Management By Exception
الممارسة الإدارية التي يتم فيها التركيز على الأنشطة الحرجة أو المواقف ذات المشاكل أو الفرص.

إن هذه الخطوة هي الأخيرة من مراحل العملية الرقابية حيث يتوجب تصحيح الأخطاء والانحرافات التي اكتشفت في المرحلة السابقة عند المقارنة مع المعايير. وتجدر الإشارة إلى أن هناك أنشطة ومجالات تولى عناية خاصة واهتمام أكثر من غيرها ضمن ما يسمى الإدارة بالاستثناء Management By Exception وهي الممارسة الإدارية التي تعطي اهتماماً خاصة للأنشطة الحرجة والتي تطلب عناية خاصة أثناء العملية الرقابية وهنا يجب الانتباه إلى وجود نوعين من الاستثناء: الأول منهما يخص المواقف التي تحصل فيها مشاكل لذلك يجب الحذر مع هذه الأقسام أو المواقف باستمرار والانتباه للمؤشرات التي تنذر بحصول مشكلة.

والنوع الثاني فهي مواقف الفرص وفيها يكون الأداء الفعلي أكثر من المعايير المحددة لذا يجب دراسة الوضع بعناية ومعرفة الأسباب التي أدت إلى ذلك:

ويمكن تلخيص هذه المراحل بالشكل التالي:

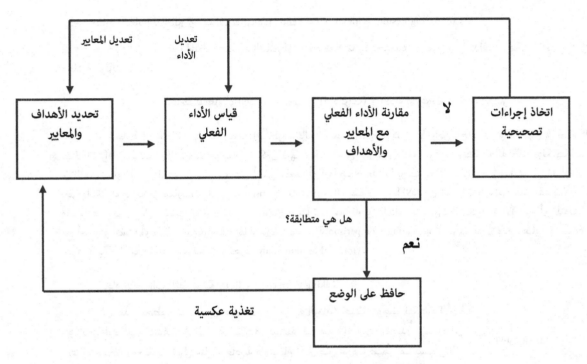

شكل (2-8): مراحل العملية الرقابية

ثانياً: أنواع الرقابة Types of Control

يمكن أن تكون الرقابة بأنواع عديدة وفق العديد من المعايير والمؤشرات المعتمدة في التصنيف فقد تكون هناك أنواع عديدة من الرقابة مختلفة حسب المستوى ودرجة الشمول وقد تختلف أنواعها كذلك حسب المصدر وحسب المجال الذي تطبق فيه أو حسب الجهة المسؤولة عنها أو حسب موعد إجرائها.

* الرقابة حسب المستوى Levels of Control

تختلف الرقابة باختلاف المستوى الإداري الذي تمارس فيه وهنا أيضاً فإن الرقابة تختلف في مستوى شموليتها ودقتها وتفصيلها فقد تكون رقابة استراتيجية

* الرقابة الاستراتيجية
Strategic Control
تركز على فاعلية المنظمة في إطارها الكلي والأعمال والوظائف الرئيسية لمعرفة أن الاستراتيجيات الموضوعة على هذه المستويات قد حققت أهدافها.

Strategic Control حيث تركز على كيفية مراقبة تنفيذ الاستراتيجيات الشـاملة للمنظمـة أو وحدات أعمالها أو أقسامها الرئيسية ووظائفها وأن دور هذه الرقابة يتحدد بمساعدة المنظمـة في إنجاز الأهداف على هذه المستويات الثلاث (الكلي، الأعمال، الوظيفي). أما النـوع الثـاني فهـو الرقابة الهيكلية Structural Control وهذه الرقابة تهـتم بكيفيـة إنجـاز مختلـف عنـاصر الهيكـل التنظيمي لوظائفها ومهامها لوصـول إلى غاياتهـا وكمثـال لهـا تـدقيق النسـب الخاصـة بالانفـاق الإداري للتأكد من أن هذه النفقات لا تتجـاوز الحـدود الموضـوعة لهـا. أمـا النـوع الثالـث فهـو الرقابة المالية Financial Control وتهتم برقابة الموارد المالية للمنظمة فمـثلاً وضـع نظـام لمتابعـة حسابات الزبائن والتأكد من أنهم يسددون التزاماتهم وفق المواعيد المتفق عليها هـو مثـال عـلى هذا النوع من الرقابة. كذلك هناك أيضاً رقابـة العمليـات Operations Control ومجـال تركيزهـا هو المراحل التي بموجبهـا تحـول المنظمـة المـدخلات مـن المـوارد إلى منتجـات في شـكل سـلع أو خدمات ومن أمثلة هذا النوع من الرقابة هو ضبط جودة المنتجات Quality Control. علمـاً بـأن الرقابة المالية ورقابة العمليات تمثل رقابة للإدارات الدنيا أو الإشرافية والشكل التالي يوضـح هـذا النوع.

* **الرقابة الهيكلية**
Structural Control
نمط الرقابة الذي يركـز عـلى كيفيـة إنجاز كافة عناصر الهيكل التنظيمي لمهامهـا ووظائفهـا للوصـول إلى أهدافها.

* **الرقابة المالية**
Financial Control
تتعلق بالرقابـة عـلى المـوارد الماليـة للمنظمة.

* **رقابة العمليات**
Operations Control
تركـز عـلى رقابـة عمليـات تحويـل المـوارد والمـدخلات إلى منتجـات في شكل سلع أو خدمات.

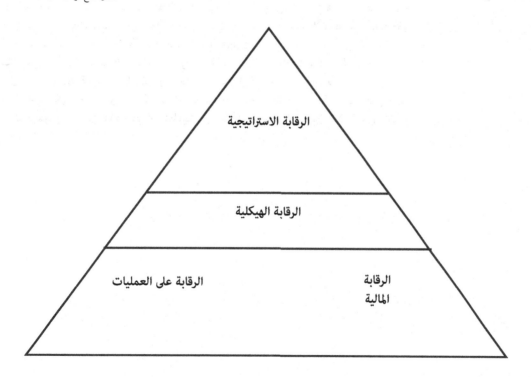

شكل (3-8): مستويات الرقابة

* الرقابة حسب موعد إجرائها Time Control

يمكن أن نصنف الرقابة على وفق موعد إجرائها وتركيزها على الإنجاز إلى ثلاثة أنواع:

- الرقابة قبل الإنجاز (التنفيذ) Feed Forward Control

* الرقابة قبل التنفيذ
Feed Forward Control
التأكد من أن الموارد والاتجاهات صحيحة قبل أن يبدأ التنفيذ.

وتسمى أحياناً الرقابة القبلية إشارة إلى أنها تجري قبل البدء بالتنفيذ وتحاول أساساً أن تتجنب الانحرافات والأخطاء قبل وقوعها فهي رقابة وقائية Preventive Control أو رقابة مبدئية Preliminary Control أو تهيئة للمقدمات المنطقية للعمل تجنباً لتحمل تكاليف تنجم عن انحرافات وأخطاء تضطر المنظمة في أثرها إلى التصحيح أو في بعض الأحيان إتلاف الوحدات المعيبة تماماً. ومن أمثلة هذا النمط هو ما يحصل في عمليات اختيار العاملين والتعاقد معهم حيث يجب التأكد من مهاراتهم وظروفهم الصحية وعدم تعاطيهم ممنوعات مثل المخدرات وغيرها من الأمور. كذلك ما تقوم به المصارف من تدقيق لملاءة وقدرات الزبائن الذين يطلبون القروض قبل الموافقة على منحهم إياها. وقد تستعين بعض الشركات بمكاتب المحاسبة القانونية للتأكد من سلامة وقوة الموقف المالي لبعض الشركات قبل اتخاذ قرار مالي مهم. إجمالاً يمكن أن نلخص مضمون الرقابة قبل الإنجاز بسؤال فحواه: ماذا يجب أن تعمل قبل أن تبدأ بالتنفيذ؟

- الرقابة المتزامنة مع التنفيذ Concurrent Control

* الرقابة المتزامنة مع التنفيذ
Concurrent Control
هي الرقابة التي تركز على ما يحدث أثناء تنفيذ العمل والإنجاز.

يركز هذا النوع على ما يجري بالضبط أثناء التنفيذ لذلك تسمى متزامنة مع الإنجاز أو التنفيذ. كما تسمى أحياناً Steering Control أو Screening Control وجميع المصطلحات تدل على نفس المضمون. بموجب هذا النوع يتم التأكد من أن الأعمال تنجز وفق ما يرد في الخطط بهدف حل المشكلات حال وقوعها عند التنفيذ وبعبارة أخرى يمكن أن يصاغ مضمون هذا النوع من الرقابة بسؤال ينص على : ماذا نعمل لجعل الأشياء الحاصلة الآن أفضل وأدق؟ وما البرامجيات المستخدمة في متابعة عمل أمناء الصندوق أولاً بأول في المخازن التجارية الكبيرة إلا مثال على هذا النمط. كذلك استخدام تكنولوجيا المعلومات في متابعة سائقي الشاحنات من قبل الشركات المالكة لهذه الشاحنات ومعرفة تواجدهم في كل لحظة. كذلك فإن القيم وثقافة المنظمة قد تكون صورة من صور الرقابة المتزامنة مع أداء الأفراد بحيث يكون تصرفهم وفق الحدود المرسومة ضمن هذه الثقافة المنظمية. وهذا النوع هو الأكثر استخداماً من الأنواع الأخرى.

- الرقابة بعد التنفيذ Feedback Control

وهذا النمط يركز على رقابة المخرجات أو العمل بعد تنفيذه وانتهائه. وقد يسمى أحياناً Post action Control ومحور هذا النمط هو التركيز على النتائج والغايات وليس على المدخلات أو سير التنفيذ. والهدف الرئيسي هنا هو حل المشكلات ولكن بعد حصولها ومحاولة تلافي تكرارها مستقبلاً مرة أخرى. والسؤال الذي يحوي مضمون هذا النمط هو: ماذا أنجزنا وكيف أنجزناه؟ ومثال واضح على هذا النمط هو الأسئلة التي تطرح على الزبائن بعد أن يكونوا قد استلموا خدمة أو سلعة مثل سؤال صاحب المطعم للزبائن عن نوعية الطعام الذي قدم لهم وكذلك نوعية الخدمة بشكل عام. كذلك التدقيق الهندسي على الإنشاءات والمباني بعد إنجازها حيث يتم فحصها من قبل لجان متخصصة لغرض استلامها من قبل الجهة المستفيدة.

إن منظمات الأعمال تكون أكثر فاعلية عندما يكون لديها نظام رقابي متكامل يستطيع أن يوفر هذه الأنماط الثلاثة. ويمكن أن نجمل هذه الأفكار في الشكل التالي:

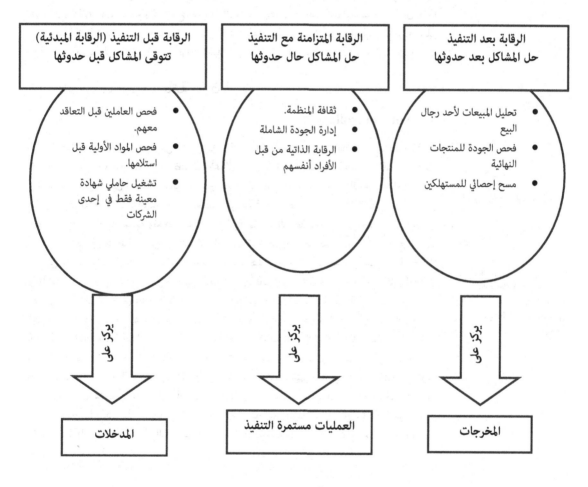

شكل (4-8): أنواع الرقابة وفق موعدها

235

* الرقابة حسب المصدر Sources of Control

يمكن للرقابة من حيث مصدرها أن تصنف إلى نوعين رئيسين: الأول، هو الرقابة الداخلية Internal Control والثاني الرقابة الخارجية External Control فالداخلية لا تعني أن تكون الرقابة من داخل المنظمة فقط بل من ذات الفرد العامل في المنظمة أيضاً وكذلك المجموعات العاملة نفسها حيث أن المنظمة بثقافتها التنظيمية وقواعدها وإجراءاتها وما أنفقته من تدريب ساهم في تعزيز سلوكيات العاملين المنضبطة التي بموجبها يمارس هؤلاء الرقابة الداخلية على أنفسهم. أما الرقابة الخارجية فيقصد بها الرقابة التي تمارس من قبل المشرفين أو المدراء على سلوكيات وتصرفات الآخرين وعادة ما تكون وحدات متخصصة ضمن التنظيم الرسمي في المنظمة، ولكي تكون الرقابة فاعلة يجب أن تكون مزيجاً من كلا النوعين. والاتجاه الحديث في مكان العمل الجديد الذي طورت فيه المفاهيم والتجهيزات المادية، وتكنولوجيا المعلومات بالإضافة إلى التمكين والالتزام والمشاركة والاندماج، يقتضي الاهتمام بتعزيز جوانب الرقابة الداخلية. إن هذا النمط من الرقابة يتطلب درجة عالية من الثقة فعندما يمارس الأفراد الرقابة الذاتية على تصرفاتهم يجب على المدراء إتاحة حرية كافية لهم لغرض جعل هذه الممارسة فاعلة ومثمرة.

*** الرقابة الداخلية**
Internal Control
عبارة عن رقابة نابعة من ذات الفرد بحيث يمارس رقابة ذاتية على سلوكه وتصرفاته.

*** الرقابة الخارجية**
External Control
الرقابة التي تمارس من قبل المشرفين والمدراء على سلوكيات وتصرفات الآخرين.

* الرقابة حسب الجهة القائمة بالرقابة

Type of Controllers

يمكن أن تمارس الرقابة من قبل جهاز رقابي داخلي Internal Controller أو جهاز رقابي خارجي External Controller. فمنظمات الأعمال يمكن أن تراقب عملها داخلياً من قبل وحدات رقابية خاصة بها ولكل أنشطتها مالية أو غير مالية. فالرقيب الداخلي (جهاز الرقابة الداخلي) قد يكون أفراداً أو وحدات تنظيمية تقوم بعملية الرقابة فمثلاً وحدة التدقيق المالي هي صورة من صور الرقابة الداخلية المالية ونلاحظ هنا أن الرقابة المالية الداخلية قد تكون قبل الصرف أو أثنائه أو بعده وذلك للتأكد من أن عمليات الصرف تتم بصورة صحيحة ووفق الأصول مع وجود الوثائق والمستندات الداعمة لعملية الصرف. كذلك هناك وحدات للرقابة على جودة المنتجات والتأكد من أن المعيب هو ضمن النسبة المحددة. وهناك أيضاً أفراد مسؤولون عن رقابة أوقات وصول وانصراف العاملين وغير ذلك من الأمور. أما جهاز الرقابة الخارجي (الرقيب الخارجي) فهي أطراف خارجية مستقلة تمارس عملها الرقابي وفق القانون ولعل أوضح صورة لهذا النوع من الرقابة هو رقابة وتدقيق القوائم المالية وأوضاع الشركات من قبل الشركات المتخصصة بالتدقيق مثل شركة Ernest & Young وشركة Anderson وشركة طلال أبو غزالة وغيرها. وغالباً ما تكون هناك عقود مبرمة بين الشركات المدققة وبين منظمات الأعمال التي تطلب عملية التدقيق، وفي كثير من الدول هناك أطراف خارجية تقوم بالتدقيق على أعمال المنظمات المختلفة وفق القانون الذي يسمح لها بذلك مثل ديوان التفتيش أو المحاسبة العام وديوان الرقابة المالية أو أجهزة أخرى في الوزارات مثل جهاز التفتيش في وزارة التعليم العالي الذي يراقب عمل الجامعات الحكومية والخاصة.

*** الرقيب الداخلي**
Internal Controller
عبارة عن فرد أو جهة في إطار نظام الرقابة الداخلي في المنظمة يمارس العملية الرقابية على أنشطة وفعاليات المنظمة.

*** الرقيب الخارجي**
External Controller
هو فرد أو جهة من خارج المنظمة يمارس العملية الرقابية بناء على عقد مبرم معها أو بتخويل من القانون.

* الرقابة حسب المجال Areas Of Control

إن مجالات الرقابة في أي منظمة من المنظمات يمكن أن تحدد في إطار أربعة أنواع أساسية من الموارد: المادية والبشرية والمعلوماتية والمالية. فالرقابة المادية Physical Control هي الرقابة التي تمارس على الموارد المادية في المنظمة مثل الرقابة على المخزون والرقابة على جودة المنتجات والرقابة على التجهيزات والمكائن وصيانتها وضبطها. أما الرقابة على الموارد البشرية Human Resources فهي تلك التي تمارس على اختيار وتعيين وتدريب وتطوير العاملين في المنظمة وكذلك تقييم أدائهم ومكافآتهم. والرقابة على الموارد المعلوماتية Informational Control فتشتمل على كافة البيانات والمعلومات المتعلقة بالتنبؤ بالمبيعات والتحليل البيئي وبيانات الظروف الاقتصادية وكل شيء يتعلق بهذا الأمر. و أخيراً فإن الرقابة على الموارد المالية Financial control فهي الرقابة التي تتضمن متابعة جميع ما يتعلق بالجوانب المالية سواء ما يخص التدقيق النقدي أو الالتزامات تجاه الغير. والرقابة المالية لها علاقة بكافة أنواع الرقابة في المجالات الأخرى.

ثالثاً: أدوات الرقابة Control Tools

تتعدد الأدوات الرقابية المستخدمة وفق متطلبات العمل والحاجة إلى عمومية أو تفصيل أكثر بالمؤشرات الرقابية المطلوبة. تشكل الأدوات الرقابية جزء أساسي من منظومة الرقابة في المنظمة وتستخدم فيها مختلف أشكال الاستمارات الجاهزة

---

* الرقابة على الموارد المادية
Physical Control
هي الرقابة التي تمارس على الموارد المادية للعمل مثل المخزون أو الجودة في التجهيزات.

* الرقابة على الموارد البشرية
Human Resources Control
هي الرقابة على العاملين في منظمة الأعمال سواء ما يتعلق بالتعيين أو التدريب أو الأجور.

* الرقابة على المعلوماتية
Informational Control
الرقابة على جميع ما يرتبط بالمعلومات والبيانات في منظمة الأعمال.

* الرقابة المالية
Financial Control
الرقابة على جميع ما يتعلق بالجوانب المالية من تدفق نقدي أو التزامات تجاه الآخرين.

والمخططات والتقارير والكشوفات والمذكرات التي يتم تداولها بين المستويات الإدارية المختلفة كأساس لمعرفة طبيعة العمل المنفذ أو العمل الـذي يجـري الإعـداد لـه قبـل التنفيـذ أو النتائج المتحققة من تنفيذ عمل معين. كما أن بعض الأدوات الرقابية يمكن أن تستخدم للتنسيق والربط بين المستويات الإدارية وأطر التنفيذ مـن ناحيـة المـدى الزمنـي. وهكـذا فإننـا يمكـن أن نستعرض ما هو مهم من الأدوات الرقابية وفقاً لاعتبـارات نـوع الرقابة مـن حيـث كونهـا رقابـة استراتيجية عامة وشاملة أو رقابة هيكليـة خاصة بالهيكـل التنظيمـي وتوزيـع الأدوار أو رقابـة عمليات على الأنشطة المختلفة أو رقابة مالية متخصصة بالجوانب المالية.

* أدوات الرقابة المالية Financial Control Tools

* الموازنة Budget
خطة تقديرية معروضة بشكل أرقـام وقـد تكـون نقديـة أو غـير نقدية.

إن أهم الأدوات المعتمـدة في الرقابـة الماليـة هـي الموازنـات التقديرية والنسب الماليـة والكشوفات المالية. وسنتناولها هنا بإيجاز:

- الموازنات التقديرية Budgets

تعتبر الموازنات أداة رقابية مهمة بيد الإدارة وتمثل خطة رقمية معروضة بشكل كشوفات مالية مقيمة بوحدات نقدية معينـة أو وحدات عينيـة مـن المنتجـات أو بوحدات زمنيـة أو أي عوامل يمكن قياسها كمياً، وتعد الموازنات لكل قسـم مـن الأقسام ولكل نشـاط مـن الأنشـطة. ونتيجة لطبيعتها الكمية فإنها تعطي للمنظمة قـدرة علـى قيـاس الأداء بسـهولة ومقارنتـه علـى صعيد الأقسام أو المستويات الإداريـة المختلفـة مـن فـترة إلى أخرى. والموازنـات تخـدم منظمة الأعمال في أربعة قضايا أساسية: الأولى، مساعدة المدراء على تنسيق المـوارد واستخداماتها في إطار مختلـف الـبرامج والمشرـوعات. الثانيـة، مسـاعدة الإدارة في تحديـد المعـايير الخاصة بالرقابة. والثالثة تمثل دليل عمل لاستخدام موارد المنظمة وتوقع النتائج مـن هذا الاستخدام. وأخـيراً فـإن الموازنـات تسهل عملية تقييم الأداء للمدراء والوحدات التنظيمية. ويمكن تلخيص أهـم أنـواع الموازنات في الآتي:

نوع الموازنة	ماذا تتضمن وتعرض
الموازنات المالية:	مصادر واستخدامات النقد.
● موازنــة التــدفق النقدي	كل مصادر الدخل النقدي ومجالات الإنفاق شهرياً أو أسبوعياً أو يومياً.
● موازنــة النفقـات الرأسمالية	كلفة الموجودات الرئيسية مثل المكائن والأرض وغيرها.
● ميزانيــة تقديريــة شاملة	تنبؤات بالوضع العـام للموجودات والمطلوبـات في المنظمـة تعكس مـا يحدث في إطار جميع الموازنات الأخرى.
الموازنات التشغيلية:	ترجمة الخطط العملياتية إلى أرقام مالية
● موازنة المصاريف	المصروفات المتوقعة خلال فترة زمنية قادمة
● موازنة الأرباح	الأرباح المتوقعة نتيجة الفروقات بين كلفة المبيعات وسعر بيعها.
الموازنات غير المالية:	ترجمة الخطط العملياتية إلى وحدات كمية غير مالية.
● موازنة العمل	ساعات العمل المباشرة المتاحة للاستخدام.
● موازنة المسـاحة المكانية	عدد الأمتار أو الأقدام المربعة المتاحة لمختلف العمليات أو الأنشطة.
● موازنة الإنتاج	عدد الوحدات التي سوف تنتج خلال فترة زمنية قادمة.

وتطور الموازنات من قبل الإدارات العليا ومسؤولي الرقابة وتعرض لاحقاً إلى المستويات الإدارية الأدنى، والاتجاه الحديث يركز على المشاركة الواسعة من مختلف المستويات في إعداد الموازنات وهذا الأمر يساعد على جعل مختلف المستويات الإدارية تعمل بتنسيق عالي ويمكن أن نعرض هذا الأمر في الشكل التالي:

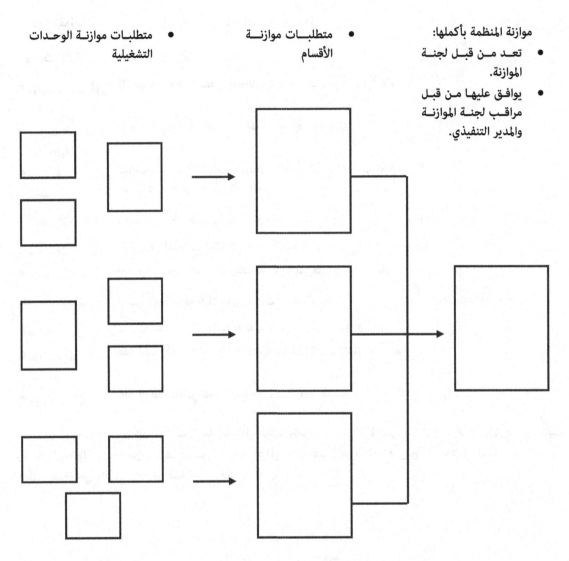

متطلبـات موازنة الوحـدات التشغيلية •	متطلبـات موازنـة الأقسام •	موازنة المنظمة بأكملها:
		• تعـد مـن قبـل لجنـة الموازنة.
		• يوافق عليهـا مـن قبـل مراقـب لجنـة الموازنـة والمدير التنفيذي.

شكل (5-8): التدرج في إعداد الموازنة

وعادة ما تحضر الموازنة عن طريق اجتماع يحضره رؤساء الوحدات التشغيلية برئاسة رئيس القسم للاطلاع عـلى مـا تطلبـه هذه الوحدات ثم يعرض رئيس القسم هذه المتطلبات على لجنة إعـداد الموازنة والتـي تعيـد فحـص المتطلبـات للأقسـام جميعهـا وأخيراً فإن لجنة إعداد الموازنة والمراقب العام والمدير التنفيذي يراجعون ويعطون الموافقـة عـلى الموازنـة الخاصـة بالمنظمـة ككـل. وبهذا فإن الموازنة تعد أداة رقابية مهمة تم تدقيقها ومراقبتها وإعدادها بشكل مشترك.

- النسب المالية **Financial Ratios**

إن هذه النسب هي ناتج ما يسمى التحليل المالي Financial Analysis وهي مؤشرات مهمة جداً للرقابة على عمل منظمات الأعمال والحكم على موقفها المالي ومدى قوته أو ضعفه. وأهم هذه النسب:

1. نسبة السيولة **Liquidity Ratio**

عبارة عن مؤشر عن قدرة منظمة الأعمال على الوفاء بالتزاماتها المالية. وتحسب هذه النسبة من خلال المعادلة التالية:

$$\text{نسبة السيولة} = \frac{\textbf{النقد + أوراق القبض + السندات الحكومية}}{\textbf{الخصوم المتداولة}}$$

وتقيس قدرة [illegible] به النقدية عند الحاجة. ويمكن اعتبار نسبة 1:1 مقياساً ملائماً لسيولة المنظمة.

2. نسبة التداول Current Ratio

وهي عبارة عن مقارنة الأصول المتداولة بالخصوم المتداولة ويعبر عنها بالمعادلة التالية:

$$\text{نسبة التداول} = \frac{\textbf{مجموع الأصول المتداولة}}{\textbf{مجموع الخصوم المتداولة}} \times 100$$

وعادة ما تكون النسب المرضية في منظمات الأعمال 1:2.

3. نسبة المديونية Debt Ratio

وتحسب هذه النسبة من خلال مقارنة مجموع الأموال التي تحصل عليها المنظمة بالاقتراض أو غيره من أطراف خارجية وبين مجموع الأصول الممتلكة والتي يمكن التصرف بها. ويمكن أن تقاس كالآتي:

$$\text{نسبة المديونية} = \frac{\textbf{مجموع الديون}}{\textbf{مجموع الأصول}}$$

أو

$$= \frac{\textbf{القروض طويلة الأجل}}{\textbf{مجموع الأصول}} \times 100$$

أو = $\frac{\text{مجموع الديون}}{\text{صافي قيمة المشروع (المنظمة)}} \times 100$

حيث أن صافي قيمة المنظمة تساوي مجموع قيمة الأصول مطروحاً منها مجموع الديون. إن تدقيق هذه النسب هـو أمر ضروري ولكن يجب أن تؤخذ في إطار قدرة المنظمة على توليد الأرباح حيث أن موازنة ضرورية بين نسب السيولة ونسب الربحيـة يجب أن تحققها الإدارة لغرض نجاح المنظمة في عملها.

- الكشوفات المالية Financial Statement

تعطي الكشوفات المالية صورة عن الوضع المالي في المنظمة لفترات زمنية مختلفة وهناك إجماع على أن الكشوفات المالية تعد بطريقة معينة وتعـرض لكافـة الأطـراف وأهـم الكشـوفات الماليـة هـي الميزانيـة العموميـة Balance Sheet وكشـف الـدخل Income Statement. فالميزانيـة العمومية عبارة عن كشف بالموجودات والمطلوبات في لحظـة زمنيـة معينـة. وعـادة مـا تعـرض الميزانية العمومية بطريقة توضح كافة الموجودات سواء المتداول منها أو الثابت وكـذلك بالنسـبة للمطلوبات ما كان منها قصير أو بعيد الأمد.

أما كشف الدخل فيعرض الأداء المـالي Financial Performance خـلال فـترة زمنيـة أمـدها سنة عادة، ويشتمل على إيرادات المنظمة مطروحاً منها مصروفاتها كلي تحصل الإدارة على صـافي الدخل سواء كان ربحاً أم خسارة. ومعلومات هذين الكشفين تستخدم في مجـال التحليـل المـالي لحساب النسب المالية المختلفة.

* الميزانية العمومية
Balance Sheet
قائمـــة أو كشـــف بموجـــودات ومطلوبات المنظمـة في فـترة زمنيـة معينة تسمى سنة مالية.

* كشف الدخل
Income Statement
ملخص للأداء المالي لمنظمة الأعـمال خـلال فـترة زمنيـة عـادة مـا تكـون سنة.

* أدوات الرقابة التشغيلية Operational Control Tools

هناك وسائل رقابية كثيرة يعتمدها هذا النمط من الرقابة للتأكد من أن الأمور تسير على ما يرام. وقد تتنوع هذه الوسائل كثيراً ولكن أهم الأدوات شائعة الاستخدام هي:

- الرقابة على المشتريات Purchasing Control

إن قسم المشتريات يضطلع بمهام رئيسية حيث أنه المسؤول عن توفير جميع المستلزمات المطلوبة للإنتاج ومن الضروري مراقبة تكاليفها من خلال إدارة فاعلـة وكفـوءة. والعلاقـات مـع المجهزين وإدامتها تعد من وسائل زيادة فاعلية إدارة المشتريات والحصـول عـلى أفضـل الأسـعار والنوعيات والاستمرار بالتجهيز. ويمكن أن تستفيد المنظمة من خصم الكمية أو الشراء بكميـات كبيرة للاستفادة من الوفورات في السعر. كذلك تجدر الإشـارة إلى أن دوائـر المشـتريات غالبـاً مـا تكون عرضة لحصول نمط أو آخر من الفساد الإداري.

- الرقابة على المخزون **Inventory Control**

يشكل المخزون نسبة معتبرة من موجودات المنظمة سواء في شكل مواد أولية أو مواد نصف مصنعة أو مواد تامة الصنع. إن الهدف الرئيسي للرقابة على المخزون هو التأكد بأن الموجود منه هو ضمن الحدود المطلوبة تماماً وقادر على الوفاء بحاجة العمليات والأنشطة المنظمية وبالتالي تدنيه التكاليف ومن أهم الوسائل المعتمدة هو ما نسميه حجم الوجبة الاقتصادية Economic Order Quantity والذي يمثل أدنى كلفة تتحقق عن الشراء بهذا الحجم، ويمكن أن تحتسب وفق المعادلة التالية:

*** حجم الوجبة الاقتصادية**
Economic Order Quantity
حجم الوجبة المثلى التي ينصح الشراء بموجبها بحيث تكون الكلفة الكلية للمخزون في أدنى حدودها.

$$\mathbf{EOQ} = \sqrt{\frac{2\ OD}{H}}$$

حيث أن : O - كلفة إصدار أمر الشراء أو الصنع.

D = الطلب السنوي من المادة.

H = كلفة الاحتفاظ بالمخزون (إما بشكل نسبة مئوية أو رقم مطلق).

كذلك هناك أسلوب آخر للسيطرة على الخزين يقوم أساس ما يسمى " الإنتاج الآتي " Just-in-Time حيث يتم شراء الكميات المطلوبة فقط للإنتاج في الوقت الذي تطلب فيه للاستخدام وعدم الاحتفاظ بأي مخزون في المخازن وهذا ما يسمى "المخزون الصفري" Zero Inventory.

*** الإنتاج الآتي**
Just-in-Time (JIT)
إنتاج الكميات المطلوبة في الوقت المطلوب فقط بدون الاحتفاظ بأي مخزون وذلك لتدنية كلفة المخزون إلى أدنى ما يمكن.

- تحليل نقطة التعادل **Break-Even Analysis**

من أكثر الأساليب الرقابية شيوعاً في الأعمال، ويقصد بنقطة التعادل النقطة التي تتساوى فيها الإيرادات الكلية مع التكاليف الكلية بحيث يكون الربح فيها صفر. والشكل التالي يوضح هذه الفكرة.

*** نقطة التعادل**
Break-Even Point
هي النقطة التي تتعادل فيها الإيرادات الكلية مع التكاليف الكلية.

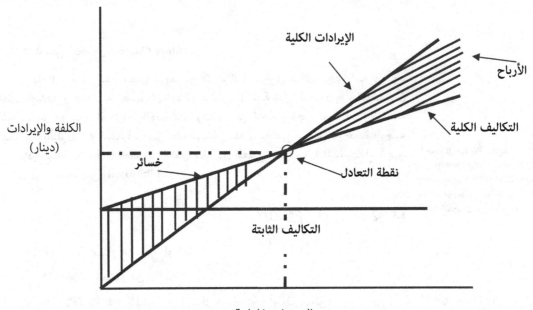

عدد الوحدات المباعة

شكل (6-8): نقطة التعادل

ويمكن التعبير عنها بمعادلة كالآتي:

الإيرادات الكلية = التكاليف الكلية

عدد الوحدات المنتجة والمباعة × سعر بيع الوحدة = الكلفة الثابتة + (الكلفة المتغيرة للوحدة × حجم الإنتاج)

ونقطة التعادل يمكن أن تحسب بالوحدات النقدية أو الوحدات العينية وفق المعادلة التالية :

$$\text{نقطة التعادل (بالوحدات العينية)} = \frac{\text{التكاليف الثابتة}}{\text{سعر بيع الوحدة} - \text{الكلفة المتغيرة للوحدة}}$$

$$\text{نقطة التعادل (بالوحدات النقدية)} = \frac{\text{التكاليف الثابتة}}{1 - \dfrac{\text{كلفة الوحدة الواحدة المتغيرة}}{\text{سعر بيع الوحدة الواحدة}}}$$

وتعتبر نقطة التعادل مهمة جداً في مجال الرقابة لأنها تحدد حجم الإنتاج الذي يغطي التكاليف الكلية وبعد تغطيته تبدأ المنظمة بتحقيق الأرباح.

* الرقابة الإحصائية على الجودة

Statistical Quality Control

تشكل الرقابة الإحصائية أداة مهمة لضبط جودة المنتجات المختلفة. وقد كانت بداية لظهور أسلوب آخر شائع في عالم اليوم هو إدارة الجودة الشاملةTotal Quality Management والذي يعني تكريس الجهود المنظمية لخلق ثقافة تنظيمية تعمل على تضمين الجودة وإدخالها إلى كل نشاط من أنشطة المنظمة وأن تكون الجودة مسؤولية جميع العاملين وليس من اختصاص لجنة فنية أو قسم محدود في منظمة الأعمال. إن الرقابة على الجودة الإحصائية Quality Control تتعلق باعتماد أساليب إحصائية لغرض التأكد من العمليات والمنتجات تتم وفق المعايير والمواصفات المحددة. وتتم الرقابة الإحصائية عن طريق سحب عينات من خطوط الإنتاج وتسجيل مواصفاتها وقياساتها وتحليل النتائج لمعرفة ما إذا كانت ضمن الحدود المقبولة أم لا. إن وجود حالات غير طبيعية وغير مرضية يستدعي البحث والتقصي لمعرفة الأسباب الكامنة وراء ذلك. إن قوة الأساليب الإحصائية تكمن في أنها تقدم نتائج محددة ودقيقة وقد وصل الأمر ببعض الشركات إلى اعتماد ما يسمى الحيود السداسي Sigma-6 في ضبط الجودة وهو التزام بمعايير متشددة تصل إلى عدم قبول أكثر من 3.4 وحدات معيبة من كل مليون وحدة منتجة وهذا يعني أن نسبة الإنتاج الجيد يصل إلى 99.99% وأول من طور هذه الطريقة هي شركة Motorola وتطبق اليوم بالكثير من الشركات.

* أدوات الرقابة الهيكلية Structural control Tools

تتبنى المنظمات تصاميم تنظيمية تختلف في النتائج المستهدفة منها، وبالتأكيد فإن التباين بالتصاميم التنظيمية سينعكس على مفردات الممارسة الرقابية في المنظمة وبالتالي تختلف الأنظمة الرقابية في المنظمات. ويمكن أن نضع الرقابة الهيكلية في إطار نوعين رئيسيين متقابلين يفصل بينهما خط مستمر تتباين فيه أبعاد الهدف من الرقابة ودرجة رسميتها والأداء المتوقع ونوع التنظيم المرتبط بهذين النوعين ونظام المكافآت ودرجة المشاركة. وهذان النوعان هما الرقابة البيروقراطية Beaurocratic Control والتي تعني رقابة رسمية مكتوبة محددة بإجراءات وقواعد وهيكل تنظيمي ميكانيكي (آلي)، في حين أن النوع الثاني يسمى الرقابة العضوية Clan Control والتي تعني رقابة تنظيمية تتسم بعدم الرسمية وترتيبات هيكل تنظيمي عضوي. بعبارة أخرى هي رقابة قائمة على أساس الالتزام الذاتي العالي من قبل العاملين وقواعد وثقافة غير مكتوبة ومحاسبة الضمير.

---

* إدارة الجودة الشاملة

Total Quality Management

خلق ثقافة تنظيمية تقوم على أساس الالتزام بالتحسين المستمر وتضمين الجودة في كل نشاط من أنشطة المنظمة وأن تكون الجودة مسؤولية جميع العاملين.

* الرقابة الإحصائية على الجودة

Quality Control

عبارة عن فحص العمليات والمواد والمنتجات بالأساليب الإحصائية للتأكد من أنها تفي بالمواصفات المحددة.

* الحيود السداسي

Sigma 6

مدخل في ضبط الجودة يعتمد معايير متشددة جداً في قبول المنتجات من حيث جودتها.

* الرقابة البيروقراطية

Beavrocratic Control

صيغة من الرقابة تتسم بالرسمية وتعتمد سمات الهيكل الميكانيكي.

إن الشكل التالي يلخص أهم الفروقات بين هذين النمطين من الرقابة.

الرقابة العضوية	الأبعاد	الرقابة البيروقراطية الرسمية
التزام العاملين	الهدف من الرقابة	إذعان العاملين
قواعد وأعراف وثقافة المجموعات ورقابة ذاتية	درجة الرسمية	قواعد محددة بدقة ورقابة رسمية والتزام بهيكل غير مرن
متوجهة لتقرير الأداء أكثر من المحدد	الأداء المتوقع	متوجهة لضمان الحد الأدنى المقبول للأداء
هيكل مفلطح وتقاسم السلطات والمشاركة	تصميم المنظمة	هيكل رأسي والتأثير من الأعلى إلى الأسفل
موجه للأداء الجماعي	نظام المكافآت	موجه للأداء الفردي
واسعة وغير رسمية	المشاركة	محدودة ورسمية

شكل (7-8): الرقابة العضوية والرقابة البيروقراطية

* **الرقابة العضوية**
Clan Control
رقابة تنظيمية تتسم بعدم الرسمية وتعتمد سمات ترتيبات الهيكل العضوي

* أدوات الرقابة الاستراتيجية Strategic Control Tools

* **الرقابة الاستراتيجية**
Strategic Control
الرقابة التي غرضها الأساسي التأكد من أن المنظمة تحظى بعلاقة جيدة وفعالة مع البيئة وأنها تتحرك باتجاه تحقيق أهدافها الاستراتيجية.

إن الهدف من الرقابة الاستراتيجية هو التأكد من أن المنظمة تحتفظ بعلاقة فاعلة مع البيئة وتسير باتجاه تحقيق أهدافها الاستراتيجية. وبشكل عام فإن الرقابة الاستراتيجية تركز على خمس جوانب مهمة في المنظمة هي: الهيكل والقيادة والتكنولوجيا والموارد البشرية ونظام الرقابة على المعلومات والعمليات. وإجمالاً فإن الأدوات التي من خلالها تتعرف إدارة المنظمة على أن الأمور تسير سيراً حسناً في هذه الجوانب المختلفة تأتي من خلال تقارير مكتوبة واجتماعات دورية وتبادل الرأي والحوار مع مختلف الأطراف المؤثرة في هذه الجوانب بدءاً من إعادة فحص توجهات المنظمة الأساسية من حيث رسالتها وأهدافها الاستراتيجية وفق طبيعة المعطيات البيئية التي حصلت عليها الإدارة من جراء قيامها بتحليل مختلف جوانب الفرص والتهديدات الموجودة في البيئة الخارجية. وقد تعتمد إدارة المنظمة وجود جهة مركزية في الرقابة لمتابعة مؤشرات مختلفة في هذه الجوانب وتقدم دراساتها

وتقاريرها ونتائجها إلى الإدارة العليا مباشرة. أما في المنظمات الأكبر حجـماً والعاملـة عـلى صعيد البيئة العالمية فيمكن أن يكون هذا الجهاز الرقابي أكثر لا مركزية في أساليب عمله وفلسفته بسبب كثرة مجالات النشاط التي تمارسها منظمة الأعمال.

رابعاً: نظام الرقابة الفعالة Effective Control System

* النظام الرقابي Control System

إن نظام الرقابة الفعال هو في الحقيقة نظام فرعي Subsystem مـن نظام الإدارة الكـلي في المنظمـة Overall Management System. وبذلك يجب أن يتكامل عمل هذا النظام الفرعي مع باقي الأنظمة الفرعية للإدارة وخاصة مـع نظام التخطيط ونظام المعلومات في المنظمة ويمكن أن نوضح هذه العلاقة بالمخطط التالي:

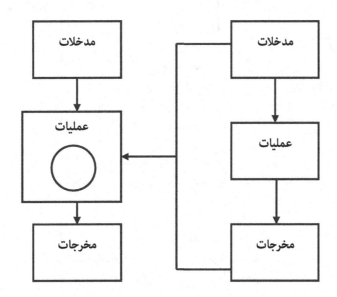

شكل (8-8): علاقة نظام الإدارة الكلي ونظام الرقابة

إن الهدف الأساسي لنظام الرقابة كنظام فرعي من أنظمة الإدارة هـو مسـاعدة المـدراء في توكيـد النجاح في النظام الكـلي للإدارة من خلال رقابة فاعلة. وإذا ما أردنا معرفة مكونـات هـذا النظام كمـدخلات وعمليـات ومخرجـات فإنـه يمكـن القـول أن مدخلات هذا النظام هي عبارة عن الجزء المخصص له من مـوارد المنظمـة كأفراد ومـوارد ماليـة ومـواد أوليـة ومكائن ومعـدات وغيرها. أما عمله (Controlling Process) فهو رقابة مختلف أوجه النشاط في المنظمة مـن خـلال عمليـات متكاملـة لرقابـة (قبـل التنفيذ، أثناء التنفيذ، بعد التنفيذ) تنصب على وضع المعايير للأداء وقياس الأداء ومقارنة الأداء المقاس مع المعـايير واتخـاذ الإجـراء التصحيحي، ثم أخيراً مخرجات النظام وهي النتائج المستهدفة والتي يساهم هذا النظام الرقابي من التأكـد مـن الوصـول إليهـا كـما يعرض ذلك الشكل (8-8). علماً بأن مخرجات هـذا النظام مختلفة الأشكال والأنواع مـن تقـارير أداء دوريـة ومؤشرات ماليـة ومؤشرات تشغيلية وإجراءات ترتبط بمختلف أوجه الممارسة الإدارية لاحقاً حيث يمكن الاستناد عليها في إعادة النظر في أنشـطة إدارية كثيرة مثل التدريب والحوافز والترقيات وأسس الاختيار والتعيين وكذلك إعادة النظر بالصلاحيات الممنوحة وإعـادة تنظيم الهيكل المنظمي وغيرها.

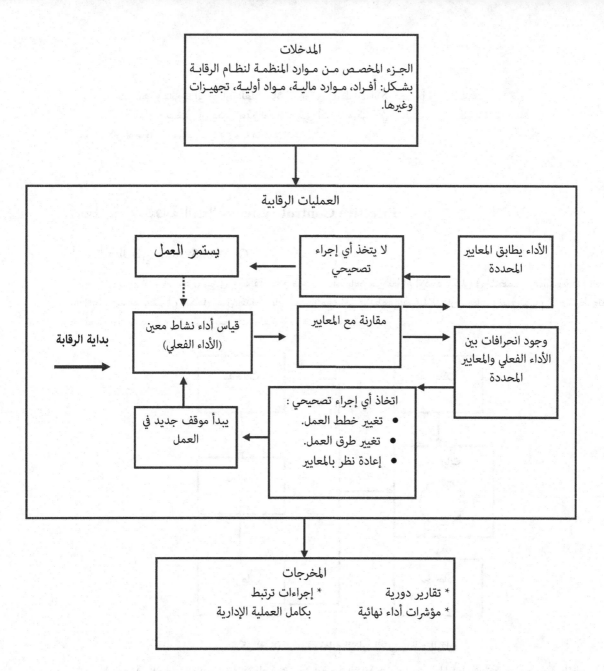

شكل (9-8) : نظام الرقابة

* خصائص النظام الرقابي الفعال **Effective Control System Characteristics**

لكي يكون نظام الرقابة فعالاً ومحققاً للأهداف التي صمم من أجلها فإنه يجب أن يتميز بالخصائص التالية:

1. التكامل **Integration**: يجب أن يتكامل نظام الرقابة مع نظام التخطيط وخاصة في الجوانب الضمنية والصريحة بمعنى إجراءات وطرق وتوجهات وافتراضات وقيم. إن أفضل الطرق لخلق هذا التكامل هو جعل الرقابة جزءاً أساسياً من عملية التخطيط ففي الوقت الذي يتم فيه وضع الأهداف في إطار عملية التخطيط يجب أن يعطي نظام الرقابة أهمية كبيرة لوضع المعايير التي تعطينا صورة حقيقية عن الإنجاز المتوقع ضمن الخطة.

2. المرونة **Flexibility** : يقصد بها الاستجابة للتغيرات حيث أن السمة المميزة لبيئة الأعمال اليوم هي الديناميكية والتغير المستمر، لذا يجب أن يكون النظام الرقابي قادراً على الاستجابة لهذه التغيرات. فعلى سبيل المثال لو أن منظمة تنتج منتجات عديدة ولديها نظام رقابة على المخزون، فإن أي تغيير في طبيعة المواد الأولية المطلوبة للمنتجات استجابة لبعض التغيرات في الطلب أو السوق فإن نظام المخزون يجب أن يستجيب لأحداث من هذا النوع بمرونة عالية. وتكون العملية أكثر تعقيداً إذا كان عدد المواد المستخدمة كبير جداً كما في صناعة السيارات.

3. الدقة **Accuracy**: إن القرارات التي تتخذ باختلاف طبيعتها تتخذ أساساً على المعلومات فإذا كانت هذه المعلومات غير دقيقة فإن القرارات ستكون غير صائبة وينجم عنها مشاكل كثيرة. إن مدراء الإنتاج مثلاً قد يتسترون أو يخفون التكاليف الحقيقية للإنتاج وكذلك العاملين في قسم التسويق أو الموارد البشرية قد يبالغون في بعض الأمور. إن هذا الأمر يؤدي إلى تآكل جوانب من النظام الرقابي وبالتالي يجعله غير قادر على أداء مهمته بفاعلية، لذا يجب التأكيد على دقة المعلومات وكفايتها.

4. التوقيت **Timeliness**: لا يعني التوقيت السرعة بل هو أن تأتي المعلومات في الوقت المناسب وللجهة المستفيدة منها. فلا فائدة من معلومات تصل قبل أوانها بوقت طويل فتهمل أو بعد أوانها فتصبح غير ذات فائدة.

5. الموضوعية **Objectivity**: إن النظام الرقابي الذي يعطي تفاصيل كمية ومحددة هو أفضل من ذلك الذي يقدم آراء عمومية وصفية وغير محددة كمياً. مثال ذلك لو أن المدير العام طلب تقريراً من مشرفي عمل في أحد المصانع في قسمين مختلفين حول أداء الموارد البشرية فيهما، وقدم الأول تقريراً يشير فيه إلى أن معنويات العاملين جيدة وشكاوى العاملين ضمن الحدود المقبولة ودوران العمل تحت السيطرة. في حين أشار الآخر إلى أن الغياب وصل إلى 4%، وأن الشكاوى وصلت هذا العام إلى 60 شكوى (مقارنة بـ 40 شكوى في العام الماضي) وأن نسبة دوران العمل هي 12%. إن التقرير الثاني هو أكثر موضوعية ودقة في طرح المؤشرات لأنه حدد بالأرقام القاطعة حالة الأداء.

* مؤشرات ضعف النظام الرقابي **Indicators of Control System Weakness**

إن الحكم على النظام الرقابي الخاص بأي منظمة أعمال يمكن أن يكون من خلال مؤشرات عديدة ليست داخلية فحسب بل هناك أطراف وفئات خارجية يمكن أن تدل المدراء على ضعف كبير في نظامهم الرقابي. ونجمل في أدناه بعض المؤشرات التي تدل على أن النظام الرقابي في منظمة ما هو نظام ضعيف ويحتاج إلى إعادة نظر وإصلاح.

* كثرة شكاوى الزبائن وتذمرهم من السلع أو الخدمات المقدمة من قبل منظمة الأعمال. وكثير من الشركات اليوم تستطلع آراء زبائنها من خلال صناديق شكاوى واقتراحات أو من خلال أرقام تليفونية مجانية أو من خلال موقع إنترنت أو استبيانات مباشرة توزع على الزبائن كما يحصل للمسافرين في الطائرات أو القطارات أو منافذ التوزيع الكبيرة للسلع وغيرها.

* عدم رضا العاملين وكثرة شكاواهم وتذمرهم وتظلماتهم وارتفاع مؤشر الغياب وزيادة معدل دوران العمل وهذه تخفي وراءها ضعف بالنظام الرقابي الخاص بالتدريب والتحفيز أو الترقيات أو الاختيار والتعيين.

* نقص في رأس المال العامل ينتج عن زيادة في كميات المخزون حيث أن هذا الأخير هو راس مال مجمد، أو بسبب انخفاض السيولة بشكل حاد وعدم إجراء مراجعة دقيقة للديون ومتابعة تحصيلها بسبب ضعف الجوانب الرقابية المالية.

* كثرة توقف وعطلات المكائن أو عطل الأفراد العاملين بسبب نقص المواد الأولية أو عدم كفاءة الإدارة في جدولة العمل أو عدم كفاءة نظام الصيانة ومراقبة ومتابعة المكائن من حيث الصيانة الدورية واستبدال أجزاء في موعدها، وهذا بسبب ضعف الرقابة العملياتية.

* كثرة العمل الورقي ووجود الاختناقات في سير العمل بسبب تعقد الإجراءات وعدم وضوح الصلاحيات وتضارب الأدوار والصراع على الموارد وهذه تدخل في إطار ضعف الرقابة الهيكلية.

* تكاليف إنجاز عالية لمختلف الأعمال وكثرة التالف وإعادة التشغيل للوحدات المنتجة يدل على ضعف الرقابة على الجودة.

* علاقات سيئة مع أطراف مؤثرة في البيئة الخارجية بسبب ضعف الرقابة الاستراتيجية وعدم قدرتها على إدامة العلاقة معهم بشكل جيد لصالح المنظمة.

* دفع غرامات ومعالجة دعاوى وقضايا مرفوعة ضد المنظمة يرتبط بعضها بالسلوكيات اللا أخلاقية لبعض العاملين وهذا يدل على ضعف في نظام الرقابة.

مقاومة الرقابة وسبل التغلب عليها Control Resistance and Overcoming *

كثيراً ما يواجه نظام الرقابة أو بعض آلياته مقاومة من قبل العاملين خاصة عندما تكون هناك تعديلات أو تحديث للنظام بإضافة آليات جديدة أو مؤشرات جديدة أو تعديل المعايير المعتمدة. وقد يفترض بعض المدراء أن المقاومة المتولدة هي لأسباب تتعلق بشخصية العاملين وليس العيب في نظام الرقابة وفلسفته وتركيزه وخصائصه. ولعل من أهم أسباب مقاومة نظام الرقابة ما يمكن أن نجمله في الآتي:

- الرقابة المبالغ فيها Over Control:

عندما يكون نظام الرقابة مركزاً على جميع التفاصيل يصبح الموقف مزعجاً للعاملين خصوصاً عندما يراقب سلوكياتهم بشكل مباشر وبكل تفاصيلها. إن نظام الرقابة يجب أن يركز على ما يمكن أن نسميه النقاط الحرجة في العمل Critical Points أو الأنشطة الأساسية والتي يجب أن يحدد لها مؤشرات أداء دقيقة ولكل مؤشر معايير محددة أيضاً.

- التركيز غير المناسب Inappropriate Focus :

قد يكون تركيز النظام الرقابي أحياناً على المعايير الكمية الضيقة دون تحليلها أو تفسيرها. فمثلاً أن التركيز على زيادة المبيعات في الأمد القصير بشتى الطرق وتحديد أرقام كمعيار لأداء البائعين دون تفسير لحصول بعض الانخفاض في الأرقام لأسباب فنية معقولة قد يضطر هؤلاء البائعين لمقاومة نظام الرقابة والمعايير الرقمية المحددة. وكذلك فإن نظام مراقبة أداء أساتذة الجامعات المرتبط بنشر عدد معين من البحوث بغض النظر عن نوعيتها أو المجلات العلمية التي تنشر فيها هو نظام غير مناسب ويواجه مقاومة من قبل الأساتذة.

- مكافأة عدم الكفاءة Rewards for Inefficiencies:

إن ما يقصد بهذا السبب هو أن تفهم الإدارة ما تخفي الأرقام وتفسيرات هذه الأرقام وليس الأرقام بحد ذاتها كمعيار للحكم على الأداء وبالتالي اتخاذ قرار بالمكافأة أو العقوبة. مثال ذلك، لو أن قسمين في منظمة ما كان موقفهما في نهاية السنة المالية كالآتي: القسم الأول لديه فائض لم يصرف من الميزانية المقدرة له مقداره 5000 دينار والقسم الثاني أظهر عجزاً في الميزانية مقداره 5000 دينار أيضاً. فقد تستنتج الإدارة أن القسم الأول كان قد حصل على ميزانية تجاوزت احتياجاته بدليل هذه الزيادة وأن القسم الآخر لم يحصل على ما يكفيه من ميزانية لإنجاز أعماله والدليل هو العجز الحاصل عنده. فإذا اعتمدت الإدارة في هذا التفسير في قرارها المتعلق بتخصيص الموارد للسنة القادمة وزادت تخصيصات القسم الثاني وقلصت من مخصصات القسم الأول فإن هذا يعتبر غير موضوعياً لإمكانية وجود تفسيرات متعددة لعدم صرف القسم الأول أو العجز في القسم الثاني فقد يكون الصرف في القسم الثاني جاء نتيجة هدر وعدم ترشيد في استخدام الموارد وبذلك تكون الإدارة قد كافأت عدم الكفاءة.

- محاسبة مبالغ فيها Too Much Accountability:

تسمح الرقابة الفعالة للمديرين تحديد ما إذا كان العاملون يتحملون مسؤولياتهم بشكل صحيح، لكن المبالغة بمحاسبة العاملين على الإنجاز رغم كون المعايير المحددة قد تحققت يدفع العاملين لمقاومة نظام الرقابة.

بعد معرفة أسباب مقاومة نظام الرقابة وآلياته نحاول أن نحدد السبل الكفيلة بالتغلب على هذه المقاومة وتجاوزها ويتم ذلك من خلال مرحلتين: الأول تشجيع العاملين على المشاركة في جميع إجراءات ومراحل العملية التخطيطية والتنفيذية والرقابية فإن ذلك سيؤدي إلى تقليل مقاومتهم بسبب المشاركة الفعالة في وضع المعايير ومناقشتها والاتفاق عليها. أما الثاني، فهو تطوير إجراءات لتدقيق العملية الرقابية وآلياتها والمعايير المحددة للأداء كلما حصلت مشكلة أو حصل تطور في الوضع البيئي الذي تعمل فيه المنظمة.

* حجم الرقابة المطلوب ؟ How Much Control

*** تحليل الكلفة والعائد**
Cost Benefit Analysis
عملية مقارنة التكاليف والمنافع المتحققة من وجود نظام الرقابة بمستوى معين من التعقيد أو التبسيط.

إن نظام الرقابة الجيد والفعال تقابله تكاليف يجب أن تتحملها المنظمة، لذا فإن حجم الرقابة المطلوبة الضرورية يجب أن لا يتجاوز في كل الأحوال مستوى معين من التكاليف وفي نفس الوقت يحقق الفوائد أو الغايات المستهدفة منه. ففي بعض منظمات الأعمال نجد نظماً رقابية ببيروقراطية ذات تفاصيل هائلة لا فائدة منها وبالتالي فإن تكاليفها المباشرة كبيرة وكذلك التكاليف غير المباشرة المرتبطة بعرقلة العمل وجموده وتقييد حرية العاملين في التصرف في المواقف المختلفة، لذا فإن تكاليف هذا النوع من النظم الرقابية يفوق المنافع المتحققة منه. وبالمقابل توجد منظمات تستخدم الحد الأدنى من الآليات الرقابية التي تجعل من نظام الرقابة نظاماً شكلياً وغير فاعل، وبالتالي فإن تكاليف الثغرات في هذا النظام تكون كبيرة رغم أن كلفة النظام المباشرة قليلة. وبشكل عام فإن هناك دراسة تجرى لاختيار مستوى وحجم العمل الرقابي في منظمات الأعمال تسمى دراسة الكلفة والعائد Cost-Benefit Analysis يقارن فيها بين العوائد المتوقعة والتكاليف المتوقعة لتشغيل نظام رقابي معين وبآليات معينة. ويعرض الشكل (10-8) هذه الأفكار.

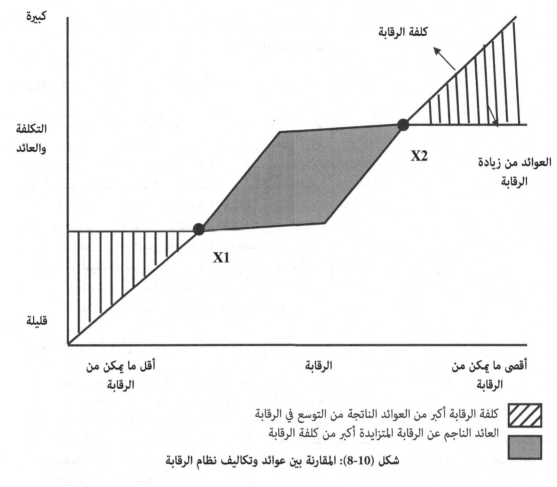

كلفة الرقابة
التكلفة
والعائد
الرقابة
الرقابة
الرقابة
الرقابة
كلفة الرقابة أكبر من العوائد الناتجة من التوسع في الرقابة
العائد الناجم عن الرقابة المتزايدة أكبر من كلفة الرقابة

شكل (10-8): المقارنة بين عوائد وتكاليف نظام الرقابة

عندما تبدأ المنظمة في بناء النظام الرقابي بأنشطته المختلفة فإن كلفة الرقابة تزداد وتبدو متفوقة على الفوائد المتحققة من وجود النظام وتستمر هذه الحالة إلى حين الوصول إلى النقطة X1 حيث تتساوى المنافع المتحققة من النظام الرقابي مع تكاليفه. وعندما يبدأ النظام الرقابي بالعمل الفاعل وتصحيح الانحرافات واكتشاف المزيد من الأخطاء وتصحيحها تصبح الفوائد أكبر من التكاليف إلى أن تصل إلى النقطة X2 التي تمثل بدء زيادة التكاليف للنظام الرقابي مرة أخرى بسبب تضخم النظام الرقابي وبالتالي تتفوق التكاليف مرة أخرى على العوائد المتحققة من النظام. لذا على المنظمة أن تختار الحجم الملائم من الرقابة وفق اعتبارات عملها وأنشطتها والفوائد المتوخاة منها.

أسئلة الفصل الثامن

* أسئلة عامة

1. ما المقصود بالرقابة؟ وما الغاية من وجودها في منظمات الأعمال؟
2. حدد مراحل العملية الرقابية موضحاً مضمون كل مرحلة.
3. ما هي أنواع الرقابة في منظمات الأعمال من حيث مستوياتها وموعد إجرائها ومصدرها؟
4. ما هي أهم الأدوات الرقابية المعتمدة من قبل منظمات الأعمال؟
5. ما الفرق بين الرقابة التشغيلية والرقابة الهيكلية؟
6. ما هي أنواع الأدوات الرقابية المالية؟
7. ما المقصود بالنظام الرقابي الفعال؟ وما هي خصائصه؟
8. شخص المؤشرات التي تدل على ضعف النظام الرقابي في منظمة الأعمال؟
9. قارن بين الرقابة العضوية والرقابة البيروقراطية؟
10. كيف يتم تحديد حجم الرقابة المطلوب من خلال مقارنة عوائد وتكاليف النظام الرقابي.

** أسئلة الرأي والتفكير

1. تطالع في بعض الصحف تقارير صادرة من بعض مكاتب التدقيق المعروفة حول بعض الشركات، ما هو نوع الرقابة الذي مارسه مكتب التدقيق من حيث موعد إجراء الرقابة ومصدرها ومجالها؟

2. برأيك، هل أن الرقابة على النقد وضبط الحسابات هي النوع الوحيد الذي يغني عن أي نوع آخر في المصارف؟

3. افترض أنك تعمل في دائرة القبول والتسجيل في الجامعة، وطلب إليك المساعدة في ترصين النظام الرقابي وجعله أكثر فاعلية، ما هي المؤشرات التي تستخلص منها نقاط الضعف في النظم الحالي لتشخيص الخلل أولاً، ثم ما هي الإجراءات التي تنصح بها لتصحيحه.

4. يشكو أحد زملائك في المرحلة المتقدمة من عدم القدرة على إنجاز مشروع البحث الخاص به حيث أن هناك تلكؤ وعدم استثمار الوقت بشكل جيد أدى إلى تأخره واحتياجه إلى وقت إضافي يتجاوز التاريخ المحدد لتسليم البحوث، برأيك أين تكمن مشكلة زميلك من الناحية الرقابية على التنفيذ والوقت وكيف يمكن أن يستفيد من الأنواع الرقابية الثلاثة قبل وأثناء وبعد التنفيذ.

5. لو كنت تعمل في قسم خدمة الزبائن في إحدى الشركات، ولاحظت أن عدد الشكاوى المقدمة من الزبائن قد ازدادت عن العام الماضي، هل تعتقد أن ذلك مؤشر على ضعف النظام الرقابي؟ فسر ذلك.

*** أسئلة الخيارات المتعددة

1. **عندما تمارس منظمة أعمال إجراءات فحص متشددة على جودة المواد الأولية المشتراة فإنها تمارس:**
A. رقابة أثناء التنفيذ
B. رقابة إحصائية
C. رقابة على المخزون
D. رقابة قبل التنفيذ

2. **إن الاهتمام العالي والكبير بالمواقف والأنشطة الحرجة في النظام الرقابي يعني أن هذا النظام يأخذ بنظر الاعتبار:**
A. الإدارة بالأهداف
B. الإدارة بالنتائج
C. الكلفة الإدارية
D. الإدارة بالاستثناء

3. **تبدأ الرقابة من قبل المدير عندما:**
A. يقيس الأداء الحالي
B. يحدد معايير الأداء والأهداف
C. يقارن بين الأداء الفعلي والمخطط
D. يتخذ إجراءات تصحيحية

4. **بأي وظيفة من وظائف الإدارة تقترن الرقابة أكثر من غيرها؟**
A. القيادة
B. التنظيم
C. التخطيط
D. التحفيز

5. **عندما يراجع مدير قسم العمليات أداء القسم خلال الشهر الماضي ويجد أن هناك انحراف بين المستهدف والمتحقق فعلاً حيث أن المستهدف أكبر من الفعلي فإنه:**
A. سيتخذ إجراء تصحيحي
B. لا يتخذ أي إجراء لأن الشهر انتهى
C. يترك الموضوع للمعنيين لمعالجته
D. يحتفظ بالمعلومات لفائدته الشخصية

6. **عندما يتم قياس نتائج الأداء في إطار كمي أو نوعي أو كلفوي أو فني أثناء العملية الرقابية فإن هذا يعني معيار:**
A. مدخلات
B. مخرجات
C. عمليات
D. التغذية العكسية

7. **الآتي خصائص نظام الرقابة الفعال عدا:**
A. الثبات وعدم التغير
B. المرونة
C. العدالة
D. موجه نحو النتائج

8. **إن الرقابة التي تصمم لتوقع العيوب أو الأخطاء والمشاكل هي رقابة:**
A. تغذية عكسية
B. وقائية
C. علاجية
D. داخلية

9. إن حضور المشرفين مع العاملين أثناء أداء عملهم في أحد مطاعم الوجبات السريعة هو مثال على الرقابة:

A. الاستراتيجية   B. المتزامنة (أثناء التنفيذ)

C. هيكلية   D. بعد التنفيذ

10. إن التقرير المالي المتعلق بأحد المشاريع المنجزة في الشهر السابق والـذي يظهر تجـاوز بالصرف على الموازنـة التقديريـة للمشروع هو مثال على رقابة:

A. مالية وبعدية   B. بعدية واستراتيجية

C. مالية أثناء التنفيذ   D. هيكلية قبل التنفيذ

11. يمكن حساب الوجبة الاقتصادية للشراء وفق المعادلة التالية:

A. $EOQ = \sqrt{\dfrac{2\,HO}{D}}$ B. $EOQ = \sqrt{\dfrac{OHD}{2}}$

C. $EOQ = \sqrt{\dfrac{2\,OD}{H}}$ D. $EOQ = \sqrt{\dfrac{2\,H}{OD}}$

12. إن نقطة التعادل هي النقطة التي تتعادل فيها الإيرادات الكلية مع :

A. التكاليف الثابتة   B. التكاليف المتغيرة

C. التكاليف الكلية   D. صافي الربح

13. يعد نظام الحيود السداسي Six Sigma مدخلاً صارماً في الرقابة على الجودة حيث تصل نسبة العيوب المقبولـة لكـل مليـون وحدة منتجة إلى

A. 34 وحدة   B. 4.3 وحدة   C. 3.4 وحدة   D. 43 وحدة

14. واحدة من بين الخصائص التالية ليست من سمات الرقابة العضوية:

A. التزام عالي من قبل العاملين   B. موجهة للأداء الجماعي

C. محددة ورسمية   D. متوجهة لأداء أكثر مما محدد

15. إذا كان الطلب السنوي على إحدى المواد هو 100 وحدة سنوياً وأن كلفة إصدار امر الشراء 80 وحدة نقدية وأن كلفـة الاحتفاظ بالمخزون للوحدة الواحدة 10 وحدات نقدية سنوياً، فإن حجم الوجبة الاقتصادية للشراء (EOQ) هو :

A. 20 وحدة   B. 40 وحدة   C. 800 وحدة   D. 1600 وحدة

الفصل التاسع

الإدارة الاستراتيجية

الفصل التاسع

الإدارة الاستراتيجية

بعد قراءتك لهذا الفصل فإنك تستطيع الإجابة على الأسئلة التالية:

1. ما هي الإدارة الاستراتيجية وما طبيعتها؟
2. ما هي أهم المفاهيم المرتبطة بالفكر الاستراتيجي بشكل عام؟
3. ما هي مراحل الإدارة الاستراتيجية وما هي متطلبات كل مرحلة؟
4. كيف تتم صياغة الاستراتيجية؟
5. كيف تتم تنفيذ الاستراتيجية؟
6. كيف تتم الرقابة على الاستراتيجيات وعملية تنفيذها؟

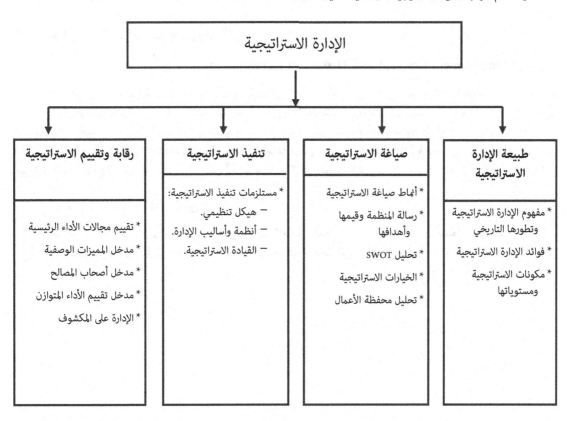

مقدمة الفصل التاسع:

لقد أصبحت الإدارة الاستراتيجية والفكر الاستراتيجي من المواضيع التي تحظى باهتمام كبير في بيئة الأعمال اليوم حيث المنافسة الشديدة وندرة الموارد وسرعة التغيير والتي تتطلب إدارة واعية لطبيعة ما يجري حول المنظمة من أحداث أو تغيرات. إن الإدارة الاستراتيجية تعطي للمنظمة القدرة على خلق قابليات متميزة تستند عليها ميزات تنافسية مستدامة تؤدي إلى النجاح وتحقيق نتائج أفضل. لقد تطورت الاستراتيجية ومفاهيمها عبر فترات زمنية مختلفة وأصبحت اليوم تمثل رصيد معرفي تستفيد منه إدارات المنظمات في عملها. ومع وجود العديد من النماذج التي في إطارها توضع استراتيجية المنظمة وتنفذ إلا أن نموذجاً عاماً شاملاً يمكن أن يغطي مراحل الإدارة الاستراتيجية جميعها ابتداءً من عملية الصياغة ثم التنفيذ والتقييم والرقابة. وقبل أن نستعرض هذه المراحل في النموذج العام سنعرج على استعراض أهم المفاهيم التي تشكل طبيعة الإدارة الاستراتيجية في عالم اليوم.

أولاً: طبيعة الإدارة الاستراتيجية **Strategic Management Nature**

تشتمل الإدارة الاستراتيجية اليوم على كم هائل من المفاهيم والتصورات والرؤى وضعت في إطار علمي ومنهجي ومنظم تستفيد منه إدارات الأعمال. وقد تشكل في ضوء ذلك إطار عام للتطور التاريخي لهذه الإدارة إلى أن وصلت إلى ما هي عليه الآن.

* مفهوم الإدارة الاستراتيجية وتطورها التاريخي

Strategic Management Concept and Historical Development

تعتبر الإدارة الاستراتيجية بوجودها العام قديمة وتمتد إلى العصور الأولى من التاريخ حيث القادة العسكريون اليونانيون يستخدمون المناورات العسكرية لتحقيق النصر على الأعداء من خلال الحشد الجيد للموارد، وضمن هذا السياق فإن الاستراتيجية تهتم بالهدف البعيد للحرب والتخصيص الجيد للموارد لتحقيق الهدف من خلال الاهتمام بما يحيط الجيش من بيئة وأحداث. بعد ذلك انتقلت هذه المفاهيم إلى الاقتصاد والأعمال لكي يتم الاستفادة منها، لكن هذه الاستفادة لم تكن في بدايتها كما هي عليه اليوم. وإذا أردنا تتبع التطور التاريخي فإنه يمكن أن يستعرض في أربعة مراحل وكالآتي:

- المرحلة الأولى: التخطيط المالي الأولي

تضع الإدارة أهداف محدودة وتخصص الموارد اللازمة لتحقيق هذه الأهداف في ضوء تحليل بسيط جداً لبيئة واضحة إلى حد ما وتتوفر فيها الموارد، وعادة ما تكون قدرة المنظمة على متابعة أحداث البيئة جيدة.

ومع ظهور بوادر تذبذب الطلب على المنتجات لم يعد هذا الأسلوب كافياً للتعامل مع الأحداث وتطلب الأمر تطوير وسائل جمع المعلومات من البيئة الخارجية.

- المرحلة الثانية: التخطيط القائم على التنبؤ

أصبحت الإدارة في هذه المرحلة أكثر اهتماماً بجمع معلومات وتنبؤات لأحداث بيئية لفترات زمنية قد تمتد لثلاث سنوات أو أكثر وربما تؤثر هذه المعطيات في الأنشطة الإدارية وأساليب تحديد الأهداف في المنظمة لأفق زمني متوسط أو طويل نسبياً. ومع ذلك فإن وسائل التنبؤ الأولية أفادت المنظمات كثيراً في وضع خطط موضوعية وعلمية.

- المرحلة الثالثة: الخطط الموجهة خارجياً (التخطيط الاستراتيجي)

مع كثرة الأحداث والاضطرابات البيئية وندرة الموارد واشتداد المنافسة فإن إدارات المنظمات وجدت نفسها مجبرة على البحث عن بيانات ومعلومات حول متغيرات البيئة الخارجية. وفي البداية ازداد أفق العملية التخطيطية من الناحية الزمنية ليظهر التخطيط بعيد الأمد Long Range Planning ثم بعد ذلك بدأت تظهر أحداث لا تنبع أهميتها من الأفق الزمني بقدر ما يتطلب الأمر التركيز على العوامل الحرجة للنجاح وتبلورت حينئذ مفاهيم التخطيط الاستراتيجي الذي استفادت منه المنظمات كثيراً في الخمسينات والستينات من القرن الماضي ولا تزال.

- المرحلة الرابعة: الإدارة الاستراتيجية

لم تعد العملية التخطيطية وحدها كافية لإدارة منظمات الأعمال في عالم اليوم فالإدارة الاستراتيجية تتجاوز العملية التخطيطية لتصبح هذه العملية جزءاً منها ومكملة لمفاهيم عديدة يدخل ضمنها التخطيط الاستراتيجي واستخدام الموارد النادرة وخلق الميزات التنافسية وتفعيل ثقافة المنظمة وغيرها. وتراكمت مجمل هذه المعارف لتشكل إرثاً معرفياً هائلاً تستفيد منه إدارات الأعمال في عالم اليوم. وبملاحظة هذا التطور التاريخي لمفهوم الإدارة الاستراتيجية ومحتوياتها فإننا يمكن أن نشير إلى طبيعة هذه الإدارة من خلال استعراض تعريف ينص على أن الإدارة الاستراتيجية هي عمليات إدارية شاملة ومستمرة موجهة نحو صياغة وتنفيذ استراتيجيات فعالة، وهي أسلوب منهجي للأعمال في تعاملها مع الفرص والتحديات.

إن الاستراتيجية الفعالة Effective Strategy هي الاستراتيجية التي تحقق أعلى انسجام وتناغم بين منظمة الأعمال وبيئتها وكذلك المنظمة وتحقيقها

* الاستراتيجية
Strategy
هي خطة شاملة توجه عمليات تخصيص الموارد لتحقيق أهداف المنظمة بعيدة المدى.

* الإدارة الاستراتيجية
Strategic Management
عمليات إدارية شاملة ومستمرة موجهة نحو صياغة وتنفيذ استراتيجيات فعالة وهي أسلوب منهجي للأعمال في تعاملها مع الفرص والتحديات.

* الاستراتيجية الفعالة
Effective Strategy
هي الاستراتيجية التي تحقق أعلى انسجام وتناغم بين منظمة الأعمال وبيئتها وبين المنظمة وتحقيق أهدافها الاستراتيجية.

لأهدافها الاستراتيجية. وبذلك فإن الاستراتيجية Strategy عبارة عن خطة شمولية توجه تخصيص الموارد لإنجاز أهداف المنظمة بعيدة المدى ومع كون الاستراتيجية هي خطة شاملة إلا أن الاستراتيجية والتخطيط ليسا مفهوماً واحداً بل مفهومان يكمل بعضهما الآخر. فالاستراتيجية تهتم بماذا تريد أن تكون المنظمة مستقبلاً في حين يهتم التخطيط بكيفية الوصول إلى ما تريد المنظمة.

* فوائد الإدارة الاستراتيجية

Strategic Management Benefits

تشير البحوث والدراسات إلى أن منظمات الأعمال التي تدار بالفكر الاستراتيجي ومفاهيم الإدارة الاستراتيجية هي أفضل أداء من تلك التي لا تعي ولا تطبق هذه المفاهيم، خاصة وأن هذه المفاهيم تعطي لمنظمة الأعمال قدرة على خلق قابليات مميزة Distinctive Competence وهي قدرات جوهرية ومحورية تسمى أيضاً Core competency تمتلكها المنظمة لوحدها وتتفرد فيها ويصعب تقليدها أو مجاراتها من قبل الآخرين وعادة ما تكون هذه القدرات المميزة مركزة في عدد قليل من القضايا والأمور الرئيسية وتستند عليها المنظمة في الحصول على ميزات تنافسية Competitive Advantage ناتجة عن عمليات توليف لهذه القدرات المميزة للوصول إلى أداء يفوق أداء المنافسين. وقد يكون مصدر هذه الميزات التنافسية تكنولوجيا المعلومات التي تسمح مثلاً للمنظمة بالاستجابة السريعة لطلب الزبون خلال زمن قصير لا تستطيع المنظمات الأخرى مجاراتها فيها. ويمكن للمنظمة أن تحقق ما يسمى بالميزة التنافسية المستدمة Sustainable Competitive Advantage وهي ميزة لا يمكن تقليدها بسهولة من قبل المنافسين وعادة ما تكون مستمرة لفترة طويلة لكونها تستند لقابليات متفردة وجوهرية لا يملكها الآخرون.

*** القابلية المميزة**
Distinctive Competence
نقطة قوة معينة تمتلكها منظمة واحدة أو عدد قليل من المنظمات المتنافسة.

*** الميزة التنافسية**
Competitive Advantage
ميزة تأتي بشكل خاص من القدرة على العمل بأساليب ناجحة يصعب على الآخرين تقليدها.

*** الميزة التنافسية المستدمة**
Sustainable Competitive Advantage
هي ميزة تنافسية تستطيع المنظمة الاستفادة منها لفترات زمنية طويلة ولا يمكن تقليدها بسهولة.

وقد لخصت العديد من الدراسات الميدانية ما يمكن أن يكون فوائد يمكن تحقيقها من جراء الإدارة الاستراتيجية ومفاهيمها منها:

1. وضوح رؤية منظمة الأعمال بشكل جيد.
2. تركيز دقيق على القضايا الاستراتيجية والحيوية للمنظمة.
3. القدرة على فهم والتعامل مع التغيرات الحاصلة في البيئة.
4. تحسين أداء المنظمة ونجاحها على مختلف المستويات.
5. تساعد الإدارة الاستراتيجية منظمة الأعمال في أن تصبح منظمة متعلمة Learning Organization. وهي المنظمة التي لديها مهارات في أربعة أنشطة أساسية هي:

- حل المشاكل بطرق منهجية منظمة.
- تجرب دائماً مداخل وأساليب جديدة.
- التعلم من تجاربها التاريخية وتجارب المنظمات الأخرى.
- نقل المعارف بسرعة إلى مختلف أجزاء المنظمة.

6. تساعد الاستراتيجية على خلق حالة من التداؤب Synergy من خلال إيجاد أفضل ربط بين مختلف أجزاء المنظمة وعملياتها، فالصورة الكلية للعمل في المنظمة تتحقق من وجود قيادة للجهد الجماعي وحشد الموارد لتحقيق الأهداف.

7. خلق قيمة Value Creation. إن الغرض الأساسي من الاستراتيجيات هو خلق قيمة يستفيد منها الزبون ومختلف أصحاب المصالح. والقيمة Value يمكن أن نعبر عنها كتوليفة من المنافع التي يحصل عليها الزبون قياساً بالكلفة المدفوعة من قبله. إن المدراء يساعدون منظماتهم لخلق القيمة عن طريق ابتكار استراتيجيات تستثمر القدرات المميزة وتحقق تداؤب عالي. كذلك فإن الاستراتيجية تخلق قيمة للمستثمرين من خلال ما يتحقق من عائد يكون أعلى من متوسط العائد Above Average Return الذي يتوقعه المستثمر من مخاطره مماثلة في استثمار آخر.

* مكونات الاستراتيجية ومستوياتها

Strategic Components and Levels

منذ مطلع الستينيات أشار بعض الباحثين إلى أن استراتيجية المنظمة يجب أن تهتم وتوضح أربعة قضايا وعناصر أساسية وهي:

* تحديد ميزات التنافس
* تحديد مجال النشاط
* تحديد عوامل النمو والتطور
* تأشير جهد التداؤب

ثم توالت البحوث لنرى أن أي استراتيجية يجب أن تتوجه لتوضيح ثلاثة مجالات أساسية وهي: القدرات المميزة للمنظمة والمجال وحشد الموارد وتوزيعها ففي إطار القدرات المميزة يتطلب الأمر أن تستند استراتيجيات المنظمة على قدراتها المميزة والفريدة وهي نقاط القوة والمجالات التي استثمرت فيها وأصبحت تشكل قاعدة أساسية تستند عليها ميزاتها التنافسية التي لا تقلد وتعطيها سبقاً في

---

* التداؤب Synergy
حالة توجد عندما تتفاعل أجزاء المنظمة مع بعضها لإنتاج تأثير مشترك يفوق عمل هذه الأجزاء منفردة.

* القيمة Value
حزمة من الفوائد أو المنافع يحصل عليها طرف ما قياساً بالتكاليف التي تحملها.

* العائد فوق المتوسط
Above Average Return
هو العائد المتحقق من خيار استثماري بعائد أعلى ضمن خيارات استثمارية متساوية في مخاطرها.

المنافسة. أما المجال Scope فيعني في الإطار العام تحديد مديات السوق التي تنافس فيها المنظمة وعلى الإدارة أن لا تخطئ أو تتوهم في تحديد هذه المجالات جيداً لكي تعرف منافسيها بدقة ووضوح وكذلك أي من الزبائن تخدم. إن المنظمات الصغيرة تنافس في مجال مختلف عن تلك التي نطلق عليها التكتلات الكبيرة التي تنافس في المئات من الأسواق المختلفة. والاستراتيجية يجب أن توضح عملية حشد الموارد Resource Deployment المستقبلية وكيفية توزيعها على المجالات التي تنافس فيها بحيث تحقق أفضل النتائج.

* المجال Scope
مديات السوق التي تنافس فيها المنظمة.

* حشد الموارد وتوزيعها
Resource Deployment
كيفية تجميع الموارد وتوزيعها على المجالات التي تنافس فيها المنظمة.

وبالنسبة لمستويات الاستراتيجية فيمكن أن نلاحظ ثلاثة منها تمارس فيها الإدارة الاستراتيجية عملية صياغة وتنفيذ ورقابة الاستراتيجية وهي:

- مستوى استراتيجية المنظمة **Corporate Level Strategy**

* استراتيجية المنظمة
Corporate Strategy
تحديد مسار أو اتجاه طويل الأمد للمنظمة بصورتها الكلية.

يهتم هذا المستوى بإدارة المنظمة بصورتها الشمولية لتحقيق ميزة تنافسية مستدامة. وفي الأعمال الصناعية فإن هذا المستوى يجيب على سؤال استراتيجية أساسي وهو: في أي الصناعات والأسواق يجب أن ننافس؟ والغرض الأساسي من هذا المستوى هو تحديد الاتجاه وتوجيه الموارد للمنظمة ككل. وفي المنظمات الكبيرة جداً تهتم الاستراتيجية بتحديد اين تتم المنافسة في الأسواق المختلفة ومع الصناعات المتعددة. وفي العادة فإن القرارات الاستراتيجية في هذا المستوى ترتبط بتخصيص الموارد لتطوير أعمال جديدة أو للاستحواذ على منظمات أخرى أو الانسحاب من أعمال قائمة لتشكيل محفظة أعمال المنظمة ككل.

- مستوى استراتيجية الأعمال **Business Level Strategy**

* استراتيجية الأعمال
Business Strategy
تحديد كيفية المنافسة من قبل الأقسام الرئيسية أو وحدات الأعمال الاستراتيجية في منتجاتها وخدماتها الأساسية.

* وحدة العمل الاستراتيجي (SBUI)
هي مجال عمل رئيسي- تعمل باستقلالية نسبية.

يهتم هذا النوع باستراتيجية وحدة أعمال واحدة أو خط إنتاجي معين وتصف أسلوب المنافسة في هذه الصناعة أو السوق المحدد والمعلوم. في الشركات الكبيرة المتكونة من عدة أعمال ووحدات أعمال ولديها تنوع كبير في خطوط الإنتاج والصناعات مثل شركة جنرال إليكتريك وشركة جنرال موتورز وشركة هونداي فإن مفهوم وحدة الأعمال الاستراتيجية Strategic Business Unit (SBU) يستخدم لوصف عمل واحد رئيسي ومهم تمارسه هذه الشركات الكبيرة مثل صناعة السيارات. إن اختيار الاستراتيجية في هذا المستوى يجيب على السؤال: كيف سننافس من أجل الحصول على الزبائن في هذه الصناعة والسوق؟ إن القرارات الاستراتيجية في هذا المستوى تحتوي على خيارات تتعلق بالمزيج السلعي أو الخدماتي وموقع الوحدات الإنتاجية والتكنولوجية المستخدمة وغيرها. وفي

الشركات ذات العمل الوحيد فإن هذا المستوى والمستوى السابق (استراتيجية المنظمة) يكونان مستوى واحد.

* **الاستراتيجية الوظيفية**
Functional Strategy
كيفية استخدام الموارد في كل وظيفة من وظائف المنظمة وتوجيهها لرفد استراتيجية الأعمال.

- **مستوى الاستراتيجية الوظيفية Functional Level Strategy**

يركز هذا النمط على قيادة وتوجيه استخدام الموارد لتنفيذ استراتيجية الأعمال. إن هذا المستوى يركز على الأنشطة ضمن وظيفة واحدة من وظائف المنظمة (الإنتاج، التسويق، المالية، الموارد البشرية، الموارد المعلوماتية). إن السؤال الاستراتيجي المهم الذي يثار عند هذا المستوى هو: كيف يمكننا استخدام الموارد بأفضل الطرق لتنفيذ استراتيجية الأعمال؟ إن الإجابة على هذا السؤال يتركز حول اختيار أفضل الممارسات الإدارية في مختلف وظائف المنظمة لتحسين الكفاءة العملياتية (الجودة، الخدمة، سرعة التسليم، الإبداع وغيرها). ويعرض الشكل التالي المستويات الثلاثة للاستراتيجية.

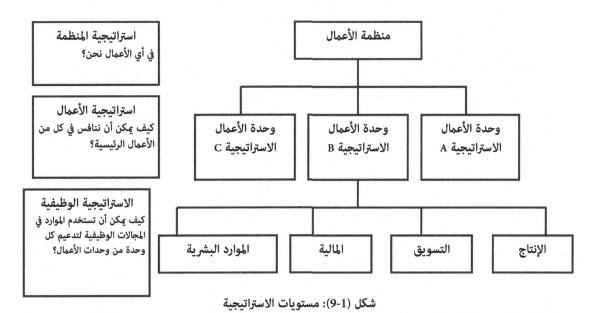

شكل (1-9): مستويات الاستراتيجية

ولا يشترط أن تكون المنظمة كبيرة الحجم جداً لكي تتضح فيها هذه المستويات الثلاث فيمكن لجامعة مثلا متوسطة الحجم أو صغيرة فيها عدد من الكليات (اقتصاد، صيدلة، علوم، آداب، تربية، الخ) حيث تشكل هذه الكليات وحدات أعمال استراتيجية تنافس الكليات المماثلة في جامعات أخرى لتشكل أقسام أي كلية من هذه الكليات استراتيجية وظيفية لاستخدام الموارد لغرض تعزيز الموقف التنافسي للكلية وبالتالي للجامعة. فمجلس الجامعة مسؤول عن وضع الاستراتيجية الكلية للجامعة وكيف تكون جامعة متميزة وفريدة في حين يضع مجلس الكلية آليات للمنافسة مع الآخرين في ميدان العمل واجتذاب الطلاب لنرى أن دور القسم يتحدد في أفضل استخدام للموارد في تعزيز هذا التوجه ويتم ذلك من خلال نوعية الخريجين وتحديث المناهج وتطوير قابليات التدريس فيه وهكذا فإن هذه المستويات الثلاثة مترابطة وتعمل بصورة موحدة لتعمل على تعزيز الموقع التنافسي للمنظمة والحصول على أفضل النتائج.

ثانياً: صياغة الاستراتيجية **Strategy Formulation**

تعتبر صياغة الاستراتيجية مرحلة مهمة جداً في نموذج عمليات الإدارة الاستراتيجية الذي يوضحه الشكل (2-9). إن صياغة الاستراتيجية هي مرحلة تشتمل على تحديد رسالة المنظمة وأهدافها الاستراتيجية وخياراتها الاستراتيجية على المستويات الثلاثة (المنظمة بأكملها، الأعمال، الوظائف). ولكن إذا كانت المنظمة مستمرة في العمل ولديها هذه المفردات الثلاث التي يشملها مفهوم التوجه الاستراتيجي فإنها في ضوء تحليل واقع عملها في بيئتها الخارجية ومكونات بيئتها الداخلية تؤشر مجموعة الفرص والتهديدات ونقاط القوة والضعف لتعيد النظر جذرياً أو جزئياً برسالتها وأهدافها الاستراتيجية وخياراتها.

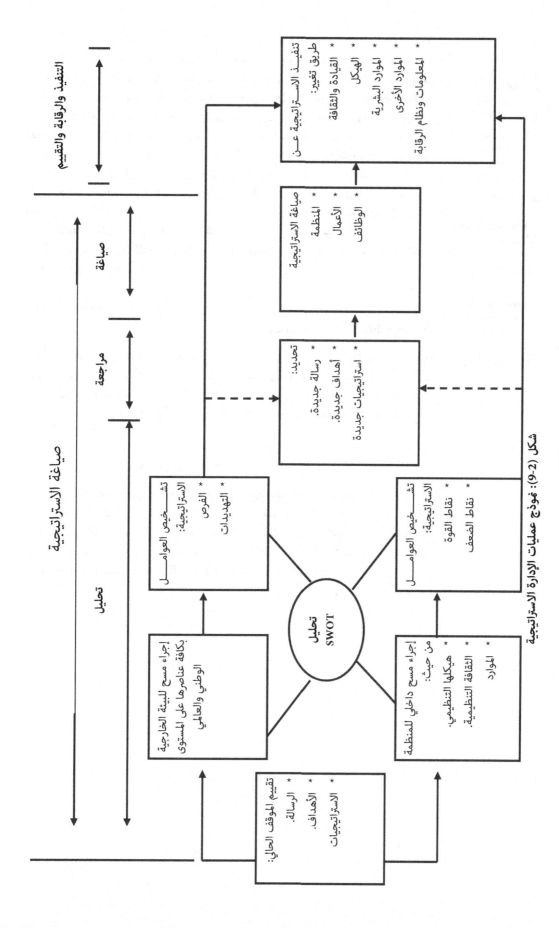

شكل (2-9): نموذج عمليات الإدارة الاستراتيجية

267

إن المعنى الدقيق لصياغة الاستراتيجية هو مجمل العمليات التي بواسطتها يتم خلق أو بناء استراتيجيات، وهذا يتضمن تقييم الاستراتيجيات الحالية وتقييم لوضع المنظمة وبيئتها بهدف تطوير استراتيجيات لاحقة أيضاً قادرة على خلق ميزات تنافسية مستقبلية. وضمن الإطار العام فإن عمليات صياغة الاستراتيجية قد تتأتى من خلال تحليل موضوعي وعملي للخيارات وتطوير الخطط اللازمة وتنفيذها لتدعيم أهداف المنظمة المحددة وهذه تسمى الاستراتيجيات المدروسة Deliberate Strategy. في حين أن بعض المنظمات تظهر لها خيارات استراتيجية وتطور هذه الاستراتيجيات في ظل غياب وعدم وضوح لرسالتها وأهدافها بعيدة الأمد وتسمى هذه الاستراتيجيات Emergent Strategies أي استراتيجيات طارئة (يسميها البعض ناشئة) من واقع الخبرة وتعتمد بالأساس على تجربة المدراء والقادة الكبار. وكلا الاستراتيجيتين تقعان في إطار رغبة منظمة الأعمال في تبني استراتيجية تركز على استخدام أقصى تداؤب تنظيمي ممكن توحد في إطاره الجهود لتحقيق الأهداف وتمثل هذه الاستراتيجيات محصلة نهائية تسمى الاستراتيجية المقصودة Intent Strategy.

* صياغة الاستراتيجية
Strategy Formulation
مجمل العمليات التي يتم بواسطتها خلق أو بناء استراتيجيات وتركز على محتواها بشكل أساس.

*الاستراتيجيات المدروسة
Deliberate Strategy
خطة يتم اختيارها وتنفيذها لدعم أهداف محددة.

*الاستراتيجية الطارئة (الناشئة)
Emergent Strategy
خطة تطور في المنظمة في غياب أو وجود رسالة المنظمة وأهدافها الاستراتيجية.

* الاستراتيجية المقصودة
Intent Strategy
الاستراتيجية التي تركز وتستخدم التداؤب لتوحيد الجهود باتجاه تحقيق الأهداف المنشودة.

* أنماط صياغة الاستراتيجية

Strategy Formulation Modes

إن عملية صياغة الاستراتيجية معقدة ومبعثرة وكثيرة التشعبات ولا تأخذ نمطاً واحداً للوصول إلى الاستراتيجية التي ستعتمدها المنظمة. إنها عملية تطوير خيارات وقرارات استراتيجية ذات أهمية خاصة بالمنظمة لأنها تحكم التوجه المستقبلي بعيد الأمد. وكما أشار الباحثان Mintzberg و Queen أن أنماط اتخاذ القرار الاستراتيجي وصناعة الاستراتيجية تندرج في أربعة أنماط وكالآتي:

1- النمط الريادي **Entrepreneurial Mode**:

في هذا النمط يلعب القائد الريادي دوراً كبيراً وتكون توجهات المنظمة مركزة على الفرص وتعتبر الإشكالات المثارة أمامها ثانوية. في المنظمة الصغيرة توجه الاستراتيجية برؤية المؤسس والأهداف المهيمنة هي النمو والتوسع. إذا استمرت الإدارة الرائدة في مراكمة خبرتها في ظل توسع منظمة الأعمال فإن مضمون هذا النمط يتجسد أكبر في التأثير على صياغة الاستراتيجية بشكل طارئ واستناداً إلى الخبرة والتجربة المتراكمة للمديرين.

2- النمط التخطيطي Planning Mode:

إن القرارات الاستراتيجية في هذا النمط تحتوي على أسلوب وطرق منهجية لتجميع المعلومات وتحليل الموقف وتوليد عدة خيارات استراتيجية يغلب عليها طابع الرشد واختيار الأفضل من بينها. وعادة ما يكون هذا النمط حاوياً للمبادرات الاستباقية Proactive للفرص الجديدة وكذلك ردود الفعل Reactive وإيجاد حلول للمشاكل التي تظهر خلال عمليات تطوير القرار الاستراتيجي.

* القرارات الاستراتيجية
Strategic Decisions
هي القرارات المهمة التي تحدد توجه المنظمة في الأمد البعيد وتتصف بكونها غير اعتيادية ويترتب عليها تغيير لصورة المنظمة المستقبلية.

3- النمط التكيفي Adaptive Mode:

تطور القرارات الاستراتيجية وفق هذا النمط بأسلوب رد الفعل على المشاكل التي تظهر وليس بأسلوب المبادر الباحث عن الفرص. والاستراتيجيات تطور هنا باتجاه متدرج ومتزايد وصولاً إلى الخيارات المعتمدة. وعادة ما نجد هذا النموذج متجسداً في عمل الجامعات والمستشفيات والوكالات الحكومية أكثر من منظمات الأعمال الخاصة.

4- نمط التدرج المنطقي Logical Incrumentalism Mode:

وفق هذا النمط الذي يوصف بكونه توليفة أو تركيب من النمطين التخطيطي والتكيفي وبصورة أقل من الريادي لتوضح من خلاله الإدارة العليا وبشكل عقلاني وواضح رسالة وأهداف المنظمة لغرض تطوير خيارات استراتيجية لاحقاً. هنا فإن الخيار الاستراتيجي هو عمليات تفاعلية لتوجيه المنظمة مستقبلاً وضمن خبرة وتعلم متراكم متزايد أكثر من كونها التزاماً مسبقاً لصياغة أهداف واستراتيجيات معتمدة.

* الخيار الاستراتيجي
Strategic Choice
بديل تعتمده المنظمة وتجد أنه يحقق أهدافها الاستراتيجية وفق أي نمط من أنماط صياغة الاستراتيجية.

* رسالة المنظمة وقيمها وأهدافها

Organization Mission, Values and Objectives

إن عملية صياغة الاستراتيجية تبدأ بمراجعة وتوضيح دقيق لرسالة المنظمة وقيمها وأهدافها. وهذا التوضيح يمثل مرحلة مهمة جداً تؤدي إلى فحص البيئة الخارجية للمنظمة لمعرفة الفرص والتهديدات والبيئة الداخلية لتأشير نقاط القوة والضعف.

- الرسالة Mission

يقصد بالرسالة الغرض الأساسي أو السبب الجوهري لوجود المنظمة في المجتمع. وفي الحقيقة فإن الرسالة يجب أن تعرض وتوضح ماهية الإنجاز الذي

* الرسالة Mission
هي المبرر أو السبب الجوهري لوجود المنظمة في المجتمع.

تريد المنظمة تحقيقه، بعبارة أخرى تجيب الرسالة على العديد من الأسئلة من قبيل: إلى اين نتجه؟ ما هي أحلامنا؟ ما نوع المنتجات المختلفة التي نرغب أن نقدمها للمجتمع؟ بماذا يجب أن نُعرف ونشتهر؟ ويعد الوضوح في الرسالة مقياساً لنجاح المنظمة خاصة وأنه يعطي معايير واضحة لاستخدام الموارد في إطار منظور استراتيجي يؤدي إلى التميز ومن الممكن أن تكون رسالة المنظمة مشتملة على العديد من العناصر (مثل مجال النشاط، الزبائن، نوع المنتجات، نوع التكنولوجيا وغيرها) أو قد تكون مختصرة ومركزة على عدد محدود منها. ومن أمثلة الرسالة المركزة القصيرة ما تعرضه إحدى شركات صناعة السفن حيث تنص رسالتها على الآتي:

"نحن نصع هنا سفناً جيدة، بربح إذا كان ذلك ممكناً، وبخسارة إذا تطلب الأمر لكن دائماً نصنع سفناً جيدة". وقد تكون بعض رسالات المنظمات من عدة صفحات.

وعموماً فإن الرسالة الجيدة يجب أن تكون دليلاً للعاملين في المنظمة ومعبرة عن فلسفتها وأنها تخدم أصحاب المصالح أو المستفيدين من وجود المنظمة.

- القيم الأساسية **Core Values**

تتأثر سلوكيات المنظمات بالقيم والتي هي معتقدات تؤطر ما هو مناسب أو غير مناسب من السلوكيات. وقد سبق وأن عرفنا القيم عند الحديث عن الثقافة التنظيمية في فصل سابق، والثقافة المقصودة هنا هي القيم الأساسية التي يشترك في تقاسمها المدراء والعاملون وتعطي توجهاً مشتركاً للعمل. إن القيم الأساسية القوية للمنظمة تساعد في بناء الوحدة المؤسسية لها وتعطيها مشروعية عمل في المجتمع، وتعكس خصائص المنظمة للأطراف الداخلية والخارجية، كما أنها تمثل وعاءً حاوياً لرسالة المنظمة.

- الأهداف **Goals**

*** الأهداف التشغيلية**
Operating Objectives
نتائج محددة تحاول المنظمة تحقيقها.

بعد أن توضع رسالة المنظمة في إطار قيمها ومعاييرها السلوكية فإن الأهداف الاستراتيجية تشتق من ذلك لتبدأ لاحقاً عملية وضع الأهداف التشغيلية التي تقود وتوجه الأنشطة المختلفة لتحقيق نتائج أداء محددة وعادة ما توضع هذه الأهداف التشغيلية للأعمال في إطار العديد من المعايير يمكن الإشارة إلى بعضها بالآتي:

– **الربحية Profitability** : تحقيق أرباح في جميع أعمال المنظمة.

– **الحصة السوقية Market Share**: الحصول على حصة سوقية مناسبة والعمل على تطويرها أو على الأقل الاحتفاظ بها.

- **كفاءات بشرية Human Talents**: العمل على جذب وتعيين والاحتفاظ بقوة عمل تتمتع بكفاءات ومهارات عالية.
- **موقف مالي جيد Good Financial Situation** : العمل على الحصول على أموال واستثمارات وعائد على الاستثمار وسيولة جيدة.
- **كلفة مناسبة Cost Efficiency**: استخدام الموارد بشكل كفوء وإنجاز الأعمال بأقل كلفة ممكنة.
- **جودة المنتجات Product Quality** : إنتاج سلع أو خدمات ذات جودة عالية.
- **الإبداع Innovation** : إدخال منتجات جديدة أو تحسين الموجود حالياً وكذلك ابتكار عمليات إنتاجية جديدة أو تحسين القائم منها.
- **المسؤولية الاجتماعية Social Responsibility** : الإسهام الإيجابي والفاعل في تطوير المجتمع وزيادة رفاهيته.

* تحليل SWOT   SWOT Analysis

بعد أن تجري المنظمة تقييم أولي لرسالتها وقيمها وأهدافها الاستراتيجية فإن تحليلاً للبيئة الخارجية بمكوناتها وعناصرها المختلفة وكذلك بيئتها الداخلية بهيكلها وثقافتها ومواردها يجب أن يجري لغرض تحديد خياراتها الاستراتيجية المناسبة. وعادة ما يطلق على هذا التحليل SWOT، حيث أن الحروف الأربعة ترمز إلى أربعة كلمات أساسية هي:

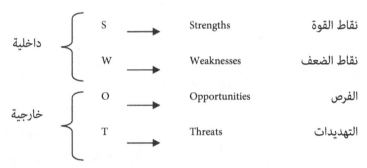

نقاط القوة	Strengths	S →	داخلية
نقاط الضعف	Weaknesses	W →	داخلية
الفرص	Opportunities	O →	خارجية
التهديدات	Threats	T →	خارجية

ولعل التوضيح الأكثر فهماً واستيعاباً لهذا التحليل هو ما نجده في الشكلين التاليين:

*** تحليل SWOT**
SWOT Analysis
فحص نقاط القوة والضعف في المنظمة والفرص والتهديدات في بيئتها الخارجية.

*** نقاط القوة Strengths**
قابليات داخلية تمتلكها المنظمة وتنافس على أساسها.

*** نقاط الضعف**
Weaknesses
نقص أو فقدان بعض المهارات والقابليات التي تجعل المنظمة عاجزة عن اختيار وتنفيذ استراتيجيات تدعم رسالتها.

*** الفرص Opportunities**
مجال في البيئة الخارجية إذا استثمر من قبل المنظمة يولد أداءً عالياً للمنظمة.

*** التهديدات Threats**
مجالات في البيئة الخارجية يمكن أن تزيد من الإشكالات والمصاعب أمام المنظمة وتجعل من الصعب عليها الأداء العالي أو المتميز.

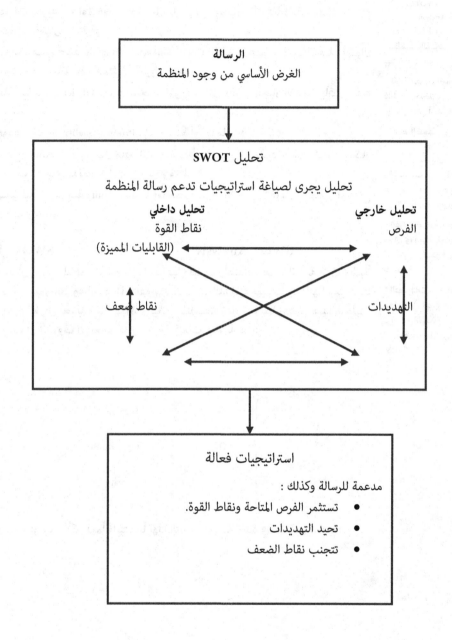

شكل (3-9): تحليل SWOT ضمن عملية صياغة الاستراتيجية

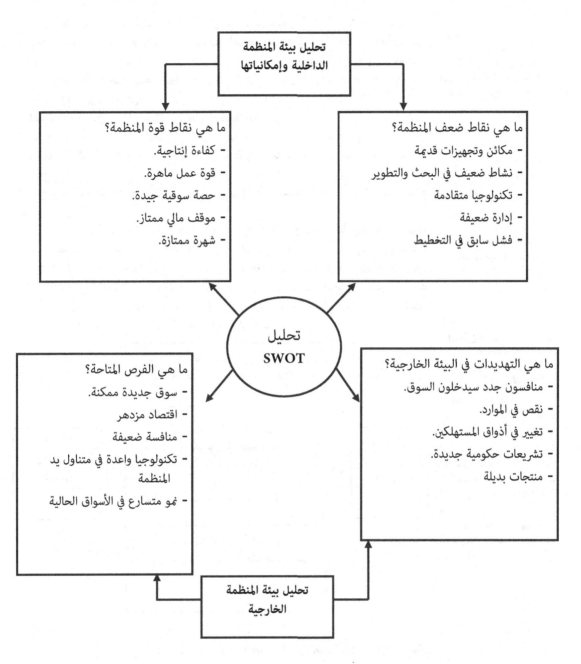

تحليل بيئة المنظمة
الداخلية وإمكانياتها
ما هي نقاط قوة المنظمة؟
- كفاءة إنتاجية.
- قوة عمل ماهرة.
- حصة سوقية جيدة.
- موقف مالي ممتاز.
- شهرة ممتازة.
ما هي نقاط ضعف المنظمة؟
- مكائن وتجهيزات قديمة
- نشاط ضعيف في البحث والتطوير
- تكنولوجيا متقادمة
- إدارة ضعيفة
- فشل سابق في التخطيط
تحليل
SWOT
ما هي الفرص المتاحة؟
- سوق جديدة ممكنة.
- اقتصاد مزدهر
- منافسة ضعيفة
- تكنولوجيا واعدة في متناول يد المنظمة
- نمو متسارع في الأسواق الحالية
ما هي التهديدات في البيئة الخارجية؟
- منافسون جدد سيدخلون السوق.
- نقص في الموارد.
- تغيير في أذواق المستهلكين.
- تشريعات حكومية جديدة.
- منتجات بديلة
تحليل بيئة المنظمة
الخارجية

شكل (4-9): تحليل SWOT بالأمثلة

إن الهدف الأساسي لتحليل وضع المنظمة الداخلي هو تحديد القدرات المميزة (القابليات المميزة) بشكل نقاط قوة تمتلكها المنظمة بشكل منفرد وتتفوق فيها على المنافسين والتي عادة ما تكون قدرات نادرة تكلف الآخرين كثيراً في حالة تقليدها وتتسم بالاستمرارية أو الديمومة، وهذه تشكل مصدر للميزات التنافسية ومصدر هذه القابليات قد يكون خبرة أو معرفة متخصصة وكلما كانت هذه المعرفة ضمنية

* القابلية المميزة
Core Competency
هي نقطة قوة خاصة تعطي المنظمة ميزات تنافسية مستدامة.

Tacit Knowledge كانـت هـذه القابليـات أفضـل مـردوداً و قـوة. ولأهميـة القابليـات المميزة في حياة المنظمات وقدرتها على البقاء فقد اصبحت عملية تقييمها وفحصـها والتأكـد مـن استثمارها بشكل صحيح من قبل منظمة الأعمال من أولويات الإدارة الاسـتراتيجية ويـتم فحصـها من خلال نوع من التحليل يسمى تحليل VRIO وهو الآخر يتكون مـن أربعـة كـلمات تشـير إلى أربعة تساؤلات مهمة وكالآتي:

* **القيمة Value:** هل أن القابلية المميزة تضيف قيمة وتوفر ميزة تنافسية؟
* **الندرة Rareness:** هل أن المنافسين الأخيرين لديهم هذه القدرة أم أنها تخصنا وحدنا؟
* **القدرة على التقليد Limitability:** هل أن عملية تقليد قابلياتنا المميزة من قبل الآخرين مكلفة وصعبة؟
* **التنظيم Organization :** هل أن المنظمة مرتبـة ومهيـأة للاسـتفادة القصـوى أو اسـتثمار هـذه القابلية المميزة؟

إن تحليل البيئة الخارجية المباشرة وغير المباشرة قد لا يبدو أمراً متاحاً لجميـع المـنظمات بسبب محدودية إمكاناتها وقدراتها لذلك فإن بعض المنظمات قـد تجـد أن التركيـز عـلى جانـب محدد من البيئة الخارجية وهو بيئة العمل المباشر وبأبعاد ذات أهمية كبيرة للمنظمة هو الأهم لها. لذلك اقترح الباحث المعروف Porter تحلـيلاً لخمـس قـوى فاعلـة وأساسـية لعمـل المنظمـة وهي: الزبائن والمنافسون والمجهزون والداخلون الجدد والمنتجات البديلة، ويعرض الشكل التـالي نموذج Porter للقوى الخمسة الاستراتيجية المؤثرة في المنافسة.

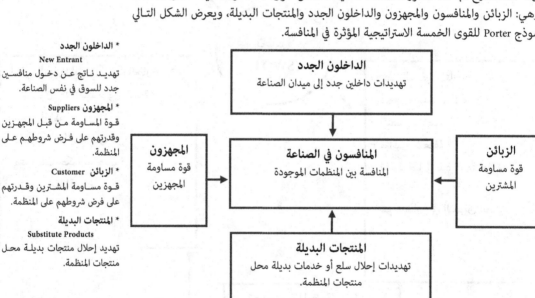

شكل (5-9) : نموذج Porter للقوى الخمسة المؤثرة في المنافسة

Tacit Knowledge
هي المعرفة التي ليس من السهل بثها وإيصالها للآخرين لأنها متجذرة في خبرة العاملين أو في ثقافة المنظمة.

* **تحليل VRIO**
إطار تحليلي لفحص وتقييم القابليات المميزة للمنظمة.

* **المنافسون في الصناعة**
شدة أو حدة المنافسة بين المنظمات الموجودة في الصناعة.

* **الداخلون الجدد**

* **المجهزون Suppliers**
قوة المساومة من قبل المجهزين وقدرتهم على فرض شروطهم على المنظمة.

قوة مساومة المشترين وقدرتهم على فرض شروطهم على المنظمة.

* **المنتجات البديلة**
تهديد إحلال منتجات بديلة محل منتجات المنظمة.

إن هذه القوى الخمسة تؤثر على بيئة الصناعة وبذلك فإن مضمون هذا التأثير يتجسد لاحقاً بفرص وتهديدات مختلفة تحاول المنظمة الاستفادة منها أو تجنبها. وبذلك فإن جاذبية الصناعة أو عدمها ترتبط بالسلوكيات المختلفة لهذه القوى الخمسة فالصناعة قد تكون غير جذابة عندما تكون المنافسة فيها شديدة وتهديدات حلول منتجات بديلة محل منتجات المنظمة أو احتمال عالي لدخول منتجون جدد إلى هذه الصناعة وكذلك قوة المساومة للمجهزين أو المشترين تكون عالية مقابل المنظمة، وعكس هذا الأمر يعني صناعة جذابة.

* الخيارات الاستراتيجية Strategic Choices

بعد أن تكون المنظمة قد أنهت تحليل البيئتين الداخلية والخارجية ربما يتطلب الأمر إعادة نظر برسالتها وقيمها، أما خياراتها الاستراتيجية فإنها قد تعتمد خيارات جديدة من بين عدد كبير من خيارات مطروحة أمامها ووفقاً لمستويات الاستراتيجية التي أشرنا لها سابقاً (مستوى المنظمة، مستوى الأعمال، مستوى الوظائف).

- الخيارات الاستراتيجية على مستوى المنظمة

Strategic Choices at the Organization Level

تتاح أمام منظمة الأعمال في هذا المستوى العديد من الخيارات يمكن أن تجمل في ثلاث مجموعات أساسية: استراتيجيات النمو والتوسع، استراتيجيات الاستقرار والثبات، استراتيجيات الانكماش والتراجع.

1- استراتيجيات النمو التوسع Growth and Expansion Strategies

وهذه استراتيجيات مفضلة من قبل المدراء كونها تشير إلى النجاح، واستراتيجية النمو Growth Strategy هي زيادة الحجم والتوسع في العمليات القائمة. وتعتبر هذه الاستراتيجية في بعض الصناعات ضرورية للبقاء والاستمرار. ويمكن أن يحصل النمو بطرق متعددة وأساليب متنوعة فقد يرتبط هذا النمو بالتوسع في صناعة المنظمة الحالية وفي نفس أسواقها وفي هذه الحالة تسمى استراتيجية تمركز Concentration Strategy. أو قد تتوسع المنظمة من خلال التنويع Diversification ويعني هذا الحصول والاستحواذ على استثمارات وأعمال في مجالات جديدة وإذا ما تنوعت المنظمة في صناعات وقطاع صناعي موحد فإننا في هذه الحالة نتكلم عن تنويع مرتبط (مترابط) Related Diversification ويعني بقاء المنظمة في مجالات عملها الأساسية والمعروفة استفادة من الفرص المتاحة وحفاظاً على تداؤب عالي، لكون الخبرة السابقة مهمة كما تعمل بعض شركات صناعة المشروبات الغازية. أما إذا ذهبت منظمة الأعمال في استراتيجياتها وتنوعت في قطاعات وأعمال مختلفة لا توجد بينها رابطة قوية فإنها قد مارست التنويع غير المرتبط Unrelated Diversification وفيه يكون التداؤب قليلاً قياساً إلى التمركز والتنويع المرتبط. وتذهب المنظمة إلى صناعات عديدة لأسباب مختلفة بعضها يرتبط بالفرص المهمة في هذه الصناعات والبعض الآخر يرتبط بمحدودية الأفق المستقبلي للقطاع الصناعي الذي تعمل فيه.

*** استراتيجية النمو**
Growth Strategies
توسيع المنظمة لعملياتها الحالية في صناعاتها الحالية أو في صناعات جديدة.

*** التمركز**
Concentration
النمو من خلال نفس مجال الأعمال والأسواق.

*** التنويع**
Diversification
النمو من خلال الاقتناء أو الاستثمار في مجالات عمل مختلفة.

كذلك يمكن أن يأخذ التنويع شكلين آخرين من خلال التكامل العمودي Vertical Integration وفيه تذهب منظمة الأعمال باتجاه المستهلكين والزبائن والتوزيع ويسمى في هذه الحالة التكامل العمودي الأمامي Forward Vertical Integration أو قد تذهب المنظمة باتجاه التجهيز والمواد الأولية اللازمة للإنتاج ويسمى في هذه الحالة تكامل عمودي خلفي Backward Vertical Integration ولكلا النوعين من التكامل أسباب عديدة ومبررات كثيرة تدرسها المنظمة لغرض الاستفادة منها. ويمكن أن يأخذ التنويع شكل تكامل أفقي Horizontal Integration وفيه تنمو المنظمة وتتوسع أفقياً من خلال شراء والاستحواذ على شركات وأعمال في نفس صناعتها أو إضافة مزيد من خطوط الإنتاج.

*** التكامل الرأسي**
Vertical Integration
النمو من خلال الذهاب باتجاه المجهزين أو الزبائن.

ويمكن للمنظمة أن تنمو وتتوسع باعتماد مدخلين أساسيين يتمثل الأول بالتوسع والنمو اعتماداً على مواردها وإمكاناتها الذاتية أو أنها تعتمد على تحالفات استراتيجية مختلفة مع منظمات أخرى وهنا يمكن أن تظهر طرق متعددة للنمو مثل الاندماج Merger والاقتناء Acquisition والمشاريع المشتركة Joint Venture. وعلى المنظمة أن تفاضل بين هذه الطرق وما يمكن أن تحصل عليه من فوائد وعوائد من كل منها.

*** التكامل الأفقي**
Horizontal Integration
النمو من خلال الاستحواذ على أعمال مماثلة لعمل المنظمة الحالي.

2- استراتيجيات الثبات والاستقرار Stability Strategies

تعتمد منظمات الأعمال هذه المجموعة من الاستراتيجيات لأسباب متعددة، وهي تعني في مجملها أن تبقى منظمة الأعمال في نفس حجمها أو تنمو بشكل بطيء وبصورة مسيطر عليها. وعادة ما تأتي هذه الاستراتيجيات بعد فترة نمو سريع واستحواذ وبناء أعمال جديدة من قبل المنظمة. وهنا يأتي الاستقرار لالتقاط الأنفاس واستغلال ما تم الاستثمار فيه. وكذلك تعمد بعض المنظمات إلى هذه الخيارات إذا أصبحت البيئة أكثر عدائية وأصبحت اتجاهات التطور فيها غير واضحة المعالم لذلك تحاول المنظمة الانتظار إلى أن يتم استجلاء الموقف. ولا يعني الثبات والاستقرار عدم عمل أي شيء بل إن ما تعمله المنظمة يدرس بعناية كبيرة وفي إطار المحافظة على قدرتها وتطويرها إن أمكن. وفي إطار استراتيجية الاستقرار والثبات يمكن أن نجد بعض الخيارات الفرعية التي تعتمدها المنظمة من قبيل:

*** استراتيجية الثبات والاستقرار**
Stability Strategies
بقاء المنظمة بنفس حجمها أو تنمو بشكل بطيء ومسيطر عليه.

- استراتيجية التقدم بحذر إلى الأمام.
- استراتيجية الدفاع المرن بمعنى المحافظة على الوضع الراهن مع إمكانية اقتناص فرص تتاح في البيئة الخارجية لعمل المنظمة.
- استراتيجية المراوغة وكسب الوقت وهنا تستقر المنظمة في عملها لمحاولة تجاوز عقبات ثم تستعيد وضعها الطبيعي بالنمو والتطور.

* استراتيجيات التراجع والانكماش
Retrenchment Strategies
تغيير العمليات لتصحيح نقاط الضعف.

* استراتيجية إعادة الهيكلة
Restructuring Strategy
تقليل مزيج العمليات أو دمج وحدات الأعمال.

* استراتيجية تخفيض الحجم
Downsizing Strategy
تقليل حجوم العمليات

* استراتيجية البيع الجزئي للأعمال
Divestiture Strategy
بيع جزء أو أجزاء من المنظمة لإعادة التركيز على مجالات العمل الرئيسية.

3- استراتيجيات التراجع والانكماش Retrenchment Strategy

وهذه مجموعة من الاستراتيجيات غير المحبذة من قبل منظمات الأعمال لكنها مهمة وهي لا تعني الفشل بشكل مطلق، فساحة المنافسة قد تفرض على منظمة الأعمال التراجع عن بعض المجالات بسبب شدة المنافسة أو بسبب قد يرتبط بانخفاض النمو في هذه المجالات وبكونها أصبحت غير واعدة. وفي إطارها العام فإن استراتيجيات التراجع والانكماش تعني تغيير العمليات لتصحيح نقاط الضعف وهكذا تأخذ المنظمة حجمها الصحيح وشكلها الطبيعي في العمل سواء من خلال إعادة هيكلة عملياتها Restructuring الذي يعني تقليل مزيج العمليات أو دمج وحدات الأعمال والعمليات أو من خلال خفض حجوم العمليات Downsizing لغرض تحسين كفاءة العمليات والتركيز على البعض منها وعادة ما يأتي هذا من خلال تسريح جزء من قوة العمل أو إعادة تأهيلها لأعمال أخرى بهدف التركيز على تحقيق الأهداف وتحسين الأداء، وهنا فإن المنظمة تختار الحجم الصحيح Rightsizing. وفي بعض الأحيان فإن إعادة الهيكلة تأتي من خلال بيع أجزاء من المنظمة لغرض التركيز على مجالات العمل الأساسية وتسمى البيع الجزئي للعمل Divestiture. وفي هذه الحالة فإن المنظمة تعيد التركيز على قابلياتها المميزة من خلال خفض التكاليف بشكل كبير وتحسين كفاءة العمليات وإدارتها بشكل فاعل. وفي بعض الأحيان فإن استراتيجيات التراجع والانكماش تصل إلى حدودها القصوى من خلال التصفية Liquidation قبل أن تصل هذه الأعمال إلى إشهار الإفلاس.

* الاستراتيجيات العالمية
Global Strategies
مجموعة استراتيجيات تعتمدها المنظمات كبيرة الحجم التي لديها استثمارات في بيئات خارجية مختلفة.

4- الاستراتيجيات العالمية Global Strategies

إذا كانت منظمة الأعمال تعمل ضمن بيئة عالمية من خلال استثمار مباشر في عمليات دولية فيجب عليها أن تعي طبيعة تأثيرات العولمة والاقتصاد العالمي ومخاطر

العمل الدولي وأن تأخذ ذلك في خياراتها الاستراتيجية التي تعتمدها. ومن الطبيعي فإن منظمة الأعمال هنا تطور استراتيجيات عالمية مختلفة تؤشر كيفية تأثر منتجاتها وأعمالها حـول العالم. وهنا فإن المنظمة تعتمد استراتيجية العولمة Globalization Strategy وفي إطارها ترى العالم كسوق كبير تحاول قدر الإمكان تقييس منتجاتها وحملاتها الإعلانيـة لكـي تسـتخدم في جميـع الأماكن. وعادة ما تكون للمنظمة قيادة مركزية متواجدة لترتيب هذه الجوانب في إطار نظرة يمكن أن تكون مركزية جداً بحيث تفترض أن أي مستهلك في أي مكان يريد نفس الأشياء، ويمكن أن تبني المنظمات نجاحها على هذه القاعدة. في حين أن بعض المنظمات تتبنى استراتيجية تعدد المواطن Multidomestic Strategy وفيها ترى المنظمة أن استهلاك المنتج والإعلان عنـه يجـب أن يأخذ بنظر الاعتبار الاحتياجات المحلية، وهـذه تمثـل نظرة متعددة التركيـز Polycentric View آخذة بنظر الاعتبار تنوع الأسواق وقدرة المنظمة علـى التعامل بشكل أفضل وفق متطلبـات المناطق المتعددة. كذلك فإن الأعمال الدولية يمكن أن تكون استراتيجياتها عـابرة للحـدود Transnational Strategy وفي إطارها تعمل المنظمة موازنة لكفاءة عملياتها المعولمة والاستجابة لمتطلبات أسواق عديدة وتعكس نظرة متعددة التركيز الجغرافي Geocentric View. وتمتلك المنظمة هنا شبكة معلومات كبيرة وكذلك اتصالات واسعة لكي تنجح في حياتها.

- الخيارات الاستراتيجية على مستوى الأعمال

Strategic Choices of the Business Level

في منظمات الأعمال الكبيرة والمتكونة من وحـدات اسـتراتيجية متعـددة أو أقسـام كبيرة فإن الهدف الأساسي من هذا المستوى من الاستراتيجيات هـو كيـف ننافس الآخرين ونتفوق عليهم. كذلك تتاح أمام المنظمة إمكانية التعاون والتعاضد مع الآخرين Cooperative Strategies.

1- استراتيجيات المنافسة Competitive Strategies

قدم الباحث Porter نموذجاً لاستراتيجيات المنافسة ووضح فيه أن منظمات الأعمال يمكن أن ننافس في إطار ثلاثة استراتيجيات مهمة يعرضها الشكل التالي:

* استراتيجية العولمة
Globalization Strategies
تطوير منتجات وحملات إعلانية
قياسية للاستخدام في كـل أنحـاء
العالم.

* استراتيجية تعدد المواطن
Multidomestic Strategy
جعل المنتجات والحملات الإعلانية
ملائمة للظروف المحلية.

* استراتيجية عبر الحدود
Transnational Strategy
الموازنـة بـين كفـاءة العمليـات
المعولمة ومتطلبـات الأسـواق
المحلية.

* استراتيجيات المنافسة
Competitive Strategy
اسـتراتيجيات تعتمـدها منظمـة
الأعمـال للمنافسـة مع المنظمـات
الأخرى.

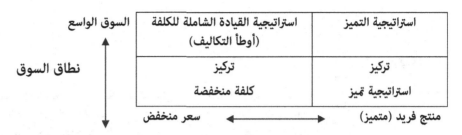

السوق الواسع

نطاق السوق

استراتيجية التميز	استراتيجية القيادة الشاملة للكلفة (أوطأ التكاليف)
تركيز استراتيجية تميز	تركيز كلفة منخفضة

منتج فريد (متميز) ◄———► سعر منخفض

سوق محدود أو جزء من السوق

مصدر الميزة التنافسية

شكل (6-9): الاستراتيجيات التنافسية Porter

من وجهة Porter فإن القرارات الاستراتيجية على مستوى الأعمال يتحكم فيها عاملان أساسيان: الأول، نطاق السوق وهل أن المنظمة هدفها السوق الواسع أم سوق محدود. والثاني، ما هو مصدر ميزات التنافس هل هو السعر المنخفض أو تميز وتفرد المنتج من ناحية الجودة.

* **استراتيجية قيادة الكلفة الشاملة**
Cost Leadership Strategy
الاستراتيجية التي تعتمد أوطأ تكاليف للعمليات قياساً بالمنافسين.

- استراتيجية الكلفة الشاملة **Cost Leadership Strategy**

عندما يكون مصدر اهتمام المنظمة متجهاً إلى تقليل التكاليف الخاصة بالعمليات لفرص المنافسة وبالتالي فإنها تحقق أرباحاً أكثر من المنافسين من خلال هذه الاستراتيجية وعادة ما يكون اهتمام المنظمة منصباً على تحسين مستمر لكفاءة عمليات الإنتاج والتوزيع وباقي النظم الفرعية. وفي العادة فإن المنظمات التي لها سبق تكنولوجي تستطيع أن تنتهج هذا النوع من استراتيجيات أفضل من غيرها بسبب قدرتها على تحسين العمليات من خلال البحث والتطور والإبداع. وكذلك تنافس المنظمة هنا على السوق الواسع لغرض زيادة حجوم الإنتاج وتحقيق أرباح عالية.

* **استراتيجية التميز**
Differentiation Strategy
استراتيجية تعتمد تقديم منتجات متميزة ومختلفة عن المنافسين.

- استراتيجية التميز (التفرد) **Differentiation Strategy**

تعتمد هذه الاستراتيجية عندما تكون المنظمة متجهة لجعل منتجاتها مختلفة ومتميزة عن المنظمات الأخرى. وعادة ما يفترض أن يشعر الزبائن بهذا التميز فالمنافسة مقادة بتميز المنتجات والخدمات بهدف جذب المستهلكين والحصول على ولائهم لهذه المنتجات والعلامات. تتطلب هذه الاستراتيجية أن تكون للمنظمة قوة في مجال التسويق والبحث والتطوير والإبداع كما يجب أن يستشعر المستهلك نوعية المنتج واستمرارية هذا التفرد في النوعية.

- استراتيجيات التركيز **Focus Strategies**

تتبع المنظمة هذه الاستراتيجيات من خلال التركيز على سوق محدد أو جزء من السوق ويمكن أن تخدم هذا الجزء من السوق من خلال التركيز وقيادة الكلفة Focused Cost Leadership. وهنا فإن الاستراتيجية تخدم هذا الجزء من السوق من خلال تقديم المنتجات منخفضة الكلفة بأسعار منخفضة إلى المستهلكين ويتطلب الأمر خبرة ومعرفة بهؤلاء المستهلكين وتوزيعهم الجغرافي. أما إذا كان التركيز على هذا الجزء من السوق مرتبطاً باستراتيجية تقديم منتج متميز ومتفرد فالمنظمة تتبع استراتيجية التركيز والتميز Focused Differentiation Strategy وضمن هذه الاستراتيجية فإن المنظمة تخدم هذا الجزء من السوق من خلال تقديم منتج بنوعية ومواصفات عالية.

ومن المفيد أن نشير إلى مجموعة من الأفكار التي قدمها Miles and Snow وأكدوا فيها أن السلوك الاستراتيجي في المنافسة في مستوى استراتيجيات الأعمال يمكن أن يوضع في أربعة مجموعات وكالآتي:

أ. **استراتيجية المنقبين Prospector**: يتحدد سلوك منظمات الأعمال واستراتيجياتها بالبحث الدائم والتنقيب عن الفرص والأسواق الجديدة وبذلك فإنها متجهة للنمو والتوسع في إطار قدرة عالية على قبول المخاطر.

ب. **استراتيجية المدافعين Defenders Strategy**:هنا تسلك المنظمة سلوكاً يجعلها تركز وتحافظ على أسواقها ومنتجاتها وتبحث عن كفاءة في العمليات لتحقيق أهدافها والحفاظ على نمو ثابت وخدمة مستهلكين معروفين لديها.

ج. **استراتيجية المحليين Analyzers Strategy**: تحاول المنظمة هنا الاستفادة من ميزات كلا الاستراتيجيتين السابقتين ومعالجة الإشكالات الواردة فيهما. وتقوم هذه الاستراتيجية على أساس الحفاظ على الأعمال الحالية وكفاءة العمل فيها والدفاع عنها وكذلك البحث عن فرص وأسواق جديدة من خلال سلوك المنقب.

د. **استراتيجية القائم برد الفعل (المستجيبون) Reactor Strategy**: في نطاق هذه الاستراتيجية فإن المنظمة لا يوجد لديها مدخل أو منهج ملائم للتعامل مع المنافسة ولذلك فإنها عادة ما تكون متخبطة في سلوكها الاستراتيجي وغير فاعلة.

* **استراتيجية التركيز وقيادة التكلفة**
Focused Cost Leadership Strategy
استراتيجية تعتمد أوطأ تكاليف للعمليات لخدمة سوق محدد أو جزء منه.

* **استراتيجية التركيز والتميز**
Focused Differentiation Strategy
استراتيجية تعتمد التفرد وتميز المنتج المقدم لسوق محددة أو جزء منها.

* **استراتيجية المنقبين**
Prospectors Strategy
استراتيجية تقوم على أساس البحث الدائم عن الأسواق والفرص الجديدة لغرض النمو وتقبل المخاطرة.

* **استراتيجية المدافعين**
Defenders Strategy
استراتيجية تركز فيها المنظمة على أسواقها الحالية والحفاظ على نمو ثابت لخدمة أسواق معروفة.

* **استراتيجية المحللين**
Analyzers Strategy
استراتيجية تحافظ فيها المنظمة على أعمالها الحالية وكفاءتها والبحث عن أسواق وفرص جديدة.

* **استراتيجية القائم برد الفعل (المستجيبون)**
Reactor Strategy
الاستراتيجية التي يغيب فيها المنهج الواضح للسلوك التنافسي.

2- الاستراتيجية التعاونية Cooperative Strategies

يمكن للأعمال أن تتعاون في ما بينها بطرق وأساليب متعددة لتعتمد استراتيجية تحالفات Alliances Strategy وفي إطارها يمكن لعملين أو أكثر أن يتشاركا في مجالات معينة ذات نفع متبادل ويمكن أن يكون هذا التعاون في إطار الإمداد والتجهيز والتوزيع أو أي مجال آخر كذلك يمكن أن تكون هناك مشاريع مشتركة Joint Venture أو اندماج بين الأعمال Merger.

* الاستراتيجيات التعاونية
استراتيجيات تعتمد من قبل المنظمات للتعاون وتحقيق منافع متبادلة.

* الاندماج Merger

* استراتيجيات التحالفات
Alliances Strategies
استراتيجيات مشاركة في مجالات معينة لصالح الأطراف المستفيدة.

* تحليل محفظة الأعمال
Business Portfolio Analysis
أساليب وطرق تستخدمها منظمات الأعمال لاختيار أفضل مزيج استثماري من بين فرص الأعمال المتاحة.

- الخيارات الاستراتيجية على المستوى الوظيفي

Strategic Choices at the Functional Level

توضع على المستوى الوظيفي العديد من التوجهات لغرض استغلال الموارد في مجالات الأنشطة المختلفة للمنظمة وتحقيق نتائج محددة مطلوبة تساهم في تدعيم استراتيجية الأعمال والموقف التنافسي وبالتالي نجاح المنظمة. والخيارات الاستراتيجية لا يمكن تحديدها بنمط واحد بل ترتبط بالأنشطة الاساسية للإنتاج والتسويق والمالية والموارد البشرية والبحث والتطوير، ويفترض أن تأتي منسجمة مع طبيعة الخيار الاستراتيجي على مستوى الأعمال وتخدم التوجه العام للمنظمة ورسالتها. أنها تمثل الجانب التنفيذي المباشر من الاستراتيجيات المعتمدة من قبل المنظمة.

ويعرض الشكل (7-9) ملخص بالخيارات الاستراتيجية على المستويات الثلاث (المنظمة، الأعمال، الوظائف).

* تحليل محفظة الأعمال Business Portfolio Analysis

بعد أن تكون إدارة المنظمة قد أجرت التحليل اللازم لبيئة الأعمال وإمكانات المنظمة الداخلية وارتأت تحديد الخيارات المناسبة على مستوى المنظمة ثم على مستوى الأعمال فإنها يمكن أن تعمل فحص وتشخيص لمحفظة أعمالها بجميع مكوناتها لتتأكد من أن هذه المحفظة متوازنة وتعطي أفضل النتائج. وتوجد العديد من الوسائل والأساليب التي يمكن بواسطتها التأكد من ذلك يطلق عليها البعض تخطيط المحفظة Portfolio Planning والبعض الآخر يسميها أساليب إدارة المحفظة Portfolio Management Techniques وغيرها من المسميات. إن هذه الأساليب مفيدة جداً لفحص التوجه العام لمنظمة الأعمال والتأكد من صحة خياراتها بشكل عام. وسنختار هنا أسلوبين هما الأكثر شيوعاً وتطبيقاً في منظمات الأعمال الصناعية والخدمية:

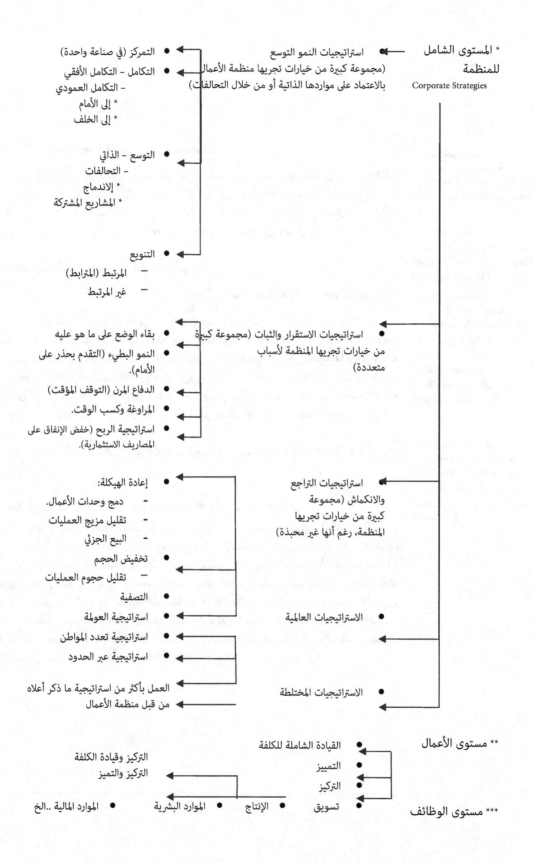

* المستوى الشامل للمنظمة
Corporate Strategies

- استراتيجيات النمو التوسع (مجموعة كبيرة من خيارات تجريها منظمة الأعمال بالاعتماد على مواردها الذاتية أو من خلال التحالفات)
  - التمركز (في صناعة واحدة)
  - التكامل - التكامل الأفقي
    - التكامل العمودي
      * إلى الأمام
      * إلى الخلف
  - التوسع - الذاتي
    - التحالفات
      * الاندماج
      * المشاريع المشتركة
  - التنويع
    - المرتبط (المترابط)
    - غير المرتبط

- استراتيجيات الاستقرار والثبات (مجموعة كبيرة من خيارات تجريها المنظمة لأسباب متعددة)
  - بقاء الوضع على ما هو عليه
  - النمو البطيء (التقدم بحذر على الأمام).
  - الدفاع المرن (التوقف المؤقت)
  - المراوغة وكسب الوقت.
  - استراتيجية الربح (خفض الإنفاق على المصاريف الاستثمارية).

- استراتيجيات التراجع والانكماش (مجموعة كبيرة من خيارات تجريها المنظمة، رغم أنها غير محبذة)
  - إعادة الهيكلة:
    - دمج وحدات الأعمال.
    - تقليل مزيج العمليات
    - البيع الجزئي
  - تخفيض الحجم
    - تقليل حجوم العمليات
  - التصفية

- الاستراتيجيات العالمية
  - استراتيجية العولمة
  - استراتيجية تعدد المواطن
  - استراتيجية عبر الحدود

- الاستراتيجيات المختلطة
  - العمل بأكثر من استراتيجية ما ذكر أعلاه من قبل منظمة الأعمال

** مستوى الأعمال
- القيادة الشاملة للكلفة
- التميز
- التركيز
  - التركيز وقيادة الكلفة
  - التركيز والتميز

*** مستوى الوظائف
- تسويق
- الإنتاج
- الموارد البشرية
- الموارد المالية ..الخ

شكل: (7-9): الخيارات الاستراتيجية لمنظمات الأعمال

* تحليل (BCG) (مصفوفة بوسطن)
هو تحليل للفرص والأعمال في ضوء معدل نمو السوق والحصة السوقية.

1- تحليل BCG (مصفوفة بوسطن) BCG Matrix

تم تطوير هذه المصفوفة من قبل مجموعة بوسطن الاستشارية Boston Consulting Group ويمثل إطاراً تحليلياً للأعمال استناداً إلى معدل نمو السوق والحصة السوقية وكما موضح في الشكل التالي:

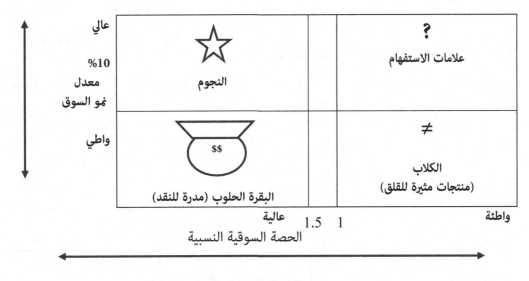

شكل (8-9): مصفوفة BCG

إن أعمال أو منتجات المنظمة تتباين في وجودها داخل الأسواق حيث البعض في نمو عالي والآخر في نمو منخفض كما أنها تتباين أيضاً في حصتها السوقية النسبية وبالتالي فإن قدرة هذه المنتجات على توليد الأرباح والعوائد أو احتياجها إلى هذه العوائد مختلفة. ففي المربع الأول (علامات الاستفهام) توجد المنتجات أو الأعمال التي لديها حصة سوقية واطئة في سوق ذو نمو واعد وعالي وفي هذه الحالة على المنظمة أن تستخدم استراتيجيات للاختيار بين تطوير حصة البعض منها أو ترك البعض الآخر. أن الأعمال والمنتجات هنا بحاجة إلى الموارد لكن في نفس الوقت فإن هذه المنتجات قد تكون في بداية دورة حياتها وتحتاج إلى تعزيز الاستثمار وإلى الانتقال إلى المربع الثاني (النجوم). والأعمال في مربع النجوم هي أعمال أو منتجات واعدة لأنها تمتلك حصة سوقية كبيرة وفي سوق ذي نمو عالي وربما تعطي عوائد إيجابية للمنظمة. وفي نفس الوقت يجب أن نلاحظ أن ثمن النجومية يحتاج إلى إنفاق لغرض الاستمرار في هذا الموقع. وحالما تبدأ الأسواق بالتباطؤ في النمو بسبب دخول مستثمرين ومنظمات منافسة تكون الأعمال والمنتجات في مربع النجوم قد انتقلت إلى المربع الثالث (البقرة الحلوب). هنا تكون العوائد في أعلى مستوى لها ويمكن استخدامها لتمويل المنتجات والأعمال في المربع الأول. إن سيناريو النجاح التام يتحدد بقدرة الإدارة على إدارة محفظة أعمال تنتقل فيها المنتجات من المربع الأول إلى الثاني قبل المنافسين ثم الوصول إلى المربع الثالث للحصول على عوائد عالية لتكرر الدورة عدة مرات. عملياً يصبح هذا الأمر غير ممكن لذلك تصل بعض الأعمال والمنتجات إلى المربع الرابع (الكلاب) وهي منتجات مثيرة

للقلق يجب التخلص منها أو الاحتفاظ ببعضها إذا كانت متطلبات العمل تستدعي ذلك وأنها أي المنتجات في هـذا المربـع تحقق أرباح معقولة.

إن حقيقة الأعمال المتوازنة للمنظمة هي حقيقة تتنشر فيها منتجاتها وأعمالها أو خطوط إنتاجها داخل هـذه المربعـات الأربعة بشكل يعطي أفضل النتائج للمنظمة قياساً بالمنافسين خاصة إذا عرفنا أن خلق الموارد المالية واحتياجها يختلف باختلاف موقع المنتجات والأعمال داخل مصفوفة BCG.

2- أسلوب GE (أسلوب شاشة الأعمال لجنرال إلكترك)

The GE Business أسـلوب *
Screen:
طريقة لتقييم الأعمال استناداً إلى موقعها التنافسي وجاذبية الصناعة التي تعمل فيها.

The GE Business Screen

يسميه البعض أسلوب إشارات المرور، وقد تطور هذا الأسلوب مـن قبـل شركة General Electric بعـد النقد الحاصـل للأسلوب السابق بسبب محدوديته في قيـاس جاذبية الصناعة والموقف التنافسي للمنظمة. في هذا الأسلوب تم التعبير عن جاذبية الصناعة بمؤشرات عديدة من بينها معدل نمو السوق وكذلك تم التعبير عن الموقف التنافسي- بمـؤشرات عديـدة مـن بينهـا الحصة السوقية النسبية وكما يعرض في الشكل التالي:

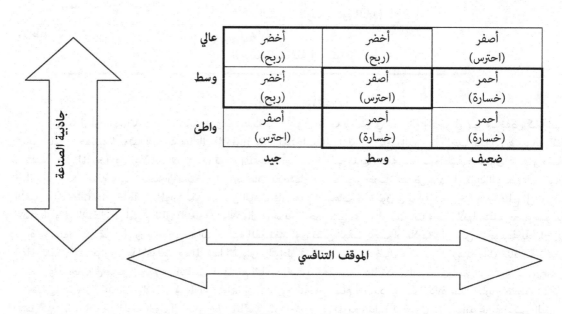

	جيد	وسط	ضعيف
عالي	أخضر (ربح)	أخضر (ربح)	أصفر (احترس)
وسط	أخضر (ربح)	أصفر (احترس)	أحمر (خسارة)
واطئ	أصفر (احترس)	أحمر (خسارة)	أحمر (خسارة)

جاذبية الصناعة

الموقف التنافسي

* جاذبية الصناعة :
1. نمو السوق.
2. حجم السوق.
3. المتطلبات الرأسمالية.
4. شدة المنافسة.

* الموقف التنافسي :
1. الحصة السوقية النسبية.
2. المعارف التكنولوجية.
3. نوعية المنتج .
4. شبكة الخدمة.
5. تنافسية السعر.
6. التكلفة التشغيلية.

شكل (9-9): مصفوفة شاشة الأعمال لجنرال إلكتريك

يفترض بالمنظمة أن تعي طبيعة توزيع أعمالها ومنتجاتها داخل هذه المصفوفة ليساعدها ذلك في تقرير نوع الاستراتيجيات المعتمدة وفق اعتبارات تواجد هذه الأعمال والمنتجات من حيث جاذبيتها وموقعها التنافسي. ويمكن أن تكون مصفوفة GE صيغة عملية لتطبيق تحليل SWOT لتنفيذ استراتيجيات التنويع المختلفة في المنظمة. وفي كل الأحوال فإن هذه المصفوفة تعطي تصوراً أكثر وضوحاً ودقة من مصفوفة BCG السابقة.

ثالثاً: تنفيذ الاستراتيجية Strategy Implementation

تعتبر هذه المرحلة من عمليات الإدارة الاستراتيجية مهمة جداً، حيث أن التنفيذ الفعال للاستراتيجيات المصاغة جيداً يؤدي على النجاح في حين أن التنفيذ غير الفعال للاستراتيجيات المصاغة جيداً يؤدي إلى ظهور إشكالات عديدة. ويمكن للتنفيذ الفعال أن يساهم في سد الفجوات في الاستراتيجية غير المصاغة جيداً ويتجاوز الأخطاء الواردة في حين سيكون الفشل حليف الاستراتيجية غير المصاغة جيداً وترافقها عمليات تنفيذ غير فعالة، كما في الشكل التالي:

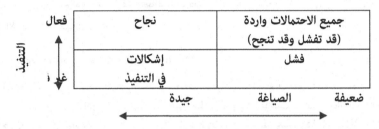

التنفيذ	الصياغة: ضعيفة	الصياغة: جيدة
فعال	جميع الاحتمالات واردة (قد تفشل وقد تنجح)	نجاح
غير فعال	فشل	إشكالات في التنفيذ

شكل (10-9): العلاقة بين صياغة الاستراتيجية وتنفيذها

لذلك فإن الاعتقاد بأن الصياغة الجيدة تقود دائماً إلى تنفيذ فعال ليست دقيقة بل تحتاج المنظمة إلى الاهتمام بمرحلة التنفيذ كونها تحتاج إلى مهارات وخبرات تختلف عن مرحلة الصياغة.

* مستلزمات تنفيذ الاستراتيجية Strategy Implementation Requirements

إذا كان تنفيذ الاستراتيجية يتجسد بوضع مجموعة من البرامج والميزانيات والإجراءات كما ورد سابقاً فإننا نشير هنا إلى المستلزمات الضرورية لتنفيذ فعال لاستراتيجيات المنظمة. إن عمليات التنفيذ تستلزم الإجابة على استفسارات مهمة من قبيل من هم الأفراد المنفذون للخطة وماذا يجب أن يعملوا لمحاذاة عمليات المنظمة مع التوجهات الجديدة الواردة في الاستراتيجية وكيف يعمل الجميع بشكل مشترك لتنفيذ الخطط. وتشير الدراسات إلى أن هناك عشرة مشاكل أساسية تثار دائماً أثناء عمليات التنفيذ وتحد من قدرة الاستراتيجية للوصول إلى النتائج المستهدفة وهي:

- تأخذ عملية التنفيذ وقتاً أطول مما خطط لها.
- ظهور مشاكل أساسية غير متنبأ بها.
- عدم التنسيق بين الأنشطة بشكل كفؤ وفعال.
- تبعد الأزمات والمنافسة تركيز الإدارة عن عمليات التنفيذ.
- ليس لدى العاملين المعنيين بالتنفيذ القدرات الكافية لتنفيذ فعال.
- المستويات الدنيا من العاملين لم يدربوا بما فيه الكفاية.
- عوامل بيئية غير مسيطر عليها تخلق مشاكل للمنظمة.
- إن مدراء الأقسام تنقصهم الكفاءة فإن إسهامهم بالتنفيذ لا يكون بالمستوى المطلوب.
- إن الأنشطة والمهام الرئيسية للتنفيذ لم تحدد بشكل واضح.
- إن نظام المعلومات يخفق في توفير متابعة دقيقة وفعالة للأنشطة.

أما مستلزمات تنفيذ الاستراتيجية فهي:

1- هيكل تنظيمي فعال وكفوء **Effective Organizational Structure**

في كل مرة يتم فيها صياغة استراتيجية مختلفة عن سابقتها يتطلب الأمر إجراء تغييرات مهمة أو بسيطة في الهيكل لكي يتلاءم أكثر مع الاستراتيجيات الجديدة ويكون قادراً على تنفيذها، وهذا ما أشار إليه الباحث شاندلر Chandler بكون الهيكل التنظيمي يتبع الاستراتيجية حيث وجد في دراسته أنه عندما تتغير الاستراتيجيات من بسيطة ومحدودة إلى استراتيجيات نمو ثم إلى استراتيجيات تنويع كبير فإن الهيكل التنظيمي البسيط القادر على تنفيذ استراتيجيات محدودة يصبح غير فعال في تنفيذ استراتيجيات النمو وبذلك يبدل إلى هيكل وظيفي ثم يصبح هذا الهيكل غير فعال لتنفيذ استراتيجيات التنويع ويتحول إلى هيكل على أساس الأقسام. ويمكن أن نوضح هذه الفكرة بالشكل التالي:

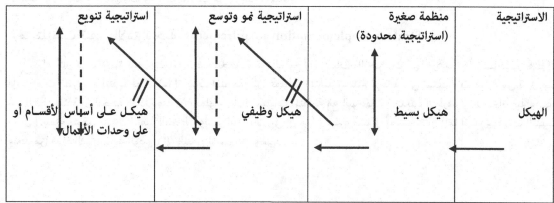

الاستراتيجية
منظمة صغيرة
(استراتيجية محدودة)
استراتيجية نمو وتوسع
استراتيجية تنويع
الهيكل
هيكل بسيط
هيكل وظيفي
هيكل على أساس الأقسام أو
على وحدات الأعمال

شكل (11-9) : الاستراتيجية والهيكل التنظيمي

وفي حقيقة الأمر فإن تغير الاستراتيجية من شكل إلى شكل آخر لا يتبعه بالضرورة الحتمية تغير الهيكل التنظيمي بل إن الهيكل القديم يراد منه تنفيذ الاستراتيجية الجديدة وعندما يكون غير قادراً على تنفيذها ويتدنى الأداء تحاول الإدارة تغيير هذا الهيكل القديم إلى هيكل جديد أكثر انسجاماً ووفاءً بمتطلبات تنفيذ الاستراتيجية الجديدة. لذلك فإن إدارة المنظمة يجب عليها أن تتابع بانتظام عمليات التغير في الهيكل التنظيمي من هيكل بسيط أو هيكل على أساس الوظائف أو هيكل على أساس الأقسام أو هيكل على أساس وحدات الأعمال أو هيكل شبكي أو مصفوفي وتتأكد من نوع الهيكل المختار ومدى ملاءمته لتنفيذ الاستراتيجية.

2- أنظمة الإدارة والأساليب الإدارية المستخدمة **Management Systems and Styles**

كثيرة هي الأنظمة التي يجب أن تحشد لتنفيذ الاستراتيجية، فالتنفيذ الفعال يتطلب أنظمة معلومات استراتيجية لها القدرة على تزويد متخذي القرار بالمعلومات الرئيسية والمهمة بالسرعة والدقة والكفاءة المطلوبة وهنا فعلى إدارة المنظمة إعارة أهمية كبيرة لبناء نظام المعلومات باعتباره مورد ثمين للمنظمة تجب إدارته واستثماره باستخدام مختلف التقنيات الحديثة لكي يكون هذا النظام قادراً على تقديم الدعم والإسناد للإدارة العليا وباقي المستويات الإدارية أثناء عمليات التنفيذ. كذلك عليها أن تعير أهمية كبيرة لأنظمة التخطيط والسيطرة وكما ذكرنا سابقاً وفق ما ورد في خطط المنظمة التشغيلية وفي الصناعة تعتبر الأنظمة الحاسوبية التي تتكامل مع عمليات التصنيع ذات أهمية كبيرة في التنفيذ وإنجاز خيارات المنظمة على مستوى الأعمال من قبيل استراتيجيات التكاليف أو الجودة. وقد أشارت مؤسسة (ماكينزي) للاستشارات إلى أن التطبيق الفعال للاستراتيجية يأتي في إطار تكامل سبعة عناصر أساسية مع بعضها لتدعم الثقافة التنظيمية القادرة على الوصول إلى نتائج متميزة وقد سمي هذا التحليل بـ Mckinsey 7S Framework حيث بين هذا التحليل أن التنفيذ الفعال يتطلب الاهتمام بهذه الأبعاد السبعة وتنسيقها وهي:

- الهيكل Structure.
- الأنظمة Systems.
- الاستراتيجية Strategy.
- الأسلوب Style.
- المهارات Skills.
- الكادر Staff.
- الثقافة المشتركة Shared Culture.

3- القيادة الاستراتيجية **Strategic Leadership**

إن التنفيذ الفعال للاستراتيجية يتطلب قيادة قادرة على توفير التزام كبير وإيحاء للعاملين بحيث تضمن الاتصالات الفعالة وخلق إحساس بالمطالب الملحة والرئيسية والتأكد من أن الجميع قد فهموا الاستراتيجية والتوجهات العامة الواردة

*** القيادة الاستراتيجية**
Strategic Leadership
هي القيادة الملهمة للعاملين والإيحاء لهم بقبول التغيير المستمر وتحسين الاستراتيجيات وعمليات تنفيذها.

فيها. إننا نتكلم هنا عن قيادة تحويلية قادرة على أن تثير الهمم والحماس والتحفيز دون تقييد لحرية العاملين ومبادراتهم وكذلك تستطيع هذه القيادة تقليل المقاومة لعمليات التغيير الجذرية والبسيطة المطلوب إجراؤها في المنظمة وأنظمتها المختلفة. كذلك تتطلب عمليات التنفيذ الجيد الاهتمام بالحشد الفعال لموارد المنظمة على كافة المستويات.

رابعاً: تقييم ورقابة الاستراتيجية Strategy Evaluation and Control

لقد تقدمت الإشارة عند الحديث عن الرقابة على أنها عمليات منهجية ومنظمة تطال مختلف المستويات الإدارية وبهذا فإن الرقابة الاستراتيجية هي رقابة عامة تتأكد بموجبها الإدارة من صحة التوجهات التي تسير عليها المنظمة. وعادة فإن نموذج الرقابة التقليدية الذي ينتظر تحقيق النتائج لغرض مطابقتها مع المستهدف وتصحيح الانحرافات لا يصلح كنموذج فعال للرقابة الاستراتيجية. وفي حقيقة الأمر فإن نظام أو نموذج الرقابة للتغذية الأمامية أو الرقابة قبل التنفيذ من خلال تهيئة المقدمات هو النموذج الأصلح للرقابة الاستراتيجية خاصة وأن نتائج القرارات الاستراتيجية لا تظهر إلا بعد فترات زمنية تمتد لسنوات عديدة. وقد قدم بعض الباحثين ما يسمى الإشراف الاستراتيجي Strategic Surveillance وهي أسلوب رقابي عام يؤكد على المسح الشامل والسيطرة على نطاق واسع على الأحداث داخل وخارج المنظمة والتي من المحتمل أن تهدد توجهات المنظمة ووصولها إلى تنفيذ فعال لاستراتيجياتها. إن هذا الإشراف الشامل يشابه المسح بالرادار لتحديد حركة الطائرات في أجواء بلد بأكمله. كذلك يمكن أن تشمل الرقابة الاستراتيجية الأخذ بالاعتبار بشكل كبير الأحداث ذات التأثير الخطير والعالي ولكن احتمالية حدوثها قليلة جداً والتي إذا ما حدثت تجد المنظمة نفسها في وضع مربك للتعامل معها. وفي حقيقة الأمر فإن الرقابة الفعالة تتطلب وجود هيكل مناسب وثقافة تنظيمية تشاركية وأنظمة معلومات متطورة لغرض تحسين كفاءة النظام الرقابي وزيادة دقة مؤشراته. لقد طورت مداخل عديدة للرقابة وتقييم الأداء منها:

1- مدخل التقييم لمجالات الأداء الرئيسية

حيث توضع مؤشرات لكل من المجالات أو الأنشطة الرئيسية التي تروم المنظمة تقييمها ومراقبة أدائها.

2- مدخل المميزات الوصفية

حيث أن الجانب المعياري يطغى على هذا المدخل، فعادة ما تكون المنظمات الجيدة قريبة من المستهلك وموجهة بالتكنولوجيا ولديها روح ريادية وتعتبر الإنتاجية مرتبطة بالأفراد وراس المال المعرفي ولديها ثقافة تنظيمية قوية كما أنها تعزز جوانب الرقابة العضوية Clan Control ولديها قيادات استراتيجية رسالية تحويلية.

3- مدخل أصحاب المصالح

ويركز على تقييم ورقابة أداء المنظمة من خلال قدرتها على الوفاء بمتطلبات أصحاب المصالح المهمين والمهيمنين.

4- نظام تقييم الأداء المتوازن **Balanced Scorecard**

لقد تم تطوير هذا النظام لغرض تحقيق التكامل بين مختلف مؤشرات الرقابة والأداء في المنظمة. إنه نظام رقابي شامل يجمع بين المعايير المالية وغير المالية ضمن أربعة أبعاد أساسية وهي:

* **البعد المالي Financial Dimension**: وتشمل العائد على الاستثمار والربحية وغيرها. وهذا البعد يجيب على سؤال مفاده : هل أن الفعاليات والأنشطة تحسن الأداء المالي؟
* **البعد الخاص بالزبائن Customer Dimension** : ومن مؤشراته المهمة رضا الزبائن وتمسكهم بالولاء لمنتجات المنظمة ونسبة الاحتفاظ بالزبائن وغيرها، ويجب هذا البعد على السؤال: كيف تخدم المنظمة زبائنها؟
* **البعد الداخلي لعمليات المنظمة Internal Business Process**: ويركز على مؤشرات الإنتاج والإحصاءات العملياتية مثل مدى الوفاء بالطلبيات ومتوسط كلفة الطلبية ويجب على السؤال: هل أن العمليات والأنشطة الداخلية تضيف قيمة للمستهلكين وأصحاب المصالح؟
* **بعد التعلم والنمو Learning and Growth Dimension**: ومن مؤشراته عدد المنتجات الجديدة أو المحسنة والإبداع المتحقق ونشاط البحث والتطوير ومدى قدرة المنظمة على الاحتفاظ بالعاملين الجيدين، ويجيب على السؤال: هل أن المنظمة تتعلم وتتغير وتتحسن؟

إن تكامل هذه الأبعاد الأربعة يعطي قدرة عالية على تحقيق أهداف المنظمة وتدعيم رسالتها كما موضح في الشكل (11-9).

* **نظام تقييم الأداء المتوازن**
Balance Scorecard
نظام رقابي على الأداء شامل ومتكامل يوازن بين الأبعاد المالية وغير المالية للأداء

5- الإدارة على المكشوف **Open-Book Management**

في النظام الرقابي الحديث وفي منظمات الأعمال المعاصرة فإن تقاسم المعلومات وبناء فرق العمل ودور المدراء في تقديم التسهيلات والدعم أصبح من الضروري إشراك العاملين فعلاً من خلال تزويدهم بكافة المعلومات المتعلقة بنتائج الأداء المالي للمنظمة. إن هذه الإجراءات وضعت في إطار نظام إداري يسمى الإدارة على المكشوف، هدفه الأساسي الحصول على المشاركة الفاعلة من قبل العاملين بالجهد العضلي والذهني وكأنهم مالكين للعمل وليس مجرد عاملين. ولغرض أن يحصل هذا يجب أن تشركهم الإدارة بالمعلومات التي تشرك المالكين فيها وفي مقدمة ذلك الإيرادات والنفقات.

* **الإدارة على المكشوف:**
Open-Book Management
تقاسم المعلومات المالية ونتائج الأداء مع جميع العاملين في المنظمة.

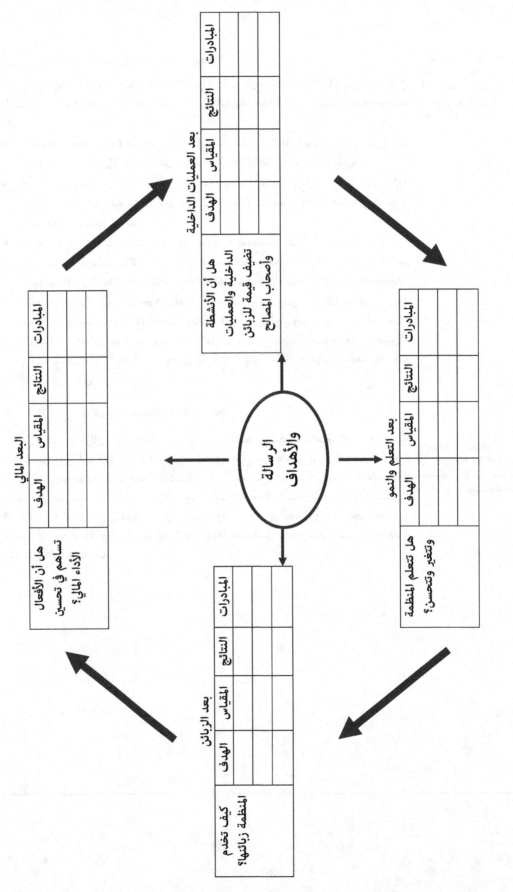

البعد المالي
هل أن الأفعال تساهم في تحسين الأداء المالي؟
الهدف
المقياس
النتائج
المبادرات
بعد العمليات الداخلية
هل أن الأنشطة الداخلية والعمليات تضيف قيمة للزبائن وأصحاب المصالح
الهدف
المقياس
النتائج
المبادرات
بعد الزبائن
كيف تخدم المنظمة زبائنها؟
الهدف
المقياس
النتائج
المبادرات
الرسالة والأهداف
بعد التعلم والنمو
هل تتعلم المنظمة وتتغير وتتحسن؟
الهدف
المقياس
النتائج
المبادرات

شكل (12-9): بطاقة قياس الأداء المتوازن

أسئلة الفصل التاسع

* أسئلة عامة

1. ما هي الإدارة الاستراتيجية؟ وكيف تطورت تاريخياً؟
2. استعرض الفوائد التي تحققها منظمات الأعمال من الإدارة الاستراتيجية.
3. ما هي مستويات الاستراتيجية؟ وضح الفرق بينها.
4. ما هي مراحل الإدارة الاستراتيجية؟ وما هي متطلبات كل مرحلة؟
5. ما المقصود بتحليل SWOT؟ استعرض أمثلة افتراضية للمؤشرات التي يتضمنها.
6. كيف تتم صياغة الاستراتيجية؟
7. استعرض برسم مبسط القوى الخمسة المؤثرة في المنافسة والتي طرحها الباحث Porter.
8. بماذا تختلف استراتيجيات النمو السريع والتوسع عن استراتيجيات الثبات والاستقرار؟
9. ما هي أساليب تحليل محافظ الأعمال؟ استعرضها بوضوح.
10. استعرض أهم المشاكل التي تواجه عمليات تنفيذ الاستراتيجيات.

** أسئلة الرأي والتفكير

1. لماذا لا يمكن أن يكون التخطيط الاستراتيجي بديلاً للإدارة الاستراتيجية في منظمات الأعمال المعاصرة.
2. لو كان لدى والدك سوق تجاري صغير في أحد الأحياء السكنية، وطلب إليك أن تجري تحليل للبيئة التي يعمل فيها من حيث تحديد الفرص والتهديدات وبشكل مركز ومختصر، كيف تجري هذا التحليل وكيف يمكن الاستفادة من النتائج في تطوير السوق التجاري.
3. يعتقد الكثيرون أن الصياغة الجيدة للاستراتيجية كفيلة بتحقيق النجاح حتى لو كانت إجراءات التنفيذ ضعيفة، هل تؤيد هذا الرأي أم تعارضه؟ ولماذا؟
4. في تقديرك، هل أن صياغة رسالة المنظمة بشكل موسع أفضل من صياغتها بشكل ضيق ومحدد؟ ولماذا؟ استعن بأمثلة لشركات في بيئتك المحلية.
5. ترغب باختيار إحدى ثلاث وظائف مختلفة (محاسب، بائع في سوق مركزي، مدرس) من حيث متطلبات القدرات الذاتية للموظف، والمطلوب منك أن تجري تحليل لنقاط القوة والضعف لديك لإجراء مواءمة بين قدراتك ومتطلبات هذه الوظائف ومن ثم اختيار الوظيفة المناسبة.

*** أسئلة الخيارات المتعددة

1. **إن قدرة منظمة الأعمال على الأداء بشكل يفوق المنافسين يطلق عليها:**

A. استراتيجية　B. ميزة تنافسية　C. تكامل عمودي　D. تداؤب

2. **في مصفوفة BCG فإن المنتجات أو الأعمال التي لها حصة سوقية عالية وفي سوق ذي نمو واطيء تسمى:**

A. Dogs　B. Cash Cow　C. Question Mark　D. Star

3. **أي من الآتي يمثل زيادة في جاذبية الصناعة وفق تحليل Porter:**

A. منافسون كثيرون　B. قوة مساومة مجهزين قليلة

C. عقبات دخول قليلة　D. منتجات بديلة كثيرة

4. **إن منظمات الأعمال التي تقلل حجمها لغرض خفض التكاليف فإنها تنفذ استراتيجية:**

A. نمو محدود　B. بيع جزئي　C. تخفيض　D. استقرار

5. **في إطار السلوكيات الاستراتيجية لمنظمات الأعمال التي طرحها كل من Miles و Snow فإن السلوك المتجسد بمعرفة ما سيكون عليه الوضع مستقبلاً واتخاذ الإجراءات المناسبة:**

A. استراتيجية تنقيب　B. استراتيجية دفاع

C. استراتيجية محللين　D. استراتيجية المستجيبين

6. **إن حالة وجود تفاعل بين أجزاء المنظمة مع بعضها البعض لإنتاج تأثير مشترك يفوق عمل هذه الأجزاء منفردة يسمى:**

A. القابليات المميزة　B. المجال

C. التداؤب　D. الميزة التنافسية

7. **إن نظام الرقابة على الأداء بمنظور شامل ومتكامل ويوزان بين الأبعاد المالية وغير المالية للأداء يسمى:**

A. بطاقة الأداء المتوازن　B. تحليل محفظة الأعمال

C. تحليل العائد والكلفة　D. تحليل VRIO

8. **رتب الخيارات الاستراتيجية التالية في إطار وجود تداؤب عالي (من تداؤب عالي إلى تداؤب واطئ):**

A- التنويع غير المرتبط، التمركز، التنويع المرتبط، النمو والتوسع الدولي

B- التمركز، التنويع المرتبط، التنويع غير المرتبط، النمو والتوسع الدولي

C- التنويع المرتبط، النمو والتوسع الدولي، التنويع غير المرتبط، التمركز.

D- النمو والتوسع الدولي، التمركز، التنويع غير المرتبط، التنويع المرتبط

9. واحد من القرارات التالية لا يعتبر قراراً استراتيجياً:
A. إضافة خط إنتاجي جديد
B. تخفيض قوة العمل بنسبة 10%
C. تعديل جدولة الإنتاج الأسبوعية
D. الدخول في مشروع مشترك مع شركة عالمية

10. نقطة قوة خاصة تعطي المنظمة ميزات تنافسية مستدامة هي:
A. المعرفة الضمنية
B. عامل نمو
C. قابلية مميزة
D. ميزات تنافسية

11. واحد من الآتي مثال على المنافسة المباشرة بين منظمات الأعمال:
A- جامعة خاصة تنافس جامعة حكومية
B- شركة نقل بحري تنافس شركة نقل بالسكك الحديد
C- شركة بناء أجنحة فندقية تنافس الفنادق
D- مركز استشارات علمية ينافس الجامعات

12. شركة تنتج الجبن والحليب المجفف قررت شراء مزرعة كبيرة لتربية الأبقار للحصول على المـادة الأوليـة للإنتاج (الحليب) فإن هذا يسمى
A. تكامل أفقي
B. تكامل عمودي للامام
C. تكامل عمودي للخلف
D. تنويع مترابط

13. شركة متخصصة بإنتاج مواد غذائية قررت افتتاح مصنع لإنتاج الأجهزة الكهربائية، إن هذا مثال على استراتيجية:
A. تنويع مرتبط
B. تنويع غير مرتبط
C. تكامل أفقي
D. تمركز

14. قررت إحدى المستشفيات الخاصة شراء مستشفى صغير متخصص بأمراض العيون فإن هذا يعتبر مثال على استراتيجية:
A. إعادة الهيكلة
B. تكامل أفقي
C. تنويع
D. تمركز

15. في الأعمال الدولية تمثل استراتيجية تعدد المواطن:
A- الموازنة بين كفاءة العمليات المعولمة ومتطلبات الأسواق المحلية
B- جعل المنتجات والحملات الإعلانية ملائمة للظروف المحلية
C- تطوير منتجات وحملات إعلانية قياسية للاستخدام في كافة أنحاء العالم
D- تغيير العمليات لتصحيح نقاط الضعف

الفصل العاشر

اتخاذ القرارات
ودور تكنولوجيا المعلومات

الفصل العاشر

اتخاذ القرارات ودور تكنولوجيا المعلومات

بعد دراستك لهذا الفصل تستطيع الإجابة على الأسئلة التالية:

1. بين كيف أثرت تكنولوجيا المعلومات على منظمات الأعمال؟
2. ما هو القرار، حدد مراحل صناعته وأنواعه؟
3. اذكر مصادر التعقيد التي ترافق عملية صناعة القرار واتخاذه.
4. ما هي الظروف التي يتخذ في ظلها القرار؟
5. لخص في جدول خصائص نماذج اتخاذ القرار.
6. استعرض دور المعرفة في القرارات.

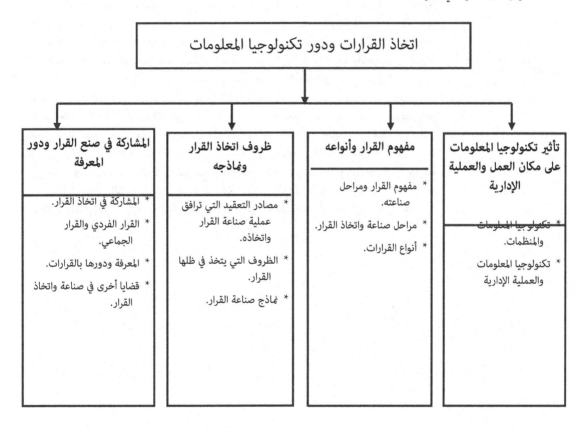

اتخاذ القرارات ودور تكنولوجيا المعلومات

المشاركة في صنع القرار ودور المعرفة	ظروف اتخاذ القرار ونماذجه	مفهوم القرار وأنواعه	تأثير تكنولوجيا المعلومات على مكان العمل والعملية الإدارية
* المشاركة في اتخاذ القرار. * القرار الفردي والقرار الجماعي. * المعرفة ودورها بالقرارات. * قضايا أخرى في صناعة واتخاذ القرار.	* مصادر التعقيد التي ترافق عملية صناعة القرار واتخاذه. * الظروف التي يتخذ في ظلها القرار. * نماذج صناعة القرار.	* مفهوم القرار ومراحل صناعته. * مراحل صناعة واتخاذ القرار. * أنواع القرارات.	* تكنولوجيا المعلومات والمنظمات. * تكنولوجيا المعلومات والعملية الإدارية

مقدمة الفصل العاشر:

تعتبر القرارات جوهر العملية الإدارية والمحصلة النهائية لناتج عمل المديرين لذلك يجب أن تعار لها أهمية خاصة سواء من ناحية عملية صناعتها أو اتخاذها وتنفيذها أو مراقبة نتائجها. وبالتأكيد فإن القرارات في منظمات الأعمال ليست من نمط واحد ولا يتم تطويرها وفق أسلوب واحد لذلك يفترض معرفة هذه الأنواع واختيار الأسلوب الملائم لصناعة القرار. وفي الأعمال اليوم لا يمكن أن تكون عملية صناعة القرار وتنفيذه عملية فردية بل هي عمل جماعي يأتي في إطار أسلوب فاعل للمشاركة وتبادل الآراء بين مختلف مستويات التنظيم. وفي عصر المعرفة والمعلوماتية لا بد من الإشارة إلى الدور المهم لتكنولوجيا المعلومات وتأثيرها الكبير في تغيير الأعمال والمنظمات ومكاتب العمل. كل هذا سيتم تناوله في هذا الفصل المخصص للقرارات وعملية صناعتها وأسلوب اتخاذها.

أولاً: تأثير تكنولوجيا المعلومات على مكان العمل والعملية الإدارية

IT Effect On The Work Place And The Managerial Process

لقد أصبحت منظمات الأعمال مستفيداً كبيراً من تكنولوجيا لمعلومات وآلياتها في تحسين أدائها وإنتاجيتها. وفي ظل الاقتصاد المعرفي فإن الإنتاجية المرتبطة بالمعرفة والعاملين المعرفيين Knowledge Workers يعتبران عاملا منافسة مهمان جداً بين منظمات الأعمال. والعاملون المعرفيون، هم عاملون تتجسد قيمتهم للمنظمة في قدراتهم الذهنية والمعرفية وليس في القابليات البدنية. إن هؤلاء العاملين المعرفيين يشكلون للمنظمة رأس مال معرفي الذي يمثل المعرفة والقوة الفعلية الجماعية للمنظمة أو المعرفة المشتركة التي يتقاسمها العاملون ويتم من خلالها خلق ثروة للمنظمة. إن راس المال المعرفي والمعرفة مصادر مهمة لا يمكن تعويضها أو إحلال بديل عنها في المنظمات. إن أهمية المعرفة والعاملين المعرفيين جاءت من خلال نمو هائل في ميدان المعلومات وتزايد دورها في فضاء شبكي إليكتروني يعطي قدرة للمنظمة في أن ترتبط بأي مكان وفي أي لحظة بالعالم الخارجي وبكل مكوناته. ونتكلم هنا عن إنتاجية المعرفة والعاملين المعرفيين التي أخذت تتزايد بشكل كبير وهذه يمكن أن تكون قدرات وقابليات لدى المنظمة وعامليها في مجالين أساسيين: قابليات حاسوبية Computer Competency وهي القدرة

*** العاملون المعرفيون**
Knowledge Workers
هم عاملون تتجسد قيمتهم بإضافة قيمة معرفية وذهنية وليس بدنية للمنظمة.

على استخدام الحواسيب وبرامجياتها والاستفادة منها في خلق ميزات للمنظمة. وقابليات معلوماتية Information Competency وهي القدرة على استخدام التكنولوجيا لسحب وتقييم وتنظيم وتحليل المعلومات في سبيل اتخاذ قرارات مختلفة.

* **رأس المال المعرفي**
هو مجموع القوى الفعلية والمعرفية أو المعرفة المشتركة بين قوى العمل في المنظمة.

* تكنولوجيا المعلومات والمنظمات Organizations and IT

إن تكنولوجيا المعلومات IT قد أزالت الكثير من الحواجز وجعلت من المنظمة أكثر انفتاحاً وشفافية في تعاملها مع مختلف الأطراف الخارجية وخاصة الزبائن والمجهزين. إن هذا الأمر جعل المنظمات والعاملين فيها في مختلف المستويات والمواقع يتصلون بسهولة ويتقاسمون المعلومات بسرعة كذلك جعلت المنظمات في إطار هيكل تنظيمي أقل في مستوياته الإدارية حيث أن دور المديرين في الإدارة الوسطى والذين يساهمون ويسهلون حركة المعلومات بين المستويات أصبح أكثر شفافية وأقل حاجة إلى أعداد كبيرة منهم وذلك لقيام أجهزة الحاسوب والاتصالات بجزء كبير من مهامهم اليوم.

لقد خلقت مجمل هذه التطورات فرصاً لميزات تنافسية للمنظمات بسبب سرعة اتخاذ القرار واستخدام المعلومات بشكل أفضل وفي وقتها المناسب وكذلك من خلال تنسيق فعال للقرارات والأفعال. وساهمت تكنولوجيا المعلومات أيضاً بتقليل الحواجز بين المنظمة وعناصر بيئتها الخارجية وبالأخص المهمة منها حيث لعبت دوراً في إدارة العلاقات مع الزبائن من خلال سرعة جمع معلومات عن احتياجاتهم وتفضيلاتهم وما يرضيهم وساهمت أيضاً في تقليل كلف الرقابة وخاصة في إطار إدارة سلسلة التوريد بدءاً من عمليات الشراء والعمليات اللوجستية الخاصة بالنقل والتخزين وغيرها. ولمزيد من الإيضاح نعرض الشكل التالي:

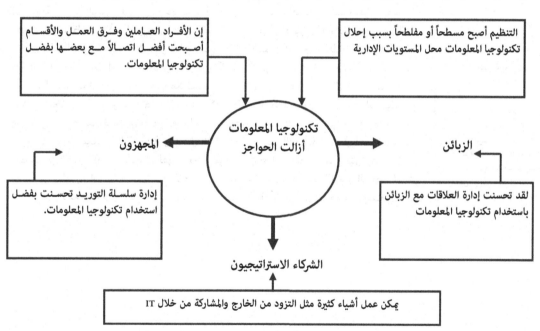

شكل (1-10) : تأثير تكنولوجيا المعلومات على منظمة الأعمال

كذلك أثرت تكنولوجيا المعلومات على الأعمال التي تمارس من قبل المنظمات وأصبحت التجارة الإلكترونية e-Commerce واقعاً جديداً يجب التعامل معه. إن التجارة الإليكترونية تعني الشراء والبيع وعقد الصفقات عبر الإنترنت وبالتالي فإن صفقات الأعمال بين البائعين والمشترين تجري وتستكمل إجراءاتها إليكترونياً دون الحاجة إلى اللقاء وجهاً لوجه. ولا يقتصر ـ البيع والشراء عبر التجارة الإليكترونية بين أفراد مستهلكين وأعمال منتجة (B2C) بل يمكن أن تكون (B2B) أي بين الأعمال نفسها. إن منظمات الأعمال اليوم تحرص على حضور فاعل في الفضاء الإليكتروني من خلال إنشائها مواقع للتعريف بنفسها ومنتجاتها وعقد صفقاتها. وتتباين سعة وتنظيم هذه الصفحات والمواقع حسب حجوم الشركات وقدراتها في مجال تكنولوجيا المعلومات فبعضها ضخم جداً مثل موقع شركة جنرال موتورز GM. إن مراحل تطوير موقع إليكتروني على شبكة الإنترنت يمر عبر المراحل التالية:

* تأمين حضور في الفضاء الإليكتروني من خلال عنوان وموقع معلوم وصفحة معروفة.

* تأكيد الحضور من خلال استخدام الموقع للإعلان والترويج بدون تحقيق صفقات.

* تفعيل إمكانيات ممارسة التجارة الإليكترونية من خلال السماح لزائري الموقع طلب المنتجات المختلفة.

* التوسع في مجال البيع وخدمة الزبائن عبر الإنترنت وإجراء بعض الأعمال مثل تدقيق الطلبات وحساب مستويات المخزون وغيرها.

* تطوير مجال الاستفادة من الموقع لمختلف وظائف المنظمة مثل التسويق والشؤون المالية والعمليات والإنتاج.

كذلك غيرت تكنولوجيا المعلومات مكاتب العمل من حيث سرعة إنجاز العمل وسرعة الاستجابة وسرعة الوصول للسوق ومعرفة ما يجري فيه. لقد أصبح المكتب المؤتمت شائعاً وضرورياً في منظمات الأعمال ويتداولون المعلومات بالنصوص والصور والأصوات وبجودة عالية. إن كل هذه التطورات جعلت البعض يطلق على مكاتب العمل اليوم المحطات الذكية الأنيقة Smart Stations حيث استخدام قليل للورق والكتابة تنجز إليكترونياً والمفكرات الإليكترونية وأجهزة الحاسوب المحمولة أصبحت مكاتب متجولة ويمكن إنجاز الأعمال حتى من خارج المكاتب الخاصة بالعاملين في منظمة الأعمال. كذلك فإن قواعد المعلومات وسهولة الوصول إليها والدوائر المغلقة التي تعقد في ظلها الاجتماعات والمؤتمرات وتتم الاتصالات والمحاورة كلها عوامل تغيير جوهري للمكاتب التقليدية والعمل الإداري بالأساليب القديمة. ولعل أهم الأساليب الحديثة في العمل الإداري الاتصال الفوري بين الأفراد Instant Messaging حتى يتم إرسال الأوامر والتقارير والمعلومات وتقاسمها مع الآخرين بسرعة عالية وسهل هذا الأمر الربط المباشر للحواسيب الشخصية ضمن شبكات داخلية أو مع الشبكة العالمية للإنترنت وهو ما يسمى Peer to Peer File Sharing.

* الاتصالات الفورية بين الأفراد
Instant Messaging
إرسال الأوامر والتقارير والمعلومات وتقاسمها مع الآخرين بسرعة عالية.
* ربط الحواسيب
Peer to Peer file Sharing
إيصال الحواسيب الشخصية بعضها مع بعض أو مع شبكة الإنترنت بهدف تحسين إنجاز الأعمال.

* تأثير تكنولوجيا المعلومات على العملية الإدارية

The IT Effect on the Managerial Process

لقد غيرت تكنولوجيا المعلومات بشكل كبير طبيعة الممارسة الإدارية من خلال تأثيرها على وظائف المدير حيث أن القدرة التي أتاحتها تكنولوجيا المعلومات في جمع المعلومات وتحليلها وتقييمها وإيصالها ساهمت بشكل كبير في تحسين الأدوار الإدارية التي يلعبها المديرين سواء المتعلقة منها بالقرارات أو العلاقات بين الأفراد أو الاتصالات وكذلك الأدوار الأخرى. وفي حقيقة الأمر فإن هذا يعني أن الممارسة الإدارية من خلال التخطيط والتنظيم والقيادة والرقابة قد تحسنت كثيراً بفعل استخدام المديرين لتكنولوجيا المعلومات وهذا زاد من الفرص المتاحة أمام الإدارة لنجاح أفضل في بيئة الأعمال الحالية. ففي إطار العملية التخطيطية أعطت تكنولوجيا المعلومات قدرة أفضل للمديرين لتجميع معلومات والحصول عليها بوقت مناسب من خلال ازدياد عدد المشاركين في العمليات التخطيطية دون عناء كبير ودون استهلاك وقت طويل، حيث أن سرعة تبادل البيانات والمعلومات والآراء سهلت تبادل المعلومات وإغناء العملية التخطيطية. كذلك فإن ميزات تنظيمية كثيرة وجدت بفضل استخدام تكنولوجيا المعلومات من خلال سرعة الاتصالات بين أجزاء التنظيم وقد حسن هذا الأمر التكامل والتنسيق بين مختلف مستويات المنظمة. أما في مجال القيادة فإن تكنولوجيا المعلومات زادت من فرص الكوادر الإدارية والقيادات للتحاور مع مختلف أصحاب المصالح وخاصة من هم خارج المنظمة ويؤثرون بشكل مباشر على عملها. كذلك أعطت وضوحاً لأهداف المنظمة في أعين جميع الأطراف والمؤثرين، وأخيراً فإن استخدام تكنولوجيا المعلومات من قبل المديرين سهل وجود قياس سريع للنتائج وجوانب الأداء المختلفة في إطار الوظيفة الرقابية وأعطى للمنظمة قدرة على حل المشاكل حال ظهورها. وبشكل عام فإن استخدام تكنولوجيا المعلومات مثل ميزات كثيرة وفوائد عديدة ساهمت في تعزيز أدوار المديرين وتفعيل الممارسة الإدارية بكافة جوانبها.

ثانياً: مفهوم القرار وأنواعه

Decision Concept and Types

* مفهوم القرار ومراحل صناعته Decision Concept

* القرار
Decision
اختيار بديل من عدة بدائل متاحة في سبيل تحقيق هدف معين.

يتخذ المديرين والأفراد العاديون في حياتهم اليومية عشرات القرارات المتباينة في خطورتها وأهميتها ومداها الزمني. والقرار Decision يعني اختيار بديل من بين عدة بدائل في سبيل تحقيق هدف معين. وبهذا فإننا يمكن أن نلاحظ وجود ثلاثة أركان للقرار ولا يمكن أن يكون كذلك إذا غاب أي منها:

- **وجود البدائل Alternatives** : فعندما يكون هناك بديل واحد أو طريق واحد لا بد من سلوكه نكون مجبرين على ذلك ولا قرار هنا.
- **حرية الاختيار Free Choice** : إن وجود البدائل لوحده لا يكفي بل لا بد من وجود حرية في اختيار أي منها وإذا لم توجد هذه الحرية فنكون مجبرين على بديل معين وأيضاً لن يكون هناك قرار.
- **وجود الهدف Objective** : إن وراء كل قرار هدف نسعى لتحقيقه وان عدم وجود الهدف يجعل القرارات عملاً عبثياً.

وعادة ما يرتبط القرار بظهور مشاكل أو أداء غير مرضي لذلك تحاول الإدارة حل المشكلة Problem Solving بهدف تحسين الوضع القائم وتطويره. إن حل المشكلة يعني تشخيصها واتخاذ الإجراء المناسب لحلها. ويأتي هذا الحل عادة في إطار صناعة قرار مناسب Decision Making، ومن ثم اتخاذه وتنفيذه. وهذه العملية من صناعة القرار واتخاذه وتنفيذه تقع ضمن ما نسميه عملية صنع القرار واتخاذه Decision Making and Taking Process والتي يمكن تعريفها بأنها إدراك وتعريف طبيعة القرار أو الموقف وتحديد البدائل واختيار أفضلها ووضعه موضع التنفيذ. ويمكن أن نمثل هذه العملية بالشكل التالي:

*** حل المشكلة**
Problem Solving
عملية تتضمن تشخيص المشكلة واتخاذ إجراء مناسب لحلها.

*** صنع القرار**
Decision Making
مجمل الإجراءات المرتبطة بتشخيص المشكلة أو الموقف وجمع البيانات وتطوير بدائل ومن ثم تقييمها والتوصية بأفضل البدائل.

*** عملية اتخاذ القرار**
Decision Taking
العملية التي تنصب على تقييم البدائل واختيار أفضلها وتنفيذه وتقييمه.

*** عملية صنع واتخاذ القرار**
Decision Making and Taking Process
مجمل الأنشطة المرتبطة بصنع القرار واختيار البديل الأمثل ووضعه موضع التنفيذ.

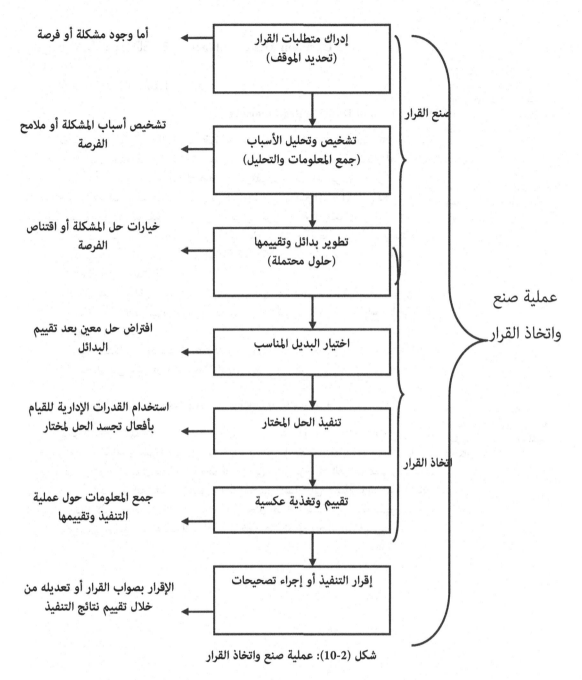

إدراك متطلبات القرار
(تحديد الموقف)
أما وجود مشكلة أو فرصة
تشخيص وتحليل الأسباب
(جمع المعلومات والتحليل)
تشخيص أسباب المشكلة أو ملامح الفرصة
تطوير بدائل وتقييمها
(حلول محتملة)
خيارات حل المشكلة أو اقتناص الفرصة
اختيار البديل المناسب
افتراض حل معين بعد تقييم البدائل
تنفيذ الحل المختار
استخدام القدرات الإدارية للقيام بأفعال تجسد الحل لمختار
تقييم وتغذية عكسية
جمع المعلومات حول عملية التنفيذ وتقييمها
إقرار التنفيذ أو إجراء تصحيحات
الإقرار بصواب القرار أو تعديله من خلال تقييم نتائج التنفيذ
صنع القرار
اتخاذ القرار
عملية صنع واتخاذ القرار

شكل (2-10): عملية صنع واتخاذ القرار

إشارة إلى ما ورد أعلاه، فقد تم التفريق بين عملية صنع القرار وعملية اتخاذ القرار، حيث أن العملية الأولى تشتمل على إدراك متطلبات القرار أو الموقف أو المشكلة أو الفرصة التي تحتاج إلى قرار ومن ثم جمع معلومات وبيانات وفرزها وتحليلها ودراستها بشكل جيد ثم تطوير البدائل المناسبة والتي هي عبارة عن حلول ممكنة بالتعامل مع المشكلة أو الفرصة أو الموقف وربما تنتهي هذه المرحلة بالتوصية بأفضل هذه البدائل وترك حرية للإدارة لتقرير ذلك لتبدأ بعدها العملية الثانية (اتخاذ القرار) والتي يتم ضمنها اختيار البديل المناسب للبدء

بالتنفيذ والتقييم واتخاذ إجراءات تصحيحية إذا تطلب الأمر. وإذا ما أردنا الحديث عن عملية متكاملة لصنع واتخاذ القرار فإننا نتكلم عن مجمل مراحل العمليتين السابقتين.

* مراحل صناعة واتخاذ القرار Decision Making Stages

* المشكلة
Problem
موقف تفشل فيه المنظمة من إنجاز أهدافها أو أن بعض أوجه الأداء غير مرضية.

* الفرصة
Opportunity
موقف يرى فيه المديرين إنجازات منظمية كامنة تتجاوز الأهداف الموضوعة حالياً.

- مرحلة إدراك متطلبات القرار

Recognition of Decision Requirements

يواجه المدير الحاجة إلى اتخاذ قرار عندما تكون هناك مشكلة Problem أو فرصة Opportunity يجب اقتناصها. إن المشكلة تعني موقفاً تفشل فيه المنظمة في إنجاز أهدافها أو أن بعض أوجه الأداء غير مرضية. أما الفرصة فهي موقف يرى فيه المديرين إنجازات منظمية كامنة تتجاوز الأهداف الموضوعة حالياً. إن هذه المرحلة من أهم المراحل التي تحدد توجه القرارات مستقبلياً وعادة ما يقع المديرين فيها بالعديد من الأخطاء الشائعة ومنها:

1- تعريف المشكلة أو الفرصة بشكل واسع جداً أو ضيق جداً، فإن إعلان المدير مثلاً عن برنامج منظم للصيانة هو أفضل صياغة كمشكلة من إعلانه الرغبة في التخلص من كافة التوقفات الطارئة.

2- التركيز على الأعراض للمشاكل وليس على أسبابها، والأعراض هي مؤشرات عن وجود مشكلة ولكن الأسباب مختلفة عن ذلك، إن كثرة الغياب تخفي وراءها أسباباً حقيقية لظهور هذه الأعراض.

3- اختيار المشكلة أو الفرصة الخطأ والتعامل معها، لذا على المديرين تحديد أسبقيات للمشاكل التي يمكن أن تكون قابلة للحل فعلاً.

* التشخيص
Diagnosis
مرحلة تحليل الأسباب الرئيسية من قبل المدير والمرتبطة بالموقف أو المشكلة أو الفرصة.

- تشخيص وتحليل الأسباب Causes Diagnosing and Analysis

بمجرد تشخيص المشكلة أو الفرصة فإن المرحلة الثانية تبدأ بتحديد الأسباب التي أدت إلى ظهور هذه المشكلة أو سنوح هذه الفرصة وذلك بجمع بيانات ومعلومات وتحليلها ودراستها بعمق ودقة. وكثيراً ما يحصل خطأ شائع وهو القفز على هذه المرحلة والقيام بتطوير البدائل قبل استطلاع أسباب المشكلة بشكل متعمق. وهنا تجدر الإشارة إلى الأسلوب الياباني الشائع تحليل السبب والأثر Cause – Effect Analysis الذي يحلل بعمق الأسباب المحتملة لظهور مشكلة بهدف الوصول إلى الأسباب الحقيقية التي أدت إلى ظهورها وكما يوضح الشكل التالي:

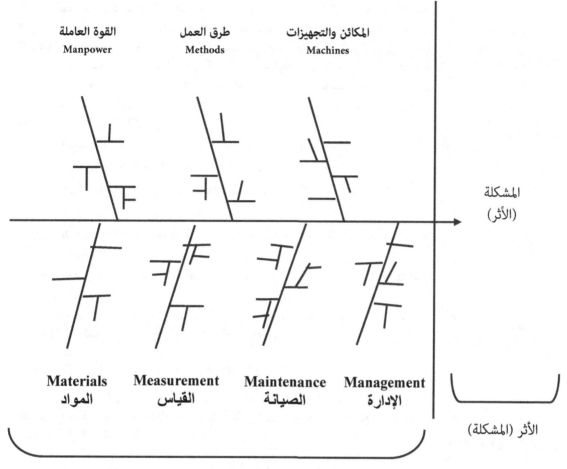

القوة العاملة
Manpower
طرق العمل
Methods
المكائن والتجهيزات
Machines
المشكلة
(الأثر)
Materials
المواد
Measurement
القياس
Maintenance
الصيانة
Management
الإدارة
الأثر (المشكلة)
الأسباب المحتملة

شكل (3-10): تحليل السبب والأثر

إن المشاكل عموماً يمكن أن تكون وفق هذا المخطط بسبب سبعة عوامل هي: المكائن والتجهيزات وطرق العمل والعاملون والإدارة والصيانة وعمليات القياس والمواد المستخدمة. فقد تكون المشكلة بأحد هذه الأسباب أو أكثر لذا يجب البحث عن السبب الحقيقي من خلال دراسة كل سبب رئيسي واحتمال وجود عوامل فرعية فيه يمكن أن تؤدي إلى ظهور هذه المشكلة. كذلك هناك أسلوب آخر لتحديد الأسباب هو أسلوب العصف الذهني Brainstorming حيث يشترك مجموعة من المديرين أو المسؤولين ويطرحون أفكارهم بطريقة حرة ودون نقد ومن ثم تتكامل هذه الأفكار جميعاً ويتم تصفيتها وصياغتها لكي توضح الأسباب الحقيقية للمشكلة.

- تطوير البدائل **Alternatives Development**

بعد أن تعرف الأسباب تحاول الإدارة تطوير بدائل تمثل حلولاً مقترحة لمعالجة الأسباب أو حل المشكلة أو الاستفادة من الفرصة. وأحد الأسباب لفشل القرارات في المنظمة هو محاولة الإدارة البحث عن حلول محدودة جداً وفي إطار علاقة ضيقة بالأسباب وبعد أن تكون البدائل قد طورت يتم تقييمها.

- تقييم البديل **Alternatives Evaluation**

إن عملية تقييم البدائل تجري وفق اعتبارات وبوسائل وأدوات كثيرة من أجل معرفة أي البدائل أفضل لحل المشكلة أو الاستفادة من الفرصة. وأحد هذه الوسائل هو تحديد الفائدة التي يحصل عليها مختلف أصحاب المصالح أو المستفيدون وذلك باستخدام أسلوب تحليل المستفيدين Stakeholders Analysis. وهنا لا بد من معرفة أصحاب المصالح الأساسيين الذين تعنيهم الحالة ومدى تأثير كل خيار عليهم. كذلك هناك اسلوب آخر يسمى تحليل المنفعة – الكلفة Cost – Benefit Analysis وهو مقارنة ما يكلفه الخيار بالمنافع المتوقعة منه. وعلى الأقل يجب أن تكون المنفعة أكبر من التكاليف لكل خيار لكي يؤخذ في الاعتبار. وأهم الاعتبارات التي يجب مراعاتها لتقييم البدائل هي:

- المنفعة والفوائد.
- التكاليف والآثار الجانبية المتوقعة عند تنفيذ القرار.
- التوقيت الخاص بحصول المنافع وبداية ظهور التأثير الإيجابي.
- مدى القبول من جميع المعنيين بالأمر.
- الجوانب الأخلاقية والاجتماعية ومدى مراعاته للمسؤولية الاجتماعية تجاه مختلف الأطراف.
- مدى قدرة الخيار على فتح آفاق علمية وإبداعية يمكن أن تعزز موقف المنظمة وشهرتها.

إن شخصية المدير وميله لقبول المخاطرة له تأثير كبير في مستوى تحليل الكلفة – المنفعة المؤدية للقرار وتسمى هذه النزعة أو الميل للمخاطرة Risk Propensity.

* **تحليل أصحاب المصالح**
Stakeholders Analysis
معرفة أصحاب المصالح المهمين الذين سيؤثر عليهم القرار في حال تنفيذه.

* **تحليل التكلفة-المنفعة**
Cost-Benefit Analysis
مقارنة الكلف والمنافع المحتملة لكل بديل.

* **الميل للمخاطرة**
Risk Propensity
الاستعداد لتحمل المخاطرة في ضوء وجود فرصة واعدة بالربح والفائدة.

- اختيار البديل المناسب The Best Alternative Choice

بعد التقييم فإن هناك بدائل ستستبعد وسيتم اختيار أفضل البدائل في ضوء نتائج التقييم والمعايرة والمعايير الموضوعة عند المقارنة. فقد يكون المعيار هو أكبر ربح يتحقق من البديل أو أدنى كلفة أو غير ذلك.

* **تنفيذ البديل**
Implementation
ترجمة الخيار الذي تم اختياره إلى أفعال من خلال القابليات التنظيمية والإدارية للحصول على نتائج مرغوبة.

- تنفيذ البديل المختار Chosen Alternative Implementation

هنا تبدأ مرحلة التنفيذ للبديل الذي تم اختيار كحل للمشكلة أو وسيلة للاستفادة من الفرصة. إن البعض القرارات تكون سهلة التنفيذ مقارنة بأخرى

تحتاج إلى جهد كبير واستجابة من العاملين وتعاون لتنفيذها. وقد تظهر هنا صعوبة نقص المشاركة وهنا تظهر أهمية اندماج العاملين ومشاركتهم في القرارات بشكل عام وإشعارهم بأنهم جزء من المنظمة.

- تقييم وتغذية عكسية **Evaluation and Feedback**

إن القرار لا ينتهي عندما يوضع موضع التنفيذ فلا بد من تقييم للنتائج الناجمة عن هذا القرار وجميع المعلومات عن الآثار والنتائج وتحليلها ومقارنتها بما استهدف من نتائج وتوفير تغذية عكسية بشكل تقارير وتصويبات وتوضيحات تستهدف زيادة فاعلية القرار وقد تكون هناك نتائج إيجابية وسلبية وفي كلا الحالين يجب أن تدرس بعناية، بحيث تكون عملية القرار ديناميكية ومستمرة.

- **إجراء تصحيحات إذا تطلب الأمر أو إقرار النتائج كما هي وتوثيقها للاستفادة منها مستقبلاً.**

* أنواع القرارات Decisions Types

يتخذ المديرين أنواع متعددة من القرارات في عملهم اليومي وهذه القرارات تتباين في أهميتها وحاجتها للموارد والمشاكل التي تتعامل معها والمدى الزمني لها والمستوى الإداري الذي تتخذ فيه ومدى عمومية أو خصوصية القرار وطبيعة المشاركة فيه. لقد أجمل الباحثون الأسس التي تصنف وفقها القرارات في إطار نوعين مهمين من القرارات، الأول يسمى القرارات المبرمجة Programmed Decisions والثاني قرارات غير مبرمجة Nonprogrammer Decisions. فالقرارات المبرمجة عادة تستخدم حلولاً جاهزة متاحة من واقع خبرة سابقة وذلك لحل مشاكل نمطية أو مهيكلة Structured Problems وهذه المشاكل أو المواقف مألوفة للمدير وواضحة بالمعلومات التي تحتاجها كما أنها روتينية ويمكن توقعها. إن هذا يعني أن القرار يمكن برمجته وصياغته مسبقاً ويتم تنفيذه عند الحاجة. إن كثير من المواقف الخاصة بإدارة الموارد البشرية والإنتاج والمخازن والصيانة تكون متكررة وروتينية لارتباطها بالعمل اليومي الجاري وبذلك يمكن اعتماد صيغ وقرارات معدة مسبقاً لتنفيذها عند الطلب. كذلك يتعامل المديرين مع مواقف جديدة وغير مألوفة ومشاكل غير مهيكلة Unstructured Problems وعادة ما تكون محاطة بالغموض أو الإبهام أو ذات مخاطر عالية أو أن حالة عدم التأكد فيها عالية. إن هذه المواقف تتطلب قرارات غير مبرمجة أو تتخذ لأول مرة، وبذلك فهي حلول

* القرارات المبرمجة
Programmed Decision
حلول جاهزة من واقع خبرة سابقة لحل مشاكل روتينية.

* المشكلة المهيكلة
Structured Problem
مشاكل واضحة ذات معلومات متاحة وقليلة المخاطر وروتينية الحدوث.

* القرارات غير المبرمجة
Nonprogrammer Decision
حلول خاصة لمشاكل غير روتينية.

* المشكلة غير المهيكلة
Unstructured Problem
موقف غامض وناقص المعلومات يتطلب قرار غير مبرمج.

جديدة لمواقف مختلفة وغير اعتيادية، وعادة تكثر هذه القرارات في مستوى الإدارة العليا عند حصول تغيرات في البيئة الخارجية وآليات المنافسة الأساسية أو مواقف يتطلب الأمر فيها نفقات استثمارية عالية. ولعل أصعب القرارات غير المبرمجة هي تلك تتخذ في ظل حصول الأزمات. والأزمة Crisis هي موقف حرج غير متوقع يمكن أن يقود إلى كارثة إذا لم يعالج بسرعة وبشكل مناسب وإشارة لما تقدم حول تصنيف القرارات وفق أسس متعددة يمكن أن نجد قرارات استراتيجية Strategic Decisions وقرارات تكتيكية Tactical Decisions وقرارات تشغيلية Operational Decisions، حيث أن القرارات الاستراتيجية عادة ما تكون قرارات غير مبرمجة في حين أن القرارات الأخرى هي مبرمجة.

* الأزمة Crisis
موقف حرج غير متوقع يمكن أن يقود إلى كارثة إذا لم يعالج بسرعة وبشكل مناسب.

ثالثاً: ظروف اتخاذ القرار ونماذجه Decision Conditions and Models

تختلف الظروف البيئية المرتبطة باتخاذ القرار وتتباين من حيث درجة المخاطرة وكذلك وفرة المعلومات أو ندرتها. كما أن نماذج اتخاذ القرار هي الأخرى مختلفة بناءً على تفضيل المدير للعمل في ظل نموذج عقلاني للقرار أو نموذج سلوكي. ولكن قبل أن نستعرض هذه الجوانب سنعرج على أهم المصادر التي يتأتى منها التعقيد الذي يرافق عملية صناعة القرار في بيئة الأعمال:

* مصادر التعقيد التي ترافق عملية صناعة القرار واتخاذه

إن عملية صناعة القرار واتخاذه اليوم ليست عملية سهلة وتشكل تحدياً كبيراً أمام المديرين في منظمات الأعمال على اختلاف أنواعها. في بيئة سريعة التغيير ومعقدة فإن هذه العملية تحتاج إلى عناية كبيرة لكي يكون القرار صائباً. وقد شكى الكثير من المدراء قلة الوقت المتاح لهم لاتخاذ القرار في دراسة حديثة فضلاً عن تعقد صناعته. ويأتي هذا التعقد من مصادر عديدة أهمها:

1. **تعدد المعايير المعتمدة في صناعة القرار:** حيث يتطلب الأمر من المديرين إرضاء أو الوفاء بمتطلبات مجموعات عديدة من أصحاب المصالح قد تتعارض أو تتقاطع مصالحهم. لذا فإن تشخيص المستفيدين أو أصحاب المصالح وموازنة مصالحهم المتعارضة أحياناً يمثل تحدياً كبيراً لصانعي القرار ومتخذيه.
2. **عدم الملموسية والوضوح لكثير من العناصر التي ترتبط بالبدائل أو الخيارات التي يتم تطويرها لاختيار الأفضل منها.** فهناك مثلاً سمعة الزبائن أو الروح المعنوية للعاملين أو الجماليات لبعض الحلول التي تتخذ كقرارات تؤدي إلى أن يكون القرار معقداً وصعباً في صناعته واتخاذه.
3. **المخاطرة وعدم التأكد:** فهذان الأمران هما من سمات القرارات في عالم اليوم، حيث أن نقص المعلومات وديناميكية الحياة وسرعة التغيرات في العالم اليوم تؤدي إلى إضفاء نوع من التعقيد على القرار.

4. **المضمون بعيد المدى للقرار:** إن أغلب القرارات قد يكون لها أثر سريع لكن تخلق موجات متتالية من القرارات اللاحقة وهذا يجعل من عملية صناعة القرار أكثر تعقيداً.

5. **الحاجة إلى متخصصين من مختلف فروع المعرفة والمهن:** إن القرارات اليوم في جوانب كثيرة منها تتطلب استشارة فنيين مثل المهندسين أو المحامين أو متخصصين بالتسويق أو نظم الإنتاج وغير ذلك من الأمور التي تضفي نوعاً من التعقيد على القرار.

6. **تدخل العديد من الأشخاص والمجموعات والأقسام والإدارات في عملية صناعة القرار واتخاذه ومن النادر أن يتخذ القرار مدير واحد بمختلف مراحله:** إن هذا المزيج من المشاركة يجعل الكثير من الأفراد يتركون بصماتهم على القرار سواء بالتفسير أو بالتعديل والتحوير أو حتى بالمقاومة لبعض جوانب القرار وهذا الأمر يعقد صناعة القرار واتخاذه.

7. **تباين اتجاهات وقيم وطموحات الأفراد أو المجموعات المشتركة في صناعة واتخاذ القرار:** تجعل القرار يتسم بدرجة معينة من عدم الاتفاق حول ما هو صحيح وما هو خطأ أو ما هو رديء وما هو جيد أو ما هو أخلاقي أو غير أخلاقي.

8. **النتائج غير المقصودة أو المتوقعة:** قد تحصل نتائج أو عواقب للقرار لم يكن في نية صانع وصناع ومتخذي القرار أن يصلوا إليها فقد تكون إيجابية وقد تكون سلبية مدمرة وهنا يصف بعض علماء الإدارة هذه الحالة تأثير الوحش المدمر لفرنكشتاين Frankesteing Monster Effect [*] أي القرار الذي تدمر آثاره صانعيه أو متخذيه والمنظمة التي يعملون فيها.

* قانون النتائج غير المقصودة
Law of Unintended Consequences
نتائج غير متوقعة لأفعال مقصودة أو نتائج أو عواقب غير مرغوبة لقرارات معينة.

* الظروف التي يتخذ في ظلها القرار   Decision Conditions

بناءً على البيانات والمعلومات المتوفرة فإن القرارات يمكن أن تتخذ في ظل ظروف أربعة محددة تتباين فيها صعوبة عملية صناعة القرار واتخاذه وكذلك الآليات والأساليب المعتمدة في ذلك. وهذه الظروف هي التأكد التام والمخاطرة وعدم التأكد والإبهام أو الغموض التام.

* التأكد التام
Certainty
ظرف يتخذ فيه القرار في ظل معرفة معلومات كاملة وخيارات محددة ذات عائد أو نتيجة معلومة.

- التأكد التام Certainty

يقصد بحالة التأكد التام توفر كافة المعلومات المطلوبة لاتخاذ القرار وبشكل كامل ودقيق، وهنا يكون لدى متخذ القرار معلومات عن الظروف التشغيلية وأسعار الموارد والقيود والمحددات المفروضة على العمل وكذلك الخيارات المتاحة والعائد

---

[*] فرانكشتاين Frankestein هو بطل لرواية شهيرة يصيبه الدمار والخراب على يد مارد أو وحش صنعه بنفسه ويضرب هذا المثل عندما يقوم شخص بعمل مبدع يؤدي إلى نتائج مدمرة وخيمة تلحق به ضرراً كبيراً.

المترتب على كل منها. وعلى سبيل المثال لو كان لدى شخص مبلغ من المال يرغب باستثماره في مجالات مختلفة ويعرف على وجه الدقة العائد الذي سيحصل عليه من كل مجال فإنه سيختار المجال الذي يعطيه أعلى عائد ممكن. ولكن هذه الحالة قليلة الحدوث في عالم اليوم وربما تختص بعدد بسيط من القرارات المبرمجة.

* المخاطرة
Risk
ظرف يتخذ فيه ظله القرار يتسم بوضوح الهدف وعدم كمال المعلومات الأمر الذي يجعل متخذ القرار يعتمد الاحتمالات في القرار.

* الاحتمالات الموضوعية
هي الاحتمالات المحسوبة بناءً على بيانات تاريخية موثوق بها.

* الاحتمالات الشخصية (الحكم الشخصي)
هي احتمالات مرتبطة بالحكم الشخصي القائم على الخبرة.

* عدم التأكد
Uncertainty
ظرف يتخذ القرار في ظله حيث هناك نقص كبير في المعلومات وأن النتائج والعوائد محاطة بغموض كبير.

- المخاطرة **Risk**

إن هذا الظرف يعني أن أهداف القرار واضحة جداً وأن هناك كمية جيدة من المعلومات متاحة لصانع القرار لكن العوائد المستقبلية المرتبطة بكل خيار من الخيارات هي عرضة للاحتمال وعدم اليقين. المعلومات المتوفرة سواء بناء على خبرة سابقة أو بيانات تاريخية تساعد على تحديد احتمالات النجاح والفشل. وقد تكون الاحتمالات أحياناً موضوعية Objective أو شخصية أي حكم شخصي Subjective. فالاحتمالات الموضوعية تشتق رياضياً من بيانات تاريخية موثوق بها. في حين أن الاحتمالات القائمة على أساس الحكم الشخصي تكون مبنية على الخبرات السابقة. إن القرارات القائمة على الاحتمالات معروفة في بيئة الأعمال حيث تكون سجلاتها التاريخية وتجارب وخبرة مدرائها مصدراً مهماً لتحديدها.

- عدم التأكد **Uncertainty**

ظرف يتخذ القرار في ظله حيث هناك نقص كبير في المعلومات بالرغم من وضوح الأهداف التي يرغب المديرون في إنجازها ولكن البدائل والعوائد المستقبلية محاطة بعدم تأكد كبير وعدم وضوح بحيث لا يستطيع المديرين تقدير المخاطرة أو احتمالات الحدوث. لذا يجب على المديرين اعتماد أساليب خلاقة وذكية وعمل افتراضات أولية صحيحة لصياغة قراراتهم. وغالباً ما تكون أمور مؤثرة في عملهم مثل كلف الإنتاج والأسعار وحجوم الإنتاج أو معدلات الفائدة المستقبلية صعبة التحليل والتوقع، لذا فإن المديرين يجب أن يتحلون بالقدرات الفنية والحكم الشخصي السليم للتعامل مع هذه المواقف. وغالباً ما تقصر القرارات المتخذة في ظل عدم التأكد عن تحقيق النتائج المرغوبة من قبل المديرين.

* الإبهام
Ambiguity
حالة تتسم بعدم الوضوح التام كما أن الأهداف في ظلها غير واضحة لمتخذ القرار والمعلومات غير متوفرة.

- الإبهام (الغموض التام) **Ambiguity**

وقد تسمى أحياناً حالة النزاع Conflict أو المنافسة الشديدة. وهنا يتسم ظرف اتخاذ القرار بعدم الوضوح التام كما أن الأهداف غير واضحة لمتخذ القرار والبدائل صعبة التحديد كذلك المعلومات حول العوائد غير متوفرة. مثال على هذا الأمر لو أن المدرس قسم طلابه إلى مجاميع وطلب من كل مجموعة إكمال مشروع

بـدون أن يعطـيهم الموضـوع أو يحـدد لهـم الاتجاهـات أو أي دليـل يسـاعد في عملهـم. وتوصف المواقف أو المشاكل التي تمثل حالة الإبهام بـالمواقف الشريـرة Wicked Problems حيـث يواجه المدير صراعاً بين الأهـداف والبـدائل وأن الظـروف تتغـير بسرعـة والمعلومـات مضـببة وأن الرابطة بين عناصر القرار مفقودة.

* **المواقف الشريرة**
Wicked Problems
مشـاكل أو مواقـف يطلـب اتخـاذ القـرار فيهـا تتسـم بصراع بـين الأهـداف والبـدائل وسرعـة تغيـر الظروف وغياب الرابطة بـين عنـاصر القرار.

وزيادة في الإيضاح نود أن نضيف فكـرة مفادهـا أن نسـب نجـاح القـرار تكـون أعـلى في القرارات إذا ما اتخذت في ظل ظروف تأكد تـام وهنـا نـتكلم عـن قـرارات مبرمجـة وتقـل درجـة النجاح كلما اتجهنا إلى حالة الغموض والإبهام لكون القرارات هنـاك تتسـم بعـدم الوضـوح التـام، ونستطيع أن نصور ذلك من خلال الشكل التالي:

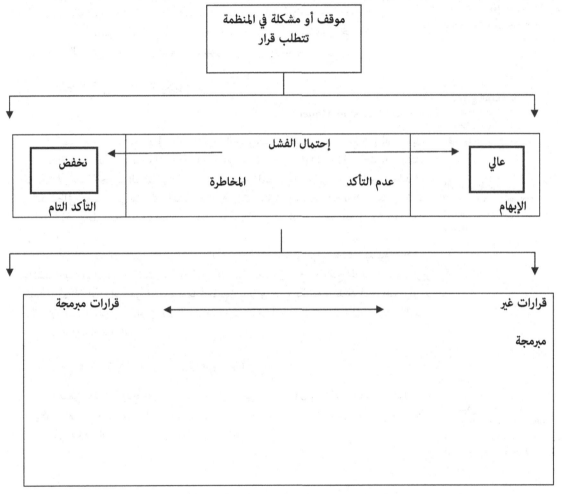

شكل (4-10): الظروف التي يتخذ في ظلها القرار

* نماذج صناعة القرار Decision Making Models

هناك نماذج متعددة لصناعة واتخاذ القرار. والمقصود بـنماذج صـناعة القـرار واتخـاذه المنظورات التي من خلالها يمكن أن تطور الحلول والبدائل لحل مشاكل بسـيطة أو معقـدة مـن حيث طريقة التفكير وهل هو منهجي منظم وقـائم عـلى أسـاس البحـث عـن معلومـات كاملـة ووضوح في الموقف أم لا. في هذا الإطار يتباين المدراء، فالبعض قد يكـون أكـثر مـيلاً إلى التفكـير

* **التفكير المنهجي المنظم**
Systematic Thinking
مـدخل لحـل المشـكلات بطريقـة

كمدخل تحليلي رشيد للتعامل مع المشاكل وبذلك بفضل المديرين في إطار هذا المدخل وجود خطة رشيدة تسبق الفعل خاصة وأن المعلومات المهيأة مسبقاً تساعد على حل المشكلة بشكل تدريجي، في حين أن هناك بعض المديرين ينطلق من منهج تفكير حدسي Intuitive Thinking وهذا المنهج أكثر مرونة وعفوية ويعتمد الخبرة والإبداع للتعامل مع المشكلات خاصة المعقدة منها. وفي حالات كثيرة يوازن المديرين بين هذين المنهجين ويعتمدون منهجاً ثالثاً يسمى منهج تفكير متعدد الأبعاد Multidimensional Thinking أو بعبارة أخرى فهو منهج يعتمد رؤية متكاملة للمشكلة في إطار مدى زمني بعيد أو قصير أو التعامل مع الجانبين الموضوعي والذاتي ويستند للخبرة في صناعة قرارات أكثر واقعية واحتمالاً للنجاح.

* التفكير الحدسي
Intuitive Thinking
مدخل لحل المشكلات بطريقة مرنة وعفوية.

* التفكير متعدد الأبعاد
Multidimensional Thinking
مدخل لرؤية مشاكل متعددة بنفس الوقت بعلاقاتها وتعقيداتها في إطار مدى زمني بعيد أو قصير.

وضمن الأدبيات النظرية للإدارة توجد العديد من نماذج صناعة واتخاذ القرار سنتناول منها ثلاثة: النموذج التقليدي والنموذج السلوكي والنموذج السياسي.

- النموذج التقليدي (الكلاسيكي) للقرار

Classical Decision Model

* النموذج التقليدي للقرار
Classical Decision Model
هو نموذج يصف عملية صناعة القرار واتخاذها في ظل معلومات كاملة.

لقد طور هذا النموذج في إطار النظرية الكلاسيكية التقليدية حيث يتم في إطاره صياغة واتخاذ القرار في ظل افتراضات اقتصادية قائمة على أساس وضوح الهدف وتمام المعلومات وقدرة كاملة على معرفة جميع البدائل ومعرفة نتائجها وكأن المدير يعمل في ظل ظروف تأكد تام ورشد مطلق. وبناء على هذا فإن المدير يصنع قرارات مثلى Optimal Decisions وتعني اختيار البديل الذي يعطي الحل الأمثل بشكل مطلق للمشكلة بمعنى أنه لا يوجد أفضل من هذا الحل أو البديل.

*القرارات المثلى
Optimal Decisions
اختيار بديل يعطي الحل الأمثل للمشكلة.

إن الافتراضات التي يقوم عملها النموذج التقليدي للقرار تتصف بعدم الواقعية وانتقدت من قبل علماء السلوك لأن قدرة الإنسان محدودة في تجميع المعلومات وتطوير البدائل كما أن الأهداف هي ليست دائماً تعظيم أرباح أو تدنية تكاليف، لذلك فإن المديرين لا يمكن أن يكونوا على رشد تام في كل الأوقات وبهذا فإن أغلب القرارات تأتي في إطار الرشد المحدود Bounded Rationality.

- النموذج السلوكي للقرار Behavioral Decision

* النموذج السلوكي للقرار
Behavioral Decision Model
نموذج يصف عمليات صنع القرار في ظل محدودية المعلومات والرشد المحدود.

ضمن هذا النموذج فإن المديرين يعملون وفق ما يشعرون به فقط. وهذا الشعور كثيراً ما يكون غير تام وعلى هذا فإن متخذ القرار لديه معرفة جزئية حول البدائل والنتائج والأفعال. ولهذا فإن البديل الأول عندما يظهر ويعطي حلاً مرضياً

يحتمل أن يتم اختياره بشكل كبير. وقد سمى سايمون Simon الذي حصل على جائزة نوبل عن هذا العمل هذه القرارات بالقرارات المرضية Satisfying Decision التي يختار المدير في ظلها أول بديل مرضي يظهر أمامه ويثير انتباهه. إن هذا النموذج هو أكثر واقعية في وصف المدير كمتخذ قرار في ظل ظروف الإيهام وعدم التأكد.

* **القرارات المرضية**
Satisfying Decisions
هي البدائل أو الخيارات التي تظهر أمام المدير أولاً وتثير انتباهه ليتم اختيارها كحل للمشكلة.

- **النموذج السياسي للقرار Political Decision Model**

* **النموذج السياسي للقرار**
Political Decision Model
نموذج أكثر واقعية لتطوير القرار في البيئة الحالية يعتمد على تشكيل تحالفات بين المديرين لاتخاذ القرار في ظل نقص المعلومات والموارد.

يصلح هذا النموذج للظروف التي تتسم بعدم التأكد والإيهام أو الغموض التام وللقرارات غير المبرمجة. هنا تكون المعلومات محدودة جداً أو ناقصة بشكل كبير كذلك هناك عدم اتفاق بين المديرين حول الأهداف التي يراد الوصول إليها. يلجأ المدراء وفق تصور هذا النموذج إلى الحوار وتقاسم المعلومات وتبادل الآراء والوصول إلى ما يسمى تحالف Coalition لتطوير القرارات وانضاجها وخاصة في المواقف المعقدة. والتحالف يمكن تعريفه بأنه تجمع غير رسمي للمديرين الذين يدعمون ويسعون لهدف معين. إن هذه التحالفات مهمة لتطوير وصياغة القرارات وفي حالة غيابها ربما يقود العملية مدير قوي أو مجموعة صغيرة منهم.

التحالف Coalition
تجمع غير رسمي بين المديرين الذين يدعمون ويسعون لهدف محدد.

إن هذا النموذج لتطوير القرار هو أكثر قرباً لبيئة عمل المديرين ومتخذي القرار حالياً، فالقرارات معقدة ويشترك فيها عدد بكير من الأفراد والمعلومات تتسم بالغموض كما أن عدم التوافق والصراع حول المشاكل والحلول حالة طبيعية لذا فإن هذا النموذج يراعي هذه الجوانب باهتمام كبير. وختاماً فإنه يمكن تلخيص أهم الأفكار الخاصة بهذه النماذج الثلاثة في الشكل التالي:

النموذج التقليدي للقرار	النموذج السلوكي للقرار	النموذج السياسي للقرار
* مشكلة واضحة وأهداف واضحة. * حالة تأكد ومخاطرة. * معلومات كاملة حول البدائل ونتائجها. * الرشد والعقلانية في اختيار القرار من قبل المدير لتعظيم النتائج.	* مشكلة غامضة وأهداف غير واضحة. * حالة عدم تأكد. * معلومات بسيطة عن البدائل ونتائجها. * خيارات مرضية لحل المشاكل باستخدام الحدس.	* أهداف متعددة متعارضة. * حالة عدم تأكد وإبهام. * رؤية غير مستقرة ومعلومات مبهمة. * مساومات وحوار بين أعضاء التحالف.

شكل (5-10): ملخص لخصائص نماذج القرار

رابعاً: المشاركة في اتخاذ القرار ودور المعرفة

Participation in Decision Making Process and the Role of Knowledge

إن عملية اتخاذ القرار وصنعه في منظمات الأعمال اليوم في أغلبها عمليات جماعية وليست قرارات فردية ومن النادر أن تكون القرارات المهمة في عالم الأعمال هي من صنع واتخاذ فرد واحد بالكامل وهنا فإن فاعلية القرار تعتمد على قدرة المدير في مشاركة الأفراد المعنين فعلاً وبطرق صحيحة لمساعدة المدير في تطوير القرار وحل المشكلة. من جهة أخرى فإن القرارات اليوم تستخدم معارف متعددة لدعم فاعلية هذه القرارات وإنضاجها.

* المشاركة في اتخاذ القرار Participation in Decision Making

لقد ازداد تعقد بيئة الأعمال وكثرت المتغيرات التي تؤثر في عملية صنع القرار واتخاذه. ففي بداية الأمر كانت القرارات تصنع وتتخذ من قبل المديرين بشكل فردي أو مشاركة محدودة جداً بسبب استقرار البيئة ووفرة الموارد وسهولة التنبؤ بالطلب وقلة المنافسين. ولكن بسبب ضخامة حجم المنظمات وازدياد وحدة المنافسة وزيادة حدة مطالبة العاملين بمشاركة في القرار وتزايد قوة النقابات في مرحلة معينة فإن الإدارات بدأت تسمح بمشاركة العاملين في اتخاذ القرار وتزايدت بشكل تدريجي. لقد وجدت الإدارة فوائد ونتائج إيجابية من جراء مشاركة العاملين في صناعة القرار حيث الحماس للتنفيذ والفهم الجيد والوعي المتزايد بأهمية الالتزام والتفاعل الإيجابي. إن أوضح صورة للمشاركة هو نظام الإدارة بالأهداف الذي يشترك فيه الرؤساء والمرؤوسين في تحديد الأهداف والنتائج. بعد ذلك مثلت التجربة اليابانية أسلوباً فريداً ودرسته كل الإدارات في العالم الغربي وغيرها حيث كان جوهر هذا الأسلوب الجماعية في اتخاذ القرار. ويبرر اليابانيون ذلك بأن المشكلة يمكن أن تُرى من جوانب متعددة وتجمع حولها معلومات كثيرة كما أن الأفكار الإيجابية تتغلب على الأفكار السلبية في مجموعة اتخاذ القرار فضلاً عن أن المسؤولية في حال إخفاق القرار لا يتحملها فرد واحد.

واليوم فإن أساليب المديرين في التعامل مع المشاركة في القرار يمكن أن تتضح بشكل جلي من خلال عرض نموذج Vroom-Jago والذي صمم لمساعدة المديرين في تحديد مستوى وكمية المشاركة بالقرار سواء في صناعته أو اتخاذه. ويتكون هذا النموذج من ثلاث أجزاء أساسية وكالآتي:

* **نموذج Vroom-Jago**
نموذج مصمم لمساعدة المديرين في تحديد كمية ومستوى مشاركة الأفراد في صناعة واتخاذ القرار.

- أسلوب المدير في المشاركة **Leader Participation Style**

وضمن هذا الجزء فإن المشاركة تقع في واحد من خمسة مستويات تبدأ بالأوتوقراطية أو السلطوية حيث يقرر المدير بمفرده، وتمتد لتنتهي بالديموقراطية المطلقة.. حيث يفوض المدير المجموعة العاملة معه صلاحيات واسعة بالمشاركة واتخاذ القرار وكما يعرض الشكل التالي:

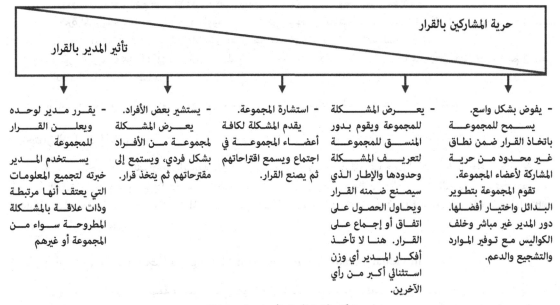

- يفوض بشكل واسع.
يسمح للمجموعة باتخاذ القرار ضمن نطاق غير محدود من حرية المشاركة لأعضاء المجموعة.
تقوم المجموعة بتطوير البدائل واختيار أفضلها. دور المدير غير مباشر وخلف الكواليس مع توفير الموارد والتشجيع والدعم.

- يعرض المشكلة للمجموعة ويقوم بدور المنسق للمجموعة لتعريف المشكلة وحدودها والإطار الذي سيصنع ضمنه القرار ويحاول الحصول على اتفاق أو إجماع على القرار. هنا لا تأخذ أفكار المدير أي وزن استثنائي أكبر من رأي الآخرين.

- استشارة المجموعة.
يقدم المشكلة لكافة أعضاء المجموعة في اجتماع ويسمع اقتراحاتهم ثم يصنع القرار.

- يستشير بعض الأفراد.
يعرض المشكلة لمجموعة من الأفراد بشكل فردي، ويستمع إلى مقترحاتهم ثم يتخذ قرار.

- يقرر مدير لوحده ويعلن القرار للمجموعة
يستخدم المدير خبرته لتجميع المعلومات التي يعتقد أنها مرتبطة وذات علاقة بالمشكلة المطروحة سواء من المجموعة أو غيرهم

شكل (6-10): نموذج Vroom-Jago

- تشخيص العوامل المؤثرة بالمشاركة

إن اختيار أسلوب معين من أساليب المشاركة المشار إليها سابقاً يعتمد على مجموعة من العوامل الموقفية مثل: مستوى جودة المشاركة في القرار، مستوى خبرة المدير وكذلك المرؤوسين وأهمية التزام المرؤوسين لعملية صناعة واتخاذ القرار. إن المدير يستطيع تحديد مستوى المشاركة بطرح الأسئلة التالية:

1- **مدى أهمية القرار:** إلى أي مدى يعتبر هذا القرار مهماً للمشروع أو المنظمة؟ هنا إذا كان القرار استراتيجياً ومهماً يتدخل المدير بفاعلية كبيرة.
2- **أهمية الالتزام:** إلى أي درجة يكون التزام المرؤوسين بالمشاركة بالقرار مهماً؟ إذا كان التنفيذ يتطلب التزام عالي بالمشاركة من قبل المرؤوسين فإن المدير يجب أن يزج المرؤوسين في عملية صناعة القرار.
3- **خبرة المدير:** ما مستوى خبرة المدير وما مدى علاقتها بالمشكلة المطروحة؟ إذا لم تكن لدى المدير خبرة عالية وقدرة ومعلومات كافية ومعرفة فعليه أن يسمح بمشاركة أكبر من المرؤوسين لتعويض هذا النقص.
4- **احتمال الالتزام من جانب المرؤوسين أو عدم التزامهم بالقرار إذا ما اتخذ القرار بمفرده:** في حالة كون المرؤوسين لا يتأثرون من ناحية الالتزام بالتنفيذ سواء اتخذ القرار من قبل المدير بمفرده أو غير ذلك فإن مشاركتهم بصنع القرار تصبح أقل ضرورة.

5- **دعم المرؤوسين للأهداف:** ما مدى الدعم الذي يقدمه المرؤوسون للأهداف التي يسعى القرار للوصول إليها. إذا كان المرؤوسون لديهم دعم قليل للأهداف فعلى المدير أن لا يتركهم يصنعون القرار بمفردهم.

6- **خبرة المرؤوسين:** ما مستوى خبرة المرؤوسين ومعارفهم وعلاقتها بالمشكلة المطروحة. إذا كان لدى المرؤوسين خبرة عالية مرتبطة بالمشكلة المطروحة فإن بالإمكان إعطاءهم مسؤوليات أكبر في صناعة القرار.

7- **خبرة الفريق وكفاءته:** إلى أي مدى يستطيع المرؤوسين العمل كفريق متدائب وما مدى خبرتهم ومهاراتهم في مجال اتخاذ القرار بشكل جماعي.

إن هذه التساؤلات تساعد المديرين في أن يحددوا مستوى المشاركة المطلوبة وبالتالي يحققون أفضل النتائج:

- اختيار الأسلوب المناسب

في ضوء الإجابة على التساؤلات السابقة فإن المدير يكون لديه وضوح في الموقف حول إمكانية اختيار واحد من الأساليب الخمسة السابق ذكرها وتقرير ما إذا كان من الأفضل الاستئثار بالقرار وصنعه واتخاذه لوحده أو السماح بمستوى معين من المشاركة يتصاعد حسب استعداد وقدرات المرؤوسين على المشاركة الفاعلة التي تعزز من قوة القرار وتضفي عليه انسجاماً وتناسقاً بحيث يعطي أفضل النتائج.

* القرار الفردي والقرار الجماعي Individual Versus Group Decision Making

إن واحداً من الجوانب المهمة في صنع القرار هو الخيار الخاص بفردية أو جماعية القرار المتخذ وأن المديرين الجيدين لا يلزمون أنفسهم دائماً بطريقة واحدة من هذه الطرق. إن الأمر يتطلب فحص المشكلة لتقرير نوع الطريقة الملائمة لحلها باعتبارها الأكثر صحة لتعامل مع المشكلة. إن المدير يقرر ذلك في ضوء الوقت المتاح ونوعية القرار المرتبط بحل المشكلة. إن أهم المزايا المتحققة من جراء اتخاذ القرار بشكل جماعي تتلخص في الآتي:

● توفير كمية كبيرة من البيانات والمعلومات والمعرفة والخبرات التي ترتبط بحل المشكلة. إن هذه الكمية الكبيرة من المعلومات تساعد في تطوير بدائل أو خيارات كثيرة والمساعدة في تحليلها وفحصها بشكل دقيق. كذلك فإنها تساعد في تجنب الرؤية الضيقة واعتماد عدد محدود من الخيارات.

● إن القرارات الجماعية تساعد في زيادة فهم أعضاء المجموعة المتخذة للقرار لطبيعة هذه القرارات وتقبل نتائجها.

● زيادة دعم والتزام أعضاء فريق اتخاذ القرار بالعملية التنفيذية وتنفيذ الخطط بشكل دقيق.

ولكن بالمقابل هناك بعض نواحي القصور والمساوئ للقرارات الجماعية من أهمها: الضغوط التي قد تحصل داخل الفريق المشكل لاتخاذ القرار واضطرارهم لمجاراة رغبات بعض أعضاء هذا الفريق المتنفذين. كما أن سيطرة أو هيمنة فئة محدودة على القرار يمكن أن تظهر حيث قد يحصل تحالف بين بعض أعضاء المجموعة

المكلفة بصنع واتخاذ القرار وبالتالي يفرضون آراءهم ووجهات نظرهم. وقد يحصل أحياناً أن تزج الجهة التي تشكل مجموعة اتخاذ القرار بأفراد يمثلون مصالح شخصية ضيقة أو وجهات نظر الإدارة العليا وبالتالي فإن القرار يوجه باتجاه معين وقد تكون له آثار غير محسوبة. كذلك فإن هذا النمط يستهلك وقتاً طويلاً حيث أن المشاورات وجمع المعلومات وتحليلها والنقاش حول البدائل تحتاج إلى زمن غير قليل، فضلاً عن التكاليف التي تنجم عن هذه العملية.
وختاماً فإن القرار الفردي له مزايا وعيوب معاكسة للقرار الجماعي.

* المعرفة ودورها في القرارات

Knowledge Role in Decision Making

في السنوات الأخيرة ازداد الاهتمام بالمعرفة وإدارتها في منظمات الأعمال واعتبرت إدارة المعرفة مفهوماً ذو أهمية كبيرة في النظريات والممارسات الإدارية الحالية. إن إدارة المعرفة هي تطوير أدوات وعمليات ونظم وبنى هيكلية وثقافة لتحسين عملية خلق المعرفة ونشرها وتقاسمها في منظمات الأعمال حيث أن الحاجة إليها أصبحت ماسة وحيوية في عمليات صناعة واتخاذ القرارات. لقد أصبح هذا الموضوع في قلب عمليات منظمات الأعمال اليوم والتي يشار إليها بالمنظمات المتعلمة Learning Organizations. إن العاملين المعرفيين Knowledge Workers هم تجسيد لرأس مال فكري كبير للمنظمات الناجحة في عملها ويمثلون مورداً نادراً تستطيع المنظمة من خلاله تحقيق ميزات تنافسية لا يمكن تقليدها خاصة إذا كانت هذه الميزة مستندة إلى معرفة ضمنية Tacit Knowledge عالية الجودة ومهمة تستندها معرفة صريحة Explicit Knowledge وهي المعارف الموثقة والمعروضة في إطار تجارب وخبرات مكتوبة ومنشورة بوسائل النشر المعروفة مثل المجلات والكتب وغيرها. إن المنظمات الحديثة يمكن أن تجد فيها عناوين لوظائف من قبيل مسؤول وحدة إدارة المعرفة وغيرها من العناوين مهمتها الأساسية التأكد من إدارة ما يشبه المحفظة المعرفية أو الفكرية للأعمال في المنظمة. إن هذه المحفظة تستند إلى ثقافة مرنة لها القدرة على تطوير مداخل متجددة مستفيدة من الخبرات السابقة وخبرات الآخرين. إن للمعرفة ووجود إدارة لها في المنظمة يساعد كثيراً في تحسين نوعية القرارات المتخذة في مختلف المستويات الإدارية. وهذا يبدو منطقياً إذا علمنا أن نوعية القرار ترتبط بكمية ونوعية البيانات وقدرة المسؤولين على تحويلها إلى معلومات مفيدة ثم التعامل مع هذه المعلومات بحكمة لاشتقاق ما هو مهم للموقف أو

*إدارة المعرفة
Knowledge Management
تطوير أدوات ونظم لخلق المعرفة ونشرها وتقاسمها وخاصة في مجال دعم عملية صناعة القرار وبناء ميزات تنافسية.

* المعرفة الضمنية
Tacit Knowledge
المعرفة اللدنية (الشخصية) والحدسية والمعلومات غير الموثقة ولا يمكن تقاسمها.

* المعرفة الصريحة
Explicit Knowledge
هي المعرفة الموثقة أو المنشورة والمعلومات التي يمكن تقاسمها.

المشكلة المراد اتخاذ قرار بشأنها. ونلاحظ أن قواعد البيانات والبرامجيات الجاهزة وغيرها أعطت دعماً كبيراً لدور المعرفة في صنع واتخاذ القرار.

* قضايا أخرى في صناعة واتخاذ القرار Other Issues

هنالك بعض الأمور المهمة التي تتعلق بصناعة واتخاذ القرارات نجد من الضروري الإشارة إلى البعض منها نظراً لازدياد دورها وتأثيرها في بيئة الأعمال المعاصرة. ومن أهمها :

- المعلومات ونظم المعلومات Information and Information Systems

يمكن القول أن المعلومات Information هي القاعدة المهمة التي يستند إليها القرار فإذا كانت تتصف بمواصفات معينة تصبح أكثر فاعلية ودعماً للقرار ويمكن تعريف المعلومات بأنها بيانات وحقائق تمت معالجتها وتحليلها وتصنيفها واستخرجت منها مؤشرات بحيث أصبحت ذات فائدة كبيرة لمتخذ القرار. أما البيانات فيمكن اعتبارها حقائق أو مشاهدات أولية (خام) لم تتم معالجتها حول موضوع معين. ويحتاج المديرين إلى معلومات جيدة في جميع الأوقات لكي تكون مفيدة للقرار وصناعته ونقصد بالجودة هنا هو أن تتصف المعلومات بالسمات التالية:

1- التوقيت المناسب: تكون المعلومات ذات قيمة كبيرة إذا جاءت في الوقت المناسب الذي تبرز فيه الحاجة إليها.
2- الدقة والمصداقية والثقة.
3- كاملة وكافية لموضوع القرار.
4- حديثة وتخص الموضوع بالضبط.
5- سهلة الفهم وواضحة لمتخذ القرار بدون تفاصيل غير مطلوبة.

أما نظام المعلومات Information System فله دور مهم اليوم في إسناد منظمات الأعمال في مجالات عديدة مثل الموارد البشرية والمخازن والإنتاج والحسابات وغيرها. ويعتمد نظام المعلومات على تكنولوجيا المعلومات لتجميع وتنظيم وتوزيع بيانات لاعتمادها في عمليات صنع واتخاذ القرار.

ونظم المعلومات الإدارية Management Information Systems (MIS) تعمل على الوفاء بمتطلبات المديرين واحتياجاتهم من المعلومات التي تساعدهم على اتخاذ القرارات بكافة مستوياتها.

*** المعلومات**
Information
بيانات معالجة ومصنفة وتم استخراج مؤشرات مفيدة منها لإسناد متخذ القرار.

*** البيانات Data**
حقائق أولية أو مشاهدات لم يتم معالجتها أو تصنيفها.

*** نظم المعلومات**
Information Systems
أنظمة تعتمد تكنولوجيا المعلومات لتجميع وتنظيم وتوزيع البيانات لاعتمادها باتخاذ القرارات.

*** نظم المعلومات الإدارية**
Management Information Systems
نظام معلومات تفي بمتطلبات المديرين لاتخاذ وصناعة القرارات بمختلف أنواعها.

ويمكن أن تؤشر هنا بعض الأخطاء المرتبطة بالمعلومات وهي أخطاء شائعة يجب الانتباه إليها منها:

- الاعتقاد بأن كثرة البيانات والمعلومات مفيدة دائماً.
- إن الحواسيب يمكن أن تلغي دور وحكمة وخبرة المدير.
- التكنولوجيا الجديدة دائماً هي الأفضل.
- الاعتقاد والثقة المطلقة بالحواسيب والتصور بعدم وجود أخطاء محتملة تتسبب فيها.
- الاعتقاد بأن الجميع يفهم ويعي كيفية عمل نظم المعلومات وآلياتها.

وأخيراً، لا بد من الإشارة إلى أن بيئة نظم المعلومات وتكنولوجيا المعلومات تزخر بمصطلحات، ومفاهيم تشكل صلب العمل في منظمات الأعمال اليوم ومنها:

1- نظم دعم القرار (Decision Support System (DSS): هي نظم معلومات تفاعلية تسمح للمستخدمين لتنظيم وتحليل البيانات لغرض حل المشاكل المعقدة وحتى المشاكل غير المهيكلة وقد توجد نظم تدعم مجموعة متخصصة في اتخاذ القرار نسميها (Group Decision Support System (GDSS حيث تتمكن المجموعة بكل أفرادها من تبادل البيانات والملفات في نفس الوقت ويسمى هذا النمط Groupware.

2- نظم الخبير Expert System: إن الاستخدام المتطور لتكنولوجيا الحاسوب سمحت بتقليد الذكاء الإنساني من خلال ما يسمى النظم الخبيرة أو نظم الخبير، فهي نظم تسمح للحواسيب بتقليد الذكاء الإنساني في طريقة تعامله مع حل المشاكل.

- أخلاقيات القرار Decision Ethics

إن أي قرار يتخذ لا بد وأن تراعى حدوده الأخلاقية وأن يتحمل المدير مسؤولية أخلاقية واجتماعية لما سينجم عنه من آثار ونتائج على المنظمة والمجتمع لذلك يحاول المديرين التأكد التام من أن القرار سليم من الناحية الأخلاقية بحيث أن نشره أو تناوله في الصحف المحلية لا ينجم عنه آثار سلبية على شخصية متخذه أو عائلته أو المنظمة التي يعمل فيها. ويمكن أن يتبع المدير بعض المعايير للتأكد من الإطار الأخلاقي السليم للقرار ومنها:

1- المنفعة المتحققة من القرار لأصحاب المصالح كافة.
2- الحقوق والواجبات ومدى احترامها في القرار المتخذ.
3- العدالة ومدى تطابق القرار مع ركائزها.
4- الاختصاص، هل أن القرار يقع ضمن مسؤوليات متخذه أم لا.

أسئلة الفصل العاشر

* أسئلة عامة

1. ما هو أثر تكنولوجيا المعلومات على مكان العمل والعملية الإدارية؟
2. ما المقصود بالعاملين المعرفيين ورأس المال المعرفي؟
3. ارسم مخططاً توضح فيه تأثير تكنولوجيا المعلومات على منظمة الأعمال.
4. كيف تؤثر تكنولوجيا المعلومات على العملية الإدارية؟
5. عرف القرار واستعرض بمخطط عملية صنع واتخاذ القرار.
6. ما الفرق بين القرارات المبرمجة والقرارات غير المبرمجة؟
7. ما هي مصادر التعقيد التي ترافق عملية صناعة القرار واتخاذه؟
8. وضح خصائص الظروف المختلفة التي يتخذ في ظلها القرار.
9. وضح كيفية المشاركة في اتخاذ القرار، وما هو دور المعرفة في ذلك؟
10. ما هو دور نظم المعلومات في عملية صنع واتخاذ القرار؟

** أسئلة الرأي والتفكير

1. لو كنت تعمل في مكتب للاستيراد والتصدير، ما هي الأجهزة المكتبية التي تدخل ضمن إطار تكنولوجيا المعلومات التي ستعتمد عليها في إنجاز أعمالك.
2. إذا سجل أحد الطلاب في قسم معين حسب رغبة والديه، هل يكون اتخذ قراراً أم لا؟ ولماذا؟ علماً أن أمامه عدة خيارات وأن معدله يؤهله للدخول إليها.
3. طلب إليك الاشتراك في لجنة لغرض اتخاذ قرار بشأن شراء معدات جديدة للشركة التي تعمل فيها، ناقش الخطوات التي تعتقد أنها ستوصلك للقرار السليم، وأي من المتخصصين ترغب بأن يشتركوا معك في اللجنة.
4. بين وجهة نظرك بمسألة إشراك العاملين في اتخاذ القرارات، وهل تعتقد أنه من الضروري أن تستشير عمادة الكلية الطلاب في قضايا معينة وإلى أي مدى؟
5. ارجع للشكل (6-10) الذي يوضح أسلوب المدير في المشاركة بالقرارات وبين رأيك وأسلوبك الذي تتبعه إذا كنت مدير والأسلوب الذي تفضله لو كنت مرؤوساً، وبين أسباب اختيارك.

*** أسئلة الخيارات المتعددة

1. **إن القرار الخاص بمشكلة غير اعتيادية وتتطلب حلاً وحيداً غير متكرر تمثل قرار:**
A. مبرمج B. مهيكل C. غير مهيكل D. غير مبرمج

2. **يعبر عن القوة الفكرية المعرفية المشتركة بين العاملين في المنظمة وتمثل أصلاً مهماً لها:**
A. الذكاء الصناعي B. معلومات ذكية
C. رأس مال معرفي D. معلومات محاسبية

3. **إن الظرف الذي يتخذ في ظله القرار وتنقصه المعلومات ولكن يمكن معرفة احتمال حصول حالة الطبيعية يسمى:**
A. عدم تأكد B. تأكد تام C. نزاع D. مخاطرة

4. **إن أصعب المواقف التي يضطر المدير لاتخاذ قرار في ظلها هي:**
A. عدم التأكد B. التأكد تام
C. المخاطرة D. المعلومات الكاملة

5. **إن المدير الذي يعمل بأسلوب رد الفعل وحل المشاكل بعد وقوعها هو:**
A. مدير مبادر B. مدير متجنب للمشاكل
C. مدير يحل المشاكل حال وقوعها D. مدير مخاطر

6. **إن المرحلة الأولى في عملية صنع واتخاذ القرار هي:**
A. توليد بدائل الحل B. اختبار بديل مناسب
C. جمع المعلومات D. تحديد وتعريف المشكلة

7. **عندما يستخدم المدير المداخل الرشيدة والتحليلية لحل المشاكل فإنه يستخدم:**
A. مدخل التفكير المنهجي المنظم B. مدخل التفكير الحدسي
C. مدخل تفكير متعدد الأبعاد D. مدخل غير واضح

8. **توجد مشكلة تتطلب قرار عندما يوجد فرق بين :**
A. الوضع المرغوب والوضع الماضي B. الوضع المرغوب والوضع الحالي (الفعلي)
C. الوضع المرغوب والوضع المتوقع D. الوضع المرغوب والوضع غير المتوقع
E.

9. إن النموذج الذي يصف عمليات صنع القرار في ظل محدودية المعلومات والرشد المحدود هو:

A. النموذج المثالي
B. النموذج السياسي
C. النموذج التقليدي
D. النموذج السلوكي

10. إن مدراء الإدارة العليا يستخدمون البيانات والمعلومات لصناعة قرارات:

A. استراتيجية
B. عملياتية
C. يومية
D. تكتيكية

11. إن المدير الذي يسأل عن مدى رضا أو عدم رضا أصحاب المصالح كافة عن قرار معين اتخذه ويريد أن يفحص الإطار الأخلاقي لهذا القرار فإنه يستعين بخصائص:

A. العدالة
B. الحقوق
C. المنفعة
D. التكاليف والعوائد

12. إن الحقائق الأولية والمشاهدات التي لم يتم معالجتها هي:

A. معلومات
B. تجارب
C. بيانات
D. معرفة

13. المعرفة التي لا يمكن بثها أو نقلها للآخرين ولا يمكن تقاسمها معهم هي:

A. معرفة صريحة
B. معرفة دقيقة
C. معرفة ضمنية
D. معرفة شائعة

14. تستطيع المنظمة أن تتطور وتنظم وتتقاسم المعرفة من أجل خلق ميزة تنافسية إذا كانت لديها ممارسة في مجال:

A. إدارة النظم
B. إدارة الأعمال
C. إدارة المعرفة
D. السلوك التنظيمي

15. واحدة فقط من بين الآتي لا تمثل ميزة متحققة من جراء اتخاذ القرار بشكل جماعي:

A. بيانات ومعلومات وخبرات كبيرة
B. زيادة فهم القرار وتقبل نتائجه
C. دعم والتزام بعملية تنفيذ القرار
D. وقت وكلفة كبيرين

ملحق الفصل العاشر

النموذج الكمي ودوره في اتخاذ القرارات

ملحق الفصل العاشر
النموذج ودوره في اتخاذ القرارات

م 10. 1 * مفهوم النموذج Model Concept

لا يمكن دراسة الكيانات المادية والنظم الكبيرة بكافة خصائصها وحل مشاكلها من خلال هذه الدراسة بل كثيرا ما يتم التركيز على الخصائص والمكونات الرئيسية للنظام بدلا من دراسة كافة تفاصيله.

هذا التبسيط أو المدخل الذي يحتفظ بالعناصر الرئيسية للنظام والتي تتم صياغتها أو بناؤها بطرق مختلفة من خلال تحديد العلاقات بين بعض المتغيرات المحددة الأساسية وبعض المعلمات في النظام يسمى النموذج Model فالنموذج أذن التبسيط أو التجريد أو التصغير لحقائق كبرى أو كيانات مادية ضخمة في الحياة العملية باستخدام المعادلات والرموز الرياضية أو مواد أخرى مثل الخشب أو البلاستيك (في حالة النموذج المجسمة) أو المخططات والخرائط، بشرط التمثيل الصادق لهذا النظام أو الكيان. ويمكن أن تستخلص الحقائق التالية المتعلقة بالنموذج:

* النموذج Model

تبسيط أو تجريد أو تصغير لحقائق كبرى أو كيانات مادية ضخمة في الحياة العملية وذلك باستخدام معادلات أو رموز رياضية أو مواد أخرى أو مخططات وخرائط لكي تمثل النظم تمثيلا صادقا.

1. هو صورة مصغرة لحقيقة أكبر في الحياة العملية فالنماذج الرياضية ولعب الأطفال والخرائط والمجسمات الهندسية كلها تمثل حقائق كبرى في حياتنا.

2. لا يحاول النموذج استنساخ الحقيقة أو النظام بكافة تفاصيله بل انه ليس من الممكن ذلك فعلا، وإنما يركز على المتغيرات والخصائص الرئيسية، فلو أردنا صياغة نموذج معين متعلق بإحدى خطوط الإنتاج يمكن أن نرسم مخططا على الورق يوضح المصنع وأجزائه وموقع التجهيزات والعاملين ولكن لا حاجة لتحديد ألوان المكائن وأطوال العاملين أو درجة حرارة البناية وغير ذلك من التفصيلات.

3. أن صياغة نموذج ما تأتي بهدف تحسين أداء النظام المراد دراسته، لذا فإن موثوقية النتيجة تعتمد على مدى صدق وصحة النموذج، كذلك فإن دراسة التغيرات المحتملة يجب أن لا تعرقل سير العمليات في النظام وأن لا يكون تطبيق النموذج سببا في خلق إشكالات للعاملين أو الإدارة.

4. يجب أن يكون النموذج بسيطا قدر الإمكان مركزا على المتغيرات الأساسية كما اشرنا أعلاه والتي تؤثر في معايير قياس الأداء المحددة ولكن بالمقابل لا يجب أن يكون التبسيط شديدا بحيث يغفل بعض المتغيرات والعلاقات الرئيسية الأمر الذي يؤدي إلى خطأ في النتائج وعدم دقة في أعطاء حلول ناجحة للمشكلة التي تمت دراستها.

م 10. 2 * شروط صحة النموذج Model Validity Conditions

لكي يكون النموذج فاعلا ومحققا للهدف يجب أن يتوفر فيه شرطان أساسيان:

1. أن يكون ممثلا للعناصر الرئيسية للنظام المراد دراسته من خلال وجود المتغيرات الرئيسية فيه، فعلى سبيل المثال لو أخذنا النموذج الخاص بحساب الكلفة في منظمات الأعمال:

التكاليف الكلية = الكلفة الثابتة + (التكلفة المتغيرة للوحدة الواحدة * عدد الوحدات المنتجة)

ويمكن تبسيط هذا النموذج بالصورة التالية:

$$TC = FC + (VC * Q)$$

فلو كتب هذا النموذج بالصيغة التالية فإنه لن يكون صحيحا لغياب أحد العناصر

$$TC = FC + Q$$

2. أن تكون العلاقات بين عناصر النموذج صحيحة، وهذا أمر هام في أي نموذج سواء كان رياضيا أو مجسما وكذا الحال بالنسبة للشرط الأول، فلو كتب النموذج السابق بالشكل التالي لأصبح نموذج خاطئا:

$$TC = FC * (VC + Q)$$

ولو لجأنا إلى مثال أخر للنماذج المجسمة وأبسط صورها هو لعب الأطفال حيث أن اللعبة الصغيرة من البلاستيك التي تمثل سيارة لو كانت لا تتضمن الإطارات فإن الطفل سيلاحظ ذلك بعد أن يقارنها بالسيارة الفعلية التي يراها في الشارع حيث سينتبه لنقصان عنصر أساس في النموذج المجسم وهو الإطارات.

م 10. 3 * مزايا وفوائد النماذج Model Advantages

أن اعتماد النماذج من قبل العاملين في الإدارات وفي مختلف منظمات الأعمال يحقق لها فوائد جمة نجمل أهمها في الآتي:

1. يوفر النموذج وسيلة اقتصادية تساعد في توفير الكثير من التكاليف عند تحليل ودراسة النظم الكبيرة المعقدة وفهمها ومتابعة عملها، فإن تمثيل ورسم مكونات مصنع على الورق وفهم أسلوب عمله وأجراء تعديلات في آليات تشغيله وتنظيم أقسامه وتبديل مواقع بعضها يكون ذو كلفة أقل مما لو تم أجراء ذلك على الأرض مباشرة في المصنع بطريقة التجربة والخطأ.
2. سهولة تدريب المدراء والعاملين في مختلف الأقسام على عملية اتخاذ القرارات وممارسة العمل الإداري والتنظيمي وكذلك الأمر في عمليات التدريس في الكليات العلمية كالطبية والهندسية عن طريق استخدام النماذج المجسمة لجسم الإنسان أو المكائن في المصانع والمباني والجسور وغيرها.
3. من خلال النماذج يمكن النظر إلى المشكلة بأكملها أو النظام بكافة أجزائه وبالتالي يكون هناك فهم أفضل للموقف المراد اتخاذ قرار بشأنه.

4. أنها وسيلة لنقل الأفكار إلى الأفراد العاملين في منظمات الأعمال، فاعتماد خرائط سير العمليات في منظمة ما يمكن ان تعتمد في توصيل أفكار حول تحسين العمليات وتدريب العاملين عليها.

5. تسمح النماذج بتحليل وأجراء التجارب للنظم المعقدة جدا في مواقف يكون من المستحيل أجراؤها عمليا على النظم الفعلية لأنها مكلفة جدا أو أنها تحتاج إلى وقت طويل جدا كما هو الحال في بعض التجارب للمركبات الفضائية والأقمار الاصطناعية.

6. تساعد النماذج في تبسيط البحث في الحقول المعرفية المختلفة وتوفر وسيلة فعالة للتنبؤ بالمستقبل واستشراقه لأداء النظم والكيانات المختلفة وأجراء تحليل الحساسية لاختبار مختلف الحالات التي قد تحصل مثل تغير الظروف الطبيعية أو ظروف السوق أو غيرها.

م 4 .10 * مدى فعالية النموذج Model effectiveness

خلاصة لما تقدم فإن قدرة النموذج على أنجاز الهدف الذي صيغ من أجله يمكن أن نستشفها من خلال العناصر التالية والتي قد تكون سبقت الإشارة لها في ثنايا السطور السابقة:

1. صدق النموذج Model Validity: ويقصد به مدى إظهاره للعناصر والمتغيرات الهامة في الموقف أو النظام موضوع البحث والدراسة ومدى قدرته على تمثيلها تمثيلا واضحا.

2. قيمة النموذج للزبون Model Value: أن النماذج تصاغ لصالح جهة مستفيدة داخل منظمة الأعمال أو خارجها لذا فإن كلفة بناء النموذج والمردود المتوقع منه والوقت اللازم لانجازه كلها عوامل مهمة تجعل الزبون او المستفيد من النموذج يتقبله او لا.

3. القدرة على استخدام النموذج Model Usability : ويقصد بها مدى أمكانية استخدام النموذج والاستفادة منه بشكل سريع للوصول إلى الأهداف المنتقاة.

4. أمكانية تعديل النموذج مستقبلا Model Modification: ويعني هذا مدى أمكانية أجراء تعديلات في النموذج عند حصول تطورات مستقبلية حيث أن طبيعة الحياة هي التغير وأن ميدان الأعمال هو أكثر جوانب الحياة سرعة في التطور والتغيرات.

*** صدق النموذج**
Model Validity
مدى إظهار النموذج للعناصر والمتغيرات الهامة في الموقف أو النظم موضوع البحث والدراسة ومدى قدرته على تمثيلها.

*** قيمة النموذج**
Model Value
مدى تقبل الزبون أو المستفيد للنموذج المصاغ بناء على كلفة بنائه أو المردود المتوقع منه والوقت اللازم لإنجازه.

*** القدرة على استخدام النموذج**
Model Usability
مدى إمكانية الاستفادة من النموذج بشكل سريع للوصول إلى الأهداف المحددة.

*** إمكانية تعديل النموذج**
Model Modification
مدى إمكانية إجراء تغيرات في النموذج عند حصول تطورات مستقبلية.

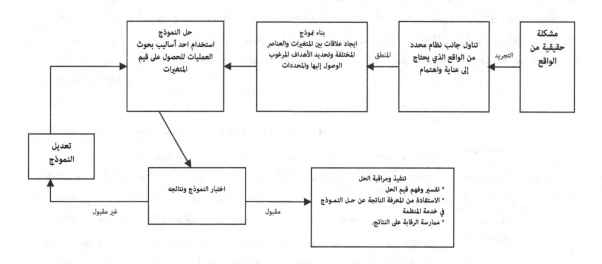

شكل (م 10. 1) : بناء النموذج والاستفادة منه

م10. 5. مجالات تطبيق النماذج الكمية في قرارات منظمات الأعمال:

هناك الكثير من القرارات التي يمكن الاستفادة فيها من أساليب بحوث العمليات او النماذج الكمية والتي تجعل من القرار أكثر صوابا ودقة خصوصا وأن الحياة والأعمال تتطور بشكل سريع وتتغير بفترات زمنية قصيرة. ويمكن أن نجمل أهم القرارات التي اثبتت الأساليب الكمية فاعليتها فيها عند اتخاذها في الآتي: (علما أن هناك الكثير جدا من الحالات الدراسية العملية والتي نشرت نتائجها في المجلات المتخصصة في بحوث العمليات يمكن الرجوع إليها والاستفادة منها):

1. المحاسبة والادارة المالية Finance and Accounting

- الاستثمار وإدارة المحافظ المالية.

- تحليل الميزانية الختامية وقائمة التدقيق النقدي.

- تخصيص ورقابة التكاليف.

- تحليل نقطة التعادل.

- الموازنات الرأسمالية.

- التخطيط المالي.

2. التسويق Marketing

- اختيار التشكيلة المثلى من المنتجات.
- تخطيط الدعاية والاعلان.
- اختيار وسائل وبدائل التغليف والتعبئة.
- تخصص جهود البيع.
- اختيار الوقت الملائم لاطلاق المنتجات الجديدة.
- التنبؤ بمدى ولاء الزبائن للعلامات التجارية.

3. الشراء والعمليات اللوجستية Purchdsing and Logistics

- حجم الوجبة الاقتصادية عند الشراء.
- خصوم الكميات ومدى الاستفادة منها.
- طرق النقل والتوزيع.
- سياسات الاحلال للمكائن والتجهيزات.
- تحليل العروض المقدمة من قبل الموردين.

4. تخطيط المرافق الانتاجية Facilities Planning

- اختيار موقع الوحدة الانتاجية.
- تخطيط مواقع التوزيع والمستودعات.
- التصميم الهندسي لمواقع الوحدات الانتاجية.
- تخطيط النقل.
- جدولة العمليات الانتاجية.

5. التصنيع Manufacturing

- التخطيط الاجمالي للانتاج.
- موازنة خط الانتاج.
- المزيج الامثل للمنتجات.
- نماذج الرقابة على المخزون.
- تدريب العاملين وجدولة طواقم العمل.
- ضبط جودة المنتجات.

- تخصيص موازنة البحث والتطوير بشكل فاعل.

6. الصيانة وجدولة المشاريع Maintenance and Project Scheduling

- سياسات الصيانة والصيانة الوقائية
- تصميم منظمات الاعمال وهياكلها بشكل فاعل.
- تحديد حجوم طواقم الصيانة.
- جدولة عمل اقسام الصيانة.
- جدولة وتخطيط المشاريع وتخصيص الموارد لها.

7. ادارة الموارد البشرية Human Resources Management

- تخطيط القوة العاملة.
- إدارة الاجور والرواتب.
- المساومات الجماعية مع النقابات العمالية.
- برامج التدريب وجدولتها لتحقيق اكبر ما يمكن من المهارات.

8. الحكومة Government

- التخطيط الاقتصادي.
- استثمار الموارد الطبيعية.
- التخطيط الاجتماعي.
- إدارة وتنظيم شؤون الطاقة.
- التخطيط الحضري وحل مشاكل الاسكان.
- رقابة وتنظيم انشطة الشرطة والامن والجيش.
- إدارة ورقابة التلوث.

م 10. 6. * أهم أنواع النماذج الكمية المعتمدة في حل المشاكل الإدارية:

هناك الكثير من النماذج الكمية التي اثبتت نجاحها في حل مشاكل الإدارة باختلاف أنواعها وحققت نجاحا باهرا في ميدان توفير التكاليف أو زيادة الأرباح أو اختصار المدة الزمنية للكثير من المشاريع، ولا يمكن حصر هذه النماذج جميعا في هذا الملحق ولكن سنقدم نبذة مختصرة عن النماذج الأكثر شيوعا في كتب بحوث العمليات والأساليب الكمية التي تحاول تقديم حلول للمشاكل الإدارية من خلال تطبيقات عملية لهذه النماذج.

1. نماذج تحليل القرارات Decisions Analysis Models

تتعامل هذه النماذج مع المواقف التي يطلب فيها اتخاذ قرار في ظل حالات التأكد أو عدم التأكد أو المخاطرة أو النزاع، حيث يجري البحث عن البديل الأمثل في ظل وجود معلومات أو عدم وجودها حيث يسعى متخذ القرار إلى تعظيم دالة الهدف الذي يسعى إليه او تدنيتها مثل تعظيم الأرباح أو تدنية التكاليف أو غير ذلك.

2. نماذج المخزون Inventory Models

وهذا النوع من النماذج يسعى إلى تحديد الكمية المثلى للطلب في كل وجبة ومتى تتم عملية اعادة الطلب في منظمات الأعمال من المواد المختلفة. والهدف الأساس لهذه النماذج هو تخفيض مجموع التكاليف المختلفة للمخزون والتي تبدو متناقضة وهي كلفة الاحتفاظ بالمخزون وكلفة اصدار امر شراء وجبة او طلبية وكلفة نفاد او نضوب المخزون. كذلك يستعان بنوع من هذه النماذج لتحديد مدى الاستفادة من خصم الكمية عندما تتاح عروض لتخفيض اسعار المواد المختلفة عند شراء كميات كبيرة.

3. نماذج التنافس (نظرية المباراة) Competitive Models (Game Theory)

تطبق هذه النماذج لتوصيف وتحديد خصائص الأطراف المتنافسة او المتنازعة (يطلق عليهم اللاعبون) من اجل ان يحقق كل طرف هدفه المناقض لأهداف الأطراف الأخرى.

وهذه النماذج تصنف وفقا لعدة عوامل مثل عدد المتنافسين ومجموع الخسارة او الربح ونوع الاستراتيجية التي سينجم عنها أفضل ربح أو أسوأ خسارة.

4. نماذج تخصيص الموارد Allocation Models

يستخدم هذا النمط من النماذج في تخصيص الموارد المختلفة للأنشطة المتنوعة التي تقوم بها منظمات الاعمال وغيرها من المنظمات بطريقة يتم معها البحث عن الامثلية في عملية التخصيص هذه مسترشدين بدالة هدف معينة نلجأ لتعظيمها او تدنيتها. والمصطلح العام المستخدم للنماذج الكمية التي يلجأ لها متخذ القرار هنا تسمى بشكل عام البرمجة الرياضية Mathematical Programming. وهنا يمكن ان نجد أنواعا من النماذج حسب طبيعة كل مشكلة يراد حلها وكالآتي:

- نماذج برمجة خطية Liner Programming Models تطلق هذه التسمية على النماذج التي تستخدم في حل مشكلة تتسم بوجود مقياس للفاعلية (تعظيم ربح أو تدنيه كلفة) ممثلة بشكل دالة خطية بعدة متغيرات وهناك قيود أو محددات Constraints على الموارد يمكن تمثيلها بشكل معادلات او متباينات خطية.

- نماذج برمجة لا خطية Non-Liner Programming وهي النماذج التي لا يمكن فيها صياغة دالة الهدف أو القيود (كلها أو أي منها) بشكل معادلات أو متباينات خطية.
- نماذج البرمجة الصحيحة (الكاملة) Integer Porgramining Models وهي النماذج التي يشترط فيها ان تكون قيم الحل (Solution Values) فيها اعدادا صحيحة ولا تقبل الأرقام الكسرية. وفي بعض الأحيان يشترط ان تكون قيم الحل صفر أو واحد صحيح في هذه الحالة تسمى النماذج Zero-One Models .
- نماذج برمجة الأهداف Goal Programming Models يطلق هذا الأسم على النماذج التي تعالج مشاكل ذات أهداف متعددة وقد تكون متناقضة.

5. النماذج الشبكية Network Models

تساعد هذه النماذج الإدارة في تخطيط ورقابة وجدولة المشاريع خصوصا الكبيرة منها واهم نموذجين تم تطويرهما في هذا الميدان نموذج PERT ونموذج CPM حيث يمكن بواسطتهما اجراء تخطيط سليم للمشروع ويسهمان في التخصيص السليم لموارد المشروع ومتابعته وتحديد الانشطة الحرجة فيه وتلك التي تتطلب تعجيلا في الانجاز مع امكانية المقارنة بين زيادة الكلفة وتقليص الوقت ومدى امكانية انجاز المشروع بوقت أقل وان كان بكلفة اكبر.

6. نماذج صفوف الانتظار Waiting Lines (Or Queuing) Models

طور هذا النوع من النماذج ليتعامل مع مشكلة المفارقة (المبادلة) Trade- off بين كلفة تزويد خدمة معينة والوقت الذي يقضيه الزبون في صف الانتظار للحصول على الخدمة. وبناء النموذج هنا يحتاج الى تشخيص ووصف دقيق لمكونات النظام: مثل معدل وصول الزبائن ومتوسط عدد الزبائن الذين تقدم لهم الخدمة خلال وحدة الزمن والتوزيع الاحصائي الذي تخضع له الحالة. ويقاس أداء الوحدة الانتاجية او أي وحدة أخرى بحساب مؤشرات مثل طول صف الانتظار والزمن الذي يقضيه الزبون في صف الانتظار وكذلك طول صف الانتظار والزمن الذي يقضيه الزبون في النظام او الوحدة الانتاجية مع التكاليف الناجمة عن ذلك.

وتساعد هذه النماذج كثيرا في تحديد العدد الأمثل من العاملين في الوحدة الانتاجية أو اقسامها المختلفة.

7. نماذج سلسلة ماركوف Markov- Chain Models

تستخدم هذه النماذج لتحليل نظام معين يتغير عبر الفترة الزمنية ويتخذ حالات متباينة، ويصف هذا النموذج الحالات الانتقالية المختلفة بشكل مصفوفة احتمالات للحالات المختلفة. ويستخدم هذا النموذج في تخطيط القوى العاملة وفي تحديد الكسب او الفقدان للزبائن في المصارف والجامعات او يمكن من خلاله قياس مدى ولاء الزبائن لعلامة تجارية معينة.

8- نماذج المحاكاة Simulation Models

عبارة نماذج تقوم بوصف نظام معين او مشكلة واقعية وتطوير نموذج لها ثم اجراء تجارب عليها بشكل منظم لتقدير سلوك النظام او المشكلة عبر الزمن, ولمعرفة ردود فعل النظام الحقيقي او المشكلة الفعلية حول بعض

التغييرات او التصرفات فإنه يمكن احداث هذه التغيرات أولا على النموذج وملاحظة سلوكه بعد حدوثها مثال ذلك التجارب التي تحصل للطائرات عند تصنيعها او في عمليات النقل وعمل المطارات ومحاكاة المعارك والعمليات العسكرية وعمليات الصيانة وغيرها.

ويستخدم الحاسوب اليوم على نطاق واسع في اجراء عمليات المحاكاة ولكن هناك الأسلوب التقليدي المسمى Monte Carlo Simulation (اسلوب مونت كارلو) الذي يعتمد على توليد الأرقام العشوائية. واسلوب المحاكاة هو اداة فعالة في حل المشكلات الإدارية واتخاذ القرارات في المسائل المعقدة.

وسنقتصر هنا على اعطاء امثلة لبعض هذه النماذج وبالتحديد بعض نماذج تحليل القرارات حيث سنركز على حالتي المخاطرة وعدم التأكد وشجرة القرارات علما بأن هناك بعض الأمثلة الأخرى على بعض النماذج في الفصول التالية (نماذج المخزون وشبكات الاعمال).

م 10. 7. * أمثلة على بعض النماذج الكمية

أولا: حالة المخاطرة: Risk

وفي هذه الحالة توجد عدة استراتيجيات او خيارات امام متخذ القرار وكذلك هناك عدة حالات طبيعية ولكن من خلال خبرته السابقة او من السجلات التاريخية فإن متخذ القرار يعرف احتمال حصول حالة الطبيعة، لذا فإن حساب القيمة المتوقعة Expected Value للاستراتيجيات المختلفة هو أمر أساسي لتحديد الاستراتيجية المثلى والتي ستكون أعلى النتائج في حالة تعظيم الارباح. ولغرض التوضيح نستعين بالمثال أدناه.

مثال (1):

يرغب أحد المستثمرين باستثمار مبلغ من المال حيث هناك ثلاثة مجالات يمكن أن يستثمر فيها وهي: افتتاح محل لبيع الملابس أو افتتاح مطعم او ايداع المبلغ في المصرف. فإذا علمت بأن العائدات المتحققة (بالوحدات النقدية) تعتمد على حالة السوق من حيث كونه منتعشا او متوسطا او راكدا وكما في الجدول أدناه، كذلك فإن احتمال حصول حالة الطبيعة (حالات السوق) مشار إليها في نفس الجدول. والمطلوب: تحديد الاستراتيجية المثلى (مجال الاستثمار) لهذا المستثمر.

حالات الطبيعة / بدائل الاستثمار	سوق منتعش	سوق متوسط	سوق راكد
افتتاح مطعم	75000	25000	-40000
افتتاح محل	100000	35000	-60000
وديعة مصرفية	10000	10000	10000
احتمالات حصول حالات الطبيعة	**0.20**	**0.50**	**0.30**

*** حالة المخاطرة**

Risk

حالة تتعدد فيها الاستراتيجيات وحالات الطبيعة ولكن متخذ القرار يعرف احتمال حصول حالات الطبيعة من خبرته السابقة او السجلات التاريخية.

الحل:

تحسب القيمة المتوقعة للاستراتيجيات الثلاث في ظل المخاطرة وكالآتي:

القيمة المتوقعة للاستراتيجية الأولى: (75000 * 0.20) + (25000 * 0.50) + (-40000 * 0.30) = 15500 وحدة نقدية

القيمة المتوقعة للاستراتيجية الثانية: (100000* 0.20) + (35000 * 0.50) + (-60000 * 0.30) = 19500 وحدة نقدية

القيمة المتوقعة للاستراتيجية الثالثة: (10000 * 0.20) + (10000 * 0.50) + (10000 * 0.30) = 10000 وحدة نقدية.

من خلال النتائج اعلاه فإن الاستراتيجية المثلى التي تعطي اعظم عائد هي الاستراتيجية الثانية أي ان المستثمر يفتتح محلا لبيع الالبسة.

ثانيا: حالة عدم التأكد Uncertainty

وهذه الحالة هي حالة معقدة يواجه فيها متخذ القرار صعوبة بالغة وذلك بسبب عدم وجود معلومات ولا احتمالات لحصول حالات الطبيعة لذا وفي ظل تعدد حالات الطبيعة وكذلك الاستراتيجيات المتاحة فإنه لا بد من الاستعانة ببعض الأساليب أو المعايير المساعدة في اتخاذ القرار وعموما فإن هناك أربعة معايير شائعة الاستخدام في ظل ظروف عدم التأكد سنتناولها في الفترات التالية:

*** عدم التأكد**

Uncertainty

حالة تتعدد فيها الاستراتيجيات وحالات الطبيعة مع عدم وجود معلومات ولا احتمالات لحصول حالات الطبيعة.

* معيار والد (المتشائم) Wald

وينسب تطوير هذا المعيار إلى Abraham Wald ويسمى أيضا (أقصى الأدنى) أو (أفضل الأسوأ) ويرمز له كذلك Maximin . ويقوم هذا المعيار على أساس تحديد أسوأ النتائج في كل استراتيجية من الاستراتيجيات ومن ثم يتم اختيار البديل الأفضل الذي سيكون أعلى الأرقام في حالة الأرباح. أما في حالة تدنيه (تخفيض) التكاليف فإن أسوأ النتائج أعلاه ومن ثم فإن البديل الأمثل سيكون اختيار أدنى رقم فيها.

مثال (2):

اعتمد معيار والد لاختيار الاستراتيجية المثلى لحالة تعظيم الأرباح التالية علما أن الأرقام تمثل آلاف الدنانير:

حالات الطبيعة الاستراتيجيات	N_1	N_2	N_3	N_4
S_1	15	18	40	35
S_2	26	19	28	17
S_3	40	36	41	26
S_4	28	22	32	19

الحل: نحدد أدنى القيم في كل استراتيجية من الاستراتيجيات لأن المصفوفة هنا مصفوفة أرباح وكالآتي:

الاستراتيجية	أسوأ النتائج
S_1	15
S_2	17
S_3	26
S_4	19

والآن فإن القرار هو اختيار أو تبني الاستراتيجية الثالثة فهي تمثل أفضل الأرقام أو أعلاها من بين أسوأ الأرقام أو ادناها أي أننا اخترنا أقصى أو أعلى أدنى Maximum of the Minimum ، وبذلك سيكون العائد المتحقق هو ربح مقداره 26 ألف وحـدة نقديـة في ظل هذه الاستراتيجية.

مثال (3):

المصفوفة التالية تخص تكاليف تنفيذ أحد المشاريع في ظل ظروف مختلفة ووجود أساليب متعددة للتنفيذ.

والمطلوب: اختيار الأسلوب الأفضل للتنفيذ باعتماد معيار والد (الأرقام بآلاف الوحدات النقدية).

حالات الطبيعة أساليب التنفيذ	N_1	N_2	N_3	N_4
S_1	40	55	43	35
S_2	32	41	48	40
S_3	45	38	36	51

الحل: نحدد أولا أسوأ النتائج لكل من الاستراتيجيات الثلاث وهي أعلى الأرقام لأن الحالة هنا حالة تدنيه تكاليف وكالآتي:

الكلفة ألف وحدة نقدية	أسلوب التنفيذ
55	S_1
48	S_2
51	S_3

وسيكون القرار هو تبني الاستراتيجية الثانية أو الأسلوب الثاني (S_2) لتنفيذ المشروع حيث أن الكلفة هي أدنى التكاليف الموجودة.

* معيار هيروتيز Horwez

يسمى هذا المعيار أيضا "معيار الواقعية" وينسب إلى العالم الذي طوره وهو Leonid Horweiz ويقوم هذا المعيار على أساس الأخذ بنظر الاعتبار أسوأ النتائج وأفضلها في كل استراتيجية وكذلك مراعاة الحالة النفسية لمتخذ القرار ومدى كونه متفائلا أو متشائما حيث يتم تحديد ما يسمى معامل التفاؤل، والذي تتراوح قيمته بين 0 و 1. ويتم اختيار البديل الأمثل وفق الخطوات التالية:

1. يتم اختيار أفضل النتائج في كل استراتيجية وكذلك أسوأ النتائج فيها.
2. تحديد معامل تفاؤل وسيكون متمم هذا المعامل هو معامل التشاؤم فإذا كان مثلا معامل التفاؤل 0.6 فإن معامل التشاؤم سيكون 0.4 .
3. ضرب أفضل النتائج من كل استراتيجية في معامل التفاؤل وكذلك ضرب معامل التشاؤم في أسوأ النتائج وجمع القيمتين.
4. اختيار أعلى الأرقام في حالة تعظيم الربح أو أقل الأرقام في حالة تدنية التكاليف.

مثال (4):

توضح المصفوفة التالية العوائد المتوقعة من تبني أي من الاستراتيجيات الأربعة المتاحة أمام متخذ القرار وحصول أي حالة من حالات الطبيعة.

والمطلوب: اعتماد معيار هيروتيز لتحديد الاستراتيجية الأفضل بهدف تعظيم الربح لمتخذ القرار (الأرقام بالآف الوحدات النقدية)، وإن معامل التفاؤل هو 0.6.

البدائل \ حالات الطبيعة	N_1	N_2	N_3
S_1	10	8	4
S_2	12	10	8
S_3	8	5	12
S_4	20	16	18

الحل: تحدد أسوأ النتائج في كل إستراتيجية وكذلك أفضلها ثم تضرب الأفضل في معامل التفاؤل (0.6) والأسوأ في معامل التشاؤم (0.4) ثم تجمع النتيجتين لكل إستراتيجية.

الاستراتيجية	أسوأ النتائج		أفضل النتائج		العائد المتوقع
S_1	(4 * 0.4)	+	(10 * 0.6)	=	7.6
S_2	(8 * 0.4)	+	(12 * 0.6)	=	10.4
S_3	(5 * 0.4)	+	(12 * 0.6)	=	9.2
S_4	(16 * 0.4)	+	(20 * 0.6)	=	18.4

والقرار الأمثل كما هو واضح تبني الإستراتيجية الرابعة (S4) لأنها تمثل أعظم الأرباح (18.4) الف وحدة نقدية.

مثال (5)

افترض ان البيانات الواردة في المثال السابق تخص حالة تكاليف تنفيذ احد المشاريع، ما هي الاستراتيجية المثلى باعتماد نفس المعيار ونفس معامل التفاؤل.

الحل: يتم اختيار افضل النتائج لكل استراتيجية (وهي أدنى الأرقام) وكذلك أسوأ النتائج لكل منها (وهي أعلى الأرقام) ثم نطبق نفس القاعدة السابقة وكما يلي:

الاستراتيجية	أسوأ النتائج		أفضل النتائج		الكلفة المتوقعة
S_1	(10 * 0.4)	+	(4 * 0.6)	=	6.4
S_2	(12 * 0.4)	+	(8 * 0.6)	=	9.6
S_3	(12 * 0.4)	+	(5 * 0.6)	=	7.8
S_4	(20 * 0.4)	+	(16 * 0.6)	=	17.6

وبهذا سيكون القرار الأمثل تبني الاستراتيجية الأولى (S_1) لانها تعطي أدنى التكاليف (6.4) الف وحدة نقدية.

*** معيار لابلاس (الاحتمالات المتساوية) Laplace**

يقدم هذا المعيار على أساس الفلسفة التي تفترض أنه طالما لا يمكن معرفة احتمال حصول كل حالة من حالات الطبيعة فإنه يجب معاملتها بالتساوي من حيث احتمال حدوثها لذا تفترض أن كل حالات الطبيعة لها نفس الاحتمال بإمكانية الحدوث فإذا كان هناك خمسة حالات طبيعة متوقعة فإن احتمال حصول كل منها هو 0.20 . ويتم اتخاذ القرار هنا عن طريق جمع القيم الخاصة بكل استراتيجية في ظل حالات الطبيعة المختلفة وقسمتها على عدد حالات الطبيعة ثم نختار أعلى الأرقام إذا كان الهدف تعظيم الربح أو أدنى الأرقام عندما يكون الهدف تدنية التكلفة.

مثال (6):

مصفوفة القرار التالية تخص إحدى الشركات التي ترغب باستثمار مبلغ معين من المال حيث هناك بدائل او مجالات متعددة للاستثمار كما أن هناك ظروف خارجية أو حالات طبيعة تؤثر في قرارها، والأرقام تمثل العوائد المتوقعة (بآلاف الوحدات النقدية) عند تبني كل استراتيجية وحصول كل حالة من حالات الطبيعة، **والمطلوب:** تحديد البديل الأمثل للاستثمار باعتماد معيار لابلاس.

حالات الطبيعة / أساليب التنفيذ	N_1	N_2	N_3	N_4
S_1	10	14	8	12
S_2	16	12	6	8
S_3	11	9	10	8
S_4	15	13	16	12

الحل:

$S_1 = (10 + 14 + 8 + 12) / 4 = 11$

$S_2 = (16 + 12 + 6 + 8) / 4 = 10.5$

$S_3 = (11 + 9 + 10 + 8) / 4 = 9.5$

$S_4 = (15 + 13 + 16 + 12) / 4 = 14$

سيتم اختيار الاستراتيجية الرابعة (S_4) لأن الأرباح المتوقعة ستكون 14 ألف وحدة نقدية.

والآن افترض أن المصفوفة في المثال السابق (6) هي مصفوفة تكاليف، ما هو القرار الأمثل؟

الحل:

$S_1 = 11$

$S_2 = 10.5$

$S_3 = 9.5$

$S_4 = 14$

يتم اختيار الاستراتيجية الثالثة (S3) لأن الكلفة فيها هي الأدنى.

* معيار الندم (سافاج) Regret (Savage)

*** الندم Regret**

الفرق بين العائد الذي حصل عليه متخذ القرار وبين ما يجب ان يحصل عليه لو أنه اتخذ أو اختار البديل الأفضل.

من الطبيعي أن يشعر متخذ القرار بالأسف أو الندم عندما لا يختار البديل الأفضل من بين البدائل المتاحة، لذا فإن هذا المعيار يحاول أن يخفض هذا الأسف أو الندم إلى أدنى ما يمكن. فعلى سبيل المثال، لو اشترى أحد الأشخاص سلعة معينة بسعر 15 وحدة نقدية ووجد نفس هذه السلعة بنفس المواصفات بسعر 10 وحدات نقدية فإنه يشعر بندم أو أسف لأنه لم يشتريها بسعر 10 وحدات نقدية أي أن مقدار ندمه أو أسفه سيكون 5، وكذا الحال بالنسبة للربح. فالندم إذن هو الفرق بين العائد الذي حصل عليه متخذ القرار وبين ما يجب ان يحصل عليه لو أنه اتخاذ او اختار القرار (البديل) الأفضل. ولغرض اتخاذ القرار باعتماد معيار الندم فإن مصفوفة الندم او الفرص الضائعة Opportunity Loss Matrix هي ما يجب إعداده أولا ثم يتم تطبيق مبدأ أدنى الأقصى Minimax أو أفضل الأسوأ.

مثال (7):

اعتمد معيار الندم لاختيار البديل الأمثل في مصفوفة الأرباح التالية:

الاستراتيجيات \ حالات الطبيعة	N_1	N_2	N_3
S_1	12	18	15
S_2	17	10	14
S_3	22	16	10
S_4	14	14	14

الحل:

بما أن المصفوفة هنا هي مصفوفة أرباح فإن بناء مصفوفة الندم يكون عن طريق تحديد أعلى الأرقام في كل عمود من الأعمدة وطرح باقي أرقام العمود منه وكما يلي:

الاستراتيجيات \ حالات الطبيعة	N_1	N_2	N_3
S_1	10	0	0
S_2	5	8	1
S_3	0	2	5
S_4	8	4	1

ثم نحدد أعلى الأرقام في كل استراتيجية والتي تمثل أعلى ندم والاستراتيجية المثلى هي التي تقابل أقل ندم:

أعلى ندم	الاستراتيجية
10	S_1
8	S_2
5	S_3
8	S_4

الاستراتيجية المثلى (اقل ندم) ← S_3

مثال (8):

افترض أن المصفوفة في المثال السابق هي مصفوفة تكاليف، كيف ستكون الاستراتيجية المثلى باعتماد معيار الندم.

الحل: عندما تكون المصفوفة مصفوفة تكاليف فإن مصفوفة الندم ستحسب عن طريق تحديد أدنى القيم في كل عمود وطرحها من باقي القيم في ذلك العمود وكالاتي:

الاستراتيجيات \ حالات الطبيعة	N_1	N_2	N_3
S_1	0	8	5
S_2	5	0	4
S_3	10	6	0
S_4	2	4	4

بعد إعداد مصفوفة الندم سنحدد أعلى الأرقام في كل استراتيجية وهذه الأرقام تمثل أعلى ندم في كل منها ومن ثم يكون القرار باختيار أدنى الأرقام ايضا والذي يمثل أقل ندم

أسلوب التنفيذ	الكلفة ألف وحدة نقدية
S_1	8
S_2	5
S_3	10
S_4	4

الاستراتيجية المثلى (اقل ندم) ←

ثالثا: شجرة القرارات Decisions Tree

* شجرة القرارات

Decisions Tree

تمثيل بياني لعملية صنع واتخاذ القرار تعرض فيه الاستراتيجيات وحالات الطبيعة والعوائد لمساعدة متخذ القرار في اختيار القرار الصائب.

إن القرارات قد تتخذ بشكل متتابع أي قد تكون متسلسلة حيث يتوقف بعضها على البعض الآخر وأن ناتج القرار يؤثر في الذي يليه، لذا جاءت شجرة القرار كأداة مساعدة لمتخذ القرار لفحص البيانات الخاصة بالقرار بشكل مخطط بياني واضح يهدف إلى تسهيل عملية صنع واتخاذ القرار. وبهذا يمكن تعريف شجرة القرارات على أنها تمثيل بياني لعملية صنع واتخاذ القرار تعرض فيه الاستراتيجيات وحالات الطبيعة والعوائد لمساعدة متخذ القرار في اختيار القرار الصائب. وتتكون شجرة القرار عادة من العناصر التالية:

1. **نقاط الانبثاق Nodes** : وهي نقاط انطلاق يمكن تصنيفها إلى:

- نقاط قرار Decisions Node : وهي النقاط التي يتعين عندها اتخاذ قرار معين (تبني أحد البدائل او الاستراتيجيات) ويرمز لها بمربع صغير ▢

- نقاط الأحداث Chance Nodes وهي نقاط تشير إلى الأحداث أو الظروف (حالات الطبيعة) ويتم تمثيلها بشكل دائرة صغيرة ◯

2. **الفروع المنبثقة من النقاط Braches** : وهي أشبه بأغصان الشجرة حيث تنبثق من النقاط المختلفة وكالآتي:

- فروع قرار Decision Branches : وهي فروع تنبثق من نقاط القرار (   ) وتمثل ▢ الاستراتيجيات او الخيارات المتاحة لمتخذ القرار (تمثل في بعض الأحيان بخطين متوازيين لتمييزها عن فروع الأحداث).

- فروع الأحداث Chance Branches : وتمثل حالات الطبيعة أو الظروف الخارجية.

- الفروع النهائية Terminal Branches : وهي الفروع التي لا تنتهي بنقطة حدث أو قرار.

3- احتمالات حصول حالات الطبيعة Porbabilities : وهي كما سبق وأن درسنا في حالة المخاطرة احتمالات يتم تحديدها من واقع الخبرة الشخصية لمتخذ القرار أو السجلات التاريخية التي يحتفظ بها.

4- **العوائد** Outcomes : وهي النتجة التي تحصل عند تبني استراتيجية معينة وحصول حالة طبيعة محددة وقـد تكـون موجبـة أو سالبة.

ويمكن تمثيل شجرة القرار بالشكل التالي:

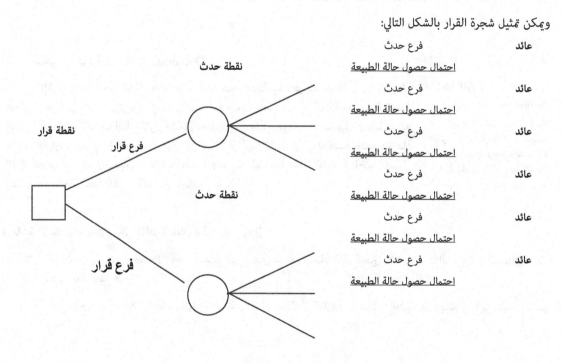

شكل (م10 -2): هيكل عام لشجرة القرارات

342

* أنواع شجرة القرارات

لقد أشرنا إلى أن شجرة القرارات هي أداة مساعدة لمتخذ القرار خصوصا عندما يتطلب الأمر اتخاذ سلسلة من القرارات المتتابعة. وهنا سنشير إلى نوعين رئيسيين من شجرة القرارات بناء على عدد القرارات التي ستتخذ وفي أبسط صورها يكون الموضوع واسع جدا وفيه تفصيلات كثيرة لا محل لاستعراضها.

1- شجرة القرارات ذات المرحلة الواحدة (قرار واحد)

وهذا النمط يشتمل على نقطة قرار (مفاضلة بين الاستراتيجيات) واحدة أو اكثر من نقاط الأحداث (حالات الطبيعة) ويتم اتخاذ القرار بناء على أفضل قيمة متوقعة (احتمالات حصول حالة الطبيعة معروفة) وصورتها العامة ممثلة بالشكل (م10-2) .

مثال (9):

ترغب إحدى الشركات باتخاذ قرار بشأن تصنيع أحد المنتجات الجديدة والذي يتوقع أن يستمر الطلب عليه لمدة 8 سنوات قادمة وذلك من خلال إقامة مصنع متوسط الحجم أو مصنع صغير أو التعاقد الفرعي مع أحد المصانع خارج البلاد لإنتاجه. فإذا علمت بأن الطلب المستقبلي واحتمالات كونه مرتفعا او متوسطا او مخفضا لها أثر كبير على العوائد المتوقعة، والجدول التالي يجمل البيانات الخاصة بذلك. والمطلوب: اعتماد أسلوب شجرة القرارات لاتخاذ القرار المناسب.

الاستراتيجيات	احتمال حصول الطلب	العائد (الف وحدة نقدية) في ظل طلب		
		مرتفع	متوسط	منخفض
مصنع متوسط الحجم	0.5	1200	700	300-
مصنع صغير	0.3	400	200	100
تعاقد فرعي	0.2	600	400	200

الحل:

يمكن تمثيل البيانات السابقة بشكل شجرة قرار كالآتي:

343

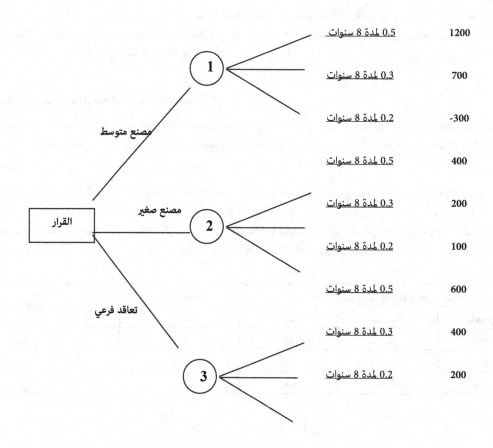

ويمكن أن تجرى الحسابات على المخطط نفسه أو على مخطط آخر وستجري الحسابات هنـا عـلى مخطـط آخـر لكـون المثـال هـو الأول:

344

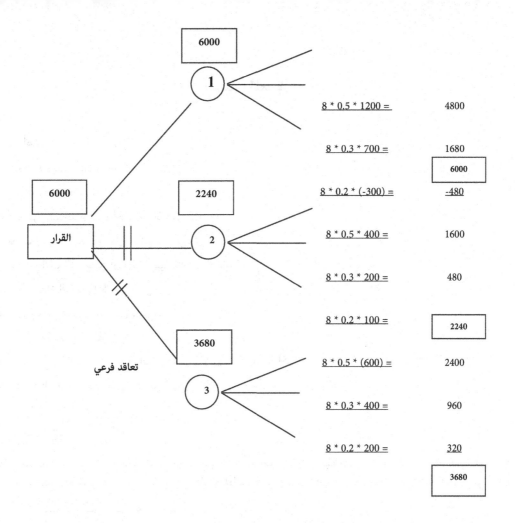

تحسب القيمة المتوقعة في كل نقطة حدث (النقاط 1 و 2 و 3) ونضع الناتج أعلى كل نقطة من النقاط الثلاثة وهنا نقـوم باختيار أعلى الأرقام (6000) أي بناء مصنع متوسط الحجم وتؤشر على الخيارين الآخرين بـ (//) للدلالة على رفضهما. ونلاحظ هنـا أننا لم نأخذ تكاليف البناء بنظر الاعتبار ولو توفرت لدينا فإننا سنطرح الكلفة من كل قيمة متوقعة ونختار أعلى قيمة صـافية وقـد يتغير القرار الأمثل.

أسئلة الملحــق

* أسئلة عامة:

1- ما المقصود بالنموذج؟ وما فائدته؟

2- ما هي شروط صحة النموذج؟

3- حدد أهم مزايا استخدام النموذج في اتخاذ القرارات.

4- كيف نعرف أن هذا النموذج أكثر فعالية من غيره؟

5- اذكر أهم المجالات التي يمكن ان تطبق فيها النماذج الكمية؟

6- ما هي أهم أنواع النماذج الكمية؟

7- ما هو دور نماذج المخزون وما هي فائدتها؟

8- ما الفرق بين البرمجة الخطية والبرمجة اللاخطية؟

9- ما هي أهم المعايير التي تستخدم في اتخاذ القرار في ظل حالة عدم التأكد؟

10- عرف شجرة القرارات واذكر أهم مكوناتها؟

** تمارين عملية:

1- في ادناه مصفوفة العائد الخاصة بأحد المستثمرين الذي يرغب باختيار استراتيجية الاستثمار المثلى على ان العوائد وحالات السوق واحتمال حصولها موضحة في الجدول التالي. والمطلوب: اجراء الحسابات وتحديد الخيار الامثل لهذا المستثمر (العوائد بالآف الوحدات النقدية).

حالة السوق الاستراتيجيات (الخيارات)	سوق منتعش	سوق وسط	سوق راكد
* الاستثمار في التجارة	15	10	3
* الاستثمار في العقارات	14	10	6
* الاستثمار في السوق المالي	20	14	-3
احتمال حصول حالة الطبيعة	0.40	0.50	0.10

2- يرغب أحد الاشخاص بالاستثمار في بناء مصنع كبير أو مصنع صغير أو ان يودع أمواله في المصرف، والجدول التالي يوضح العوائد المتوقعة من كل بديل من البدائل الثلاثة (الف وحدة نقدية) كذلك فإن احتمال أن تكون الظروف الاقتصادية مناسبة أو غير مناسبة متساوي (أي 0.50 لكل حالة)، **فالمطلوب:** مساعدة هذا الشخص باختيار البديل الأمثل الذي يعطيه اكبر ربح ممكن.

	الظروف الاقتصادية	
غير مناسبة	مناسبة	البدائل
- 180000	200000	بناء مصنع كبير
-20000	100000	بناء مصنع صغير
20000	20000	وديعة مصرفية
0.50	0.50	احتمال حصول حالة الطبيعة

3- توضع المصفوفة التالية العوائد المتحققة من تبني أي من الاستراتيجيات الأربعة التالية المتاحة امام متخذ القرار وحصول أي حالة من حالات الطبيعة.

والمطلوب: اعتماد معيار هيروتيز لتحديد الاستراتيجية الأفضل بهدف تعظيم الربح (الارقام بالاف الوحدات النقدية) ان معيار التفاؤل هو 0.6.

	حالات الطبيعة		
الاستراتيجيات	N_1	N_2	N_3
S_1	10	8	4
S_2	12	10	8
S_3	8	5	12
S_4	20	16	18

4- افترض ان البيانات الواردة في المثال السابق تخص حالة تكاليف تنفيذ احد المشاريع، ما هي الاستراتيجية المثلى باعتماد نفس المعيار ونفس معامل التفاؤل.

5- مصفوفة القرار التالية تخص احدى الشركات التي ترغب باستثمار مبلغ من المال حيث هناك بدائل او مجالات متعددة للاستثمار كما ان هناك ظروف خارجية او حالات طبيعة تؤثر في قرارها، والأرقام تمثل العوائد المتوقعة (بالاف الوحدات النقدية) عند تبني كل استراتيجية وحصول كل حالة طبيعة. **والمطلوب:** تحديد البديل الأمثل للاستثمار باعتماد معايير والدو لابلاس وسافاج.

حالات الطبيعة / البدائل	N_1	N_2	N_3	N_4
S_1	10	14	8	12
S_2	16	12	6	8
S_3	11	9	10	8
S_4	15	13	16	12

6- تريد احدى الشركات زيادة مبيعاتها من خلال اتباع استراتيجية معينة من بين عدة استراتيجيات متاحة امامها، والجدول التالي يوضح العائد (بالاف الوحدات النقدية) المتوقع عند تبني أي من الاستراتيجيات وحصول أي حالة من حالات الطبيعة مع احتمال حصول كل منها. **والمطلوب:** اعتماد اسلوب شجرة القرارات وتحديد الاستراتيجية المثلى.

الاستراتيجيات	حالات الطبيعة		
	سوق منتعش	سوق عادي	سوق راكد
حملة اعلانية	50	30	20
تحسين جودة المنتجات	70	50	10
تخفيض الاسعار	40	30	-10
احتمال حصول حالات الطبيعة	**0.4**	**0.5**	**0.1**

*** أسئلة الخيارات المتعددة

1- ان موثوقية النتيجة عند استخدام النموذج تعتمد على:

A. درجة تعقد النموذج   B. مدى صدق وصحة النموذج

C. الخصائص الرئيسية للمشكلة   D. استنساخ الحقيقة كاملة

2- إن اظهار العناصر والمتغيرات الهامة في الموقف او النظام موضوع البحث والدراسة يسمى:

A. صدق النموذج   B. قيمة النموذج للزبون

C. امكانية حل النموذج   D. تكامل النموذج

3- عندما يعرف متخذ القرار احتمال حصول حالة الطبيعة فإن الحالة تسمى:

A. عدم التأكد   B. معيار والد

C. القيمة المتوقعة   D. المخاطرة

4- عندما لا يمكن صياغة دالة الهدف او القيود بشكل معادلات او متباينات فإن النموذج هو من نوع:

A. برمجة صحيحة   B. برمجة أهداف

C. برمجة خطية   D. برمجة لا خطية

5- ان النماذج التي تستخدم لتحليل نظام معين يتغير عبر الفترة الزمنية ويتخذ حالات متباينة يسمى:

A. نموذج صفوف الانتظار.   B. نموذج سلسلة ماركوف

C. نموذج شبكات الاعمال   D. نموذج برمجة اهداف

6- ان النماذج التي تساعد في تخطيط ورقابة وجدولة المشاريع خصوصا الكبيرة منها هي:

A. النماذج الشبكية   B. نماذج المحاكاة

C. نماذج برمجة الاهداف   D. نماذج المخزون

7- في حالة عدم التأكد، يسمى المعيار الذي يعتمد افضل الأسوأ:

A. معيار هيروتيز   B. معيار سافاج.

C. معيار الندم   D. معيار والد

8- ان التمثيل البياني لعملية صنع واتخاذ القرار هو:

A. نموذج ماركوف   B. معيار سافاج

C. شجرة القرارات   D. شبكة الاعمال.

9- في نماذج التنافس يطلب على الأطراف المتنافسة او المتنازعة اسم:

A. العناصر   B. المتغيرات

C. المعلمات   D. اللاعبين

10- ان المصطلح العام المستخدم للنماذج الكمية التي يلجأ لها متخذو القرار في نماذج التخصيص هو:

A. البرمجة الخطية   B. البرمجة الرياضية

C. نظرية المباراة   D. نماذج القرارات.

11- ان احد شروط صحة النموذج هو:

A. ان يكون معقدا وكثير المتغيرات   B. ان تكون العلاقات بين عناصره صحيحة

C. ان يكون نموذجا خطيا   D. سهل الحل

12- ان تمثيل النموذج للعناصر الرئيسية للنظام المراد دراسته دليل على:

A. قيمة النموذج للزبون   B. القدرة على استخدام النموذج

C. كونه نموذجا شبكياً   D. صحة النموذج

13- يتم اللجوء إلى حساب القيمة المتوقعة للاستراتيجيات عندما يواجه متخذ القرار حالة:

A. عدم التأكد   B. المنافسة الشديدة

C. المخاطرة   D. التوازن

14- ان النموذج الذي يتعامل مع مشكلة المفارقة بين كلفة تزويد خدمة معينة والوقت الذي يقضيه الزبون في انتظار الخدمة هو نموذج:

A. سلسلة ماركوف   B. صفوف الانتظار

C. المخزون   D. المحاكاة.

15- التطبيقات التالية للنماذج الكمية هي جميعا في ميدان تخطيط المرافق الانتاجية عدا واحد هو:

A. اختيار موقع الوحدة الانتاجية   B. التصميم الهندسي للموقع

C. تخطيط المستودعات والمخازن   D. التخطيط الاقتصادي.

مصادر الباب الثالث

* المصادر العربية :

1. الخفاجي، نعمة عباس، "الإدارة الاستراتيجية"، دار الثقافة، عمان، 2005.

2. الركابي، كاظم نزار، "الإدارة الاستراتيجية: العولمة والمنافسة"، دار وائل للنشر والتوزيع، عمان، 2004.

3. الزعبي، فايز، "الرقابة الإدارية"، جامعة مؤتة، مؤتة، 1995.

4. السالم، مؤيد سعيد، "أساسيات الإدارة الاستراتيجية"، دار وائل للنشر، عمان، 2005.

5. السعد، مسلم علاوي وطاهر محسن منصور الغالبي، "السياسات الإدارية: المفهوم، الصياغة والحالات الدراسية"، دار الكتب لجامعة البصرة، البصرة، 1999.

6. السيد، اسماعيل محمد، "الإدارة الاستراتيجية: مفاهيم وحالات تطبيقية"، المكتب العربي الحديث، الاسكندرية، 1994.

7. الشيخ سالم، فؤاد وآخرون، "المفاهيم الإدارية الحديثة"، الطبعة الخامسة، مركز الكتب الأردني، عمان، 1995.

8. عباس، علي، "الرقابة الإدارية على المال والأعمال"، مكتبة تلاع العلي، عمان، 1995.

9. العريقي، منصور محمد اسماعيل، "المدخل الشمولي في عملية صنع القرار الاستراتيجي وأثره في الأداء التنظيمي"، رسالة دكتوراة في إدارة الأعمال غير منشورة، جامعة البصرة، البصرة، 1997.

10. الغالبي، طاهر وآخرون، "استراتيجية الأعمال: مدخل تطبيقي"، دار الثقافة للنشر والتوزيع، عمان، 2006.

11. الغالبي، طاهر محسن منصور وإدريس وائل محمد، الإدارة الاستراتيجية، منظور منهجي متكامل، دار وائل للنشر والتوزيع، عمان، 2007.

12. القطامين، أحمد، "الإدارة الاستراتيجية: مفاهيم وحالات تطبيقية"، دار مجدلاوي للنشر والتوزيع، عمان، 2002.

13. مرسي، جمال الدين محمد وآخرون، "التفكير الاستراتيجي والإدارة الاستراتيجية "منهج تطبيقي"، الدار الجامعية، الاسكندرية، 2002.

14. المنصور، كاسر ناصر، "نظرية القرارات الإدارية: مفاهيم وطرائق كمية" دار الحامد، عمان، 2000.

15. نبيل، مرسي، "الميزة التنافسية في مجال الأعمال"، مركز الاسكندرية للكتاب، الاسكندرية، 1998.

16. ياسين، سعد غالب، "الإدارة الاستراتيجية"، دار اليازوري، عمان، 2002.

* المصادر الأجنبية:

17. Abdulrahman Al-Juboori and Taher M. Mansoor "strategic Management, concept, context and cases, Dar Wael, Amman, 2005.

18. Anthony, Robert and Vijay Govindarajan, "Management Control Systems", 7th ed., McGraw-Hill, Boston, 2003.

19. Certo, Samuel C., "Modern Management", 9th ed., Prentice-Hall, New Jersey, 2003.

20. Daft, Richard L., "Management", 8th ed., Thomson, Ohio, 2003.

21. Griffin, Ricky W., "Management", 7th edition, Houghton Mifflin Co., Boston, 2002.

22. Hill, charles and Gareth Jones, "Strategic Management", 5thg ed., Houghton Mifflin, Boston, 2001.

23. Anthony, Robert, and Young, David W., "Management Control in Nonprofit Organization", 7th ed, McGraw Hill, Boston, 2003

24. Quinn, James Brian, et al., "The Strategic Process", Prentice-Hall, New Jersey, 1988.

25. Richard, Max-D., "Setting Strategic Goals and Objectives" 2nd ed., Minnesota, 1986.

26. Shermerhorn, John, R., "Management", 8th ed., Wiley & sons, New Jersey, 2005.

27. Thompson, Arthur A., et al., "Readings in Strategic Management", 5th ed., IRWN, New York, 1995,

28. Wheelen, Thomas L. and Hunger, David J., "Strategic Management and Business Policy", 9th ed., Prentice – Hall, New Jersey, 2006.

29. William, Pride et. al., "Business", 8th ed., Houghton Mifflin Co., Boston, 2005.

الباب الرابع

" التنظيم "

الباب الرابع

التنظيـم

مقدمة

ومن الوظائف الأساسية الأخرى التي تضطلع بها الإدارة هي وظيفة التنظيم، حيث يتوجب الأمر وضـع الهيكـل التنظيمـي وتجميع الوظائف والأنشطة والأفراد في دوائر ووحدات تنظيمية لغرض البـدء بالعمـل. ويتـأثر هـذا الأمـر بالعديـد مـن العوامـل الموقفية لذلك يفترض بالإدارة أن تعيد النظر بتصـميم المنظمـة وهيكلهـا لـكي تتكامـل كافـة أنظمتهـا الفرعيـة لتحقيـق الفاعليـة. ويلاحظ أن الجوانب التنظيمية تتأثر بالتغييرات والتطورات الحاصلة في المنظمة لذلك يفترض أن تعي الإدارة طبيعة مقاومة التغيير أو الصراعات الناشئة بسبب التطور الحاصل في عملها. إن مجمل هذه الجوانب سيستعرضها هذا الباب.

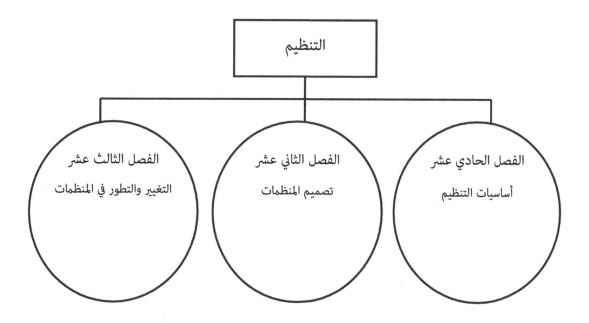

الفصل الحادي عشر

أساسيات التنظيم

الفصل الحادي عشر

أساسيات التنظيم

بعد دراستك لهذا الفصل فإنك تستطيع الإجابة على هذه الأسئلة:

1. ما المقصود بالتنظيم كوظيفة إدارية؟
2. ما هي مراحل العملية التنظيمية؟
3. ماذا يعني التخصص الوظيفي وتقسيم العمل؟
4. ما هي أسس تجميع الأنشطة والأفراد في وحدات تنظيمية؟
5. ما هي أنواع الهياكل التنظيمية؟ وما هي سمات كل منها؟
6. ما المقصود بسلسلة الامرة؟
7. ما معنى نطاق الإشراف؟
8. ما المقصود بالسلطة؟ وما هي أنواعها؟

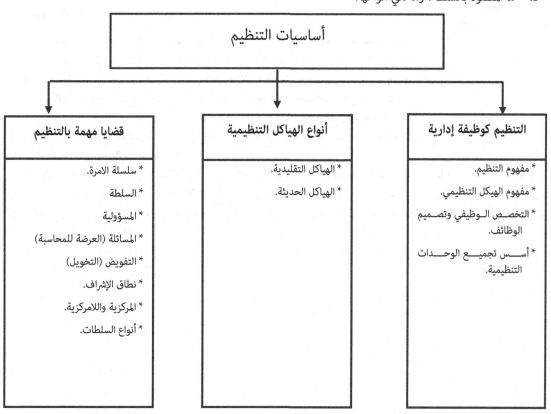

مقدمة الفصل الحادي عشر:

إن الوظيفة التالية من وظائف المدير هي التنظيم وأهميتها لا تقل عن التخطيط والرقابة والقيادة. وضمن التوجه العام فإن وظيفة التنظيم ترتبط بكل ما يتعلق بإيجاد الهياكل وصيغ العمل وتقسيمه وتوزيع الصلاحيات وتنظيم الموارد ومن ثم التنسيق بين هذه الأنشطة لغرض أن تكون المنظمة فاعلة في تحقيق أهدافها. والعملية التنظيمية الشاملة ترتبط بثلاث عناصر مهمة الأول منها يتكون من إيجاد هيكل تنظيمي فعال قادر على إنجاز الأنشطة والوصول إلى الأهداف المحددة من خلال توزيع الأدوار والصلاحيات والمسؤوليات وغيرها من القضايا التنظيمية المهمة. أما العنصر الثاني، فيتعلق بتصميم وإعادة تصميم المنظمة والعمل فيها لغرض أن تكون أكثر قدرة على التكيف مع معطيات البيئة واحتياجاتها وفي هذا الإطار فإن توازنات مهمة يجب أن تلاحظها الإدارة من خلال اختيار أبعاد الهيكل التنظيمي الملائمة لتحقيق نجاح المنظمة. والجزء الثالث فإنه متصل بثقافة المنظمة والتي نوقشت في فصل سابق.

أولاً: التنظيم كوظيفة إدارية

Organizing As a Managerial Function

* مفهوم التنظيم **Organizing Concept**

*** التنظيم Organizing**
أنشطة تتعلق بترتيب استخدامات الموارد المختلفة، لغرض الوصول إلى أهداف معينة عن طريق تجميع الموارد البشرية والمادية في وحدات عمل محددة.

التنظيم Organizing هو مجمل الأنشطة المتعلقة بترتيب استخدام مختلف موارد المنظمة لغرض تحقيق أهدافها عن طريق تجميع الأفراد والأنشطة في وحدات عمل محددة. والعملية التنظيمية مهمة لمنظمات الأعمال باعتبارها أنظمة اجتماعية تتفاعل وتتسق في إطارها الموارد المختلفة لتحقيق نتائج مرغوبة. والتنظيم نراه متجسداً بشكل واضح في الخصائص الأساسية للمنظمات والتي منها: تنسيق الجهود في المنظمة وتقسيم العمل ووضع هيكلية وهرمية السلطة لغرض الوصول إلى أهداف مشتركة. إن كل هذه الجوانب يضمها هيكل تنظيمي يجب أن يتسم بالكفاءة والفاعلية.

وتتجلى أهمية التنظيم في كونه الخطوة الأولى التي يعتمدها المدراء في تفعيل الخطط وتنفيذها فبدون التنظيم لا يمكن إنجاز الأهداف الواردة في الخطط. كذلك فإن التنظيم يخلق ويديم العلاقة بين مختلف موارد المنظمة من خلال تشخيص أي الموارد تستخدم ولأي الأنشطة ومتى تستخدم وكيف تستخدم. والتنظيم كنظام فرعي من نظام الإدارة الكلي تتضح قدرته ومسؤوليته في الجوانب التالية:

1. إعادة ترتيب وتنظيم الخطط لغرض تفعيل النظام الإداري وزيادة قدرته في الإنجاز.

2. يعتبر خطة بحد ذاته لتحسين المهارات الإدارية وبما ينسجم مع احتياجات نظام الإدارة في المنظمة.
3. تخلق العملية التنظيمية مناخ مناسب لعمل النظام الإداري.

وتتجسد العملية التنظيمية بمراحل مهمة تساعد في إيجاد التنظيم المناسب وتوزيع الأدوار وخلق البنى التنظيمية ويمكن تلخيص هذه المراحل بالآتي:

- تحديد الأهداف الرئيسية ورسالة المنظمة باعتبارها مدخلات مهمة للعملية التنظيمية.
- إن التنظيم الفعال يتأثر ويأخذ بنظر الاعتبار طبيعة الخطط والأهداف في المنظمة باعتباره المنفذ لها.
- تحديد المهام الرئيسية الأساسية المطلوبة والضرورية للعمل والمنظمة.
- تقسيم المهام الرئيسية إلى مهام فرعية أصغر.
- تخصيص الموارد وإعداد التوجيهات للمهام الفرعية.
- تقييم نتائج تنفيذ العملية التنظيمية.

وبناءً على ذلك فإن التنظيم هو بحد ذاته نظام فرعي مهم وأساسي وجزء من النظام الإداري الكلي في المنظمة ولذا فإنه يحتاج إلى تخصيص جزء من موارد المنظمة كمدخلات لهذا النظام الذي يقوم باستخدامها وفق الأسس والطرق الصحيحة لغرض وضع هيكل تنظيمي فاعل لمنظمة الأعمال.

* مفهوم الهيكل التنظيمي

Organizational Structure Concept

*** الهيكل التنظيمي**
Organizational Structure
نظام يوضح المهام والعلاقات بين وحدات التنظيم وروابط الاتصال بينها.

إن الهيكل التنظيمي هو النظام الذي تحدد في إطاره المهام والعلاقات بين الوحدات وروابط الاتصالات بين أجزائه ولكي يوضع الهيكل التنظيمي فإن تقسيماً للعمل إلى مهام رئيسية وفرعية يصبح أمراً ضرورياً وكذلك إيجاد الصيغة التنسيقية الملائمة بين مجمل هذه الأجزاء والمجموعات والأفراد لتحقيق نتائج أداء أفضل. والهيكل التنظيمي يلعب دوراً أساسياً في عمليات تنفيذ الاستراتيجيات المختارة من قبل المنظمة ومن السهولة الحديث عن الهيكل التنظيمي الفعال لكن الصعوبة تكمن في جعل هذا الهيكل متجاوباً مع معطيات بيئة عمل سريعة التغيير وباستمرار. إن هذا الأمر جعل من باحثي نظرية المنظمة يتوصلون إلى استنتاج مفاده عدم وجود هيكل تنظيمي يصلح لكل الظروف وكل الأحوال بل إن هذا الهيكل وأبعاده يفترض أن يستجيب لعوامل موقفية عديدة. ويمكن القول أن الهيكل التنظيمي لمنظمة الأعمال يتكون من جانبين:

*** الهيكل الرسمي**
Formal Structure
هو الهيكل التنظيمي المعتمد من قبل الإدارة بقرارات رسمية ويحوي في إطاره العلاقات والمسميات الرسمية للوحدات التنظيمية.

1. الهيكل الرسمي Formal Structure:

ويعبر عنه بكونه الهيكل المعتمد من قبل الإدارة ويحوي في إطاره العلاقات الرسمية والأدوار والصلاحيات المعترف بها وعادة ما تصور الخارطة التنظيمية Organization Chart

أبعاد وأجزاء الهيكل الرسمي. والخارطة التنظيمية عبارة عن مخطط بياني يوضح العلاقات الرسمية والترتيب الرسمي لوحدات العمل داخل المنظمة، وعادة ما تحوي الخارطة التنظيمية أسماء وعناوين الوظائف وكذلك خطوط السلطة والاتصالات بينها. ونقصد هنا بكلمة الرسمية هي كون كل ما تحويه الخارطة موثق ومكتوب ومحدد بتعليمات وضوابط وقواعد قانونية صادرة بقرارات رسمية من جهات تمتلك الصلاحيات اللازمة لذلك. والمثال التالي يوضح هذا الأمر.

* الخارطة التنظيمية
Organization Chart
مخطط بياني يمثل الهيكل التنظيمي الرسمي.

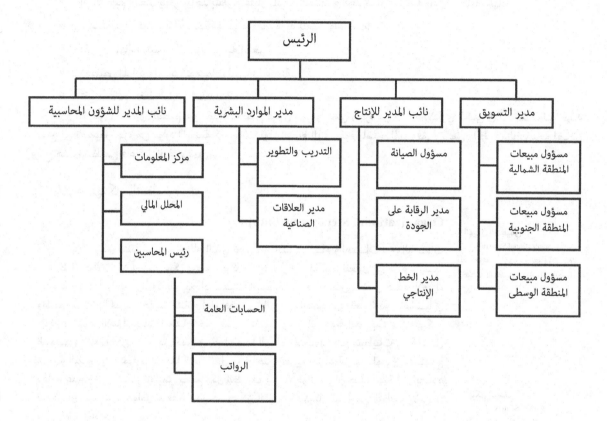

شكل (11-1) خارطة تنظيمية لإحدى الشركات

إن دراسة وتحليل الخارطة التنظيمية لمنظمة الأعمال يمكن أن تعكس أساسيات التنظيم الرسمي والهيكل التنظيمي الرسمي والمتمثلة بما يلي:

● **تقسيم العمل Work Division**
إن عنوان الوظيفة وموقعها في الهيكل يمكن أن تظهر واضحة في الخارطة التنظيمية ومن خلالها يمكن معرفة مسؤولية هذه الوظيفة.

● **العلاقات الإشرافية Supervisory Relationship**
إن العلاقات بين المستويات والأقسام والوظائف في الخارطة التنظيمية تعطي صورة واضحة عن من يرأس من، ولمن يقدم المرؤوسون تقاريرهم ومن يراقب إنجازهم.

- **قنوات الاتصال Communication Channels**
إن العلاقات تظهر تدفق الاتصالات الرسمية في المنظمة.

- **الوحدات الرئيسية Major Subunits**
تظهر الخارطة التنظيمية الوحدات الرئيسية أو الوظائف الرئيسية وما يرتبط بها من وحدات فرعية.

- **مستويات الإدارة Levels of Management**
هي الطبقات الرأسية التي يظهرها الهيكل التنظيمي الرسمي وتبدو في الخارطة التنظيمية.

2. الهيكل غير الرسمي **Informal Structure**:

ويكمن خلف الهيكل الرسمي ويمثل ظلاً له وهو مجموعة من العلاقات غير الرسمية بين أعضاء المنظمة، ولا يمكن رسمه أو ملاحظته بسهولة ويحتاج إلى تحليل وقراءة متأنية وتلاحظ بعض مفرداته من خلال اللقاءات غير الرسمية بين العاملين في المنظمة في ساعات الاستراحة مثلاً وعلاقات العمل الجماعي. وللتنظيم غير الرسمي دور مهم للمساعدة في إنجاز الأعمال ونجاح المنظمة خاصة في الأوقات الحرجة والتغيير السريع حيث ترى الدعم الذي يمكن أن يقدم من قبل هذا التنظيم للتعامل مع الواقع الجديد ويمكن أن يكون العكس حيث يكون معرقلاً للعمل في حالات كثيرة وغير مساهمة في الإنجاز. وفي الحالات التي يعطي فيها ميزات للمنظمة كان هذا التنظيم يساهم في التعليم غير الرسمي Informal Learning الناتج من تبادل الخبرات والتفاعل الإيجابي بين العاملين في مكان العمل. كما أنه يمثل بالنسبة للعاملين مجالاً لإشباع حاجات اجتماعية ويخلق عندهم نوعاً من الرضا. وبالمقابل فإن له في بعض الأحيان سلبيات منها: الشائعات وتناقل أخبار غير صحيحة وقد يكون في بعض الأوقات عقبة في طريق التغيير.

* التخصص الوظيفي وتصميم الوظائف

Job Specialization and Job Design

إن أول مهمة في بناء الهيكل التنظيمي هي تصميم الوظائف وتحديد التخصصات الوظيفية. يعني تصميم الوظيفة Job Design تحديد المسؤوليات الفردية المرتبطة بوظيفة معينة - فمثلاً، لو أردنا تصميم وظيفة لميكانيكي في مصنع معين فإننا نحدد أي المكائن يعمل عليها وكيف يتم تشغيلها وما هي معايير الأداء المتوقعة من الإنجاز. كذلك فإن تصميم وظيفة إدارية يحتوي على تحديد المجال الذي يتخذ في إطاره القرار وتشخيص الأهداف والمؤشرات الدالة على النجاح والأداء الجيد. ومن الطبيعي فإن تصميم الوظائف يبدأ بتحديد مستوى التخصص المرغوب في المنظمة. أما التخصص الوظيفي Job Specialization هو الدرجة التي بموجبها تقسم أو تفصل المهام والأنشطة في المنظمة إلى مهام أصغر وإسنادها إلى

*** تصميم الوظيفة**
Job Design
تحديد المسؤوليات الفردية المرتبطة بوظيفة معينة.

*** التخصص الوظيفي**
Job Specialization
هي الدرجة التي تقسم بموجبها المهام في المنظمة إلى مكونات أو مهام أصغر وتسند إلى أفراد متنوعين.

أفراد مختلفين. والتخصص الوظيفي يقوم أساساً على مبدأ تقسيم العمل الذي توسع عندما بدأت المنظمات بالنمو السريع وتضخمت حجومها حيث توجد في هياكلها المئات من الوظائف المتباينة في محتواتها. ولا يستطيع الفرد الواحد إنجاز أكثر من وظيفة بشكل عام .

- فوائد ومحددات التخصص **Benefits and Limits of Specialization**

يمكن للتخصص الوظيفي أن يوفر للمنظمة العديد من الفوائد لعل أهمها :

- يقوم العامل أو الموظف بإنجاز مهمة صغيرة معروفة الحدود وبهذا فإنه سيكون محترفاً في أداء هذه المهمة.
- إن أداء نوع واحد من المهمات يقلل من ضياع الوقت الذي قد يحصل عندما يقوم العامل بمهمات متعددة حيث يتطلب الأمر بعضاً من الوقت للتحول من مهمة إلى أخرى.
- إن التحديد الدقيق للمهمة يساعد في تطوير معدات أو تجهيزات متخصصة في أداء هذه الوظيفة.
- إمكانية تدريب عمال أو موظفين بديلين وبتكاليف أقل وذلك لمحدودية ووضوح المسؤوليات في الوظيفة أو المهمة.
- ومن جانب آخر فإن التخصص الوظيفي يمكن أن يتضمن بعض السلبيات ومنها:
- قد تتحول الوظيفة المتخصصة جداً إلى وظيفة روتينية مملة وتخلو من التحدي والإبداع والتحفيز للتطوير.
- يمكن أن تكون جودة العمل المنجز منخفضة بسبب ما ورد في الفقرة أعلاه حيث لا يعير العامل أو الموظف اهتماماً للأداء بشكل جيد.

ولا بد من الإشارة إلى أن المدير لا بد وأن يكون لديه مؤشرات عن الحدود التي يجب أن يقف عندها في عملية التخصص الوظيفي خوفاً من ظهور المؤشرات السلبية وفقدان المميزات الإيجابية. وقد طورت في السنوات الأخيرة مداخل يمكن الاستفادة منها في هذا المجال.

- بدائل التخصص الوظيفي **Job Specialization Alternatives**

لغرض التعامل مع المشاكل والمعوقات التي تظهر أو ترافق عملية التخصص الوظيفي يعتمد المدراء العديد من المداخل التي من خلالها تجري موازنة بين تحقيق إنتاجية وكفاءة في العمل وحاجة الأفراد إلى الاستقلالية والإبداع. ومن هذه المداخل.

* **التدوير بالوظائف**
Job Rotation
خيار يلجأ إليه المدير كبديل للتخصص الوظيفي يشتمل على تحريك العاملين من وظيفة إلى أخرى بشكل منهجي ومنظم.

- **التدوير بالوظائف Job Rotation**

وهو خيار يستطيع المدير من خلاله تحريك العاملين بشكل منهجي ومنظم من وظيفة إلى أخرى بحيث يمارس مهاماً مختلفة في إطار نفس التخصص. هنا فإن

التغيير الذي يحصل متعلق بالعامل وليس الوظيفة ففي المخازن مثلاً هناك مهام كثيرة موزعة على عدة وظائف ويمكن للمدير أن يحرك العاملين أثناء أسبوع العمل بين هذه الوظائف لإزالة الملل والروتين. وعلى الرغم من كونه مدخلاً بديلاً للتخصص الوظيفي إلا أنه لا يخلق حافزاً قوياً ورضاً كاملاً لدى العاملين بسبب تشابه الوظائف من حيث معايير الأداء والروتين.

* توسيع الوظيفة
Job Enlargement
بديل للتخصص الوظيفي عن طريق زيادة عدد المهام أو المسؤوليات لوظيفة معينة.

- **توسيع الوظيفة Job Enlargement**

إن عدم رضا العاملين مرتبط بعناصر الوظيفة الرئيسية والمهام المتكررة فيها، لذا فإن توسيع الوظيفة بزيادة عدد المسؤوليات التي تسند إلى العامل أو الموظف يمكن أن يساهم في زيادة رضا العاملين ويحفزهم لمزيد من الإبداع. وتلجأ أغلب المنظمات إلى هذا الأسلوب والذي يقود أحياناً إلى ميزة سلبية وهي تخفيض عدد العاملين حيث ستوزع مسؤوليات بعض الوظائف على غيرها وتختفي. كذلك تزداد تكاليف العمل أو التدريب من جهة ومن جهة أخرى سيعود الروتين والملل للعاملين بعد هذا التوسع.

*إغناء الوظيفة
Job Enrichment
زيادة عدد المهام أو المسؤوليات التي يقوم بها العامل وكذلك مزيد من الرقابة والصلاحيات.

- **إغناء الوظيفة Job Enrichment**

يعتبر هذا المدخل أكثر شمولية من المدخلين السابقين ويتمثل في زيادة عدد المهام أو المسؤوليات التي يقوم بها العامل وكذلك مزيد من الرقابة والصلاحيات الممارسة من قبله في الوظيفة. هنا يتنازل المسؤول الأعلى عن بعض صلاحيته لإغناء وظيفة أخرى في مستوى أدنى. إن المهام يجب أن تحوي نوعاً من التحدي والتجديد لكي تتاح فرصة أكبر لشاغل الوظيفة للنمو والتطور.

* مدخل خصائص الوظيفة
Job Characteristics Approach
مدخل بديل عن التخصص الوظيفي يقترح فحص الوظائف في إطار خمسة أبعاد مهمة تأخذ بنظر الاعتبار نظام العمل ورغبات العاملين.

- **مدخل خصائص الوظيفة Job Characteristics Approach**

هو بديل للتخصص الوظيفي الذي يأخذ بنظر الاعتبار نظام العمل وتفضيلات العاملين. يقترح هذا المدخل أن تحلل الوظائف في ضوء خمسة أبعاد مهمة:

- **تنوع المهارة Skill Variety** : ويقصد به عدد المهام التي يؤديها الفرد في إطار الوظيفة.
- **هوية المهمة Task Identity**: المدى الذي يعمل فيه العامل لإنجاز جزء من الوظيفة أو الوظيفة بأكملها.
- **أهمية المهمة Task Significances**: إدراك أهمية المهمة.
- **الاستقلالية Autonomy** : درجة الرقابة التي لدى العامل على كيفية الإنجاز والأداء في العمل.

- **التغذية الراجعة Feedback:** المدى الذي في إطاره يعرف العامل كيف تم الأداء ضمن الوظيفة.

إن زيادة درجة حضور هذه الأبعاد الخمسة ضمن وظيفة معينة يؤشر زيادة كذلك في الحالات السيكولوجية النفسية لدى العامل مثل زيادة رضاه عن العمل وزيادة تحفيزه وشعوره بأهمية وظيفته وتحسن جودة عمله وكذلك ينخفض معدل الغياب ودوران العمل. لكن العنصر الحاسم والمحدد لكيفية عمل هذا النموذج هو مدى قوة الحاجة للنمو لدى العامل Employee Growth - Need Strength فالعامل الذي لديه قوة كبيرة باتجاه النمو والتطور والتعلم وزيادة قابلياته يستجيب أكثر لوجود أو عدم وجود الخصائص الخمس المشار إليها في الوظيفة.

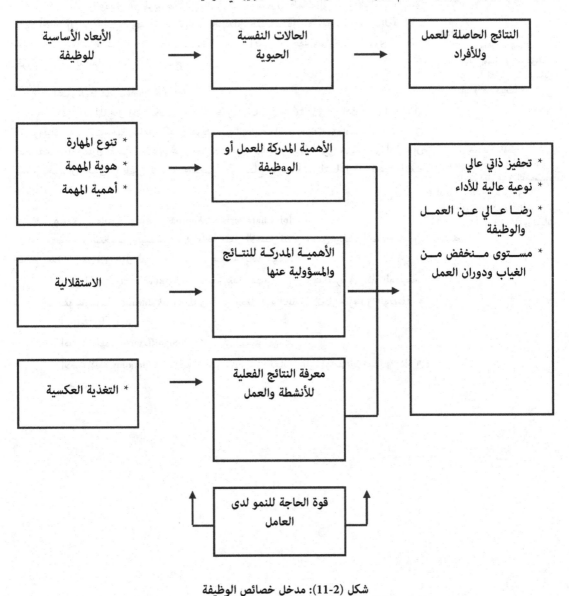

شكل (2-11): مدخل خصائص الوظيفة

- **فرق العمل Teamworks**: وهذا المدخل يعطي مسؤوليات كبيرة لفرق العمل لتصميم نظام العمل المعتمد في إنجاز سلسلة مترابطة من الوظائف. إن هذا الأسلوب، وخصوصاً في الصناعة، يساعد في تحفيز العاملين ويعطيهم استقلالية في جدولة العمل وتخصيص الموارد وكذلك الرقابة والسيطرة على عملهم.

* **فرق العمل**
Teamwork
مدخل يعطي مسؤولية كبيرة للمجموعة لتصميم نظام العمل المستخدم لأداء المهام والعلاقة بينها.

* أسس تجميع الوحدات التنظيمية Departmentalization

* **عملية إقامة الدوائر**
Departmentalization
هي عمليات تجميع الوظائف والأفراد لتشكيل الوحدات والدوائر في إطار ترتيبات منطقية معينة.

إن تجميع الأفراد والوظائف في وحدات تنظيمية أو دوائر هو عملية يطلق عليها Departmentalization أي التقسيم أو إقامة الدوائر والأقسام. وتعتبر هذه العملية المفصل الرئيسي الثاني بعد التخصص الوظيفي لأنها تمثل المنطق الذي تستند إليه عملية تشكيل الهيكل التنظيمي لاحقاً. وهناك تفسير لسبب القيام بذلك يقوم على أساس أن التنوع في الأعمال وتعدد الوظائف والأنشطة المطلوب إنجازها لتحقيق الأهداف يجب إسنادها إلى أفراد أو مجاميع وفق أسس تجعل من العمل منظماً ومترابطاً. ففي المنظمة الصغيرة جداً حيث يستطيع المدير رؤية مجمل العمل والمهام لا حاجة إلى عمليات تكوين تقسيمات ودوائر عديدة لكن الأمر يختلف في المنظمات الكبيرة حيث يتطلب الأمر وجود مستويات إدارية وإشرافية تراقب وتنسق عمل دوائر وأقسام عديدة. كما أن شدة المنافسة وتوسع رقعة تأثير منظمات الأعمال يتطلب خلق أقسام ووظائف جديدة تحتاج إلى تنسيق عالي لجعل عمليات الاتصال بين هذه الأقسام حالة فعالة وممكنة باتجاه تحقيق الأهداف الأساسية للمنظمة. أما أسس التقسيم أو إقامة الدوائر المعتمدة فهي:

- الأساس الوظيفي **Functional**

تجميع الأفراد المتشابهين في مهاراتهم ووظائفهم في وحدات تنظيمية مثل أقسام المحاسبة.

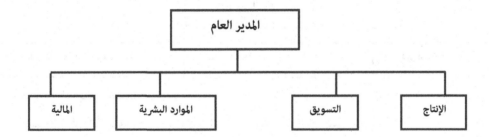

- على أساس المنتج Product

تجميع الأنشطة والأفراد على أساس أنواع المنتجات سواء كانت سلع أو خدمات.

- على أساس الزبائن Customers

هنا يكون الزبائن هم العنصر المعتمد في تجميع الوظائف أو الأفراد في الأقسام أو الوحدات التنظيمية بهدف تلبية حاجات الزبائن بشكل أفضل.

- الأساس الجغرافي Geographic

تجمع الأنشطة أو الأفراد أو المجاميع حسب المناطق الجغرافية أو الأماكن المختلفة.

- أساس العملية الإنتاجية Processes

التجميع للأنشطة والأفراد والوظائف التي تتبع لمرحلة إنتاجية واحدة مع بعضها.

- أساس وجبة العمل **Shift Time**

هنا يعتمد أساس زمن أو وقت أداء المهام أو الوظائف هو الأساس في تجميعها ضمن وحدات تنظيمية.

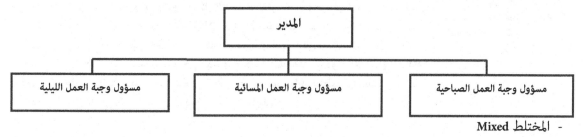

- المختلط **Mixed**

هنا يتم الجمع بين اثنين أو أكثر من أسس التجميع.

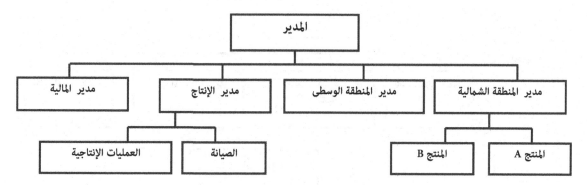

ثانياً: أنواع الهياكل التنظيمية **Organizational Structures Types**

بعد أن تتضح معالم التخصص الوظيفي ومستوياته وبعد أن يتم تجميع الوظائف المتشابهة والأفراد والمجموعات في ضوء أسس معينة تراها إدارة المنظمة مناسبة في إنجاز الأهداف تكون قد تشكل للمنظمة هيكل تنظيمي مناسب لطبيعة عملها ويلبي احتياجاتها. إن الهيكل التنظيمي لا يمثل غاية بحد ذاته بقدر ما يمثل وسيلة لتحقيق وإنجاز الأهداف لذلك نرى هذا التغيير المستمر في الهياكل وفق متطلبات العمل والمؤثرات الخارجية المحيطة بالمنظمة. كذلك تستخدم إدارة المنظمة أبعاد الهيكل التنظيمي كصيغة عملية للتعامل مع عدم التأكد البيئي الموجود في بيئة عمل المنظمة. لقد تطورت وتوسعت الهياكل التنظيمية بشكل كبير في منظمات الأعمال الحديثة ويمكن أن تصنف في مجموعتين: الهياكل التقليدية والهياكل الحديثة.

* الهياكل التقليدية **Traditional Structures**

ليس المقصود بالتقليدي هنا هيكل قديم انقرض وانتهى، بل المقصود أنها هياكل معروفة منذ زمن بعيد ومستخدمه حتى الوقت الحاضر مع أن المحتوى الحقيقي وأبعاد الهيكل من مركزية ورسمية وتعقيد ونطاق

إشراف قد تغير رغم بقاء نفس المسمى. ونيشر هنا وكما ذكرنا في الفقرة السابقة بشكل أكثر تفصيل إلى أهم هذه الأنواع.

*** الهيكل الوظيفي**
Functional Structure
هو الهيكل القائم على أساس تجميع الافراد والوظائف بناءً على تشابه المهارات وأداء المهمات المتشابهة والموارد المستخدمة.

- الهيكل الوظيفي   Functional Structure

إن الهيكل الوظيفي هو أقدم الهياكل التنظمية المعروفة، فبمجرد أن توسعت المنظمات وازداد حجمها ظهر مثل هذا النوع من الهياكل لمواجهة متطلبات نمو محدود في العمل لذلك يعتبر مفيداً للمنظمات الصغيرة ومتوسطة الحجم. ويقوم على أساس تجميع الوظائف والمجموعات والأفراد في ضوء تشابه خبراتهم وطبيعة المهام التي يؤدونها لتحقيق أهداف ضرورية لنجاح المنظمة. يصلح هذا النوع من الهياكل لجميع أنواع المنظمات الخدمية والمالية والصناعية وغيرها. ويمكن أن ننشر إلى بعض الأمثلة كما يلي:

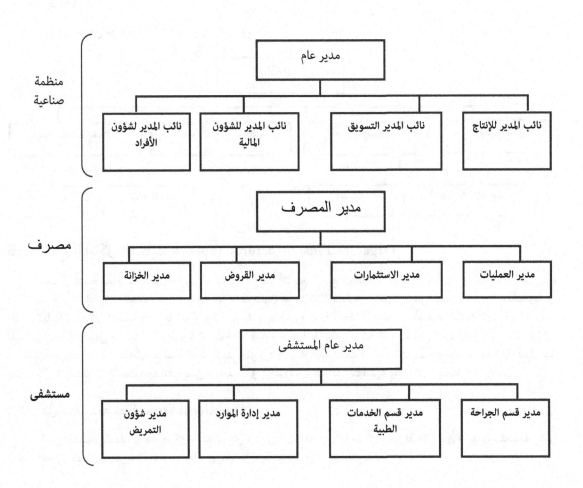

شكل (3-11): الهيكل الوظيفي

إن أهم مزايا هذا النمط من الهياكل التنظيمية يمكن استعراضه في الآتي:

- الاستفادة من اقتصاديات الحجم وكفاءة استخدام الموارد.

- تخصيص المهام يتطابق مع الخبرات والتدريب.

- جودة عالية في تقديم الحلول للمشاكل الفنية.

- تدريب معمق وتطوير مستمر للمهارات من خلال الوظائف والأنشطة.

- وضوح في المسار الوظيفي للعاملين.

أما أهم الإشكالات التي تواجه هذا الهيكل فهي صعوبة إسناد بعض المهام والمسؤوليات ذات الأهمية القصوى وقليلة الاحتياج من ناحية حجم العمل بحيث لا يمكن إسنادها إلى إدارة تخصصية معينة وبذلك تضيع وتفقد جوانب مهمة من العمل مثل الإبداع والمعرفة والجودة على المستوى الكلي للعمل. كذلك هناك مشكلة نقص التنسيق وتشويش الاتصالات عبر الوظائف التخصصية في هذا الهيكل وتسمى هذه المشكلة Functional Chimney's Problem.

* الهيكل على أساس الأقسام
Divisional Structure
الهيكل القائم على أساس تجميع الأفراد والوظائف في أقسام كبيرة بناءً على مخرجات هذه الأقسام.

- الهيكل على أساس الأقسام Divisional Structure

هذا النوع من الهياكل تقام فيه الأقسام بسبب ضخامة حجم منظمة الأعمال وكأنما كل قسم من الأقسام هو منظمة قائمة بذاتها وهيكلها مرتب على أساس وظيفي. بعبارة أخرى فإن تجميع الوظائف والأفراد والمهام يكون على أساس طبيعة مخرجات القسم الكبير المعني. لذلك فإن هذا النوع يمكن أن يكون قائماً على أساس جغرافي أو على أساس المنتجات أو على أساس الزبائن وغيرها من الأسس ولبيان الاختلاف بين الهيكل الوظيفي والهيكل على أساس الأقسام نستعرض المخططين التاليين:

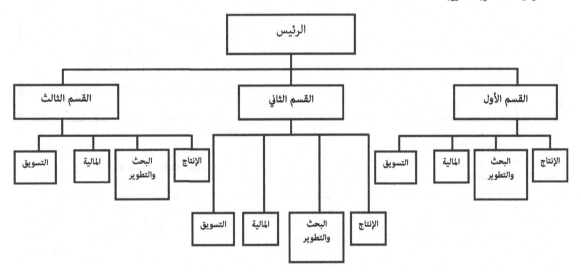

371

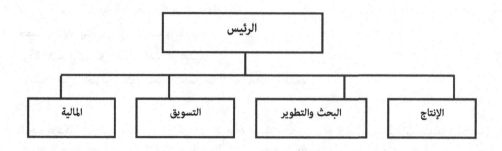

الرئيس

المالية	التسويق	البحث والتطوير	الإنتاج

شكل (4-11) : مقارنة بين الهيكل على أساس الأقسام والهيكل الوظيفي

إن أهم مزايا وعيوب هذا النوع موضحة في الآتي:

العيوب	المزايا
1. مضاعفة الموارد المطلوبة في الأقسام المختلفة.	1. سرعة استجابة ومرونة في البيئة المضطربة.
2. تخصص فني أقل في الأقسام.	2. اهتمام أكبر باحتياجات الزبائن.
3. تنسيق غير واضح بين الأقسام.	3. تنسيق عالي بين الأقسام الوظيفية.
4. سيطرة ورقابة إدارية قليلة من قبل الإدارة العليا.	4. سهولة تحديد المسؤولية عن المشكلات التي قد تحصل في الإنتاج.
5. منافسة من أجل الموارد	5. التأكيد على المنتج بأكمله وبصورة شاملة مع مراعاة أهداف الأقسام.
	6. تطوير المهارات الإدارية للمديرين.
	7. إمكانية إزالة بعض الأقسام أو إضافة أقسام جديدة.

* الهيكل المصفوفي

Matrix Structure

هيكل يجمع بين النمط الوظيفي ونمط الأقسام الكبيرة لتدعيم مزايا الاثنين وتفادي عيوبهما في إطار برامج أو مشاريع أو منتجات ومن خلال فرق عمل.

- **الهيكل المصفوفي Matrix Structure**

يجمع هذا النمط من الهياكل التنظيمية بين النمط الوظيفي ونمط الأقسام وذلك بهـدف الاستفادة من ميزات الاثنين وتفادي عيوبهـا. ويتجسد هـذا الأمـر مـن خلال مصفوفة تسـمح بوجود فرق عبر الأنشطة المختلفة لغرض تدعيم منتجات معينة أو مشاريع أو برامج كما موضح في الشكل التالي:

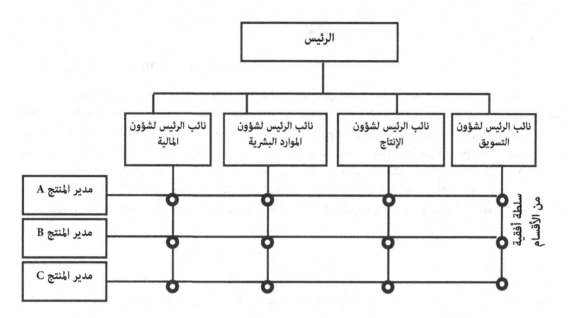

سلطة عمودية وظيفية

شكل (5-11) : هيكل مصفوفي

إن العاملين في الهيكل المصفوفي يتعرضون إلى سلطتين في نفس الوقت سلطة رأسية وظيفية وسلطة أفقية من الأقسام. إن نجاح هذا النمط من الهياكل يعتمد على قدرة مدير المنظمة على مراقبة والتعامل مع الجميع سواء كانوا في الوظائف الرئيسية أو الأقسام. وهنا تبرز مشكلة الرئيس المزدوج للعاملين Two-Boss Employee حيث أن العاملين أو الموظفين يتوجب علهيم تقديم تقارير إلى رئيسين كذلك هناك مشكلة اتفاق وجهات النظر بين الرئيسي الوظيفي ورئيس القسم حول قرارات مهمة أحياناً. وعموماً فإن أهم المزايا والعيوب لهذا النوع من الهياكل نجمله في الآتي:

المزايا	العيوب
1. كفاءة أكبر باستخدام الموارد 2. مرونة وتكيف للبيئة المتغيرة 3. تطوير المهارات الإدارية العامة منها والمتخصصة. 4. تعاون بين فرق العمل والخبراء وتوفرهم لكل الأقسام. 5. توسيع الوظائف للعاملين. 6. خدمة أفضل للزبائن.	1. إحباط وغموض نتيجة السلطة المزدوجة. 2. صراعات بين طرفي الهيكل. 3. لقاءات كثيرة واجتماعات ونقاش طويل حول بعض القضايا. 4. الحاجة إلى تدريب في مجال العلاقات الإنسانية. 5. الهيمنة من قبل الأطراف.

* الهياكل الحديثة Modern Structures

مع الترابط الاقتصادي بين دول العالم والعولمة وتحول المنظمات إلى أنظمة مفتوحة أكثر مرونة لغرض الاستجابة لمتطلبات منافسة شاملة. فإن منظمات الأعمال قد طورت هياكل تنظيمية لها القدرة على الاستجابة السريعة لمتطلبات السوق وتوجهات المستهلكين واستخدام تكنولوجيا متطورة. إن مجمل هذه الجوانب تندرج ضمن طرق إبداعية ومتجددة لهيكلة المنظمات بحثاً عن الإنتاجية العالية وخلق ميزات تنافسية. وفي نفس إطار هذه التوجهات فإن الهيكل التنظيمي الصحيح يعتبر من الموجودات والأداء الفعال في حين يمكن أن يكون الهيكل غير الصحيح عبئاً على الأداء أو مطلوبات بالنسبة للمنظمة. لقد كان الهيكل المصفوفي هو الخطوة الأولى نحو التحول إلى الهياكل الحديثة حيث المنظمات الأكثر أفقية واتصالات جانبية وأكثر مرونة وقدرة على خلق تكامل عالي بين مختلف الوظائف. وسوف نستعرض في أدناه المبادئ العامة التي تحكم العمل في إطار هذه الهياكل الحديثة والتي تتسم بكونها هياكل أفقية.

1. التركيز على العمليات وليس الوظائف في المنظمة.
2. وضع الأفراد موضع المسؤولية لما يتعلق بالعمليات الأساسية.
3. تقليل مستويات الهيكل التنظيمي مع زيادة في استخدام فرق العمل.
4. تمكين العاملين من اتخاذ قرارات ذات تأثير كبير في الأداء.
5. استخدام تكنولوجيا المعلومات.
6. التركيز على المهارات المتعددة للعاملين والقدرات المتنوعة.
7. تعليم وتدريب الأفراد كيفية مشاركة العمل مع الآخرين.
8. بناء ثقافة انفتاح وتعاون والتزام بالأداء.

ونستعرض الآن أهم أنواع الهياكل التنظيمية الحديثة.

- هيكل الفريق Team Structure

إن فرق العمل هي الأساس أو التكتلات الأساسية في مثل هذا النوع من الهياكل ويقصد بهيكل الفريق الهيكل الذي يستخدم فرق عمل دائمية أو مؤقتة مشكلة من أفراد من مختلف الوظائف والأنشطة لتحسين العلاقات الجانبية. وهذه الفرق تستطيع حل مشاكل متنوعة أو إنجاز مشاريع متخصصة أو مهام مطلوبة يومياً. والفريق المنوع وظيفياً Cross-Functional Team يتكون من أفراد ينتمون إلى مختلف وظائف المنظمة وأنشطتها بهدف تقليل إشكالية الاتصال والتنسيق بين

*** هيكل الفريق**
Team Structure
هيكل يعتمد الفرق الدائمية والمؤقتة والمشكلة من أفراد ينتمون إلى مختلف الوظائف لتحسين العلاقات الجانبية.

*** الفريق المنوع وظيفياً**
Cross-Functional Team
هو الفريق الذي يحوي على أعضاء ينتمون إلى أنشطة أو وظائف أو أقسام مختلفة.

*** فريق المشروع**
Project Team
فريق يشكل لتنفيذ مشروع معين أو إنجاز مهمة محددة ويتم حله بمجرد إنجاز المهمة أو انتهاء المشروع.

الوظائف والعقبات داخل المنظمة. وكذلك خلق اتصالات جانبية فعالة لحل مشاكل العمل وتحسين الأداء. وهناك أيضا ما يمكن أن نسميه فريق المشروع Project Team وهو الفريق الذي يشكل لإنجاز مشروع معين أو مهمة خاصة ويتم حله أو تفكيكه بعد انتهاء المشروع أو إنجاز المهمة والهدف منها هو تجميع الكفاءات وتركيزها لغرض تحقيق أكبر استفادة منها والشكل التالي يمثل هذا النمط.

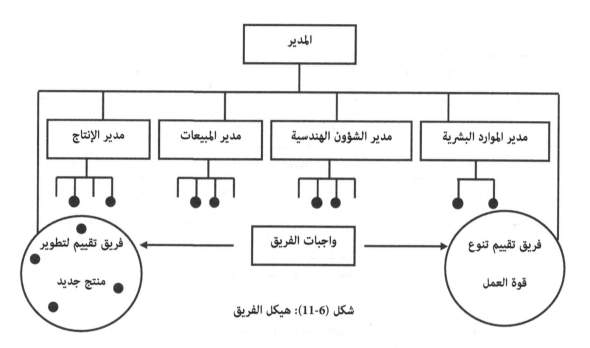

شكل (6-11): هيكل الفريق

أما أهم المزايا والعيوب لهيكل الفريق فهي:

المزايا	العيوب
1. تقليل الحواجز بين الأقسام يزيد من الالتزام وتكريس الجهود للأداء. 2. سرعة في الاستجابة واتخاذ القرارات. 3. إزالة عوائق الاتصالات والتنسيق. 4. زيادة العلاقات الجانبية. 5. تحسين المعنويات والحماس لمشاركة العاملين واندماجهم. 6. تقليل التكاليف الإدارية. 7. المشاركة في المعلومات والخبرة حول القضايا المهمة.	1. تعقد إجراءات فرق العمل. 2. حدوث تضارب بالولاء بين الفريق والوحدة الوظيفية. 3. كثرة الاجتماعات واللقاءات التي تتسبب بضياع وقت طويل. 4. الحاجة للموارد الكثيرة.

- الهيكل الشبكي **Network Structure**

*** الهيكل الشبكي**
Network Structure
الهيكل الذي يفصل الوظائف الرئيسية ويحيلها إلى شركات متعددة والتي يتم التنسيق بينها من خلال مركز قيادة صغير.

هو الهيكل الذي يعتمد بشكل كبير على تكنولوجيا المعلومات لربط المنظمة مع أطراف خارجية مثل المجهزين ومتعهدي الخدمات وغيرها. إن هذا يعني امتداداً أفقياً خارج حدود المنظمة وأنها تتعاقد مع متعهدين لإنجاز الكثير من أعمالها الكبيرة وتنسق أنشطتها من مركز قيادة رئيسي صغير. كما في الشكل التالي:

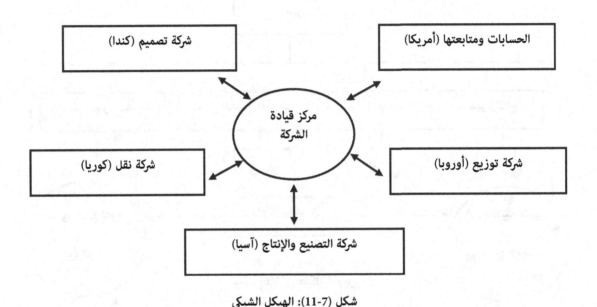

شكل (7-11): الهيكل الشبكي

إن المنظمة هنا تبدو وكأنها محور مركزي تحيط به شبكة من المتخصصين الخارجيين ولا تكون متجمعة تحت سقف واحد، وهذه الشركات المتعهدة والمتخصصة ترتبط إليكترونياً بالمركز الرئيسي. إن التزود من الخارج Outsourcing هو من أهم المظاهر المرتبطة بالهيكل الشبكي والذي يعني التعاقد مع شركات أو جهات خارجية للقيام بوظيفة معينة تخص المنظمة مثل الخدمات القانونية التي تخص أحد المصارف الكبرى حيث تحال إلى مكتب قانوني أو إحالة الكافتريا وخدماتها إلى جهة خارجية. ولعل أهم مزايا وعيوب هذا النمط من الهياكل ما يلي:

*** التزود من الخارج**
Outsourcing
التعاقد مع جهات خارجية للقيام بوظيفة معينة تخص المنظمة.

العيوب	المزايا
1. كلما كانت الشبكة كبيرة تصبح عملية الرقابة والسيطرة صعبة 2. يمكن فقدان المهام الرئيسية التي يجب أن تقوم بها المنظمة. 3. أن الفشل في جزء من الشبكة يؤدي على فشل كامل. 4. ربما تكون هناك مخاطر جدية بانهيار المنظمة بسبب إحالة بعض الأمور المهمة مثل الشؤون المالية إلى متعاقدين أو جهات خارجية.	1. تساعد على ترشيق المنظمة. 2. سيطرة أكثر على التكاليف مع تخفيض التكاليف الإدارية. 3. الاستفادة من خبرات متخصصة جداً من الخارج. 4. أن تكنولوجيا المعلومات تسمح بالإدارة ولو على بعد مسافات بعيدة. 5. القدرة على المنافسة. 6. مرونة في العمل.

- الهيكل اللامحدود (الافتراضي)

Boundary less (Virtual) Structure

لقد أصبح من المألوف الحديث اليوم عن منظمات بلا حدود أو منظمات افتراضية Virtual Organizations (Boundary less) والتي هي منظمات أزيلت فيها الحواجز بين أنظمتها الفرعية الداخلية وكذلك مع بيئتها الخارجية. والمنظمات الافتراضية تستخدم بكثافة تكنولوجيا المعلومات والإنترنت لغرض إزالة الحواجز بينها وبين المجهزين والزبائن والمنافسين. إن أهم متطلبات اللامحدودية هي غياب الهرمية في الهيكل وتمكين العاملين في الفريق واستخدام تكنولوجيا كثيفة وقبول ظاهرة الوقتية، وينجز العمل من قبل خبراء وأفراد ذوي كفاءة حيث يتم التركيز على هذا الأمر والمهم هنا هو اللابيروقراطية العالية وعدم فرض القيود بأي شكل كانت على العاملين أو الخبراء الذين ينجزون العمل. والشكل التالي يوضح هذا النمط من الهياكل.

* **الهيكل اللامحدود**
Boundary less Structure
الهيكل الذي تزال فيه الحدود داخل المنظمة وخارجها.

* **المنظمة الافتراضية**
Virtual Organization
منظمة موجودة في الفضاء الإليكتروني معتمدة تكنولوجيا المعلومات والإنترنت في عملياتها.

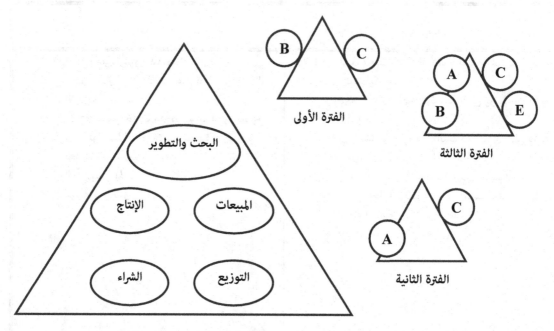

الفترة الأولى
الفترة الثالثة
الفترة الثانية
البحث والتطوير
المبيعات
الإنتاج
التوزيع
الشراء
إن الحدود الخارجية تختلف باختلاف التحالفات والحاجة أو الحصول على الفرص.
هنا تزال الحواجز الداخلية كلما دعت الحاجة لعمل الأفراد مع بعض بشكل مشترك.

شكل (8-11): الهيكل اللامحدود (الافتراضي)

ولعل أهم مزايا وعيوب هذا النمط ما يلي:

المزايا	العيوب
1. الاستفادة من الخبراء في كل مكان. 2. مرونة عالية واستجابة سريعة. 3. تقليل التكاليف الإدارية. 4. اكتساب خبرات تكنولوجية واسعة. 5. لا واجبات رسمية محددة ولا روتين. 6. تقاسم المعرفة والخبرة.	1. صعوبة السيطرة. 2. ضعف الحدود بين الاختصاصات للوظائف المختلفة. 3. تحتاج إلى مدراء ذوي مهارات عالية. 4. تتطلب اتصالات فاعلة وتكنولوجيا متقدمة. 5. احتمال سوء الفهم في تفسير بعض الأمور.

ثالثاً: قضايا أخرى مهمة في التنظيم

Other Important Issues in Organizing

إن الهيكل التنظيمي الذي تجسده الخارطة التنظيمية يمكن أن ترى من خلاله جوانب مهمة في التنظيم الرسمي الذي سبقت الإشارة إليه مثل، المستويات الإدارية المختلفة وطبيعة نطاق الإشراف وانسيابية السلطة وطبيعة العلاقات الرسمية. ولكن هذه الجوانب الحيوية المهمة يجب أن تضعها الإدارة نصب عينها لتقرر المدى الملائم لطبيعة عمل المنظمة وبالتالي وصولها إلى الفاعلية المطلوبة. وفي إطار المفهوم الحديث الذي يرى المنظمة بشكل هرمي مقلوب حيث تأتي خدمة المستهلك في الدرجة الأولى التي تقدم له من قبل العاملين بدعم من الإدارة، فإن هذه المفاهيم التنظيمية أخذت منحى جديد يتماشى مع هذه النظرة والفلسفة الإدارية الحديثة. وسنستعرض هنا أهم هذه الجوانب التنظيمية التي يجب أن تعيها الإدارة وتجعل منها مفردات حية في واقع عمل المنظمة للوصول إلى الفاعلية المتوخاة.

* سلسلة الآمرة Chain of Command

تعطي الخارطة التنظيمية صورة عن خطوط السلطة وارتباط كل وظيفة عمودياً بالمستويات الأعلى منها. إن سلسلة الامرة Chain of command هي سلسلة السلطة المتصلة والتي تربط الأفراد في المنظمة أياً كان موقعهم وتوضح من يرأس من وإلى من يقدم تقارير الإنجاز والأداء. وترتبط سلسلة الآمرة بمبدأين.

> * سلسلة الامرة
> **Chain of Command**
> هي خط السلطة المتصل الذي يربط جميع الأفراد في المنظمة ويحدد من يرأس من وإلى من يقدم تقارير الإنجاز والأداء.

- وحدة الأمر Unity of Command

والتي تعني أن كل فرد عامل في المنظمة يكون مُساءلاً من مشرف واحد فقط لتجنب ازدواج الأوامر في المنظمة، لكن المنظمات الحديثة تجاوزت هذا المبدأ من خلال الهياكل التنظيمية المصفوفية والشبكية كما ذكرنا سابقاً.

- مبدأ التدرج Scalar Principle

ويعني هذا تعريف السلطة بشكل واضح لجميع العاملين في المنظمة وفق تدرجهم الرسمي الهرمي. إن هذا المبدأ يساعد في تحديد السلطات (الصلاحيات) والمسؤوليات لمختلف المهام.

عندما يزداد حجم المنظمة ويتضخم فإنها تصبح بمستويات إدارية عديدة وطويلة بمعنى إضافة حلقات أخرى إلى سلسلة الآمرة ولذلك تزداد التكاليف وتتعقد الاتصالات بين المستويات الإدارية العليا والمستويات الدنيا وهذا الأمر يؤخر عملية صنع القرار ويمكن أن يؤدي إلى فقدان الصلة الوثيقة مع الزبائن. لهذه الأسباب

فإن المنظمة الطويلة Tall Organization والتي يوجد فيها مستويات إدارية عديدة تنتقد بسبب كونها غير كفوءة وقليلة الإنتاجية. لذلك نرى أن الاتجاهات الحديثة تحاول أن تجعل سلسلة الامرة قصيرة. وهذا يعني أن المنظمات الحديثة تحاول أن تكون بسيطة في هيكلها وأكثر انسيابية ورشيقة من خلال إزالة المستويات الإدارية غير الضرورية وجعل الهيكل التنظيمي مفلطحاً Flat وأفقياً Horizontal لكي يكون أكثر قدرة على إيجاد ميزات تنافسية.

* السلطة Authority
هي الحق الرسمي والقانوني الذي يتمتع به المدير لاتخاذ القرار وإصدار الأوامر وتخصيص الموارد بهدف الوصول إلى أهداف المنظمة المحددة.

* السلطة **Authority**

هي الحق الرسمي والقانوني الذي يتمتع به المدير لاتخاذ القرار وإصدار الأوامر وتخصيص الموارد بهدف الوصول إلى أهداف المنظمة المحددة. ويمكن أن تتسم السلطة بخصائص ثلاثة هي:

- أن السلطة ملازمة للموقع الوظيفي **Position** وليس للأفراد **People**

أي أن المدير تكون له سلطة بسبب الموقع الوظيفي الذي يشغله وأن المدراء الذين يشغلون نفس المواقع الوظيفية لديهم نفس السلطات.

- إن السلطة يجب أن تكون مقبولة من قبل المرؤوسين

حيث أن السلطة تتدفق من أعلى إلى الأسفل من خلال هرمية المنظمة والمرؤوسون يقبلون السلطة لأنهم يعرفون أن المدراء لهم هذا الحق القانوني والرسمي. إن نظرية قبول السلطة تقول أن المدراء لديهم سلطة عندما تقبل هذه السلطة من قبل المرؤوسين وفي حال رفض المرؤوسين بسبب كون الأوامر الصادرة إليهم هي خارج منطقة القبول فإن سلطة المدراء تختفي. وكمثال لهذا الأمر، فقد استقال أحد كبار المدراء العامين في شركة United Airlines بسبب أن عدداً قليلاً من المرؤوسين قبلوا استراتيجيته التي اعتمدها في سبيل الاستحواذ على شركات أخرى مثل شركات تأجير السيارات وفنادق من أجل التنويع.

- تتدفق السلطة رأسياً وباتجاه المستويات الدنيا في الهيكل التنظيمي

وهنا فإن المواقع الوظيفية العليا في الهيكل التنظيمي لديها سلطات رسمية أكثر من المواقع الدنيا.

ولكي يكون المدير أكثر فاعلية وتأثير في المنظمة يفترض أن يعزز سلطته الرسمية بقوة تأثير إيجابية في سلوك العاملين والمرؤوسين وهذه تأتي ضمن مفهوم

القوة Power. إن السلوك الحسن والتمتع بالخبرة وإعطاء المثل والقدوة والعلاقة الصحيحة الحميمة كلها جوانب تعزز قوة المدير التي تعبر عن خصائص قيادية وليس مجرد حق رسمي قانوني كما هو عليه الحال في إطار موقع وظيفي معين. فالقوة لا ترتبط بالموقع الوظيفي بل إن الخصائص القيادية وموقع الفرد في المنظمة تعزز بعضها بعضاً وتجعل من المدير قيادياً ومؤثراً في مرؤوسيه.

القوة Power
القدرة على التأثير الإيجابي من خلال خصائص يمتلكها الفرد أين ما كان موقعه في المنظمة.

* المسؤولية Responsibility

هي واجب الفرد العامل في المنظمة لأداء مهام وأنشطة قد خصصت له ضمن السلطة التي منحت له، أي أن المسؤولية تكافئ السلطة. وعندما تكون لدى المدير مسؤولية لتأدية مهام كبيرة مع سلطة قليلة فإن هذه الوظيفة تصبح صعبة ويضطر المدير أن يعتمد أسلوب الإقناع لتنفيذ أوامره من قبل المرؤوسين. أما إذا كانت سلطات المدير تفوق مسؤولياته فقد يصبح جباراً أو عابثاً بنتائج الأداء وأطر العمل الموضوعة، لذلك تحاول المنظمة أن تجعل المسؤولية مكافئة للسلطة.

المسؤولية
Responsibility
هي واجب الفرد العامل في المنظمة لأداء مهام وأنشطة خصصت له ضمن السلطة التي منحت له، وهي مكافئة لها.

* المساءلة (العرضة للمحاسبة) Accountability

هي حقيقة كون الأفراد العاملين في المنظمة والذين لديهم سلطات ومسؤوليات محددة معرضين لتقديم تقارير تبرر وتعلل أسباب النتائج التي وصلوا إليها أو التصرفات التي قاموا بها لمن هم أعلى منهم في سلسة الامرة. إن المساءلة يجب أن تسير بشكل متزامن مع السلطة والمسؤولية حفاظا على عدم الإساءة بالتصرف أو استغلال الموقع الوظيفي. ويجب أن يكون المدراء وأعين إلى أن المساءلة حول المهام والمسؤوليات التي قبلوا تحملها ستؤدي جيدا في إطار السلطات الممنوحة لهم.

* المساءلة
Accountability
هي حقيقة كون الأفراد العاملين في المنظمة والذين لديهم سلطات ومسؤوليات محددة معرضين لتقديم تقارير تبرر، وتعلل أسباب النتائج التي توصلوا اليها أو التصرفات التي قاموا بها لمن هم أعلى منهم في سلسلة الأمرة.

* التفويض (التخويل) Delegation

يرتبط التخويل بالصلاحيات أو السلطات الممنوحة للمديرين أو الموظفين والتفويض Delegation يعني عملية إدارية يتم من خلالها نقل جزء من السلطة أو الصلاحيات إلى شخص في مستوى إداري أدنى، والتفويض لا يأخذ شكلاً واحداً في جميع الحالات بل إنه يمتد بين قطبين عالي وواطي تفصل بينهما نماذج مختلفة في درجات التفويض، فقد يفوض المدير سلطة محددة جداً لتنفيذ عمل يقع في إطار مسؤوليته لأحد المدراء العاملين معه ويقع هذا التفويض في إطار رؤية المدير في العمل وأسلوبه، ونتحدث هنا عن تفويض قليل جداً يصبح بموجبه الشخص الذي فوضت له هذه السلطات مُساءَلاً عن المهام الواردة في إطارها أمام من فوض له هذه السلطة لذلك نتكلم هنا عن أن المسؤولية تبقى محصورة لدى المدير الذي قام بعملية التفويض - أما في القطب الآخر فيمكن للمدير أن يفوض تفويضا كاملاً لأحد مرؤوسيه صلاحيات ترتبط بأداء مسؤوليات ومهام بدرجة كبيرة من الحرية والرؤية الخاصة لهذا المرؤوس، وبالتالي فهو مسؤول ويتم مساءلته من قبل المدير الذي قام بالتفويض ونتكلم هنا عن تفويض عالي جداً لسلطات وصلاحيات ومسؤوليات ترتبط بها، وبين هذين القطبين توجد درجات مختلفة من التفويض، وفي الحقيقة فإن التفويض يأتي في جانب كبير منه لمعالجة الإختناقات والنواقص الواردة في النظام المركزي للإدارة. أما إذا انتقلت المنظمة إلى النظام اللامركزي فإن هذا النظام - كما سنرى لاحقاً- يتيح للمديرين حرية أكبر لممارسة صلاحيات وسلطات واسعة ترتبط بمختلف المواقع الوظيفية العليا منها والدنيا.

* التفويض Delegation
نقل أو تخويل صلاحيات أو سلطات جزئية إلى شخص في مستوى إداري أدنى

- خطوات ومزايا التفويض

لكي يكون التفويض فعالاً ومحققاً للنتائج المرجوة منه يجب أن يراعي الآتي:

1. تفويض مهمة كاملة لشخص واحد ولا ينصح بتقسيمها، لأن هذا يعطي للشخص المفوض له كامل المسؤولية عن إنجازها ويتيح للمدير الذي قام بالتفويض عملية الرقابة الفعالة.
2. اختيار الشخص المناسب، فليس جميع العاملين لديهم نفس القابليات وبنفس الدرجة من التحفيز، ولذا يجب موازنة المهمة مع قدرات الشخص ومهاراته، ولديه استعداد لتحمل مسؤولية ويستطيع اتخاذ قرارات مستقلة.
3. التأكد من أن السلطة الممنوحة تكافئ المسؤولية، يلاحظ أن المدراء يميلون إلى تحمل المرؤوسين مسؤولية ولا يزيدون صلاحيات اتخاذ القرار لديهم.
4. إعطاء تعليمات واضحة حول ماذا ومتى وأين ومن وكيف تؤدي المهمة لضمان نجاح عملية التفويض.
5. إدامة الحصول على التغذية العكسية، وذلك بالاحتفاظ باتصال مستمر مع من تم التفويض له.
6. تقييم ومكافأة الأداء بمجرد إتمام المهمة بنجاح.

ولعل أهم مزايا عملية تفويض الصلاحيات هي تحرير المدراء من كثير من الأعمال وتوفر مجالاً للتركيز على العمل المهم، كذلك تزيد الثقة بين الرؤساء والمرؤوسين. كما أنها وسيلة تدريب مناسبة للمرؤوسين وأداة لتحفيزهم لإنجاز وأداء أفضل. وبالمقابل فإن هناك عقبات للتفويض يمكن أن تختصر بالآتي:

- اعتقاد المدراء الدائم بأنهم يمكن أن ينجزوا الأعمال بأنفسهم أفضل مما لو تم تفويضها للآخرين.
- نقص الثقة بالآخرين.
- الإبهام في تحديد جيد وتعريف دقيق للوظيفة ومهامها

* نطاق الإشراف Span of Control

* نطاق الإشراف
Span of Control
عدد العاملين أو الوحدات الذين يشرف عليهم رئيس واحد.

المقصود بنطاق الإشراف أو المدى الإداري Span of Management هو عدد العاملين الذين يقدمون تقارير أدائهم وإنجازهم لمدير واحد أو هم المرؤوسون الذين يشرف عليهم رئيس واحد، ونفس الشيء يقابل بالنسبة للوحدات الإدارية أو التنظيمية فبعض المدراء يشرف على عدة وحدات تنظيمية، إن نطاق الإشراف يعطي خصائص مهمة للهيكل التنظيمي حيث التحديد الواضح لطبيعة الإشراف والرقابة في إطار هذا الهيكل. في المداخل التقليدية للإدارة كأن يعتقد أن نطاق الإدارة الجيد يمتد ليشمل ستة إلى عشرة أفراد للمدير الواحد في حين نرى اليوم أن نطاق الإدارة إتسع ليشمل أكثر من ثلاثين فرداً، وبشكل عام فإن هناك عوامل عديدة تحدد طبيعة نطاق الإشراف إتساعاً وضيقاً وكما يلي:

1. عندما يؤدي المرؤوسون أعمالاً تتسم بالثبات والاستقرار والروتينية فإن نطاق الإشراف يكون واسعاً والعكس صحيح.
2. عندما يؤدي المرؤوسون أعمال متشابهة ومتكررة فإن نطاق الإشراف يصبح واسعا والعكس صحيح.
3. إذا تركز المرؤوسون في مكان واحد غير متباعدين يمكن ان يصبح نطاق الإدارة واسعاً أما إذا توزع هؤلاء المرؤوسين في أماكن متعددة فإن نطاق الإدارة يكون ضيقاً.
4. في حالة كون المرؤوسين مدربين جيدا ولا يحتاجون لتوجيهات كثيرة في أوامر المهام فإن نطاق الإشراف يصبح واسعا وبالعكس.
5. إذا كان بالإمكان وضع إجراءات وقواعد عمل واضحة لأداء المهمات والأعمال فإن نطاق الإشراف يصبح واسعاً وفي غياب ذلك فإن العكس سيحصل.
6. إذا كان هناك أنظمة تدعم عمل المدراء ومساعدون كفوؤن فإن المدراء يستطيعون الإشراف على عدد أكبر من المرؤوسين والعكس صحيح.
7. إذا كانت حاجة المدراء من الوقت قليلة لأداء متطلبات أنشطة التنسيق والتخطيط مع الأقسام الأخرى فإنه يمكن لهؤلاء المدراء تخصيص وقت أكبر للإشراف وبالتالي يستطيعون الإشراف على عدد أكبر من المرؤوسين.
8. أسلوب المدير وتفضيلاته الشخصية بخصوص النطاق الإشرافي الواسع او الضيق.

*الهيكل المفلطح
Flat structure
الهيكل الـذي يتسـم بوجـود نطـاق إشراف واسـع وعـدد أقـل مـن المستويات الإدارية.

* الهيكل الطويل
Tall structure
الهيكل الذي يحتوي على مستويات إدارية كثيرة ونطاق إشراف ضيق

وختاماً لهذه الفقرة، لا بد من الإشارة إلى العلاقـة بـين طبيعـة الهيكـل التنظيمـي ونـوع نطاق الإشراف المعتمد في المنظمة، فإذا إعتمدت المنظمـة نطـاق إشراف واسـع تصبح سلسـلة الأمرة قصيرة وعدد المستويات الإدارية قليلاً وهكذا يكون الهيكل التنظيمي هيكلاً مفلطحاً أفقيا Flat Structure. أما إذا إعتمدت المنظمة نطـاق إشراف ضيق فإن سلسـلة الأمـرة تصبح طويلة ويزداد عدد المستويات الإدارية ويصبح شكل الهيكل التنظيمي طويلاً Tall Structure وهنـا فإن هذا الهيكل يضم عدداً أكبر من المدراء وبالتالي فهو أكثر كلفة وأقل كفـاءة وأقـل مرونـة وتكـون المنظمة اقل إستجابة لردود فعل الزبائن.

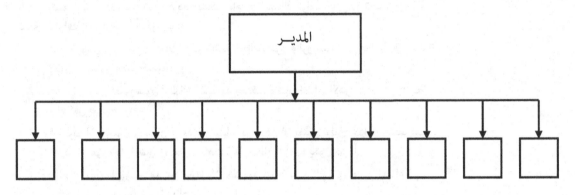

أ- هيكل مفلطح (نطاق إشراف واسع)

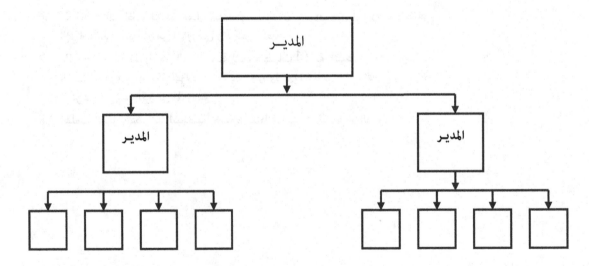

ب- هيكل طويل (نطاق إشراف ضيق)

شكل (9-11): الهيكل المفلطح والهيكل الطويل

384

* المركزية واللامركزية

Centralization and Decentralization

*المركزية
Centralization
تجميع وتركيز سلطات اتخاذ القرار في المستوى الأعلى من الإدارة.

* اللامركزية
Decentralization
توزيع سلطات اتخاذ القرار على جميع المستويات الإدارية في المنظمة.

تعني المركزية تجميع وتركيز السلطات الخاصة باتخاذ القرار في المستوى الأعلى من الإدارة. والمركزية بشكل عام ترتبط بالأشكال التقليدية من التنظيم الهرمي والمنظمات الصغيرة العاملة في بيئات مستقرة ولا تشكل تهديداً كبيراً للمنظمة. ومع تضخم حجم المنظمات وانتشارها جغرافياً وتعقد البيئة وسرعة تغييرها أصبحت اللامركزية هي الأفضل في إدارة الأعمال اليوم. واللامركزية تعني توزيع السلطات الخاصة باتخاذ القرار خلال كافة المستويات الإدارية. وترتبط اللامركزية بالهياكل التنظيمية الحديثة والاتجاهات الجديدة في العملية التنظيمية. وتعمل المنظمات اليوم في إطار لامركزية عالية بفضل التطور الكبير الحاصل في تكنولوجيا لمعلومات حيث يستطيع المدراء أن يكونوا على اطلاع دائم يومياً على سير الأمور والنتائج والأداء واتخاذ الإجراءات التصحيحية إذا اقتضى الأمر ذلك. ورغم أن أكثر المنظمات أصبحت فيها المشاركة كبيرة لتقريب الفجوة بين متخذي القرار ومنفذيه فإننا يجب أن لا نفهم بذلك أن جميع القرارات يجب أن تتخذ بطريقة لامركزية على المدراء تشخيص الوضع التنظيمي واختيار المستوى الملائم لاتخاذ القرارات بحيث يلائم حاجات المنظمة ومتطلبات عملها بأفضل ما يمكن. وبشكل عام فإن هناك العديد من العوامل التي تؤثر في مركزية ولا مركزية القرار نجملها بالآتي:

- التغيرات الكبيرة وعدم التأكد العالي يرتبط باللامركزية.
- استراتيجية المنظمة تحدد قدر المركزية أو اللامركزية الملائم.
- في حالة الأزمات أو مواجهة مخاطر عالية يتم تركيز السلطات أو الميل إلى المركزية.

إن الذهاب باتجاه التفويض الواسع والتمكين المستمر لقوى العمل والهياكل الأفقية المفلطحة والمرنة ساهمت بإدخال اللامركزية في منظمات الأعمال وارتبط هذا أيضاً بتطور في تكنولوجيا المعلومات والاتصالات الأمر الذي أتاح قدرة أكبر للإدارة في رقابة مركزية.

* أنواع السلطة Authority Types

لقد سبق وأن عرفنا السلطة في فقرة سابقة والآن نحاول معرفة أنواع السلطة حيث هناك ثلاثة أنواع منها: السلطة المباشرة (التنفيذية) Line Authority والسلطة الاستشارية (سلطة الكادر المساند) Staff Authority والسلطة الوظيفية (سلطة التخصص الدقيق) Functional Authority.

- السلطة المباشرة (التنفيذية) **Line Authority**

*السلطة المباشرة (التنفيذية)
Line Authority
هي سلطة اتخاذ القرارات المتعلقة مباشرة بإنتاج السلع والخدمات وتسويقها في المنظمة.

يتمتع المدراء في كافة المستويات الإدارية، والذين يتحملون مسؤوليات مباشرة في إنتاج السلع والخدمات التي تقدمها المنظمة وكذلك تسويقها، بسلطات تنفيذية مباشرة لإنجاز العمل وهذه السلطات تشمل الحق في اتخاذ القرارات وإصدار الأوامر والتصرف بطرق الأداء وأساليبه وحدود الصلاحيات المالية وكل ما يرتبط بإنجاز الأنشطة والمهام لتحقيق الأهداف التي تصب مباشرة في تعزيز موقف المنظمة التنافسي لمنتجاتها وخدماتها وتسويق هذه المنتجات والخدمات. وبالتالي فإن هذه السلطة قائمة أساساً على مجال العمل الذي تغطيه المنظمة وطبيعة هذا المجال ومحتوى السلع والخدمات وأسلوب تسويقها. فمثلاً يمتلك رئيس الجامعة وعمداء الكليات ورؤساء الأقسام ومسؤولي المختبرات الدراسية وكل من له علاقة مباشرة بتقديم خدمة التعليم في الجامعة سلطة تنفيذية مباشرة. كذلك يمتلك الأطباء ورؤساء الممرضين ومسؤولي مختبرات التحليل والأشعة والفحص الطبي وكل من له علاقة مباشرة بتقديم الخدمة الصحية سلطة تنفيذية مباشرة تختلف عن السلطة التي يمتلكها الآخرون العاملون في مجال الموارد البشرية أو في مجال النقل أو الحسابات أو الدائرة القانونية حيث أن سلطات هؤلاء لا يمكن أن تعتبر سلطة مباشرة في المستشفى. كذلك في المنظمة الصناعية التي تنتج سلع متنوعة فإن المدراء لديهم سلطة تنفيذية مباشرة إذا كانوا يعملون في أي من الأقسام المرتبطة مباشرة بإنتاج وتسويق السلعة.

* السلطة الاستشارية
Staff Authority
سلطة تتمثل بتقديم الدعم والإسناد والنصح والاستشارة للمديرين ذوي السلطة التنفيذية المباشرة.

- السلطة الاستشارية (سلطة الكادر المساند) **Staff Authority**

إن هذه السلطة تمثل الحق في تقديم الدعم والإسناد للمديرين التنفيذيين المباشرين وكذلك النصح والاستشارات بهدف ترصين وزيادة فاعلية القرارات الصادرة من السلطة التنفيذية المباشرة. يفترض بهذه السلطة المساندة أن تقدم إسناداً وتعزيزاً وتحسيناً لأداء المهمات من قبل المدراء والتنفيذيين المباشرين، فمثلاً في أغلب منظمات الأعمال الصناعية هناك أشخاص يعملون في مجالات المحاسبة والموارد البشرية يقدمون دعماً للعمل والأنشطة في كافة أقسام المنظمة. ويجب أن يعمل المدراء ذوي السلطة المباشرة والمدراء المساندون والاستشاريون معاً بهدف زيادة فاعلية المنظمة ويجب أن يعرف الطرفان رسالة المنظمة وأهدافها ويعرفون الأهداف الخاصة بكل طرف وكيفية التعاون والتنسيق لتحقيق هذه الأهداف باعتبارها ضرورية لإنجاز الأهداف العامة للمنظمة. إن حجم المنظمة هو الذي يحدد مدى الحاجة إلى سلطة استشارية. وعموماً فإن المنظمة إذا كانت كبيرة الحجم فإنها تحتاج إلى سلطات استشارية. وهذا لا يعني أن الشركات الصغيرة ليس لديها مواقع ذات

سلطات استشارية بل أحياناً تستخدم استشاريين بعمل جزئي لتقديم النصح والمشورة في مجالات محددة. وعموماً فإن السلطة الاستشارية لها ثلاثة أدوار رئيسية:

- **دور الناصح والداعم والمستشار Advisory and Counseling Role**

يستخدم الكادر هنا خبرات مهنية وتخصصية لحل مشاكل تواجه المنظمة وهو مستشار داخلي للمنظمة فقد ينصح الكادر المسؤول عن مراقبة الجودة مديرين خطوط الإنتاج بعدم وجود إمكانية لإجراء تحسينات جذرية في المنتج.

- **دور خدمي Service Role**

تقديم خدمات من خلال فريق عمل مركزي في المنظمة لدعم الأنشطة المختلفة في منظمة الأعمال، ويمكن تشبيه هذا الأمر بكون الكادر مجهز الأفكار والخطوط المباشرة أو السلطة التنفيذية مستهلكة لها. مثال ذلك، فإن إدارة الموارد البشرية تقوم بتعبئة واستقطاب وتعيين وتدريب العاملين لكل المنظمة وهنا فهم مجهزون للعاملين ومختلف أقسام المنظمة هم مستهلكون.

- **دور رقابي Control Role**

يساعد الكادر في وضع آليات مساعدة في تقييم فاعلية الخطط المختلفة في المنظمة وهنا فإن القائمين بهذا العمل هم ممثلون أو وكلاء للإدارة العليا. وتجدر الإشارة هنا إلى أن صراعاً قد يحصل بين السلطتين التنفيذية المباشرة والاستشارية المساعدة بسبب تدخل الاستشاريين في عمل السلطة التنفيذية وتقمصهم لدورها. وكذلك اعتقاد التنفيذيين بأن السلطة المساندة لا تعي الصورة الكلية للعمل وإنما تقدم استشارات محدودة في مجالات تخصصية. أما الكوادر الاستشارية فيرون أن التنفيذيين لا يقبلون السلطة الاستشارية والأفكار الجديدة التي تقدمها ويرفضون منحهم سلطات كاملة بشأن مختلف الوظائف.

- **السلطة الوظيفية Functional Authority**

*السلطة الوظيفية :
Functional Authority
حق إعطاء أوامر أو إصدار قرارات من قبل مسؤول معين في جزء من المنظمة والذي ليس له حق طبيعي أو دائم في ممارسة مثل هذه السلطة فيه.

إن هذا النوع يتضمن حق إعطاء أوامر أو إصدار قرارات من قبل مسؤول معين في جزء من أجزاء النظام الإداري أو المنظمة والذي ليس له حق طبيعي دائم في ممارسة مثل هذه السلطة فيه. فمثلاً عندما يقرر أحد المسؤولين من قسم الحاسوب اتخاذ إجراءات باستبدال جزء من البرامجيات في أحد مختبرات كلية الطب والتي لا تقع في إطار مسؤوليته المباشرة أو الوظيفية لكن هذا الحق حصل عليه بحكم امتلاكه خبرة تخصصية في مجال وظيفي معين. ويفترض أن يأتي دوره مكملاً للسلطتين المباشرة أو الاستشارية التي يمتلكها مثل هذا الشخص. وهناك مثال آخر، وهو المنظمات الكبيرة التي فيها دائرة مركزية للشؤون المالية ودوائر فرعية فيها محاسبون يتبعون إلى سلطات تنفيذية لأقسام أخرى، هنا فإن أحد المسؤولين

في الدائرة المالية الرئيسية يمكن أن يمارس سلطة وظيفية بحكم تخصصه في أي دائرة فرعية مصدراً أوامر أو متخذاً قرارات. ويشير المخطط التالي إلى الأنواع المختلفة للسلطة.

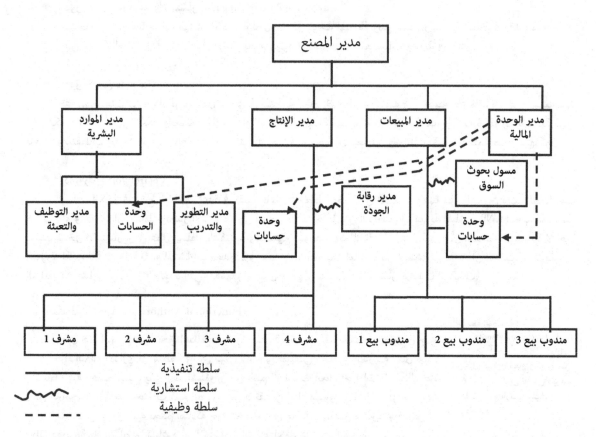

شكل (10-11): أنواع السلطات

أسئلة الفصل الحادي عشر

* أسئلة عامة

1. ما المقصود بالتنظيم؟ وما معنى الخارطة التنظيمية؟
2. ما الفرق بين التنظيم الرسمي والتنظيم غير الرسمي؟
3. ما هي فوائد ومحددات التخصص الوظيفي؟
4. استعرض بدائل التخصص الوظيفي، وأعط أمثلة لها.
5. حدد أهم أسس تجميع الأنشطة والوظائف في وحدات تنظيمية مع رسم مبسط ومثال لكل منها.
6. ما هي أنواع الهياكل التنظيمية؟ وما خصائصها؟
7. ما المقصود بالهياكل الحديثة؟ وما أهم أنواعها، وما ابرز خصائصها؟
8. وضح مفهوم سلسة الامرة.
9. استعرض مفهوم فكرة تفويض الصلاحيات وخطواتها وأهم العقبات التي تواجهها.
10. ماذا يقصد بالمدى الإداري أو نطاق الإشراف؟ وما الفرق بين المركزية واللامركزية في التنظيم؟

** أسئلة الرأي والتفكير

1. حاول أن ترسم الخارطة التنظيمية للجامعة التي تدرس فيها أو المكان الذي تعمل فيه بناء على معلوماتك حول الجامعة أو الشركة وبدون الرجوع إلى الخارطة الرسمية لها ثم قارنها معها.
2. افترض أنك تعمل في شركة كمدير في أحد الأقسام منذ سنوات وأن العاملين في قسمك يقومون بوظائفهم بطريقة روتينية ورتيبة وقد عبروا عن مللهم وضجرهم من هذه الرتابة في أكثر من مناسبة، ما هي الإجراءات التي ستتخذها لتغيير هذا الوضع.
3. حاول أن تحصل على خرائط تنظيمية لمجموعة من المنظمات المختلفة (مستشفى، جامعة، مصرف، مؤسسات حكومية)، ثم قارن بين هياكلها التنظيمية من حيث النوع ومن حيث تجميع الوظائف في الوحدات المختلفة ومن حيث التخصص والعمومية في الوظائف.
4. يشكو لك أحد الزملاء العاملين في أحد المشاريع التابعة لمجموعة صناعية معينة من أنه يتلقى أوامر ويقدم تقارير لأكثر من رئيس، والبعض من هذه الأوامر قد يكون متناقضاً، وضح ما يلي:
   أ. هل أن هذا الأمر صحيح في ظل مبدأ وحدة الأمر.
   ب. أي نوع من الهياكل يمكن أن يحصل فيه هذا الحال.
   ج. كيف يمكن أن توضح له السبيل إلى حل هذا التعارض في الأوامر.
5. هل تفضل العمل في وظيفة محددة بشكل دقيق أم وظيفة قابلة للإغناء والتوسع؟ ولماذا؟

*** أسئلة الخيارات المتعددة

1. إن الغرض الرئيس من التنظيم كوظيفة إدارية هو:

A. التأكد من أن النتائج تطابق الخطط
B. خلق الحماس لدى العاملين لإنجاز العمل
C. تطابق بين الخيارات وأساليب تنفيذها
D. ترتيب الأفراد والموارد لإنجاز العمل

2. عندما يقسم المدير العمل إلى أجزاء يمكن إنجازها من قبل أفراد وينسق بين الوحدات المختلفة وتجمع الأنشطة المختلفة في وحدات أو دوائر فهو يمارس:

A. الرقابة
B. التنظيم
C. التنظيم غير الرسمي
D. التخطيط

3. إن المنظمات ذات الهيكل التنظيمي الطويل تميل إلى وجود سلسلة امره طويلة ونطاق إشراف:

A. واسع
B. رسمي
C. ضيق
D. مركزي

4. إن تداول الشائعات وظهور مقاومة كبيرة للتغيير تمثل عقبات ممكنة ومرتبطة:

A. بالمنظمات الافتراضية
B. بالهيكل غير الرسمي
C. بالكادر المتخصص
D. بالإدارة العليا

5. إن إقامة نظام توزيع المهام وعلاقات تقديم التقارير والاتصالات التي تربط أجزاء المنظمة ببعضها يمثل:

A. الاختلاف والتمايز
B. الهيكل التنظيمي
C. الكادر الوظيفي
D. اللامركزية في العمل

6. يعني تحديد المسؤوليات الفردية المرتبطة بوظيفة معينة:

A. التخصص الوظيفي
B. تصميم الوظيفة
C. التدوير بالوظائف
D. توسيع الوظيفة

7. أي الهياكل التنظيمية يلائم بشكل أفضل الشركات الصغيرة التي تنتج منتجاً واحداً أو عدداً قليلاً من المنتجات:

A. الهيكل على أساس الأقسام
B. الهيكل الوظيفي
C. الهيكل المصفوفي
D. الهيكل المختلط

8. **إن المنظمة الموجودة في الفضاء الإليكتروني وتعتمد تكنولوجيا المعلومات والإنترنت في عملها تسمى:**

A. Boundryless Structure
B. Outsourcing
C. Virtual Organization
D. Cross-Functional Team

9. **واحد من بين الآتي لا يعتبر من مزايا الهيكل الشبكي:**

A. ترشيق المنظمة
B. سيطرة على التكاليف الإدارية
C. مرونة في العمل
D. صعوبة الرقابة والسيطرة

10. **إن سلسلة السلطة المتصلة التي تربط الأفراد في المنظمة أياً كان موقعهم تسمى:**

A. السلطة
B. القوة
C. سلسلة الامرة
D. المسؤولية

11. **الهيكل الذي يتسم بوجود نطاق إشراف واسع وعدد أقل من المستويات الإدارية هو:**

A. هيكل مفلطح
B. هيكل مصفوفي
C. هيكل طويل
D. هيكل وظيفي

12. **عندما توزع السلطات اتخاذ القرار في المنظمة على مختلف المستويات الإدارية فإن هذا يعني أن هناك:**

A. مركزية
B. لامركزية
C. مرونة في العمل
D. تفويض صلاحيات

13. **واحد من بين الآتي لا تعتبر سلطته سلطة مباشرة (تنفيذية) في الجامعة:**

A. رئيس الجامعة
B. عميد الكلية
C. مدير النقل والحركة
D. رئيس قسم علمي

14. **عندما يقبل المرؤوسون المهام المخصصة لهم فإنهم بذلك يتحملون:**

A. السلطة
B. التعرض للمحاسبة
C. المسؤولية
D. اللامركزية

15. **عندما يقوم مسؤول مركز الحاسوب في الجامعة باتخاذ إجراءات باستبدال برامجيات في كلية العلوم الإدارية وتصرف بحرية في ذلك فإنه يمارس:**

A. سلطة مباشرة
B. سلطة استشارية
C. سلطة وظيفية
D. سلطة تنفيذية

الفصل الثاني عشر

تصميم المنظمات

الفصل الثاني عشر

تصميم المنظمات

بعد دراستك لهذا الفصل فإنك تستطيع الإجابة على الأسئلة التالية:

1. ماالمقصود بالتصميم التنظيمي ؟ وما معنى فاعلية المنظمة ؟
2. ما هي اجزاء المنظمة ؟ وما هي خيارات التصميم ؟
3. ما هي العوامل الموقفية المؤثرة في التصميم ؟
4. ماذا يقصد بالتكامل والتمايز بين الانظمة الفرعية في المنظمة ؟

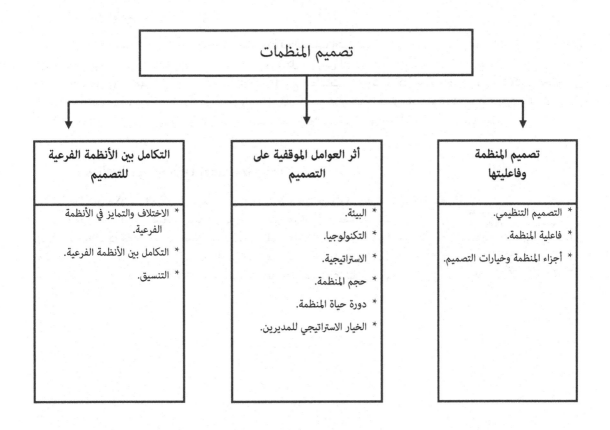

تصميم المنظمات

تصميم المنظمة وفاعليتها	**أثر العوامل الموقفية على التصميم**	**التكامل بين الأنظمة الفرعية للتصميم**
* التصميم التنظيمي. * فاعلية المنظمة. * أجزاء المنظمة وخيارات التصميم.	* البيئة. * التكنولوجيا. * الاستراتيجية. * حجم المنظمة. * دورة حياة المنظمة. * الخيار الاستراتيجي للمديرين.	* الاختلاف والتمايز في الأنظمة الفرعية. * التكامل بين الأنظمة الفرعية. * التنسيق.

مقدمة الفصل الثاني عشر:

إن المنظمات باعتبارها نظم مفتوحة تتعامل مع بيئة متغيرة باستمرار وتحاول البحث عن الفاعلية والنجاح مستخدمة شتى الوسائل والسبل في سبيل تحقيق ذلك. إن من بين ما تستخدمه إدارة المنظمة للتكيف مع متغيرات البيئة هو تصميم المنظمة وإعادة هذا التصميم باستمرار لغرض اختيار هياكل تنظيمية أكثر تكيفاً وانسجاماً مع واقع بيئة شديدة المنافسة. ولكون التصميم ينص أساساً على ترتيب أبعاد الهيكل التنظيمي فإنه حالة وعملية تتصف بالديناميكية والاستمرارية وهذا هو حال الأنظمة المفتوحة التي تتفاعل مع البيئة وتبحث عن إيجاد صيغة من التوازن بين حالتي الاستقرار والحركية وكذلك البحث عن الكفاءة والإنتاجية من خلال أنشطة الثبات وكذلك البحث عن التكيف من خلال الأنشطة التي تتسم بالمرونة والتغيير. وبالتأكيد فإن تصميم المنظمة يتأثر بمجموعة من المتغيرات الموقفية كالحجم والتكنولوجيا والبيئة والاستراتيجية وكذلك الخيار الاستراتيجي للمديرين. من جانب آخر فإن التكامل بين أجزاء المنظمة وأقسامها التي أصبحت تتسم بتباين واختلاف عالي يتأتى من خلال وجود آليات للتنسيق الفعال بين هذه الأجزاء وهذا ما سيتم استعراضه في هذا الفصل.

أولاً: تصميم المنظمة وفاعليتها

إن اختلاف طبيعة عمل المنظمات وحجومها واختلاف البيئات التي تعمل فيها جعل هذه المنظمات تستخدم هياكل مختلفة وهي تبحث عن الفاعلية. إن انتقال المنظمة من شكل تنظيمي إلى آخر وما يتبع ذلك من إعادة تصميم يأتي بفعل العديد من المتغيرات من بين أهمها زيادة قدرة المنظمة في التعامل مع متطلبات بيئية بشكل كفؤ وحل العديد من الإشكالات بحثاً عن الفاعلية. وسنتناول هنا ثلاث فقرات أساسية تكرس الأولى منها للتصميم وكيفية اختيار التصميم المناسب في حين تتطرق الثانية إلى فاعلية المنظمة ومداخل دراستها وأخيراً فإن الثالثة ستستعرض خيارات التصميم في ظل الأجزاء الأساسية للمنظمة.

* التصميم التنظيمي **Organizational Design**

إن كون مكونات الهيكل التنظيمي عديدة وتختلف من حيث درجة التعقيد ودرجة الرسمية ودرجة المركزية وطبيعة تركيبة العاملين من فنيين وإداريين واختلاف نسبة التكامل أو التمايز واختلاف درجة المهنية والاحتراف في عمل المنظمة واختلاف نطاق الإشراف والتخصص وغيرها، كل هذا تطلب من الإدارة أن تختار من بينها ما يناسب حالتها وهي تبحث عن الفاعلية والكفاءة في أدائها. يعني التصميم التنظيمي Organizational Design عملية بناء الهيكل المناسب من خلال

*** التصميم التنظيمي**
Organizational Design
بناء الهيكل المناسب من خلال الاختيار الدقيق والواعي لأبعاد الهيكل وموازنتها وإيجاد العلاقة بينها.

الاختيار الدقيق والواعي لإبعاد الهيكل وموازنتها وإيجاد العلاقة بينها واستخدامها في إطار الهيكل التنظيمي لتحقيق رسالة المنظمة وأهدافها. إن هذا الأمر يعني عملية خيار واعي للهيكل واستخدامه بطريقة تجعل ترتيب الموارد وحشدها يتم بأفضل الطرق الممكنة لإنجاز الأهداف. إن كون المنظمات معرضة لمشاكل مختلفة وأمامها فرص عديدة تدفع منظمات الأعمال لاختيار التصميم المناسب في مختلف الأزمنة والبيئات وتجسده بهيكل تنظيمي يتماشى ويتكيف مع معطيات الوضع البيئي. وإن هذا الأمر يتطلب الأخذ بنظر الاعتبار مجموعة كبيرة من المتغيرات كما سنرى في الفقرات اللاحقة.

إن اختيار الهيكل المناسب يأتي في إطار تحليل مجموعة كبيرة من المتغيرات التي تلعب الإدارة العليا دوراً كبيراً في إدراكها ورؤية انعكاساتها على طبيعة عمل المنظمة. وضمن السياق التقليدي جسّد النموذج البيروقراطي للتصميم رؤية إدارية تبحث عن الفاعلية من خلال منظمة تتسم بوضوح الإجراءات وهرمية للسلطة ومنطقية في الأوامر وشرعية في العمل وهكذا فإن هذا النموذج ركز على تقسيم واضح للعمل وهيكلة دقيقة للسلطة وإجراءات وقواعد رسمية واضحة بهدف إنجاز الأعمال وترشيد استخدام الموارد لتحقيق الأهداف. لقد كان النموذج البيروقراطي في وقته نقلة نوعية من مرحلة اللانظام واللاترتيب إلى نظام رشيد منطقي، ولكن مع التغير السريع والتطور التكنولوجي وشدة المنافسة وجدنا أن هذا النموذج أصبح معرقلاً للعمل وأصبح يمثل جوانب سلبية عديدة، وبدأ البحث عن نماذج أخرى أكثر قدرة وكفاءة وفاعلية واستجابة لمتطلبات الوضع الجديد. لقد أجريت العديد من البحوث والدراسات التي حاولت أن تعطي إجابة عن ماهية التصميم الملائم في مختلف الظروف والمواقف ولكن أهم هذه الدراسات التي تعد رائدة في هذا المجال هي دراسة Burns و Stalker التي قدمت إجابة حول طبيعة الهيكل التنظيمي وتصميمه الذي يتلاءم مع بيئة معينة ولأهمية هذه الدراسة سنعرض فحواها في الآتي:

- التصميم الميكانيكي والعضوي

Mechanistic and Organic Design

لقد وجد الباحثان تناسباً بين نوع الهيكل التنظيمي المختار وخصائص البيئة التي يعمل فيها، فالتصميم الميكانيكي Mechanistic Design القائم على أساس المركزية في السلطة مع وجود إجراءات وقواعد عمل واضحة وتقسيم عمل وتخصص عالي ونطاق إشراف ضيق وإجراءات تنسيقية رسمية هو أصلح لعمل

*** التصميم الميكانيكي (الآلي)**
Mechanistic Design
هو التصميم الناتج عن رسمية عالية ومركزية شديدة وكثرة القواعد والإجراءات ونطاق إشراف ضيق وأساليب تنسيق رسمية تؤدي إلى هيكل بيروقراطي.

المنظمة في بيئة تتسم بالاستقرار وبالتالي فإن هذا التنظيم هو تنظيم بيروقراطي مطور يبحث عن الفاعلية والكفاءة من خلال أنشطة ثبات واستقرار التي تهدف إلى خفض التكاليف من خلال تثبيت الإجراءات ووضوحها والتخصص فيها وسهولة التدريب عليها وإتقانها. إن محدودية قدرة هذا التصميم في التعامل مع بيئة ديناميكية حركية تتسم بعدم تأكد عالي يتطلب تغيير تصميم هذا الهيكل ليصبح هيكلاً عضوياً Organic Design وهو الهيكل الذي يتسم بلامركزية القرارات مع قليل من الإجراءات والقواعد وتقسيم عام للعمل ونطاق إشراف واسع كما أن أساليب التنسيق فيه غير رسمية وتعتمد على مهارات وقدرات الفرد والفريق. إن هذا الهيكل هو أكثر قدرة في الاستجابة لمتطلبات بيئة متغيرة تشتد فيها المنافسة. إن هذا التصميم ولّد ما يمكن أن تطلق عليه منظمات متكيفة Adaptive Organizations تعمل بأقل قدر من البيروقراطية ومركزة ومشجعة على تمكين العاملين باستمرار وبناء فرق العمل وشبكات الاتصالات المفتوحة. ويلخص الشكل التالي خصائص هذين النوعين من التصميم.

*** التصميم العضوي**
Organic Design
هو التصميم الناتج عن لامركزية مع قليل من الإجراءات وقواعد العمل ونطاق إشراف واسع وتنسيق شخصي غير رسمي يؤدي إلى هياكل تكيفية.

*** المنظمة المتكيفة**
Adaptive Organization
هي منظمة تعمل مع قليل من خصائص بيروقراطية وتشجع تمكين العاملين وبناء فرق العمل.

تصميم عضوي منظمات متكيفة	الخصائص	تصميم ميكانيكي منظمات بيروقراطية
تكيفية	**الأهداف**	**تنبؤية**
لامركزية	**السلطة**	**مركزية**
قليلة	**القواعد والإجراءات**	**كثيرة**
واسع	**نطاق الإشراف**	**ضيق**
مشتركة	**المهام**	**متخصصة**
كثيرة	**فرق العمل**	**قليلة**
غير رسمي وشخصي	**التنسيق**	**رسمي وغير شخصي**

شكل (1-12) : مقارنة بين التصميم العضوي والميكانيكي

* فاعلية المنظمة Organization Effectiveness

*** الفاعلية التنظيمية**
Organizational Effectiveness
هو الأداء العالي والمستمر لتحقيق الرسالة والأهداف المحددة في نطاقها.

يعتبر موضوع الفاعلية القاسم المشترك لأغلب البحوث والدراسات الإدارية والتنظيمية. واليوم تحاول إدارة المنظمات أن تستخدم التصميم التنظيمي والهيكل

كوسيلة أو أداة مناسبة لتحقيق فاعلية عالية. والفاعلية التنظيمية Organizational Effectiveness تعني أداء عالي ومستمر لإنجاز الرسالة والأهداف المحددة في نطاقها. والفاعلية حُللت في إطار مجموعة كبيرة من المداخل يمكن تلخيصها بالآتي:

1. مدخل الأهداف Goals Approach

يرى هذا المدخل أن المنظمة فاعلة إذا استطاعت تحقيق أهدافها. وبالتالي فإن الأهداف هي قياس للمخرجات والأداء المتحقق، ورغم سهولة هذا المقياس إلا أن فيه مشاكل عديدة من أهمها من هو المسؤول عن تحديد هذه الأهداف وكيف يمكن قياسها وما هي المستويات المطلوبة منها لتحقيق مستوى من الفاعلية.

2. مدخل مورد النظم Systems Resource Approach

ضمن هذا المدخل فإن المنظمة تكون فاعلة إذا استطاعت تأمين حاجتها من مختلف المدخلات في إطار البيئة التي تعمل فيها. لذلك فإن هذا المدخل يكمل المدخل السابق ليكون قياس الفاعلية في الاثنين مركزاً على المدخلات والمخرجات معاً. ومن الإشكالات التي تواجه هذا المدخل صعوبة قياس المدخلات كوسائل وربطها بالمخرجات كأهداف فالمرونة والمعرفة التي تحتاجها كمدخلات لم تطور بعد الوسائل اللازمة لقياسها بشكل دقيق.

3. مدخل العملية الداخلية Internal process Approach

يرى هذا المدخل أن فاعلية المنظمة تتجسد بقدرتها على تحويل المدخلات إلى مخرجات والتأكيد على مدى صحة النظام وقدرته على تحويل الموارد إلى منتجات في شكل سلع أو خدمات بالكمية والنوعية المطلوبة، وهكذا يأتي هذا المدخل مكملاً للمدخلين السابقين بالنظر إلى المنظمة على أنها نظام مفتوح تتوقف فاعليته في الحصول على الموارد وتحويلها بأفضل الطرق إلى مخرجات (أهداف) محددة مسبقاً.

4. مدخل المكونات الاستراتيجية Strategic Constituencies Approach

والمقصود بالمكونات هنا مجمل أصحاب المصالح (المستفيدون) Stakeholders الذين لهم علاقة مباشرة أو غير مباشرة بالمنظمة، حيث أن المنظمات وجدت لترضي أطراف عديدة وتحقق أهدافهم. وبما أن احتمالية تعارض أهداف أصحاب المصالح واردة فإن إدارة المنظمة عليها أن توازن هذه المصالح بطريقة تجعل كافة الأطراف راضين ومساندين لتوجهات المنظمة وعملها.

5. مدخل القيم المتبادلة Reciprocal Values Approach

إن كون الفاعلية تركيب معقد وليس مفهوماً مبسطاً جعل الوصول إليها ممكناً من خلال عمل توازنات وخيارات بين قيم ومفردات تبدو متعارضة وتبادل بعضها بعضاً، فالفاعلية تحتاج في بعض الحالات إلى مرونة عالية وفي حالات أخرى إلى سيطرة وثبات، فكيف يتم موازنة هذين الأمرين في ظل معطيات معينة؟. كذلك فإن الفاعلية تحتاج إلى توازن بين الوسائل المستخدمة والغايات المستهدفة، وأيضاً إلى موازنة بين رؤية المنظمة

ومصالحها الخاصة ورؤية مصالح الآخرين كعاملين أو زبائن أو حكومة أو موردين أو غيرهم. إن الإدارة يجب أن تجري تقييماً لهذه التوازنات وتختار ما يناسب الموقف واعتبارات العمل، لذا فإن الفاعلية حالة مرتبطة بهذه الجوانب وليست صيغة مطلقة.

* أجزاء المنظمة وخيارات التصميم **Design Choices and Organization Parts**

لمعرفة كيفية تصميم المنظمات يتطلب الأمر الإلمام بمكونات أو أجزء المنظمة الأساسية وكيفية عمل وترابط هذه الأجزاء وتأثير كل جزء في التصميم.

- أجزاء المنظمة **Organization Parts**

مهما يكن حجم المنظمة أو طبيعة عملها فإننا نجد فيها اليوم، خمسة أجزاء أساسية يمثلها الشكل التالي:

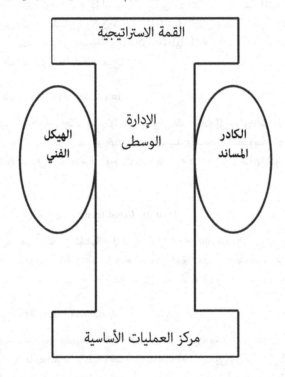

شكل (2-12): أجزاء المنظمة

إن القمة الاستراتيجية Strategic Apex هي الإدارة العليا المسؤولة عن الخيارات الاستراتيجية المهمة وإدارة علاقة المنظمة مع بيئتها. لذلك فإن هذه الإدارة في المنظمات الكبيرة تحاول استخدام التصميم والهياكل المنظمية للتعامل مع حالات عدم التأكد في البيئة. أما الخط الوسط أو الإدارة الوسطى Middle Line فهم المدراء الذين يحتلون مواقع مهمة ربما تتمثل بالإدارات الرئيسية في الهيكل الوظيفي أو مديرين الوحدات الاستراتيجية

في المنظمة التي توجد فيها وحدات أعمال كثيرة. إن دورهم مهم باعتبارهم حلقة الوصل بين القمة الاستراتيجية والإدارات الأدنى في المستوى وصولاً إلى مراكز العمليات. ومراكز العمليات Operating Core فهم مجمل العاملين بالوظائف الأساسية بدءاً من تأمين المدخلات للمنظمة إلى عمليات التحويل وتسويق المخرجات. إن دور هؤلاء مهم باعتبار أن كفاءة المنظمة تتحدد في جانب كبير منها في ضوء طبيعة عملهم.

أما الهيكل الفني Techno Structure فهم الفنيون الذين يخدمون المنظمة بالمقترحات ووضع المعايير والمقاييس وكذلك تصميم العمل وإعادة تصحيحه وجميع ما يرتبط بالجوانب الفنية. إنهم المحللون ومهندسو الإنتاج والصيانة والعاملون في التخطيط للجودة ومحاسبو الكلفة ومحللو أنظمة المعلومات. ويلعب هؤلاء دوراً مهماً في تصميم مفردات العمل المهمة باستخدام آليات مختلفة وصولاً إلى تحقيق أفضل النتائج. وأخيراً فإن المساندين Support Staff هم الكادر العامل في وحدات كثيرة تساند المنظمة والخط المباشر للعمل ويتمثلون في أقسام العلاقات العامة والعلاقات الصناعية والكافتريا والبريد والمستشارون القانونيون. وفي إطار المنظمات الحديثة فإن وحدات الإسناد أصبحت متمتعة باستقلالية عالية واكتفاء ذاتي وربما تتاح لها الفرصة لتقديم خدماتها لوحدات خارج إطار المنظمة.

- خيارات التصميم Design Choices

في إطار عمل المنظمة بأجزائها الخمسة المشار إليها أعلاه يمكن أن يحصل اختلاف في الدور والأهمية للبعض من هذه الأجزاء قياساً للأجزاء الأخرى. وفي ظل هذه الهيمنة والسيطرة تتولد تصاميم وهياكل تنظيمية مختلفة :

1. إذا كانت المنظمة صغيرة وحتى الكبيرة والمتوسطة في بعض الأحيان وتكون الهيمنة والسيطرة للقمة الاستراتيجية حيث تركز كافة جوانب العمل بشكل كبير يصبح لدينا تصميماً لهيكل بسيط (Simple Structure) ، حيث الرسمية القليلة والتعقيد الواطئ والمركزية العالية، ويمكن للهيكل أن يكون مفلطحاً، ويلاحظ عدم قدرة هذا التصميم والهيكل البسيط على الوفاء بمتطلبات المنظمات الكبيرة بشكل عام.

2. إذا كانت السيطرة للإدارة الوسطى أو مديرين الأقسام الكبيرة والوحدات الاستراتيجية فيمكن أن يتشكل تصميم تقسيمي Divisional Design يتبعه هيكل قائم على أساس الأقسام الكبيرة المستقلة المرتبطة بمركز رئيسي- للقيادة. إن هذه الاستقلالية تتيح فرصة أكبر لوحدات العمل للتعامل مع متطلبات بيئات مختلفة من جهة وتحرر الإدارة العليا للمجموعة للتعامل مع القضايا الحرجة والأساسية للمجموعة بأسرها. أما أهم مشاكله فهي التنسيق وربط المنظمة بأجزائها المختلفة.

3. في حالة سيطرة مراكز التشغيل يصبح لدينا هيكل أو تصميم بيروقراطي مهني (Professional Bureaucracy) واحتراف عالي حيث التركيز على المعيارية في العمل والكفاءة في استخدام الموارد وربما تدار المنظمة بشكل لا مركزي كبير. إن انتشار المعرفة والمنظمات المعرفية ولد حاجة لاستخدام متخصصين عالي الخبرة والمهنية في مراكز التشغيل وأعطى المنظمة القدرة على المعايرة والتقييس.

401

والكفاءة من خلال هذا المدخل لكن المشكلة فيه تتمثل بالصراعات بين الأقسام واختلاف قواعد العمل والمعايير فيها مما يخلق صعوبة في تنسيق العمل.

4. عندما تكون الهيمنة للهيكل الفني يصبح لدينا تصميم بيروقراطي آلي (Machine Bureaucracy) حيث تتمتع البيروقراطية الآلية بروتينية لمهامها التشغيلية عالية ومركزية عالية. إن السيطرة هنا للمحليين والمهندسين ومصممي الموازنات والمحاسبين وهذا يولد أنشطة معيارية تبحث عن الكفاءة العالية من خلال هذه الإجراءات. كذلك تحكم هذا التصميم معيارية عالية ورسمية عالية وقد يقود ذلك إلى مركزية في العمل. إن نقطة الضعف الأساسية هنا هي الصراع بين الأقسام وصعوبة التنسيق والمواءمة في العمل.

5. إذا كانت السيطرة للكادر المساند يصبح تصميماً غرضياً Adhocratic Design والذي يتميز بمرونته العالية والنزعة إلى الإبداع والتجديد وتقليل المعيارية والرسمية إلى ابعد الحدود ويحاكي هذا الهيكل اليوم الهيكل الشبكي والهيكل الافتراضي وهيكل الفريق حيث القدرة على التجديد الذاتي والمرونة العالية والإبداع المستمر. ويمكن أن يشبه هذا الهيكل قياساً للهياكل الأخرى بالخيمة إلى القصور حيث يمكن تغيير شكل الخيمة الخارجي والداخلي بتكاليف أقل وبمرونة عالية لكن القصر يصعب إجراء مثل هذه التغييرات فيه بسهولة.

- تحديات أساسية تواجه عملية التصميم

Design Basic Challenges

تبدأ عملية التصميم في المنظمة من تحديد الدور Role الذي هو عبارة عن حزمة من المهام ذات علاقة والتي تتطلب سلوك معين من قبل الفرد لأداء هذا الدور في موقع بالمنظمة. وعندما تتكامل مجموعة من الأدوار مع بعضها فإنها تشكل وظيفة Function والتي هي عبارة عن وحدة فرعية متكونة من مجموعة أفراد يعملون مع بعض ولديهم مهارات متشابهة أو يستخدمون نفس المعارف والأدوات أو الأساليب لإنجاز وظائفهم. وإذا ما ارتبطت مجموعة من الوظائف مع بعضها فإنها تشكل قسماً Division وهو أيضاً وحدة تتكون من مجموعة وظائف أو أقسام تتقاسم المسؤولية لإنتاج سلع أو خدمات محددة. ومن مجموع هذه الأقسام تتشكل المنظمة والتي يفترض فيها أن تكون وحدة مترابطة من خلال تبني تصميم مناسب للدور والوظيفة والقسم وبالتالي المنظمة. وبشكل عام فإن الوظائف في المنظمة يمكن أن تكن على نوعين : وظائف إسناد Support Functions والتي تسهل رقابة المنظمة على علاقتها مع البيئة ومختلف أصحاب المصالح ووظائف إنتاج Production Functions والتي هي وظائف ترتبط بعملية إنتاج السلع والخدمات مباشرة.

*** الدور Role**
مجوعة مهام ذات علاقة فيما بينها تتطلب سلوك معين من قبل الفرد لأداء هذا الدور.

*** الوظيفة Function**
عبارة عن وحدة فرعية متكونة من مجموعة أفراد يعملون مع بعض ولديهم مهارات متشابهة أو يستخدمون نفس المعارف والمهارات.

وإجمالاً، فإن ملاحظة كافة الوظائف في المنظمة - يظهر لنا أنها تـؤدي أدواراً مختلفة تتيح للمنظمة تحقيق نتائج يفترض أن تتكامل مع بعضها لتحقيق الأهداف العامة للمنظمة. فوظائف الثبات أو الصيانة Maintenance Functions تمكن المنظمة من الحفاظ على أداء العمل في مختلف الأقسام باستمرارية وثبات نسبي وبالتالي فإنها وظائف تبحث عن الإنتاجية العالية وخفض التكاليف وتحسين النوعية من خلال استمرارية العمل وتصاعد وتائره. وأوضح مثال على ذلك هو وظائف الصيانة والهندسة وجميع الوظائف التي تؤدي إلى ضمان السلامة المهنية للعاملين واستمرارية عمل المكائن والتجهيزات. إن هذه الوظائف أقل عرضة لمؤثرات البيئة الخارجية. أما وظائف التكيف Adaptive Functions فهي وظائف تمكن المنظمة من مجاراة التغييرات في البيئة الخارجية ومن أمثلتها البحث والتطوير وبحوث السوق والتخطيط بعيد المدى والتي تسمح للمنظمة بإدارة بيئتها والتعلم منها كيفية زيادة قدراتها المميزة. وأخيراً هناك وظائف إدارية Managerial Functions وهي مجمل الوظائف التي ترتبط بالرقابة وتنسيق أنشطة الأقسام وهي وظائف موجودة في مختلف مستويات التنظيم، فدور الإدارة العليا مثلاً هو صياغة الاستراتيجية وإيجاد السياسات التي تستخدمها المنظمة للسيطرة على بيئتها، والإدارة الوسطى مسؤولة عن إدارة الموارد اللازمة لتحقيق الأهداف والإدارة الدنيا تراقب الأنشطة المباشرة لقوى العمل في المنظمة. وهكذا فإن التحدي الأكبر للتصميم التنظيمي يتعلق بتوضيح وتحديد مختلف هذه الجوانب ومعرفتها وتفعيل أدوارها. أما التحدي الآخر والمهم فيتمثل بإيجاد الموازنات التي تتيح للمنظمة أفضل أداء وهذه الموازنات تتجسد في الشكل التالي:

* وظائف الصيانة والثبات
Maintenance Functions
هي وظائف تمكن المنظمة من استمرارية عمل أقسامها وشعبها المختلفة.

* وظائف التكيف
Adaptive Functions
وظائف تمكن المنظمة من مجاراة التغييرات في البيئة الخارجية.

* وظائف إدارية
Managerial Functions
هي وظائف ترتبط بالرقابة والتنسيق للأنشطة المختلفة وهي موجودة في مختلف المستويات الإدارية.

* التكامل Integration
عملية التنسيق بين مختلف المهام والوظائف والأقسام بحيث تعمل مع بعضها بدون أهداف متقاطعة.

شكل (3-12): تحديات التصميم التنظيمي

ثانياً: أثر العوامل الموقفية على التصميم

Effects of Contingency Factors on Design

إن المنظور الذي يرى أن تصميم منظمة معينة بشكل أمثل يعتمد على مجموعة من العوامل الموقفية البارزة هو المنظور الموقفي للتصميم. وتشير البحوث والدراسات إلى وجود العديد من العوامل الموقفية ذات الأثر المهم في تصميم المنظمات والتي منها البيئة والتكنولوجيا والاستراتيجية. وحجم المنظمة ودورة حياتها وتأثير الخيار الاستراتيجي للمديرين.

*** القسم Division**
وحدة تتكون من مجموعة من الوظائف أو الشعب تتقاسم المسؤولية لإنتاج سلع أو خدمات محددة.

* البيئة Environment

أشرنا سابقاً إلى أن البيئة هي عامل مهم ومؤثر حيث أن البيئة الخارجية ودرجة عدم التأكد فيها تنعكس على عمل المنظمات وتصميمها. فالبيئة قليلة التغيير وقليلة الحركة والأقل تعقيداً ربما تصلح لها هياكل تنظيمية أكثر معيارية ورسمية ومركزية يطلق عليها التصميم الميكانيكي أو الآلي وبالتالي يكون هناك هيكل بيروقراطي. هنا تركز المنظمة على السلطة والرقابة المشددة وتبحث عن الكفاءة وتحقيق الأهداف من خلال عملية تخطيطية رسمية وواضحة في بيئة تتصف بعدم تأكد قليل. أما إذا أصبحت البيئة أكثر حركية وأكثر تعقيداً فإن هذه الهياكل لا تصلح وبالتالي يتطلب الأمر تغييرها إلى هيكل عضوي حيث الرسمية القليلة واللامركزية ونطاق الإشراف الواسع وبالتالي فإن الهيكل التنظيمي يكون هيكلاً متكيفاً ومستجيباً لمتغيرات بيئة سريعة التغير. والشكل التالي يوضح هذه الفكرة.

*** التمايز Differentiation**
المدى الذي يمكن أن يتم فيه تجزئة المنظمة إلى وحدات فرعية أصغر ويزداد التمايز بازدياد عدد المستويات الإدارية وعدد الوظائف والانتشار الجغرافي.

*** التقييس Standardization**
المطابقة مع نموذج معين من خلال تحديد مجموعة من القواعد والأعراف والتي تعتبر ملائمة لموقف معين.

*** التكيف المتبادل Mutual Adaptation**
العملية التي من خلالها يستخدم الأفراد الحكم بدلاً من المقاييس والقواعد والأعراف لحل مشكلة معينة.

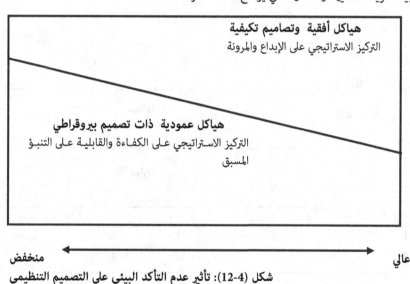

شكل (4-12): تأثير عدم التأكد البيئي على التصميم التنظيمي

* التكنولوجيا Technology

تؤثر التكنولوجيا بشكل واسع في التصميم التنظيمي. والتكنولوجيا عبارة عن مجمل المعارف والتجهيزات وطرق العمل التي تحول المدخلات إلى مخرجات. وقد تطورت التكنولوجيا كثيراً في الوقت الحاضر سواء كانت تكنولوجيا عمليات أو معرفة بحيث أدت إلى تغيير شامل في مختلف نواحي الحياة. ولإلقاء الضوء على تأثير التكنولوجيا على تصميم الهيكل التنظيمي يمكن القول أن تكنولوجيا التصنيع Manufacturing Technology والتي وضعت في إطار ثلاث مجموعات: الأولى تكنولوجيا الإنتاج بالدفعات الصغيرة Small-Batch Production والتي يتم فيها تصنيع منتجات متنوعة تلائم متطلبات خاصة بالزبائن. والثانية هي تكنولوجيا الإنتاج الواسع Mass Production حيث تنتج كميات هائلة من منتجات قياسية وقليلة التنوع في خط إنتاجي معين. أما الثالثة فهي تكنولوجيا إنتاج العمليات المستمرة Continuous Process Production وهذه تتميز بالأتمتة العالمية وتخص عمليات إنتاج منتجات متدفقة وسائلة مثل البتروكيماويات والبنزين والمنظفات وغيرها. وقد وجدت الدراسة التي قدمت هذا التصنيف أن التوليفة المناسبة بين أبعاد الهيكل والتكنولوجيا ضرورية جداً لنجاح المنظمة. فمنظمات إنتاج الدفعات الصغيرة والعمليات المستمرة وجدت بأنها أكثر مرونة وتعتمد هيكلاً عضوياً تقل فيه مستويات الرسمية والمركزية في حين أن منظمات الإنتاج الواسع تعتمد هيكلاً تنظيمياً أكثر ثباتاً بمعنى هيكلاً ميكانيكياً يزداد فيه مستوى التعقيد والرسمية والمركزية. إن التطبيقات اللاحقة لهذه الدراسة أصبحت تعرف اليوم بالضرورات التكنولوجية Technological Imperatives وتعني أن للتكنولوجيا تأثير كبير جداً على هيكل المنظمة. إن أهمية التكنولوجيا لا تقتصر فقط على التصنيع بل في منظمات الخدمات تؤثر التكنولوجيا على تصميم الهيكل التنظيمي أيضاً فهناك في منظمات الخدمات الصحية والتعليم نجد التكنولوجيا الكثيفة Intensive Technology ويركز فيها الجهد والمهارات والمعرفة لأفراد كثيرين لخدمة الزبون وبالتالي فإن تصميم الهيكل التنظيمي لهذه المنظمات يجب أن يأخذ هذه الحقيقة في الاعتبار حيث يمكن أن يكون استخدام الموارد بشكل تبادلي وصولاً إلى أفضل مخرجات ممكنة للزبون. أما في المصارف وشركات التأمين وشركات التوظيف وما شابهها فإنها تعتمد تكنولوجيا وسيطة Mediating Technology وفيها تعتمد المنظمة ربط الأفراد ببعضهم بتبادل منفعة بينهم. لذلك يجب أن يأخذ تصميم

*** التكنولوجيا**
Technology
عبارة عن مجمل المعارف والتجهيزات وطرق العمل التي تحول المدخلات إلى مخرجات.

*** الإنتاج بالدفعات الصغيرة**
Small-Batch Production
تصنيع منتجات متنوعة للوفاء بمتطلبات الزبائن المتباينة.

*** الإنتاج الواسع**
Mass Production
إنتاج كمية كبيرة من منتج موحد أو نماذج قليلة من منتج معين في خط إنتاجي.

*** إنتاج العمليات المستمرة**
Continuous Process Production
إنتاج منتجات متدفقة أو سائلة من خلال وحدات تتسم بالأتمتة العالية.

*** التكنولوجيا الكثيفة**
Intensive Technology
تركيز الجهود والمهارات لأفراد عديدين لخدمة الزبون.

التكنولوجيا الوسيطة
Mediating Technology
ربط الأفراد ببعضهم في إطار منافع متبادلة بينهم.

الهيكل هذه الحقيقة بالتركيز على جانبي عملية التبادل اعتماداً على التمركز للمدخلات والمخرجات. والنمط الثالث هو سلسلة التكنولوجيا المترابطة Long-Linked Technology حيث يتحرك الزبون من نقطة إلى أخرى بشكل تتابعي للاستفادة من الخدمة المقدمة. وهي في حقيقتها تشابه الإنتاج الواسع في الصناعة بمعنى أن تصميم المنظمة يجب أن يأخذ بنظر الاعتبار طبيعة الاعتماد المتبادل التتابعي. إن مجمل هذه الأفكار توضح الأثر الكبير للتكنولوجيا على إبعاد الهيكل وتصحيحه.

* **سلسلة التكنولوجيا المترابطة**
Long-Linked Technology
تكنولوجيا يتحرك بموجبها الزبون من نقطة إلى أخرى لغرض الحصول على الخدمة.

* الاستراتيجية Strategy

إن لاستراتيجيات المنظمة وتوجهاتها طويلة الأمد تأثير مهم على تصميم هيكلها. وقد اشرنا سابقاً إلى أن الهيكل التنظيمي هو الذي يضع الاستراتيجية موضع تنفيذ فعال. لقد انطلقت الدراسات الخاصة بالعلاقة بين الاستراتيجية والهيكل منذ الستينات من القرن الماضي حيث أشار الفرد شاندلر Alfred Chandler إلى أن الهيكل التنظيمي يتبع الاستراتيجية بمعنى أن مفردات الهيكل وطبيعته يجب أن تأخذ بنظر الاعتبار طبيعة التوجهات الاستراتيجية للمنظمة وتدعمها، فاستراتيجيات الاستقرار والثبات ربما لا تتطلب إجراء تغييرات كبيرة ومهمة في الهياكل التنظيمية الحالية إذا كانت بيئة العمل تتصف بالاستقرار النسبي. إن خطط المنظمة وبرامجها قد تتكرر بروتينية كما أن أساليب التنفيذ تتراكم وبالتالي تصبح خصائص الهيكل البيروقراطي ممكنة الاعتماد لتنفيذ مثل هذه التوجهات الاستراتيجية. ونجد عكس الحال إذا كانت استراتيجيات المنظمة باتجاه النمو والتوسع استجابة لمتطلبات بيئة تنافسية سريعة التغيير وبذلك تصبح الحاجة إلى المرونة والإبداع كبيرة. من هنا تصبح التغييرات في التصميم متسمة بطابع الاستمرارية وفي إطار فترات زمنية متقاربة وهذا يعني ضرورة اعتماد هيكل تنظيمي متكيف لمواجهة متطلبات عمل المنظمة وتحقيق أهدافها.

إن السلوك الاستراتيجي للإدارة العليا يحدد أيضاً درجة الثبات والمرونة في إبعاد الهيكل فالمنقبون Prospectors الذين يرومون المرونة في بيئة ديناميكية يحتاجون إلى هيكل تنظيمي مرن يكون تقسيم العمل فيه واطئاً وكذلك الرسمية وينحى باتجاه اللامركزية في تطوير القرارات. أما المدافعون Defenders فإن هدفهم الاستقرار والبحث عن الكفاءة من خلال الثبات في بيئة تتسم بالاستقرار النسبي ويمكن أن يعتمدوا هيكلاً تنظيمياً عالي الرسمية والمركزية فيه تقسيم واضح وكبير للعمل وتكون فيه الرقابة والسيطرة محكمة وبمؤشرات واضحة. في حين يقع المحللون Analyzers بين هذين السلوكين من حيث المرونة والثبات.

* حجم المنظمة Organization Size

* **حجم المنظمة**
Organization Size
العدد الكلي للعاملين بوقت كامل أو ما يكافئهم من العاملين المؤقتين في منظمة معينة.

إن الحجم هو عامل آخر مؤثر وفاعل في تصميم الهيكل التنظيمي، ومع أنه يقاس بمؤشرات عديدة ولكن اعتماد عدد العاملين كمؤشر أساسي جعل من حجم

المنظمة متجسداً بعدد العاملين الذين يعملون وقتاً كاملاً أو ما يكافئهم من العاملين المؤقتين.

إن مقارنة المنظمات من حيث الحجم صغيرة ومتوسطة وكبيرة في ضوء خصائص أبعاد هيكلها التنظيمي تؤشر وجود اختلافات في خصائص هذا الهيكل سواء من حيث عدد المستويات الإدارية أو مستوى التخصص بالوظائف من حيث المعيارية والإجراءات وقواعد العمل وكذلك نطاق الإشراف وخصائص النظام الرقابي أو من حيث درجة المركزية واللامركزية في هذه المنظمات.

* دورة حياة المنظمة Organization Life Cycle

*** دورة حياة المنظمة**
Organization Life Cycle
تطور مرحلي للمنظمة عبر الزمن في مراحل نموها المختلفة.

لا يمكن للمنظمة أن تبقى في هيكل تنظيمي وتصميم واحد طيلة دورة حياتها مختلفة المراحل. إن دورة حياة المنظمة تمثل تطور مرحلي للمنظمة عبر الزمن في مختلف مراحل نموها. والمرحلة الأولى هي مرحلة الولادة Birth Stage وهي مرحلة إيجاد أو تأسيس المنظمة من قبل المالكين. والثانية هي مرحلة النمو والشباب Youth Stage وهي مرحلة تشهد نمو سريع للمنظمة، والمرحلة الثالثة فهي مرحلة منتصف العمر Mid-Life Stage وبها تصبح المنظمة كبيرة الحجم وناجحة في ميدان عملها وأخيراً فإن مرحلة النضوج Maturity stage هي المرحلة الأخيرة حيث يستقر حجم المنظمة عند مستوى معين. في المرحلة الأولى يقوم المؤسسون بإدارة المنظمة وهي صغيرة وذات هيكل بسيط ودور المؤسسين يعتبر فاعلاً في مسيرتها. أما في مرحلة الشباب والنمو فإن إدارة المنظمة تتوسع وتنتشر جغرافياً وتحصل ضغوط على الهيكل التنظيمي لتغيير أبعاده. وفي مرحلة منتصف العمر فإنها تصبح أكبر حجماً وتتعقد أكثر وتزداد الحاجة لهيكل رسمي حيث تظهر مستويات إدارية جديدة في المنظمة ويصعب على المؤسسين السيطرة على كل الأمور. والمرحلة الأخيرة تشهد هيكلاً ميكانيكياً بيروقراطياً باحثاً عن الكفاءة من خلال ترشيد استخدام الموارد لكنه يصبح خطراً كبيراً بسبب المنافسة في السوق وزيادة عدم التأكد البيئي وقد يقود المنظمة إلى الانحدار والتدهور. هنا من الضروري اتخاذ إجراءات لجعل الهيكل أكثر مرونة وأكثر قدرة للتجاوب مع متطلبات بيئة ديناميكية بسبب حاجة المنظمة للإبداع والتجديد واستمرار التطور. وقد تحاول بعض المنظمات تقليل مساوئ الحجم من خلال ما يسمى بالترشيق Downsizing بتقليل إما عدد العاملين أو العمليات. وإذا كانت الإدارة حكيمة باتخاذ إجراءات تتصف بالريادة والإبداع قد لا تكون بحاجة إلى الترشيق وتخفيض

الحجم، وإنما تلجأ إلى تنمية السلوك الريادي والإبداعي لدى الأفراد والوحدات الفرعية من المنظمات الكبيرة. ويمكن إيجاد منظومات فرعية ريادية صغيرة تعمل بحرية تامة ومرونة عالية داخل هذه المنظمات الكبيرة ويسمى هذا بالنظم المتزامنة Simultaneous Systems.

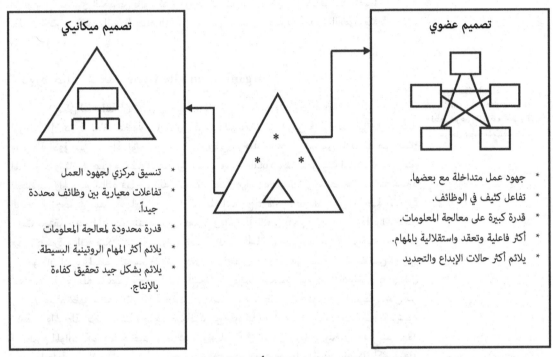

* النظم المتزامنة
Simultaneous Systems

شكل (5-12): عمل الأنظمة المتزامنة

وفي بعض الأحيان قد تصل منظمة الأعمال إلى مرحلة الانحدار أو التدهور Decline حيث تبذل المنظمة جهود للاحتفاظ بوضعها وتحسينه وإعادته إلى الحالة السابقة ولكن قد تتجه على حالة من الصراع بين مستويات التنظيم المختلفة وارتفاع في معدلات دوران العمل مما يؤدي إلى اضمحلالها وتدهورها.

* الخيار الاستراتيجي للمديرين Managers Strategic Choice

مع أن الحجم والتكنولوجيا والاستراتيجية والبيئة ودورة حياة المنظمة هي متغيرات فاعلة ومؤثرة في تصميم المنظمة وهيكلها إلا أنه لا يمكن أن تفسر هذه المتغيرات مجتمعة أو منفردة جميع مفردات الهيكل ويبقى هناك ما هو مهم وقد يعبر عنه بمتغير وسيط ذو أهمية وهو يتجسد برغبة وحاجات صانع القرار الاستراتيجي.

فالهيكل التنظيمي لا يمكن اعتباره خياراً موضوعيا متأثراً فقط بالمتغيرات الموقفية بل هو أيضاً قرار ناتج عن عملية مساومة وصراع سياسي يلعب فيه مديرين الإدارة العليا دوراً مهماً في تقرير نوع الهيكل المختار من

خلال ممارسة سلطاتهم وقوتهم بالتأثير النهائي على هذا الخيار. ويكفي للتدليل على ذلك أن توجه هؤلاء المدراء نحو المركزية واللامركزية وطبيعة الخيارات التكنولوجية التي يعتمدونها تؤثر بشكل كبير على طبيعة الهيكل.

ثالثا: التكامل بين الأنظمة الفرعية للتصميم

Design Subsystems Integration

إن كون منظمة الأعمال تتشكل من أنظمة فرعية Subsystems لكل منها أساليب عمل وبيئة وإدارة مناسبة فإن هذا الأمر قد يولد العديد من الإشكالات أمام إدارة المنظمة لجعل هذه الأنظمة الفرعية متكاملة في عملها وتعمل بتنسيق مستمر. تواجه منظمات الأعمال بيئات مختلفة الأمر الذي ينعكس على طبيعة عملها وتصميم هيكلها وهذا ما أوجدته أغلب الدراسات الإدارية والتنظيمية، ويشمل هذا الأمر المنظمة كنظام واحد متكامل. لكن بعض الدراسات أشارت إلى أنه في إطار هذا النظام المتكامل توجد أنظمة فرعية تتبنى هياكل وتصاميم مختلفة استناداً إلى طبيعة المشاكل التي تواجهها وطبيعة الفرص المتاحة أمامها والمدى الذي تكون فيه هذه الأنظمة الفرعية مرتبطة بعلاقة مع البيئة الخارجية. لهذا فإن نجاح المنظمة يعتمد على فهم هذه الأنظمة الفرعية لطبيعة ما تواجهه من مشاكل وتبني تصميم ميكانيكي أو عضوي وفقاً لذلك. إن هذا الحال يتطلب إيجاد موازنة بين مستوى التنسيق ودرجة التباين والاختلاف في هذه الأنظمة الفرعية بمعنى أن كل نظام يحمل في طياته اختلافاً وتمايزاً ويحتاج إلى تنسيق وتكامل مع الأنظمة الأخرى.

* الاختلاف أو التمايز في الأنظمة الفرعية

Differentiation in the Subsystems

إن مجرد ملاحظة عمل بعض الأنظمة الفرعية في منظمة الأعمال مثل البحث والتطوير أو التصنيع أو المبيعات أو العلاقات العامة يساعد في معرفة أنها تواجه في عملها عدم تأكد مختلف الدرجة، وبالتالي فإنها مصممة في ضوء هذا التمايز والاختلاف.

والتمايز Differentiation هو درجة التباين الموجودة بين الأنظمة الفرعية المكونة للمنظمة. ويمكن القول أن هذا الاختلاف يتأتى من أربعة مصادر أساسية:

* التمايز
Differentiation
درجة التباين والاختلاف بين الأنظمة الفرعية للمنظمة.

1. تمايز قائم على أساس التوجه الزمني للنظام الفرعي وهل هو توجه للمدى القصير أم للمدى البعيد، ففي الوقت الذي يكون فيه النظام الفرعي للتصنيع ذو توجه قصير الأمد نجد أن النظام الفرعي الخاص بالبحث والتطوير على خلاف ذلك. إن هذا الاختلاف في التوجه يجعل من الصعب على العاملين في كلا النظامين الفرعيين العمل سوية دون تباين أو تقاطع في الأفكار والرؤى.

2. الاختلاف في الأهداف، فمثلاً إن اهتمام مديرين الإنتاج بالتكاليف والجودة قد يتقاطع مع التوجه الـذي يمثلـه مـديرين التسويق بتركيزهم على زيادة حجوم الإنتاج لتغطية سوق واسعة ذات طلب متنامي. إن هذا الأمر يعقد مـن العمـل الإداري للاثنين ويتطلب تنسيقاً عالياً بينهما.

3. التمايز على أساس العلاقات الشخصية داخل الأنظمة الفرعية، وهذا ينعكس على نماذج الاتصالات وعملية صنع القرار والتفاعل الاجتماعي. لذا فإنه ليس من السهل عمل الأفراد الذين ينتمون إلى أنظمة فرعية مختلفة مع بعضهم البعض.

4. التمايز في درجة رسمية الهيكل، وهذا التمايز يؤثر على السلوكيات في هذه الأنظمة الفرعية حيث يعمل البعض منها بشكل عضوي ومرن لحل المشكلات وهؤلاء سيتعرضون للإحباط عندما يعملون مع مـديرين وعاملين في وحدات ذات تصميم ميكانيكي وقواعد وثبات عالي في إجراءات العمل. والشكل التالي يعرض التمايز بأشكاله المختلفـة مـع بعـض الأنظمة الفرعية للمنظمة.

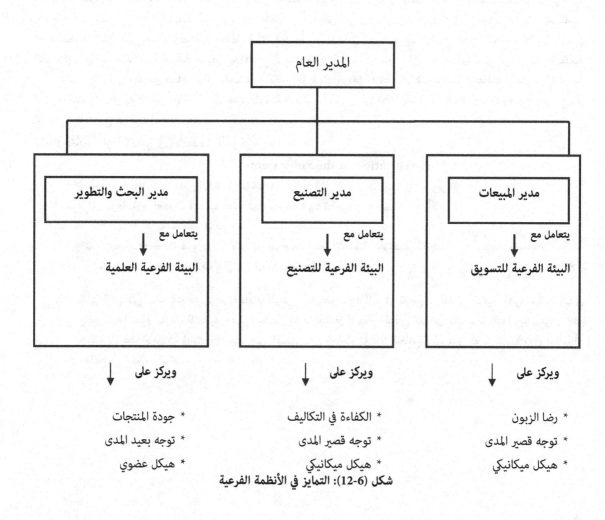

شكل (6-12): التمايز في الأنظمة الفرعية

وتختلف منظمات الأعمال بدرجة التمايز الموجود فيها وبالتالي فإن هذه المنظمات قد تكون أكثر تبايناً وبالتالي أكثر تعقيداً أو قد تكون أقل تمايزاً وأقل تعقيداً. وبشكل عام فإن هناك بعض العوامل التي تزيد من درجة التمايز مثل الاختلافات والتباين الأفقي وكثرة الوحدات التنظيمية والأقسام حيث أن هذا التباين الأفقي يحتاج إلى مهارات خاصة ومعرفة تخصصية وبذلك فهي تتطلب جهوداً تنسيقية أكبر. كما أن التباين العمودي وتعدد المستويات الإدارية في الهيكل يزيد هو الآخر من درجة التباين في المنظمة وتصبح علميات الاتصال وتطوير القرارات أكثر صعوبة. وأخيراً فإن الانتشار الجغرافي للمنظمة ووجودها في مناطق متباعدة يجعل من درجة التمايز والتباين كبيرة. وهكذا فإن الإدارة يجب أن تبذل جهوداً في تكامل هذه الأنظمة وجعلها تعمل مع بعضها البعض.

* التكامل بين الأنظمة الفرعية **Subsystems Integration**

* **التكامل Integration**
مستوى التنسيق المتحقق بين الأنظمة الفرعية في المنظمة.

يشير التكامل إلى مستوى التنسيق بين الأقسام ومكونات المنظمة الداخلية لغرض تحقيق الأهداف. ومن الملاحظ أن الهيكل التنظيمي الذي تزداد فيه درجة التمايز والاختلاف تكون فيه الحاجة أكثر إلى التكامل ويعبر عن هذا باشكالية التناقض بين التكامل والتمايز في التصميم التنظيمي. من جهة أخرى يصبح من الصعوبة إيجاد تكامل فعال كلما زادت درجة التمايز والتباين في الأنظمة الفرعية ومكوناتها. لذلك على إدارة المنظمة أن تجد التوليفة المناسبة من هذين البعدين وبما يحقق أفضل أداء وإنجاز للأهداف. وفي حقيقة الأمر توجد العديد من الأساليب والطرق التي تساعد على تحقيق هذا التكامل. فأساليب التنسيق من خلال علاقات السلطة وتبادل التقارير يمكن أن تساهم في زيادة التكامل العمودي وهذه تعمل في ظل وجود تمايز قليل في المنظمة. أما استخدام قواعد العمل وأعراف الفريق وآليات التخطيط فهذه تساعد على إيجاد تكامل أفقي لكونها تحسن العلاقات الجانبية وتكون أفضل في المنظمات التي يوجد فيها تمايز أفقي عالي، وبالتالي فإن الهياكل الحديثة تعتمد الاتصال المباشر بين المدراء لتحديد الأدوار وفرق العمل وفرق المهام.

- التداخل (العلاقات البينية) **Interdependences**

* **تدفق (انسياب) العمل Workflow**
حركة العمل من نقطة إلى أخرى في منظمة الأعمال كنظام.

إن تدفق العمل Workflow بين الأقسام والمجموعات والأفراد هو الذي يساعد على إنجاز وخلق نتائج مرغوبة، لكن في نفس الوقت ليس بالمهمة السهلة إيجاد انسيابية في حركة العمل من نقطة إلى أخرى طيلة مراحل تدفق العمل. إن ما يساهم في تحسين انسيابية أو تدفق العمل هو ضرورة النظر إليها كنظام مترابط تتكامل فيه الأعمال والأنشطة وتتداخل بشكل يكون واضحاً للجميع. لذلك فإن التطبيق العملي يتم من خلال إيجاد مجموعة العاملين التي تعمل بشكل منسجم

وليس مجرد تجمع أفراد منعزلين. ويكون هذا أفضل عندما تتقاسم المجموعة أهدافاً مشتركة وتركز على النتائج وليس فقط على الأنشطة المؤدية لها، وهذا بالتأكيد سيؤدي إلى إضافة قيمة للزبون الذي يطلب السلع أو الخدمات، وتقوم إدارات المنظمات بملاحظة ومتابعة هذه الجوانب باستمرار لتعديلها وتطويرها من خلال ما يسمى عمليات إعادة الهندسة Process Reengineering والتي تعني تحليل منهجي ومنظم لانسياب العمل وتدفقه بهدف تصميم جديد للعمل أفضل من الوضع الحالي. ويرتبط بهذا المفهوم مصطلح آخر هو تحليل القيمة للعمليات Process Value Analysis وهو مدخل منظم ومنهجي لغرض تشخيص وتقييم العمليات الأساسية اللازمة لإنتاج منتج معين بهدف إزالة العمليات الزائدة أو تحسين ما يمكن تحسينه دون المساس بوظيفة المنتج أو أدائه الذي صمم من أجله وبالتالي تخفيض تكاليف إنتاجه. ولعل أوضح صورة لذلك هو استبدال بعض أجزاء المنتج بأخرى بلاستيكية مثلاً أو دمج قطعتين في قطعة واحدة أو غير ذلك من عمليات التبسيط أو التغيير.

* عملية إعادة الهندسة
Process Reengineering
تحليل منهجي ومنظم لانسياب العمل وتدفقه بهدف تصميم جديد للعمل أفضل من الوضع الحالي.

* تحليل القيمة للعمليات
Process Value Analysis
مدخل منهجي ومنظم لتشخيص وتقييم العمليات الأساسية اللازمة لإنتاج منتج معين بهدف إزالة العمليات الزائدة أو تحسينها بطرق شتى دون التأثير على أداء المنتج أو وظيفته.

إن تداخل العلاقات في تدفق العمل في منظمات الأعمال واعتمادية الوظائف والأنشطة والأفراد بعضهم على البعض الآخر لا يكون على شاكلة واحدة.

* التداخل
Interdependence
المدى الذي تعتمد فيه الأقسام وأجزاء المنظمة بعضها على البعض الآخر بالموارد أو بإنجاز المهام.

إن التداخل يعني المدى الذي تعتمد فيه أقسام وأجزاء المنظمة بعضها على البعض الآخر سواء من ناحية الموارد أو إنجاز المهام المختلفة. وهنا فقد يكون هذا التداخل قليل أو معدوم بين الوحدات الفرعية ويسمى Pooled Interdependence كما هي الحالة في المصارف أو بعض المطاعم الكبيرة حيث تعمل الوحدات على إنجاز أعمال للزبائن دون وجود انسيابية أو تدفق للعمل بينها بل إن العمل ينجز في وحدة واحدة. وهذا لا يعني أن هذه الوحدات ليس بينها تقاسم مشترك للموارد أو المعلومات وإنما فقط نقص انسيابية أو تدفق العمل. أما الوحدات التي يكون انسياب العمل فيها تتابعي بحيث تشكل مدخلات إحدى الوحدات مخرجات لوحدة أخرى بشكل سلسلة متتابعة بحيث يكون أداء الوحدة الأولى مؤثراً على أداء الوحدة الثانية فيسمى هذا النوع من التداخل أو العلاقات البينية بالتداخل التتابعي Sequential Interdependence. وأخيراً فإنه عندما يكون التداخل متبادلاً وباتجاهات متعددة حيث تكون مدخلات الوحدة A مخرجات للوحدة B ثم نعود مرة أخرى كمدخلات لـ B وهكذا مع الوحدات الأخرى فإن هذا يعني أن هناك تداخل متبادل Reciprocal Interdependence كما هو الحال في خدمات المستشفيات حيث يجب تنسيق خدمات المرضى وحركتهم بين الوحدات المقدمة للخدمات بشكل تبادلي. والشكل التالي يوضح هذه الأنماط من التداخل وبعض أساليب التنسيق الفاعلة بينها.

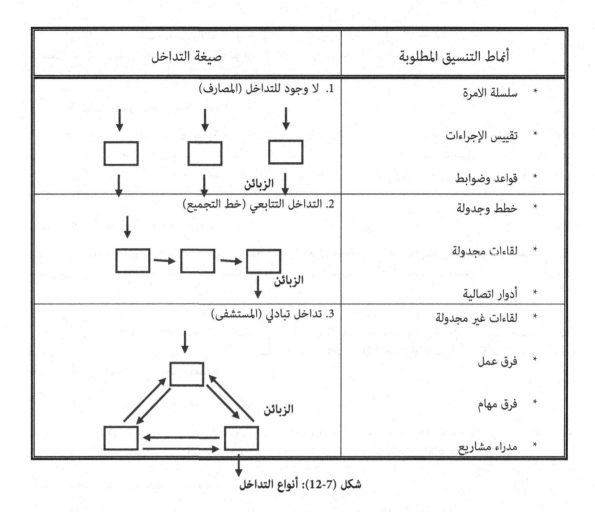

صيغة التداخل	أنماط التنسيق المطلوبة
1. لا وجود للتداخل (المصارف)	* سلسلة الامرة
	* تقييس الإجراءات
الزبائن	* قواعد وضوابط
2. التداخل التتابعي (خط التجميع)	* خطط وجدولة
الزبائن	* لقاءات مجدولة
	* أدوار اتصالية
3. تداخل تبادلي (المستشفى)	* لقاءات غير مجدولة
الزبائن	* فرق عمل
	* فرق مهام
	* مدراء مشاريع

شكل (7-12): أنواع التداخل

* التنسيق
Coordination
نوعية التعاون وأنماطه بين الأقسام والوظائف المختلفة في المنظمة.

* التنسيق Coordination

تستخدم شركات الأعمال الكبيرة اليوم آليات متعددة للتنسيق بسبب تنوع المهام وزيادة الانتشار الجغرافي وتنوع أنظمة الإنتاج وغيرها. وتعتبر عملية التنسيق مهمة لكونها تساعد المنظمة على السير باتجاه مشترك لتحقيق الأهداف

413

وبالتالي فإن عمليات الرقابة والاتصال واتخاذ القرار وتطوير الخطط تـأتي منسـجمة وليست متعارضة ورغم تعدد أنماط التنسيق وتنوعها مـن قواعد وإجراءات عمـل وفرق عمل وجدولة إنتاج واتصالات إلا أنه يمكن أن نضعها في إطار خمسة آليات وهي:

1. التكيف المتبادل Mutual Adjustment

وفيه يتم التنسيق بشكل وثيق إما لكون المهام لم توزع بين أفراد كثيرين أو أن مجموعـة العمل صـغيرة بحيـث تستطيع الوصول إلى اتفاق بسهولة وبطرق غير رسمية. وفي المنظمات الكبيرة والمعقدة فإن هذا النوع من التنسيق يتطلب درجة عالية من المعرفة والمرونة كون تدفق العمل لم يحدد بشكل تام ويلاحظ في مـنظمات الأعمال اليوم مسـميات مـن قبيـل مسـؤول تنسـيق المهارات والخبرات.

2. الإشراف المباشر Direct Supervision

عندما يصبح حجم مجموعة العمل كبيراً وتصبح وسائل التكيف المتبادل غـير ملائمـة يتم وضع مشرفين للعمـل يقومـون بتنسيق تأدية المهام في المجموعة وهي وسيلة فعالة عندما تكون إجراءات وقواعد العمل معروفة وواضحة.

3. تقييس المهارات Skills Standardization

وتسمى أيضاً تقييس المدخلات حيث أن التدريب والتأهيل بشكل موحد للعاملين يؤدي إلى الإنجاز بشكل متقارب وهـذا النوع من التنسيق يصبح ضرورياً جداً في حالة عدم استطاعة المنظمـة تقييس المخرجـات أو العمليـات كما هـو الحـال بتـدريب وتأهيل الأطباء في العمليات الجراحية المعقدة.

4. تقييس العمليات Processes Standardization

إذا كان ممكناً ضبط خطوات تنفيذ العمل وآليات تدفقه وبرمجتها بحيث تصبح واضحة للجميع يكون التنسيق هنا ممكناً من خلال هذه الإجراءات ولكن في أحيان كثيرة يكون من الصعوبة بمكان إيجاد قياسات كاملة لكافة مفردات العمل.

5. تقييس المخرجات Outputs Standardization

يمكن أن يتم التنسيق من خلال مخرجات العمل إذا كانت هذه المخرجات واضحة ويمكن قياسها كمياً وتحديد مواصفاتها نوعياً وبالتالي تستخدم هذه الجوانب في تنسيق عمل المجموعات.

أسئلة الفصل الثاني عشر

* أسئلة عامة

1. ما معنى التصميم التنظيمي؟ وما أهميته في منظمات الأعمال؟
2. استعرض أفكار دراسة Burns و Stalker حول ماهية التصميم الملائم في مختلف الظروف والمواقف.
3. وضح مفهوم فاعلية المنظمة، ثم استعرض أهم المداخل التي حللت موضوع الفاعلية.
4. ما المقصود بأجزاء المنظمة وخيارات التصميم؟ وضحها بإيجاز
5. كيف تنعكس البيئة الخارجية ودرجة عدم التأكد فيها على المنظمات وتصميمها؟
6. وضح كيف تؤثر التكنولوجيا في تصميم المنظمات.
7. ماذا يقصد بدورة حياة المنظمة؟
8. ما المقصود بالاختلاف والتمايز في الأنظمة الفرعية للمنظمة؟
9. وضح مفهوم التكيف المتبادل.
10. وضح بالرسم العلاقة بين أنماط التنسيق المطلوبة وصيغة التداخل أو العلاقات البينية.

** أسئلة الرأي والتفكير

1. لقد درست مداخل لقياس وتحليل فاعلية المنظمة، حاول أن تطبق هذه المداخل على قياس فاعلية الطالب الـذي لديـه هدف استراتيجي وهو الحصول على الشهادة بمعدل عالي مركزاً على أسلوب استخدامها وسبب الاستخدام ومـدى كفـاءة المدخل الذي تعتمده في قياس الفاعلية.

2. في ضوء ما عرفته من أجزاء المنظمة، خذ مجموعة من الوظائف في شركات تعرفها وصنفها ضمن هـذه الأجـزاء، ومـا أهمية مثل هذه التصنيفات لمنظمات الأعمال.

3. عند دخول شركة اتصالات جديدة للعمل في بيئتك التي تعيش فيها أو عنـد إصـدار الحكومـة لقـانون ينظم عمـل الاتصالات في البلد أو عند رغبة الشركة التوسع في السوق لوجود طلب كبير، في رأيك كيف تؤثر هـذه الجوانـب علـى تصميم المنظمة (الشركة التي توسعت).

4. خذ كمثال الخارطة التنظيمية لمصرف ولمستشفى ولجامعة وبين أنماط التكامل وصيغه المحتملة في إطار وجـود تمـايز في الأنظمة الفرعية لهذه المنظمات.

5. قارن بين منظمة حكومية ذات هيكل ميكانيكي وأخرى خاصة ذات هيكل عضوي وبين أوجه الاختلاف بـين التصـميمين، وبين رأيك في ما إذا كان بالإمكان أن تصمم المنظمة هيكلها عضوياً وماذا تحتاج من تغييرات لإجراء ذلك.

*** أسئلة الخيارات المتعددة

1. إن بناء الهيكل التنظيمي المناسب من خلال الاختيار الدقيق والواعي لأبعاده وموازنتها وإيجاد العلاقة بينها يدعى:

A. التكيف التنظيمي
B. التصميم التنظيمي
C. التمايز التنظيمي
D. التكامل التنظيمي

2. الآتي أهم خصائص النظام العضوي عدا:

A. اللامركزية
B. نطاق إشراف واسع
C. تنسيق رسمي وغير شخصي
D. اشتراك بالمهام

3. إن المدخل الذي يرى أن فاعلية المنظمة تتجسد بقدرتها على تحويل المدخلات إلى مخرجات هو مدخل:

A. المكونات الاستراتيجية
B. القيم المتبادلة
C. الأهداف
D. العمليات الداخلية

4. إذا كانت السيطرة للكادر المساند في الهيكل التنظيمي للمنظمة فإن التصميم هنا يسمى:

A. تصميماً غرضياً
B. تصميماً تقسيمياً
C. تصميماً بسيطاً
D. تصميماً بيروقراطياً مهنياً

5. إن مجموعة المهام ذات العلاقات فيما بينها والتي تتطلب سلوكاً معيناً من قبل الفرد لأدائها تسمى:

A. الدور
B. الوظيفة
C. القسم
D. النظم المتزامنة

6. واحدة من بين الآتي لا تعتبر من وظائف الصيانة والثبات:

A. العلاقات العامة
B. المحاسبة
C. القانونية
D. الصيانة والتصليح

7. إن المطابقة مع نموذج معين من خلال تحديد مجموعة من القواعد والأعراف التي تعتبر ملائمة لموقف معين هي:

A. التمايز
B. التكامل
C. التقييس
D. التكنولوجيا

8. إن المنظمة التي تتكون من نظم فرعية وتصاميم يعمل بعضها في ثبات ورسمية ويعمل البعض الآخر بمرونة وفرق عمل تسمى :

A. نظام ميكانيكي
B. نظام مفتوح
C. نظام متزامن
D. نظام تكنولوجيا وسيطة

9. واحد من بين الآتي لا يعتبر من بين مصادر الاختلاف والتمايز في الأنظمة الفرعية للمنظمة:

A. التوجه الزمني للنظام
B. العلاقات الشخصية للنظام
C. درجة الرسمية داخل النظام
D. تشابه الأهداف داخل النظام

10. عند مقارنة الجيش كمنظمة كبيرة مع الكلية أو الجامعة متوسطة الحجم التي أنت فيها فإنه يمكن القول:

A- التمايز الأفقي في الجيش أكبر من التمايز الأفقي في الجامعة
B- التمايز العمودي في الجيش أكبر من التمايز العمودي في الجامعة
C- التمايز العمودي في الجامعة أكبر من التمايز العمودي في الجيش
D- لا يوجد أي اختلاف بالتمايز العمودي أو الأفقي في كلا المنظمتين

11. إن حركة العمل من نقطة إلى أخرى في المنظمة كنظام تسمى :

A. Integration
B. Diversification
C. Reengineering
D. Work Flow

12. اين يمكن أن تكون انماط التنسيق من قبيل سلسلة الامرة، تقييس الإجراءات والقواعد والضوابط افضل في صيغ التداخل ادناه :

A. لا وجود للتداخل
B. تداخل تبادلي
C. تداخل تتابعي
D. تداخل عالي جداً

13. إن التدريب والتأهيل للعاملين بشكل موحد والذي يؤدي إلى إنجاز متقارب لاحقاً يصبح ضرورياً لـ:

A. الإشراف المباشر
B. تقييس المهارات
C. تقييس العمليات
D. تقييس المخرجات

14. إن المدى الذي تعتمد فيه الأقسام وأجزاء المنظمة بعضها على البعض الآخر بالموارد أو بإنجاز المهام يسمى:

A. التنسيق
B. التداخل
C. التكييف المتبادل
D. التنوع

15. في أي المراحل التالية من مراحل دورة حياة المنظمة تزداد الحاجة إلى هيكل رسمي:

A. الدخول للسوق
B. النمو
C. النضوج
D. التدهور والانحدار

الفصل الثالث عشر

التغيير والتطور في المنظمات

الفصل الثالث عشر

التغيير والتطور في المنظمات

بعد دراستك لهذا الفصل تستطيع الإجابة على الأسئلة التالية:

1. ما المقصود بالتغيير، وما هي القوى التي تحركه؟
2. ما هو الفرق بين التغيير المخطط والطارئ؟
3. ما أهم أنواع التغيير التنظيمي؟
4. ماذا يقصد بمقاومة التغيير، وما هي أسبابها؟
5. ماذا نعني بالتطوير والإبداع التنظيمي؟

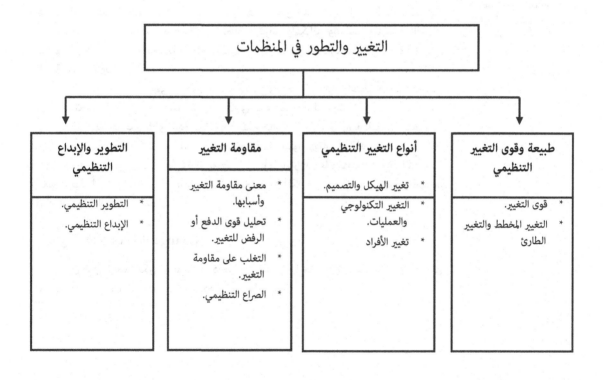

مقدمة الفصل الثالث عشر:

إن التغيير هو سمة سائدة في البيئة المعاصرة لذلك فإنه يشمل كافة نواحي عمل المنظمة والممارسات الإدارية فيها. إن غداً يأتي دائماً مختلفاً عن اليوم لذلك فالتخطيط والتنظيم والرقابة يجب أن تتكيف وتحاول حل المشاكل التي ستظهر مستقبلاً. وإذا كان التغيير حقيقة تنظيمية فإن التعامل معه أصبح جزءاً من الدور الذي تؤديه الإدارة باستمرار. في هذا الفصل سنتطرق إلى قضايا أساسية تشكل محتوى عملية التغيير التي تأمل من خلالها المنظمة التطور وتحسين قدرتها على الإبداع. سيتم في البدء مناقشة طبيعة وقوى التغيير في منظمات الأعمال ومن ثم أنواع هذا التغيير وطرق التعامل معها ثم ننتقل إلى مسببات التغيير وقوى مقاومة التغيير لنختتم الفصل بموضوع التطور المنظمي والإبداع كأحد الجوانب المهمة المرتبطة بالتغيير في بيئة الأعمال المعاصرة.

أولاً: طبيعة وقوى التغيير

Change Nature and Forces

* **التغيير المنظمي**
Organizational Change
هو تعديل أساسي في بعض أجزاء المنظمة أو جميعها.

إن التغيير المنظمي Organizational Change هو تعديل أساسي وحيوي في بعض أجزاء المنظمة أو جميعها، والتغيير يمكن أن يشمل أي مفصل من مفاصل عمل المنظمة كانسيابية العمل وجدولته وأسس التقسيم التنظيمي ونطاق الإشراف والمكائن وتصميم المنظمة والأفراد أنفسهم. وإذا كان التغيير مخططاً فإنه يشمل أي جانب ترى الإدارة ضرورة تغييره لتحسين فاعلية المنظمة ونجاحها.

إن أهمية التغيير تتجلى في جعل المنظمة تنمو وتزدهر باستمرار باعتبار أن هذا التغيير هو حالة تحسين مستمرة تأتي استجابة للتغيرات في بيئة عمل المنظمة مثل تغير حاجات الزبائن أو إدخال تكنولوجيا جديدة أو استجابة لتشريعات حكومية جديدة. ودراسة التغيير التنظيمي مهمة جداً لأن كافة المدراء في مختلف المستويات الإدارية سيواجهونه. إن المدراء الذين يمتلكون قدرة لمعرفة نوع التغيير المناسب إدخاله يجعلون المنظمة أكثر إبداعاً ومرونة استجابة للتغييرات المحيطة بها. لذلك يشجع المدراء العاملين على البحث عن أفكار جديدة لإحداث تغييرات مفيدة في أي من مفردات عمل المنظمة.

* قوى التغيير Change Forces

إن قوى التغيير يمكن أن توجد في داخل المنظمة أو خارجها، فقوى التغيير الخارجية تمثل قوى بيئية Environmental Forces موجودة في جميع متغيرات

وعناصر البيئة من مستهلكين ومنافسين وتكنولوجيا وجوانب اقتصادية واجتماعية ودولية. فقد تجعل تغييرات بيئية معينة نظام العمل الحالي وأساليبه غير قادرة على الاستجابة لهذه التغييرات في حاجات الزبائن مثلاً بسبب كون النظام غير مرن. إن هذا الأمر يحث المنظمة على إجراء تغييرات باستخدام فريق عمل أكثر تمكيناً لوضع جدولة سريعة تستجيب فيها لحاجات الزبائن وتأكيد الجودة وسرعة التسليم وبالتالي فإن هذا النظام الجديد قد خفض الكلف ورفع من مرونة العمل وهذه متطلبات أساسية للاستجابة للتغيرات الحاصلة في البيئة. أما القوى الداخلية Internal Forces فهي قوى تغيير تظهر في إطار الأنشطة الداخلية والقرارات فإذا رغبت الإدارة العليا في اختيار النمو السريع كهدف فإن مجمل الأفعال الداخلية يجب أن تغير لكي تضع هذا الأمر موضع تنفيذ فعال وقد يكون ذلك من خلال إيجاد قسم جديد أو إدخال تكنولوجيا جديدة وما يتبع ذلك من تغييرات على مستوى العاملين والأساليب وجوانب المنظمة الأخرى. إن هذا يدخل في إطار مراجعة وفحص النظام لمعرفة الجوانب التي تعوق إدخال تغيير إيجابي يؤدي إلى تحقيق الأهداف وتحسين فاعلية المنظمة.

* **التغيير المخطط**
Planned Change
التغيير الذي يصمم وينفذ بطريقة منهجية تقوم على أساس قراءة المستقبل وتوقع أحداث معينة.

* **التغيير الطارئ**
Reactive Change
هو استجابة تدريجية للأحداث عند وقوعها.

* التغيير المخطط والتغيير الطارئ

Planned Change and Reactive Change

من الممكن التخطيط للتغيير مقدماً بشكل كفوء في بعض الحالات، وفي حالات أخرى وبسبب عدم استطاعة المنظمة التنبؤ بالأحداث فإن تغييراً قد يقع وتجب الاستجابة له ويسمى هذا تغييراً مفاجئاً أو طارئاً. ويقصد بالتغيير المخطط Planned Change التغيير الذي تم تصميمه وتنفيذه بطريقة منهجية تقوم على أساس استقراء وتوقع الأحداث المستقبلية. أما التغيير الطارئ Reactive Change فهو استجابة تدريجية للأحداث عند وقوعها بسبب محدودية رؤية الأحداث المستقبلية والتنبؤ بتداعياتها واتخاذ إجراءات واضحة لمجابهتها، والمدراء عادة يفضلون التغيير المخطط على التغيير الطارئ. ويقتضي الحال من المدراء معرفة وفهم التغيير وكيفية حصول التأثيرات الناجمة عنه.

- **الحاجة للتغيير Need For Change**

إن مجمل قوى التغيير الداخلية والخارجية تنعكس على المنظمة وتتطلب إجراء تغيير فيها. ومما يلاحظ إن الكثير من العاملين لا يرغبون في إحداث أي

تغيير ما لم تحصل مشكلة أو أزمة. وإذا ما حدثت الأزمة أو المشكلة فإننا نرى زيادة في الحاجة إلى التغيير من خلال تقييم للمشكلة أو الأزمة أو الفرصة السانحة ومن ثم العمل على البدء بالتغيير سواء بتطبيق أفكار جديدة أو البحث عن وسائل عمل جديدة أو العمل بأساليب جديدة للتعامل مع المشكلة أو الأزمة ثم تنفيذ التغيير المطلوب لغرض تحسين الوضع كما في الشكل أدناه.

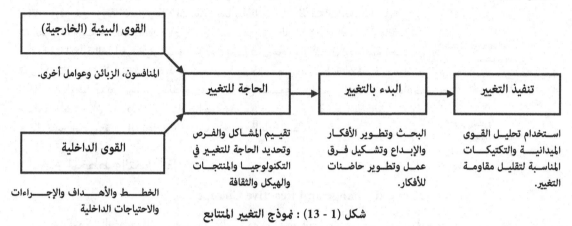

شكل (1 - 13) : نموذج التغيير المتتابع

في بعض الحالات قد لا يكون التغيير بسبب وجود أزمة أو مشكلة أو فرصة ومع ذلك فإن المدراء ينظمون أفكارهم ويكونون أكثر اهتماماً بإجراء تغيير لغرض تحسين الوضع القائم. ويمكن أن تكون فجوة الأداء Performance Gap سبباً في إجراء التغيير، والمقصود بفجوة الأداء هنا الفرق بين الأداء المرغوب والأداء المتحقق فعلاً. فإذا وجد المدير أن الأداء المتحقق ينحرف كثيراً عن الأداء المستهدف أو المرغوب فقد تظهر حاجة إلى إجراء تغيير لتحسين الوضع وتقليل الفجوة. وكما سبقت الإشارة إلى تحليل SWOT باعتباره تشخيصاً للفرص والتهديدات الخارجية ونقاط القوة والضعف الداخلية فقد يعطي هذا التحليل أيضاً الحاجة إلى إجراء تغيير أو تحسين في الوضع القائم حالياً. يتطلب الأمر من المدراء أن يكونوا حذرين منتبهين جداً لبروز المشاكل أو سنوح الفرص لكونها مدخلات للحاجة للتغيير.

* فجوة الأداء
Performance Gap
الفرق بين مستوى الأداء المستهدف والأداء المتحقق فعلاً.

- البدء بعملية التغيير Initiating Change

بعد أن ترى الإدارة في منظمات الأعمال الحاجة للتغيير فإن البدء به يجب أن يحصل بسرعة. ومرحلة البدء بالتغيير هي خطوة مهمة لكونها ستؤدي إلى تغييرات

424

إدارية خاصة وأنها مرتبطة بأفكار جديدة تطور وتعتمد لجعل المنظمة أكثر استجابة للتغيير سواء المخطط أو الطارئ. وبهذا فإن هذه المرحلة تكون أكثر وضوحاً من خلال تبني المنظمة للبحث والإبداع وفرق العمل الرائدة.

1. البحث Search

وهو يحمل العمليات الخاصة بإحاطة المنظمة بكل ما يتعلق بالتطورات الداخلية والخارجية التي يمكن أن تستخدم وتساهم في الوفاء بالحاجات المدركة لتغيير. إن هذا الأمر مغطى في إطار المعرفة الموجودة في المنظمة والتي يمكن تطبيقها أو من خلال استخدام المدراء لقدراتهم المهنية والاستفادة من التقارير المهنية والاستشارات أو أي مصدر آخر. وفي أحيان عديدة فإن المعرفة الموجودة قد لا تكفي للتعامل مع الحالات لذلك يجب أن تطور المنظمة استجابات تتسم بالإبداع الفردي أو الجماعي وكذلك تشجيع الأفراد على التجديد وتطبيق الأفكار الجديدة وغيرها.

2. القابلية للابتكار Creativity

إن القابلية للابتكار هي القدرة على توليد أفكار جديدة يمكن أن تفي الاحتياجات المدركة أو الاستجابة للفرص من قبل المنظمة. وتعد القابلية للابتكار خطوة أولى للإبداع Innovation. وهذه الظاهرة ضرورية جداً لنجاح المنظمة على المدى الطويل، حيث أنها تساهم في البدء بإجراء التغيير في المنظمة باعتبار أن الأفراد والمجموعات والأقسام يعملون في بيئة تتسم بالتجديد والإبداع وتطبيق الأفكار الجديدة.

3. روّاد الأفكار Idea Champions

إذا كانت ظروف القدرة على الابتكار مهيأة فإن أفكاراً جديدة ستتولد وتطور ومن ثم تنفذ وبالتأكيد فإن دور من أطلق الفكرة وطورها سيكون حاسماً في اتجاهها. إن رائد الفكرة Idea Champion يمكن أن يعرف على أنه الشخص الذي يرى الحاجة للتغيير المثمر في المنظمة. إن الأفكار الريادية في منظمات الأعمال تتطلب العديد من الأدوار قد يلعب شخص واحد أحد هذه الأدوار أو أكثر. وبشكل عام فإن الإبداع الناجح في الشركات يتضمن أدوار متداخلة لعدد من الأفراد كل دور يتقمصه واحد منهم: فالمخترع Inventor يطور فكرة جديدة يعرف أنها ذات قيمة فنية ولكن ليس لديه القدرة أو الرغبة لترويجها وإقناع المنظمة بقبولها، وهنا

البحث Search
عمليات التعلم لكل ما يتعلق بالتطورات الداخلية أو الخارجية التي يمكن أن تستخدم للوفاء بالحاجات المدركة للتغيير.

القابلية للابتكار Creativity
هي القدرة على توليد أفكار جديدة يمكن أن تفي بالحاجات المدركة أو اقتناص الفرص من قبل المنظمة.

رائد الفكرة Idea champion
هو الشخص الذي يرى الحاجة للتغيير المثمر في المنظمة.

يأتي دور الرائد أو البطل Champion الذي يقتنع بالفكرة ويقنع الإدارة بفائدة هذه الفكرة وضرورة دعمها مالياً من قبل المنظمة. أما الراعي Sponsor فعادة ما يكون مديراً من مديرين الإدارة العليا يعطي موافقته ويوفر رعايته وحمايته ويزل عوائق أو عقبات قبول الفكرة. وأخيراً فإن هناك من يمحص الفكرة Critic ويمنع من أن تقبل فكرة رديئة لا تعطي مردوداً إيجابياً فهو يتحدى الراعي والرائد ويطلب براهين قوية على جودة وصلاحية الفكرة ومردودها للمنظمة. ويعرض الشكل التالي هذه الأفكار.

* الممحص Critic	* الراعي Sponsor	* الرائد أو البطل Champion	* المخترع Inventor
يطلب براهين واختبارات واقعية للفكرة منتقداً جوانب القصور فيها ويؤكد على اجتياز الفكرة لاختبارات صعبة لإثبات صلاحيتها.	مدير في الإدارة العليا يحاول إزالة العقبات في المنظمة ويدعم ويعطي الموافقة للفكرة.	يؤمن بالفكرة ويرى جوانبها المفيدة ويواجه حقائق الكلفة والربح المتولدة عن الفكرة ويحصل على دعم إداري ومالي للفكرة ويحاول تجاوز العقبات.	يطور ويعرف الجوانب الفنية للفكرة لكنه لا يعرف كيف يحصل على الدعم والإسناد لتحويل الفكرة إلى منتج أو عمل.

شكل (2-13) : الأدوار الأربعة للتغيير التنظيمي

ثانياً: أنواع التغيير التنظيمي Organizational Change Types

من الممكن أن يشمل التغيير في منظمات الأعمال واحداً أو أكثر من المجالات التالية: هيكل المنظمة وتصميمه، التكنولوجيا والعمليات، الأفراد، ويلخص الشكل التالي بعض المفردات المهمة التي من الممكن أن تكون عرضة للتغيير المخطط أو المفاجئ ضمن المجالات الثلاثة المذكورة.

هيكل المنظمة والتصميم	التكنولوجيا والعمليات	الأفراد
* تصميم الوظيفة.	* تكنولوجيا المعلومات.	* السلوكيات.
* التقسيم (إقامة الوحدات التنظيمية)	* التجهيزات والمكائن.	* المهارات.
* علاقات الرؤساء بالمرؤوسين.	* العمليات الإنتاجية.	* الأداء.
* توزيع السلطة.	* تتابع أو تعاقب أنشطة العمل.	* الإدراك.
* أساليب التنسيق.	* نظام الرقابة.	* التوقعات.
* العلاقات الوظيفية والاستشارية.		
* التصميم بأكمله.		

هيكل المنظمة والتصميم	التكنولوجيا والعمليات	الأفراد
* إدارة الموارد البشرية.		* القيم.

شكل (3 - 13) : مجالات التغير التنظيمي

يمكن أن تأخذ عملية التغيير المخطط مراحل متعاقبة يؤدي الاهتمام بها إلى نجاح عملية التغيير والتي يمكن أن تجمل بالخطوات الممثلة بالشكل التالي:

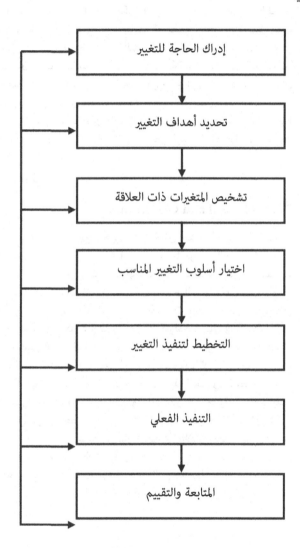

شكل (4 - 13) : مراحل عملية التغيير

* تغيير الهيكل والتصميم Structure and Design Change

من الممكن أن يكون التغيير منصباً على أي من المكونات الأساسية للهيكل التنظيمي أو على الهيكل والتصميم بصورته الكلية. إن هذا التغيير يمكن أن يكون بصور شتى منها تغيير التصميم التنظيمي أو تصميم الوظائف أو التقسيمات الأساسية للمنظمة ويمكن أن يشمل أيضاً علاقات الرؤساء بالمرؤوسين وتوزيع السلطات، وكما أشير إليه سابقاً فإن الاتجاه الحديث هو نحو الهياكل المفلطحة والتي تكون فيها أساليب التنسيق وتوليفة العلاقات بين التنفيذيين والاستشاريين عرضة للتغيير أيضاً. كذلك يمكن أن تتغير أجزاء من نظام إدارة الموارد البشرية مثل معايير اختيار الأفراد أو تقييم أدائهم. إن مجمل هذه التغييرات تمثل تغييرات هيكلية Structural Changes والتي تعني تغييرات بالطرق والأساليب التي تدار وتصمم من خلالها المنظمة. كذلك يمكن أن تشمل هذه التغييرات الأهداف وخصائص الهيكل والإجراءات والنظم الإدارية.

*** التغييرات الهيكلية**
Structural Changes
أي تغييرات في الطرق التي تصمم وتدار بها المنظمة.

* التغيير التكنولوجي والعمليات

Technological and Operations

تشمل العوامل التكنولوجية مجمل أنواع التجهيزات والمكائن وكذلك العمليات المساعدة للأفراد في إنجاز أعمالهم. والتغيير التكنولوجي Technological Change يرتبط بالعملية الإنتاجية وكيفية أداء المنظمة أعمالها، وجميع التغييرات التكنولوجية تنصب أساساً على العمليات الإنتاجية المؤدية إلى إيجاد السلع والخدمات كذلك يشتمل التغيير التكنولوجي على جميع التحسينات والتغييرات في جوهر المنتجات سواء كانت سلع أو خدمات حيث يؤدي التغيير إلى منتجات جديدة أو منتجات محسنة. وبشكل عام فإن التغيير التكنولوجي يأتي في سياق أفكار ومبادرات تأتي من مستويات تنظيمية أدنى لتذهب على المستويات الأعلى للمصادقة عليها ومتابعة تنفيذها. وهنا تلعب الخبرة التكنولوجية للعاملين في المستويات الأدنى كأبطال أو رواد الأفكار لحث تغييرات تكنولوجية مهمة في مجال العمل ويظهر هذا الأمر في المنظمات التي تعتمد اللامركزية في هيكلها وهي منظمات أكثر مرونة ويكون للعاملين فيها حرية كبيرة لمتابعة الفرص والتحسينات المستمرة. ويمكن أن تحصل التغييرات التكنولوجية من خلال سياق أفكار ومبادرات من القيادات العليا، وقد تكون هذه الأفكار قليلة لأن الإدارة العليا ليس لديها المهارات والخبرات الفنية وبعيدة عن الخطوط الإنتاجية وما فيها من عمليات. وتغيير المنتج Product Change هو الآخر تغيير في طبيعة السلع أو الخدمات التي تقدمها

*** التغييرات التكنولوجي**
Technological Change
تغييرات مرتبطة بالعمليات الإنتاجية في المنظمة.

المنظمة، وأن الإبداع في المنتجات الجديدة New Product Innovation له مضامين عديدة في المنظمة فقد يكون هذا المنتج الجديد ناتج عن استراتيجية جديدة معتمدة أو الدخول لأسواق جديدة أو غيرها. كما أن قصر دورة حياة المنتجات هو الآخر له تأثير كبير في إحداث التغييرات التكنولوجية والعملياتية. إن الإبداع في المنتج يمثل خطوة أساسية باتجاه تكيف المنظمة مع التغييرات الحاصلة في الأسواق أو التكنولوجيا أو المنافسة. إن المنظمات الناجحة في تطوير منتجات جديدة لديها الخصائص التالية:

* التغيير في المنتج
Product Change
تغييرات في السلع أو الخدمات التي تقدمها المنظمة.

1. فهم دقيق لحاجات الزبائن من قبل الإدارة التسويقية في المنظمة.
2. فنيين متخصصين واعين بالتطورات التكنولوجية الحديثة ويستفيدون بفاعلية كبيرة من التكنولوجيا الجديدة.
3. اشتراك أعضاء مهمين من أقسام البحث والتطوير والتصنيع والتسويق في عملية تطوير المنتج الجديد. إن هذا يعني أن الأفكار الجديدة الإبداعية في المنظمة تأتي من خلال الواقع وتسير أفقياً في الأقسام المختلفة. ولعل أحد أهم نماذج الإبداع في المنتجات الجديدة هو ما يسمى نموذج الربط الأفقي Horizontal Linkage Model وكما يوضح في الشكل التالي:

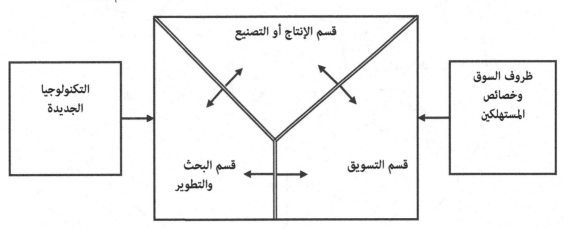

* نموذج الربط الأفقي
Horizontal Linkage Model
مدخل لتغيير المنتج يركز على تقاسم عملية التطوير والإبداع للمنتجات بين أكثر من قسم من أقسام المنظمة.

شكل (5 - 13) : نموذج الربط الأفقي للإبداع في المنتجات الجديدة

ويعرض هذا النموذج حقيقة العمل المشترك بين أقسام البحث والتصنيع والتسويق لتطوير المنتجات الجديدة. إن الأفراد في هذه الأقسام يلتقون بانتظام في فرق وقوى مهام لتقاسم الأفكار وحل المشكلات. فالعاملون في قسم البحث والتطوير يقدمون معلومات حول التطور التكنولوجي وما يستجد من أساليب تكنولوجية حديثة للعاملين في قسم التسويق ليقوم هؤلاء الآخرين بتحديد مجالات الفائدة الممكنة للزبائن من هذه التكنولوجيا ويمررون شكاوى الزبائن أيضاً إلى أقسام البحث والتطوير لاستخدامها في تعديل أو تصميم منتجات جديدة. أما

قسم التصنيع فإنه يقدم معلومات بشأن مجالات تصنيع المنتجات بتكاليف معقولة. هنا فإن الربط بهذه الطريقة يجعل من القرار جماعياً ومشتركاً ومترابطاً.

* تغيير الأفراد People Change

إن المجال الآخر المهم الذي ينصب عليه التغيير التنظيمي هو الموارد البشرية، فقد تقرر المنظمة إدخال تغييرات أو تعديل على مستوى مهارات قوة العمل لديها. إن هذه التغييرات يمكن أن تحدث بفعل إجراء تعديلات على المستوى التكنولوجي لغرض المحافظة وتحسين نوعية القوة العاملة. وضمن هذا التغيير تندرج برامج التدريب والخصائص الجديدة لاختيار العاملين وأي جوانب أخرى مرتبطة بذلك وتهدف إلى تحسين مستوى أداء العاملين ويدخل في إطار هذه التغييرات التوقعات والقيم التي تساهم في جعل المنظمة أكثر قدرة للاستجابة للتغييرات البيئية.

إن هذه الأنواع الثلاثة من التغييرات الهيكلية والتكنولوجية وعلى مستوى الأفراد أو الموارد البشرية يمكن أن تكون مترابطة وتحدث بشكل متزامن وتأتي في إطار تخطيط منظم تقوم به المنظمة وتهدف من خلاله إلى جعل العوامل المرتبطة بكل نوع من التغييرات السابقة أكثر قبولاً لحالات التجديد والتطوير المراد إدخالها لزيادة فاعلية المنظمة. ويبدو أمراً منطقياً تأثر العوامل الهيكلية بالعوامل التكنولوجية وهذه بالإنسانية وبالعكس، بمعنى إذا استهدفت المنظمة إجراء تغيير مهم ورئيسي في بعد من هذه الأبعاد يجب أن تدرس وتؤشر أيضاً انعكاس هذه التغييرات على الأبعاد الأخرى كما يوضح الشكل التالي:

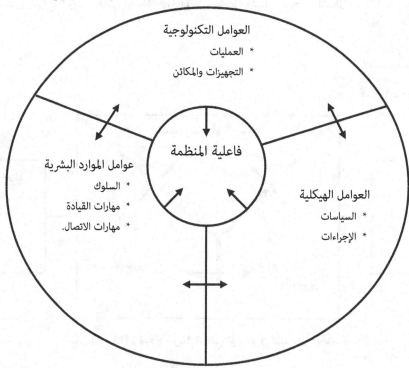

شكل (6- 13) : فاعلية المنظمة وتأثير العلاقات التكنولوجية والإنسانية والهيكلية

ثالثاً: مقاومة التغيير Change Resistance

لغرض نجاح عملية التغيير يتطلب الأمر معرفة عوامل مقاومة التغيير ومن ثم استخدام الأساليب المناسبة للتقليل منها لكي تتم عملية التغيير بنجاح، خاصة في الحالات التي يتم التخطيط مسبقاً له.

* معنى مقاومة التغيير وأسبابها

Change Resistance Concept and Causes

* مقاومة التغيير
Change Resistance
وقوف الأفراد والمجموعات موقفاً سلبياً يدل على عدم رضا أو تقبل أي تعديلات أو تبديل ترى الإدارة أنه ضروري لتحسين الأداء وزيادة فاعلية المنظمة.

يحتاج المدراء إلى معرفة الأسباب التي تدفع الأفراد والمجموعات والهيكل أو السياسات إلى مقاومة التغيير كخطوة أولى في سبيل التغلب على هذه المقاومة وإيجاد حلول لها. ومقاومة التغيير Change Resistance تعني وقوف الأفراد والمجموعات موقفاً سلبياً يدل على عدم رضا أو تقبل أي تعديلات أو تبديل ترى الإدارة أنه ضروري لتحسين مستوى الأداء وزيادة فاعلية المنظمة. وتبدو مقاومة التغيير على درجات متفاوتة، فقد يقف البعض موقفاً سلبياً معارضاً بشدة لإجراء التغيير في حين قد يقف البعض الآخر محايداً أو متفرجاً دون أن يساهم في تشجيع عملية التغيير. وترتبط عملية مقاومة التغيير بأسباب عديدة منها:

1. المصالح الذاتية الشخصية **Self Interests**

يعارض العاملون أي تغير لأنهم يعتقدون أنه سيسلبهم بعض الأشياء ذات القيمة لهم. إن عرض تغييرات في مجال تصميم الوظيفة أو الهيكل أو التكنولوجيا ربما يقود إلى فقدان قوة حقيقي أو مستشعر وكذلك ما يدفع لهم من أجر أو منافع كانت المنظمة تقدمها لهم. إن الشعور أو التخوف من فقدان مصلحة ذاتية يمثل أكبر عقبة في وجه إدخال التغيير.

2. نقص الفهم أو الثقة **Lack of Understanding**

غالباً ما لا يفهم الأفراد الهدف الأساسي من التغيير أو أنهم لا يثقون بالأهداف الحقيقية للتغيير. قد تبدو عملية التغيير للعاملين على غير المقصود منها أي أنها تفهم بشكل خاطئ من قبل العاملين وبالتالي فإن المقاومة من جانبهم ستظهر للعلن بعد أن تبدأ بشكل خفي أول الأمر.

3. عدم التأكد **Uncertainty**

يمثل هذا الأمر عائقاً مهماً في وجه عملية التغيير، فهناك قلق من قبل العاملين حول وظائفهم وما إذا كانت مهاراتهم وقدراتهم ستلائم الواقع الجديد، كما أن شعوراً بالتهديد والغموض يصبح ملازماً لحالة التغيير من بعض جوانبها يؤدي إلى زيادة مقاومة الأفراد. ولعل أوضح مثال هنا هو عمليات الخصخصة والتحول إلى قطاع

خاص حيث يشعر العاملون بقلق كبير وخوف من فقدان الوظائف اعتقاداً بأن القطاع الخاص هادفاً للربح فقط وإن موظفي الدولة قد لا يتأقلمون مع الوضع الجديد.

4. الاختلاف في مستويات الإدراك للمواقف **Different Perceptions**

إن تقييم المواقف المختلفة وأخذ الانطباعات المتباينة عنها يؤدي إلى ظهور مقاومة للتغيير فمثلاً عندما يتخذ المدير قرار ويعرض خطة للتغيير بناء على تقديره الشخصي للموقف فإن هناك احتمال أن لا يتفق الآخرون مع هذا التقييم لأنهم يدركون الموقف بشكل مختلف.

5. الشعور بالضياع **Feeling of Loss**

إن الكثير من التغييرات تشتمل على بدائل لترتيب العمل بطريقة يمكن أن تجعل شبكة العلاقات الاجتماعية السائدة مضطربة وغير مستقرة، وبما أن العلاقات الاجتماعية مهمة فإن أغلب الأفراد يقاومون إجراء تعديلات في هذه العلاقات وهناك دائماً تهديدات غير منظورة ترافق عمليات التغيير مثل القوة والمكانة والأمان والتأقلم مع الإجراءات السائدة.

6. ثقافة المنظمة المحافظة **Conservative Organizational Culture**

قد تكون بعض مفردات الثقافة التنظيمية أو طابعها العام سبباً في مقاومة التغيير حتى لو بدت هذه المقاومة غير مقصودة بذاتها ولكنها حالة متأصلة لدى الأفراد والمجموعات لرفض أي تغيير مقدماً.

* تحليل قوى الدفع أو الرفض للتغيير

إن تحليل قوى الدفع باتجاه التغيير وقوى رفض أو مقاومة التغيير يمثل مدخلاً مهماً لدراسة عملية التغيير بشكل متعمق بهدف إنجاحها وتقليل المقاومة لها. إن قوى التغيير تعتقد أن فرصاً كبيرة ومؤاتية تحصل عليها المنظمة جراء تحقيق مثل هذه التغييرات فهم يمثلون قوى محفزة لإدخال التغيير ومتابعة تنفيذه ونجاحه. وفي الطرف الآخر تمثل قوى مقاومة التغيير مجموعة من العقبات والمعوقات المختلفة لإجراء عملية التغيير. عندما يتم إحداث تغيير معين فعلى الإدارة أن تحلل كلا الفريقين لكي تعرف لمن ستكون الغلبة والقوة. فقد تكون القوى المحبذة والداعم للتغيير لديها القوة الكافية لجعل التغيير حقيقة واقعة ويتم تنفيذه والانتقال من الحالة السابقة إلى الحالة الجديدة، أو قد تكون قوى مقاومة التغيير هي القوى الفاعلة والمؤثرة وبالتالي يتطلب الأمر تخفيف هذه المقاومة لغرض احداث التغيير المطلوب. وقد تستخدم الإدارة أسلوبين لإحداث التغيير في إطار هذا التحليل هما: تدعيم القوى الدافعة للتغيير وتقليل قوى مقاومة التغيير. وعادة ما يفضل استخدام أسلوب تقليل مقاومة التغيير لأن تدعيم القوى الدافعة قد يأتي بنتائج سلبية لأنه قد يولد تعزيز لمقاومة التغيير بشكل كبير. وكمثال لهذا التحليل نعرض الشكل التالي الذي يمثل الانتقال من نظام المخزون التقليدي إلى نظام المخزون الصفري في ظل نظام الإنتاج الآني Just in Time

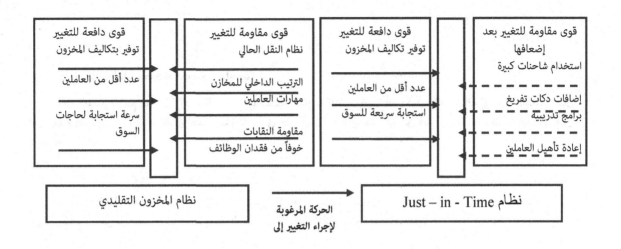

قوى دافعة للتغيير توفير بتكاليف المخزون	قوى مقاومة للتغيير نظام النقل الحالي	قوى دافعة للتغيير توفير تكاليف المخزون	قوى مقاومة للتغيير بعد إضعافها استخدام شاحنات كبيرة
عدد أقل من العاملين	الترتيب الداخلي للمخازن مهارات العاملين	عدد أقل من العاملين	إضافات دكات تفريغ برامج تدريبية
سرعة استجابة لحاجات السوق	مقاومة النقابات خوفاً من فقدان الوظائف	استجابة سريعة للسوق	إعادة تأهيل العاملين

نظام المخزون التقليدي → الحركة المرغوبة لإجراء التغيير إلى ← نظام Just – in - Time

شكل (7- 13) : تحليل القوى الدافعة والمعوقة للتغيير

* التغلب على مقاومة التغيير   Overcoming Change Resistance

يمكن للإدارة أن تستخدم العديد من الأساليب والمداخل للتقليل من مقاومة التغيير ومنها:

1. المشاركة Participation

من الوسائل المهمة في تقليل مقاومة التغيير ومن ثم التغلب عليها نهائياً وذلك بتشجيع من يتزعم المقاومة للتغيير وإشراكه في تصميم وتنفيذ برامج التغيير. إن هذا يخلق نوع من الالتزام تجاه نجاح عملية التغيير كما أن المشاركة تساعد المدراء بتشخيص المشاكل التي تظهر وفهم اختلاف مستويات إدراك العاملين لعمليات التغيير.

2. المفاوضات Negotiations

وهي طرق أكثر رسمية لإقامة حوار وخلق تعاون فإجراء مساومات جماعية خاصة بين النقابات والإدارة يمكن أن يساهم في دعم مشاريع التغيير. فإذا كانت مقاومة التغيير نابعة من معلومات خاطئة أو غير دقيقة أو ناقصة أو مهولة للآثار السلبية محتملة الحصول نتيجة التغيير فإنه يفترض بالإدارة أن يعتمد برنامج للاتصالات والتثقيف يركز على أهداف ومنافع التغيير.

3. التربية والاتصالات Communication and Education

إن التربية المستمرة وليس التدريب فقط تعطي معلومات كافية عن الحاجة إلى التغيير كما أن إقناع العاملين بشكل مستمر أن التغيير هو سنة الحياة بالإضافة إلى الاتصالات الفاعلة التي تربط بين العاملين والإدارة وسرعة إيصال المعلومات إليهم تؤدي إلى دعم مشاريع التغيير.

4. دعم الإدارة العليا **Top Management Support**

يعتبر الدعم المقدم من قبل الإدارة العليا حيوياً لتقليل المقاومة للتغيير حيث أنه يكون بمثابة رسالة إلى كافة العاملين بأن التغيير مهم ومطلوب للمنظمة. وتبرز أهمية هذا الدعم في حال كون التغيير يشمل أكثر من قسم من أقسام المنظمة وبالتالي فإن الدعم يعكس أهميته.

5. المناورة وإعادة الترتيب **Manipulation and Cooptation**

التأثير في الأفراد المقاومين للتغيير عن طريق المناورة وإعادة ترتيب مفردات مشروع التغيير لغرض جعله أكثر جاذبية واحتمالاً للقبول حتى لو اقتضى الأمر إجراء بعض التعديلات لأغراض الإقناع فقط.

6. الإكراه والقسر **Coercion**

يشتمل هذا الخيار على التهديد أو استخدام القوة ضد مقاومة التغيير وإجبار مقاومي التغيير على قبوله كواقع حال.

ومن المفيد أن نستعرض هنا الحالات الملائمة لاستخدام كل أسلوب من الأساليب اسابقة ومزايا وعيوب كل منها في الشكل التالي:

الأسلوب	متى يستخدم	المزايا	العيوب
* المشاركة	عندما يكون لدى المقاومين خبرة يمكن أن يشاركوا بها.	زيادة اندماج العاملين وقبولهم.	تحتاج إلى وقت طويل ويمكن أن يؤدي إلى حلول غير فاعلة.
* المفاوضات	ضرورية عندما تأتي المقاومة من مجموعة ذات قوة.	يمكن "شراء" الموافقة والقبول بالتغيير.	كلفة عالية كما أنه يمكن أن يفتح الباب لجهات أخرى لممارسة الضغط.
* التربية والاتصالات	عندما تكون المقاومة قائمة على أساس سوء فهم.	إزالة سوء الفهم	لا تفيد في حالات فقدان الثقة والمصداقية بين الطرفين.
* دعم الإدارة العليا	عندما يكون المقاومون خائفين ويشعرون بالقلق.	يمكن أن تسهل عملية إجراء التغيير وتعديل المواقف كما يمكن "شراء" الموافقة.	ذات كلفة مرتفعة واحتمال فشل كبير.
* المناورة وإعادة الترتيب	عندما تكون هناك حاجة للحصول على موافقة أو مصادقة مجموعة قوية.	غير مكلفة طريقة سهلة لكسب الدعم للتغيير	يمكن تولد آثار سلبية قبل الأوان وتفقد المسؤول عن التغيير لمصداقيته.
* الإكراه والقسر	عندما تكون هناك حاجة لمصادقة وموافقة مجموعة قوية.	غير مكلف وطريقة سهلة لكسب الدعم.	يمكن أن يكون غير قانوني ويمكن أن يقضي على مصداقية المسؤول عن مشروع التغيير.

شكل (8- 13) : أساليب التغلب على مقاومة التغيير ومزاياها وعيوبها

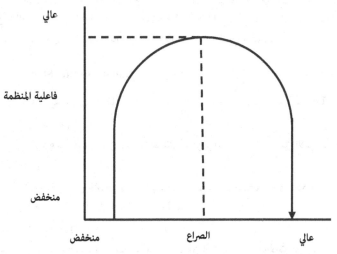

* الصراع التنظيمي
Organizational Conflict
حالة تصادم تحدث نتيجة تعارض واختلاف التوجهات السلوكية لتحقيق الأهداف لمجموعة معينة مع أخرى.

* الصراع التنظيمي Organizational Conflict

يمثل الصراع التنظيمي حالة طبيعية في منظمات الأعمال فهو قد يكون نتيجة مرتبطة بالتغييرات التي تجري في المنظمة. ويعني الصراع التنظيمي موقف تتعارض فيه بشكل أساسي الممارسات والأهداف بين الأفراد أو الوحدات التنظيمية أو هو تصادم يحدث عندما تكون سلوكيات توجيه الأهداف لمجموعة معينة متعارضة مع سلوكيات توجيه الأهداف للآخرين. ويمكن أن يكون الصراع إيجابياً إذا تمثل بحالة منافسة طبيعية لبيان قدرة مختلف الجهات على الإنجاز بوتائر عالية وقد يتحول الصراع إلى حالة سلبية وبالتالي تعطل عملية اتخاذ القرار ويواجه الفرد أو المجموعة صعوبة في اختيار بديل معين. ويرتبط الصراع عند مستويات معينة بحالة إيجابية تنعكس على فاعلية المنظمة وإذا ما زادت مستويات الصراع عن هذه الحدود فإنه يصبح سلبياً على فاعلية المنظمة. كما في الشكل الآتي:

شكل (9- 13) : العلاقة بين الصراع والفاعلية

- أسباب الصراع **Conflict Causes**

قد يحدث الصراع التنظيمي كظاهرة اجتماعية نتيجة التفاعل بين الأفراد والمجموعات ويرتبط بأسباب عقلانية نتيجة اختلاف الأهداف وطرق تحقيقها أو لأسباب غير عقلانية تنشأ من السلوك العدائي والفهم المشوه والتمسك بالرأي.

وبشكل عام يمكن الإشارة إلى أهم أسباب الصراع بالآتي:

1. **درجة الاستقلال الوظيفي :** إن الاعتمادية في العمل بين الأفراد والمجموعات والأقسام قد يؤدي إلى زيادة احتمالية حدوث الصراع. في حين تقل احتمالية حدوث الصراع كلما زادت درجة استقلالية المجموعات والأقسام عن بعضها.
2. **التفاوت في السلوك بين الأفراد والمجموعات والأقسام :** فقد يكون هذا التفاوت بين الأقسام التنفيذية والاستشارية أو بين الأقسام التنفيذية بعضها مع البعض الآخر أو بين المستويات الإدارية المختلفة ويرجع هذا إلى الاختلاف في مفردات الثقافة المرتبطة بخصوصية العمل ومدى الخبرة العلمية والعملية.
3. **تباين واختلاف الأهداف :** حيث تكون المنافسة في البداية ثم تزداد درجة الصراع بسبب تباين الأهداف واختلافها وهذا ما يلاحظ عادة في حالة تنسيق عمل جماعي كبير كالاختلاف الحاصل بين العاملين في المجال الإنتاجي والتسويقي.
4. قد ينشأ الصراع نتيجة التداخل بين المسؤوليات والصلاحيات وعدم وضوح الأدوار.

- مراحل الصراع التنظيمي **Organizational Conflict Stages**

إن النظر للصراع كحالة ديناميكية وكعملية تفاعل جعل الباحثين يحددون خمسة مراحل مختلفة ومتسلسلة للصراع:

- **مرحلة الصراع الكامن Latent conflict**

وعادة ما يكون الصراع مختفياً وغير ظاهر لكن هناك احتمال لظهوره لسبب أو لآخر من الأسباب المشار إليها أعلاه.

- **مرحلة الصراع المدرك Perceived Conflict**

هنا يتم إدراك الصراع أو الشعور به بين الأفراد أو المجموعات أو الوحدات التنظيمية وعادة ما يمكن ملاحظة ذلك من خلال المعلومات التي تتاح ويمكن الحصول عليها من خلال قنوات الاتصال.

- **مرحلة الصراع المحسوس Felt Conflict**

تمثل هذه المرحلة امتداداً للمرحلة السابقة حيث تتولد أشكال من القلق والتوتر والاعتراض ويكون مدركاً وتحاول الجهات المتصارعة التخفيف من آثاره بالسيطرة عليه.

- **مرحلة الصراع العلني Manifest Conflict**

هنا تمارس الجماعات أو الأفراد أو الأقسام صراعاً علنياً تتبلور من خلال السلوك مثل المشاحنات والعداوات واللامبالاة أو العصيان أو غيره من مظاهر النزاع.

- **مرحلة ما بعد الصراع Aftermath Conflict**

وهذه المرحلة هي قمة الصراع حيث تظهر فيها كل الآثار السلبية لنتيجة الصراع وهنا قد يكون الصراع مدمراً وهادماً للمنظمة أو يتم اعتماد سبل المعالجة وتخفيف حدته. ومن الضروري أن تتبع المنظمة أنجع الطرق لمعالجته وليس التسويات الوسطية التي تعيد دورة الصراع مرة أخرى.

- أنواع الصراع **Conflict Types**

يمكن التمييز بين ثلاثة أنواع من الصراع : الأول الصراع الفردي وهو صراع ذاتي مع الفرد نفسه وتتعدد أسبابه، فربما تكون عدم قبول القرار أو عدم إمكانية تشخيص القرار الأفضل لمعالجة المشكلة أو الظاهرة أو بسبب عدم التأكد في حالة تشابك البدائل وعدم معرفة انعكاساتها على الفرد ذاته.

أما النوع الثاني فهو صراع داخل المنظمة بين الأفراد أو الجماعات أو بين الأقسام في الوحدات التي تتكون منها المنظمة ولكل من هذه أسباب عديدة تؤدي إلى ظهور مثل هذه الصراعات. أما النوع الأخير، فهو الصراع بين المنظمات بسبب تباين مدركات هذه المنظمات وتقاطع أهدافها والمنافسة الشديدة خاصة إذا كانت الأسواق محدودة والموارد قليلة أو نادرة.

- التعامل مع الصراع **Conflict Management**

كثيرة هي الدراسات التي أشارت إلى الطرق المختلفة لمعالجة الصراع وإدارته وتقليل آثاره السلبية، وخلاصة هذه الدراسات تركز على معرفة أسباب الصراع أولاً ثم استخدام الأساليب العلمية لحل النزاع أو تخفيف حدة الصراع وإزالته سواء بالإقناع أو التفاوض والتوفيق بين الأطراف المتصارعة. ومن الضروري الإشارة إلى أن تحسين العلاقات الإنسانية وتطويرها في التعامل بين الأفراد داخل المنظمة وكذلك وجود قيادة إدارية كفوءة وناجحة تتعامل مع الصراع وتحسمه حال ظهوره وكذلك وضوح الأدوار في الهيكل التنظيمي وتصميمه تساعد هي الأخرى في تقليل حالات الصراع في منظمات الأعمال.

رابعاً: التطوير والإبداع التنظيمي

Organizational Innovation and Development

يمثل الأفراد والمجموعات وثقافتهم جانب مهم يحدد قدرة المنظمة في إجراء تغييرات فيها من خلال أنشطة التدريب والتطوير وفي إطار ما يسمى التطوير المنظمي Organizational Development (OD) من جانب ومن جانب آخر يلعب الإبداع التنظيميOrganizational Innovation دوراً مهماً لغرض تحسين وضع المنظمة وزيادة فاعليتها.

* التطوير التنظيمي

Organizational Development (O D)

* التطوير التنظيمي
Organizational Development (O D)
هو تطبيق لتقنيات وأساليب العلوم السلوكية لتحسين صحة المنظمة وزيادة فاعليتها للتأقلم مع التغيرات البيئية.

يمكن تعريف التطوير التنظيمي بأنه تطبيق للتقنيات وأساليب العلوم السلوكية لتحسين صحة المنظمة وزيادة فاعليتها من خلال قابليتها للتأقلم مع التغيرات البيئية من جانب وكذلك تحسين علاقاتها الداخلية وزيادة قابلية التعلم لديها وحل المشاكل من جانب آخر. ويمكن للمنظمة أن تستخدم مداخل مختلفة لعمليات التدريب لغرض تغيير وضع المنظمة نحو الأحسن. وتعرض المنظمات برامج تدريبية متنوعة لأعداد كبيرة من العامين لديها في مواضيع ذات علاقة بالتطوير التنظيمي مثل بناء الفريق والتعامل مع التنوع وحلقات الجودة ومهارات الاتصال والإدارة التشاركية. وتهدف المنظمات من خلال هذه البرامج إلى تغيير سلوك الفرد نحو الأفضل ومهارات التفاعل الفردية وغيرها.

- مشاكل مهمة يساعد التطوير التنظيمي المدراء في التعامل معها:

هناك بعض المواقف الصعبة التي يبرز فيها دور التطوير التنظيمي بشكل واضح مقدماً مساعدة قيمة للمديرين في إدارتها والتعامل معها ولعل أهمها الآتي:

1. حالة الاندماج والاقتناء **Mergers and Acquisitions**

إن الإشكالية الكبيرة في عمليات الاندماج والاستحواذ أو الاقتناء تتمثل باختلاف ثقافة المنظمتين المندمجتين وأساليب إدارتهما، ففي الوقت الذي يركز المدراء جهودهم في بداية الاندماج على التداؤب في مجال التكنولوجيا أو الإنتاج أو التسويق فإن إهمال أو عدم عطاء أهمية كافية للاختلافات الكبيرة بالقيم والمعتقدات، الممارسات قد تخلق ضغطاً أو توتراً للعاملين وهذه الجوانب تنعكس سلباً على الأداء المستقبلي. إن الاختلافات في الثقافة يمكن أن تقيم أثناء مراحل الاقتناء وخبراء التطوير التنظيمي يمكن أن يقدموا حلول لجعل عملية التكامل أكثر نجاحاً.

2. حالة تدهور المنظمة أو إعادة إنعاشها **Organizational Decline and Revitalization**

في فترات التدهور المنظمي واستخدام خبرات الإنعاش لحل الإشكالات يظهر بأشكال مختلفة داخل المنظمة انخفاض مستويات الثقة ونقص في الإبداع ودوران عالي للعمل ومستويات عالية للصراع فضلاً عن الضغط. إن فترة الانتقال من التدهور إلى الإنعاش ثم مواصلة النمو تتطلب سلوكيات إيجابية من قبيل خلق اتصالات مفتوحة ومواجهة الضغوط وتنمية الإبداع. ويساهم التطوير التنظيمي بأساليبه المختلفة في علاج هذه الإشكالات.

3. حالة إدارة الصراع Conflict Management

يمكن أن يحصل الصراع في أي مرحلة ويؤثر على عمل المنظمة لأسباب متعددة كما أشرنا سابقاً. فمثلاً في منظمة صناعية يقدم مندوبو البيع وعود بالتسليم للزبائن وهذا يكون متعارضاً ربما مع عمل وأولويات مشرفي خطوط الإنتاج كذلك فإن إدخال برامجيات جديدة إلى المنظمة تجعل الأفراد في مواقف متباينة. إن هذه الإشكالات وغيرها تقدم أنشطة التطوير التنظيمي حلولاً ناجعة لها، حيث أنها تشجع الحوار والتفاهم وتزيد الثقة.

- أساليب التطوير التنظيمي OD Techniques

في إطار التطوير التنظيمي توجد العديد من الطرق والأساليب التي يمكن أن تستخدم منفردة أو مجتمعة في إطار كل برنامج من برامج التطوير التنظيمي ويمكن الإشارة إلى بعضها بالآتي:

1. بناء الفريق Team Building

وسيلة تساعد مجاميع العمل بوضع الأهداف وتطوير علاقات بينية إيجابية وكذلك توضيح دور مسؤوليات كل أعضاء الفريق. وبهذا فإن رضا الأفراد يزداد داخل المجموعة وبالتالي يكون الالتزام كبيراً لتكون فاعلية المجموعة عالية.

2. التغذية العكسية لمسوحات توجهات العاملين Surveys Feedback

أسلوب من أساليب التطوير التنظيمي يستخدم فيها استبيان لمعرفة المناخ التنظيمي وعوامل أخرى يحددها العاملون ويستفاد من نتائج هذه المسوحات من قبل العاملين أنفسهم. وعادة ما تجري هذه المسوحات من قبل مدير يريد إحداث تغيرات إيجابية معينة في المنظمة.

3. أنشطة التشخيص Diagnostic Activities

مثلها مثل الفحص الطبي، هذه الطريقة تقوم بتشخيص حالة المنظمة الراهنة من خلال استبيانات واستطلاعات رأي تشكل فيما بعد أرشيفاً وقاعدة للبيانات يمكن أن تحدث باستمرار لمعرفة وضع المنظمة والإشكالات التي تواجهها.

4. تدخل المجاميع الكبيرة Large Groups Intervention

أسلوب يتم من خلاله تجميع مشاركين من كافة أرجاء المنظمة وفي حالات عديدة من أصحاب المصالح المهمين الخارجيين لغرض مناقشة المشاكل وتحديد الفرص والتخطيط لإجراء تغييرات كبيرة.

5. عمليات الاستشارة Consulting

استخدام مستشارين من خارج المنظمة لمساعدة القائمين بالتغيير داخل المنظمة لتقييم عمليات معينة مثل انسيابية العمل والعلاقات الداخلية غير الرسمية وقنوات الاتصال الرسمية وغيرها.

6. تطوير العلاقات البينية للمجموعات **Inter-group Development**

بناء عدة مجاميع تكون أكثر قدرة على تحسين العلاقات والتنسيق فيما بينها. لتبادل الخبرات وحل المشاكل والنزاعات بين المجاميع وغيرها.

7. التربية **Education**

التدريب الصفي التربوي ممثلاً بأنشطة متنوعة ومحاضرات مركزة على فهم بعضهم البعض وتشجيع العاملين على المشاركة وفهم الآخرين.

8. وسطاء السلام **Third – Party Peacemaking**

من أنشطة التطوير التنظيمي المهمة في حل الصراعات القائم بين المجموعات أو الأفراد أو الأقسام أو الإدارات. وعادة ما يكون وسيط السلام خبير أو مستشار بأنشطة التطوير التنظيمي ويستخدم أساليب مثل المفاوضات لحل أي مشكلة بين الأفراد أو المجموعات.

9. أساليب هيكلية فنية **Techno-Structural Activities**

تتعلق هذه الأساليب بتصميم المنظمة وهيكلها والتكنولوجيا المستخدمة فيها وعلاقاتها وتقاطعها مع الفرد والوظيفة. فمثلاً زيادة اللامركزية أو زيادة الأتمتة أو غيرها هي مثال على ذلك.

10. تخطيط المسار الوظيفي والحياتي **Life and Carrier Planning**

يساعد هذا النمط من التخطيط على تحديد الاحتياجات التدريبية ورسم خطة للمسار الوظيفي المستقبلي الأمر الذي يزيد من اندماج الأفراد في المنظمة وجعل حياتهم أكثر تنظيماً.

ختاماً لهذه الفقرة فإن التطوير التنظيمي مهم جداً لمنظمات الأعمال والتغيير فيها وذلك من خلال تركيزه على قضايا مهمة وأساسية. ويجب على المدراء أن يفهموا طبيعة وفلسفة التطوير التنظيمي قبل استخدام أي أسلوب من أساليبه. ومن الضروري أن يكون هناك دعم لأنشطة التطوير التنظيمي من قبل الإدارة العليا لغرض نجاح تنفيذ هذه الأنشطة.

* الإبداع التنظيمي Organizational Innovation

يقصد بالإبداع Innovation الجهود المبذولة من قبل المنظمة لتطوير منتجات في شكل سلع وخدمات أو تحسينها أو تطوير استخدامات جديدة لها. كذلك يشمل الإبداع إدخال أو تطوير الأساليب التنظيمية الموجودة. وهناك مصطلحات أخرى قد تستخدم بطريقة خاطئة كمرادف للإبداع وأهمها القابلية على الابتكار أو الخلق Creativity التي تعني القدرة على توليد أفكار جديدة في حين أن الإبداع هو تطبيق

*** الإبداع**
Innovation
الجهود التي تبذلها المنظمة لتطوير منتجات في شكل سلع أو خدمات جديدة أو تحسينها أو تطوير استخدامات جديدة لها.

* القابلية على خلق الأفكار

عملي لهذه الأفكار. كذلك هناك الاختراع Invention الذي هو ابتكار شيء غير موجود مسبقاً في أي مكان في العالم وهو جديد تماماً في حين أن الإبداع هو الإتيان بشيء جديد للمنظمة ولكنه قد يكون معروفاً في مكان آخر على سبيل المثال أن شركة ما تنتج أجهزة كهربائية وتدخل الآن خط لإنتاج أجهزة التلفزيون هذه الحالة تعتبر إبداع للشركة ولكن ليس اختراعاً لأن التلفزيون اخترع قبل فترة طويلة. أما الاكتشاف Discovery فهو التعرف على شيء موجود أساساً في الطبيعة مثل العناصر الكيماوية والمعادن وغيرها من الأمور. وأخيراً فهناك مصطلح التحسين Improvement الذي يعني الانتقال بشيء معين من حالة إلى حالة أفضل من خلال زيادة القيمة.

- عملية الإبداع **Innovation Process**

إن الإبداع ليس عملية واحدة تتم في لحظة زمنية واحدة وسريعة، بل هو سلسلة من المراحل المتتابعة التي يعتمد بعضها على بعض خاصة عندما يتعلق الأمر بإبداع جذري Radical Innovation والذي يعني تغييراً جوهرياً في خصائص المنتج أو منتجاً جديداً تماماً. وبشكل عام فإن مراحل عملية الإبداع يمكن أن تلخص في المخطط التالي:

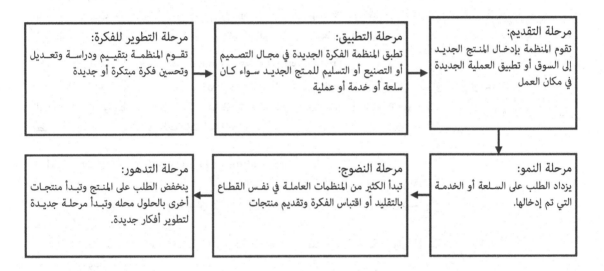

شكل (10 - 13) : دورة حياة الإبداع

* الإبداع الجذري
Radical Innovation

- أنواع الإبداع **Innovation Types**

يمكن أن يصنف الإبداع استناداً إلى مجموعة من المعايير وكالآتي:

1. الإبداع الجذري والإبداع التدريجي

Radical Versus Incremental Innovation

إن الإبداع الجذري هو عبارة عن إنتاج منتجات بشكل سلع أو خدمات جديدة أو تكنولوجيا مطورة من قبل المنظمة لتحل محل سلع وخدمات وتكنولوجيا موجودة في القطاع الذي تعمل فيه المنظمة. أما الإبداع التدريجي (المتزايد) Incremental Innovation فهو سلعة أو خدمة أو تكنولوجيا محسنة عن ما هو موجود وهنا يكون التحسين بسيطاً ولكن متكرر ويتزايد باستمرار.

2. الإبداع التكنولوجي والإبداع الإداري

Technological Versus Managerial Innovation

إن الإبداع التكنولوجي يعني تغييراً في المظاهر المادية أو الأدائية للسلعة أو الخدمة أو تغيير في العمليات الإنتاجية. أما الإبداع الإداري Managerial Innovation فهو تغيير في العمليات الإدارية والتي بواسطتها يمكن إنجاز وتقديم وتسليم الخدمة أو السلعة إلى المستهلكين.

3. إبداع المنتج وإبداع العملية **Product Versus Process Innovation**

إن إبداع المنتج Product Innovation هو تغيير بالخصائص المادية أو الأدائية للسلعة أو الخدمة الحالية أو إنتاج منتجات جديدة تماماً. أما إبداع العملية Process Innovation فهو تغيير بطرق تصنيع السلع أو تقديم الخدمات إنتاجاً وتوزيعاً.

- أسباب فشل الإبداع **Innovation Failure Causes**

تواجه عملية الإبداع في منظمات الأعمال العديد من الإشكالات التي تقلل من قابلية المنظمة على تقديم ما هو جديد. ويمكن أن نشير إلى أهم أسباب أو معوقات عملية الإبداع في منظمات الأعمال كالآتي:

1. نقص الموارد المكرسة لعملية الإبداع، فعملية الإبداع مكلفة من ناحية الموارد المالية والوقت والطاقة.
2. الفشل في إدراك الفرص الواعدة أو توليد الافكار الجديدة والتي يمكن أن تطور إلى منتجات.
3. مقاومة التغيير، حيث أن الأفكار الجديدة عادة ما تجد الكثير من المعارضة وعدم القبول وبالتالي فإن عملية الإبداع قد تموت وتندثر مبكراً.

* **الإبداع التدريجي**
Incremental Innovation
تحسين تدريجي لما هو موجود من سلع وخدمات وتكنولوجيا.

* **الإبداع التكنولوجي**
Technological Innovation
تغيير في الخصائص المادية والأدائية للسلع والخدمات أو العمليات الإنتاجية.

* **الإبداع الإداري**
Managerial Innovation
تغيير بالعمليات الإدارية التي بواسطتها تنتج وتوزع وتسلم السلع والخدمات.

* **إبداع المنتج**
Product Innovation
تغيير بلاخصائص المادية او الأدائية للمنتجات الحالية أو خلق منتجات جديدة.

* **إبداع العملية**
Process Innovation
تغيير بطرق التصنيع أو التوزيع سواء كان سلعة أو خدمة.

- خصائص المنظمات المبدعة **Characteristics of Innovative Organizations**

إن المنظمات المبدعة لديها القدرة الفائقة في حشد الطاقات الفكرية والمهنية لدعم القابلية على الابتكار والريادة. إن المدراء في كافة المستويات في مثل هذه المنظمات يتقنون آليات وقيادة عمليات الإبداع، حيث تجد أن الثقافة التنظيمية واستراتيجيات المنظمة تدعم عملية الإبداع. إن رؤية وقيم المنظمة وسياساتها توجه جميعا لخلق الروح الريادية Entrepreneurial Spirit . إن الفشل في هذه المنظمات متوقع ومقبول في المشاريع الإبداعية ولكن تستخلص منه الدروس والعبر للاستفادة منها مستقبلاً. كذلك فإن المنظمات المبدعة يكون هيكلها التنظيمي داعماً لعمليات الإبداع فالمنظمات الكبيرة تجعل من هيكلها مرناً ويعمل كأنه هيكل منظمة صغيرة حيث نجد أن الاتصالات جانبية وفرق عمل وفرق مهمات متفاعلة فيما بينها. ولا ننسى أن الدور الأساسي لتنمية الإبداع والقابليات الابتكارية لدى الأفراد والمجموعات والأقسام هو للإدارة العليا فبدون قناعتها التامة وبدون دعمها المستمر لا يتحقق اي إبداع.

أسئلة الفصل الثالث عشر

* أسئلة عامة:

1. ما المقصود بالتغير؟ وما هي القوى التي تحركه؟
2. ما الفرق بين التغيير المخطط والتغيير الطارئ؟
3. وضح مضمون التغيير المنظمي، مركزاً على كافة أنواعه؟
4. كيف تبدأ المنظمة عملية التغيير؟
5. ما هي العوامل الدافعة لمقاومة التغيير في منظمات الأعمال؟
6. كيف يتم التغلب على مقاومة التغيير؟
7. ما المقصود بالصراع التنظيمي؟ وما هي أسبابه؟ وما هي مراحله؟
8. استعرض مفهوم التطوير التنظيمي ووضح المواقف الصعبة التي يبرز دوره فيها.
9. ما هي أهم أساليب التطوير التنظيمي؟
10. وضح مفهوم الإبداع التنظيمي وما أهم أنواعه وما أسباب فشله في منظمات الأعمال.

** أسئلة الرأي والتفكير :

1. من خلال تعاملاتك اليومية وملاحظاتك لسير الحياة، ما هي الأمور والتغيرات التي تجعل من التغيير ضرورياً في بعض جوانب حياتك.
2. برايك، هل أن أعمال دوائر البريد والاتصالات هي نفسها قبل عشرة سنوات أم لا؟ ما هي التغيرات التي طرأت عليها؟
3. افترض أنك تعمل في إحدى الشركات الصناعية وتم إدخال مكائن حديثة جداً بحيث أن العاملين لم يستطيعوا استيعابها لأنهم من قدامى العاملين وممن تجاوزت أعمارهم الأربعين، ما هي الإجراءات التي تنصح الإدارة باتخاذها لحل هذه المشكلة.
4. اشتكى أحد المدراء من أن العاملين في الشركة التي يديرها منسجمون وعلاقاتهم حميمة لكن الأداء العام منخفض رغم أن مستلزمات الأاء الجيد متوفرة، برأيك كيف يمكن استخدام مدخل الصراع الإيجابي والمنافسة لتحسين أداء وفاعلية العاملين في هذه الشركة.
5. أراد مصرفان الاندماج مع بعضهما لمواجهة المنافسة الحادة في السوق ولكن كان هناك اختلاف كبير في الثقافة التنظيمية لكل منهما، برأيك كيف يمكن استخدام أساليب التطوير التنظيمي لعلاج هذه الإشكالية وجعل عملية الاندماج ناجحة.

*** أسئلة الخيارات المتعددة :

1. إن الفرق بين مستوى الأداء المستهدف والأداء المتحقق يمثل:

   A. فجوة أداء   B. قابلية أداء   C. تخطيط أداء   D. تقييم الأداء

2. إن الاستجابة التدريجية للأحداث عند وقوعها هو:

   A. تغيير مخطط   B. صراع تنظيمي   C. تغيير طارئ   D. قابلية ابتكار

3. إن الشخص الذي يطور فكرة جديدة يعرف أنها ذات قيمة فنية ولكن ليس لديه القدرة على ترويجها هو:

   A. راعي الفكرة   B. الممحص للفكرة   C. الرائد   D. المخترع

4. إن التغيير الحاصل في المهارات هو من نوع :

   A. تغيير في الهيكل   B. تغيير في التصميم

   C. تغيير في الأفراد   D. تغيير في التكنولوجيا

5. إن التغيير الحاصل في طرق إدارة المنظمة هو من نوع:

   A. تغيير في الهيكل   B. تغيير في التصميم

   C. تغيير تكنولوجي   D. تغيير في المنتج

6. عندما يركز التغيير على تقاسم عملية التطوير والإبداع للمنتجات بين أكثر من قسم من أقسام المنظمة فأنموذج الربط هو:

   A. ربط عمودي   B. ربط أفقي   C. ربط دائري   D. ربط متناسب

7. عندما يقف الافراد موقفاً سلبياً من أي تغييرات تريد الإدارة إدخالها فإن هذا الموقف هو:

   A. عملية إبداع   B. مقاومة تغيير

   C. رغبة بالتطوير   D. تغيير غير مخطط

8. واحد من الآتي ليس من أسباب مقاومة التغيير:

   A. المصالح الشخصية   B. عدم التأكد

   C. الشعور بالضياع   D. اللامركزية

9. أي الأساليب التالية التي تستخدم في التقليل من مقاومة التغيير وتحتاج إلى وقت طويل وتؤدي ربما إلى حلول غير فعالة:

   A. المناورة وإعادة الترتيب   B. دعم الإدارة العليا

   C. المشاركة   D. الإكراه والقسر

10. أي من طرق تقليل مقاومة التغيير يكون أفضل في الاستخدام عنـدما يكـون المقـاومون قـد أسـاؤوا فهـم أهـداف ومقاصـد عملية التغيير:

A. المناورة وإعادة الترتيب
B. دعم الإدارة العليا

C. التربية والاتصالات
D. الإكراه والقسر

11. إن الاعتمادية الكبيرة في العمل بين الأفراد والمجموعات والأقسام قد تكون مدخلاً إلى:

A. زيادة احتمالية حدوث الصراع
B. تقليل احتمالية حدوث الصراع

C. لا علاقة لها بالصراع
D. تتطلب لا مركزية

12. عندما تتولد أشكال من القلق والتوتر والاعتراض وتحاول الجهات المتصارعة تخفيف آثاره فإن هذه المرحلة هي:

A. مرحلة ما بعد الصراع
B. مرحلة الصراع الكامن

C. مرحلة الصراع المدرك
D. مرحلة الصراع المحسوس

13. إن تطبيق تقنيات وأساليب العلوم السلوكية لتحسين صحة المنظمة وزيادة فعاليتها هو:

A. إبداع تنظيمي
B. تغيير تنظيمي
C. تطوير تنظيمي
D. تصميم تنظيمي

14. واحد من بين الآتي ليس من أساليب التطوير التنظيمي:

A. بناء الفريق
B. وسطاء السلام

C. عمليات الاستشارة
D. إبداع المنتج

15. إن التحسين المتزايد لما هو موجود من سلع وخدمات وتكنولوجيا يمثل:

A. إبداع تكنولوجي
B. إبداع إداري
C. إبداع جذري
D. إبداع تدريجي

446

مصادر الباب الرابع

* المصادر العربية :

1. جواد، شوقي ناجي، "سلوك تنظيمي"، دار الحامد، عمان، 2000.

2. جون جاكسون، "نظرية التنظيم: منظور كلي للإدارة"، ترجمة د. خالد حسن رزوق، معهد الإدارة العامة، الرياض، 1988.

3. حريم، حسين محمود، "تصميم المنظمة: الهيكل التنظيمي وإجراءات العمل"، مكتبة الحامد، عمان، 1996.

4. رمضان، بدر حامد أحمد، "إدارة المنظمات: اتجاه شرطي"، دار القلم للنشر والتوزيع، الكويت، 1982.

5. السالم، مؤيد سعيد، "نظرية المنظمة: الهيكل والتصميم"، الطبعة الثانية، دار وائل للنشر، عمان، 2005.

6. السلمي، علي، "إدارة السلوك الإنساني"، دار القريب للطباعة والنشر، القاهرة، 1997.

7. عقيلي، عمر وصفي وقيس المومني، "نظرية المنظمة، المنظمة ونظرية التنظيم"، دار زهران، عمان، 2000.

8. العميان، محمود سلمان، "السلوك التنظيمي في منظمات الأعمال"، دار وائل للنشر، عمان، 2002.

9. القريوتي، محمد قاسم، "نظرية المنظمة والتنظيم"، الطبعة الثانية، دار وائل للنشر، عمان، 2006.

10. اللوزي، موسى، "التطوير التنظيمي: أساسيات ومفاهيم حديثة"، دار وائل للنشر، عمان، 1999.

* المصادر الأجنبية:

11. Certo, Samual, "Modern Management", 9th ed., Prentice-Hall, New Jersey, 2003.

12. Daft, Richard L., "Organization Theory and Design", 7th ed., Cincinnati, 2001.

13. Hshkenas, Ron et.al., "The Boundryless Organization: Breaking the Chains of Organizational Structrue", Jossey-Bas, San Francisco, 1996.

14. Jones, Goreth R., "Organizational Theory, Design and Change" 4th ed., Pearson Education Inc, New York, 2004.

15. Kinicki, Angelo and Brain K. Williams, "Management: A Practical Introduction" McGraw-Hill, Boston, 2006.

16. Kreitner, Robert, "Management", 9th ed, Houghton Mifflin co., Boston, 2004.

17. Mintzberg, Henry, "The Structuring of Organization", Prentice-Hall, New Jersey, 1979.

18. Parker, Glenn M., "Cross-Functional Teams", Joseey, Bass, San Francisco, 1995.

19. Robbins, Stephen P., "Organizational Behavior", 10th ed, Pearson Education Inc., Delhi, 2003.

20. Shermerhorn, John S., "Management", 8th ed., Wileg & Sone, New York, 2005.

21. William, Pride M.et al., "Busines", 8th ed, Houghton Mifflini, Boston, 2005.

الباب الخامس

" القيـــادة "

الباب الخامس

القيادة

مقدمة

وظيفة جوهرية من وظائف الإدارة يمارسها المدير بطرق وأساليب متعددة وفي كل المستويات. وتشير الدراسات إلى أن نتائج الأداء على المستوى الفردي والجماعي والتنظيمي تتأثر بشكل كبير بمفردات وأبعاد هذه الوظيفة. فالنظريات القيادية لم تعد كما كانت عليه في السابق حيث أن هناك نظريات حديثة تغيرت مفاهيم القيادة وتفسير ظهور القادة فيها كثيراً عن السابق. كما أن الأساليب المتبعة في تحفيز العاملين وبناء فرق العمل هي الأخرى شهدت تطورات غير اعتيادية في العقود الأخيرة. ولكي يمارس المدير القائد دوره بشكل كفوء يفترض أن يبني نظاماً فعالاً للاتصال يأخذ فيه الجوانب الرسمية وغير الرسمية بنظر الاعتبار. إن جميع هذه المفردات وغيرها سيتم مناقشتها في هذا الباب.

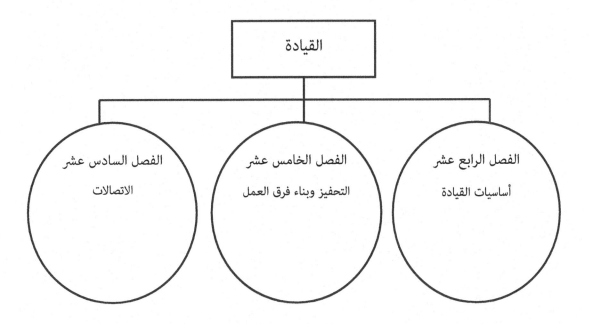

الفصل الرابع عشر

أساسيات القيادة

الفصل الرابع عشر

أساسيات القيادة

بعد دراستك لهذا الفصل تستطيع الإجابة على الأسئلة التالية:

1. ما المقصود بالقيادة، وهل يختلف القائد عن المدير؟
2. ما هي أهم النظريات التقليدية في القيادة؟
3. ما هي أهم النظريات السلوكية في القيادة؟
4. ما هي أهم النظريات الموقفية في القيادة؟
5. ما هي أهم لاتجاهات الحديثة في القيادة؟

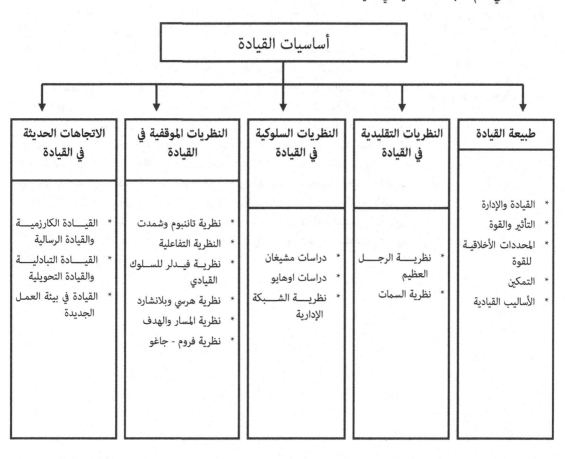

مقدمة الفصل الرابع عشر:

إن الوظيفة الأخيرة للإدارة التي سنتناولها هي وظيفة القيادة وهي التي تعتمد عليها المنظمات في تحقيق نجاحها أو وقوع في مطبات الفشل. إن القيادة في منظمة الأعمال هي بمثابة الرأس من الجسد للإدارة ومثلما أن الإدارة هي بمثابة الرأس من الجسد بالنسبة لمنظمة الأعمال وبهذا فإن القيادة الناجحة تؤدي أداء متميز وإنجاز أفضل. سنتطرق في هذا الفصل إلى مفهوم القيادة وسمات القادة ثم نستعرض أهم النظريات والمداخل التي تفسر موضوع القيادة وظهور القادة في منظمات الأعمال

أولاً: طبيعة القيادة وسمات القادة

Leadership Nature and Leaders Traits

إن القيادة والعملية القيادة تمثل محوراً مهماً في العملية والممارسة الإدارية حيث تشكل مع التنظيم والتخطيط والرقابة ممارسة متكاملة تعطي للمنظمة النجاح إذا ما أتقنت بكافة أبعادها. والقيادة في إطار الممارسة الإدارية هي عمليات إيحاء أو إلهام أو تأثير في الآخرين لجعلهم يعملون بالتزام عالي ومثابر لإنجاز وتأدية مهام مطلوبة منهم. وبهذا فإنها تهتم بكيفية بناء الالتزام وتحفيز الآخرين لدفعهم لاستخدام مهاراتهم وقابلياتهم في تنفيذ الأنشطة وتحقيق الأهداف.. والقائد Leader هو الشخص الذي يؤثر إيجابياً في سلوك الآخرين بدون استخدام قوة الإكراه أو الإجبار وأن هؤلاء الآخرين يقبلون به قائداً لهم. ولا يمكن عزل الممارسة القيادية بصفاتها الإيجابية عن القيادة كمفهوم إنساني يلعب فيه الفرد دوراً أساسياً وإيجابياً في التأثير على الآخرين ويدفعهم إلى التزام عالي في الإنجاز ضمن نطاق الممارسة الإدارية بمختلف أنشطتها. وإذ نحاول أن نجعل من المدراء اليوم حاملين لصفات القيادة الإيجابية ومتسلحين بقدرات أكثر كفاءة في إدارة مواقف تتسم بالتعقيد والصعوبات الكبيرة. إن الوقت المتاح لإنجاز الأعمال أصبح قصيراً بحيث يتطلب قيادة لها القدرة على جعل الإنجاز بأعلى درجاته في الأمد القصير في حين يلتزم الآخرون بتوجهات هذه القيادة للأمد البعيد. وهكذا فالقادة بالإضافة إلى كونهم ملهمين للآخرين فإنهم يتمتعون بمهارات اتصال وتفاعل وتحفيز وبناء فرق وقبول تغيير يستطيعون نقلها للآخرين بإيجابية وكفاءة.

* القيادة Leadership
عمليات الإيحاء أو الإلهام أو التأثير في الآخرين وجعلهم أكثر التزاماً وإنجازاً للمهام المطلوبة منهم.

* القائد Leader
هو الشخص الذي يؤثر في سلوكيات الآخرين بدون قسر أو إكراه وجعل هؤلاء قابلين لقيادته.

* القيادة والإدارة Leadership and Management

إن القادة الكبار في عالم الأعمال اليوم هم قادة يمتلكون صفات عديدة تحمل طابع رسالي باعتبار أن الرسالة تمثل الرؤية الواضحة لعمل المنظمات في إطار مستقبلي يتسم بالتحدي والإنجاز. فالقيادة الرسالية Visionary Leadership تتصف بكونها مالكة لقدرة جعل المواقف واضحة ورؤية المستقبل وفهم للمتغيرات المختلفة التي يكتنفها مع معرفة الأفعال الضرورية الموصلة إلى هذا المستقبل بنجاح. ويمكن أن تكون هذه القيادة الرسالية مبدئية بتوجهاتها بحيث تعطي خصائص ترتبط بقدرات عالية على الإنجاز وقبول التغيير وإجراء الترتيبات اللازمة لكي تكون مجمل الأنشطة المنفذة محققة لأهداف المنظمة في المدى الطويل. إن القيادة برؤية واضحة تعني عمل ما هو مطلوب وأكثر من خلال جعل العاملين متحفزين عالياً لمتابعة هذه الرؤية سواء بأعمالهم اليومية أو متابعة إنجازات ذات معنى ومغزى استراتيجية للمنظمة.

*** القيادة الرسالية**
Visionary Leadership
القيادة التي لها القدرة على رؤية المستقبل بوضوح وفهم الأسلوب الذي من خلاله تستطيع الوصول إليه.

- مبادئ القيادة الرسالية Principles of Visionary Leadership

إن كل ما يحكم الممارسة الإدارية في منظمة الأعمال إذا امتلك مدراؤها بعداً رسالي هو الإنجاز العالي وتحقيق وتائر مرتفعة من الأداء. ويمكن الإشارة إلى بعض من المثل والمبادئ التي تتجسد في القيادة الرسالية بالآتي:

1. التحدي الدائم في العمل بمعنى الرغبة المستمرة بأن يكون المدير رائداً وأولاً في كل شيء وكذلك مشجعاً للإبداع وداعماً للعاملين القادرين على تقديم وتوليد أفكار جديدة.
2. إظهار الحماس في كل المواقف التي تتطلب ذلك، بحيث يكون هذا الحماس ملهماً للآخرين لتقاسم رؤية مشتركة حول العمل والإنجاز.
3. مساعدة الآخرين في العمل والإنجاز بحيث يكون لاعباً رئيسياً في فريق العمل وداعماً لجهود الآخرين وقابلياتهم في أن تستغل لأقصى ما يمكن.
4. يكون قدروة ومثالاً حسناً لمرؤوسيه والعاملين معه بحيث يكون طابع الاستمرار هو السمة الرئيسية لهذا المثال وليس حالة عرضية تصطنع في مواقف معينة وتزول في مواقف أخرى.
5. الإشادة والاحتفاء بالإنجازات وتجلب الحماس والاندفاع إلى مكان العمل ويحرك العواطف والعقول باتجاه إنجاز وتحقيق الأهداف.

- القائد والمدير Manager and Leader

رغم أن هناك علاقة بين القيادة والإدارة إلا أنهما لا يعنيان نفس الشيء، فالشخص يمكن أن يكون مديراً، قائداً أو مديراً وقائداً. إننا نتكلم في كثير من الأحيان عن الدور القيادي للمدير حيث أن كلا المفهومين القيادة

والإدارة مهمان لمنظمة الأعمال. إن المدير الفعال هو قائد أيضاً لأنه يتمتع بقابليات في الإدارة والقيادة يستطيع أن يضعها في خدمة المنظمة إن المهم بالنسبة للمنظمة هو أن يكون كافة مدراؤها على مختلف المستويات متمتعين بخصائص القيادة الفعالة ويستطيعون أن يلعبوا الدور القيادي المطلوب منهم لإنجاز الأهداف. وبالتأكيد فإن هناك البعض من المدراء ممن لا يحملون هذه الصفات وأنهم مجرد مديرين يؤدون الأنشطة الإدارية بأسلوب لا يرتقي على أفضل ما يكون. والشكل التالي يوضح هذه الفكرة.

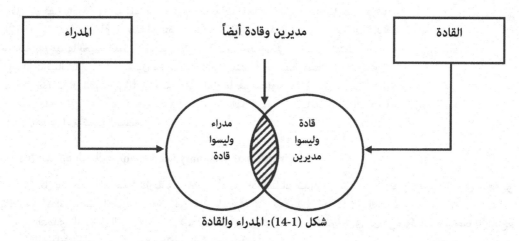

شكل (1-14): المدراء والقادة

وإذا كانت الإدارة كممارسة وفعاليات وأنشطة تنصب أساساً على تحليل الموقف بشكل رشيد واستخدام التحليل المنهجي والمنظم لوضع الأهداف والاستراتيجيات وحشد الموارد في إطار تصميمات وهياكل رشيدة ورقابة مجمل هذه الأنشطة والعمليات وأخيراً تحفيز العاملين لأداء هذه الأنشطة والفعاليات فإن القيادة تتجسد بكونها التأثير على هذه الأنشطة والوظائف كأحد أنشطة الإدارة الرئيسية. فالإدارة هي أوسع نطاقاً حيث التركيز على الجوانب السلوكية وغير السلوكية في كافة القضايا المهمة بينما القيادة تركز أساساً على الجوانب السلوكية بشكل كبير. لذلك فإن امتلاك المهارات والقدرات الإدارية لا يكفي لوحده للنجاح في عالم الأعمال المعقد اليوم لذا فإن المديرون التنفيذيون يحتاجون معرفة الفروق الجوهرية بين أن تدير أو أن تقود. كذلك معرفة كيفية دمج الدورين الإداري والقيادي معاً لتحقيق النجاح للمنظمة. وإجمالاً يمكن أن نوضح الفروقات بين القائد والمدير بالمقارنة التالية:

القائد	المدير
1. ملهم ذو توجه روحي وعاطفي	1. مفكر ذو توجه عقلاني واقعي
2. رسالي ومستبصر يركز على المستقبل	2. عقلاني يركز على تحليل الواقع
3. متحمس ذو عاطفة متقدة	3. مشاور للآخرين ويقدم النصح
4. قادر على الابتكار وتوليد الأفكار الجديدة	4. مثابر وجاد في العمل ويركز على التطبيق
5. مرن ويستجيب للتغيرات	5. متجه لحل المشكلات بطريقة منهجية
6. قادر على الإيحاء وإثارة الحماس	6. واقعي المزاج ويحسب المواقف
7. مبدع	7. تحليلي
8. يتميز بالجرأة والإقدام	8. منظّم على أساس إجراءات معينة وهيكل ثابت روتيني
9. ذو خيال واسع	9. محترس في اتخاذ القرارات
10. تجريبي	10. سلطوي ملتزم بالقوانين
11. مبادر للتغيير	11. يحافظ على الوضع الراهن والاستقرار

المدير	القائد
12. قوة موقع وظيفي 13. يمثل مصلحة المنظمة التي يعمل فيها	12. قوة شخصية ذاتية يمثل مصلحة الجمهور أو المجموعة التي يقودها

شكل (2-14): مقارنة بين القائد والمدير

إن هذه المقارنة تساعد في البحث عن الخصائص القيادية الضرورية التي يفترض أن يتحلى بها المدراء لكي يؤدوا دوراً أكثر نجاحاً في المنظمة. ويبدو من خلال هذه الخصائص أن التركيز من قبل الإدارة أو القيادة على بعض الجوانب أو الأنشطة المهمة في العمل ينصب في اتجاهات مختلفة لذلك يفترض أن يكمل بعضها بعضاً. ففي إطار أنشطة إعداد خطط وأجندات معينة يكون تركيز الإدارة على العملية التخطيطية والموازنات من حيث وضع خطوات تفصيلية والوقت المطلوب للحصول على النتائج المرغوبة ومن ثم استخدام الموارد الضرورية لتحقيق النتائج بينما تركز القيادة على تطوير رؤية مستقبلية واستراتيجيات لازمة لإحداث التغيير الضروري باتجاه هذه الرؤية. كذلك وفي إطار أنشطة تنفيذ الخطط تركز الإدارة على الرقابة وحل المشكلات من خلال مراقبة النتائج قياساً إلى ما هو وارد في الخطط بشكل تفصيلي ومعرفة الانحرافات لغرض حل الإشكالات، أما في إطار نفس الأنشطة فإن القيادة تركز على التحفيز والإيحاء والإلهام للأفراد وبوسائل متعددة. إضافة إلى ما تقدم تجدر الإشارة إلى اختلاف مصادر القوة لكل من المدير أو القائد. فالمدير تنبع سلطته غالباً من موقعه الوظيفي وبهذا فإن له الحق الشرعي في إعطاء المكافآت أو إيقاع العقوبات أما القائد فإن له قوة شخصية ذاتية تنبع من كيفية رؤيته للآخرين وتعامله معهم ومستندة أساساً على الخبرة والمعرفة وتشير إلى رغبة الآخرين بالعمل في إطار قيادته وتوجهه كما موضح في أدناه:

قوة الموقع الوظيفي قائم على أساس قدرته على ما يقدمه للآخرين	القوة الشخصية الذاتية تقوم على أساس رؤية الآخرين للمدير
• المكافآت: إذا عملت ما أطلبه منك سأكافئك • العقوبات: إذا لم تنفذ ما آمرك به سأعاقبك • المشروعية: لكوني الرئيس يجب عليكم العمل وفق ما أطلب منكم	• الخبرة : مصدر لمعرفة متخصصة ومعلومات • المرجعية: شخصية يرغب الآخرون أن ينتسبوا إليها

شكل (3-14): القوة الشخصية وقوة الموقع الوظيفي

* التأثير والقوة Power and Influence

* التأثير Influence محاولـة تغيير سـلوك الآخر بـاعتماد واحد أو أكثر من الأساليب.

لمعرفة مفهوم القيادة بشكل جيد لا بد من معرفة كل مـن مصـطلحي التـأثير والقـوة. فالتأثير Influence هو محاولة تغيير سلوك الآخر، ولا يشـمل هـذا التـأثير العـاملين في المسـتوى الأدنى فقط، بل يمكن أن يكون على مستوى الزملاء المناظرين أو الرؤساء في المسـتويات الأعـلى. إن التأثير لا يعني بالمطلق حالة إيجابيـة أو سـلبية ويمكـن أن يكـون نتيجـة أسـباب واهيـة أو موضوعية وقد يساهم في زيادة فاعلية المنظمة أو إضعافها. إن المدير الناجح هو من يستطيع أن يمارس التأثير الصحيح والإيجابي وفي الوقت المناسب. ويمكن أن يحدث التأثير باعتماد واحـد أو أكثر من الأساليب التالية:

1. **الاستشارة:** وهي دعوة الآخرين للمشاركة باتخاذ القرار أو إجراء التغييرات
2. **الإقناع العقلاني:** محاولة إقناع الآخرين مـن خـلال خطـة تفصـيلية ومعلومـات داعمـة للرأي وأسباب موضوعية مقنعة.
3. **المناشدة الإيحائية:** وهي مخاطبة عواطف الآخرين وقيمهم أو إلهاب حماسهم وكسـب ثقتهم.
4. تكتيكات كسب الرضا والمداهنة مع الآخرين وإشعار الآخرين بأهميتهم وكسب ودهـم وصداقتهم وبالتالي إحداث التأثير المطلوب.
5. **تكتيكات التحالف:** البحث عن مساعدة وعون الآخرين من خلال التحالف معهم.

460

6. ممارسة الضغط والتهديد والتخويف لكسب دعمهم.
7. **دعم المستويات العليا:** حيث يتم اللجوء إلى المستويات العليا في المنظمة وطلب مساعدتهم في إحداث التأثير.
8. **تبادل المنافع:** حيث يتم إحداث التأثير عن طريق تقديم أفضال أو منافع للمقابل للحصول على دعم وإحداث التأثير فيه.

أما القوة Power فهي القدرة على التأثير في سلوك الآخرين من خلال ترتيب الموارد المختلفة وتوجيهها نحو جعل الآخرين ينفذون ما مطلوب منهم.

والقوة ليست نوعاً واحداً بل هناك أنواع متعددة منها وهي:

1- القوة المرتبطة بالمنصب Position Power : يشغل المدراء مواقع وظيفية مختلفة في الهيكل التنظيمي وترتبط بهذه المواقع الوظيفية سلطات تمثل مصدراً مهماً لممارسة القوة. نظرياً أن من يشغل موقعاً وظيفياً يمتلك قوة في حين أن استخدام هذه القوة يختلف من شخص لآخر. وهكذا فإن نجاح القيادة يتباين في ضوء هذا الاختلاف، ولقوة الموقع ثلاث وسائل:

- **قوة المكافأة Reward Power** : وهي القدرة على تقديم شيء ذي قيمة كوسيلة للتأثير في الآخرين ودفعهم للإنجاز بشكل جيد، بمعنى أن هذه القوة تركز عل مخرجات إيجابية كوسائل للتأثير في سلوك الآخرين ومن أمثلة هذه القوة الحوافز الإضافية والترقيات وغيرها.
- **القوة الشرعية القانونية Legitimate Power** : هي القدرة على التأثير من خلال السلطة القانونية التي يكفلها الموقع الوظيفي، حيث يمكن لشاغل المنصب ممارسة رقابة على المرؤوسين في مواقع أدنى. وكل المدراء لديهم قوة شرعية قانونية، ولكن مجرد امتلاك هذه القوة لا يجعل من المدراء قادة حيث يمكن للمرؤوسين اتباع قواعد العمل والتعليمات لكن مجرد أن يُطلب من المرؤوس أمراً يقع خارج حدود الوظيفة قد يرفض أو يؤديه بشكل سيء، وهنا فإن المدير الذي لديه مثل هذا المرؤوس يمارس سلطة رسمية وليس قيادية.
- **قوة القسر والإكراه Coercive Power** هي قوة تأثير من خلال القدرة على إيقاع العقوبات أو التهديد بها. إن تغيير سلوك العاملين يأتي من خلال التلويح بالعقوبة أو استخدامها عند الضرورة مثال ذلك تهديد بعض المدراء للعاملين المتأخرين بإنزال عقوبات بهم أو معاقبتهم فعلاً وقد يذهب بعض المدراء بعيداً في هذه القوة إلى حد إذلال وإهانة العاملين والتجاوز هنا غير مقبول ولا يتماشى مع الجوانب الإنسانية.

* **القوة Power**
القدرة على إحداث التأثير في الآخرين من خلال ترتيب الموارد المختلفة وتوجيهها نحو جعل الآخرين ينفذون ما مطلوب منهم.

* **قوة الموقع الوظيفي**
Position Power
القدرة المرتبطة بالموقع الوظيفي من خلال السلطات الشرعية التي يمنحها الهيكل الرسمي لشاغل الموقع.

* **قوة المكافأة**
Reward Power
القدرة على تقديم شيء ذي قيمة كوسيلة للتأثير في الآخرين ودفعهم للإنجاز.

* **القوة القانونية أو الشرعية**
Legitimate power
التأثير من خلال السلطة القانونية التي يكفلها الموقع الوظيفي

* **قوة القسر والإكراه**
Coercive Power
قوة تأثير من خلال القدرة على إيقاع العقوبات أو التهديد بها.

2- **القوة المرتبطة بشخصية المدير** Personal Power إن الخصائص الشخصية الفريدة للمديرين تمثل مصدراً مهماً للقوة، فالقائد الناجح هو من يستطيع أن يبني ويستخدم بشكل فعال جوانب القوة المرتبطة بذاته وشخصيته مثل قوة الخبرة والمرجعية.

- **قوة الخبرة** Expert Power وهي القوة النابعة من معلومات قيمة أو خبرات متخصصة لا يستغنى عنها في منظمة الأعمال. فالخبرات الفنية هي اليوم أصل من الأصول المهمة في منظمات الأعمال في عصر المعرفة وليس من السهل الحصول على عاملين على درجة عالية من التخصص الفني والإتقان المهني.
- **القوة المرجعية** Referent Power هي القوة الناتجة عن وجود جاذبية شخصية أو "كاريزما" لدى المدير بحيث يدين المرؤسون له بالولاء ويشعرون بالانتماء إلى إدارته ونطاق عمله.

* **قوة الخبرة**
Expert Power
القوة النابعة من معلومات قيمة أو خبرات ومهارات فنية متخصصة لا يستغنى عنها.

* **القوة المرجعية**
Referent Power
القوة الناتجة عن وجود جاذبية أو كاريزما لدى المدير.

* المحددات الأخلاقية للقوة Power Ethical Limits

إن القوة باعتبارها ذات أهمية كبيرة لإنجاز الأعمال في المنظمات وأن استناد هذه القوة لدى القادة والمدراء على الخبرة والمرجعية بالإضافة إلى تعزيزها بالجوانب الشرعية والتنظيمية والقانونية فإنه من الضروري عدم إساءة استخدام هذه القوة لتصبح مصدراً للهدم بدلاً من أن تكون مصدراً للبناء والنجاح. وفي الإطار العام فإن القوة تأخذ مداها الإيجابي من خلال قبول ورضا المرؤوسين بها باعتبار أن من يمتلك هذه القوة هو مدير قائد يؤثر بإيجابية في سلوك العاملين ولغرض زيادة مساحة القبول والرضا للسلطات وصلاحيات المدراء، يتطلب الأمر من القائد أن يعي طبيعة العاملين لديه وكيفية التأثير الإيجابي بهم من خلال تعزيز مصادر القوة الشخصية لديه. ويقتضي الأمر هنا أن يهتم القائد بالعاملين وأن يوضح لهم جوانب العمل المختلفة ويشاركهم الرأي وأن لا يفرض عليهم دون وعي أو إدراك من قبلهم اتجاهات العمل التي يراها بمفرده والتي لا تنسجم مع طبيعة رؤاهم وأفكارهم حول إنجاز الأهداف ونجاح المنظمة. كذلك يجب أن يشعر العاملون بأن هذه التوجهات تقع في إطار قابلياتهم للإنجاز والوسائل المتاحة لهم وأنها إذا ما تحققت سوف تخدم بأفضل الصيغ مصالح المنظمة. ومن الضروري أن يقتنع العاملون بأن هذه التوجهات في العمل تنسجم مع قيمهم الشخصية ومع ما تراه المنظمة من أمور متجسدة بثقافتها التنظيمية. وتثار الإشكاليات الأخلاقية عندما يقدم المدراء أو القادة على اتباع جوانب تثير العديد من التساؤلات إما بسبب عدم وضوحها أو بسبب كونها مجالات مثيرة للشك ولم تتحدد معالم رؤية واضحة للمدير والعاملين بشأنها.

* التمكين **Empowerment**

يمثل التمكين عمليات بواسطتها يمكن المدراء العاملين الآخرين ويساعدونهم على امتلاك القوة لتحقيق تأثير في جوانب المنظمة المختلفة. إن المدير الفاعل يمكن الآخرين من خلال تزويدهم بالمعلومات وتحميلهم المسؤوليات ومنحهم الصلاحيات والثقة في صنع القرارات والقيام بالأعمال باستقلالية وهو يعي أن شعور الأفراد بهذا التمكين يزيد من التزامهم بالعمل ويحافظ على النوعية فيه. إن تحقيق أداء وإنجاز عالي في منظمات الأعمال اليوم يتطلب حشد فاعل للقوة على جميع المستويات ولدى جميع العاملين ويجب أن يأتي هذا مركزاً على مصالح المنظمة ويسمح للآخرين بتقاسم ملكية تأتي في إطار حل المشكلات وتحسين مستمر لوضع المنظمة. إن المدير يستطيع تمكين الآخرين بوسائل عديدة منها جعل الآخرين مشاركين حقيقيين في اختيار طرق العمل وإنجاز المهام وخلق بيئة تعاونية من خلال المشاركة في المعلومات ومناقشتها معهم ليصبح أمر المشاركة في الأهداف ممكناً كذلك تشجيع الأفراد على القيام بالمبادرات واتخاذ القرارات واستخدام المعرفة بكل صورها من أجل الوصول للأهداف، كما أن إعطاء الحرية للعاملين لتقديم مقترحاتهم وحلولهم للمشاكل والقيام بتنفيذها وإدامة السلوك الإداري الإيجابي والثقة بالآخرين سوف يشجع على أداء أفضل.

* الأساليب القيادية **Leadership Styles**

مهما تكن وجهات النظر التي تفسر القيادة وظهور القادة فإن هناك إجماع على أن الأساليب القيادية هي ثلاثة:

- **أسلوب القيادة الأوتوقراطية (الاستبدادية) Autocratic Style**

ضمن هذا الأسلوب فإن القائد يعمل بهيمنة كاملة في مجال إصدار القرارات والإشراف على العمل وتطوير السياسات فهو قريب من النزعة الفردية وبعيد عن المشاركة الجماعية. وهنا تضعف التفاعلات بين الأفراد وتنخفض الروح المعنوية ويشيع عدم التماسك وضعف الارتباط كما تظهر حالات عدائية في مكان العمل، وبالتالي فإن الاندفاع للعمل قليل.

- **أسلوب القيادة غير الموجهة Lessez-Fair Style**

يصلح هذا الأسلوب لبيئات علمية على درجة عالية جداً من التخصص وما شابهها من المنظمات، فهو أسلوب يقوم على أساس عدم وجود قائد واحد بل كل عضو في المنظمة هو قائد وكل واحد يعمل أفضل ما عنده وبأحسن الصيغ بحيث لا يحتاج إلى توجيه ومتابعة وبدون أدنى تدخل في عمل المرؤوسين.

- **أسلوب القيادة الديموقراطية Democratic Style**

يشجع هذا الأسلوب المشاركة بدرجاتها المختلفة في إنجاز المهام وتطوير الأفراد، والقيادة الديموقراطية تشجع المشاركة من خلال تقاسم المعلومات ومساهمتهم في مراحل تطوير القرار مع إتاحة الفرصة الكاملة لتنمية المهارات وتمكين العاملين.

ولو تساءلنا عن أي الأساليب هو الأصلح فإن هذا يعتمد على جوانب كثيرة جداً سوف تأتي مناقشتها لاحقاً ضمن النظريات ووجهات النظر المختلفة فيها حول القيادة والقادة.

ثانياً: النظريات التقليدية في القيادة

Classical Theories in Leadership

شكل موضوع القيادة والقائد وكيفية ظهوره والسمات التي يتمتع بها نقطة محورية للبحث والاستقصاء في العلوم الإدارية وإدارة الأعمال باعتبار أن المدير القائد الذي يمتلك مؤهلات وصفات وخصائص معينة يستطيع استخدامها في التأثير الإيجابي على سلوك العاملين وبالتالي يتحقق نجاح المنظمة. إن المدير الجيد يفترض أن يكون قائداً فعالاً لكي يستطيع أن يمارس العمل الإداري بشكل صائب لتحقيق التفوق لمنظمته قياساً للمنافسين. لذلك طرحت مجموعة كبيرة من النظريات لتفسر ـ الجوانب السلوكية والقيادية المطلوبة لدى المدير وكيف يصبح قائداً جيداً وكيف يستطيع إحداث التأثير الإيجابي في الآخرين العاملين معه. إن أولى هذه النظريات مثلت مدخلاً تقليدياً لدراسة ظاهرة القيادة في إطار محاورتها كظاهرة اجتماعية إنسانية تجد تفسيراً لها بدراسة سيرة القادة العظام وخصائصهم الشخصية.

* نظرية الرجل العظيم   The Great Man Theory

* الرجل العظيم
Great Man
هو إنسان عظيم تأتي عظمته من خلال موهبة نظرية وقدرات فردية وراثية. ويتمتع بشخصية كاريزمية.

تمثل هذه النظرية حجر الزاوية في الفكر الإداري المتعلق بدراسة موضوع القيادة. لقد حاولت هذه النظرية دراسة موضوع القيادة من خلال التركيز على تحليل شخصيات قادة عسكريين وسياسيين متميزين لذلك اعتبروا أن القائد هو إنسان عظيم مفترضين أن هذه العظمة هي نتيجة موهبة وقدرات خارقة أعطاها الله سبحانه وتعالى بالفطرة والوراثة لمثل هؤلاء الأشخاص. فالقائد في إطار هذه النظرية هو شخص عظيم يتمتع بشخصية كاريزمية ساحرة يحظى بولاء أعداد كبيرة من الناس ينقادون طوعاً له ويقدمون التضحيات راغبين غير مكرهين لتحقيق إنجازات عظيمة. وفي الإطار السياسي أو العسكري يمكن أن نتذكر شخصيات فذة من التاريخ القديم والحديث. وفي إطار الأعمال يمكن أن نجد شخصيات فذة ساهمت في نجاح منظمات كانت صغيرة أو مغمورة وتحولت إلى أعمال يشار لها بالبنان وحققت نجاحات هائلة. ولتقييم هذه النظرية يمكن القول أنها تفسر جانباً من ظاهرة إنسانية معقدة ومهمة جداً خاصة في إطار تركيزها على أمثلة بارزة وواضحة لقادة عظام وكبار سياسيون وعسكريون ورجال أعمال لكنها لا تساعد على تفسير ظاهرة القيادة بشمولية من خلال وجود قادة صغار

ناجحون ولكنهم غير معروفين. من جهة أخرى لا يمكن القول أن القيادة هي خصائص وراثية محضة توهب للبعض وتحجب عن الآخرين إلا إذا تحدثنا عن الأنبياء لكن عامة الناس قد يطوروا مهاراتهم القيادية من خلال التجارب والدراسة والاطلاع.

* نظرية السمات Traits Theory

*** السمات Traits**
خصائص أفراد متميزين يتمتعون بها مثل الذكاء والحماس والثقة والحزم وغيرها.

جاءت نظرية السمات لتكمل النظرية السابقة في إطار المدخل التقليدي للقيادة والسمات هي مجموعة الخصائص والصفات التي يمتلكها القائد ويتفرد بها بحيث تجعل منه قائداً فذاً لجميع الظروف والأحوال، والقائد هو الشخص الذي يمتلك هذه السمات أو الخصائص. في إطار هذه النظرية تم دراسة خصائص مجموعة كبيرة من المدراء والقادة الناجحين لمعرفة أي الصفات والخصائص يمكن اعتبارها ضرورية ومحددة لنجاح القائد. ورغم أن النظرية والباحثين في إطارها أشاروا إلى مجموعة كبيرة إلا أنه لم تؤشر بدقة خصائص معينة ترتبط دائماً بتحقيق النجاح. فالفرد الذي لديه شعور عالي بالمسؤولية ودرجة ذكاء عالية وتصرف حاسم في المواقف الحرجة والاندفاع العالي والدافعية والثقة بالنفس والقدرة على فهم المعلومات والتفكير الإبداعي والأصيل والاستقامة والأمانة والإلمام بالمعرفة الجيدة بالعمل وغيرها يمكن اعتبارها صفات ضرورية للنجاح لكنها غير كافية لتفسير ظاهرة القيادة. وفي مراحل متأخرة حدد بعض الباحثين سمات ضرورية للقيادة ترتبط بجوانب السلوك والقدرة على العمل مع الآخرين وامتلاك مهارات الاتصال والتواصل بحيث يستطيع إثارة حماس الآخرين ويعطي القدوة الحسنة للآخرين باعتباره مرجعاً للسلوك الملتزم والأخلاقي والقويم، وتأتي هذه في إطار كون القائد ذو بصيرة ورؤية وأصالة واستقلالية في التفكير. إن جميع هذه الجوانب تعتبر سمات تساعد على النجاح وتساهم في زيادة تأثير القائد والمدير على العاملين.

ولتقييم هذه النظرية فإنه يمكن القول أنها وفرت مدخلاً لدراسة شخصية القائد وسماتها ومكنت أيضاً من إيجاد وسيلة لقياس مدى تمتع المدراء والقادة بهذه السمات أو الخصائص واستعدادهم لاستخدامها في العمل. وبالمقابل فإن أهم ما يؤخذ عليها هو توسع قائمة السمات وازدياد الخصائص التي يفترض أن يتمتع بها القائد وصعوبة وضع هذه السمات في إطار أولويات حسب أهميتها وهكذا تبرز دائماً سمات جديدة حسب الزمان والمكان والموقف وبالتالي فإنها

تفسر جانباً من القيادة لا يمكن اعتباره قطعياً. أما المأخذ الآخر عليها فإنها لم تقدم تفسيراً مقبولاً لعدم استطاعة من يمتلكون هذه الصفات أن يصبحوا قادة معروفين وناجحين في حين برز آخرون يتمتعون بخصائص أو سمات أقل. وبشكل عام فإن هذه النظرية تعطي توجهاً يساعد مراكز البحوث والجهات المعنية بأمر القيادة بتأهيل مناسب للأفراد وتعزيز هذه السمات الإيجابية لديهم من خلال الدراسة والبحث والاستقصاء.

* **سلوك يركز على العمل**
Job-Centered Behavior
هو السلوك القيادي الذي يعطي اهتماماً كبيراً للعمل وإجراءاته وطرق إنجازه.

* **سلوك يركز على العاملين**
Employee-Centered Behavior
سلوك قيادي يهتم بتشكيل فرق العمل وتحقيق رضا العاملين.

ثالثاً: النظريات السلوكية Behavioral Theories

وفقاً لهذه المجموعة من النظريات فإن القيادة تعتبر ظاهرة سلوكية ترتبط بالدور الذي يلعبه القائد في المجموعة فبدلاً من التركيز على الخصائص والسمات انتقلت الدراسات إلى بحث السلوك والأفعال للقادة، ويعبر عن ذلك بأسلوب القيادة Leadership Style وهي نماذج وسلوكيات تعتمد من قبل القائد. وإذا كان أحد الأساليب هو الأفضل فإن نتائج تطبيقه ستكون هي الأحسن. وهكذا يتدرب القادة على مهارات استخدام هذا الأسلوب.

* دراسات ميشيغان Michigan Study

تبلورت هذه الأفكار بناء على مجموعة من دراسات قام بها باحثون من جامعة ميشيغان في أربعينيات القرن الماضي. وفي إطارها تم مقابلة مجموعة كبيرة من المدراء ومرؤوسيهم وأن هذه البحوث حددت نوعين من سلوكيات القادة هما التركيز على العمل Job-Centered Behavior أو التركيز على العاملين Employee Centered Behavior. إن المدراء الذين يعتمدون سلوكيات تركز على العمل يولون اهتماماً عالياً لكيفية أداء العمل من قبل العاملين وتوضيح إجراءات العمل واهتمام عالي بالأداء. أما المدراء المستخدمين لسلوكيات تركز على العاملين فإنهم يطورون مجاميع العمل ويهتمون برضا العاملين عن أعمالهم وأن من أهم أولوياتهم هو رضا العاملين. إن هذين الأسلوبين لسلوك القائد يمثلان نهايتين على خط مستقيم في طرفها الأول تركيز تام على العمل وفي الطرف الآخر تركيز تام على العاملين. وفي إطار دراسات ميشيغان تم بحث هذين الأسلوبين بتعمق وافترضوا أن سلوك القائد الذي يركز على العاملين بشكل عام أكثر فاعلية من الأسلوب الآخر.

* دراسات أوهايو Ohio Studies

تشابه هذه الدراسات دراسة ميشيغان في بعض النواحي وكانت مقاربة لها بـالفترة الزمنيـة. في إطـار هـذه الدراسـة فـإن الباحثين عرفوا نمطين سلوكيين مختلفين للقائد، الأول أطلقوا عليه اسم الاهتمام بهيكلية العمل وإجراءاته Initiating Structure وهو سلوك يركز فيه القائد على تنظيم الأشياء وكيفية إنجاز العمل أما النوع الثاني فهو ما يسمى الاهتمام باعتبارات الحساسية والشعور بالعاملين Consideration وضمن هذا السلوك يتم التركيز على الثقة وعلاقات الصداقة ودفء العلاقة مع المرؤوسين. وإذا ما وضعنا هذين البعدين ضمن مصفوفة يتشكل فيها أربعة اساليب للقيادة كما في الشكل:

عالي

الاعتبارات

اهتمام عالي بهيكيلية العمل وكذلك بالاعتبارات. يلجأ القائد إلى موازنة بين إنجاز الأعمال والعلاقات الطيبة وبناء مجامع العمل.	اهتمام واطئ بهيكلية العمل وعالي بالاعتبارات. اهتمام بإشباع حاجات العاملين الاجتماعية من قبل القائد وبناء مجموعات.
اهتمام عالي بهيكلية العمل وواطئ بالاعتبارات. هنا يوجه القائد اهتمامه للعمل وإنجازه أما الاعتبارات الشخصية فلها أهمية قليلة.	اهتمام واطئ بهيكلية العمل وكذلك الاعتبارات. دور سلبي واهتمام بالمصلحة الذاتية للقائد.

واطيء

عالي ← واطيء

الاهتمام بهيكلية العمل وإجراءاته

شكل (4-14): مصفوفة أوهايو للقيادة

ومن ملاحظة الشكل أعلاه فإن الأسلوب المستهدف هو الذي يحقق الموازنة بين الاهتمام العالي بهيكلية وإجـراءات العمـل وبنفس القدر من الأهمية فإن القائد يهتم بالمرؤوسين ويوليهم عنايته ويشعرهم بالصداقة والثقة.

* نظرية الشبكة الإدارية Managerial Grid Theory

تمثل هذه الشبكة خلاصة مطورة للأفكار السـابقة في هـذا المـدخل، فقـد طـور Jane Mouton, Robert Blake هـذه الشـبكة لوصف الأنماط القيادية للمديرين وفق بعدين أساسيين هما الأفراد والإنتاج. إن القائد الذي يركز على المهـام والعمليـة التخطيطيـة وتحديد العمل الذي يفترض أن ينجز ويؤشر المسؤوليات ويضع المعايير ويراقب الأداء والنتائج هو قائد يركـز عـلى الإنتـاج والعمـل بالمقابل فإن القائد الذي يركز على الافراد يكون داعماً

للمرؤوسين ومطوراً للعلاقات الاجتماعية معهم ومحترماً لمشاعرهم وحساساً لاحتياجاتهم ويثق بهم. ويعرض الشكل التالي الأنماط القيادية وفق هذين البعدين.

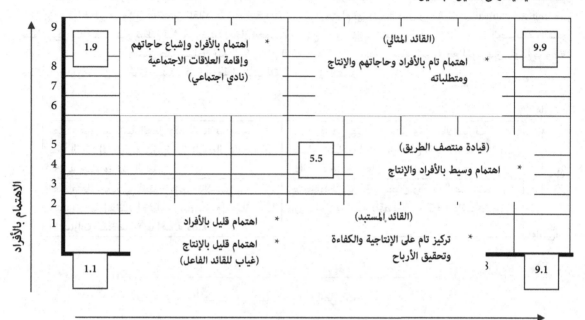

شكل (5-14): أسلوب الشبكة الإدارية

وتتميز هذه الشبكة بأنها تلخص اهتمامات القائد وأولوياته في قيادة المنظمة وتحقيق الأهداف وكالآتي:

- **القائد (1.1):** هنا لا يهتم المدير بالعمل والإنتاج ولا بالعاملين كأفراد لهم احتياجات وبالتالي فهو قائد سيء ويمثل هذا النموذج غياب للقيادة مع وجود إدارة هزيلة وربما لا تستطيع المنظمة مع هكذا نمط من الاستمرار بالعمل.

- **القائد (1.9):** يركز هذا النمط من القادة على العاملين وحاجاتهم وإقامة العلاقات الاجتماعية فيما بينهم، ويؤدي القائد دوره وكأنه في نادي اجتماعي حيث الاهتمام بالعلاقات الإنسانية دون الاهتمام بالإنتاج ومتطلباته.

- **القائد (9.1):** على النقيض من النمط السابق فإن القائد هنا يعطي اهتماماً عالياً للعمل ومتطلباته والإنجاز ويرى أن العاملين مجرد أفراد أو قوى إنتاج تبادل الإنجاز بالمرتبات أو الأجور. وبالتأكيد فإن هذا النمط لا يمكن أن يكون ناجحاً في ظل الاهتمام الكبير بالموارد البشرية وتنوعها والاهتمام بتمكينها.

- **القائد (5.5):** هنا يعطي القائد اهتماماً وسطاً ومتوازناً لكل من العاملين والإنتاج فهو مدير أو قائد اعتيادي ولكنه ليس مبدعاً أو استثنائياً.

- **القائد (9.9):** هنا يكون هذا النمط مثالياً حيث يعطي اهتماماً عالياً لكل من الأفراد والإنتاج ويفترض أن يكون هذا النمط هو المستهدف في السلوك القيادي لكن يتحقق نجاح وأداء متميز للمنظمة.

رابعاً: النظريات الموقفية Situational Theories

في إطار النظريات السابقة بدا واضحاً ان هناك العديد من المتغيرات وتفاعلاتها تحدد كفاءة القيادة وفاعليتها حيث ثقافة المنظمة وفلسفتها وطبيعة البيئة التي تعمل فيها وعناصر أخرى كثيرة، فلا وجود لنمط سلوكي واحد يكون فاعلاً في كل الظروف والأحوال وهذا ما عبرت عنه هذه المجموعة من النظريات التي رأت أن متغيرات الظرف أو الموقف تؤثر تأثيراً مباشراً على النمط القيادي المستخدم. وقبل البدء بطرح بعض النظريات في هذا الاتجاه من الضروري الإشارة إلى أهم المتغيرات الموقفية التي لها تاثير على النمط القيادي وسلوك القائد وهي:

- **الإدارة العليا وتوجهاتها وسلوكها:** حيث أن لهذه الإدارة تأثيراً كبيراً على باقي المدراء وسلوكياتهم في المستويات الإدارية الاخرى. فإذا ما كان توجه الإدارة العليا إيجابياً أو سلبياً نحو مفردات مهمة في العمل فإن هذا التوجه سينعكس بشكل أو بآخر على طبيعة سلوك المدراء الآخرين.

- **خبرة القائد وشخصيته:** وهذه تؤثر أيضاً على نمطه القيادي حيث يتحدد في ضوئها طبيعة علاقته ورؤيته للمرؤوسين ومدى الثقة التي يمنحها لهم.

- **المرؤوسون وخصائصهم وتطلعاتهم:** حيث تؤثر خبرات ومهارات وسلوكيات هؤلاء المرؤوسين في اختيار النمط القيادي الذي يستخدمه القائد معهم فالمستويات الإدارية الأعلى غالباً ما تكون أقل تحديداً وتوجهاً في التدخل بشؤون المرؤوسين قياساً إلى المستويات الإدارية الأدنى.

* **طبيعة العمل ومتطلباته ونمط المهام وأسلوب تحديدها:** فبعض الأعمال يستلزم أداؤها تدخلاً وأوامراً محددة تفرض نمطاً معيناً قياساً لأعمال أخرى. ويدخل ضمن هذه المتغيرات أيضاً هيكلة المنظمة ونوع التكنولوجيا المستخدمة وغيرها.

- **استراتيجيات وثقافة المنظمة:** وهذه تعتبر أيضاً عاملاً موقفياً يؤثر على سلوك القائد الإداري، وثقافة المنظمة هي المصدر المهم الذي تشتق منه وفي إطاره تطلعات الرؤساء والمرؤوسين وتأثرهم بطبيعة المتغيرات الداخلية والخارجية. أما السياسيات فإنها تعتبر دليلاً إرشادياً يحدد نمط القرارات وسلوكيات اتخاذها وبالتالي فإنها تعتبر من العوامل الموقفية المؤثرة في السلوك.

إن هذه العوامل وغيرها مثل البيئة التي تعمل فيها المنظمة وطبيعة المنافسة وتدخل الحكومة وطبيعة المعارضين للقائد في المنظمة كلها متغيرات موقفية تؤثر على النمط القيادي المستخدم.

* نظرية Tannenbaum, Schmidt لسلوك القائد

قدم الباحثان تاننبوم وشميدت مصفوفة تعطي سلوكيات مختلفة للقائد وفق تأثره بخصائص المروسين وخصائص الموقف بالإضافة إلى خصائصه كمدير أو كقائد. تمثل هذه المصفوفة مدخلاً موقفياً للعلاقة بين درجة

حرية المرؤوسين في التدخل بالقرار ومقدار السلطة المستخدمة من قبل القائد في هذا القرار ويأتي هذا استناداً إلى خصاص الموقف التي يعتمد فيها هذا السلوك كما يظهر في الشكل التالي:

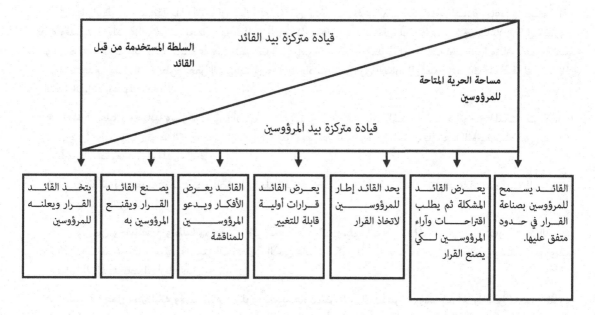

القائد يسمح للمرؤوسين بصناعة القرار في حدود متفق عليها.
يعرض القائد المشكلة ثم يطلب اقتراحات وآراء المرؤوسين لكي يصنع القرار
يحد القائد إطار للمرؤوسين لاتخاذ القرار
يعرض القائد قرارات أولية قابلة للتغيير
القائد يعرض الأفكار ويدعو المرؤوسين للمناقشة
يصنع القائد القرار ويقنع المرؤوسين به
يتخذ القائد القرار ويعلنه للمرؤوسين

شكل (6-14): نموذج تاننبوم وشميدت للقيادة

وضمن خصائص القائد المؤثرة نجد نظام القيم ودرجة ثقته بالمرؤوسين وشعوره بالأمان. أما خصائص المرؤوسين المؤثرة فهي حاجة المرؤوسين إلى الاستقلالية واستعدادهم للقبول وتحمل المسؤولية وقدرتهم للعمل في ظل الغموض وعدم الوضوح واهتمامهم بالمشكلة المطروحة وخبرتهم وتوقعاتهم وغيرها. أما أبرز خصائص الموقف المؤثرة فهي نوع التنظيم وفاعلية مجموعات العمل وطبيعة المشكلة أو المشاكل المطروحة وضغط الزمن وغيرها.

* النظرية التفاعلية Interaction Theory

في إطار هذه النظرية فإن القيادة هي عملية ناتجة عن تفاعل لتأثير متبادل بين ثلاثة أبعاد مهمة وهي القائد والمرؤوسين وطبيعة الموقف. لقد عبر بعض الباحثين في إطار هذه النظرية عن مفهوم التبادل الاجتماعي المشتمل على العلاقات والتفاعل المشترك بين القائد والمرؤوسين وخصائص الموقف. فإذا كان القائد مؤثراً على المرؤوسين فإن استجابتهم تتشكل من خلال طبيعة التفاعل الداخلي بينهم مع بعضهم من جهة وبينهم وبين خصائص الموقف أو البيئة من جهة أخرى ليتشكل في إطار عملية التفاعل والتبادل هذه النمط أو الأنماط القيادية السائدة والمؤثرة في المنظمة كما يظهر من الشكل:

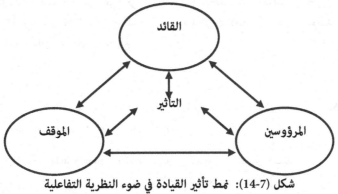

شكل (7-14): نمط تأثير القيادة في ضوء النظرية التفاعلية

* نظرية فيدلر للسلوك القيادي **Fidler's Theory**

تفسر القيادة والسلوك القيادي وفق هذه النظرية كعلاقة بين توجهين أحدهما للعلاقات والآخر للمهام، فالقائد المتجه نحو العلاقات هو قائد يهتم بالعاملين والعلاقات الاجتماعية، أما القائد المتجه نحو المهام فهو محفز أساساً لإنجاز المهام المطلوبة. ويقاس أسلوب القيادة من خلال استبيان يعرف بـ Least Preferred Coworker (LBC) وهو مقياس لتحديد زميل العمل الأقل تفضيلاً. وهذا المقياس يتكون من ستة عشر خاصية أو صفة تقاس على سلم من ثمانية درجات. ومن هذه الصفات الأكثر شيوعاً التي استخدمها فيدلر هي:

حذر	1	2	3	4	5	6	7	8	متفتح
منسجم	8	7	6	5	4	3	2	1	مشاكس
غير كفوء	1	-	-	-	-	-	-	8	كفوء
متردد	1	-	-	-	-	-	-	8	واثق من نفسه
منشرح	8	-	-	-	-	-	-	1	عابس
مُحبِط	1	-	-	-	-	-	-	8	نافع
مستريح	8	-	-	-	-	-	-	1	متوتر
ممتع	8	-	-	-	-	-	-	1	ممل
ثقيل	1	-	-	-	-	-	-	8	مرح
صعب التعامل	1	-	-	-	-	-	-	8	ودود
مقبول	8	-	-	-	-	-	-	1	منبوذ
غير متحمس	1	-	-	-	-	-	-	8	متحمس
حميم	8	-	-	-	-	-	-	1	متباعد
دافئ المشاعر	8	-	-	-	-	-	-	1	بارد المشاعر
غير متعاون	1	-	-	-	-	-	-	8	متعاون
عدائي	1	-	-	-	-	-	-	8	متآلف

*** مقياس LPC**
LBC Scale
عبارة عن استبيان مصمم لقياس القيادة في إطار توجهها نحو التركيز على علاقات العمل أو على المهام ذاتها وفي ضوء وصف المدير لزميل العمل الأقل تفضيلاً

بعد إعداد هذه الاستبانة فإنه بالإمكان معرفة توجه المدير نحو العلاقات أو المهام وفق إجاباته، فإذا كانت الإجابة تشير إلى النواحي الإيجابية للمفاهيم الواردة في المقياس فإن المديرذو توجه نحو العلاقات وإلا فإنه متوجه للمهام، وفي الحالة الأولى يفهم أن المدير حساس تجاه العاملين ومداراة مشاعرهم.

- الموقف **Situation**

يمكن تحليل الموقف في ضوء ثلاثة عناصر مهمة: نوعية العلاقات بين أعضاء المنظمة والقائد، هيكلة المهمات وقوة الموقع الوظيفي حيث يمكن وصف كل منها بأنه مؤاتي أو غير مؤاتي للقائد.

- **علاقة القائد بالأعضاء Leader-member Relations:** تشير إلى المناخ السائد بين مجاميع العمل ومدى قبول الأعضاء للقائد فعندما يثق المرؤوسون ويحترمون القائد يمكن اعتبار العلاقات جيدة أما إذا لم تكن هناك ثقة واحترام يمكن اعتبار العلاقات ضعيفة.

- **هيكلة المهام Task Structure :** تشير إلى كيفية تحديد المهام وأدائها من قبل الأعضاء وما إذا كانت هناك إجراءات واضحة وأهداف مؤشرة. فمثلاً في خطوط الإنتاج تكون المهام روتينية واضحة ومتكررة لذا فإنها مهيكلة بدرجة عالية، أما مهام البحث والتطوير أو التخطيط الاستراتيجي فإنها مهام ليست مهيكلة. وعندما تكون المهام مهيكلة وواضحة فإن الموقف يعتبر في صالح القائد ومؤاتي له أما إذا لم تكن مهيكلة فالموقف ليس في صالح القائد.

- **قوة الموقع الوظيفي Position power:** مدى وجود سلطة رسمية للقائد على المرؤوسين وقوة الموقع عالية عندما تكون لدى القائد قوة لوضع الخطة وقيادة اتجاه العمل وتقييمه وإمكانية منح المكافآت أو إنزال العقوبات. وتكون قوة الموقع منخفضة عندما يمتلك القائد سلطات قليلة على العاملين وبالتالي فإنه لا يقيم عملهم ولا يمنحهم مكافآت. وعندما تكون قوة الموقع كبيرة فإن الموقف في صالح القائد والعكس صحيح.

- النظرية:

عندما فحص "فيدلر" العلاقات بين أسلوب القائد والموقف وأداء المهام من قبل العاملين وجد أن القائد المتوجه للمهام يكون فاعلاً عندما يكون الموقف إما مؤاتي وفي صالح القائد بشكل عالي جداً أو غير مؤاتي وليس في صالحه بشكل كبير.
أما إذا كان القائد متوجه نحو العلاقات فإنه يكون فاعلاً عندما يكون الموقف مؤاتياً وفي صالحه بشكل وسط وكما موضح في الشكل التالي:

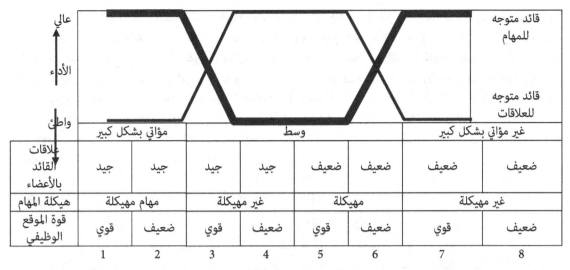

عالي
واطئ

	1	2	3	4	5	6	7	8
	مؤاتي بشكل كبير		وسط				غير مؤاتي بشكل كبير	
علاقات القائد بالأعضاء	جيد	جيد	جيد	جيد	ضعيف	ضعيف	ضعيف	ضعيف
هيكلة المهام	مهام مهيكلة		غير مهيكلة		مهيكلة		غير مهيكلة	
قوة الموقع الوظيفي	قوي	ضعيف	قوي	ضعيف	قوي	ضعيف	قوي	ضعيف

شكل (8-14): مطابقة أسلوب القيادة مع الموقف

* نظرية هيرسي وبلانشارد Hersey and Blanchard's theory

تقوم هذه النظرية على أساس قدرة القائد على تعديل أسلوبه القيادي بناء على جاهزية واستعداد المرؤوسين لأداء مهامهم، حيث يمكن استخدام أربعة أساليب قيادية مختلفة كما في الشكل أدناه:

سلوك متوجه نحو العلاقات (عالي ← واطئ)

مشاركة Participating **تقاسم ومشاركة بالأفكار** يتصف المرؤوسون بالقدرة وعدم الرغبة وعدم الاطمئنان	**بيع Selling** **تفسير وتوضيح القرارات** يتصف المرؤوسون بعدم القدرة ولكن لديهم رغبة والاطمئنان
تفويض **Delegating** يتصف المرؤوسون: * بالقدرة والرغبة والاطمئنان	**إصدار أوامر Telling** **إعطاء تعليمات** يتصف المرؤوسون بعدم القدرة وعدم الرغبة وعدم الاطمئنان

واطئ ← → عالي

سلوك متجه نحو المهام

شكل (9-14): مضمون نظرية هيرسي وبلانشارد

إن المقصود بالجاهزية أو الاستعداد Readiness هو مدى قدرة العاملين على إنجاز المهام وتوفر الخبرة لديهم أو الرغبة لإنجاز العمل وتحمل المسؤولية ومدى إمكانية الاطمئنان لقدراتهم وقابلياتهم للأداء بشكل صحيح. فإذا كانت الجاهزية منخفضة فإن أسلوب إصدار الأوامر Telling حيث يقوم القائد بإعطاء الأوامر الصريحة والمحددة والدقيقة لما يجب عمله بالضبط. أما إذا كانت جاهزية المرؤوسين متوسطة فإن أسلوب البيع Selling هو الأفضل حيث أن المرؤوسين يتصفون بنقص في المهارات والقابليات ولكن لديهم رغبة بالعمل ويمكن الاطئمنان إليهم فيضطر القائد إلى تفسير قراراته ويوضحها. أما إذا كانت جاهزية العاملين عالية فإن أسلوب المشاركة Participating يكون الأكثر فاعلية حيث أن المرؤوسين لديهم قابليات وخبرات ولكن لا يمكن الاطمئنان إليها فيحتاجون إلى بعض التوجيه من قبل القائد. وعندما تكون جاهزية العاملين عالية جداً فإن أسلوب التفويض Delegating هو الأصلح، حيث هناك استعداد عالي لتحمل المسؤولية.

* نظرية المسار الهدف Path-Goal Leadership Theory

لقد طور هذه النظرية روبرت هاوس Robert House وأساسها أن القائد الأفضل هو الذي يستطيع رسم مسارات واضحة للمرؤوسين لغرض الوصول إلى الأهداف سواء كانت أهداف المنظمة أو أهداف شخصية لهم وذلك بتحفيزهم ومساعدتهم على سلوك هذه المسارات. وتشير النظرية إلى أن المرؤوسين يمكن أن يزيلوا العقبات من هذه المسارات وبالتالي يصلون إلى أهدافهم. ويعتقد "هاوس" أن المدراء يجب أن يكونوا مرنين ويتحركون ضمن أربعة أنماط قيادية هي:

1. **قيادة توجيهية** Directive Leadership : حيث يحتاج المرؤوسون إلى توجيه ومعرفة ماذا وكيف ينجز العمل مع ضرورة وجود معايير وجدولة عمل واضحة.
2. **قيادة مساندة** Supportive Leadership : حيث يجب جعل العمل أكثر متعةومعاملة أعضاء المجموعة بالتساوي مع علاقات صداقة واحترام وإعطاء اهتمام لكافة العاملين دون تمييز.
3. **قيادة متوجهة للإنجاز** Achievement-Oriented Leadership : توضع هنا أهداف تثير التحدي مع توقع أداء عالي ومواجهة تحسين مستمر للأداء مع إظهار الثقة الكاملة ووضع معايير أداء مرتفعة.
4. **قيادة تشاركية** Participative Leadership : تقوم على أساس دمج العاملين في عملية اتخاذ القرار واستشارتهم وطلب اقتراحاتهم واعتمادها في اتخاذ القرارات.

في إطار هذه النظرية يفترض استخدام الأسلوب القيادي المناسب للموقف مع تجنب حصول أعمال أو سلوكيات زائدة. والشكل التالي يوضح مضمون النظرية:

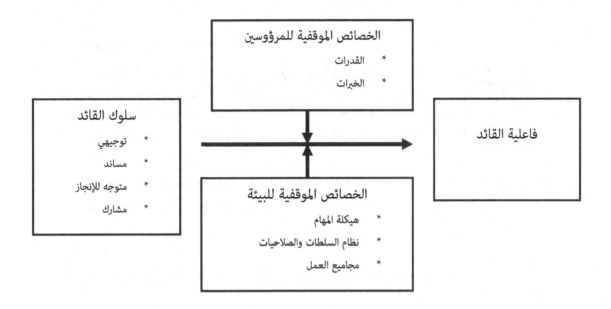

شكل (14-10): العلاقات الموقفية في نظرية هاوس

ويتحدد السلوك القيادي الملائم وفق اعتبارات الموقف سواء من حيث خصائص المرؤوسين أو بيئة العمل ولعل الشكل التالي سيوضح مضمون النظرية بصورة دقيقة.

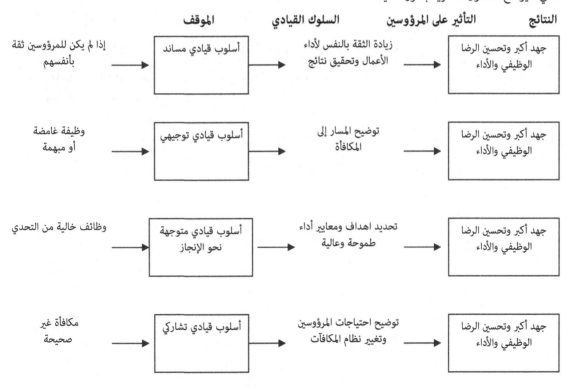

شكل (14-11): مضمون نظرية المسار - الهدف

475

* نظرية فروم-جاغو Vroom-Jago Theory

تقوم هذه النظرية على أساس مساعدة القائد على اختيار الأسلوب الأفضل لاتخاذ القرار بصدد مشكلة معينة وكمية المشاركة المسموح بها من قبل المرؤوسين. تميز النظرية بين ثلاثة أنماط يعتمدها القائد لاتخاذ القرار: قرار السلطة Authority Decision وقرار استشاري Consultative Decision وقرار مجموعة Group Decision. ويمكن للقائد أن يختار أحد البدائل التالية عند اتخاذه للقرار:

*** قرار سلطة**
Authority Decision
قرار يتخذ من قبل القائد ثم يعلن للمرؤوسين.

*** قرار استشاري**
Consultative Decision
قرار يتخذ بعد تشاور مع أفراد المجموعة.

*** قرار مجموعة**
Group Decision
قرار يتخذ من قبل أعضاء مجموعة معينة.

1. يقرر لوحده وهذا يسمى قرار سلطة، ثم يعلن القرار للمجموعة.
2. يتشاور بشكل منفرد مع بعض المرؤوسين للاستفادة من مقترحاتهم.
3. يتشاور مع مجموعة باستدعائهم إلى اجتماع تداول ثم يطرح المشكلة ويناقشها معهم وسماع آرائهم جميعاً.
4. يقوم بتسهيل مهمة مناقشة المشكلة ومن ثم اتخاذ القرار من قبل المجموعة كاملة.
5. يفوض صلاحية اتخاذ القرار إلى المجموعة لكي تتخذ القرار.

وقد تكون الخيارات الخمسة المشار إليها ملائمة لبعض المواقف ولكل منها مزاياه وعيوبه، لكن نجاح القائد في اتخاذ القرار يعتمد على مدى تطابق الأسلوب المعتمد مع خصائص المشكلة المطروحة. إن القواعد التي يمكن أن تعتمد لاختيار الأسلوب المناسب هي:

- جودة القرار المتخذ والقائمة على من يمتلك المعلومات المرتبطة بحل المشكلة.
- قبول القرار والذي يقوم على أساس أهمية قبول المرؤوس واستعداده لتنفيذ القرار.
- وقت اتخاذ القرار القائم على أساس الوقت المتاح لاتخاذ وتنفيذ القرار.

ويمكن تلخيص هذه الأفكار بالشكل التالي:

المرؤوسين من يمتلك المعلومات أو الخبرات؟ القائد
نعم هل أن قبول القرار وتنفيذه مسألة حيوية؟ لا
واطئ هل هناك ضغط زمني أو عجلة لاتخاذ القرار؟ عالي
قرارات مجموعة قرارات تشاورية قرارات سلطة

شكل (12-14): خيارات اتخاذ القرارات

ولمزيد من الفائدة، تجدر الإشارة هنا إلى أن مسالة مشاركة المرؤوسين في عملية صنع واتخاذ القرار تكون أكثر ملاءمة في الحالات التالية:

- نقص المعلومات والخبرة لدى القائد حول المشكلة موضوع القرار.
- المشكلة غير واضحة وهناك حاجة للمساعدة في توضيح الموقف.
- قبول القرار والالتزام به أمر ضروري لتنفيذه.
- هناك وقت كافي ومتاح لمشاركة فعلية في صناعة واتخاذ القرار.

خامساً: الاتجاهات الحديثة في القيادة

New Trends in Leadership

إن امتدادات المداخل الموقفية للقيادة ركزت على أساليب القيادة وطبيعة المرؤوسين وخصائص الموقف. لقد أصبحت متغيرات الموقف محدداً أساسياً قوياً بحيث يمكن القول أنها فتحت الباب أمام الحديث عن عدم الحاجة إلى أسلوب قيادي مرتبط بشخصية القائد. ونتكلم هنا عن بديل معوض Substitute للقائد وهو مجموعة متغيرات موقفية تجعل من الأسلوب القيادي غير ضروري وزائد. وفي إطاره يوجد هناك محيّد Neutralizer للدور الشخصي للقيادة بحيث يصبح سلوك القائد مرتبطاً بهذه المجموعة من المتغيرات الموقفية. وقد مثلت هذه التوجهات مع غيرها إطاراً عاماً لمداخل أكثر حداثة لدراسة القيادة نستعرض أهمها بالآتي:

* البديل (المعوض)
Substitute
مجموعة متغيرات موقفية تجعل أسلوب القيادة غير ضروري.

* المحيّد
Neutralizer
مجموعة متغيرات موقفية تقلص دور القيادة وتمنع القائد من استعراض بعض السلوكيات.

* القيادة الكاريزمية والقيادة الرسالية

Charismatic and Visionary Leadership

*** القائد الكاريزمي**
Charismatic Leader
القائد الذي لديه قابلية للتأثير في المرؤوسين بالإيحاء والإلهام للحصول منهم على أداء يفوق التوقعات.

إن القائد الكاريزمي Charismatic Leader هو القائد الذي لديه القدرة على تحفيز العاملين للحصول منهم على أداء يتجاوز أو يتفوق على ما هو متوقع. والقائد من هذا النمط لديه قدرة على الإيحاء والإلهام للعاملين بحيث يستخدموا أقصى طاقة لديهم ويلتزمون تماماً تجاه المنظمة التي يعملون فيها متجاوزين مصالحهم الخاصة ومضحين من أجل صالح هذه المنظمة. ويأتي الأثر الكاريزمي للقائد من:

- صياغة رؤية شامخة لمستقبل طموح يكون الأفراد سعداء بالانتساب إليه.
- بناء نظام قيمي متكامل يعرف كل عضو في المنظمة موقفه فيه.
- كسب ثقة الزبائن وودهم وبالتالي إخلاصهم في العمل بشكل دائم.

*** الرؤية Vision**
مستقبل جذاب موعود وليس حالة آنية يمكن الوصول إليها الآن.

وعادة ما يكون القائد الكاريزمي ذو شخصية قوية ومحبوبة وينظر إليه كبطل ولديه أيضاً مهارات في توضيح الرؤية القيادية Visionary Leadership التي تخاطب قلوب وأحاسيس العاملين جاعلة منهم جزءاً أساسياً من بناء كبير يتجاوز حدودهم الذاتية، فهم ينظرون إلى ما وراء الواقع والحقائق الظاهرة ويساعدهم على رؤية المستقبل كحالة براقة ومحتملة التحقيق حتى لو كانت خارج إطار الجوانب الملموسة في الوضع الراهن. فالرؤية هي مستقبل جذاب وبراق موعود وليس حالة آنية جاهزة تصل إليها. والقائد الكاريزمي لديه رؤية قوية للمستقبل ويستطيع تحفيز الآخرين لمساعدته في إنجازها، فتأثيره العاطفي على المرؤوسين كبير ويتمتع بنظرة بطولية من قبل هؤلاء المرؤوسين. ومن المفيد إجمال الصفات الكاريزمية التي أجمع عليها الباحثون وكالآتي:

- ثقة عالية بالنفس.
- رؤية مستقبلية.
- قدرة على تفصيل الرؤية وجعلها مفهومة من قبل الآخرين.
- قناعات كبيرة بالرؤية التي يطرحها.
- سلوك غير معتاد وخارق.
- يتمتع بمظهر الرجل الذي يؤمن بالتغيير ويعمل من أجله باستمرار.
- حساسية عالية جداً للتغيرات البيئية وما يحيط به من أحداث.

* القيادة التبادلية والقيادة التحويلية

Transactional and Transformational Leadership

* القيادة التبادلية
Transactional Leadership
قيادة توجه بشكل إيجابي وتحشد جهود الآخرين من خلال المهام ونظام التحفيز والهيكل.

إن القيادة التبادلية Transactional Leadership هي قيادة توجه جهود المرؤوسين بشكل إيجابي من خلال المهام والمكافآت ونظام الحوافز والهيكل. وبالتالي فإن القائد ضمن هذا السياق يهتم بتوضيح أدوار المرؤوسين ومتطلبات المهام الموكلة إليهم ويضع الهيكل الملائم ونظام التحفيز المطلوب وكذلك العناية ببناء علاقات تعزز العمل مع المرؤوسين. ومن هذا المنطلق فإن القيادة التبادلية تتمتع بالقدرة على إرضاء المرؤوسين كمدخل لتحسين الإنتاجية بمعنى أنها تتفوق في الوظائف الإدارية فهي مثابرة ومتسامحة ومتفهمة وذات عقلية عادلة وسطية. وهي تؤكد على المظاهر غير الشخصية للقيادة مثل الخطط الكفوءة والجدولة والموازنات الصحيحة. كما أن لها الرغبة في توليد الالتزام بالأعراف والقيم التنظيمية. أما القيادة التحويلية Transformational Leadership فهي القيادة التي لها قدرة فائقة في الإيحاء للمرؤوسين للقيام بأفضل ما يمكن من جهود لصالح المنظمة للارتقاء بالأداء وأهم ما يميزها هو الأثر الاستثنائي الخارق على المرؤوسين. والقيادة التحويلية تشبه القيادة الكاريزمية لكنها تتميز بكونها ذات قدرات خاصة لإحداث التغيير وتحقيق الإبداع عن طريق تنظيم حاجات المرؤوسين واهتماماتهم ومساعدتهم على استخدام طرق جديدة لحل المشاكل القديمة وتشجيعهم على مناقشة الحالة الراهنة دائماً. والقيادة التحويلية تخلق تغييراً مهماً على صعيد المرؤوسين والمنظمة فضلاً عن قدرتها على قيادة التغيير في رسالة المنظمة واستراتيجياتها وهيكلها وثقافتها وكذلك الارتقاء بالإبداع التكنولوجي سواء كان منتجات أم عمليات إنتاجية.

* القيادة التحويلية
Transformational Leadership
قيادة إيحائية تعمل على التأثير في المرؤوسين بشكل كبير للقيام بالأعمال على أحسن وجه ممكن.

إن القيادة التحويلية وهي تواجه تحديات إدارية مستمرة تحاول باستمرار أن تطور جوانب الشخصية للتعامل مع هذه التحديات، وهنا فإن امتلاك السمات القيادية والمعرفة بالسلوكيات القيادية والعوامل الموقفية لا يكفي لوحده للنجاح في مهمات أصبحت معقدة وهذا يعني أن المدير يجب أن يكون مهيئاً للقيام بدور إيحائي روحي بدون أي قسر أو إكراه للمرؤوسين. ومن المهم الإشارة إلى أن القيادة التحويلية المهتمة بالتطلعات وتحقيق الالتزام بالأداء وبناء الثقة يفترض أن تتمتع بالخصائص التالية:

- الرؤية.
- التمكين للآخرين.
- الكاريزما.
- خصوبة الخيال.
- الرمزية.
- النزاهة.

القيادة في بيئة العمل الجديدة Leadership in New Workplace

إن التطور الحاصل في بيئة الأعمال والتحديات الكبيرة التي تواجه منظمات الأعمال قد غير من مفهوم القيادة، فالعولمة والتجارة الإليكترونية والاتصالات وتكنولوجيا المعلومات ساهمت في خلق مكان عمل جديد وغيرت من مصالح العاملين وتوقعاتهم وخلقت تنوع عالي وهذه جميعها وجهت بشكل آخر إطار التفكير حول الممارسات القيادية ورغم أن المجالات التي أصابها التغيير كثيرة إلا أننا سنقتصر على مجموعة منها وكالآتي:

- المستوى 5 للقيادة Level 5 Leadership

تقوم فكرة هذا المنظور على أساس الدراسات التي قام بها Jim Collins وآخرون حول إمكانية تحويل الشركات الجيدة إلى شركات عظيمة حقاً. ويقدم الباحثون المستوى الخامس للقيادة باعتباره أعلى مستوى في هرم قابليات المدراء ويوضح الشكل التالي خصائص هذا المستوى الخامس:

المستوى الخامس: المستوى 5 للقيادة
بناء منظمة عظيمة قادرة على التحمل من خلال تواضع شخصي ومهنية عالية للقادة.

المستوى الرابع: تنفيذي فاعل
يقوم ببناء التزام واسع لرؤية واضحة ومتفوقة ويحفز العاملين لأداء أعلى.

المستوى الثالث: مدير متمكن
يضع الخطط وينظم الناس بكفاءة وفاعلية لمتابعة إنجاز الأهداف.

المستوى الثاني: عضو فريق عمل مساهم بفاعلية
يساهم بفاعلية بإنجاز أهداف فريق العمل ويتجاوب بفاعلية مع أفراد فريق العمل.

المستوى الأول: قابلية فردية عالية
مساهم ومنتج ولديه معارف ومهارات وعادات وسلوكيات إيجابية فردية في العمل.

شكل (13-14): المستوى 5 للقيادة

480

ولعل أهم صفة للقادة في المستوى 5 للقيادة هو التواضع وعدم وجود مشاعر الأنانية وهذا يناقض مفهوم القيادة من وجهة نظر نظرية القائد العظيم التي تفترض أنانية عالية وطموح كبير شخصي.

- القيادة الافتراضية Virtual Leadership

هناك الكثير من العاملين الذين يؤدون أعمالهم في فضاء الإنترنت أو عن بعد من خلال منازلهم وهذا يعني وجود بيئة عمل مفترضة وليست فعلية وقد لا يجتمع العاملون مع بعضهم إطلاقاً. هنا تواجه القيادة مصاعب للموازنة بين الهيكل والمساءلة مع المرونة. فالمشكلة هنا كيفية التأكد من أن العاملين يؤدون ما هو مطلوب منهم بدون رقابة وإشراف مباشر بالطرق المعروفة. يحدد القادة الأهداف والمهام بشكل واضح وتكون مهمتهم الرئيسية هي خلق الالتزام وتحفيزه لدى العاملين وإبقائهم على علم بما يجري في المنظمة بشكل مستمر بدون معرفة بعضهم البعض. وعليه فإن القادة الافتراضيين يجب أن يتمتعوا بصفة العقلية المتفتحة والمرنة مع التركيز على الحلول وليس على المشاكل بذاتها. كما تكون لديهم قدرات اتصال عالية وقدرات تدريبية في مجال بناء العلاقات التي تعتبر أهم المهارات المطلوبة في هذا المجال. إن اختيار التكنولوجيا المناسبة وكيفية التعامل معها وتوظيفها بمقتضى طبيعة العمل هو مهمة أخرى من مهام القادة الافتراضيين.

- القيادة الخدماتية (الداعمة) Servant Leadership

* القيادة الخدماتية
Servant Leadership
قيادة تعمل من أجل إنجاز حاجات وأهداف العاملين وكذلك الوصول إلى أهداف المنظمة وتحقيق رسالتها.

إن القيادة في بيئة العمل الجديدة وضمن منظور القيادة الداعمة الخدماتية؛ نرى أن وجود العمل وتطوره مرتبط بالعاملين الذين يفترض أن يؤدوا أعمالهم بأفضل الصيغ بعد أن تتاح لهم الفرصة كاملة بذلك. حيث ينظر للقيادة بشكل مقلوب تدعم الآخرين المرؤوسين لأن المهمة الأساسية للقائد هي خدمة الآخرين والمنظمة. إن القيادة الخدماتية تنطلق في عملها من مستويين: الأول، إنجاز أهداف وحاجات المرؤوسين من أجل هدف أكبر هو تحقيق رسالة المنظمة ومبرر وجودها. والثاني، إعطاء معنى للأفكار وللقوة وللمعلومات وللإنجاز، وهنا فهم يقيمون الآخرين حقيقة ويشجعون المشاركة وتقاسم القوة والتكريس التام للجهود وإيقاظ قوى المرؤوسين على توليد الأفكار والإبداع والالتزام.

- القيادة النسائية Women Leadership

تشير أدبيات الإدارة الخاصة بموضوع القيادة إلى أن هناك أساليب قيادية نسائية لها خصوصيتها حيث أن نتائج بعض الدراسات تشير إلى أن الأداء وتقييمه من قبل الرؤساء أو النظراء أو المرؤوسين والخاص بالمديرات هو أفضل منه لدى المدراء الرجال خصوصاً في بعض القابليات الإدارية مثل القدرة على تحفيز الآخرين وتشجيع الاتصالات ومهارات الإصغاء أو الإنصات. وقد سمي

هذا المدخل الخاص بالقيادة النسائية بالقيادة التفاعلية Interactive Leadership وهـذا يعني أن القائد يفضل أسلوب الإجماع والعمل التعاوني ويؤثر في الآخرين مـن خـلال العلاقـات وليس بالقوة النابعة من الموقع الوظيفي أو السلطة الرسمية. إن هذا يعني أن الأسلوب لـيس مقتصراً على النساء فقط بل أصبح مطلوباً من كافة المدراء الرجال للنجاح في مكان العمل.

* القيادة التفاعلية
Interactive Leadership
أسلوب قيادي يتصف بالعمل التعاوني
وبناء العلاقات والعناية بالآخرين.

482

أسئلة الفصل الرابع عشر

* أسئلة عامة

1. ما معنى القيادة؟ وما ضرورتها لمنظمات الأعمال؟
2. من هو القائد؟ وما هي سماته الرئيسية؟
3. قارن بين القائد والمدير؟
4. ما معنى التأثير؟ وما هي أساليبه؟
5. ما المقصود بالقوة؟ وما أنواعها؟
6. استعرض الأساليب القيادية موضحاً خصائص كل منها؟
7. ما هي أهم النظريات السلوكية والموقفية والتقليدية؟ وضح مضمون أفكار كل منها؟
8. ما هي أهم الاتجاهات الحديثة في القيادة؟ وما مضمون كل منها؟
9. ما هي سمات القيادة في بيئة العمل الجديدة؟
10. هل تختلف أساليب القيادة الخدماتية عن أساليب القيادة الاعتيادية؟ وضح ذلك.

** أسئلة الرأي والتفكير

1. برأيك، هل تختلف قيادة المرأة لمنظمات الأعمال عن قيادة الرجل؟ وهل تعتقد أن بعض أنواع منظمات الأعمال تلائمها القيادة النسائية أكثر من غيرها.
2. استعن بالشكل (11-14) لتحديد الأسلوب القيادي الأفضل لإحدى المنظمات التي تكثر فيها الوظائف المبهمة والتي يصعب قياس ومراقبة أدائها.
3. استعرض أسماء بعض القادة السياسيين والعسكريين والاقتصاديين والمدراء القادة الكبار وشخصيات اجتماعية لامعة ووضح الخصائص الاستثنائية التي يتمتعون بها وجعلت منهم قادة.
4. استعرض بعض الإنجازات الاستثنائية لبعض قادة الشركات الكبرى في بيئتك، هل تعتقد أن هذه الإنجازات تحققت بفضل السلوك القيادي فقط أم أن هناك عوامل أخرى، ناقش ذلك.
5. أي من النظريات التي تفسر ظهور القادة وعملية القيادة تتفق معها، وضح أسباب اختيارك.

*** أسئلة الخيارات المتعددة

1. أي العبارات التالية صحيحة:
   A. لا وجود للقيادة خارج نطاق إدارة منظمات الأعمال.
   B. المدراء في منظمات الأعمال هم قادة دائماً.
   C. القادة في المجتمع هم دائماً مديرين.
   D. من الممكن أن يمتلك الفرد خصائص قيادية دون أن يمارس الإدارة في منظمات الأعمال.

2. واحدة من الآتي لا تمثل صفة أو خاصية للقائد:
   A. ملهم ذو توجه روحي وعاطفي
   B. مرن ويستجيب للتغييرات
   C. مبادر للتغيير
   D. تستند قوته للموقع الوظيفي فقط

3. إن القدرة على إحداث التغيير في الآخرين من خلال ترتيب الموارد المختلفة وتوجيهها نحو جعل الآخرين ينفذون ما مطلوب منهم تمثل:
   A. السلطة
   B. التأثير
   C. القوة
   D. المسؤولية

4. أي من المصطلحات التالية هو مرادف للقوة الشرعية:
   A. السلطة الرسمية
   B. القوة القسرية
   C. قوة الخبرة
   D. القوة الشخصية

5. عندما يأمر مدير المنظمة بصرف مبالغ نقدية لمجموعة من العاملين تثميناً لجهودهم فهو يمارس قوة:
   A. شرعية
   B. خبرة
   C. مكافأة
   D. مرجعية

6. إن قوة الخبرة والقوة المرجعية هما مثال على:
   A. القوة الشرعية
   B. القوة الشخصية
   C. القيادة غير الرسمية
   D. قوة وظيفية

7. إن الأسلوب القيادي الذي بموجبه يهيمن القائد كاملاً في مجال إصدار القرارات والإشراف ويقترب من النزعة الفردية هو أسلوب
   A. القيادة غير الموجهة
   B. القيادة الديموقراطية
   C. القيادة الأوتوقراطية
   D. القيادة التكنوقراطية

8. في إطار أسلوب الشبكة الإدارية فإن أفضل أسلوب للقيادة هو:
   A. 1.1
   B. 1.9
   C. 9.1
   D. 9.9

9. إن مقياس LBC: يعني:

A- استبيان مصمم لقياس توجهات القيادة نحو العمل والعاملين وفي إطار وصف المدير لزميل العمل الأقل تفضيلاً.

B- استبيان مصمم لقياس السمات القيادية.

C- استبيان مصمم لقياس خصائص وصفات زميل العمل الأكثر تفضيلاً.

D- استبيان مصمم لمعرفة الموقف الذي تواجهه القيادة.

10. عندما يكون الموقف مشيراً إلى عدم ثقة المرؤوسين بأنفسهم فإن السلوك القيادي للتأثير على المرؤوسين لتحقيق نتائج أفضل يكون من خلال:

A. أسلوب قيادي تشاركي   B. أسلوب قيادي متجه نحو الإنجاز

C. أسلوب قيادي توجيهي   D. أسلوب قيادي مساند

11. عندما يمتلك المرؤوسون المعلومات والخبرات وأن الوقت متاح لاتخاذ القرار فإن:

A- قرارات المجموعة هي الأفضل

B- قرارات السلطة الفردية هي الأفضل

C- القرارات التشاورية هي الأفضل

D- لا تؤثر هذه الجوانب على أسلوب اتخاذ القرارات

12. إن مجموعة المتغيرات الموقفية والتي تجعل أسلوب القيادة غير ضروري تسمى:

A. البديلة أو المعوضة   B. الاستشارية أو المساندة

C. المشاركة   D. الخارجية

13. إن القائد التحويلي يتسم بـ:

A. الكاريزمية   B. اعتبار شخصي

C. الكاريزمية والرمزية   D. الذكاء العاطفي

14. إن بناء منظمة عظيمة قادرة على التحمل من خلال تواضع شخصي للقائد ومهنية عالية يدعى:

A. المستوى الرابع للقيادة (تنفيذي فاعل)   B. المستوى الثالث للقيادة (مدير متمكن)

C. المستوى الأول للقيادة (قابلية فردية عالية)   D. المستوى الخامس للقيادة (المستوى 5)

15. إن القيادة التي تعمل من أجل إنجاز حاجات وأهداف العاملين وكذلك الوصول إلى أهداف المنظمة وتحقيق رسالتها وفق المنظور الحديث للقيادة تسمى :

A. القيادة الافتراضية   B. القيادة التفاعلية

C. القيادة الخدماتية   D. القيادة التحويلية

الفصل الخامس عشر

التحفيز وبناء فرق العمل

الفصل الخامس عشر

التحفيز وبناء فرق العمل

بعد دراستك لهذا الفصل تستطيع الإجابة على هذه الأسئلة:

1. ماذا نقصد بتحفيز العاملين، وما هي مداخل التحفيز؟
2. استعرض أهم نظريات التحفيز؟
3. كيف يتم التحفيز من خلال تصميم الوظيفة؟
4. كيف يتم التحفيز بالمشاركة؟ وضح الأساليب المتبعة في ذلك؟
5. كيف يتم بناء فرق العمل، وكيف تعمل الفرق بفاعلية؟

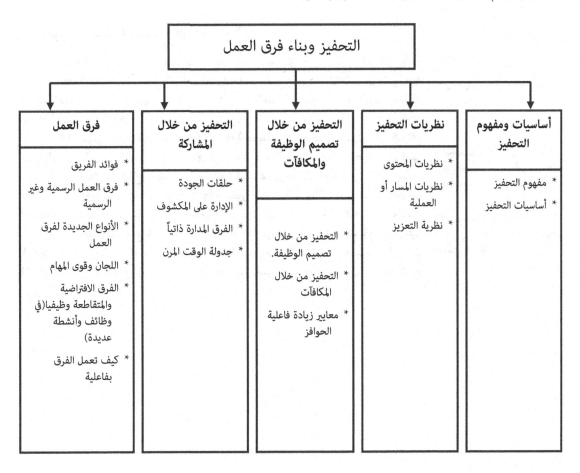

التحفيز وبناء فرق العمل

- **أساسيات ومفهوم التحفيز**
  * مفهوم التحفيز
  * أساسيات التحفيز
- **نظريات التحفيز**
  * نظريات المحتوى
  * نظريات المسار أو العملية
  * نظرية التعزيز
- **التحفيز من خلال تصميم الوظيفة والمكافآت**
  * التحفيز من خلال تصميم الوظيفة.
  * التحفيز من خلال المكافآت
  * معايير زيادة فاعلية الحوافز
- **التحفيز من خلال المشاركة**
  * حلقات الجودة
  * الإدارة على المكشوف
  * الفرق المدارة ذاتياً
  * جدولة الوقت المرن
- **فرق العمل**
  * فوائد الفريق
  * فرق العمل الرسمية وغير الرسمية
  * الأنواع الجديدة لفرق العمل
  * اللجان وقوى المهام
  * الفرق الافتراضية والمتقاطعة وظيفيا(في وظائف وأنشطة عديدة)
  * كيف تعمل الفرق بفاعلية

مقدمة الفصل الخامس عشر:

إن من بين أهم الأدوار والمسؤوليات التي يتحملها المدير هو توجيه وإثارة حماس العاملين لأداء المهام الموكلة إليهم بأفضل الطرق وأحسنها. وهنا فنحن نتحدث عن مفهوم الدوافع التي تحرك الفرد للقيام بعمل معين بمثابرة وجهد عاليين. إن ما يثير حماس الأفراد للعمل هو قدرة إدارة المنظمة في استخدام أنظمة التحفيز الملائمة التي تتماشى مع طبيعة العمل والعاملين كأفراد ومجموعات. إن أفضل المنظمات هي تلك التي تستطيع شحذ طاقات العاملين بدرجات عالية وتوجيه تلك الطاقات لتحقيق الأهداف. سنتناول في هذا الفصل مجموعة من الفقرات تبدأ بتوضيح أساسيات ومفهوم التحفيز ثم استعراض أهم نظريات التحفيز، وبعد ذلك سيتم تناول تحفيز العاملين من خلال تصميم الوظائف ونظام المكافآت وأخيراً إمكانية استخدام المشاركة في القرارات والإدارة كمدخل ملائم للتحفيز في المنطقة.

أولاً: أساسيات ومفهوم التحفيز

Concept and Foundation of Motivation

* مفهوم التحفيز Motivation Concept

لا بد أولاً من التمييز بين مصطلحات عدة عند دراسة موضوع التحفيز. فهناك دوافع العمل Work Motives التي تعني العوامل المحركة التي تنبع من داخل الإنسان وتثير فيه الرغبة للعمل والإنجاز، فهي إذن حالة أو قوة داخلية كامنة في الفرد تنشط وتحرك سلوكه باتجاه أهداف معينة وهنا فإن هذا الشعور والإحساس الداخلي يحرك مشاعر الفرد وسلوكه بهدف تقليل التوتر الناجم عن نقص في إشباع حاجة معينة. ومن الجدير بالذكر فإن الدافع قد يتولد من عامل يثير السلوك ويساهم في توجيهه نحو حالة معينة. اما الحاجة Need فهي حالة داخلية تجعل من نتائج معينة تبدو جذابة للفرد، بمعنى أن الحاجة هي رغبة بإشباع نقص أو عوز معين لدى الفرد. وقد يكون هذا النقص أكثر إلحاحاً أو أقل وفق سلم أولويات يحدده الفرد ذاته. وبالنسبة للحافز Incentive فهو مؤثر بيئي غرضه إثارة الدوافع وتحقيق الاستجابة لها وبهذا فإنه نابع من بيئة العمل، كما أن المدير يمكن أن يقدمه للمرؤوسين مراعياً في ذلك سياسات وتقاليد العمل في المنظمة. أما الحوافز Incentives فهي مجموعة المؤثرات المستخدمة في إثارة دوافع الفرد أو المجموعة وتحديد محتوى سلوكه. وهنا فإن الحوافز تتيح فرص

*** الدافع Motive**
العامل المحرك النابع من داخل الإنسان والذي يثير الرغبة للعمل والإنجاز

*** الحاجة Need**
رغبة ملحة بإشباع نقص أو عوز معين لدى الفرد.

*** الحافز Incentive**
مؤثر بيئي غرضه إثارة الدوافع وتحقيق الاستجابة لها.

أمام الفرد لإشباع حاجاته التي تحرك دوافعه. أما التحفيز Motivation فهو ممارسة إدارية للمدير للتأثير في العاملين من خلال تحريك الدوافع والرغبات والحاجات لغرض إشباعها وجعلهم أكثر استعداداً لتقديم أفضل ما عندهم بهدف تحقيق مستويات عالية من الاداء والإنجاز في المنظمة. وإذا كان التحفيز هو مجموعة القوى التي تؤثر في سلوك الفرد بطرق معينة، فإن معرفة هذه القوى تصبح ضرورية لجعل التحفيز مثمراً في المنظمة. إن ما يحدد أداء الفرد يمكن أن يرتبط بثلاث عناصر هي: التحفيز والرغبة في أداء العمل والقابلية على أداء العمل وأخيراً بيئة العمل والموارد المطلوبة لأدائه. فإذا كان العامل ليس لديه قدرة أو قابلية على الأداء فإنه يتطلب الأمر تدريب هذا العامل أو إحلال بديل عنه. وإذا كانت هناك مشكلة في الموارد يتوجب على المدير معالجتها، لكن إذا كانت المشكلة في التحفيز فإن المدير يواجه تحدياً كبيراً خاصة وأن سلوك الفرد هو ظاهرة معقدة وبالتالي فإن الأمر يقتضي أن يعرف المدير المشكلة ويوفر الحافز المناسب لتجاوزها. وهكذا فإن التحفيز مهم جداً لأن تأثيره يمكن أن يرتقي بالأداء من جانب ولعدم ملموسية خصائصه ومعرفة أسبابه بسهولة من جانب آخر. ويمكن تصوير الإطار العام للتحفيز بالآتي:

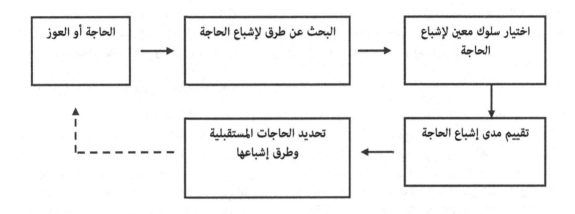

* **التحفيز Motivation**
ممارسة إدارية للمدير بهدف التأثير على العاملين من خلال تحريك الدوافع والرغبات والحاجات لغرض إشباعها وجعلهم مستعدين لتقديم أفضل ما عندهم من أداء لتحقيق أهداف المنظمة.

شكل (1-15) : إطار عام للتحفيز

* أساسيات التحفيز Motivation Foundations

إن افتراضات المدراء حول تحفيز العاملين واستخدام المكافآت تعتمد على المنظور المستخدم في فهم وإنجاز عملية التحفيز. وفي إطار المداخل الإدارية القديمة منها والحديثة فإن هذه الافتراضات قد تتباين وربما يكمل بعضها بعضاً في أحيان أخرى لذا سيتم استعراضها وفق الآتي:

- المداخل التقليدية **Traditional Approaches**

إن خير من يمثل هذه المداخل التقليدية ما عرضته الإدارة العلمية في أبحاث Taylor الذي وضع نظام الأجور التفاضلية. كما أن تحليل الوظيفة وإعطاء المكافآت المادية تساهم في الارتقاء بمستوى أداء العاملين. وفي إطار مفهوم "الرجل الاقتصادي" الذي يبحث عن أعلى عوائد اقتصادية من خلال الإنجاز فإن هذه المداخل ترى أن الفرد يعمل بجد لغرض الحصول على عائد عالي، لذلك اهتمت هذه المداخل بوضع أنظمة أجور مرتبطة بأداء الفرد من ناحية النوعية والكمية.

- مدخل العلاقات الإنسانية **Human Relations Approach**

إن مفهوم الرجل الاقتصادي تم استبداله بمفهوم "الرجل الاجتماعي"، أو "الرجل الإداري" والذي يرى أن أداء الفرد لا يرتبط فقط بزيادة عوائده المادية بل بتحسين شروط العمل والعلاقات الإنسانية. وقد بدأت هذه الأبحاث بدراسات هوثورن Hawthorn والتي سبق وأن أشرنا إليها والتي أوضحت أن المكافآت غير الاقتصادية مثل بناء فرق العمل والاهتمام بالعلاقات والحاجات الاجتماعية هي أكثر أهمية من الأموال كمحفزات للسلوك في العمل.

- مدخل الموارد البشرية **Human Resources Approach**

في سياق هذا المدخل فإن مفهوم الفرد المتكامل Whole Person أصبح هو السائد بدلاً من مفهومي الرجل الاقتصادي أو الرجل الاجتماعي حيث ينظر إلى الفرد على أنه نظام متكامل معقد وأن عملية تحفيزه يجب أن تتم من خلال تعامل شمولي مع كافة أجزاء ومكونات هذا النظام وأن العوامل المؤثرة في تحفيزه هي كثيرة ولست اقتصادية أو اجتماعية فقط.

- المدخل المعاصر **Contemporary Approach**

إن المداخل الحديثة لتحفيز العاملين وضعت في إطار ثلاثة أنواع من النظريات، الأولى هي نظريات المحتوى Content Theories والتي تركز على تحليل الحاجات الإنسانية للأفراد وكيفية إشباعها في بيئة العمل مع مساعدة المدراء على فهم طبيعة هذه الحاجات وطرق إشباعها. الثانية هي نظريات المسار (العملية) Process Theories وهي التي تركز على الأسباب التي تؤدي على أن يختار الفرد سلوكاً معيناً بدلاً من مسارات سلوكية أخرى بديلة ويعتمد هذا الاختيار على تصور الفرد لدوره في المنظمة وفهم طبيعة المسار الذي يحتاج له. أما الثالثة فهي نظريات التعزيز Reinforcement Theories التي تركز على التعلم لدى العاملين والاستفادة من نتائج سلوكهم السابق لوصف وتعزيز السلوكيات اللاحقة في العمل. ويعرض الشكل التالي هذه الأنواع الثلاثة من النظريات.

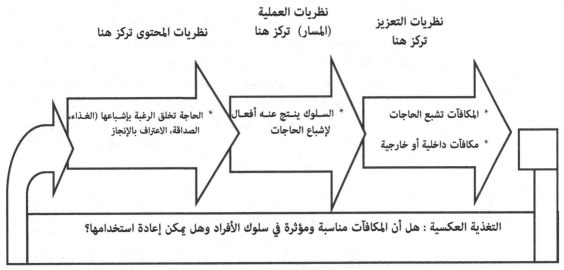

التغذية العكسية : هل أن المكافآت مناسبة ومؤثرة في سلوك الأفراد وهل يمكن إعادة استخدامها؟

شكل (2-15): محتوى النظريات بأصنافها الثلاثة

ثانياً: نظريات التحفيز Motivation Theories

هناك الكثير من النظريات التي صيغت لتفسير عملية التحفيز والحوافز وقد سبقت الإشارة في الفقرة السابقة إلى المداخل المختلفة لفهم عملية التحفيز ونظرياته والتي سنتبع في تقسمها المدخل الرابع أي المدخل المعاصر الذي يقسم هذه النظريات في ثلاثة مجاميع: المحتوى والمسار والتعزيز وقد عرفنا المقصود بكل منها.

* نظريات المحتوى Content Theories

تركز هذه النظريات على تحليل الحاجات الفردية الإنسانية سواء ما كان منها مادياً جسدياً أو نفسياً. وسنعرض هنا أهم الأفكار الواردة في إطار البعض من هذه النظريات الأساسية.

- نظرية ماسلو (هرمية الحاجات) Maslow Theory

(Hierarchy of Needs Theory)

تعتبر نظرية ابراهام ماسلو Abraham Maslow للحاجات من أولى النظريات التي فسرت سلوك الإنسان وكيفية إشباع حاجاته وفي إطار سلم الحاجات التي رتبها فإن حاجات المستوى الأدنى Lower Order Needs تتمثل بالحاجات الفسيولوجية والسلامة والأمان والحاجات الاجتماعية، في حين أن حاجات المستوى الأعلى Higher Order Needs تشتمل على حاجات التقدير والاحترام وتحقيق الذات (سبق وأن استعرضنا هذه النظرية في الفصل الثاني).

*** حاجات المستوى الأدنى**
Lower Order Needs
هي الحاجات الفسيولوجية والأمان والحاجات الاجتماعية في سلم ماسلو.

*** حاجات المستوى الأعلى:**
Higher Order Need
هي حاجات التقدير وتحقيق الذات في سلم ماسلو

إن حاجات المستوى الأدنى هـي ماديـة واجتماعيـة بطبيعتهـا في حـين أن حاجـات المستوى الأعلى هي حاجات للنمو والتطور والجوانب النفسية. ويمكن تفسير هـذه النظريـة وفق مبدأين : الأول، مبدأ العوز Deficit Principle الذي ينص علـى أن الحاجات المشبعة هـي ليست محفزة للسلوك وهذا يعني أن الحاجات غير المشبعة هي التي تحفز سلوك الفرد. أمـا المبدأ الثاني فهو مبـدأ الارتقـاء أو التقـدم Progression Principle والـذي يقـوم علـى أسـاس أن الحاجة في مستوى معين لا تكون فاعلة أو ناشطة إلا إذا أشبعت حاجات المستوى الأدنى منهـا، والشكل التالي يوضح مضمون النظرية.

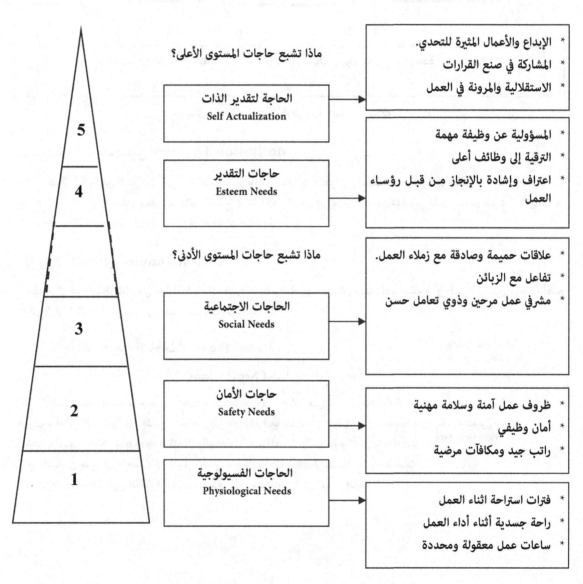

شكل (3-15): مضمون نظرية ماسلو (هرمية الحاجات)

494

وأهم الانتقادات الموجهة لنظرية ماسلو فهي افتراضها بأن الدوافع عبر سلم الحاجات هي واحدة للجميع بمعنى أن الحاجات الإنسانية تبدأ بالفسيولوجية وتندرج إلى تحقيق الذات لكنها لا تفسر سلوك بعض الأفراد الذين يعرضون وجودهم للخطر (حاجاتهم الفسيولوجية) لإشباع حاجات تحقيق الذات. كذلك تفترض تسلسل إشباع الحاجات فكلما أشبعت حاجة انتقل الفرد لإشباع الحاجة التالية لكنها لا تفسر المبالغة في إشباع بعض الحاجات مثل زيادة الثروة على حساب العلاقات الاجتماعية أو الصداقة.

- نظرية الدرفر Alderfer Theory (ERG) ERG

* نظرية ERG للتحفيز
ERG Theory
نظرية تفترض أن حاجات الفرد تصنف ضمن ثلاثة مجاميع الوجود والانتماء والنمو.

لقد جاءت هذه النظرية تطويراً لنظرية ماسلو فهي ترى أن الحاجات يمكن أن تصنف ضمن ثلاثة مجاميع : الأولى، الحاجة للوجود Existence وهي تماثل الحاجات الفسيولوجية والأمان في سلم ماسلو والثانية هي الحاجة للانتماء Relatedness وهي تمثل العلاقات الاجتماعية والمكانة وأخيراً الحاجة للنمو Growth وهي تماثل تحقيق الذات في سلم ماسلو. تفترض هذه النظرية أن هذه المجاميع الثلاثة تختلف من حيث أهداف الإشباع وأساليبه، فيتم إشباع حاجات الفرد مادياً بالطعام والسكن وغيرها أما الحاجات الاجتماعية فتشبع بالعلاقات والتقدير في حين تشبع حاجات النمو بالتطوير والتعلم وممارسة الهوايات. وتشير النظرية إلى مبدأ مهم هو مبدأ الإحباط – التراجع Frustration – Regression Principle والذي يتضمن التركيز على إشباع حاجات مشبعة أصلاً بسبب العجز عن إشباع حاجات أخرى وهذا يمثل سلوك تعويضي قد يكون مرضياً في بعض الأحيان وغير مرضي في أحيان أخرى.

تمثل هذه النظرية إضافة نوعية لنظرية ماسلو حيث أنها تعطي للتعلم الاجتماعي دوراً مهماً في دافعية الإنسان وسلوكه كما أنها تفسر لماذا يبالغ البعض في إشباع حاجات معينة دون أخرى لذلك فإنها تنبه الإدارة إلى تحديد حاجات العاملين المهمة وتوفير الوسائل ومساعدتهم في أن يشبعوها بالانتقال من مرحلة إلى أخرى.

- نظرية هرزبرغ (العاملَين) Herzberg's Theory (Two-Factor)

* العوامل الدافعة
Motivation Factors
هي مجموعة العوامل التي تحفز أو تدفع الفرد للإنجاز والرضا الوظيفي.

صاغ هرزبرغ نظريته هذه بناء على مقابلات أجراها مع 200 محاسب ومهندس سألهم حول المناسبات التي كانوا فيها راضين ومحفزين والمناسبات التي كانوا فيها متذمرين ومحبطين. ومن خلال نتائج هذه المقابلات وجد أن هناك عوامل يمكن أن تصنف ضمن مجموعتين : الأولى سماها العوامل الدافعة أو

المحفزة للأداء Motivation Factors أما الثانية فهي عوامل صحية أو مطهـرة Hygiene

Factors ومهمتها الحيلولة دون حصول حالة تذمر أو شكوى في بيئـة العمـل. وعـلى الإدارة أن

تهتم بكلا المجموعين وتدرك التأثير المختل لكل منهما على الرضا أو عدم الرضا الـوظيفي حيـث

أن توفر العوامل الصحية لا يؤدي إلى اندفاع العاملين نحو أداء عالي ومرضي في حين أن العوامـل

الدافعة إذا ما توفرت تكون هي السبب المؤدي إلى إنجاز عالي. ويمكن أن نعرض فحـوى هـذه

النظرية في الشكل التالي:

* العوامل الصحية
Hygiene Factors
مجموعـة العوامـل التـي مهمتهـا
الحيلولة دون حصول تـذمر أو عـدم
رضا وظيفي.

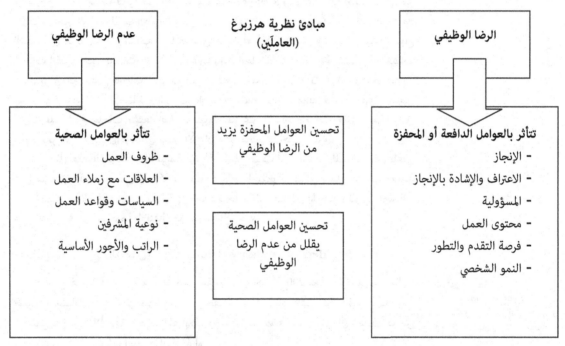

شكل (15-4): محتوى نظرية هرزبرغ (العامِلَين)

- نظرية ماكليلند (الحاجات المكتسبة)

Aquired Needs Theory

صاغ الباحث ماكليلند David McClelland نظريته بناء على مقيـاس لتحديـد الحاجـات

الإنسانية أطلق عليه اسم Thematic Appreciation Test (TAT) بعـد أن عـرض مجموعـة كبـيرة

من الصور والرسوم غير واضحة المعالم على مجاميع كبيرة مـن الأفراد وكان يعتقـد أن هـؤلاء

الأفراد سيسقطون حاجاتهم المهمة والأساسية وهم يقومون بتفسير هذه الصور. وقد اسـتنتج

أن هناك ثلاثة حاجات أساسية تتفاوت في قوتها وأهميتها لدى الأفراد وهي :

* الحاجة للإنجاز
Need for Achievement
الرغبـة بتحقيـق أداء أفضـل وحـل
مشكلات معقدة والتعامل مـع مهـام
صعبة.

496

الحاجة للإنجاز Need for Achievement : وتعكس رغبة الفرد في الإنجاز الأفضل وبأكفأ الطرق وكذلك حل المشكلات المعقدة والتعامل مع المهام الصعبة.

* الحاجة للقوة
Need for Power
الرغبة بالسيطرة والتحكم بالآخرين والتأثير على سلوكياتهم.

* الحاجة للانتماء
Need for Affiliation
الرغبة بتكوين علاقات مع الآخرين وإدامتها.

- **الحاجة للقوة** Need For Power: وتعكس الحاجة للتحكم والسيطرة على الآخرين والتأثير في سلوكهم والاضطلاع بمسؤوليات أكبر.

- **الحاجة للانتماء** Need For Affiliation: وتعكس الرغبة في تكوين علاقات إيجابية مع الآخرين والاحتفاظ بها.

ويرى الباحث أن قوة هذه الحاجات الثلاث تزداد وتتغير في الأمد البعيد في ضوء التجربة والخبرة الشخصية. وفي إطار هذه النظرية فإن الحاجة الأقوى لدى الفرد تجعله يبحث عن موقع وظيفي يلبي له مثل تلك الحاجة.

* خلاصة نظريات المحتوى

رغم بعض الاختلافات في الطرح وترتيب ومسميات الحاجات فإن مجمل نظريات المحتوى قد حاول بطريقة أو بأخرى أن يجيب على الأسئلة التالية:

1. كم هو عدد الحاجات المختلفة لدى الفرد؟
2. هل يمكن أن تشبع المكافآت والنتائج المتحققة بعض هذه الحاجات؟
3. هل يوجد هناك تسلسل هرمي للحاجات؟
4. ما مدى أهمية الحاجات باختلاف أنواعها لدى الأفراد؟

ويمكن أن نعبر عن محتوى جميع النظريات السابقة في المخطط التالي:

شكل (5-15): مقارنة بين مضمون نظريات المحتوى

* نظريات المسار (العملية) Process Theories

توضح نظريات المسار كيفية اختيار سلوكيات معينة من قبل العاملين لأداء العمل من بين مجموعة بدائل وضمن سياق تحقيق حاجات أساسية لغرض النجاح، وبالتالي فإن مجموعة النظريات هذه تركز على أسلوب تفكير أو المنهج المعتمد من قبل العامل عندما يحس بالرغبة في إشباع حاجة معينة. سيتم استعراض ثلاث نظريات هي: نظرية العدالة ونظرية التوقع ونظرية تحديد الأهداف.

- نظرية العدالة Equity Theory

تقوم هذه النظرية التي صاغها Stacy Adams على أساس إدراك الفرد وما إذا كان يتم معاملته بعدالة أم لا قياساً بالآخرين. ويشعر الفرد بعدم العدالة في المعاملة عندما يقارن نفسه بالآخرين ويسعى لإزالة هذا الشعور بوسائل مختلفة لتحقيق الشعور بالعدالة. والمثال الشائع هنا هو الأجور والمرتبات التي يحصل عليها الفرد قياساً بزملائه في منظمة الأعمال، فعندما يدرك الفرد أن ما قدمه من عمل يستحق مكافأة أكبر مما استلم فعلاً مقارنة بالعاملين الآخرين وأدائهم فإنه يشعر بعدم العدالة ويتبنى أساليب مختلفة - مدفوعاً بهذا الشعور - لتحقيق العدالة والمساواة. وقد يكون الأسلوب الذي يستجيب به الفرد لعدم العدالة واحداً من بين الآتي:

- بذل جهود أقل في أداء العمل.
- يطالب بتغيير المكافآت للحصول على معاملة أفضل.
- تغيير أسلوب المقارنة لكي تبدو الأمور أفضل.
- يترك الوظيفة.

والشكل التالي يوضح مضمون هذه النظرية

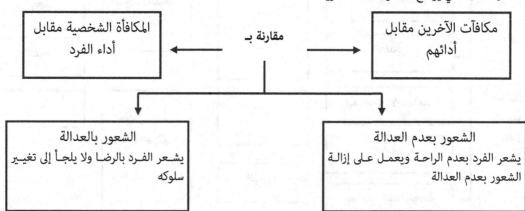

شكل (6-15): مضمون نظرية العدالة

*** نظرية العدالة**
Equity Theory
النظرية التي تركز على إدراك الفرد لكيفية معاملته بعدالة قياساً بالآخرين.

*** العدالة Equity**
وضع تكون فيه نسبة مدخلات إلى مخرجات شخص ما مساوية للآخر.

ومن الجدير بالذكر أن تطوراً مهماً قد حصل على محتوى هـذه النظريـة حيـث توصـل الباحثـان Porter و Lawler إلى أن العدالة هي ليست عدالة مكافآت خارجية Extrinsic Rewards وإنمـا قـد تكـون عدالـة مكافـآت داخليـة Intrinsic Rewards حيـث الشعور بالقناعة والرضا عن الإنجاز وتحقيق الذات بغض النظر عن المكافآت المادية والخارجية وهنا يتحقق إدراك حصول العدالـة بعد الأخذ بنظر الاعتبار هذين النوعين من المكافآت وليس نوع واحد كما تفـترض نظريـة العدالـة ويمكـن أن تصـور هـذه الأفكـار بالشكل التالي:

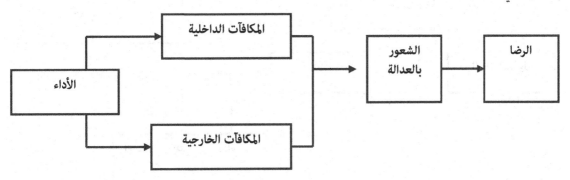

شكل (7-15): مضمون التعديل في نظرية العدالة

- نظرية التوقع **Expectancy Theory**

صاغ هذه النظرية فيكتور فروم Victor Vroom وتتلخص افتراضاتها بالآتي:

- **التوقع Expectancy** (E): ويقصد بها توقع نتائج مرغوبة عنـدما يبـذل الفـرد جهـداً مثـابراً ومجداً مكافئاً ويسمى هذا (توقع الجهد – الأداء).
- **المنافع Instrumentality** (I): وهي اعتقاد الأفراد بأن الأداء الناجح ستتبعه مكافأة مناسـبة وتسمى هذه الحالة (توقع الأداء – المنافع).
- **القيمة Valance** (V): وتمثل تقييم الفرد للمنـافع المتوقـع حصـولها عـلى إنجـاز العمـل أو المهمة.

إن هذه العناصر الثلاثـة هـي المحـدد الرئيسي لتحفيـز الفـرد واندفاعـه نحـو الإنجـاز والعمل بأفضل ما عنده وقد تمت صياغتها وفق هذه النظرية بالمعادلة التالية:

$$M = E \times I \times V$$

إن أي قيمة صفرية في الطرف الأيمن مـن المعادلـة يعنـي أن الدافعيـة والتحفيـز لـدى الأفراد ستكون صفراً أو معدومة تماماً، لذا لا بد من أن يعمل المدراء عـلى تعظـيم هـذه القـيم الثلاثة إلى أقصى ما يمكن. والشكل التالي يوضح مضمون النظرية:

* التوقع
Expectancy
اعتقاد الفرد بأن العمل المثابر سيعطي نتائج وأداء عالي.

* المنافع
Instrumentality
اعتقـاد الفـرد بحصـول منـافع متنوعـة عند إنجاز المهام.

* القيمة
Valence
هي التقييم الذي يحدده الفرد للنتائج الناجمة عن إنجاز عمل ما.

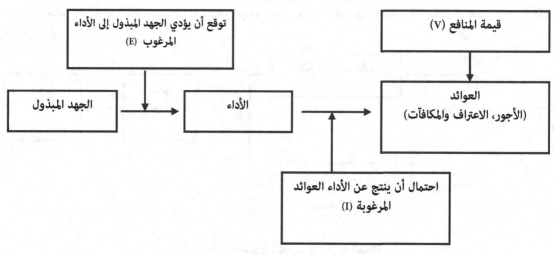

شكل (8-15): مضمون نظرية التوقع

وقد أشرنا إلى أن الإدارة يجب أن تقوم بدورها في تعظيم التوقعات التي يتمناها الأفراد من خلال الآتي:

- إن تعظيم التوقع يأتي من خلال تمكين الأفراد وجعلهم قادرين على مستوى الأداء المرغوب من خلال الاختيار السليم للأفراد والتدريب المستمر ودعم جهودهم في العمل وصياغة معايير الأداء بوضوح تام.

- تعظيم المنافع والعوائد يتم من خلال بناء الثقة لدى الأفراد ومعرفتهم للمكافآت التي ستمنح مقابل كل أداء يتحقق، وتبنى هذه الثقة من خلال الصدق بالتعامل والوفاء بالوعود من قبل الإدارة وإشاعة ثقافة وروح التعامل الأمين والصادق والواضح في المواقف المختلفة.

- تعظيم القيمة وذلك بمساعدة الأفراد على فهم القيمة الحقيقية للمكافآت المختلفة وكذلك النتائج المختلفة للأداء عن طريق تحديد احتياجات الأفراد وتحليلها وفهمها وتكييف المكافآت لكي تتلاءم مع احتياجات الأفراد.

- نظرية تحديد الأهداف Goal-Setting Theory

قام بتطوير هذه النظرية Edwin Locke مفترضاً أن الأهداف المنشورة من قبل منظمة الأعمال والتي يسعى الأفراد للوصول إليها من خلال إنجاز أعمالهم قد تكون محفزة لهم إذا وضعت بشكل سليم وتم إدارتها بفاعلية. وفحوى هذه النظرية أن الجهد المبذول من قبل الفرد يتحدد بدرجة صعوبة الهدف ومدى إثارته للتحدي من جانب ومدى وضوحه وتحديد معالمه من جانب آخر. إضافة إلى ذلك فإن مدى قبول الهدف من قبل الفرد واقتناعه بمعايير الأداء الموضوعة سيدعم التزامه تجاه تنفيذه وبذله الجهود اللازمة لذلك. كذلك فإن الأداء الناتج عن إنجاز الهدف يتأثر بمدى دعم المنظمة لجهود الفرد أو العاملين وكذلك قدرات سمات هؤلاء الأفراد العاملين، وكما في الشكل التالي:

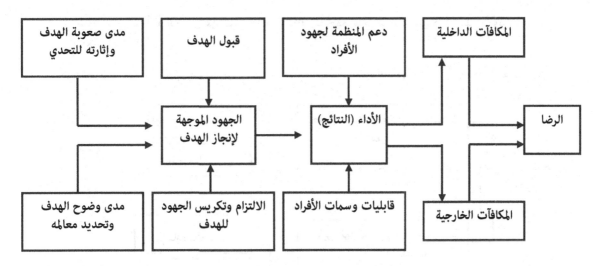

مدى صعوبة الهدف وإثارته للتحدي
قبول الهدف
دعم المنظمة لجهود الأفراد
المكافآت الداخلية
الجهود الموجهة لإنجاز الهدف
الأداء (النتائج)
الرضا
مدى وضوح الهدف وتحديد معالمه
الالتزام وتكريس الجهود للهدف
قابليات وسمات الأفراد
المكافآت الخارجية

شكل (9-15): مضمون نظرية تحديد الأهداف

* نظرية التعزيز Reinforcement Theory

إن نظرية التعزيز على عكس المجموعتين السابقتين (المحتوى والمسار) تركز على البيئة الخارجية والنتائج أو العواقب الناجمة من هذه البيئة وأثرها على الفرد. ولعل أهم افتراض تقوم عليه هذه النظرية هو ما يسمى بقانون الأثر Effect Law والذي ينص على ان السلوك الذي تعقبه نتائج سارة سوف يتكرر مستقبلاً والسلوك الذي تعقبه نتائج غير مرضية لا يتكرر. والتعزيز Reinforcement يعني حالة تتسبب في تكرار حصول السلوك مرة أخرى أو عدم حصول ذلك.

* قانون الأثر
Law of Effect
قانون ينص على أن السلوك الذي تعقبه نتائج سارة سوف يتكرر مستقبلاً والعكس صحيح.

* التعزيز Reinforcement
حالة تتسبب في تكرار أو عدم تكرار سلوك معين.

- **التعزيز الإيجابي Positive Reinforcement:** زيادة أو تقوية احتمال تكرار السلوك الإيجابي المرغوب به عن طريق تقديم مكافأة مناسبة سارة للعامل، مثال ذلك الإشادة بالعامل أو الموظف الذي يصل إلى مكان العمل في الوقت المحدد دائماً.
- **التعزيز السلبي (تجنب غير المرغوب فيه) Negative Reinforcement (Avoidance) :** يقصد بهذا الأمر تقوية السلوك المتجنب للمواقف والعواقب غير المرغوبة أو غير السارة مثال ذلك أن يعمل الفرد من أجل تجنب الانتقاد من قبل مشرف العمل.
- **العقوبة Punishment:** العمل على عدم تشجيع السلوكيات غير المرغوبة التي يترتب عليها نتائج أو عواقب غير سارة بشكل عقوبات من أجل عدم تكرار هذا السلوك.
- **الإزالة Extinction :** ويقصد بها إزالة السلوكيات غير المرغوبة عن طريق عدم تشجيعها أو العمل على عدم ترويجها ودعمها عن طريق تقديم العواقب السارة لها. مثال ذلك عندما يحاول أحد المدراء إيقاف

سلوك معين من أحد العاملين عن طريق اللقاء بزملائه ونصحهم عدم تشجيعه على هذا السلوك. ويكون توضيح هذه الأفكار بالمثال التالي:

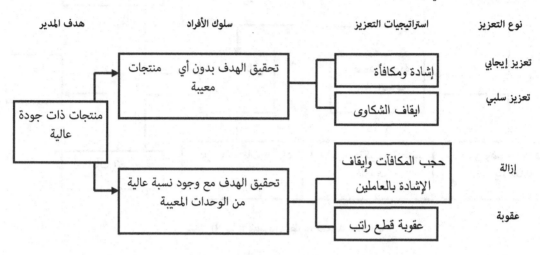

هدف المدير
سلوك الأفراد
استراتيجيات التعزيز
نوع التعزيز
تعزيز إيجابي
تعزيز سلبي
إزالة
عقوبة
منتجات ذات جودة عالية
تحقيق الهدف بدون أي منتجات معيبة
تحقيق الهدف مع وجود نسبة عالية من الوحدات المعيبة
إشادة ومكافأة
ايقاف الشكاوى
حجب المكافآت وإيقاف الإشادة بالعاملين
عقوبة قطع راتب

شكل (10-15): مثال توضيحي لنظرية التعزيز

- توقيت أو جدولة التعزيز **Reinforcement Scheduling**

يقصد بجدولة التعزيز تكرار عملية التعزيز والفواصل الزمنية بينها. ولهذا الأمر تأثير كبير ومهم على سرعة تعلم العامل وتحقيق الأهداف المرجوة من عمليات التعزيز سواء كان سلبياً أو إيجابياً أو إزالة أو عقوبة. وهنا يمكن ملاحظة أن عمليات الجدولة تستهدف تشكيل السلوك للعاملين بالطريقة التي تراها الإدارة مناسبة ويمكن أن نميز بين نوعين من التعزيز: الأول، تعزيز مستمر Continuous Reinforcement والثاني جزئي Partial Reinforcement. فالتعزيز المستمر هو تقوية للسلوك المرغوب عند حدوثه ويكون هذا النمط فاعلاً خاصة في بداية تعلم سلوكيات جديدة تتطلب تعزيزاً مستمراً. أما التعزيز الجزئي فيعني انتقاء للسلوكيات الصحيحة التي يراد تعزيزها من بين عدد كبير من السلوكيات الصحيحة أيضاً والتي تصبح حالة تعزيزها جميعاً حالة غير ممكنة. وهناك أربعة أنواع من التعزيز الجزئي: تعزيز بالفواصل الزمنية الثابتة Fixed Interval Schedule والتعزيز بالنسبة الثابتة Fixed-Ratio Schedule والتعزيز بالفواصل الزمنية المتغيرة Variable-Interval Schedule والتعزيز بالنسبة المتغيرة Variable-Ratio Schedule. ولمعرفة مضمون كل من هذه الأنواع نستعين بالشكل التالي:

*** جدولة التعزيز**
Reinforcement Schedule
تكرار عملية التعزيز والفواصل الزمنية بينها.

*** التعزيز المستمر**
Continuous Reinforcement
تقوية السلوك المرغوب عند حدوثه.

*** التعزيز الجزئي**
Partial Reinforcement
انتقاء للسلوكيات الصحيحة التي يراد تعزيزها من بين عدد كبير من السلوكيات الصحيحة.

نوع التعزيز	طبيعة التعزيز	تأثيره على السلوك عند استخدامه	تأثير على السلوك عند إيقافه	مثال
التعزيز المستمر	تعطى مكافأة بعد كل سلوك مرغوب	يساعد على التعلم السريع للسلوك الجديد	إزالة سريعة	المدح والإشادة
التعزيز بالفواصل الزمنية الثابتة	تعطى المكافآت بفواصل زمنية ثابتة	يقود إلى أداء غير اعتيادي أو متوسط	إزالة سريعة	دفع مكافأة شهرية للعاملين لوصولهم المنتظم للعمل يومياً
التعزيز بالنسبة الثابتة	تعطى المكافآت بناء على كميات محددة من الإنتاج	يقود بسرعة إلى أداء عالي ومستقر	إزالة سريعة	نظام الدفع للأجور على أساس القطعة
التعزيز بالفواصل الزمنية المتغير	تعطى المكافآت على أساس فواصل زمنية مختلفة	يقود إلى أداء عالي أو مستقر نسبياً	إزالة بطيئة	تقييم أداء ومكافآت تعطى بشكل عشوائي خلال الشهر
التعزيز بالنسبة المتغيرة	تعطى المكافآت على أساس كميات مختلفة أو متغيرة من الإنتاج	تقود إلى أداء عالي جداً	إزالة بطيئة	مكافآت إضافية لمندبي البيع بناء على تدقيق عشوائي لعدد المكالمات المستلمة من الزبائن.

شكل (11-15): جدولة التعزيز

ثالثاً: التحفيز خلال تصميم الوظيفة والمكافآت

Motivation Through Job Design and Rewards

يمكن أن يتحقق تحفيز العاملين وزيادة همتهم وتحسين أدائهم من خلال تصميم الوظائف Job-Design وكذلك من خلال أسلوب المكافآت Rewards.

* التحفيز من خلال تصميم الوظيفة

Motivation Through Job-Design

* تصميم الوظيفة
Job Design
خلـق أو إيجـاد مسـؤوليات أو مهـام قائمة على أساس الهيكل والتكنولوجيا والاستراتيجية.

يمكن النظر للوظيفة في إطارين متكاملين: الأول كونها وحدة تنظيمية إنتاجية والثانية كونها وحدة تخص المسار الوظيفي للفرد. وهكذا فإن تصميم الوظيفة يقدم وصفاً لمسؤوليات ومهـام يفـترض أداءهـا مـن قبـل شـاغل الوظيفة كما حـددت في سـياق استراتيجية المنظمة والتكنولوجيا والهيكل التنظيمي وبالتالي فإنها مفتاح يحدد تحفيز الفرد لأدائها بنجاح. وهنا يمكن أن نحدد مدخلين لتصميم الوظيفة في منظمة الأعمال.

- ملاءمة الفرد مع الوظيفة Fitting People to Job

لأسباب تكنولوجية واقتصادية فإن العمل يقسـم إلى مهـام روتينيـة متكررة وفي هـذه الحالة يجب أن تتخذ خطوات معينة لتجنب عدم الرضا والملل داخل الوظيفة ولتحقيـق هـذا توجد ثلاثة خيارات ممكنة يشتمل كل منها على مطابقـة القابليات والخصائص الفرديـة مـع الوظائف التي حددت معالمها المنظمة بشكل ثابت مسبقاً:

● مراجعة واقعية للوظائف Realistic Job Preview

* المراجعة الواقعية للوظيفة
Realistic Job Review
توضيح نزيه لمعالم الوظيفة ومحتواها.

إن التوقعات غير المعقولة تعتبر السبب الرئيسي- لعـدم الرضا ونقص التحفيز ودوران العمل العالي. والمـدراء بشكل عام يشـترطون توقعـات عاليـة وغير حقيقيـة في المواصفات المطلوبة من قبل المرشح لشغل الوظيفة لإغرائه بقبولها في حين أنه سـيجدها روتينيـة وعاديـة. والمراجعة الواقعيـة للوظـائف هـي توضيح نزيه يتضمن ماهيـة الوظيفة الفعليـة ويسـاعد الموظف للتخلص من عدم الرضا الناتج من التوقعات غير الواقعية وغير العملية.

● دوران الوظيفة Job-Rotation

* دوران الوظيفة
Job Rotation
تحريـك الفرد العامـل مـن وظيفة متخصصـة معينـة إلى وظيفة أخرى بحيـث يمارس مهارات ومهام أخرى.

ويتضمن هذا الخيار تحريك الفرد العامل من وظيفة تخصصية معينة إلى أخرى بحيث يمارس مهارات ومهام أخرى. إن هذا الأمر يمنع الركود والملل والروتين لدى العاملين. ويتطلب الأمر من إدارة منظمة الأعمال دراسة موضوع الدوران الوظيفي بعنايـة تامـة لغـرض الحصـول على موازنة مقبولة والاستفادة من ميزات الدوران الإيجابية والتخلص مـن إثارة السـلبية التـي من بينها استغلال العاملين وعدم وضوح توجههم الوظيفي.

- **العروض المشروطة Limited Exposure**

طريقة بموجبها تتحقق احتياجات العاملين بأن يعرض عليهم أنه عند تحقيق مستوى معين من الأداء، خاصة داخل الوظائف الروتينية والمملة، شروط معينة مضمونها أنه يمكنهم الحصول على مكافآت معينة. مثال ذلك أنه يتفق مع بعض العاملين على إنتاج 200 وحدة مثلاً في اليوم وبنسبة 10% أو أقل من المعيب فإنه يمكنهم مغادرة العمل إذا أنجزوا المطلوب خلال ستة ساعات مثلا.

* **العروض المشروطة**
Limited Exposure
مجموعة من العروض المحددة بشروط تعرضها المنظمة على العاملين خاصة بالوظائف ذات المهام الروتينية.

- ملاءمة الوظيفة مع الفرد **Fitting People to Job**

يتضمن هذا المدخل تغيير الوظيفة بدلاً من الأفراد أي تعديل ملامح الوظيفة لكي تلائم خصائص الأفراد. ويوجد أسلوبان لتحقيق هذا الأمر وهما: توسيع الوظيفة Job Enlargement وإثراء الوظيفة Job Enrichment.

- **توسيع الوظيفة Job Enlargement**

المقصود بهذا الأسلوب الجمع بين اثنين أو أكثر من المهام المتخصصة في سير العمل أو تتابعه في وظيفة واحدة بهدف زيادة التحفيز. وهنا تتحقق درجة مضافة من التعقيد والتجديد في الوظيفة بحيث تكون هذه الوظيفة مثيرة للتحدي وإشعار العامل بأهمية وظيفته مما يولد لديه دافعية أكبر للإنجاز. وأهم انتقاد يوجه إلى هذا الأسلوب هو وجود نوع من استغلال العاملين حيث أن الأجر ثابت والعمل يزداد ولكن يمكن تجاوز هذا الأمر من خلال الموازنة بين الأداء والأجور المدفوعة.

* **توسيع الوظيفة**
Job Enlargement
الجمع بين اثنين أو أكثر من المهام المتخصصة في وظيفة واحدة بهدف زيادة التحفيز.

- **إثراء (إغناء الوظيفة) Job Enrichment**

يعني إغناء الوظيفة إعادة تصميمها لزيادة قدرتها التحفيزية من خلال إضافة مسؤوليات ومهام جديدة لم تكن موجودة ضمن نطاقها. وهنا فإن الوظيفة تتوسع عمودياً على عكس حالة توسيع الوظيفة المشار إليها أعلاه حيث يكون التوسع أفقياً، أي أن إغناء الوظيفة أكثر تعقيداً وتحدياً لأنه سيتضمن إضافات في المسؤوليات التخطيطية والتنظيمية وغير ذلك. وعموماً فإن إغناء الوظيفة يتضمن تحديث الأبعاد التالية:

* **إثراء الوظيفة**
Job Enrichment
إعادة تصميم الوظيفة وإضافة مسؤوليات ومهام بهدف زيادة قدرتها التحفيزية.

1- **تنوع المهارات Skill Variety**: وهو الدرجة التي تتنوع فيها متطلبات إنجاز الوظيفة.

2- **هوية المنظمة Task Identity** : الدرجة التي تشتمل فيها الوظيفة على مهمة أو مهمات يمكن تشخيصها وتجميعها في إطار حزمة واحدة يمكن أن تؤدي إلى نتائج ملموسة.

3- **الاستقلالية Autonomy**: الدرجة التي توفر فيها الوظيفة حرية واستقلالية لشاغل الوظيفة في جدول العمل واتخاذ إجراءات لإنجازه.

4- **التغذية الراجعة للوظيفة Job Feedback**: وهي درجة أو مدى توفر تغذية عكسية راجعة حول أداء العامل في الوظيفة، حيث تكون الوظيفة أغنى عندما توفر كمية كبيرة من هذه التغذية العكسية.

5- **أهمية المهام Task Significance**: وهي درجة تأثير المحتوى الوظيفي والمهام على حياة شاغل الوظيفة مستقبلاً.

* التحفيز من خلال المكافآت

Motivation through Rewards

إن جميع العاملين بمن فيهم أولئك الذين يقومون بأعمال تطوعية أو خيرية يتوقعون مكافآت من نوع ما مقابل مساهماتهم. والمكافأة Reward تعني المقابل أو العائد المادي أو المعنوي لأداء مهمات معينة. وقد وجد المدراء أن الأداء والرضا يمكن أن يتحسنا بشكل كبير من خلال نظام حوافز يدار بشكل جيد وفاعل. وتتنوع المكافآت من حيث النطاق أو النوع معتمدة على نوع صاحب العمل أو الموقع الجغرافي. ويمكن التمييز بين نوعين من المكافآت: داخلية Intrinsic Rewards وخارجية Extrinsic Rewards. فالداخلية تتعلق بمدى الرضا عن العمل والشعور بالإنجاز وتحقيق الذات. وهي جميعاً عبارة عن إدراك داخلي ذاتي غير مرئي. أما المكافآت الخارجية فهي عبارة عن مقابل مادي أو معنوي يدفع للفرد من قبل الآخرين، مثل المكافآت المالية والترقيات وكتب الشكر والتقدير والإشادة والمديح. وفي إطار الوظيفة عادة ما تدار وتلاحظ المكافآت الخارجية والداخلية مع بعضها وبدرجة معينة من التداخل بينها.

* **المكافأة Reward**
المقابل أو العائد المادي أو المعنوي لأداء مهمات معينة.

* **المكافآت الداخلية**
Intrinsic Rewards
مدى الرضا عن العمل أو الشعور بالإنجاز وتحقيق الذات وهي إدراك داخلي ذاتي.

***المكافآت الخارجية**
Extrinsic Rewards
مقابل مادي أو معنوي يدفع للفرد من قبل الآخرين.

إن مكافآت العاملين المالية تعتبر من أهم التكاليف التي تتحملها منظمات الأعمال حيث تصل في بعضها إلى ما يقارب ثلثي الكلفة الكلية في المنظمة. وباعتبارها من الحوافز الخارجية فإن منظمة الأعمال اجتهدت في أن تجد أساليب وطرق كثيرة يمكن أن تستخدم بعضها وفق موقفها وطبيعة العاملين. وسنعرض في الجدول التالي أهم أنواع المكافآت سواء ما كان منها أجور ورواتب أو حوافز إضافية.

أنواع المكافآت	وصفها	المزايا	العيوب
1- الأجور على أساس ساعات العمل	* مبلغ محدد يدفع مقابل كل ساعة عمل.	* الوقت وسيلة سهلة لقياس الأداء.	* حافز قليل أو غير موجود للعمل الجاد.
2- الرواتب السنوية	* مبالغ سنوية متعاقد عليها تدفع بشكل مرتبات شهرية	* سهولة إدارتها	* حافز قليل أو لا تحفز لإنجاز العمل
3- الدفع على أساس القطعة	* كمية ثابتة حسب عدد الوحدات المنتجة	* الأجر يرتبط بالأداء الشخصي	* يمكن استغلال العامل من خلالها
4- نسبة من المبيعات أو عمولة	* نسبة مئوية من المبيعات	* يرتبط مباشرة بحجم الأعمال	* مشكلات مع بقية العاملين عندما يكسب مندوبو البيع أكثر من غيرهم.
5- الدفع على أساس الجدارة والكفاءة	* مكافأة مضمونة للأداء المتميز.	* تدفع للعمل بجدية أكبر.	* مشكلة العدالة في تقييم الأفراد والتحيز ضد بعضهم.
6- اقتسام الأرباح	* توزيع نسبة من الأرباح على العاملين.	* حصة للأفراد أو مصلحة ثابتة في أرباح المنظمة.	* يتأثر الربح بأمور أخرى غير الأداء مثل الأسعار والمنافسة.
7- المشاركة بالعائد	* توزيع نسبة مخصصة في حال زيادة الإنتاجية أو خفض التكاليف.	* يشجع العاملين على العمل بجد وذكاء.	* تصعب عملية حسابها.
8- الدفع على أساس المعرفة	* الدفع على أساس المهارات المكتسبة ودرجة إتقانها.	* يشجع التعلم مدى الحياة وبشكل مستمر.	* تؤدي إلى تضخم في البرامج التدريبية وتزيد من كلفة العمل.
9- خيار الأسهم	* مكافأة بعض العاملين بأسهم الشركة مجاناً أو بسعرها الاسمي.	* يعطي للفرد مصلحة معينة في الشركة ويجعله مالكاً أو مشاركاً في أرباحها.	* يمكن أن تظهر حالة عدم رضا وحقد من قبل العاملين الذين لم يمنحوا أسهم كما أن المعنويات سترتبط بأسعار الأسهم.

أنواع المكافآت	وصفها	المزايا	العيوب
10- مكافآت مرتبطة باختيار العامل نفسه (مكافآت الكافتريا) Cafeteria Compensation	* يسمح للعامل باختيار حزمة المكافآت والمنافع بنفسه.	* يسمح باختيار المكافآت التي تلائم احتياجات العامل.	* يمكن أن تكون صعبة الإدارة ومكلفة.

شكل (12-15): أنواع المكافآت المختلفة

* معايير زيادة فاعلية الحوافز أو المكافآت الخارجية

لكي تكون المكافآت الخارجية فاعلة وتؤدي الغرض الذي تمنح من أجله لا بد من توفر شروط معينة فيها وهذه المعايير هي:

1. يجب أن تشبع المكافآت الحاجات الشخصية للعاملين، حيث أن حاجات الأفراد تختلف من شخص لآخر ومن وقت لآخر لدى نفس الشخص. لذا فإن نوع المكافأة يجب أن يدرس بعناية، وبشكل عام فإن المكافآت المالية قد تشبع حاجات الأفراد الذين لديهم حاجات مادية ولكن لا تشبع ربما حاجة تحقيق الذات والرغبة بالإنجاز والتحدي. وهذا الأمر دفع الشركات إلى اعتماد ما يسمى بمكافآت الكافتريا حيث هناك خيار لاختيار نوع المكافأة وفق الحاجة.
2. توليد قناعة لدى العاملين بأن الجهد المبذول سيؤدي إلى مكافأة من نوع ما. وفي إطار نظرية التوقع فإنه يجب أن ينظم توقع العاملين للمكافآت لكي يكونوا أكثر تحفيزاً.
3. المكافآت يجب أنت كون عادلة ومتناسبة مع الجهد المبذول والنتائج المتحققة. ويمكن أن نشير هنا إلى عدالة فردية Personal Equity ونقصد بها قياس العلاقة بين الجهد المبذول والعائد المستلم، وكذلك إلى عدالة اجتماعية Social Equity تقاس من خلال مقارنة نسبة الجهد - المكافأة للعامل مع نفس النسبة لعامل آخر في نفس الموقع.

4. يجب أن ترتبط المكافآت بالأداء، حيث يجب اتباع أسلوب تحفيز يأخذ الأداء المتحقق بنظر الاعتبار. إن الرواتب الشهرية المحددة لا يمكن أن تؤدي إلى حفز العاملين بشكل كبير لذا لا بد من إضافة بعض النظم الأخرى.

رابعاً: تحفيز العاملين من خلال المشاركة

Motivation Through Participation

استخدمت المشاركة كمدخل لتحفيز العاملين وربطهم بالأداء العالي حيث أن شعور الفرد بأنه يساهم في تخطيط وإنجاز العمل يدفعه لمزيد من الولاء والحماس. ويشارك العاملون بصور مختلفة منها: تحديد الأهداف وصناعة القرارات وحل المشكلات وتصميم وتنفيذ التغييرات التنظيمية. إن الإدارة التشاركية Participative Management تعرف بكونها عمليات تمكن العاملين من ممارسة رقابة كبيرة في المنظمة. ويمكن هنا أن نشير إلى مجموعة من المداخل اعتبرت تطبيقاتها وآليات عملها تشاركية بحدود كبيرة سنستعرضها باختصار في أدناه.

* **الإدارة التشاركية**
Participative Management
إدارة تمكن العاملين من ممارسة رقابة كبيرة على بيئة العمل وظروفها.

* حلقات الجودة Quality Control

لقد ظهر هذا المفهوم في اليابان في بداية الستينيات ويقصد بحلقات الجودة Quality Circles مجموعة من الأفراد يتراوح عددهم بين 5 - 10 أفراد يتطوعون للاجتماع دورياً لمناقشة قضايا تتعلق بتحسين الجودة وخفض التكاليف- وتمارس هذه الحلقات اليوم في جميع أنحاء العالم بطرق وأساليب مختلفة، فمثلاً أن الاجتماع لمدة ساعة خلال الأسبوع ضمن وقت العمل لمناقشة أساليب تحسين الجودة وخفض التكاليف أصبح شائعاً جداً في جميع منظمات الأعمال. وعادة ما تستعين حلقة الجودة بأساليب بيانية وإحصائية بسيطة لمعالجة المشاكل. وأهم المواضيع التي تركز عليها الحلقات هي توفير التكاليف وتحسين علاقات العمل وزيادة التزام العاملين. والفكرة الرئيسية لهذه الحلقات حسب ما يرى المحللون هي قدرتها لوضع المبادئ النفسية والاجتماعية التي طرحت من قبل أصحاب النظريات ماسلو وهرزبرغ وماغريغر في إطار عمليات مهيكلة ضمن بيئة العمل بمعنى تهيئة الظروف النفسية والاجتماعية للعاملين لجعلهم أكثر إحساساً بالاندماج في العمل.

* **حلقات الجودة**
Quality Circles
مجاميع صغيرة من العاملين تجتمع دورياً لغرض تحسين الجودة وخفض التكاليف.

* الإدارة على المكشوف Open Book Management

* الإدارة على المكشوف
Open Book Management
تقاسم البيانات المالية الرئيسية والأرباح مع العاملين الذين يدربون ويمكنون بشكل جيد لفهم وتفسير التقارير المالية.

إن الإدارة على المكشوف تتضمن إفصاحاً كاملاً للجوانب المالية في المنظمة إلى جميع العاملين مصحوبة بزيادة معارفهم ومعلوماتهم حول كيفية خلق وإدارة الأموال في المنظمة وكذلك كيف يؤثر سلوكهم وأفعالهم على نجاح المنظمة. وهذه الفكرة هي عكس التطبيقات الإدارية التقليدية. ويؤمل أن يلعب هذا الأسلوب ثلاثة أدوار أساسية: أولها، خلق ثقة عالية لدى العاملين وثانياً، تحقيق التزام عالي وثقة في تدريب العاملين وأخيراً، الصبر في انتظار تحقيق النتائج. ومدخل الإدارة على المكشوف يمكن أن يتحقق من خلال أربعة مراحل تكمل بعضها بعضاً وكما يعرضها الشكل التالي وتسمى Four S.T.E.P

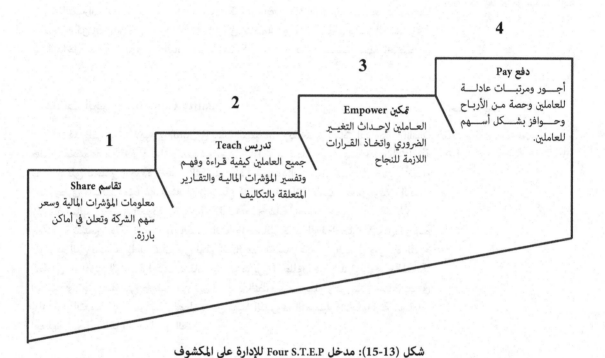

شكل (13-15): مدخل Four S.T.E.P للإدارة على المكشوف

* الفرق المدارة ذاتياً Self Managed Team

* الفرق المدارة ذاتياً
Self Managed Teams

في إطار منطق هذا المدخل فإن الإدارة الذاتية هي أفضل أنواع الإدارة لكونها تدمج العاملين في العمل بحيث تحفزهم على استغلال أقصى طاقاتهم. ويؤمل من خلال الإدارة الذاتية تنشيط الإبداع والتحفيز والإنتاجية. إن الفرق المدارة ذاتياً تعرف أيضاً بأنها مجاميع العمل المستقلة أو الفرق ذات الأداء

العالي والتي تعتبر الإدارة جزءاً من عملها التقليدي اليومي وتتكون من 5-30 عضواً حسب نوع المهمة أو الوظيفة وهي ليست مثل حلقات الجودة تطوعية وإنما يعين أعضاء الفريق لأداء مهام وتحقيق نتائج ضمن إنتاج المنتجات المختلفة ويجب أن يكون الإشراف قليلاً ويعمل المدراء كمنسقين ويقدمون التسهيلات والدعم لهذه الفرق لإثارة حماسهم وتحفيزهم.

*** جدولة الوقت المرن**
Flexible Work Schedule
السماح للعاملين باختيار جدول مناسب للوصول والانصراف من العمل في حدود معينة.

* جدولة الوقت المرن Flexible Work Schedule

إن العدد المحدد لساعات العمل اليومية والأسبوعية وهو ثمانية ساعات يومياً في الغالب و 40 ساعة أسبوعياً يصبح في ظل ظروف معينة من الصعب الالتزام بأوقات الحضور والانصراف التقليدية المحددة فيه. لذا جاء أسلوب الوقت المرن Flexible Time (Flexi Time) ليحل مشكلة الكثير من العوائل، حيث يستطيع العاملون تحديد خطة عملهم اليومية وصولاً وانصرافاً وفق اعتبارات المحددات التي تمنعهم من الحضور والانصراف وفق الأوقات التقليدية وكما موضح في الشكل التالي:

هناك ساعتان مرنة للانصراف من العمل مساءً	الوقت الأساسي الثابت للعمل 6 ساعات	هناك ساعتان مرنة في الوصول للعمل صباحاً
5 مساءً 4 مساءً 3 مساءً		9 صباحا 8 صباحاً 7 صباحاً

شكل (14-15): نظام الوقت المرن

فإذا كان وقت العمل المطلوب يومياً هو 8 ساعات فإن العامل يستطيع أن يصل في الساعة السابعة وليس قبل ذلك لينصرف عند الساعة الثالثة، أما إذا حضر في الساعة الثامنة فإنه يمكن أن ينصرف الساعة الرابعة مساءاً وأكثر وقت يمكن أن يتأخره صباحاً هو وصوله الساعة التاسعة وانصرافه الساعة الخامسة مساء. وبالطبع فإن نوع العمل وطبيعته يحدد ظروف تطبيق هذا الأسلوب. ومن مزايا هذا الأسلوب تقليل ساعات الاختناق والزحام واستغلال أفضل الوسائل في المواصلات في الطرق. ويستفيد من هذا النظام العاملون ذوي العوائل التي تضم عدداً من الطلاب أو الأطفال الصغار الذين يتطلب الأمر إرسالهم للمدارس وكذلك يفيد ربات البيوت لإنجاز أعمالهن المنزلية وغير ذلك.

خامسا: فرق العمل Team works

يقصد بالفريق Team مجاميع من العاملين يتفاعلون بشكل منتظم ويتابعون إنجاز أهداف مشتركة. وفريق العمل Teamwork هو العمليات الخاصة بإنجاز أهداف مشتركة من قبل أشخاص يعملون مع بعض. ويمكن أن يلعب المدير في إطار فريق العمل أدواراً مهمة وهذه الأدوار تأتي في إطار:

1. **الإشراف** Supervisor: حيث يلعب دور الرئيس لوحدة العمل الرسمية.
2. **مدعم ومساند** Facilitator: حيث يكون نظيراً للقائد في شبكة العمل المعتمدة في قوة مهمات خاصة.
3. **مشارك** Participant: وهنا يكون دوره مساعداً بالمساهمة مع الآخرين في فريق المشروع.
4. **مدرب** Coach : حيث يقوم بدور الراعي الخارجي لفريق حل المشكلات الذي يلعب الدور القيادي فيه شخص آخر.

والأشكال التالية توضح هذه الفكرة.

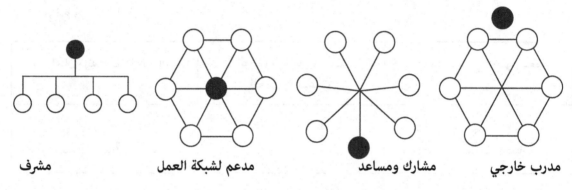

| مشرف | مدعم لشبكة العمل | مشارك ومساعد | مدرب خارجي |

شكل (15-15) : أدوار المدير في فريق العمل

* فوائد الفريق Team Advantages

للفرق بشكل عام فوائد عديدة في العمل سواء في إطار تحسين الأداء او في إطار زيادة الرضا لدى أعضاء الفريق. ويمكن الإشارة إلى أهم الفوائد بالآتي:

- موارد أكثر تكرس لحل المشكلات سواء كانت خبرات أو أفكار تطرح من قبل أعضاء الفريق.
- تحسين القابلية على توليد الأفكار والإبداع.
- التزام عالي تجاه العمل والمهام.
- تحسين عملية صنع واتخاذ القرارات وجودة هذه القرارات.
- تحفيز أعلى من خلال الأفعال المشتركة.

- رقابة ونظام أكثر في مكان العمل.
- إشباع أكبر لحاجات الأفراد وبالتالي مزيد من الرضا عن العمل.

* فرق العمل الرسمية وغير الرسمية

Formal and Informal Group

إن الفريق الذي ينظم بشكل رسمي لتدعيم عمل المنظمة وتحقيق أغراض خاصة تسمى فرق العمل الرسمية Formal Group وتأتي ضمن سياق تقسيم العمل وتكوين الأقسام وهذه الفرق تؤدي مهمات عديدة ومتباينة كما أن حجومها وأساليب عملها وفترة بقائها ومسؤولياتها تختلف باختلاف تكوينها. وفي العادة تظهر فرق عمل أو مجاميع غير رسمية Informal Groups نتيجة العلاقات وتقاسم المصالح بين الأعضاء، فعادة ما تظهر مجاميع على أساس علاقات الصداقة أو مجاميع دعم للأعضاء فيما بينهم لغرض إعطاء قوة لمطالبهم باتجاه الأطراف الأخرى ومن الضروري أن تعي إدارة المنظمة طبيعة التداخل بين هذين النوعين من المجموعات بهدف تحسين العمل وتدعيم الأداء.

*** مجموعة العمل الرسمية**
Formal Group
هي فرق أو مجاميع تنظم رسمياً عند تقسيم العمل وتكوين الأقسام مدعومة من قبل المنظمة.

*** مجموعة العمل غير الرسمية**
Informal Group
هي مجاميع تظهر بشكل غير رسمي من خلال العلاقات وتقاسم المصالح بين الأعضاء.

* اللجان وقوى المهام Committees and Forces

يمكن تعريف اللجنة بأنها فريق صغير من العاملين يجتمعون خارج إطار العمل اليومي المحددة لهم لغرض العمل كفريق عمل مصغر بهدف إنجاز عمل خاص. وقد تكون المهام المحددة للجان قليلة تنتهي في فترة زمنية محدودة أو قد تكون لجان قائمة ومستمرة وفق احتياجات العمل في المنظمة. أما قوى المهام Task Forces وتسمى أحياناً فريق المشروع Project Team فيمكن تعريفها بأنها تجميع لأفراد من أقسام مختلفة أو وحدات عمل في المنظمة للعمل على حل مشكلات معينة وبشكل مؤقت وليس دائمي. إن المهام المحددة لهذا النوع من الفرق تكون واضحة ولها تاريخ انتهاء محدد فقد تتشكل هذه الفرق لغرض تطوير منتجات وخدمات جديدة أو إعادة تصميم وترتيب مكان العمل أو أي أمر آخر.

*** اللجنة Committee**
هي مجموعة صغيرة من العاملين تجتمع خارج إطار العمل اليومي المحدد وتعمل كفريق لإنجاز أهداف محددة.

*** قوى المهام**
Task Forces
تجميع لأفراد من أقسام أو وحدات عمل مختلفة في المنظمة للعمل على حل مشكلات محددة وتكون مؤقتة وليست دائمية.

* الفرق الافتراضية والفرق عبر الوظائف أو الأنشطة

Cross Functional and Virtual Teams

من الأنواع الجديدة لفرق العمل والتي ظهرت بظهور المنظمات الافتراضية هي الفرق الافتراضية Virtual Team والتي يطلق عليها في بعض الأحيان

*** الفريق الافتراضي**
Virtual Team

Electronic Group Network، وهي فريق من العاملين مع بعض يحلون مشاكل معينة من خلال تفاعل على شبكة الإنترنت دون أن يرى أحدهم الآخر وربما لا يعرف أحدهم الآخر. ولهذا النوع من الفرق فوائد عديدة فهي يمكن أن توفر تكاليف السفر وتختصر الوقت. كذلك يمكن انضمام أي خبير أو أعضاء جدد للفريق مع إمكانية خزن المعلومات وتحديثها متى اقتضت الحاجة. ولكون العلاقات بين أعضاء الفريق قائمة على أساس غير شخصي لبناء الاتصال المباشر وجهاً لوجه فإن العواطف والأحاسيس والإشارات غير اللفظية تختفي في هذا النوع من الفرق.

أما الفرق عبر الوظائف أو الأنشطة Cross Functional Teams فهي فرق تتكون من أعضاء من وحدات وظيفية مختلفة في منظمة الأعمال، وهي ضرورية لعمل منظمات الأعمال اليوم خاصة في إطار تحسين قدرة المنظمة على التكيف والتكامل الأفقي، وأعضاء هذه الفرق يعملون مع بعض لحل مشاكل محددة لها امتدادات في كل الأقسام أو الوحدات الإدارية في المنظمة لذا يجب أن تكون حاجات المنظمة كوحدة واحدة نصب أعينهم. ويتوقع منهم تقاسم المعلومات والاستفادة من الأفكار الجديدة ويقدمون حلولاً إبداعية ويحددون مواعيد نهائية لإنجاز الأعمال وإزالة الحواجز الموجودة بين أقسام المنظمة التي تجعل من وحدات وأقسام المنظمة وحدات منعزلة عن بعضها وتمنع الأفراد من العمل بصورة جماعية.

* الفريق عبر الوظائف (الأنشطة)
Cross Functional Team
فريق يشكل من أعضاء من مختلف الأقسام والوحدات الإدارية للعمل مع بعض.

* الفريق الفاعل
Effective Team
فريق يحقق أداء عالي للمهام ورضا لأعضائه وتطور مستقبلي للفريق ذاته.

* عمليات الفريق
Group Processes
طرق العمل التي ينجز أعضاء الفريق أعمالهم بموجبها.

* كيف تعمل الفرق بفاعلية؟

How do Team works Work Effectively?

إن فاعلية الفريق تعني قدرته على تحقيق أهدافه بمستوى أداء عالي مع شعور أعضاء الفريق بالرضا وقدرتهم على التطور المستقبلي. وتتحدد فاعلية الفريق بطبيعته مدخلات هذا الفريق من جهة وعمليات الفريق Group Processes التي تمثل الطرق التي يستخدمها أعضاء الفريق للعمل مع بعض لإنجاز المهام الموكلة إليهم من جهة أخرى. ويعرض المخطط التالي فاعلية فريق العمل في إطار نظرية النظام المفتوح.

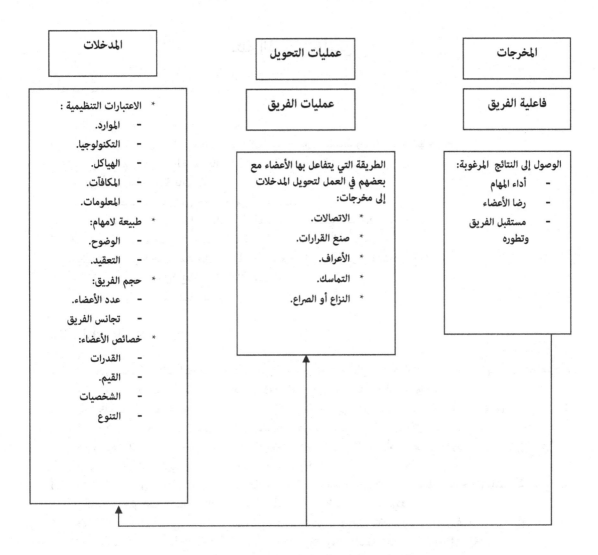

المدخلات
عمليات التحويل
المخرجات
عمليات الفريق
فاعلية الفريق
* الاعتبارات التنظيمية :
- الموارد.
- التكنولوجيا.
- الهياكل.
- المكافآت.
- المعلومات.
* طبيعة لامهام:
- الوضوح.
- التعقيد.
* حجم الفريق:
- عدد الأعضاء.
- تجانس الفريق
* خصائص الأعضاء:
- القدرات
- القيم.
- الشخصيات
- التنوع
الطريقة التي يتفاعل بها الأعضاء مع بعضهم في العمل لتحويل المدخلات إلى مخرجات:
* الاتصالات.
* صنع القرارات.
* الأعراف.
* التماسك.
* النزاع أو الصراع.
الوصول إلى النتائج المرغوبة:
- أداء المهام
- رضا الأعضاء
- مستقبل الفريق وتطوره

شكل (16-15) : نموذج النظام المفتوح لفاعلية الفريق

أسئلة الفصل الخامس عشر

* أسئلة عامة

1. ما الفرق بين الدوافع والحاجات والحوافز؟
2. كيف تعالج المداخل التقليدية والعلاقات الإنسانية والموارد البشرية والمعاصرة موضوع التحفيز؟
3. استعرض أهم النظريات الخاصة بالتحفيز المسماة نظريات المحتوى.
4. ما هي أهم مضامين نظريات المسار؟
5. كيف يتم تحفيز العاملين من خلال تصميم الوظائف؟
6. ما المقصود بالتحفيز من خلال المكافآت؟ وكيف تمارسه منظمة الأعمال؟
7. استعرض المعايير المعتمدة في زيادة فاعلية المكافآت والحوافز الخارجية.
8. كيف يتم تحفيز العاملين من خلال المشاركة؟ استعرض أهم المداخل المعتمدة في ذلك.
9. ما المقصود بفرق العمل؟ وما هي أهم أنواعها؟
10. بين أسلوب زيادة فاعلية عمل الفرق.

** أسئلة الرأي والتفكير

1. في إحدى منظمات الأعمال، يعمل عدد كبير من العاملين وبتنوع عالي في الأعمار والخبرات والتوجهات المختلفة، كيف يمكن لمدير هذه المنظمة معرفة حاجات هؤلاء العاملين من أجل إعداد نظام للحوافز، بين رأيك.
2. لقد اطلعت على نظرية ماسلو للحاجات وأهم الأفكار الوارد فيها، هل تعتقد أنها يمكن أن تطبق في جميع منظمات الأعمال؟ مع أي نظرية من النظريات التي سبق وأن درستها تتفق وتعتقد أنها أكثر تفسيراً للتحفيز، ولماذا؟
3. من وجهة نظرك، هل أن جميع العاملين يمكن تحفيزهم بالحوافز المادية، أم أن هناك حدود لا يمكن تجاوزها في ذلك؟ في أي المستويات الإدارية لا تكون الحوافز المادية مؤثرة؟
4. افترض أنك تعمل في شركة تأمين وطلب إليك المشاركة في إعداد برنامج لتحفيز العاملين من خلال المشاركة ومن خلال المكافآت، ناقش أهم الأساليب التي تعتقد أنها أكثر ملاءمة لطبيعة عمل الشركة.
5. طلب إليك تشكيل فريق عمل لحل مشكلة انخفاض مستوى الأداء في القسم الذي تعمل فيه، كيف ستقوم بتشكيل الفريق وما هو الدور الذي تفضل أن تلعبه في هذا الفريق ولماذا؟ استعن بالشكل (14-15) للإجابة.

*** أسئلة الخيارات المتعددة

1. إن الرغبة الملحة لإشباع نقص أو عوز لدى الفرد تسمى:

A. دافع B. حافز C. حاجة D. قلق

2. إن مهمة التحفيز ترتبط ارتباطاً وثيقاً بوظيفة:

A. التنظيم B. القيادة C. التخطيط D. الرقابة

3. واحدة من النظريات التالية ليست من نظريات المحتوى:

A. نظريات ماسلو B. نظرية الدرفر ERG

C. نظريات هرزبرغ D. نظرية التعزيز

4. جميع النظريات الآتية هي ضمن نطاق نظريات المسار عدا:

A. نظرية تحديد الأهداف B. نظرية التوقع

C. نظرية العدالة D. نظرية مكليلند

5. إن توفير ظروف عمل جيدة تشتمل على شروط السلامة تقع ضمن:

A. الحاجات الفسيولوجية B. حاجات تحقيق الذات

C. الحاجات الاجتماعية D. حاجات الأمان

6. ينص مضمون إحدى النظريات على أن حاجات الفرد يمكن تجميعها في ثلاثة مجاميع: الوجود والانتماء والنمو، هذه النظرية هي:

A. نظرية هرزبرغ B. نظرية ماكليلند

C. نظرية الدرفر D. نظرية ماسلو

7. إن وجود تسلسل هرمي للحاجات هو من صلب أفكار نظريات :

A. التعزيز B. المحتوى C. المسار (العملية) D. السمات

8. لقد تمت صياغة أفكار نظرية التوقع بالمعادلة التالية:

A. $M = E + I + V$ B. $M = (E + V) * I$

C. $M = E * I * V$ D. $M = (E - V) * I$

9. إن الأسلوب التحفيزي الذي يسمح للعامل فيه باختيار حزمة المكافآت هو:

A. المشاركة بالعائد
B. اقتسام الأرباح

C. الدفع على أساس الجدارة
D. مكافآت الكافتريا

10. إن العالم الذي طور نظرية تحديد الأهداف هو:

A. Porter   B. Edwin Locke   C. Victor Vroom   D. Stacy Adams

11. إن الحالة التي تتسبب في تكررا أو عدم تكرار سلوك معين تسمى:

A. التعزيز   B. الجدارة   C. الحافز الداخلي   D. الدافع

12. عندما يتم الجمع بين اثنين أو أكثر من المهام المتخصصة في وظيفة واحدة بهدف زيادة التحفيز فإن هناك:

A. تعزيز   B. إثراء وظيفي   C. توسيع وظيفة   D. دوران وظيفة

13. إن مقارنة نسبة الجهد – المكافأة للعامل مع نفس النسبة لعامل آخر في نفس موقع العمل تسمى:

A. عدالة فردية   B. عدالة نسبية   C. عدالة اجتماعية   D. عدالة وظيفية

14. إن الفرق التي تؤسس لإنجاز مهمة وبأدنى مستوى من الإشراف والتدخل من قبل المدراء تسمى:

A. حلقات الجودة
B. الفرق المدارة ذاتياً

C. الفرق غير الرسمية
D. فرق عمل داخلية

15. إن فريق العمل المشكل من أعضاء من مختلف الأقسام والوحدات الإدارية للعمل مع بعض يسمى:

A. الفريق الفاعل
B. الفريق الافتراضي

C. الفريق غير الرسمي
D. الفريق عبر الوظائف (الأنشطة)

الفصل السادس عشر

الاتصـــالات

الفصل السادس عشر

الاتصالات

بعد دراستك لهذا الفصل تستطيع الإجابة على هذه الأسئلة:

1. ما هي الاتصالات، ما أهميتها لعمل المدير؟
2. ما هي أنواع وشبكات الاتصال؟
3. ما هي أهم عقبات الاتصال وما هي وسائل التغلب عليها؟
4. ماهية التفاوض، وأهدافه وكيفية تجنب إشكالات التفاوض.
5. ما هو التفاوضي؟ وما هي أهدافه؟ وكيف يتم تجنب اشكالات التفاوض؟

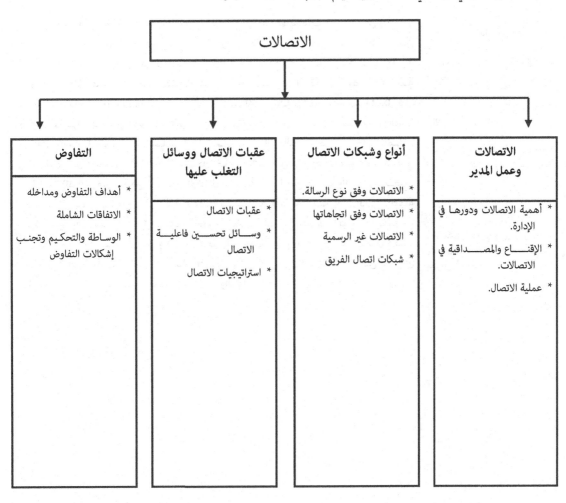

الاتصالات
الاتصالات وعمل المدير
* أهمية الاتصالات ودورها في الإدارة.
* الإقناع والمصداقية في الاتصالات.
* عملية الاتصال.
أنواع وشبكات الاتصال
* الاتصالات وفق نوع الرسالة.
* الاتصالات وفق اتجاهاتها
* الاتصالات غير الرسمية
* شبكات اتصال الفريق
عقبات الاتصال ووسائل التغلب عليها
* عقبات الاتصال
* وسائل تحسين فاعلية الاتصال
* استراتيجيات الاتصال
التفاوض
* أهداف التفاوض ومداخله
* الاتفاقات الشاملة
* الوساطة والتحكيم وتجنب إشكالات التفاوض

مقدمة الفصل السادس عشر:

تمثل الاتصالات عصب الحياة في منظمات الأعمال الحديثة حيث يمضي المدراء أغلب وقتهم أثناء الممارسات الإدارية في عمليات اتصالات مع الآخرين سواء كانوا أفراد أو مجموعات داخل المنظمة أو جهات وأطراف خارجية. إن أغلب المشاكل المثارة في المنظمة يمكن أن نجد خلفها سوء اتصال أو سوء إيصال للمعلومة أو تحريف لها وعدم فهمها وبالتالي تصبح عملية اتخاذ القرار وتحديد الأهداف ليست بالمستوى المطلوب من الكفاءة والفاعلية. نركز في هذا الفصل على الاتصال كعمليات مهمة يمكن أن تكون فاعلة أو لا تكون بسبب العقابات التي تواجه الاتصال. كما أن عملية الاتصال في المنظمة لا تأخذ شكلاً واحداً بل أشكالاً متعددة، وفي إطار عملية الاتصالات قد يحصل صراع أو حوار لغرض حل الإشكالات التي تواجه المنظمة.

أولاً: الاتصالات وعمل المدير

Communications and the Manager's Job

تعني الاتصالات Communication عمليات بث ونقل المعلومات من شخص إلى آخر فهي إذن عمليات إرسال واستلام رموز ذات معاني مرتبطة بها وتهدف إلى إعلام أو طلب من آخرين إجراء عمل ما أو تعديل لسلوك ما أو اي شيء آخر. ولا يمكن تصور ممارسات إدارية دون وجود مثل هذا النوع من التفاعل بين الأفراد. ويفترض أن تكون الاتصالات فاعلة Effective Communication وتعني عمليات إرسال رسالة بطريقة تكون مفهومة بشكل تام وكامل كما يراد لها من قبل المستلم. كذلك يفترض أن يكون الاتصال كفوءاً Efficient Communication ويحصل هذا عندما يتم الاتصال بأدنى التكاليف وأقل استخدام للموارد وبأفضل وسائل الاتصال. إن الوقت بشكل خاص يعتبر من الموارد المهمة والأساسية في عمليات الاتصال ومن الممكن أن يكون الاتصال فاعلاً ولكن ليس كفوءاً والعكس صحيح. ويلاحظ أن وسائل الاتصال الأقل كلفة عادة ما تكون أقل فاعلية فمثلاً إذا أرادت المنظمة إجراء تغيير وقام قائد الفريق بزيادة الأعضاء شخصياً ليعرض عليهم ويوضح التغييرات الجديدة فإن هذا يضمن أن كل واحد قد عرض التغييرات الجديدة لكن أيضاً سيكون مكلفاً جداً من ناحية وقت المدير. إن لقاء الفريق يمكن أن يكون أكثر كفاءة لكن الأمر في الاتصالات يحتاج إلى موازنة دقيقة بين الفاعلية والكفاءة.

*** الاتصالات**
Communications
عمليات إرسال واستلام رموز ذات معاني مرتبطة بها بهدف إعلام الآخر أو الطلب منه إجراء عمل ما أو تعديل سلوك معين.

*** الاتصالات الفاعلة**
Effective Communications
إرسال رسالة بشكل تكون مفهومة بصورة تامة وشاملة كما يراد لها من قبل المستلم.

*** الاتصال الكفوء**
Efficient Communication
هو الاتصال الذي يتم بأدنى التكاليف وأقل استخدام للموارد وبأفضل وسائل الاتصال.

* أهمية الاتصالات ودورها في الإدارة

Communications Importance and Its Managerial role

إن تنوع أنشطة المدير اليومية حيث الاجتماعات والاتصالات وتبادل التقارير ضرورية جداً لإنجاز العمل وهي جميعاً تحتوي على عمليات اتصال. إن أدوار المدير التي تم عرضها في فصل سابق لا تخلو إحداها من قدر معين من الاتصالات وأن البعض منها هو عملية اتصال كاملة. إن الأدوار التفاعلية تتضمن الاتصال بالرؤساء والمرؤوسين وزملاء العمل والفئات الأخرى خارج المنظمة كذلك فإن أدوار القرارات تتطلب من المدير التعامل بقدر من المعلومات تأتي من أطراف عديدة ومن مصادر مختلفة لكي تستخدم في صناعة واتخاذ القرارات ومن ثم يتم إيصالها إلى المعنيين بهذه القرارات للتنفيذ لتأتي الأدوار المعلوماتية مركزة على متطلبات تقاسم المعلومات والبيانات وإرسالها إلى مختلف الجهات الداخلية والخارجية. كذلك ترتبط الاتصالات بشكل مباشر بوظائف الإدارة الأساسية كالتخطيط والتنظيم والرقابة والقيادة، فعمليات فحص البيئة وتأشير أفق العملية التخطيطية واتخاذ القرارات وغيرها كلها تتطلب قدر من الاتصالات والحوار والتفاعل مع مختلف أجزاء المنظمة. كذلك فإن تفويض الصلاحية والتنسيق وتطوير المنظمة تتطلب عمليات اتصال وإقناع لغرض أن يكون التفاعل إيجابياً ويحقق أهداف المنظمة. هذا بالإضافة إلى أن تطوير أنظمة المكافآت ووضع المعايير ورقابة الأداء كلها وظائف لا يمكن القيام بها دون وجود نظام اتصالات فاعلة وكفوءة. وفي إطار ذلك نلاحظ أن الاتصالات تمثل أغلب العمل الإداري في المنظمة وبنسب كبيرة جداً، إذ بدون هذه الاتصالات لا تستطيع المنظمة العمل كوحدة واحدة بل قد تضمر وتموت الأجزاء في المنظمة التي لا تصلها المعلومات والبيانات بشكل صحيح. وباختصار يمكن أن نوجز أهمية الاتصالات في المنظمة بالآتي:

1. تمثل الاتصالات نشاط إداري واجتماعي وإنساني ونفسي تتفاعل في إطاره جهود مختلف العاملين وآراؤهم وأفكارهم عبر قنوات اتصال معينة لكي نصل إلى أفضل صيغة للعمل الإداري في المنظمة.
2. يضمن الاتصال تفاعل إيجابي وتبادل مشترك بين مجموعات العمل والأنظمة الفرعية وصولاً إلى أفضل صيغ العمل وأكثرها كفاءة.
3. يتم من خلال الاتصال اطلاع الرؤساء على نشاط المرؤوسين كذلك يستطيع المرؤوسون التعرف على توجهات العمل والأهداف المراد تحقيقها.
4. يعتبر الاتصال وسيلة فعالة لإنجاز الأعمال والمهام والفعاليات المختلفة.
5. يساهم الاتصال في نقل المعلومات والبيانات والإحصاءات والمفاهيم إلى مختلف الأفراد والمجموعات والجهات والأقسام بحيث تستطيع المنظمة العمل وفق صيغة تنسيقية متكاملة.
6. يساعد الاتصال على توجيه وتغيير سلوك الأفراد وهو وسيلة فعالة للتعلم والتطوير والتدريب للأفراد والمجموعات في المنظمة.

* الإقناع والمصداقية في الاتصالات

Persuasion and Credibility in Communication

إن الاتصالات ليست مجرد تقاسم للمعلومات بين الأفراد والمجموعات لكنها تحوي رغبة المدير في التأثير وتحفيز الآخرين. وفي الإدارة بشكل خاص فإن واحداً من الأهداف المهمة للاتصالات هو الإقناع Persuasion الذي يعني جعل أحد الأطراف الآخرين داعماً ومؤيداً للرسالة المعروضة. إن صيغة الإقناع هي التي يفترض أن تحدث اليوم في إطار العمل ضمن هياكل أفقية وتصاميم عضوية تكثر فيها العلاقات خارج إطار العلاقات الرسمية بين الرئيس والمرؤوس. كذلك فإن تمكين العاملين يجعل من محيط العمل يتطلب مزيد من وسائل الاتصال التي تصب في إطار إقناع موارد بشرية متمكنة وذكية. وهكذا يتطلب الأمر من المدراء اليوم العمل على إقناع الآخرين الذين قد يكونون نظراء العمل أو فرق أو زملاء أو أطراف خارجية. فلا يكفي جعل الأمور تسير سيراً حسنا من خلال إعطاء الأوامر بحكم امتلاك الصلاحيات في إطار الموقع الوظيفي بل إن الأمر يتطلب التفاعل الإيجابي والاتصال بوسائل متعددة في بيئة عمل أصبحت أكثر ديناميكية وتعقيداً. لقد سبقت الإشارة إلى القوة وعرضنا كون القائد يحتاج إلى قوة شخصية قائمة على أساس الخبرة والمرجعية التي تشكل أيضاً قدرة إضافية على الإقناع في إطار عمليات الاتصال. ويتطلب الأمر من المدراء عدم الخلط بين الإقناع الحقيقي القائم على الثقة والمصداقية وبين المجادلة والحوار الذي يقوم به المدير أحياناً لجعل الآخرين مقتنعين بطريقة الإكراه والقسر، حيث يمكن أن يجعل النفور أو الإقناع السلبي، لذلك يفترض أن يكون الإقناع مدعوماً بالمصداقية Credibility والتي تعني الثقة والاحترام والنزاهة في أعين الآخرين. ويمكن بناء المصداقية من خلال الاتصال المقنع القائم على أساس الخبرة والعلاقات الطيبة. فالمصداقية القائمة على أساس الخبرة تفترض بالمدير معرفة جيدة بالقضية المطروحة للحوار أو النقاش أو أن لديه نجاح سابق في معالجة قضايا مماثلة. أما المصداقية القائمة على أساس العلاقات فتفترض وجود علاقات عمل جيدة للأشخاص المطلوب إقناعهم.

* الإقناع Persuasion
جعل أحد الأطراف الآخرين داعماً ومؤيداً للرسالة المعروضة.

* المصداقية Credibility
هي الثقة والاحترام والنزاهة في أعين الآخرين والتي تتحقق من خلال العلاقات الطيبة والخبرة.

* عملية الاتصال Communication Process

إذا كانت عملية الاتصال تعني تفاعل وتبادل بين أفراد فعادة ما تبدأ عملية الاتصال عندما يرغب أحدهم (المرسل) بنقل حقيقة أو فكرة أو رأي أو أي معلومات أخرى إلى شخص أو أشخاص آخرين (المستقبل) كما يعرض ذلك الشكل التالي:

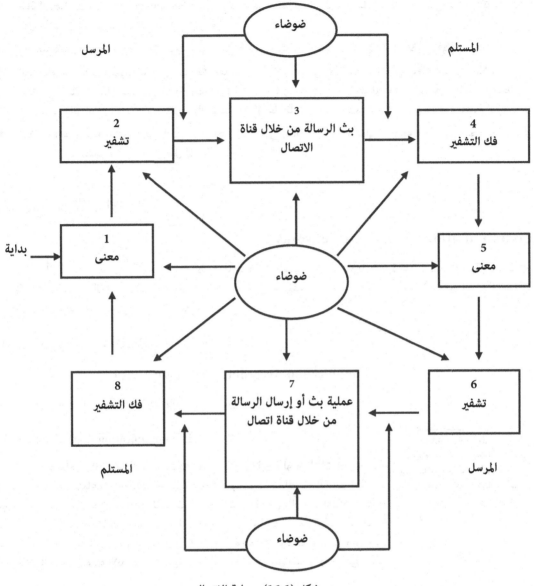

شكل (1-16): عملية الاتصال

ولتبسيط عملية فهم هذا المخطط والمصطلحات الواردة فيه نستطيع أن نصف عملية الاتصال ومكوناتها بالآتي:

● **الرسالة أو المعنى (Message) (Meaning):** هي الصياغة الملموسة للمعنى أو الفكرة المراد إرسالها إلى المستقبل أو المستلم.

● **التشفير Encoding:** هي عملية اختيار الرموز أو الشفرات التي يتم بواسطتها تأليف أو صياغة الرسالة أو المعنى مثال ذلك كتابة الرسالة بالحروف أو برموز معينة.

- **قناة الاتصال Communication Channel**: هي الوسيلة التي يتم عبرها بث أو إرسال الرسالة وتحقيق عملية الاتصال فقد تكون التليفون أو الفاكس أو البريد الإلكتروني أو غيرها.
- **فك التشفير Decoding**: هو عملية ترجمة أو تفسير الرموز والشفرات المستخدمة في الرسالة لغرض فهم معناها.
- **الضوضاء Noise**: هي المؤثرات التي تقلل من القدرة على إدراك المقصود بالرسالة أو المعنى عرقلة إيصالها بشكل تام، وقد تتعلق الضوضاء بالمرسل حيث إدراكه واتجاهاته وشخصيته وقدرته على اختيار الوسيلة المناسبة لا تكون بالشكل المطلوب أو بالمستلم ذاته أو بقناة الاتصال نفسها. والضوضاء بشكل عام تلعب دوراً حاسماً في التأثير على كفاءة وفاعلية الاتصال.
- **التغذية العكسية Feedback**: هي استجابة أو رد المستلم على رسالة المرسل. وتعطي التغذية العكسية صورة عن مدى الفهم والإدراك لمضمون الرسالة من قبل المستلم.

ثانياً: أنواع وشبكات الاتصال

Communications Types and Networks

تتعدد أنواع الاتصالات في المنظمة حسب الأسس المعتمدة في تصنيفها. وتستخدم الإدارة أغلب هذه الأنواع باعتبار أن الحاجة إليها ضرورية لإيصال المعلومات والتعليمات والاقتراحات إلى مختلف أجزاء المنظمة ونستعرض أدناه أهم أنواع الاتصالات مبوبة وفق أسس مختلفة.

* الاتصالات وفق نوع الرسالة

Communication According the Message Type

وفق هذا الأساس يمكن أن نجد الأنواع التالية من الاتصالات:

- الاتصالات الشفوية **Oral Communication**

عادة ما تأخذ الاتصالات الشفوية شكل إتصالات وجهاً لوجه أو مقابلات أو مجاميع مناقشة وحوار أو اجتماعات يتحدث فيها المدراء للمرؤوسين وكذلك المحادثات الهاتفية وغيرها. في إطار هذا النوع نستخدم الكلمات الشفوية لنقل المعاني والأفكار المراد إيصالها للمرؤوسين. إن أهمية هذا النوع من الاتصالات يتجسد في اعتبارها النمط الأكثر استخداماً وشيوعاً بين المدراء وتصل في بعض الأحيان إلى 90% من مجموع الوقت المكرس من قبل المدير للاتصال. ولعل ميزة الاتصالات الشفهية الأساسية هي التفاعل المباشر والحصول على التغذية

*** الاتصالات الشفهية**
Oral Communication
محادثة مباشرة وجهاً لوجه أو مجاميع مناقشة أو أحاديث تليفونية وما شابهها يستخدم المرسل كلمات شفهية للتعبير عن رسالة أو معنى يراد إيصاله للآخرين.

العسكية المباشرة من خلال الأسئلة والاستفسارات والحوار. كما أن هذا النوع سهل الاستخدام ولا يحتاج إلى وقت كبير للتحفيز ولا يحتاج إلى ورق أو مستلزمات أخرى مشابهة في حين توجد أيضاً إشكالات في هذا النوع خاصة عندما يستخدم المرسل كلمات خاطئة أو غير واضحة لنقل الرسالة أو المعنى المراد بثة أو إيصاله للمستلم كذلك فإن درجة الضوضاء تكون عالية فيه فضلاً عن الوقت الطويل الذي تحتاجه عملية الاتصال حيث تحصل مداولة وتبادل أفكار وإيضاحات وغيرها.

- الاتصالات المكتوبة **Written Communication**

* الاتصالات المكتوبة
Written Communication
اتصالات يتم فيها بث الرسائل أو المعاني المطلوب إيصالها للآخرين بشكل مكتوب على شكل تقارير أو تعليمات أو ملاحظات أو بريد إلكتروني أو غيرها.

ضمن هذا النوع يتم بث الرسائل أو المعاني المطلوب إيصالها للآخرين كتابياً سواء بشكل تقارير أو تعليمات أو ملاحظات أو بريد إلكتروني أو غير ذلك. وليس كما يعتقد البعض بأن الاتصالات المكتوبة هي الصيغة الأكثر استخداماً في الاتصالات في منظمات الأعمال في الدول المتقدمة بل إن نسبة استخدامها لا تتجاوز 13% من الوقت المتاح للاتصالات من وقت المدير وقد أشار 80% من المدراء في إحدى الدراسات أنها وسيلة ضعيفة وليست فاعلة. وأهم المشاكل في هذا النمط هي عدم وجود تغذية عكسية سريعة وتفاعل مباشر كذلك هناك إشكالية فهم المعاني الواردة في الرسالة وحتى الرسائل الإليكترونية تحتاج إلى قدرة على التعامل مع الحاسوب. وبالمقابل هناك بعض المزايا التي تتمتع بها الاتصالات المكتوبة مثل إمكانية صياغة الرسالة بشكل متأني واستحضار كافة المعلومات المراد إرسالها كذلك إتاحة وقت كافي للمستلم لفهم الرسالة ومن ثم الإجابة عليها بوضوح، وهنا نؤكد أن الاتصالات المكتوبة تفضل عندما تكون هناك حاجة لذكر تفصيلات كثيرة.

- الاتصالات غير اللفظية (لغة الجسد)

Nonverbal Communication (Body Language)

* لغة الجسد
Body Language
هي اتصالات تتم بواسطة تعبيرات الوجه أو طبيعة الوقوف أو الجلوس أو المظاهر الأخرى من إشارات أو إيماءات ونبرات الصوت.

يشار إليها أحياناً بلغة الإشارة أو اللغة الجسدية Body Language وهي تشكل نسبة عالية من عمليات الاتصال. وهذه عبارة عن اتصالات تتم بواسطة تعبيرات الوجه أو طبيعة الوقوف أو الجلوس أو المظاهر الأخرى من إشارات وإيماءات ونبرات الصوت. ويبدو أنه خلال الاتصال وجهاً لوجه فإن التأثير الحاصل والاستجابة للرسالة يكون بدرجة أساس نتيجة لنبرات الصوت وتعبيرات الوجه وحركات اليدين وغير ذلك من الإشارات وحتى فترات الصمت

تحمل معاني كثيرة في مختلف المواقف، فهي قد تعني الشك أو عدم الفهم أو عدم موافقة لكن بشكل مؤدب. ونلخص أدناه بعض الرسائل أو المعاني التي تحملها لغة الجسد:

الرسالة عبر لغة الجسد	السلوك (تعبيرات الوجه أو الوقوف) (أو حركات اليدين أو غيرها)
* أريد أن أكون متعاوناً	– عدم مقاطعة الأرجل – فك أزرار (الجاكيت) – عدم تحريك اليدين بشكل مستمر – التحرك بالقرب من الشخص الآخر – وجه مبتسم – استخراج اليدين من الجيوب – عدم مقاطعة الأيادي على الصدر
* أنا واثق	– عدم تحريك اليدين بالقرب من الوجه – الوقوف باستقامة – نظرة ثابتة للمقابل
* أنا عصبي	– التأفف – تضخيم نبرة الصوت – حركة اليدين أثناء الحديث بشكل غير منتظم – التدخين بشكل متزايد
* أنا أفضل منك	– النظر من فوق النظارات – الإشارة بالأصابع تجاه المقابل – الوقوف خلف المكتب – العبث بطية البدلة أثناء الحديث

وقبل اختتام هذه الفقرة لا بد من الإشارة إلى أن الوسيلة المناسبة للاتصال من بين هذه الأنواع الثلاثة يعتمد على عدة عوامل منها نوع الرسالة المراد إرسالها وهل هي رسالة ذات مضمون عام موجه للجميع أم أنها تخص فرداً أو مجموعة بعينها، كذلك طول الرسالة ومدى كونها روتينية أو ذات موضوع جديد. ففي حالة كون الرسالة شخصية وغير روتينية وقصيرة فإنه يمكن استخدام

الاتصال الشفهي أو البريد الإلكتروني أما إذا كانت الرسالة عامة أو روتينية أو طويلة فإنه يفضل استخدام الاتصالات المكتوبة. كذلك يمكن للمدير استخدام توليفة من هذه الوسائل كأن يتم الاتصال هاتفياً من قبل المدير ثم يتبع الاتصال ببريد إليكتروني لتذكيرهم. وفي أحيان عديدة يستخدم المدير الوسائل المختلفة بناء على ما يقدره من كفاءة وفاعلية لكل وسيلة.

* الاتصالات وفق اتجاهاتها

Communications According to Its Direction

ضمن هذا النمط من التصنيفات يمكن الإشارة إلى الأنواع التالية:

*** الاتصالات الصاعدة**

Upward Communications

هي الرسائل أو المعاني المرسلة إلى المستويات الإدارية الأعلى من المستويات الأدنى في إطار هرمية الهيكل التنظيمي.

- الاتصالات الصاعدة **Upward Communication**

إن هذا النمط من الاتصالات يشتمل على إيصال الرسائل والمعاني من المستويات الإدارية الأدنى إلى المستويات الإدارية العليا ضمن الهرم التنظيمي. إن أغلب المنظمات تبذل جهوداً لبناء قنوات اتصال صاعد كفوءة وفاعلة، فالعاملون يحتاجون إلى نقل شكاواهم ووجهات نظرهم وتقارير أدائهم إلى الجهات العليا. إن الانسياب السليم والفعال للمعلومات والبيانات من خلال الاتصال الصاعد يدل على أن عملية الاتصال بهذا الأسلوب فاعلة. وعموماً يمكن أن نميز بين أنواع عديدة من المعلومات التي تنقل في سياق هذا النمط من الاتصال.

1. المشاكل والاستثناءات **Problems and Exceptions**

يتضمن هذا النوع المشكلات أو الصعوبات التي يواجههاالعاملون في مكان عملهم وكذلك الحالات الاستثنائية التي تحصل أثناء إنجاز الأعمال والتي يرغب العاملون إيصالها إلى المستوى الإداري الأعلى، مثال ذلك تعطل الطابعة في أحد المكاتب منذ يومين ولن تحل المشكلة قبل أسبوع على الأقل بانتظار ووصول طابعة جديدة.

2. اقتراحات لإجراء تحسين معين **Suggestions for Improvements**

وهذه عبارة عن أفكار لغرض تحسين إنجاز الأعمال وتوفير بيئة عمل أفضل مثال ذلك اقتراح حذف بعض المراحل من عملية إنجاز معاملة معينة لأنها تسغرق وقت طويل ولا تضيف قيمة ولا تعطي نتائج مفيدة.

3. تقارير الأداء **Performance Reports**

وهذه هي التقارير الدورية حول الأداء وإنجاز الأعمال بهدف إعلام الإدارة عن مسيرة العمل الفردي والجماعي وللأقسام. مثال ذلك، إرسال تقرير إلى الإدارة حول تدقيق الفواتير الواردة من مجهز معين والمحلاظات المؤشرة عليها.

4. الشكاوى والنزاعات **Grievances and Disputes**

إن الرسائل الخاصة بشكاوى العاملين وتظلماتهم وكذلك التقارير الخاصة بحصول نزاعات أو شجارات في مكان العمل هي فحوى هذا النوع من الرسائل الصاعدة، حيث ينتظر مرسلوها حلولاً لمشاكلهم. فقد يشكو أحد المدراء عدم تعاون مسؤول المشتريات معه.

5. معلومات مالية ومحاسبية **Financial and Accounting Information**

وهي الرسائل الخاصة بالتكاليف والمبيعات والأرباح وغيرها من المعلومات المشتقة منها، مثال ذلك أن التكاليف قد ازدادت بنسبة 5% عن المخطط.

وعموماً فإن منظمات الأعمال تستخدم الوسائل المختلفة الحديثة لإتمام عمليات الاتصال الصاعدة مثل شبكة الإنترنت والحواسيب وسياسات الباب المفتوح للمديرين، ومع ذلك فقد تحصل مشكلات في هذا النمط مثل التحريف الذي يحصل على المعلومات قبل وصولها إلى المستوى الإداري الأعلى أو أن هذا الأخير لا يستمع لمشاكل العاملين بعناية.

- الاتصالات النازلة **Downward Communications**

* الاتصالات النازلة
Downward Communications
الرسائل والمعاني المرسلة من الإدارة العليا نزولاً إلى المستويات الدنيا.

وهو النوع الأكثر شيوعاً حيث تنساب الرسائل أو المعاني بما فيها من معلومات وأوامر وتعليمات وملاحظات وغيرها من المستويات الإدارية العليا إلى المستويات الإدارية الدنيا. وهذا النوع يحمل في طياته استراتيجيات جديدة لتنفيذ الأعمال ومبادرات الإدارة للتطوير وتوضيح الأهداف وغيرها. ويستطيع المدراء الاتصال بالعاملين بطرق عديدة ووسائل كثيرة مثل الحديث المباشر أو صحيفة تعليمات أو البريد الإليكتروني أو غيرها وأهم أنواع الرسائل النازلة تتضمن الآتي:

1. تنفيذ الأهداف والاستراتيجيات **Implementation of Goals and Strategies**

يتضمن هذا النوع من الرسائل كل ما يتعلق بتنفيذ الخطط والأهداف وتأشير السلوكيات المطلوبة وغير ذلك من أمور فهي تعطي اتجاهاً معيناً للعمل للمستويات الأدنى. مثال ذلك، الرسالة التي توجه إلى كافة العاملين لتحسين الجودة وتنبيه أفراد المنظمة إلى أهمية المنافسة على أساس الجودة.

2. تعليمات العمل **Job Instructions**

وهذه عبارة عن التوجيهات الخاصة بكيفية إنجاز الأعمال من قبل العاملين وكيف ترتبط الوظائف بباقي أنشطة المنظمة. مثال ذلك، التعليمات الخاصة بمنح إجازات العاملين والتعديلات التي تجرى عليها.

3. الإجراءات والممارسات Procedures and Practices

هذه الرسائل تحدد سياسات المنظمة وقواعد عملها والتشريعات الخاصة بذلك والترتيبات الخاصة بالهيكل. مثال ذلك، الخطوات أو الإجراءات اللازمة لمنح إجازة لموظف لمدة سنة بدون راتب.

4. التغذية العكسية للأداء Performance Feedback

وهذه الرسائل تشتمل على ملاحظات وتقييم المستوى الإداري الأعلى على الأداء الـذي تـم رفعـه بشكل اتصـال صـاعد إلى المستوى الإداري الأعلى من قبل العاملين أو المسؤولين. مثال ذلك، الإشادة بجهـود العامليـن في قسـم الحاسـوب وإبـراز دورهـم في تحسين إجراءات العمل.

5. أدلجة العاملين وتحفيزهم Indoctrination

إن هذه الرسائل وظيفتها الرئيسية تحفيز العاملين لقبول وتبني رسالة المنظمـة وثقافتها وقيمها وإيصال أفكار وعقيـدة الإدارة العليا فيما يتعلق بالعمل وكيفية إنجازه. مثال ذلك اعتبار جميع العاملين في المنظمة كعائلة واحدة وندعو الجميع لحضور لقاء سنوي بمناسبة تحقيق إنجازات أو نتائج استثنائية.

وبالرغم من كون الاتصالات النازلة هي أداة قوية بيد الإدارة إلا أن تدرجها بالنزول من الإدارة العليا وعبر عـدة مسـتويات يؤدي إلى ضياع أو فقدان بعض محتويات الرسالة.

- الاتصالات الأفقية Horizontal Communications

الاتصالات الأفقية
Horizontal Communications
عبارة عـن اتصـالات جانبيـة أو قطريـة لتبادل الرسائل والمعاني بين المناظرين وزمـلاء العمـل أو الوظـائف في نفـس المستوى الإداري.

وقـد تكـون هـذه الاتصـالات جانبيـة أو قطريـة وتمثـل تبـادل الرسائل بيـن المـدراء المناظرين أو بين زملاء العمـل أو عبـر الوظـائف في المسـتوى الإداري الواحد. وهـدف هـذه الاتصالات ليس الإعلام فقط وإنما طلب المسـاعدة والتنسيق أيضاً ويمكن أن تأخـذ الأشـكال التالية:

1. حل المشاكل داخل الأقسام Intradepartmental Problem Solving

وتتضمن جميع الرسائل بين أعضاء القسم الواحد وكيفية إنجاز المهام والواجبات، مثال ذلك أن يطلب موظف مساعدة من زميله لإجراء معين.

2. التنسيق بين الأقسام Interdepartmental Coordination

وهذه الرسائل تسهل إنجاز مهام ومشاريع مشتركة بين الأقسام. مثال ذلك أن يطلب من شخص في قسم التسويق وآخر في قسم الإنتاج لترتيب اجتماع لمناقشة أمر يخص العمل المشترك.

531

3. تغيير المبادرات والتحسينات Change Initiatives and Improvements

وهي رسائل موجهة لتقاسم معلومات بين الفرق والأقسام لمساعدة المنظمة على التغيير والنمو والتحسين، مثال ذلك أن أحد الأقسام بهدف تحسين وإجراء ترشيق للمنظمة فإنه يرغب مناقشة هذه الأمور مع القسم الآخر.

وهذا النوع من الاتصالات في المنظمات المتعلمة حيث هناك فرق عمل لحل المشكلات من خلال البحث عن طرق جديدة وإجراءات.

*** الاتصالات غير الرسمية**
Informal Communications
هي الاتصالات التي تتم خارج قنوات السلطة الرسمية في المنظمة دون علاقة أو ارتباط بهرمية السلطة التنظيمية.

* الاتصالات غير الرسمية Informal Communications

إن جميع الأنواع المشار إليها في الفقرات السابقة هي اتصالات رسمية تخطط وتنظم وتشتمل على آليات عمل معينة في حين أن كثير من الاتصالات خارج هذا الإطار الرسمي وتتبع سياقات مختلفة عن القنوات الرسمية ويمكن أن تمثل الاتصالات الرسمية وغير الرسمية بالآتي:

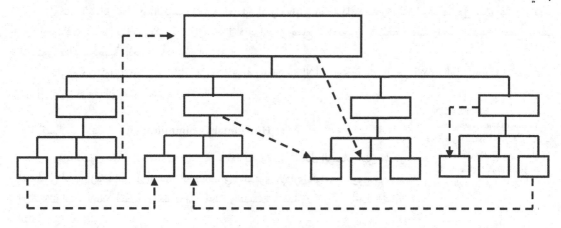

شكل (2-16): الاتصالات الرسمية وغير الرسمية
(الخط المتقطع يمثل الاتصالات غير الرسمية)

*** الاتصالات العنقودية**
Grapevine Communications
اتصالات غير رسمية على شكل شبكة من شخص لآخر وتوجد في جميع المنظمات.

- الاتصالات العنقودية Grapevine Communications

وهي اتصالات غير رسمية تأخذ شكلاً شبكياً وتشمل المنظمة بجميع أجزائها وهي موجودة في جميع المنظمات ولا تأخذ نمطاً واحداً ولكن يمكن التمييز بين نوعين شائعين من هذا الصنف من الاتصالات وهما:

1. سلسلة النميمة والغيبة Gossip Chain

وفي هذا النوع يقوم شخص ببث رسالة إلى آخرين وقد يحفظ البعض منهم السر في حين يفشيه آخرون إلى غيرهم. وعادة ما تحوي هذه الاتصالات معلومات شخصية خصوصية عن الآخرين.

2. السلسلة العنقودية Cluster Chain

وفي هذا النوع يمرر أحد العاملين معلومات إلى عدد قليل من الأشخاص الذين بدورهم، جميعاً أو بعضهم يمررون المعلومات إلى آخرين وهكذا. ويمكن استعراض هاتين الفكرتين في الشكل التالي:

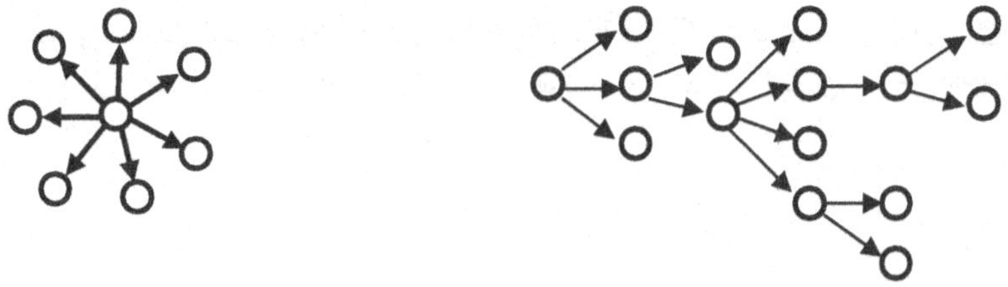

عدة شخاص يمررون معلومات إلى آخرين — شخص واحد يخبر مجموعة من الأشخاص

شكل (3-16): أنواع الاتصا

وتوجد عادة الاتصالات غير الرسمية لأسباب عديدة من أهمها سببين، الأول هو زيادة عدد الاندماجات والاستحواذ بين الشركات وهو حدث يؤثر جداً على عمل العاملين في المنظمة. والثاني هو تغيير مواقع المنظمات من مراكز المدن إلى الضواحي أو أماكن أخرى وهذا مدعاة للحديث الجانبي وتساؤل العاملين عن الأمور التي لا تفصح عنها الإدارة من جانب ومن جانب آخر فإنهم يشغلون أنفسهم بالاتصالات الجانبية غير الرسمية بشكل أكبر بسبب طبيعة المكان الجديد.

- الإدارة بالتجوال Management by Wandering Around

هو أسلوب يقوم على أساس تجوال المدير في المنظمة وتبادل الأحاديث العفوية مع الآخرين وتوجيههم بشكل غير رسمي. ويكثر هذا النوع في منظمات الأعمال الخدمية مثل الفنادق والمستشفيات كذلك يكون في أوجه عندما تقيم المنظمة احتفالات أو لقاءات خارج بيئة العمل الرسمية.

- الاتصالات غير اللفظية Non-Verbal Communication

وقد تمت الإشارة إلى هذا النمط في الفقرة السابقة.

* شبكات اتصال الفريق Team Communication Networks

إن تعقد المنظمات وكثرة المهمات التي تنفذ عن طريق فرق العمل وكذلك تبني العديد من المنظمات لهياكل تنظيمية شبكية ومصفوفية، يتطلب تطوير أساليب الاتصال كذلك. إن الاتصال بين أعضاء الفريق في المنظمة يتسم بكونه ذي طبيعة تفاعلية بين الأعضاء ومركزاً بشكل خاص على كيفية اتصال الأعضاء

*** الإدارة بالتجوال**
Management by Wandering Around
أسلوب اتصالات يقوم على أساس تجوال المدير في المنظمة وتبادل الأحاديث العفوية مع الآخرين.

*** شبكة الاتصال**
Communication Network
هي نمط اتصال من خلاله يتصل افراد الفريق أو المجموعة بعضهم ببعض.

*** الشبكة المركزية للاتصال**
Centralized Communication Network
هيكل للاتصالات يتصل الأفراد فيه ببعضهم من خلال فرد واحد.

بعضهم ببعض في إطار شبكة العمل وكذلك فريق العمل الواحد. إن شبكات الاتصال Communication Networks هي أنماط من خلالها تتم الاتصالات بين أعضاء الفريق أو مجموعة الاتصال. وفي إطار هذه الأنماط يتم التركيز على اثنين من الخصائص المهمة وهما المدى الذي تتركز فيه الاتصالات داخل الفريق وطبيعة المهام التي يؤديها هذا الفريق. ففي شبكة الاتصال المركزية Centralized Network إن أعضاء الفريق يجب أن يتصلوا من خلال شخص واحد لحل المشاكل واتخاذ القرارات، أما الشبكة اللامركزية للاتصال Decentralized Network فإن الأعضاء فيها يستطيعون الاتصال بحرية مع بعضهم البعض. ويمكن تصوير أنواع مختلفة من هذين النوعين كما في الشكل التالي:

* الشبكة اللامركزية للاتصال
Decentralized Communication
Network
هيكـل اتصـالات يتصـل الأفـراد فيـه
ببعضهم بحرية ويتخذون القرارات مع
بعض.

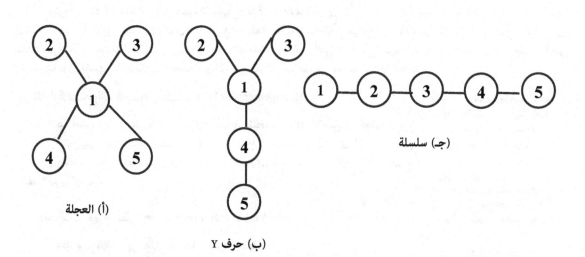

(أ) العجلة   (ب) حرف Y   (جـ) سلسلة

أنواع شبكات الاتصال المركزية

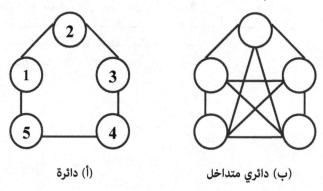

(أ) دائرة   (ب) دائري متداخل

أنواع شبكات الاتصال اللامركزية

شكل (4-16): شبكات الاتصال المركزية واللامركزية

534

ولا بد من الإشارة هنا إلى حقيقة مهمة أثبتتها التجارب الميدانية والبحوث والتي فحواها أن شبكات الاتصال المركزية تصلح أكثر في المواقف البسيطة التي تتطلب السرعة حيث يمرر الأعضاء المعلومات المهمة إلى شخص مركزي واحد هو قائد المجموعة ليتم صنع واتخاذ القرار بسرعة، في حين أن شبكة الاتصالات اللامركزية تكون بطيئة في المشاكل أو المواقف البسيطة لأن المعلومات تمرر بين الأفراد إلى أن يحل أحدهم المشكلة أخيراً وهذا يحتاج إلى وقت. وفي المواقف المعقدة فإن شبكة الاتصال اللامركزية تكون أكثر فاعلية لأن المعلومات المهمة لا يمكن أن تكون لدى شخص واحد فقط. كذلك الأمر في شبكات الاتصال المركزية حيث تكون هناك أخطاء قليلة في المشكال البسيطة وأخطاء كثيرة في المشاكل المعقدة. أما شبكة الاتصالات اللامركزية فإنها أقل دقة في المشاكل البسيطة وأكثر دقة في المشاكل المعقدة ويمكن أن نجمل هذه الفكرة بالشكل التالي:

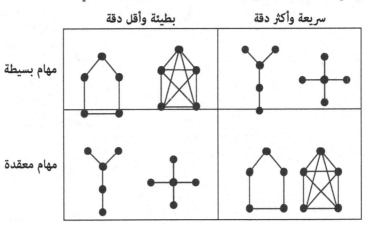

	سريعة وأكثر دقة	بطيئة وأقل دقة
مهام بسيطة		
مهام معقدة		

شكل (5-16): شبكات الاتصال للفريق

ثالثاً: عقبات الاتصال ووسائل التغلب عليها

Communication Barriers and Barriers overcoming Tools

إن كون الاتصال والمعلومات أو الرسائل الواردة فيه هو وسيلة لتسيير الأمور في منظمات الأعمال فإن أي خلل أو تشويش على قنوات الاتصال سيؤثر حتماً في نوعية المعلومات المنقولة ونتائج الأداء التي قد تكون خسائر كبيرة. لذلك فإن مهارات ضرورية وأساسية يجب أن تتوفر لدى كل من المرسل والمستقبل ومن الضروري أن يعي الأفراد طبيعة التعامل مع العقبات التي تواجه عملية الاتصال في المنظمة. وضمن هذه الفقرة فإننا سنشير إلى أهم العقبات ومن ثم وسائل التغلب عليها وتحسين عملية الاتصال:

* عقبات الاتصال **Communication Barriers**

كثيرة هي العقبات التي تؤثر في شبكات الاتصال والرسائل المنقولة عبرها ويمكن أن نشير إلى أهمها التي قد ترتبط بالمرسل أو بالمستقبل أو بطبيعة الوسيلة المستخدمة أو بمضمون الرسالة أو الإشارة.

- اختيار غير موفق أو غير صحيح لقناة الاتصال. باعتبار أن قناة الاتصال هي الوعاء أو الوسيلة الناقلة للرسالة من المرسل إلى المستقبل فيفترض بالمدراء اختيار قناة الاتصال الصحيحة أو توليفة من قنوات الاتصال المطلوبة لنقل الرسالة. ويمكن الإشارة إلى أهم القنوات الشائعة ومدى ثرائها وقوتها في إيصال الرسالة ب الشكل التالي:

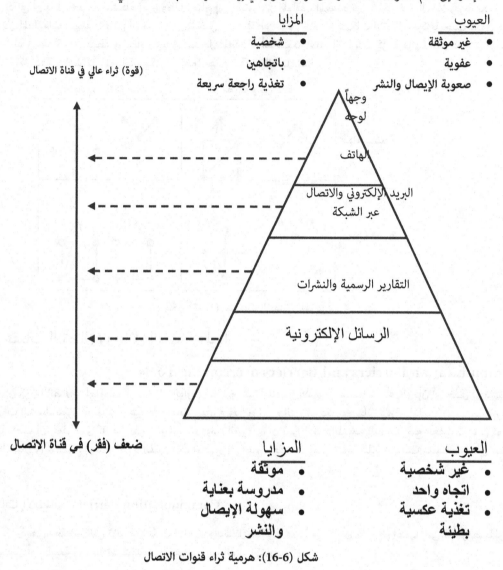

المزايا   العيوب

- شخصية   • غير موثقة
- باتجاهين   • عفوية
- تغذية راجعة سريعة   • صعوبة الإيصال والنشر

(قوة) ثراء عالي في قناة الاتصال

وجهاً لوجه

الهاتف

البريد الإلكتروني والاتصال عبر الشبكة

التقارير الرسمية والنشرات

الرسائل الإلكترونية

ضعف (فقر) في قناة الاتصال

المزايا   العيوب

- موثقة   • غير شخصية
- مدروسة بعناية   • اتجاه واحد
- سهولة الإيصال والنشر   • تغذية عكسية بطيئة

شكل (6-16): هرمية ثراء قنوات الاتصال

- تعبير مكتوب أو شفهي ضعيف أو غير مؤثر. إن الاتصال يمكن أن يؤدي غرضه عندما تكون الرسالة مصاغة بعناية ووضوح تامين بحيث يستطيع المستلم أن يفهم مدلولاتها كما أراد لها المرسل. وهناك مهارات يجب أن يتقنها المدير في مجال الاتصال لكي يكون فاعلاً في التعبير عن نفسه

وأوامره. وبالطبع فإن جميع أنواع الاتصالات تتطلب مهارات معينة يختلف بعضها عن بعض خصوصاً تلك التي جاءت بها التكنولوجيا الحديثة.

* الفشل في إدراك وفهم الإشارات غير اللفظية التي تشكل اليوم نمطاً مهماً من أنماط الاتصال، ففي بعض الأحيان يريد المرسل إيصال رسالة محددة من خلال قناة معينة ولكن حركاته الجسدية وتعبيرات الوجه والملامح تعبر عن شيء آخر وهذا ما يطلق عليه الرسالة المختلطة Mixed Message. لذلك على المدراء أن ينتبهوا إلى أهمية الإشارات غير اللفظية وتطابقها مع مضمون الرسالة المراد إيصالها.
* الإرباكات المادية أثناء عملية الاتصال ويدخل في إطار ذلك جميع ما يؤدي إلى تقليل فاعلية الاتصال مثل المقاطعة أثناء حديث هاتفي أو زيارات مفاجئة وغير متوقعة أو انعدام الخصوصية أثناء الاتصال أو غيرها.
* التفاوت في السلطة الوظيفية حيث يخشى الكثير من المرؤوسين بث وإرسال الكثير من المعلومات والبيانات والرسائل خوفاً من عدم رضا أو ردود الفعل السلبية من قبل الرؤساء في بعض الأحيان. وغالباً ما قيوم الأفراد في المستوى الإداري الأدنى بإجراء ما يسمى بتصفية مضمون الرسالة Filtering وهذا يفقدها جزء من مضمونها ويتم هذا الأمر بشكل متعمد وليس عفوياً.
* عدم تمتع مستلمي الرسائل بمهارات الإنصات الضرورية لفهم الرسالة المستلمة واستيعاب معناها أو وجود موقف مسبق للمستلم حول مضمون الرسالة.
* ازدحام قنوات الاتصال أحياناً يكون عقبة أمام الاتصال الفاعل.

* الرسالة المختلطة
Mixed Message
عدم تطابق مضمون الرسالة المراد إرسالها مع التعبيرات والحركات الجسدية أو ملامح الوجه.

* التصفية Filtering
حذف أو تغيير معين في مضمون الرسائل المرسلة إلى المستويات الإدارية الأعلى تجنباً لردود فعل سلبية.

* وسائل تحسين فاعلية الاتصال

Improving Communication Effectiveness

إن التغلب على عقبات الاتصال يتم من خلال تحسين ظروفه وقنواته على مستوى الأفراد أو المنظمة، فعلى مستوى الأفراد ومهاراتهم يمكن أن يتم ذلك من خلال الإنصات الفعال Active Listening والذي يعني عملية التصرف لمساعدة فرد معين لقول ما يريد قوله بالضبط وهي تحوي مهارات الصدق بالانتباه لغرض فهم المعنى الكامل لقول الآخر من خلال ضبط العواطف والسيطرة على الانفعالات. وهناك خمسة قواعد للإنصات الفعال وهي:

* الإنصات الفعال
Active Listening
مساعدة مرسل الرسالة على قول ما يريد قوله أو إرسال الرسالة التي يريد بالضبط.

1. الإنصات التام لمحتوى الرسالة
2. الإصغاء التام والانتباه لمشاعر مرسل الرسالة حول محتوى الرسالة.
3. الاستجابة لهذه المشاعر والعمل على أن يعرف المرسل تأثير مشاعره.
4. الانتباه والحساسية تجاه الإشارات غير اللفظية التي تبدو من المرسل
5. التأكد من المرسل حول بعض العبارات أو الفقرات لفهمها بشكل كامل.

ومن الجدير بالذكر فإن الإنصات مهارة يمكن تنميتها وصقلها من خلال ما يلي:

● التوقف عن الحديث.

● إعطاء مجال للمرسل أو المتحدث.

● إظهار الاهتمام والرغبة بالاستماع للمرسل.

● إزالة العقبات المحتملة.

● التركيز التام مع المتحدث أو المرسل.

● عدم الإجابة بسرعة ولكن بتأني.

● السيطرة على الانفعالات وعدم التصرف بعصبية.

● توجيه النقد بأسلوب تدريجي وبناء.

● إثارة أسئلة للتوضيح.

● التوقف عن الحديث.

كذلك من وسائل تحسين الاتصال ما يسمى التغذية العكسية البناءة Constructive Feedback وهي عملية إخبار الأفراد حول ما يشعر مستلم الرسالة تجاه المعاني الواردة في الرسائل المرسلة. وكلما كانت التغذية العكسية دقيقة وصحيحة فإن ذلك يسهل عملية الاتصال مستقبلاً. وعموماً فإن التغذية العكسية البناءة يمكن أن تكون أكثر فاعلية من خلال:

● إعطاء تغذية عكسية مباشرة قائمة على أساس الثقة بين الطرفين.

● التأكد من أن التغذية العكسية محددة ودقيقة وليست عامة.

● استخدام الوقت المناسب لإعطاء التغذية العكسية.

● التأكد أن التغذية العكسية المعطاة ذات مصداقية وتخص الرسالة التي سبق وأن استلمها المستلم.

● إعطاء التغذية العكسية بكميات أو جرعت صغيرة ومناسبة.

ومن الأمور الأخرى المهمة في تحسين الاتصال استخدام التكنولوجيا الحديثة وبشكل فاعل وباستيعاب عالي وكذلك الاهتمام بالتنوع والاختلاف الثقافي حيث أنه يمكن أن يخلق أجواء اتصال إيجابية.

ومن المهم الإشارة إلى أن اختيار وسيلة الاتصال لها دور مهم في تحسين عملية الاتصال وزيادة فاعليته. وفي هذا الإطار فإن طبيعة المشكلة أو الموقف وما إذا كان روتينياً أو غير روتيني وكذلك مدى ثراء قناة الاتصال أو ضعفها لها تأثير كبير على العملية الاتصالية ويمكن أن تمثل هذه الحالة والآثار بالمصفوفة التالية:

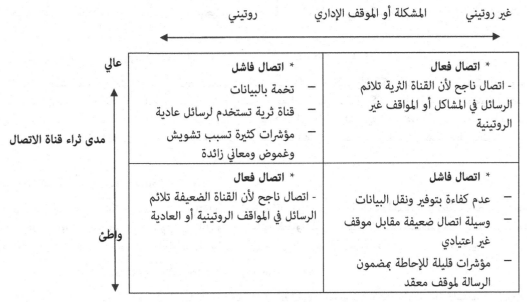

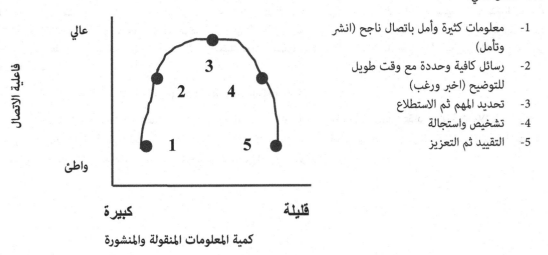

غير روتيني — المشكلة أو الموقف الإداري — روتيني

مدى ثراء قناة الاتصال (عالي — واطئ)

* **اتصال فعال** - اتصال ناجح لأن القناة الثرية تلائم الرسائل في المشاكل أو المواقف غير الروتينية	* **اتصال فاشل** – تخمة بالبيانات – قناة ثرية تستخدم لرسائل عادية – مؤشرات كثيرة تسبب تشويش وغموض ومعاني زائدة
* **اتصال فاشل** – عدم كفاءة بتوفير ونقل البيانات – وسيلة اتصال ضعيفة مقابل موقف غير اعتيادي – مؤشرات قليلة للإحاطة بمضمون الرسالة لموقف معقد	* **اتصال فعال** - اتصال ناجح لأن القناة الضعيفة تلائم الرسائل في المواقف الروتينية أو العادية

شكل (7-16): اختيار قناة الاتصال المناسبة

* استراتيجيات الاتصال Communication Strategies

لقد طور الباحث فيليب كلامبت Phillip Campitt نموذجاً للعلاقة بين فاعلية الاتصال وحجم المعلومات المنقولة من خلال قناة الاتصال. وبذلك تحددت خمسة استراتيجيات للاتصال يعتمد المدراء واحدة منها أو أكثر لتحقيق ما يصبون إليه وكما يعرض ذلك الشكل التالي:

1- معلومات كثيرة وأمل باتصال ناجح (انشر وتأمل)
2- رسائل كافية وحددة مع وقت طويل للتوضيح (اخبر ورغب)
3- تحديد المهم ثم الاستطلاع
4- تشخيص واستجالة
5- التقييد ثم التعزيز

شكل (8-16): استراتيجيات الاتصال

ولفهم الشكل أعلاه لا بد من توضيح للاستراتيجيات الخمسة المشار إليها والتي تحكم كل واحد منها منظوراً مختلفاً لعملية الاتصال.

1. استراتيجية انشر وتأمل (Spray and Pray Strategy)

لا تعتبر هذه الاستراتيجيات الفاعلة في الاتصال حيث الاعتقاد لدى المدير في ظلها بأن الكم الهائل من المعلومات الذي يتم إيصاله للمرؤوسين سيحقق اتصالاً ناجحاً، لكن الأمر لا يبدو بهذه الصيغة البسيطة حيث إن كثرة المعلومات تربك موضوع الاتصال وتجعل من مضمونه عاماً وليس محدداً بسبب انشغال المرؤوسين بهذه المعلومات غير المجدية التي تقيد الفهم الدقيق والصحي لمضمون ومعاني الاتصال الفعال. وفي سياق هذه الاستراتيجية لا توجد مقابلة ومطابقة صحيحة بين كمية المعلومات وفاعلية الاتصال.

2. استراتيجية أخبر ورغّب Tell & Sell Strategy

ضمن حدود هذه الاستراتيجية يقوم المدير بتقديم معلومات أقل من الاستراتيجية السابقة مستهدفاً تحقيق اتصال ناجح من خلالها. كذلك ترفد بتوضيح كافي لمحتوى الرسائل وموضوعاتها المطروحة في عملية الاتصال هذه. ومع ذلك فإن هذه الاستراتيجية يمكن اعتبارهاوسط من ناحية الكفاءة ولكنها لا تحقق أفضل ما تستهدفه عملية الاتصال من نجاح وفاعلية.

3. استراتيجية تحديد المهم ثم الاستطلاع Underscore and Explore Strategy

تعتبر أفضل أنواع الاستراتيجيات على اعتبار أن هناك أفضل تطابق ومواءمة بين كمية المعلومات المنشورة والمنقولة والمستوى العالي لفاعلية الاتصال. من جهة أخرى فإنه يمكن اعتبارها استراتيجية بمسارين حيث تتم في إطارها تقدير المرؤوسين إيجابياً وإفساح المجال الكافي من خلال استطلاع آرائهم في المعلومات المنقولة أثناء عملية الاتصال. إن وجود تغذية راجعة تعزز من كفاءة الاتصال وتشذب المعلومات بطريقة تجعل منها أكثر انسجاماً مع ما تستهدفه الإدارة من غايات.

4. استراتيجية التشخيص والاستجابة Identify and Reply Strategy

تقل كفاءة عملية الاتصال في ظل هذه الاستراتيجية بسبب تقليص كمية المعلومات المنشورة أو المرسلة. وهنا ينظر للعاملين ليس كمشاركين فاعلين فقط وإنما موجهين لعمليات الاتصال لأنه يفترض معرفتهم بالقضايا الأساسية التي يتم الحوار أو الاتصال بشأنها، وهم الذين يضعون قواعد الاتصال في حين أن المدراء يستجيبون للإشاعات والتلميحات الذين يروجونها بسب معرفتهم للمعلومات الأساسية. ونجاح هذه الاستراتيجية يتطلب مهارة إصغاء عالية من قبل المدراء لتشخيص المعلومات التي يعرفها العاملون.

5. استراتيجية التقييد ثم التعزيز Withhold and Uphold Strategy

في هذه الاستراتيجية يخبر المدير العاملين بما يعتقد أنهم بحاجة إليه وفقط عندما يعتقد أن الوقت ملائم لاخبارهم. والسرية والرقابة الصارمة على المعلومات هنا تعتبر من أهم الأمور باعتبار أن المعلومات هي مصدر القوة الأساس الذي لا يفترض أن يعطى للعاملين دون الحاجة إليه. وسبب قلة المعلومات والتحكم فيها ترافق هذه

الاستراتيجية إشاعات وأكاذيب في العديد من الموضوعات التي يقوم عليها الاتصال في المنظمة وبذلك تقل فاعلية الاتصال بشكل كبير.

وعادة ما تبحث الإدارة عن توليفة من هذه الاستراتيجيات تجعل من خلالها عملية الاتصال أكثر فاعلية في إطار المواقف المختلفة. وعادة ما تلجأ الإدارة في منظمة معينة إلى تفضيل نمط معين من هذه الاستراتيجيات وليس شرطاً أساسياً أن تكون هذه الاستراتيجية هي الأكثر فاعلية في الاتصال.

رابعاً: التفاوض Negotiation

كثيرة هي الحالات والمواقف التي يقع في إطارها وجود حوار بين طرفين أو أكثر في منظمات الأعمال وهذا الحوار يطلق عليه التفاوض Negotiation الذي هو عبارة عن عمليات صنع القرارات بشكل مشترك عندما يكون لدى الأطراف المعنيون تفضيلات مختلفة، والتفاوض هو الطريقة المؤدية إلى الوصول إلى إتفاق بين هذه الأطراف. وعادة ما يتفاوض الأفراد حول الأجور وظروف العمل وتقييم الأداء وجدولة العمل ومواقعه واعتبارات أخرى كثيرة. وعند فشل التفاوض فإن هناك احتمال كبير لحصول الصراع Conflict الذي هو عبارة عدم توافق حول قضايا أساسية تصل إلى حد العداء والخصومة.

* **التفاوض Negotiation**
عمليات لصناعة قرارات مشتركة بين أطراف داخلة في هذا الحوار ولديها تفضيلات مختلفة.

* **النزاع Conflict**
عدم توافق حول القضايا الأساسية يؤدي إلى عداء وخصومة.

* أهداف التفاوض ومداخله Negotiation Goals and Approaches

هناك نمطين رئيسيين من الأهداف لعملية التفاوض. الأولى يتعلق بالأهداف الأساسية المادية والثاني يخص العلاقات. فالأهداف المادية أو الحقيقية Substance Goals تتعلق بالنتائج أو المخرجات وترتبط بمحتوى المفاوضات. أما الأهداف الخاصة بالعلاقات Relationship Goals فهي الأهداف التي ترتبط بالعمليات وتركز على الطرق التي يعمل بها الأفراد مع بعض مستقبلاً. والتفاوض الفعال يحصل عندما تحل القضايا المتعلقة بالمحتوى وتدام العلاقات بين الأطراف المختلفة وتتحسن. وللتفاوض الفعال ثلاثة خصائص أساسية هي:

- **النوعية Quality**: وهي التفاوض بطريقة حكيمة وفعلية ترضي جميع الأطراف.
- **الكلفة Cost**: إن كفاءة الاتصال ترتبط باستخدام أقل الموارد وأقل وقت.
- **التناغم Harmony** : التفاوض بطريقة تعزز علاقات الأفراد ببعضهم البعض ودون اضرار بهذه العلاقات بأي صورة كانت.

إن المداخل المعتمدة من قبل الأطراف لها تأثير رئيسي على نتائج التفاوض فقد يتم اعتماد مدخل التفاوض التوزيعي Distributive Negotiation (Win-Lose) وفيه يتم التركيز على ادعاءات مختلف الأطراف بهدف الوصول إلى نتائج أو مخرجات مفضلة وهذا المدخل قائم على أساس تنافسي حيث أن الربح المتحقق لطرف معين لا يحصل إلا عند خسارة الطرف الآخر. وهنا فإن العلاقات يضحى بها عندما يركز كل طرف على مصالحه الذاتية. أما المدخل الآخر للتفاوض فهو التفاوض المبدئي أو التكاملي Integrative or Principaled Negotiation (Win-Win) وهو قائم على أساس الربح لكلا الطرفين المتفاوضين. وهنا يؤخذ بنظر الاعتبار محتوى التفاوض ولكن مصالح جميع الأطراف تؤخذ بنظر الاعتبار. وهنا تراعى إدعاءات كل الأطراف مع محاولة إيجاد السبل أو الطرق المناسبة لإرضائهم جميعاً أي لا توجد خسارة لأي طرف والعلاقات يجب أن يحتفظ بها مع تعزيزها أثناء الحوار.

*** التفاوض التوزيعي**
Distributive Negotiation
يركز على الربح والخسارة في التفاوض بين الأطراف بسبب اختلاف التفضيلات.

*** التفاوض المبدئي أو التكاملي**
Integrative or Principaled Negotiation
يقوم على أساس تحقيق الربح لكل الأطراف المتفاوضة بالوصول إلى حلول ترضي جميع الأطراف.

* الاتفاقات الشاملة Integrative Agreements

لغرض الوصول إلى اتفاق شامل حدد الباحثون أربعة قواعد للتفاوض هي:

1. فصل الأفراد وسماتهم الشخصية عن المشكلة المتفاوض بشأنها.
2. التركيز على المصالح وليس على المواقع الوظيفية.
3. توليد بدائل كثيرة قبل تقرير ماذا يجب عمله.
4. التأكد من أن النتائج تقوم على أساس معايير موضوعية.

إن السلوك الحسن والمعلومات الكافية الدقيقة تشكل أرضية أساسية للاتفاق الشامل Integrative Agreement. كذلك فإن الثقة والرغبة بالحوار وتقاسم المعلومات وطرح الأسئلة العقلانية على الطرف الآخر تساعد في الوصول إلى مثل هذه الاتفاقات. إن المعلومات تساعد في معرفة كل طرف ماذا يهمه وماذا يهم الطرف الآخر لذا يجب على كل الأطراف معرفة ما يسمى البديل الأفضل لاتفاق تفاوضي (BATNA) Best Alternative to a Negotiated Agreement، والتي تعني إجابة للسؤال: ماذا نعمل إذا لم نستطع التوصل إلى اتفاق؟ ويمكن أن تمثل فكرة التفاوض هذه من خلال الشكل التالي:

BATNA *
أفضل بديل لاتفاق تفاوضي

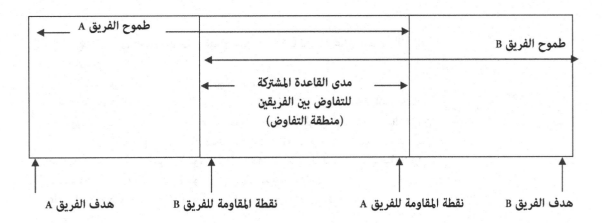

شكل (9-16): تحديد منطقة التفاوض المشتركة

ويمكن توضيح ذلك بمثال رقمي للتفاوض حول الأجور والذي غالباً ما تدور حولها مفاوضات طويلة بين العاملين ونقاباتهم من جانب والإدارة من جانب آخر. فلو فرضنا أن اتحاد العمال أبلغ الإدارة أنه يريد أن تكون الأجور الجديدة بواقع 15 وحدة نقدية في الساعة وهذا يمثل نقطة الهدف والطموح لفريق B الذي هو الاتحاد، لكنه مع ذلك يكون قد حدد هدفاً لا يمكن التنازل عنه ويمثل نقطة المقاومة للفريق B وهي 13.5 وحدة نقدية وهو أقل ما يمكن قبوله. أما الفريق المفاوض عن الإدارة (A) فلديه منظور مختلف حيث أن عرضه الأولي هو 12 وحدة نقدية الذي يمثل طموح وهدف الفريق A ولكن لديه حد أعلى يتحفظ على تجاوزه وهو 14 وحدة نقدية، لذا فإن منطقة التفاوض Bargaining Zone ستكون بين نقطة تحفظ الاتحاد التي لا يمكن أن يتنازل عنها ونقطة تحفظ الإدارة التي لا يمكن أن تقدم أكثر منها بأي حال من الأحوال.

* منطقة التفاوض
Bargaining Zone
هي المنطقة المحصورة بين التحفظ الأدنى للفريق الأول والتحفظ الأعلى للفريق الثاني.

* الوساطة والتحكيم وتجنب إشكالات التفاوض

Arbitration, Mediation and Negotiation Pitfalls Avoidance

إن عملية الحوار ليست بالسهلة بل كثراً ما تكون معقدة وعادة ما يصاحب التفاوض أربعة إشكالات أساسية:

* التحكيم Arbitration
تدخل طرف ثالث محايد لحل قضية معينة واتخاذ قرار لحل النزاع.

1. فهم عملية التفاوض والحوار بشأن قضية معينة على أن الربح لطرف معين يجب أن يبنى على أساس خسارة طرف آخر.
2. التصعيد غير المبرر وغير الرشيد للصراع، بحيث يتجسد الحوار

بمنظور أناني لأحد الأطراف ورغبة في تحقيق الرضا لنفسه على حساب الأطراف الأخرى.

3. الثقة المفرطة بالنفس وإهمال حاجات الطرف الآخر.
4. الإفراط في الحديث وطرح الأفكار والأسئلة للطرف الآخر دون سماع لآرائه وإجاباته.

* الوساطة
Mediation
تدخل طرف محايد لمساعدة الأطراف المتصارعة لتحسين الاتصالات والتفاوض لحل النزاع.

وفي حالات كثيرة يتم حل الصراعات وعدم الاتفاق عن طريق الوساطة Mediation من قبل أطراف أخرى. وهذه تعني تدخل طرف محايد لمساعدة الأطراف المتصارعة لتحسين الاتصالات والتفاوض لحل النزاع. والوسيط Mediator لا يصدر تعليمات ولا يتخذ قرارات لكنه يلعب دوراً بناءً في النقاش والحوار من خلال تقديم اقتراحات ليحرك الأطراف نحو الاتفاق. أما التحكيم Arbitration فهو تدخل طرف ثالث محايد حول قضية معينة ويتخذ قرار لحل النزاع.

أسئلة الفصل السادس عشر

* أسئلة عامة

1. عرف الاتصالات، ووضح معنى الاتصال الفاعل والاتصال الكفوء؟
2. ما أهمية الاتصالات ودورها في الإدارة الناجحة؟
3. ماذا يقصد بالإقناع والمصداقية في الاتصالات؟
4. استعرض مكونات عملية الاتصال مع رسم مبسط لها؟
5. استعرض بإيجاز أنواع الاتصالات على وفق مضمون الرسالة وعلى وفق اتجاهاتها؟
6. ما الفرق بين الاتصالات الرسمية والاتصالات غير الرسمية؟
7. وضح معنى شبكة اتصال الفريق موضحاً ذلك بالرسم؟
8. ما هي أهم عقبات الاتصال؟ وما هي أهم أساليب التغلب عليها؟
9. كيف يتم تحسين فاعلية الاتصال؟
10. وضح استراتيجيات الاتصال في ضوء نموذج فيليب كلامبت Phillip Clampit ؟

** أسئلة الرأي والتفكير

1. باعتبارك مدير في أحد أقسام شركة صناعية، وسمعت بأن هناك إشاعات حول قضية معينة تؤثر على الشركة، ما هي الوسائل التي ستعتمدها في معالجة هذا الموقف.
2. برأيك ما هي أفضل وسيلة اتصال لتعميم إجراءات عمل جديد في القسم الذي تعمل فيه، بحيث يطلع جميع العاملين على هذا الأمر؟
3. استعن بالشكل (4-16) وبين الطريقة الأفضل التي تحب أن يتصل بك رؤساؤك أثناء العمل، ولماذا؟
4. ما رأيك بالاتصال الذي يتم وجهاً لوجه في مكتب المدير، حيث يحضر بعض المراجعين ويجلسون لفترة قد تطول، وأثناء ذلك يتلقى المدير اتصالات هاتفية عديدة يرد عليها، حيث تحصل مقاطعة متكررة للحديث والحوار، هل تنصح المدير باستبدال أسلوب الاتصال، كيف ولماذا؟
5. تتحدث يومياً إلى كثير من الناس في جامعتك وفي السوق وفي المقاهي وغيرها من الأماكن، وتبدو على وجه محدثيك الكثير من التعبيرات والحركات الجسدية الأخرى والإشارات باليدين، هل تستطيع أن تتذكر بعضها مع توضيح مفهوم كل منها.

*** أسئلة الخيارات المتعددة

1. إن جعل أحد الأطراف داعماً ومؤيداً للرسالة التي تعرضها يسمى:

   A. مصداقية   B. اتصال كفوء   C. إقناع   D. اتصال فاعل

2. إن الصياغة الملموسة للمعنى أو الفكرة المراد إرسالها إلى المستلم هي:

   A. فك التشفير   B. قناة الاتصال   C. التغذية العكسية   D. الرسالة

3. إن النظرة الثابتة للشخص المقابل أثناء الحديث والوقوف باستقامة يعني:

   A. أريد أن أكون متعاوناً معك   B. أنا عصبي جداً

   C. أنا أفضل منك   D. أنا واثق من نفسي

4. إن أدلجة العاملين وتحفيزهم عادة هي من أنواع الاتصالات:

   A. غير الرسمية   B. الصاعدة   C. النازلة   D. الأفقية

5. إن الاتصالات غير الرسمية والتي تكون على شكل شبكة من شخص لآخر وتوجد في جميع المنظمات هي:

   A. الإدارة بالتجوال   B. الاتصالات العنقودية

   C. الشبكة المركزية   D. الاتصالات وجهاً لوجه

6. عندما يقوم المدير بزيارة العاملين في مكاتبهم والحديث إليهم وتوجيههم بإنجاز أعمالهم فإنه يمارس:

   A. الإنصات الفعال   B. الرسائل المختلطة

   C. التفاوض المباشر   D. الإدارة بالتجوال

7. رتب الأساليب التالية وفقاً لثراء قناة الاتصال (من قناة ثرية إلى قناة اقل ثراء):
   A- الهاتف، الرسائل والمذكرات، الاتصال وجهاً لوجه، التقارير الرسمية
   B- الاتصال وجهاً لوجه، الهاتف، الرسائل والمذكرات، التقارير الرسمية
   C- التقارير الرسمية، الاتصال وجهاً لوجه، الهاتف، الرسائل والمذكرات
   D- الهاتف، التقارير الرسمية، الرسائل والمذكرات، الاتصال وجهاً لوجه

8. عندما يعبر المدير عن عدم رضا عن الأداء أثناء الحديث ولكن تعابير وجهه تشير إلى غير ذلك فإن الرسالة هي:

   A. رسالة مختلطة   B. رسالة شفهية

   C. رسالة واضحة   D. رسالة ذات مصداقية

9. عندما يصغي إليك المدير جيداً أثناء الحديث فإن هذا الأمر:

A- يساعدك على قول ما تريد بالضبط

B- يحرجك ويربكك أثناء الحديث

C- يختلط عليك مضمون الرسالة التي تريد إرسالها

D- تتجنب إعطاء رسالة واضحة خوفاً من ردود الفعل

10. إن الحالات التالية تساعد في تنمية مهارة الإنصات عدا واحدة:

A. التوقف عن الحديث   B. توجيه النقد بأسلوب تدريجي

C. إثارة أسئلة لطلب توضيح   D. الإجابة بسرعة

11. عندما تكون قناة الاتصال ثرية والمشكلة المراد الاتصال بشأنها روتينية فإن الاتصال يكون :

A. فعال   B. فاشل   C. غير رسمي   D. كفوء

12. الآتي خصائص للتفاوض الفعال عدا:

A. نوعية راقية   B. كلفة مقبولة

C. تناغم   D. المراوغة وافتراض سوء نية المقابل

13. إن عدم التوافق حول القضايا الأساسية والذي يؤدي إلى خصومة هو::

A. تفاوض   B. نزاع   C. صراع تنظيمي   D. تحكيم

14. إن أفضل بديل لاتفاق تفاوضي يسمى:

A. BATNA   B. NAFTA   C. UNICEF   D. STEP

15. إن تدخل طرف ثالث محايد لحل قضية معينة واتخاذ قرار لحل النزاع يسمى:

A. وساطة   B. منطقة التفاوض   C. الحياد   D. التحكيم

مصادر الباب الخامس

* المصادر العربية :

1. بينيس، وارن، "القيادة الإدارية: آراء مجموعة من كبار المدراء التنفيـذيين"، ترجمـة هشـام عبـدالله، دار البشـير، عمـان، 1996.

2. جودة، محفوظ وآخرون، منظمات الأعمال: المفاهيم والوظائف"، دار وائل للنشر، عمان، 2004.

3. الشماع، خليل محمد حسن وحمود، خضير كاظم، "نظرية المنظمة"، الطبعة الثانية، دار المسيرة، عمان، 2005.

4. صدام، محمد، "الإدارة المعتمدة على القيم: اتجاه إداري حديث لمديري القرن الحـادي والعشريـن"، الإداري، العـدد 97، 2004.

5. طه، طارق، "إدارة الأعمال: منهج حديث معاصر"، دار الفكر الجامعي، الاسكندرية، 2007.

6. العامري، أحمد بن سالم، "القيادة التحويلية في المؤسسات العامة: دراسة استطلاعية لآراء الموظفين"، مركز البحوث، كلية العلوم الإدارية، جامعة الملك سعود، العدد 4، 2003.

7. عباس، سهيلة، "القيادة الابتكارية والأداء المتميز"، دار وائل للنشر، عمان، 2004.

8. العلاق، بشير، "أسس الإدارة الحديثة"، دار اليازوري، عمان، 1998.

9. القريوتي، محمد قاسم، "نظرية المنظمة والتنظيم"، الطبعة الثانية، دار وائل للنشر، عمان، 2006.

10. محمد، موفق حديد، "الإدارة العامة"، دار الشروق، عمان، 2000.

* المصادر الأجنبية:

11. Certo, Samuel C., "Modern Management", 9th Edition, Prentice-Hall, New Jersey, 2003.

12. Daft Richard. L.,"Management", 6th edition, Thomson, Ohio 2003.

13. Ferrell, O.C. and Geoffrey Hirt, "Business: A Changing World", McGraw-Hill, New York, 2003.

14. Griffin, Richy W. and Ronald J. Ebert, "Business", 8th Edition, Pearson Prentice-Hall, New Jersey, 2006.

15. Jones, Gareth R. and Jennifer M. George, "Contemporary Management", 3rd Edition, McGraw-Hill, Boston, 2003.

16. Jones, Gareth R., "Organizational Theory, Design and Change", 4th Edition, Pearson Education Inc., New York, 2004.

17. Kinicki, Angelo and Brain K. Williams, "Management: A Practical Introduction", McGraw-Hill, Boston, 2006.

18. Kreitner, Robert, "Management", 9th Edition, Houghton Mifflin Co., Boston, 2004.

19. KuratKo, Donald F. and Welsch, Harold P., "Strategic Entrepreneurial Growth", 2nd Edition, Thomson, Ohio, 2004.

20. O'Reilly C.A. and Pondy, L.R., Organizational Communication", in S. Kerr, Ed., Organizational Behavior, Columbus, Ohio, 1979.

21. Peter, T. and Austin N., "A Passion For Excellence: The Leadership Difference", Random House, New York, 1985.

22. Pfeffer, Jeffrey, "The Human Equation", Harvard Business School Press, Boston, 1998.

23. Shermerhorn, John S., "Management", 8th Edition, Willey & New Jersey, 2005.

24. Weihrich, Heins, "Management: A Global Perspective", 10th Edition, McGraw-Hill, New York, 1993.

25. Wren. Daniel, "The Evolution of Management Thought", 4th Edition, Wiley, New York, 1994.

الباب السادس

" وظائف المنظمة "

الباب السادس

وظائف المنظمة

مقدمة

إن منظمات الأعمال أياً كان نوعها صناعياً أم خدمياً فإنها وجدت لكي تنتج وبالطبع فإن إنتاجها من سلع أو خدمات لا بد وأن يسوق ويصل إلى المستهلكين عبر قنوات متعددة. إن وظيفتي الإنتاج والتسويق هما جوهر أعمال المنظمات. كذلك فإن اختيار وتدريب ومكافأة العاملين باختلاف اختصاصاتهم الإدارية والفنية لا بد وأن يتم وفق أسس علمية وأن تدار الأنشطة المرتبطة بها بأسلوب علمي يساعد في تحفيزهم لتقديم أفضل ما عندهم. كما أن تدبير الأموال وتحديد الأوجه السليمة لصرفها وتنميتها وإدارة الأنشطة المالية باختلاف أنواعها من قروض وتحصل ديون واعتمادات وغيرها تمثل وظيفة مهمة من وظائف المنظمة. وفي عالم اليوم فإن للمعلومات ونظمها دوراً مهماً في بقاء المنظمات واستمرارها كما أن البحث والتطوير وإدارة الأصول المعرفية والعلاقات العامة والأعمال الإلكترونية هي أنشطة يجب أن تتقنها منظمات الأعمال. إن هذا الباب مكرس لدراسة هذه الوظائف بشكل موجز. ولكن قبل هذه الانشطة المختلفة يتطلب الأمر توضيح أنواع المنظمات وأشكالها القانونية.

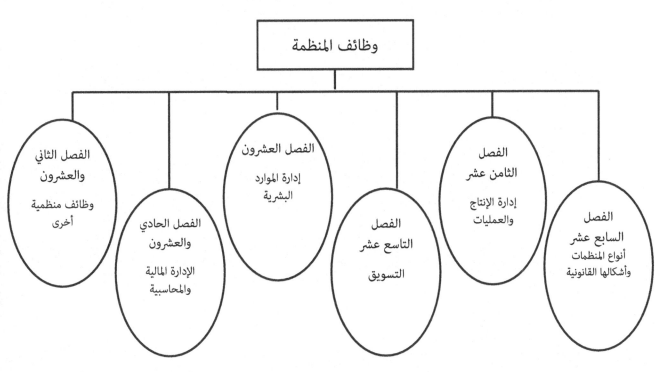

الفصل السابع عشر

المنظمات وأشكالها القانونية

الفصل السابع عشر

المنظمات وأشكالها القانونية

بعد دراستك لهذا الفصل تستطيع الإجابة على الأسئلة التالية:

1. ما المقصود بالمنظمة بشكل عام؟ ومنظمة الأعمال على وجه الخصوص؟
2. ما هي أنواع المنظمات وما أهميتها للمجتمع ؟
3. ما المقصود بالشكل القانوني لمنظمة الأعمال؟ وما هي العوامل المؤثرة فيه ؟
4. ما هي البدائل المختلفة للأشكال القانونية

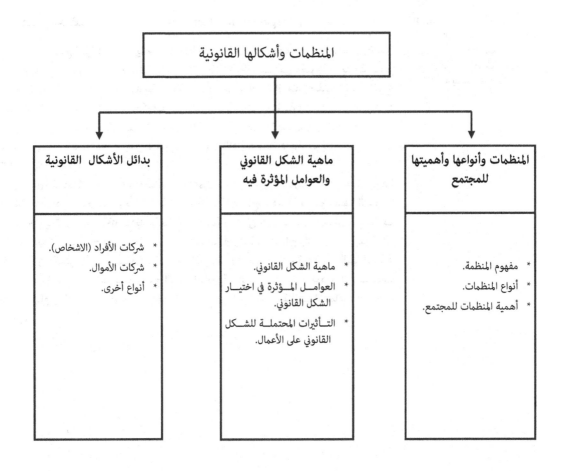

مقدمة الفصل السابع عشر:

ان منظمات الأعمال وتطورها وتقدم أساليب عملها يتوقف عليه إلى حد كبير تطور وتقدم المجتمعات والأمم. ويلاحظ أن هذه المنظمات توجد في قطاعات مختلفة وتغطي احتياجات عديدة متنوعة ومتغيرة باستمرار لكافة فئات وشرائح المجتمع. في هذا الفصل سيتم التطرق أولاً لهذه المنظمات وأنواعها وأهميتها، ليتم في فقرة ثانية التكلم عن الأشكال القانونية للمنظمات والعوامل المؤثرة فيه، وفي فقرة ثالثة وأخيرة سوف نستعرض أهم بدائل الأشكال القانونية المعروفة.

أولاً: المنظمات وأنواعها وأهميتها للمجتمع

Organizations, Types and Importance for Society

* مفهوم المنظمة **Organization Concept**

ان جميع الكيانات التي ينضوي في اطارها تجمع لأفراد يعملون مع بعض وضمن تقسيم واضح للعمل لانجاز أهداف محددة من خلال هيكل تنظيمي معروف ويتخذ طابع عملها الاستمرارية نطلق عليها منظمة. وهكذا فأن المنظمات كيانات وجدت بشتى أنواع المبادرات الفردية والجماعية والحكومية لكي تلبي احتياجات مختلفة لتسهيل حياة الأفراد والمجموعات. ان تطور عمل المنظمات مثل نقلة نوعية في حياة الإنسان، وان هذا الأمر جاء مستنداً إلى قدرة هذا الانسان على تطوير الممارسات الادارية واتخاذ قرارات بحكمة ومعرفة تتراكم باستمرار.

ان المنظمات بشكل عام ومنظمات الأعمال بشكل خاص قد درست بعناية باعتبارها كيانات اقتصادية تنتج سلع وخدمات لمختلف فئات المجتمع، وهكذا يحتم عليها الأمر ان تمارس فعاليات وأنشطة اقتصادية بكفاءة وفاعلية وبأعلى انتاجية ممكنة. ان الحسابات الاقتصادية تتطلب معرفة معمقة بآليات المنافسة وكلف الانتاج وأساليب الوصول إلى المستهلكين وكسب ولائهم باستمرار. ان هذه الكيانات الاقتصادية لا يمكن النظر اليها كأنظمة مغلقة، بل انظمة مفتوحة تتعامل مع البيئة الخارجية دائماً، كذلك يوجد داخل المنظمات ادوار ومهام وعلاقات تعاون وتنافس وصراع. ان دراسة المنظمات ككيانات اجتماعية اصبحت ضرورة

* المنظمة **Organization**
كيان يتشكل من أفراد يعملون مع بعضهم البعض في اطار تقسيم واضح للعمل للوصول إلى أهداف معينة وأن عمل المنظمة يتسم بالاستمرارية .

ملحة لتطوير عملها وتحسين قدرتها. ويتجسد في اطار هذه الكيانات الاجتماعية تواجد مختلف علاقات العمل بحيث يستطيع كل فرد ومجموعات الأفراد والوحدات الادارية العمل مع الآخرين لانجاز الأهداف المحدد لها والتي هي جزء من الأهداف الكلية للمنظمة ككيان اجتماعي اقتصادي. ومع التطور والتراكم المعرفي فقد تم دراسة المنظمة من منظورات مختلفة، ومنها اعتبار المنظمة كيان سياسي، حيث الصراع والتنافس بين الأفراد والمجموعات والادارات للأنشطة المختلفة المكونة للمنظمة.

واليوم ينظر للمنظمة بكونها كيان اقتصادي، اجتماعي، سياسي، معرفي ضروري لانجاز أهداف أطراف وأصحاب مصالح متعددين.

* أنواع المنظمات   Organization Types

ان المنظمات بشكل عام يمكن أن تختلف في الحجوم والملكية والأهداف والقطاع الذي تعمل فيه وطبيعة العمل وغيرها من الخصائص الأخرى. لكن ما يهمنا هو عرض أهم أنواع منظمات الأعمال كالآتي:

(1) منظمات الأعمال   Business Organizations

* منظمات الأعمال
Business Organization
منظمات يقيمها أفراد أو جماعات خاصة تمارس أنشطة اقتصادية مفيدة للمجتمع بهدف الحصول على أرباح .

ان منظمات الأعمال تمثل كيانات وجدت بفعل الممارسات الفردية أو الجماعية الخاصة، بمعنى أنها ليست حكومية تابعة للدولة، وهذه الكيانات تمارس أنشطة اقتصادية مفيدة للمجتمع وتهدف إلى تحقيق الأرباح. وهكذا فأن هذه المنظمات الخاصة تتمثل فيها الخصائص الآتية :

- تقام من قبل الأفراد بفعل الممارسات والمبادرات الريادية الشخصية وليس أفعال حكومات أو دول.

- مجال عملها الأساسي هو نشاط اقتصادي بمعنى أنها أعمال وليس ممارسات انسانية بعيدة عن تقديم سلع أو خدمات كما هو الحال في الأحزاب السياسية، والمؤسسات الدينية أو الاجتماعية غير الهادفة للربح.

- الربح هو الهدف الأساسي لها، انها كيانات تحاول الحصول على عوائد مالية تغطي تكاليف الممارسات المختلفة وتحقيق ارباح متصاعدة. أن هذه الكيانات لا تقدم خدمة عامة أو تحقيق منفعة خاصة فقط بل محاولة كسب حصة سوقية تزداد باستمرار لغرض تحقيق أرباح.

أن منظمات الأعمال اليوم تغطي كافة القطاعات الصناعية والخدمية والزراعية والمالية المصرفية وغيرها. ان الغرض الأساسي لمنظمات الأعمال اليوم هو تحقيق انجازات كبيرة على مختلف الاصعدة من خلال تقديم منتجات بنوعية جيدة ترضي الزبائن للوصول إلى حالة التميز من خلال استخدام الموارد بشتى الطرق والأساليب لتحقيق ميزات تنافس مستدامة وأداء عالي وبالتالي أرباح مقبولة.

* منظمات حكومية
State Organization
منظمات مختلفة تقيمها الدولة وتهدف من ورائها تحقيق العديد من الأهداف والغايات وتأخذ أشكال عديدة .

(2) منظمات حكومية State Organizations

وهذه تمثل كيانات تقيمها الدولة لتحقيق العديد من الأهداف يرتبط بعضها بخدمة الجمهور العام ويرتبط البعض الآخر بتقديم سلع وخدمات يحجم القطاع الخاص عن تقديمها لأسباب عديدة، وكذلك توجد منظمات دولة تنافس منظمات الأعمال في عملها.

في اطار المنظمات الحكومية يمكن أن نجد :

- **منظمات حكومية سيادية Public Organizations**

وهي منظمات تقيمها الدولة من مواردها وتقدم من خلالها الخدمات السيادية بالدرجة الأولى مثل خدمات الأمن والدفاع واصدار الوثائق الثبوتية وغيرها. ورغم أننا نطالب هذه المنظمات بالكفاءة والفاعلية لكن قياسات الكفاءة والأهداف المحددة لها ذات طبيعة خاصة بها.

- **المؤسسات الحكومية Public Enterprises**

وهذه منظمات عديدة ومتنوعة تأخذ أسماء وعناوين مختلفة بعضها ينتج السلع المشابهة لمنظمات الأعمال أو يقدم الخدمات لكي لا تكون محتكرة من الشركات والمنظمات التابعة للقطاع الخاص من قبيل خدمات النقل والكهرباء والمياة والموانئ والمطارات وغيرها.

وتوجد مؤسسات حكومية مثل الجمعيات الاستهلاكية المدنية والعسكرية والتي تخدم فئات وشرائح موظفي الدولة. ان بعض المؤسسات الحكومية هي شركات تنتج سلع مفيدة وضرورية للجمهور مثل المشتقات النفطية وغيرها.

* التعاونيات
Cooperatives
منظمات يقيمها مجموعات من الأفراد وتخدم الأهداف المشتركة لهم وليس تحقيق الأرباح.

(3) التعاونيات Cooperative Organizations

وهذه منظمات متنوعة تهدف إلى خدمة مجموعات من الأفراد في مجال معين. ان الفئات المكونة لها هي من يتحمل مسؤولية ايجادها وتمويلها وادارتها لصالح الأعضاء المشاركين فيها، لذلك لا يعتبر الربح الأساس في وجودها.

ان الأمثلة عديدة على هذه الجمعيات مثل جمعيات التسويق الزراعي والتعاونيات الخدمية وغيرها.

ان الأفراد يقيمون تعاونية يستفيدون هم منها وليس انتاج منتجات للبيع كما هو حال منظمات الأعمال. ان ادارة التعاونيات وطبيعة انشطتها تختلف عن الشركات الخاصة الهادفة للربح.

* المنظمة الدولية
International Organization
منظمة تقيمها الدول لغرض تحقيق مصالح الجميع من خلالها وتحمل تمويلها وتحديد صلاحياتها وسلطاتها بدقة وفق القانون الدولي.

(4) المنظمات الدولية International Organizations

وهذه منظمات عديدة بعضها ذات طابع عالمي، مثل الأمم المتحدة وبعضها اقليمية مثل جامعة الدول العربية ومنظمة الاوابك أو منظمة الاسيان والنفتا وغيرها. ان هذه المنظمات تقيمها الدول لغرض تحقيق أهداف مشتركة للجميع لا يمكن الوصول إلى هذه الأهداف دون التعاون وتقاسم التمويل لهذه المنظمات الدولية. ان الضرورة تقتضي من الدول قبول هذه المنظمات على أراضيها وكذلك التنازل عن بعض جوانب السيادة الفردية لقبول المنظمة الدولية. هكذا يتم تحديد سلطات وصلاحيات هذه المنظمات بدقة لمنع التجاوز ومعرفة مدى تأثر طبيعة عملها بالسياسات والقوانين الدولية.

* منظمة لا تهدف للربح
Not-Profit Organization
منظمة لا تهدف الربح وتقام لغرض خدمة اعضائها لذلك فأنها تحتاج إلى أساليب ادارية وقيادية تختلف على الأنواع الأخرى من المنظمات.

(5) منظمات المجتمع المدني والهيئات الخاصة غير الهادفة للربح

Not-Profit Organizations

هذا النمط من المنظمات لا تهدف الربح ولكن تقدم خدمات عديدة للجماهير. ان الاحزاب السياسية وجمعيات حماية المستهلك وحماية البيئة ومنظمة الشفافية الدولية ودور العبادة وغيرها هي أمثلة على منظمات المجتمع المدني. ان هذه المنظمات ليست منظمات حكومية وليست كذلك منظمات أعمال لانها لا تهدف الربح، انها تقدم خدمات للأعضاء لذلك فأنها تحتاج إلى أساليب ادارية قادرة على تحقيق أهدافها من خلال خصائصها الادارية المتميزة بها.

ومع وجود هذه الأنواع من المنظمات فأنها جميعاً تواجه اشكالية الرد على العديد من التحديات في مجال الادارة والتنظيم والقيادة. كذلك الاشكالات الاجتماعية والاخلاقية والقانونية التي يفرزها واقع التطور الاقتصادي والتكنولوجي والاجتماعي والسياسي والثقافي في البيئة المحيطة بهذه المنظمات. ان انحسار دور الدول وبروز ظاهرة الخصخصة واتساع دور القطاع الخاص تطلب عناية خاصة ذات أهمية كبيرة لمنظمات الأعمال.

أهمية المنظمات للمجتمع Organizations Importance for Society

ان العلاقة بين تطور الأعمال والمنظمات بشكل عام وتطور المجتمعات اصبحت معروفة، فلا يمكن تصور مجتمعات متطـــورة دون مــنظمات متطــورة ومــدارة بشــكل متميــز. وان التخلـف ظـــاهرة ترافــق المجتمعـــات التــي لا توجد فيها منظمات فاعلة وكفوءة، بل منظمات رديئة الأداء والتنافس ولا تهتم برضا الزبائن ومعايير الجودة الشاملة.

واذا ما أردنا ان نحدد بعض أوجه أهمية المنظمات للمجتمع من الممكن الإشارة إلى الآتي:

(1) تقديم السلع والخدمات اللازمة لاشباع حاجات الأفراد والمجموعات وتقليل الاعتماد على الاستيراد فقط. ان هذه السلع والخدمات ضرورية لبقاء الإنسان واستمراره وتسهيل جوانب الحياة المختلفة. ان كون الحاجات الإنسانية متزايدة ومتطورة ومتجددة فأن منظمات الأعمال تساهم في اشباع هذه الحاجات. ان المنظمات تضع صيغة للتعاون داخلها لتوحيد الجهود وتخصيص الموارد الضرورية لاشباع الحاجات.

(2) ايجاد فرص العمل لأفراد المجتمع، فلا يمكن تصور توزيع للثروة وتقليل مشاكل البطالة وما يرتبط بها من اشكالات اجتماعية دون وجود المنظمات. ان الحكومات والأعمال تتعاون اليوم لتوفير فرص عمل لابناء المجتمع وهذه تساهم في حل العديد من المشاكل التي لا تستطيع الدولة لوحدها ايجاد حلول جذرية لها.

(3) ان المنظمات ضرورية لقيام اقتصاد متطور ومجتمع حديث ينعم بالانجازات في المجالات المختلفة وخاصة في إطار التقدم التكنولوجي والعلمي. ان العديد من الانجازات العلمية اوجدتها المنظمات سواء في مجال الصحة والتعليم والفضاء والنقل والسكن وغيرها. ان جميع الانجازات الكبيرة والمهمة جاءت من خلال التعاون البناء بين المنظمات أو التنافس الشريف والموضوعي لغرض تقديم الاحسن والأفضل دائماً. هكذا تنفق المنظمات اليوم على الابحاث والتطوير وعلى مختلف المستويات النظرية والتطبيقية.

(4) ان الأعمال والمنظمات تشكل مصدر مهم للدخل في الدول المختلفة، ومما يلاحظ ان المنظمات الرائدة في العالم الصناعي تمثل ثروة قومية لا يستهان بها قياساً الى مصادر الدخل الأخرى لهذه الدول. ويكفي الاشارة الى بعض المنظمات والأعمال لمعرفة الدول التي تمثلها هذه المنظمات وتنافس باسمها.

(5) ان المنظمات والأعمال ضرورية لحماية المجتمع واقتصاده، هكذا تعتبر العديد من منظمات الدولة الراعي لمصالح المجتمع وحفظ الاستقرار والأمن فيه واشاعة الفضيلة ومحاربة الفساد والتهرب الضريبي والمتاجرة بالمحرمات. وكذلك تعمل منظمات الأعمال على تجديد الثروة وتطوير استخدام الموارد على اختلاف أنواعها.

ثانياً: ماهية الشكل القانوني والعوامل المؤثرة فيه

The Essence of Legal Forms and Influencing Factors

* ماهية الشكل القانوني The Essence of Legals Forms

ان تحديد نوع الملكية يقرر إلى حد بعيد اختيار الشكل القانوني عند بدء المنظمة بالعمل والترخيص باقامتها. ويمكن لهذا الشكل القانوني أن يُغير بعد ذلك لاسباب عديدة منها كبر حجم المنظمة وتوسعها ونموها واحتياجها إلى شكل قانوني آخر يلبي اكثر متطلبات ممارسة نشاطها. والشكل القانوني (Legal Form) يقصد به الاطار او الهيئة التي تتخذها المنظمة من الناحية القانونية عندما تحصل على الترخيص والاجازة اللازمة لممارسة انشطتها ووجودها الفعلي والرسمي. هكذا يتم تحديد الحقوق والواجبات "للمالكين" و "المنظمة" والعلاقة بينهما تصبح واضحة من الناحية القانونية.

*** الشكل القانوني**
Legal Form
هو الشكل او الهيئة التي تتخذها المنظمة من الناحية القانونية عندما تحصل على الترخيص وممارسة النشاط الفعلي الرسمي.

ان اختيار الشكل القانوني يمثل التصور المعتمد من قبل المالك أو المالكين أو المؤسسين للمنظمة للخصائص الأساسية لها متجسدة بالحقوق والالتزامات التي ترافق تكوين هذه المنظمة. كما ان هذا الاختيار يعطي الامكانية لادخال تعديلات أو تغييرات في هذا الشكل القانوني وفق اعتبارات الحاجة في توسع ونمو المنظمة أو انتشارها الجغرافي ودخولها الى بلدان واسواق جديدة. ان الضرورة تقتضي الدراسة المتأنية والدقيقة التي تتيح الاستفادة القصوى من هذا الشكل القانوني المعتمد .

ان التتابع المنطقي لنمو المنظمة من مشروع صغير الى عمل متوسط الحجم إلى شركة عملاقة كبيرة يعطي المبرر لتغيير الشكل القانوني. فإذا قرر فرد ريادي اقامة عمل صغير بشكل منظمة فردية ربما يجد من المناسب لاحقاً اشراك آخرين وجعلها شركة تضامن، واذا استمر النمو والتوسع فقد يصار إلى تحويلها الى شركة مساهمة عامة. كما أن العكس يمكن ان يحصل فقد يتم تغيير الشكل القانوني من شركة تضامن (مشاركة بين عدد كبير من الاعضاء) إلى شركة فردية نتيجة احتفاظ واحد فقط من الشركاء بهذه المنظمة وخروج الآخرين منها.

ان المنظمات وهي تقرر الشكل القانوني عليها ان تتعامل مع جوانب مهمة بالفحص والتحليل والمعرفة الدقيقة، مثل قواعد العمل والاجراءات الحكومية والتشريعات على صعيد المنطقة والدولة، القوانين المتخصصة بالناحية التنظيمية للأعمال في القطاع وغيرها من جوانب مهمة، خاصة اذا علمنا بوجود مزايا وعيوب ترافق جميع الأشكال القانونية للأعمال.

* العوامل المؤثرة في اختيار الشكل القانوني

Factors Influencing Choosing Legal Forms

ان وجود عوامل عديدة تؤثر على اختيار الشكل للمنظمات تطلب الأمر دراستها بعناية ودقة من قبل الفرد أو المالكين أو المؤسسين للأعمال لغرض تحديد دورها وأهميتها بالنسبة لهم وللمنظمة في وضعها الحالي وصورتها المستقبلية. وفي حالات عديدة يتم الاستعانة بمراكز البحوث والاستشارات المتخصصة لتعطي رأيها وتصورها قبل الاقدام على أختيار الشكل القانوني النهائي للمنظمة. وفي ضوء خبرتها وتجربتها يتم توجيه عناية المؤسسين أو المالكين لغرض مساعدتهم في هذا الخيار الاستراتيجي المهم واستناداً لهذه المؤشرات والعوامل ودورها المؤثر واذا ما أردنا ان نستعرض أهم تلك المؤثرات في اختيار الشكل القانوني للمنظمات فيمكن ذكر أهمها كالآتي:

(1) الرؤية والرسالة والأهداف الاستراتيجية ، يتأثر اختيار الشكل القانوني بالتوجيه الاستراتيجي الذي يروم المالك أو المالكين أو المؤسسين لهذه المنظمة، فاذا كان الأمر يتعلق بالمنافسة والأسواق وتحقيق عوائد مالية وأرباح يمكن احتجازها ليعاد استثمارها في المنظمة لغرض توسعها وتطويرها وزيادة نموها فأن اشكال قانونية معينة هي الأفضل لانجاز هذه الرؤية والأهداف. واذا كانت الرؤية تتمثل ببقاء العمل الصغير ضمن حجوم معينة رغم امكانية التوسع والنمو فأن اختيار الشكل القانوني يفترض ان يخدم هذا التوجه. كذلك اذا كانت المنظمة تروم تقديم خدمات تطوعية خيرية وانسانية فأن هناك أشكال قانونية مفضلة في هذه الحالة وهكذا.

(2) الرغبة لدى المالك أو المالكين أو المؤسسين في السيطرة على المنظمة وأسلوب وطرق ادارتها التي سوف تعتمد. فاذا رغب المالك المدير في ان تكون له سيطرة كبيرة وتحكم عالي في الادارة فقد تكون الشركة الفردية هي الشكل المفضل، اما اذا رغب بالتضحية بهذه السيطرة مقابل مساعدة الآخرين فقد يكون الأسلوب التشاركي (تضامن) هو الانسب وهكذا.

(3) هيكل الضرائب وكيفية الاستفادة منه وفق اعتبارات الشكل القانوني المعتمد في أغلب الدول تعطي القوانين الضريبية امتيازات وسماحات أو غير ذلك لبعض الأشكال القانونية لتسهيل اقامتها، وكذلك يلاحظ وجود اعفاءات ضريبية لتشجيع المستثمرين للدخول في قطاعات وأماكن وأشكال قانونية معينة. وفي الدول الصناعية المتقدمة يؤثر عامل الضرائب بشكل كبير على اختيار شكل الملكية، كما هو الحال في الولايات المتحدة الأمريكية، حيث الاستفادة من عدم حصول ازدواج ضريبي وكذلك الاستفادة من التسهيلات والاعفاءات لتشجيع قيام المؤسسات الفردية.

(4) المتطلبات المالية وحجم رأس المال المطلوب لقيام المنظمة، حيث تتاح امام بعض الأشكال القانونية فرص اكبر لتوفير الأموال كما هو الحال في الشركات المساهمة. واذا كان رأس المال محدود لدى فرد معين فربما المؤسسة الفردية هي الأنسب أو قد يتشارك آخرين للاستفادة من زيادة رأس المال هذا أو الحصول على خبرات هؤلاء المشاركين في مجالات معينة من العمل وبالتالي تكون الصيغة التضامنية هي الشكل القانوني المفضل.

(5) المخاطر المحتملة من العمل ودرجة تحمل المسؤولية من قبل المالك أو المالكين، ان بعض الأعمال تكون فيها المخاطر المالية عالية لذلك تستدعي ان تكون شركات مساهمة ولا يسمح القانون خلاف ذلك في العديد من الدول، مثل شركات الطيران وقطاع البنوك والتأمين والصناعات التحويلية، في حين تكون المخاطر اقل في مؤسسات تجارة التجزئة أو محلات الخياطة والورش لذلك يفضل ان تكون شركات فردية أو عائلية او بحدود معينة شركات تضامن. كما يلاحظ ايضا تأثر الشكل القانوني للأعمال بدرجة تحمل المسؤولية والوقت المتاح لدى المالك أو المالكين للعمل، فاذا كانت المسؤولية تجاه العمل والمنظمة مرتفعة وهناك رغبة لتكريس وقت اكبر لادارته كان الميل الى تكوين شركة فردية أما اذا كان العكس يكون الاتجاه الى الشركة المساهمة.

(6) الفترة التي يستغرقها العمل لاقامته ومدى الحاجة لاستمرارية المنظمة لآماد طويلة. ان الشركات المساهمة هي شركات أموال ذات عمر طويل وإجراءات تكوين وتأسيس اكثر تعقيد من شركات الأفراد، كما أنها تحتاج إلى فترة اطول لاقامتها. أما المنظمة الفردية فأنها سهلة التكوين وبسيطة الإجراءات وتحتاج لفترة اقصر ويؤمل لها العيش والاستمرار لآماد اقصر من الشركات المساهمة. فاذا رغب الفرد المؤسس الاستفادة بسرعة من العوائد وعدم الانتظار طويلاً لكي يتم استرداد رأس المال فأنه يصار إلى شكل الشركة الفردية.

(7) التدخل الحكومي والقوانين السائدة في البلد والتي تختص بتنظيم عمليات اقامة المنظمات على اختلاف قطاعاتها. ان قانون الأعمال والقانون التجاري وقوانين الاستثمار تحدد في الغالب اجراءات ومتطلبات للشكل القانوني الذي تعتمده المنظمة وفق اعتبارات عديدة بعضها لتشجيع الاستثمار أو تأمين حقوق الغير أو غيرها.

(8) طبيعة الأشكال القانونية السائدة في اقتصاد البلد، وهنا يحاول المؤسس أو المؤسسون للمنظمات تقليد ما موجود وناجح من الأعمال في السوق الوطني أو الاقليمي أو المحلي.

(9) خطط التتابع الاداري حيث التفكير بمستقبل المنظمة وامكانية نقل الملكية من الجيل المؤسس إلى الأجيال القادمة اللاحقة، او حتى التفكير في نقل الملكية لمشتري جديد. ان بعض الأشكال القانونية تمتاز بسهولة عملية تحويل الملكية وضمن إجراءات بسيطة واضحة على الأشكال الاخرى.

* التأثيرات المحتملة للأشكال القانونية على الأعمال

Legal Forms Influences on Business

يبدو أن للشكل القانوني للمنظمة أثر مهم على العديد من جوانب العمل والنشاط فيها، لذلك يعار هـذه الأهميـة الكبيرة. ان الأعمال الصغيرة ليست مجرد أعمال اصغر حجماً وتأثيراً من مثيلاتها الأعمال الكبيرة، وبذلك فأنها تـدار كـما لـو كانـت أعمال كبيرة ولكن بموارد ومستلزمات اقل. هكذا تتطلب الضرورة بناء الفريق الاداري، وحتى لـو كـان هـذا الفريق صغير جـداً ويتكون من المؤسس مع بعض الأفراد المهمين في الوظائف الأساسية.

ان الادارة الفاعلة والكفؤة تزود المنظمة بالأفكار الابداعية المتجددة وتستخدم المـوارد وفـق الاتجاهـات الصحيحة التـي تساعد على تحقيق الأهداف المعلنة من قبل المنظمة. هكذا يتطلب الأمر وخاصة في المنظمات الصغيرة عدم فقدان حالة التـوازن من خلال التركيز على نشاط واحد مهم واهمال الاخريـات التـي تبـدو أقل أهمية. ان مختلـف أوجـه العمل في المـنظمات تتـأثر بالشكل القانوني المعتمد، واذا ما أردنا الاشارة إلى بعض الجوانب المهمة في المنظمات التي تتأثر بالشكل القانوني نذكر الآتي:

(1) الهوية القانونية والاعتبار المعنوي وتجسيد شخصية المنظمة قباله شخصية المالك أو المالكين أو المؤسسين. ان وجود هوية واعتبار للمنظمة مستقلة او منفصلة عن المالك يعني ان المنظمة كيان اكثر استقرار وثبـات في الوجود وامكانية البقـاء. هكذا الحال في الشركات المساهمة حيث يستطيع المساهمون بيع اسهمهم أو شراء اسهم جديدة دون أن تتأثر المنظمـة بوجودها الفعلي بسرعة. أما المنظمات الفردية فلا وجود لانفصال بين مسؤولية المالك وكيان ومسؤولية المنظمة، هنا تكون اقل عمراً وأكثر تأثراً برغبات وتوجهات المالك.

(2) تتأثر آليات وأساليب وإجراءات التأسيس بالشكل القانوني الذي يتم اختياره. ففي المنظمات والشركات الفردية تكون هذه الإجراءات بسيطة وسهلة وسريعة في الغالب، وتكون هذه الإجراءات اكثر تعقيداً واكثر كلفة وتحتاج إلى وقت طويـل في حالة الشركات المساهمة.

(3) يؤثر الشكل القانوني على مدى التزام المنظمة في الافصاح والتعريف بالوضع المالي أو المحاسبي لها وفق إجراءات وقيـود معينة يتم مراقبتها من قبل الجهات المسؤولة في الدولة أو حتى جهات اقليميـة أو دولية. ان بعض الأشكال القانونيـة (الشركات المساهمة مثلاً) ملزمة بأن تعلن للجمهور، وبعض الجهات الأخرى في الصحف والمجلات العامة عـن الأربـاح والخسائر والميزانية العمومية وبعض مفردات الخطط وما يتطلبه القانون التجاري وقانون الأعمال والاستثمار ويمكن لمنظمات أخرى أن تكون غير ملزمة بمثل هذه الإجراءات.

(4) تتأثر الممارسات الادارية والتنظيمية ومدى تحديد وتقييد هذه الممارسات والمسؤوليات بالشكل القانوني المعتمد، حيـث نجد أن التعليمات والإجراءات قد تفرض تحديد الصيغة التنظيمية مـن قبـل المنظمـة. ومـن الطبيعـي ان تختلـف صيغ الادارة وآليات تطوير القرار وفق – ليس الناحية القانونية فقط – نوع المنظمة وشكلها القانوني واتسـاع أو ضـيق نطاق عملها، باعتبار ان التأثيرات والرقابة الخارجية هي أكبر على شركات الأموال منها على المـنظمات الفرديـة في عمليـة صناعة القرار.

(5) مدى الالتزام والمسؤولية المالية والقانونية التي يتحملها المالك أو المالكين. ان هذه المسؤوليات المالية تتحدد وفق الصيغة أو الشكل القانوني، ففي الشركات المساهمة تكون محددة بالأموال المستثمرة في هذه الشركات في حين ان المسؤوليـة تعـود حتى للممتلكات الشخصية اذا تعرض العمل الفردي لخسائر وضرورة تسديد الالتزامات اتجاه الأطراف الأخرى .

ثالثاً: بدائل الأشكال القانونية   The Legal Forms Types

عندما يرغب فرد أو مجموعة أفراد اقامة منظمة، فأن هناك مجموعة مـن بـدائل الملكيـة والشكل القـانوني الـذي يـتم اعتماده لاقامة المنظمة وممارسة النشاط. ان هذه البدائل يفترض ان تفحص بعناية لغرض اختيار الشكل القانوني الملائم والمناسب، حيث لا وجود لشكل قانوني خالي من العيوب والمساوئ. ان جميع هذه الأشكال القانونية يوجد فيها ميزات ومحاسن وكذلك عليها مأخذ ومساوئ .

ان ما يتاح أمام الفرد أو الأفراد المؤسسين للمنظمات مجمل الأشكال القانونية الممكنة، حيث يمكن ان توضع في اطار ثلاثة مجموعات، لاحظ الشكل (1-17).

(1) شركات الأفراد (الأشخاص) وهي منظمات فردية.

(2) شركات الأموال وهي في الغالب شركات مساهمة.

(3) أنواع أخرى من الأشكال القانونية تجمع خصائص كـلا النـوعين السـابقين مثـل شركـة الشخص الواحـد، شركـة التوصية البسيطة المحدودة (LLP) والشركة ذات المسؤولية المحدودة (LLC)

الشكل (1-17)
الأشكال القانونية الأساسية للأعمال (المنظمات)

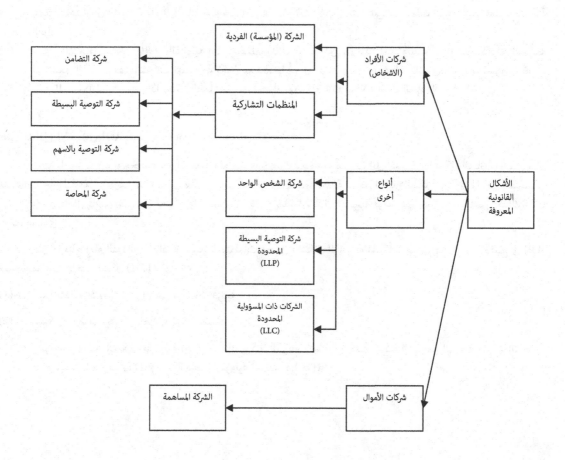

Private Ownership Companies   شركات الأفراد (الأشخاص) *

ان هذا الشكل القانوني هو المتعارف عليه منذ القديم، بل يمكن القول انه الشكل السائد قبل الثورة الصناعية والتقـدم الصناعي وازدهار منظمات الأعمال المتوسطة ثم الكبيرة بشكل شركات أموال مساهمة. وتمثل شركات الأفراد اليوم النسبة الأكبر من الأعمال الصغيرة في الدول الصناعية والنامية، وتأخذ هذه المنظمات مجموعة من الأشكال والأنواع بعضها مملوكة مـن قبـل شـخص واحد أو عائلة والبعض الآخر فيها تشارك بين اثنين أو اكثر من الأفراد بصيغ عديدة .
وبشكل عام فأن أهم خصائص هذه الأشكال القانونية من شركات الأفراد هي :

- ارتباط شخصية المالك أو المالكين بشخصية الشركة، حيث لا وجود منفصل للشركة كمنظمة قائمة بذاتها خارج الاطار المادي والمعنوي للمالك أو المالكين لها. ومن وجهة نظر قانونية فالمالكون هم شخص واحد يمثلون الشركة امام الغير دون تمييز.

- المسؤولية الكاملة Unlimited Liability للمالك أو المالكين عن الالتزامات اتجاه مختلف الأطراف الأخرى. ان المشاركين يعتبرون فرد واحد من الناحية القانونية وان الشركة هي ملك خاص لهم. هكذا يحصل المالك أو المالكون على كامل الأرباح فتكون المسؤولية مطلقة غير محدودة عن الالتزامات بمعنى استخدام كامل الثروة الشخصية لتسديد هذه الالتزامات للأطراف الأخرى. ولقد تم ايجاد معالجة جزئية لهذه الاشكالية من خلال شركة التوصية البسيطة وشركة التوصية بالأسهم.

* المسؤولية الكاملة
Unlimited Liability
تمتد مسؤولية المالك للتجاوز جزء الملكية في الشركة تجاه الأطراف الأخرى من خلال ثروته الشخصية.

- إجراءات تأسيس في الغالب بسيطة فلا وجود لإجراءات معقدة في أغلب الدول. ان الشخص الذي يستطيع ان يشتري أراضي وعقارات، يمكن ان يؤسس شركة فردية أو بالمشاركة مع أخرين وان الإجراءات بسيطة ومتقاربة في الحالتين.

أن أهم أنواع الشركات الشخصية أو شركات الأفراد ما يلي:

* الشركة الفردية
Sole Proprietorship
هي منظمة أو مؤسسة أو عمل مملوك من قبل شخص واحد.

(1) الشركة الفردية (الملكية الفردية) Sole Proprietorship

وهي منظمة أو عمل مملوك من قبل شخص واحد يمثل هذا النوع الشكل السائد من بين شركات الأشخاص أو الأفراد في أغلب الدول. ان المالك هنا يكون مسؤول بشكل كامل عن الديون تجاه الأطراف الأخرى ويتحمل المخاطر والالتزامات ويحصل لوحده على الأرباح. ان الشركة الفردية تحمل في العادة اسم المالك أو أي اسم أخر يتم اختياره ويسجل العنوان الشخصي للمالك كعنوان للشركة الفردية التي يفترض ان تسجل في السجل التجاري حيث تدون قيمة رأس المال ونوع النشاط الذي يتم مزاولته. ويلخص الشكل (2-17) أهم الميزات والمساوئ لهذا الشكل القانوني

شكل (17-2)

ميزات ومساوئ الشركات الفردية (المشروع الفردي، المؤسسة الفردية)

المزايا	المساوئ
• السرية.	• رأس المال محدود.
• ميزات فردية في الضرائب.	• صعوبة الحصول على ائتمان.
• الأرباح بالكامل تعود للمالك.	• ادارة غير مناسبة في أحيان عديدة ومهارات وقدرات محدودة للعاملين.
• الحرية النسبية للفعل والرقابة.	• المسؤولية غير المحدودة تجاه الغير.
• شكل سهل وبسيط لتنظيمه وتوجيه عملياته وانهائه.	• حياة محدودة بسبب ارتباط المنظمة بالمالك فهم واحد من الناحية القانونية.

* منظمة تشاركية
Partnership
كيان قانوني يقام من قبل شخصين أو اكثر باعتبارهم مالكين لهذا العمل لغرض تحقيق الأرباح ويأخذ الكيان صيغ متعددة.

(2) المشاركة أو التضامن Partnership

هنا تقام شركات أو منظمات تشاركية، أي شركات أفراد يملكها اكثر من شخص واحد. فقد يتفق شخصان أو أكثر على اقامة شركة (مؤسسة) برغبة التعاون الطوعي باعتبارهم مالكين معاً لهذه المؤسسة التي يودون اقامتها بسرعة تنسبية بعيداً عن متطلبات قانونية كثيرة لانشاء شركة مساهمة عامة. ويعرض الشكل (17-3) الميزات والمساوئ لمثل هذا الشكل القانوني للأعمال.

شكل (17-3)

ميزات ومساوئ شركات التضامن

الميزات	المساوئ
• سهولة التكوين والانشاء.	• حياة واستمرارية محدودة.
• تقاسم ثقل العمل والمسؤوليات.	• المسؤولية غير المحدودة للشركة عن التزاماتها.
• استخدام الأفكار والخطط لاكثر من فرد واحد.	• كل شريك مسؤول عن أفعال الشركاء الآخرين بشكل كامل.
• مهارات متخصصة متاحة من الأشخاص المشاركين.	• امكانية حصول خلاف وصراع بين الشركاء.
• توفير رؤوس أموال اكبر وقدرة في الحصول على ائتمان.	• موت أي شريك ينهي التضامن ووجود الشركة.
• الفوائد الضريبية	• فقدان الاستقلالية قياس للمنظمة الفردية.

وفي الأعمال التضامنية توجد عدة أنواع هي :

(أ) شركة التضامن العامة General Partnership

* شركة التضامن العامة
General Partnership
أعمال أو مؤسسات مهيكلة أو مبنية في اطار تقاسم المالكين لها للادارة والمخاطر بتضامن وضمان كامل.

وهي شركة أو مؤسسة افراد تضامنية يملكها اكثر من شخص واحد وهؤلاء الشركاء متضامنون أمام القانون ويعتبرون شخص واحد قبالة الالتزامات والديون الخارجية للأطراف المختلفة. ان مسؤولية هؤلاء المتضامنين غير محدودة وبالتالي فأن ثروتهم الشخصية هي امتداد لتسديد ديون الشركة. ولا يتم نقل حصص هؤلاء الشركاء لاخرين أو ورثة لكون هذا النوع من الأعمال يمثل شراكة باتفاق شخصي كامل. ولا يشترط أن تكون حصص الأعضاء في هذه الشركة التضامنية متساوية بل يمكن أن تكون مختلفة حسب الاتفاق بين الأعضاء. ورغم أن القوانين لا تحدد عدد الشركاء فأنه يسمح ان يصل عدد الأعضاء إلى (20) شخص، ولكن في الواقع ان العدد يكون أقل من ذلك في أغلب الشركات التضامنية لكون الزيادة في العدد تخلق اشكالات عديدة.

ان شركات التضامن تصلح للأعمال الصغيرة والتي تحتاج إلى رؤوس أموال يمكن ان يوفرها عدد محدود من الأعضاء أو تكامل الأموال مع المهارات والمعارف والتخصصات. لذلك نجد مكاتب المحاماة والتدقيق المحاسبي والعيادات الطبية ومذاخر الادوية والورش وغيرها من تجارة الجملة أو قطاع الخدمات تأخذ هذا الشكل القانوني للأعمال.

ويمكن ان تكون شركات التضامن

- شركات عائلية Family Business وهم أفراد عائلة متضامنون في العمل.
- شركات تضامن ريادية Entrepreneurial Partnership ، مثل الشركات التي تستثمر براءة الاختراع أو الأفكار الريادية والابداعية لدى الشباب، حيث التكامل بين الأموال والافكار الريادية.

ومع التطور الحاصل في الحياة المعاصرة والتقدم الاقتصادي وانتشار الأعمال نجد أن الشركاء يمكن أن يكون بعضهم معروف وظاهر (Ostensible) للأطراف الخارجية باعتباره المسؤول أو مدير العمل أو البعض غير ظاهر وغير معروف ويدعى شريك كامن (ساكن) (Dormant)

ان شركات التضامن العامة تضم نوع واحد من الشركاء وهم الشركاء الضامنون (General Partners) حيث يكون هؤلاء الأعضاء مسؤولون عن كامل الالتزامات التي على الشركة رجوعاً إلى ثروتهم الشخصية.

أن أهم أنواع الشركات الشخصية أو شركات الأفراد ما يلي:

(ب) شركة التوصية البسيطة   Limited Partnership

وهذه تماثل شركة التضامن العامة مع وجود نوعين من الشركاء المالكين .

النوع الأول أعضاء بمسؤوليات كاملة غير محدودة وهم الشركاء أو الشريك الضامن، والنوع الثاني هم الشركاء الموصون (Limited Partners) وهؤلاء تتحدد مسؤولياتهم بقدر مساهمتهم المالية فقط.

أن الأعضاء الضامنين هم من يدير اعمال الشركة ويتحمل المسؤولية كاملة، بينما الشركاء الموصون يوظفون أو يستثمرون أموالاً في الشركة وتكون مسؤولياتهم محدودة. ورغم أن القوانين لا تحدد عدد الشركاء في مثل هذا النوع من الملكية، الا انه يشترط لوجود هذا الشكل القانوني وجود شريك ضامن واحد على الأقل مع شريك موصي واحد على الاقل. وهذا النوع من الشركات يعالج بعض اشكالات التضامن العامة ويتيح الامكانية للاستفادة من حسناتها.

قد تحمل شركة التوصية البسيطة اسم أو اسماء بعض الشركاء الضامنون مقرونة بكلمة "وشركاءه". ولكون هذه الشركة هي شركة أشخاص فأن انسحاب أي من الشركاء الموصوف أو بيع حصته لآخرين يخضع لموافقة الشركاء المتضامنون.

(ج) شركة التوصية بالاسهم   Jain Stock Partnership

ان هذا النوع من الشركات أو المؤسسات هي أعمال تماثل أو تشبه شركات التوصية البسيطة في أغلب القضايا عدا كون حصص الشركاء مقسمة إلى أسهم وليس مبالغ مقطوعة. ان هذه الاسهم قد تكون صغيرة القيمة، وهكذا يستطيع الشركاء الموصون ان يساهموا بعدد من الاسهم ويمكنهم تداولها أو التنازل عنها دون الحاجة إلى أخذ الموافقات من باقي الشركاء.

(د) شركة المحاصة   Joint Venture

وهذه شركات افراد مؤقتة تنتهي بانتهاء العمل الذي اقيمت من أجله وقد تطول هذه الفترة أو تقصر. وهذا النوع من الشركات قد ينشأ في بعض الحالات باتفاق شفوي بين الشركاء أو بعقد مكتوب يحدد الواجبات والالتزامات. ويلاحظ

---

* شركة التوصية البسيطة

Limited Partnership

أعمال أو منظمات مهيكلة على أساس ان واحد أو اكثر من المالكين لدية مسؤولية محدودة بحدود ما اسهموا به من أموال ووجود مالك أو شريك واحد على الأقل كشريك ضامن مع مسؤوليات غير محدودة .

* شركة التوصية بالاسهم

Join Stock Partnership

هي شركة تضامن فيها حصص الشركاء مقسمة إلى أسهم وليس مبالغ مقطوعة كما في شركة التوصية البسيطة.

* شركة المحاصة

Joint Venture

تشارك يوجد لغرض انجاز أهداف محددة لذلك تكون هذه الشركة محدودة الفترة وتنتهي بانتهاء العمل أو انجاز الأهداف.

572

أيضا وجود هذا النوع من التشارك بين منظمات الأعمال، لكننا هنا نهتم بشركات التضامن محدودة الآجل (Partnership For a Term) .

ان التشارك يتطلب اتفاق قد يكون شفوي بين الأعضاء، ولكن يفضل وجود اتفاق او اتفاقية (Partnership Agreement) وهذه تمثل اتفاقية ببنود تؤشر بشكل واضح الحقوق والواجبات للشركاء. لذلك يطلق عليها البعض بنود الشراكة (Articles of Partnership)

*** اتفاقية الشراكة**
Partnership Agreement
وثائق ومستندات مكتوبة تحدد بوضوح الحقوق والواجبات (المسؤوليات) للشركاء في المؤسسة.

ان بنود الشراكة هذه تمثل عقد قانوني بين الأعضاء الشركاء في المؤسسة أو المنظمة يعرف ويحدد بشكل واضح الالتزامات ومسؤوليات المالكين للمؤسسة.

ويلاحظ في حالات معينة في المنظمات التشاركية انه قد يعطى أحد الشركاء ما يسمى Agency Power وهذه تمثل قابلية وامكانية تعطي لأي أحد من الشركاء بحيث يستطيع قانونياً أن يقيد ويحدد المشاركين الآخرين. وفي الغالب تعطي هذه الامكانية أو السلطة لاحد الشركاء الضامنون.

*** قوة وكالة للشريك**
Agency Power
قابلية احد الشركاء تقييد الشركاء الآخرين وبشكل قانوني شرعي.

* شركات الأموال Corporation

وهذه شركات مساهمة، تعتبر من أكثر أشكال الملكية القانونية تعقيداً مقارنة مع الأشكال الأخرى من شركات الأشخاص. والشركة هنا هي كيان ووجود قانوني اعتباري مستقل عن المساهمين، وبالتالي فأن هذه الشركات تقوم بتنفيذ اعمال والتعاقد ومقاضاة الأطراف الأخرى، وكذلك يمكن لهذا الغير من مقاضاة الشركة.

وفي العادة فأن التمويل الاولي في الشركة يتأتى من المساهمين (Stockholders) الذين يطلق عليهم حملة الأسهم. ويستطيع هؤلاء المساهمون التخلي عن الأسهم ببيعها إلى أطراف أخرى بسهولة ودون أي إجراءات كما في شركات الأشخاص.

*** الشركة المساهمة**
Corporation
أعمال مهيكلة وموجودة ككيان قانوني مستقل عن المساهمين الذين تتحدد مسؤولياتهم فقط بمساهماتهم المالية في الشركة.

ويمكن ان نذكر أهم خصائص هذا النوع من الشركات بالآتي:

- انفصال شخصية الشركة عن شخصية المساهمين (المالكين)، فهي كيان مستقل تتجمع لديه أموال أكبر من خلال تقسيم رأس المال إلى عدد كبير من الأسهم (Shares) يحمل كل منها قيمة أسمية مصرح بها، يتم شراؤها من المستثمرين. وتتداول هذه الاسهم في السوق المالي (البورصة) حيث البيع والشراء، وتأخذ هذه الأسهم قيمة سوقية تتحدد في ضوء قدرات وأداء وأرباح الشركة في الأسواق والمنافسة.

- المسؤولية المحدودة للمساهمين Limited Liability of Shareholders ، تنحصر مسؤولية المساهمين المالية بحدود قيمة الأسهم التي حصلوا عليها فقط، ويأمل هؤلاء المساهمون الحصول على أرباح مناسبة جراء هذا الاستثمار. ان هذه الخاصية تمكن الشركات المساهمة من جذب أموال اكبر لغرض النمو والتوسع، كما ان قدرتها في الحصول على قروض وائتمان عالية قياس للشركات الفردية أو شركات التضامن.
- إجراءات تأسيس في الغالب معقدة ومطولة، حيث تفرض أغلب الدول مجموعة من المتطلبات قبل قيام الشركة المساهمة وأخذ الترخيص لمزاولة الأعمال. ان هذا الأمر مرتبط بحفظ حقوق الجهات والأطراف المتعاملة مع الشركة، وكذلك حقوق هذه الأخيرة كشخصية قانونية قائمة بذاتها. هكذا نتوقع ان يكون عمر هذه الشركات طويل وتبقى ما دامت رابحة وتحصل على عوائد دون أن تتأثر بالمساهمة وحركة تداول الأسهم.

ويلخص الشكل (4-17) أهم المزايا والعيوب لشركات الأموال (المساهمة).

ورغم ان الشكل السائد في شركات الأموال هو الشركات المساهمة العامة، إلا انه يمكن ان تتباين أنواع هذه الشركات بين شركات مساهمة يتم تداول اسهمها بالسوق المالي لعموم الجمهور، وهناك شركات اكثر انغلاقاً حيث تداول الأسهم بين مجموعات محددة، وكذلك هناك شركات مساهمة محلية وأخرى أجنبية.

الشكل (4-17)

مزايا ومساوئ الشركات المساهمة العامة

المزايا	المساوئ
• المسؤولية المحدودة للمساهمين.	• تكاليف قانونية عالية للبدء وكذلك تكاليف التأسيس.
• القدرة على جذب اموال اكبر والحصول على قروض وائتمان أفضل.	• إجراءات معقدة لقيام الشركة.
• الاستمرار والديمومة وحياة أطول.	• الازدواج الضريبي.
• خبرات ادارية وكفاءات افضل وجذب عاملين جيدين.	• المساهمون قليلي الاهتمام بانشطة الشركة وعملياتها عدا الأرباح.
• امكانية تحويل الملكية.	• انخفاض الحافز بسبب انفصال الملكية عن الادارة.
• استقلال الادارة عن الملكية حيث المرونة العالية لادارة الشركة.	• تتعرض لتدخل حكومي أكبر.

وفي أغلب الدول تلتزم هذه الشركات بالكشف عن وضعها المالي وطبيعة انشطتها، حيث الحسابات الختامية والميزانية، التي تقدم لغرض الضرائب. ان الضرورة تقتضي اعلان هذه الجوانب في الصحف المحلية الرئيسية سنوياً، وكذلك خضوع انشطة هذه الشركات للرقابة الحكومية.

ان الشركات المساهمة تدار في العادة من قبل ادارة عليا يعينها مجلس الإدارة (Board of Directors) الذي يتم انتخابه من قبل الجمعية العامة للمساهمين. هذا يعني أن ادارة الشركة المساهمة يوجد فيها ثلاثة أطراف وهم حملة الأسهم يجتمعون دورياً (جمعية عامة) ثم مجلس الإدارة ويعتبر ممثل لحملة الأسهم واخيراً الادارة التنفيذية (Executive Management) التي يوجد على رأسها المدير التنفيذي للشركة (CEO) Chief Executive Officer . ويعتبر المدير التنفيذي ممثل الشركة في كافة المواقف المهمة حيث تقام الدعاوى على الشركة من خلاله نظراً لاستقلالية كينونة الشركة عن المساهمون.

ان الشركات المساهمة تمثل اليوم حجر الأساس في التقدم الاقتصادي والتكنولوجي ويتاح أمام هذه الشركات فرص أكبر للحصول على أموال طائلة نتيجة مساهمة اعداد كبيرة من الناس في شراء اسهم هذه الشركات، وتصدر هذه الشركات نوعين من الأسهم، العادية (Common Stocks) والأسهم الممتازة (Preferred Stocks) والتي تصدر بفئات عديدة. ان لكل نوع من الأسهم حقوق وتفضيلات يفصلها القانون من حيث الأرباح أو التسديد في حالة تصفية الشركة. كذلك تستطيع هذه الشركات الحصول على أموال للنمو والتوسع من خلال اصدار السندات (Bonds) وعرضها في السوق المالي وهذه أيضاً قابلة للتداول .

* أنواع أخرى للأشكال القانونية   Other Legal Forms

ان هذه الأنواع الأخرى من الملكية والأشكال القانونية أوجدها المُشرِّع للرد على متطلبات واقعية اوجدتها طبيعة احتياجات المساهمين والمالكين والظروف الاقتصادية والتنافسية. ورغم ان العديد من هذه الأشكال قد لا يكون لها وجود فعلي في دولنا إلا أنها موجودة في الاقتصاديات الصناعية. ان الاطار العملي الذي يحكم وجود هذه الأنواع هو الاستفادة من ميزات شركات الأشخاص من جانب، مثل الاعفاءات الضريبية وسهولة التكوين وكذلك الميزات لشركات الأموال، مثل المسؤولية المحدودة، ونقل الملكية وتحويلها وزيادة امكانية استمرار الشركة من جانب آخر. لذلك فأنها شركات هجينة محصورة بين شركات الأفراد وشركات الأموال لتجاوز بعض العيوب المهمة لكلا النوعين والاستفادة من ميزات يرى المالكون والمستثمرون انها مهمة، ومن أهم تلك الأنواع الآتي:

<table>
<tr><td>

* شركة الشخص الواحد
One Person Owned Company
شركـة يقيمهـا ويملكهـا فـرد واحد للاسـتفادة مـن الأربـاح ويتحمـل مسـؤولية محـدودة بقـدر الأمـوال المستثمرة فيها.

</td><td>

(أ) شركة الشخص الواحد   One Person Owned Company

ان هذه الشركة هي ذات مسؤولية محدودة يقيمها ويملكها فرد واحد. هنا يأتي هذا الفرد بالمال اللازم لاقامة الشركة وتكون مسؤوليته محدودة بالأموال التي استثمرها في هذه الشركة. ويمكن للأشخاص الطبيعيين او المعنويين تأسيس واقامة مثل هذا النوع من الشركات للاستفادة من الأرباح دون شركاء آخرين. ان هذا النوع من الشركات قد استفاد من تحديد المسؤولية كما هو الحال لشركات الأموال وكذلك من الضرائب والاعفاءات الضريبية وسهولة التكوين كما هو حال

</td></tr>
</table>

شركات الأفراد. وقد عرفت المانيا قبل غيرها هذا النوع من الشركات، كما هو الحال ايضاً بالنسبة إلى شركات المسؤولية المحدودة.

(ب) شركة التوصية البسيطة المحدودة

Limited Liability Partnership (L.L.P)

هذا النوع من الشركات يشابه شركات التوصية البسيطة ما عدا كون كافة الشركاء هم موصون ولا يوجد ضامن فيها. ان هذا الأمر يجعل الشركة ذات مسؤولية محدودة، بمعنى أن كل موصي (شريك) يتحمل مسؤولية بقدر حصته من رأس المال ولا يتم العودة إلى ثروته الشخصية الأخرى لتسديد الالتزامات اتجاه الأطراف الدائنة. وهنا فأن هذه الشركة تماثل شركة الأموال في تحديد المسؤولية من جهة وكذلك تجمع مزايا شركة التضامن فيما يخص الضرائب من جهة أخرى، حيث تكون الضرائب على الدخل وليس على مستويات الأرباح المتحققة. ويلاحظ ان هذا النوع من الشركات جاء ليلبي متطلبات تكوين شركات متوسطة الحجم تجمع فيها رؤوس أموال كافية وتؤمن للمشارك (الموصي) مسؤولية في اطار المبلغ الذي كرس لهذه الشركة، ويستفيد أيضاً من الاعفاءات الضريبية وسهولة تكون الشركة ونقل ملكية الموصي بسهولة من جانب أخر.

*** شركة التوصية البسيطة المحدودة**
Limited Liability Partnership
شركة يكون فيها جميع الشركاء من الموصين، وبذلك تجمع بين المسؤولية المحدودة والاستفادة من مزايا الضرائب.

(ج) الشركة ذات المسؤولية المحدودة

Limited Liability Company (L.L.C)

ان هذه الشركة هي شكل خاص من الأعمال، لكونها تجمع بعض خصائص شركات الأفراد وكذلك الشركات المساهمة العامة. لذلك فأنها نوع هجين من الشركات فيما يخص شخصية الشركة، فهي شركة أفراد، لكون الشركاء يتفقون فيما بينهم على اقامة الشركة وتكون اسمائهم مسجلة قانوناً ولكن الملكية تكون على شكل أسهم يمكن تداولها والتصرف بها دون الحاجة لحل الشركة واعادة تأسيسها .

*** الشركة ذات المسؤولية المحدودة**
Limited Liability Company
شركة يكون فيها المساهمون محدودي المسؤولية ولكنهم يدفعون ضرائب على الدخل من الأرباح المتحققة كما لو كانت شركة تضامن. وكذلك لا يحق لغير الأشخاص الطبيعيين المساهمة في هذه الشركة.

وقد تحدد بعض الدول بقانون عدد الشركاء بما لا يقل عن أثنين ولا يزيد عن خمسين شخص. كذلك قد يتم تحديد رأس المال لهذه الشركات بمبالغ معينة كما هو الحال في الأردن أو يتم تحديد نوع النشاط فلا يسمح باقامة شركات ذات مسؤولية محدودة في قطاع البنوك مثلاً .

ونظراً لمزايا هذا النوع من الشركات فقد تطورت كثيراً واصبحت سريعة الانتشار في العديد من القطاعات كما هو الحال في الولايات المتحدة الأمريكية، حيث الاستفادة من الضرائب في العديد من الولايات.

وفي العادة يتم ادارة هذه الشركات من قبل واحد أو اكثر من المالكين المساهمين كمدير رئيسي للشركة أو يتم الاستعانة بادارة تخصصية في أحيان أخرى. وان القوانين لا تلزم في أغلب الأحيان اعلان حسابات وخطط الشركة، كما لا يتم تداول اسهمها بالسوق المالي.

ان الفصل الجزئي للملكية عن الادارة يساهم في استمرارية عمل الشركة بشكل أفضل من شركات الأفراد، وهكذا نجد هذا النوع من الشركات اليوم في قطاعات الصحة والتعليم والصناعة والسياحة وغيرها.

ومن أهم مساوئ هذه الشركات هو تحديد درجة المشاركة، حيث الأفراد حملة الأسهم محدودي العدد وان اجراءات قانونية عديدة تقيد زيادة عددهم.

وبعد هذا الاستعراض للأشكال القانونية ونوع الملكية، فأنه يمكن القول أن اختيار الشكل القانوني يعتمد على فحص العديد من المؤشرات والموازنة بينها لغرض معرفة المزايا والمساوئ لكل نوع واختيار ما هو مناسب منها للأعمال. وقد قدمت مؤسسة إدارة الأعمال الصغيرة الأمريكية (SBA) قائمة فحص يتم بموجبها تقييم مختلف الأشكال القانونية للمنظمات لغرض اختيار الأفضل والمناسب منها.

ويعرض الشكل (5-17) مؤشرات هذه القائمة

شكل (5-17) **قائمة فحص وتقويم لمختلف الأشكال القانونية للأعمال**
• تحت أي اطار وشكل قانوني تمارس المنظمة عملها الآن؟ • ما هي المخاطر الرئيسية التي تواجهها المنظمة؟ • هل ان الشكل القانوني المعتمد من قبل المنظمة يوفر حماية مناسبة لها من هذه المخاطر؟ • هل تقوم المنظمة بتوفير حماية اضافية لشكلها القانوني من خلال تأمين لمسؤولياتها والتزاماتها العامة؟ • هل ان المسؤولية غير المحدودة تمثل مشكلة حقيقية مهمة للمنظمة؟ • هل الشكل الحالي يحدد ويقيد الاحتياجات المالية بأي هيئة كانت ؟ • ما هي نسبة وقوع أو حدوث أي من المخاطر الأساسية والرئيسية للمنظمة؟ • هل يمكن الحصول على امتيازات ضريبية من خلال تغيير الشكل القانوني للمنظمة ؟ • هل تم الأخذ في الاعتبار الامتيازات في الادارة المرتبطة بكل شكل من الأشكال القانونية؟ • هل اعيرت أهمية خاصة للأشكال القانونية الأخرى الخاصة وما هي الفوائد التي يمكن الحصول عليها؟ • هل ان المنظمة تستخدم جميع ما يعطيه الشكل القانوني الحالي من مميزات.

لقد تم تلخيص أهم الأشكال القانونية وبما يتيح اجراء المقارنة بين بعضها البعض وفق مجموعة من الابعاد، ويعرض الشكل (6-17) ذلك .

الشكل (6-17)

مقارنة بين الأشكال القانونية الأساسية وفق مجموعة من الابعاد

الابعاد / الشكل القانوني	متطلبات التأسيس والكلف	مسؤولية المالكين	استمرارية الأعمال	نقل وتحويل الملكية	الرقابة على الادارة	القدرة على جذب رؤوس الأموال	الضرائب على الدخل
فردي	ادنى متطلبات ولا تؤخذ اجور تسجيل وبدون ملء استمارات كثيرة.	مسؤولية غير محدودة.	تصفى حال وفاة المالك (حياة اقصر)	ممكن نقل ملكية الشركة كأسم أو موجودات بصعوبة.	حرية الادارة كاملة.	محصورة بالأموال الشخصية للمالك.	تفرض ضرائب شخصية على المالك حتى على الدخل المتأتي من الأعمال الفردية .
تضامن (مشاركة)	أقل متطلبات ولا تؤخذ أجور تسجيل وملء استمارات اتفاقية مشاركة لا تشكل مطلب قانوني لكنها ضرورية.	مسؤولية غير محدودة.	اذا لم تشير اتفاقية المشاركة إلى غير ذلك فان التصفية للشركة في حالة الانسحاب او الوفاة للشريك تكون واجبة.	يتطلب موافقة وقبول جميع المشاركين.	تصويت غالبية الشركاء لغرض الرقابة.	محصورة بقابليات الشركاء ورغباتهم للمساهمة برؤوس أموال.	ضرائب شخصية على الشركاء للدخل المتأتي من الشركة (فردية)
مساهمة	اكثر كلفة ومتطلبات كثيرة واذعان للعديد من التشريعات.	المسؤولية محدودة بما تم استثماره في الشركة.	استمرارية الشركة لا تتأثر بوفاة أو انسحاب المساهم (حياة اطول)	سهلة التحويل من خلال نقل وتحويل الأسهم.	المساهمون لهم الرقابة النهائية ولكن مجلس الادارة يراقب سياسات الشركة.	غالباً الشكل الأكثر جاذبية لرفع رؤوس الأموال.	الضرائب على مدخولات الشركة وتفرض على المساهمين ضرائب اذا تحققت ووزعت عليهم ارباح (ازدواج)
الشكل القانوني المفضل	**فردي أو تضامن**	**المساهمة**	**المساهمة**	**تعتمد على الظروف والحالات**	**تعتمد على الظروف والحالات**	**المساهمة**	**تعتمد على الظروف**

أسئلة الفصل السابع عشر

* أسئلة عامة

1. عرف المنظمة بشكل عام ومنظمة الأعمال بشكل خاص .
2. ما أهمية المنظمات للمجتمع؟
3. اذكر أهم أنواع المنظمات في الاقتصاديات المعاصرة.
4. ماذا يقصد بالشكل القانوني للأعمال؟
5. ما هي أهم العوامل المؤثرة في اختيار الشكل القانوني؟
6. هل توجد تأثيرات للشكل القانوني على طبيعة عمل المنظمات؟
7. اذكر أهم البدائل الممكنة للأشكال القانونية للمنظمات.
8. حدد مزايا وعيوب المنظمات الفردية.
9. اذكر أهم مزايا وعيوب الشركات المساهمة (شركات الأموال).
10. عدد بعض مزايا وعيوب شركات التضامن.

** أسئلة الرأي والتفكير

1. يوجد العديد من المنظمات في المدينة التي تسكن فيها، اذكر أسماء ما امكنك من هذه الأعمال ثم حدد الشكل القانوني لكل منها؟ علق على ذلك بعد تحديد طبيعة وحجم كل منظمة.
2. هل يمكنك تطوير استبيان من (20) سؤال تقدمه إلى مجموعة من اصحاب الأعمال تستهدف فيه معرفة الفوائد والمحددات التي يفرضها الشكل القانوني المعتمد؟ قم بتحليل أولي لنتائج هذا الاستبيان.
3. في تقديرك أين تكمن الفوائد والمزايا التي نحصل عليها من اختيار بعض أنواع الأشكال القانونية الهجينة من شركات الأفراد وشركات الأموال؟
4. في اطار قائمة الفحص والتقويم المذكورة في الشكل (5-17) خذ منظمة أعمال معروفة واجر لها هذا التقييم وعلق عليه.
5. هل يمكن أن تضيف أبعاد أخرى لمقارنة الأشكال القانونية الأساسية ما ذكر بالشكل (6-17)؟

*** أسئلة الخيارات المتعددة

1. **تسمى المنظمات التي يقيمها الأفراد أو المجموعات لتمارس أنشطة اقتصادية مفيدة للمجتمع وتهدف الى تحقيق الربح :**

A. التعاونيات
B. منظمات الأعمال
C. منظمات حكومية
D. منظمات دولية

2. **جميع الأعمال والمنظمات ادناه تكون فيها المسؤولية محدودة ما عدا واحدة هي:**

A. شركة الشخص الواحد
B. المؤسسة الفردية
C. الشركة المساهمة العامة
D. الشركة ذات المسؤولية المحدودة

3. **جميع الآتي هي شركات أفراد عدا واحدة هي :**

A. شركة المحاصة
B. شركة التوصية البسيطة
C. شركة الشخص الواحد
D. المؤسسة الفردية

4. **ان احتمال خسارة المالك اكثر مما استثمره في المنظمة أو العمل يسمى:**

A. المسؤولية الكاملة
B. المسؤولية الادارية
C. المسؤولية المحدودة
D. المسؤولية القانونية

5. **تسمى قابلية أحد الشركاء في تقييد الشركاء الآخرين بشكل قانوني وشرعي:**

A. التزام الشريك
B. شركة المحاصة
C. مسؤولية الشريك
D. قوة وكالة الشريك

6. **جميع الآتي هي مزايا للشركات المساهمة العامة ما عدا واحدة هي :**

A. المسؤولية المحدودة للمساهمين
B. الاستمرارية والديمومة
C. الازدواج الضريبي
D. امكانية تحويل الملكية

7. **جميع الآتي هي مساوئ للشركات الفردية عدا واحدة هي :**

A. محدودية رأس المال
B. شكل بسيط لتنظيمه وتوجيهه وانهائه
C. صعوبة الحصول على ائتمان
D. المسؤولية غير المحدودة اتجاه الغير

8. **شركة فيها جميع الشركاء من الموصين وبذلك تجمع بين المسؤولية المحدودة والاستفادة من مزايا الضرائب :**

A. شركة التوصية بالاسهم
B. الشركة المساهمة
C. شركة التوصية البسيطة المحدودة (L.L.P)
D. شركة التوصية البسيطة

9. جميع الآتي هي مساوئ لشركات التضامن ما عدا واحدة هي :

A. حياة واستمرارية محدودة

B. فقدان الاستقلالية قياساً بالمؤسسة الفردية

C. خلاف بين الشركاء

D. المزايا الضريبية

10. ان التشارك الذي يوجد لغرض انجاز أهداف محدودة ومحددة وبالتالي فأنه محدود الفترة، وهكذا ينتهي بنهاية الفترة أو تحقيق الأهداف هو :

A. المؤسسة الفردية

B. شركة المحاصة

C. منظمة مجتمع مدني

D. شركة التضامن

11. ان اختصار الـ (CEO) يشير إلى :

A. مراقب العمل

B. رئيس مجلس الأمناء

C. مدير التسويق

D. المدير التنفيذي الأعلى (المدير العام)

12. من بين الأشكال القانونية التالية حدد من لديه قابلية أكبر على جذب رؤوس الأموال:

A. المساهمة

B. الفردية

C. التضامنية

D. شركة الفرد الواحد

13. يقصد بالازدواج الضريبي :

A. تدفع الضرائب من الأرباح

B. تدفع الضرائب من الدخل

C. تدفع الضرائب من الأرباح ثم من الدخل

D. لا تدفع الضرائب

14. جميع الآتي هي فوائد يحصل عليها المجتمع من المنظمات ما عدا :

A. الأرباح

B. ايجاد فرص عمل

C. تقديم سلع وخدمات ضرورية

D. مصدر مهم للدخل

15. حدد الترتيب الصحيح (تصاعدياً) لمتطلبات التأسيس والكلف للأشكال القانونية ادناه:

A. تضامن، فردية، مساهمة

B. فردية، تضامن، مساهمة

C. مساهمة، فردية، تضامن

D. مساهمة، تضامن، فردية

الفصل الثامن عشر

إدارة الإنتاج والعمليات

الفصل الثامن عشر

إدارة الإنتاج والعمليات

بعد دراستك لهذا الفصل تستطيع الإجابة على الأسئلة التالية:

1. ما المقصود بإدارة الإنتاج والعمليات؟ وما أهميتها؟
2. ما هي الأنشطة التخطيطية المتعلقة بالإنتاج؟
3. ما هي أهم الأنشطة الرقابية في إدارة الإنتاج والعمليات؟
4. ما المقصود بالإنتاجية؟ وكيف يمكن قياسها؟
5. ما معنى إعادة هندسة العملية؟ وما المقصود بالزبونة؟

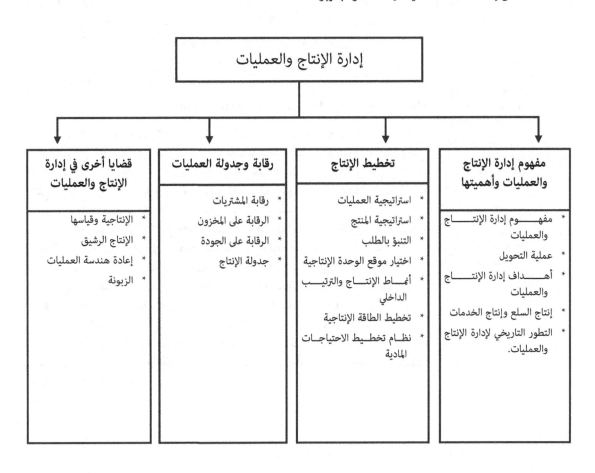

مقدمة الفصل الثامن عشر:

إن منظمات الأعمال وجدت لكي تنتج سلعة أو خدمة ترى أنها مطلوبة من قبل شرائح معينة في المجتمع أو من قبل المجتمع بأكمله ولها القدرة على تقديم هذا المنتج بشكل يتقبله المجتمع وتحقق هي ربحاً معقولاً منه. ولغرض قيام المنظمة بهذا الأمر فإنه من المفروض إنجاز مجموعة كبيرة من الأنشطة تبدأ بتوفير المواد الأولية وتخزينها ثم سحبها إلى خطوط الإنتاج لتحويلها إلى سلع تقدم للمجتمع من خلال العمليات التسويقية المختلفة. وسنركز في هذا الفصل على جميع الأنشطة المرتبطة بإدارة الإنتاج والعمليات في المنظمة.

أولاً: مفهوم إدارة الإنتاج والعمليات وأهميتها

Operations & Production Management and Its Importance

لقد شهد مفهوم إدارة الإنتاج والعمليات تطوراً كبيراً خلال العقود الماضية وبرز كحقل معرفي في إدارة الأعمال بشكل واضح وأصبح فيه الكثير من التخصصات الفرعية. وكذلك تأسست ضمن هذا المجال الكثير من الجمعيات العلمية وافتتحت الكثير من الأقسام العلمية في الجامعات وأصدرت عشرات الدوريات الخاصة به. في هذه الفقرة سنتطرق إلى مفهوم إدارة الإنتاج والعمليات وأهميتها ثم التطور التاريخي لها ونناقش إنتاج السلع والخدمات وأهداف إدارة الإنتاج والعمليات.

* مفهوم إدارة الإنتاج والعمليات

Operations & Production Management Concept

لمعرفة مفهوم إدارة الإنتاج والعمليات لا بد أولاً من معرفة معنى مصطلحي إنتاج وعمليات فالإنتاج عبارة عن خلق سلع أو خدمات باستخدام عوامل الإنتاج المعروفة وهي الأرض والعمل ورأس المال والريادة والمعلومات، والعملية الإنتاجية هي مزيج من الأنشطة التي تقوم بالإجراءات الفنية اللازمة لتحويل المدخلات (مواد أولية موارد بشرية وطاقة وغيرها) إلى مخرجات بشكل سلع أو خدمات مفيدة للمجتمع.

إن جوهر وظيفة الإنتاج والعمليات هو الجانب الفني التكنولوجي في منظمات الأعمال وقد سبقت الإشارة إلى أن هذه المنظمات لها مكونان رئيسيان هما المكون الإداري والمكون الفني. أما إدارة الإنتاج والعمليات فهي الإدارة التي تركز على الأنشطة الفنية التي تؤدي إلى إنتاج السلع والخدمات، ونستطيع أن نعرفها بشكل أكثر دقة على أنها أنشطة التخطيط والتنظيم والرقابة والقيادة التي تمارس على عمليات تحويل المدخلات إلى مخرجات في منظمات الأعمال. إن الهدف الرئيس من عمليات التحويل هو خلق قيمة مضافة يستفيد منها الزبون وتشبع حاجات معينة لديه. ولكي تتم عملية الإنتاج بشكل سليم وتنافسي في المنظمات الحديثة يفترض أن تكون هذه مدارة بشكل جيد وأن تتصف بالكفاءة والجودة العالية والإنتاجية المرتفعة.

*** الإنتاج Production**
عملية خلق السلع والخدمات من خلال تحويل المدخلات إلى مخرجات

*** العمليات Operations**
مزيج الأنشطة التي تقوم بالإجراءات الفنية اللازمة لتحويل المدخلات إلى مخرجات.

*** إدارة الإنتاج والعمليات Operations and Production Management**
أنشطة التخطيط والتنظيم والرقابة والقيادة التي تمارس على عمليات تحويل المدخلات إلى مخرجات

المنفعة Utility *

هـي قابلـة السـلعة أو الخدمـة عـلى
إشباع حاجات الفرد.

* عمليات التحويل Transformation Process

تأخذ منظمات الأعمال احتياجاتها من المواد الأولية والموارد البشرية والطاقة والأراضي ورأس المال والتجهيزات الأخرى من البيئة الخارجية ثم تجري عليها عمليات تحويـل مختلفـة لتغيـير هيئتهـا وتحويلهـا إلى سـلع أو خـدمات تكون ذات فائـدة وقيمة ومنفعـة Utility للمستهلك، وتحقق المنظمة جراء هذا أرباح وعوائد تتناسب وعملية التحويل هـذه. ولمزيـد من التوضيح يمكن أن نصور هذه العملية بالشكل التالي:

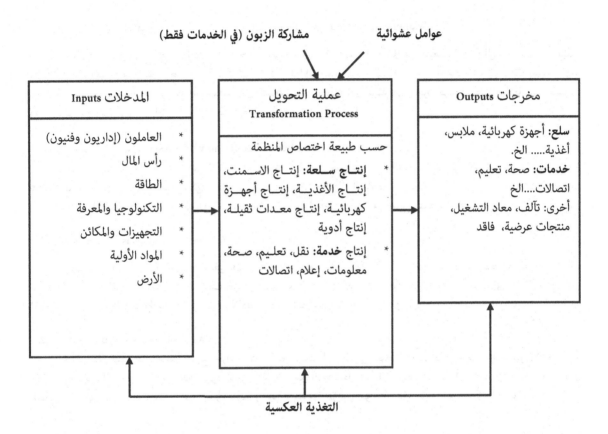

شكل (18-1) : نظام الإنتاج وتحويل المدخلات إلى مخرجات

إن المخطط أعلاه يشير بوضوح إلى طبيعة عملية التحويل والتي يجب أن تدار بشكل فاعل وكفوء لإنتاج سلع وخدمات قادرة على المنافسة في السوق. ورغم أن هذه العملية تتأثر بالعديد من العوامل والمؤثرات إلا أنه سيتم التركيز على ثلاث قضايا أساسية تؤثر في طبيعة عمليات التحويل وهي:

- التركيز Focus : ويقصد به الموارد الرئيسية التي تعتمد كمدخلات لإنتاج السلعة أو الخدمة
حيث إن هذه الموارد تختلف باختلاف طبيعة الإنتاج في كل منظمة من المنظمات، فقد تكون المواد الأولية هي الأساس في بعض الصناعات في حين يمكن أن تكون الموارد البشرية هي أساس المدخلات في منظمات الأعمال المتخصصة بالاستشارات الفنية.

- ضخامة عمليات التغيير الحاصلة أثناء عمليات التحويل Magnitude of Change
وهي درجة أو مدى التغيير المادي الذي يحصل على الموارد أثناء عملية التحويل من صيغتها الأولية إلى شكلها كمنتج نهائي. فالصناعة مثلاً تقوم بتغيير كبير وجذري في المواد الأولية لتحويلها إلى سلع، مثال على ذلك تحويل الخشب إلى أثاث وهو صيغة مختلفة تماماً عن المادة الأولية في حين أن عملية نقل المسافرين من مدينة إلى مدينة هي مجرد حركة لا تؤثر جسدياً على المسافر. وبين هذين القطبين فإن عمليات التحويل تختلف في مداها وحسب طبيعة المنتج.

- عدد عمليات الإنتاج Number of Production Processes
فهناك بعض الأعمال الصعبة التي لا تستخدم إلا عدداً محدداً من عمليات التحويل في حين أن المنظمات الكبيرة مثل شركات إنتاج السيارات فإن عملياتها تكون كثيرة إلى أن تنتهي بالمنتج النهائي الذي هو السيارة.
وإجمالاً فإنه يمكن تقسيم نظم الإنتاج المختلفة إلى أربعة أنواع رئيسية على وفق طبيعة عملية التحويل:

1. نظم تصنيعية Manufacturing Systems

وهي نظم تقوم على أساس إجراء تغييرات فيزياوية أو كيمياوية في المواد الأولية لتحويلها إلى منتجات أو مخرجات ذات فائدة أكبر، مثال ذلك تصنيع مادة الإسمنت حيث تجرى عمليات معالجة كيماوية وفيزياوية للوصول إلى هذا المنتج. وفي المنظمات الخدمية فإن أبسط صورة هو إعداد الإفطار في أحد المطاعم حيث يتم قلي أو سلق البيض وتقديمه للزبائن.

2. نظم تجميعية Assembly Systems
وهي نظم تقوم على أساس جميع أجزاء مختلفة مع بعضها للوصول إلى منتج تام مثال ذلك تجميع التلفزيون أو الثلاجة أو السيارة وغيرها، ونركز هنا على عدم وجود تصنيع لأي جزء من الأجزاء بل عمليات تجميع فقط. أما في ميدان الخدمات فإن الجمع بين مكونات وجبة الإفطار الصباحية في مائدة واحدة وتقديمها للزبون هو مثال على نظام التجميع في الخدمات.

3. نظم تداؤبية Synthetic Systems

وهي نظم تجميع بين التصنيع والتجميع مع بعض، حيث يتم تصنيع بعض الأجزاء وجمعها مع أجزاء أخرى جاهزة للوصول إلى منتج نهائي. مثال ذلك الكثير من الشركات المتخصصة في إنتاج الأجهزة الكهربائية أو السيارات أو غيرها وكذلك في الخدمات سواء كانت خدمات فندقية أو مطاعم أو خدمات تعليمية أو صحية أو غيرها.

4. نظم تحليلية Analytic Systems

وهذه تقوم على أساس تفكيك أو تحليل مكونات المادة الأولية لاستخراج منتجات جديدة مثال ذلك صناعة تصفية النفط حيث يتم تحليل النفط الخام واستخراج مشتقات متعددة منه.

* أهداف إدارة الإنتاج والعمليات

Production and Operations Management Objectives

تسعى إدارة الإنتاج والعمليات في منظمات الأعمال على اختلاف أنواعها وحجومها وملكيتها إلى تحقيق أهداف عديدة تساهم في تحسين وضع المنظمة الكلي والمساهمة في زيادة فاعليتها وتحقيق أهدافها، وهذه الأهداف تتباين من حيث ترتيب أولوياتها سواء على مستوى الشركات أو حتى على مستوى الدول وأهم هذه الأهداف هي:

1- **الكلفة** Cost : والمقصود بها الإنتاج بكلفة معقولة بحيث يستطيع الزبون أن يشتري المنتج بسهولة وكذلك تكون الكلفة معقولة لمنظمة الأعمال بحيث تستطيع تحقيق هامش من الربح المعقول.

2- **الإنتاجية** Productivity : وهي عبارة عن خارج قسم القيمة الكلية للمخرجات على القيمة الكلية للمدخلات وهي مؤشر مهم على قدرة المنظمة على تحويل المدخلات إلى مخرجات بحيث تكون قيمة المخرجات أكبر من المدخلات.

3- **الجودة** Quality: وتعني تقديم منتجات ذات مواصفات راقية وتشبع حاجة الزبون أو تتطابق مع هذه الحاجة.

4- **المرونة** Flexibility : ويقصد بها الاستجابة للتغييرات التي تحصل في بيئة عمل المنظمة الداخلية والخارجية.

5- **التسليم السريع** Delivery: ومعنى هذا أن تقوم المنظمة بتسليم ما يطلب منها من منتجات بالسرعة الممكنة إلى الزبائن.

6- **الكفاءة** Efficiency: وهي حسن استغلال الموارد المختلفة من مواد وعمل وطاقة وراس مال.

7- **الإبداع التكنولوجي** Technological Innovation: وهو القدرة على إدخال منتجات أو ابتكار عمليات جديدة أو تحسين ما موجود منهما.

8- الالتزام بأخلاقيات الأعمال والمسؤولية الاجتماعية

Business Ethics and Social Responsibility:

وهو التزام المنظمة أخلاقياً واجتماعياً تجاه الشرائح المختلفة في المجتمع.

إن هذه الأهداف لا يمكن تحقيقها معاً حيث أن الجودة العالية تتطلب مواد أولية جيدة وعاملين ماهرين وتكنولوجيا متقدمة وهذا يعني ارتفاع الكلفة، كذلك المرونة والاستجابة لمتطلبات التغيير فهو أمر صعب لذا يحصل هنا ما يمكن أن نطلق عليه المبادلة Trade-Off أي عندما نريد تحقيق هدف لا بد من التضحية بهدف آخر أو جزء منه على الأقل.

* المبادلة Trade-Off
هي الاختيار بين أهداف متعارضة أو متباينة بحيث أن اختيار أحد الأهداف يؤدي إلى التضحية بالهدف الآخر أو جزء منه.

* إنتاج السلع وإنتاج الخدمات

Services and Goods Production

* المنظمات الصناعية
Manufacturing Organizations
هي منظمات تنتج سلع مادية ملموسة.

* المنظمات الخدمية
Service Organizations
هي منظمات تنتج خدمات التي هي تفاعلات اجتماعية غير ملموسة ولا يمكن تخزينها.

إن إدارة الإنتاج والعمليات لا تقتصر على المصانع فقط بل إنها تركز اليوم بشكل رئيسي على إنتاج الخدمات حيث أن أكثر من ثلثي الإنتاج في أمريكا مثلاً هو إنتاج خدمات. فالمنظمات الصناعية Manufacturing Organizations هي منظمات متخصصة في إنتاج سلع مادية ملموسة في حين أن المنظمات الخدمية Service Organizations هي منظمات متخصصة بإنتاج الخدمات التي هي تفاعلات اجتماعية غير ملموسة ولا يمكن تخزينها. ويمكن أن نوضح الاختلاف بين إنتاج السلع والخدمات وخصائص السلعة والخدمة من خلال الآتي:

السلعة	الخدمة
* مادية ملموسة	* تفاعل اجتماعي غير ملموس
* يمكن تخزينها للاستهلاك لاحقاً	* لا يمكن تخزينها
* الإنتاج منفصل عن الاستهلاك	* يتم الإنتاج والاستهلاك في نفس الوقت
* يمكن عرضها قبل الاستهلاك	* لا يمكن عرضها قبل الاستهلاك
* يمكن قياس جودتها بسهولة	* صعوبة قياس الجودة
* تقاس الجودة من خلال مؤشرات مادية كمية	* تقاس الجودة من خلال الإدراك
* منتجات قياسية أو معيارية موحدة	* خدمة مرتبطة برغبة الزبون ومتباينة من شخص لآخر ومن وقت لآخر
* الزبون ليس له علاقة بعملية الإنتاج	* الزبون يشارك في عملية الإنتاج في أغلب الأحيان
* الموقع لا يهم كثيراً كثيراً في نجاح المنظمة الصناعية	* موقع المنظمة الخدمية حيوي جداً لنجاحها
* كثيفة رأس المال	* كثيفة القوى العاملة

* التطور التاريخي لإدارة الإنتاج والعمليات

Historical Development of Operations and Production Management

لقد برزت الملامح الرئيسية لإدارة الإنتاج والعمليات في أواخر القرن الثامن عشر وبداية القرن التاسع عشر مع ازدياد عدد الورش والمصانع الصغيرة ومع أن هذا الاختصاص حديث الظهور إلا أنه غني بالمعارف والحقائق العلمية التي تطورت عبر فترات زمنية مختلفة ويمكن ذكر أبرز الأحداث والاكتشافات والملامح الرئيسية عبر تاريخ هذا الاختصاص كما يلي:

1. ظهور مبدأ تقسيم العمل في الورش والمصانع حيث الاهتمام بزيادة كمية الإنتاج لغرض زيادة الأرباح خصوصاً خلال الثورة الصناعية. وقد استخدم هنا مصطلح الإدارة الصناعية Industrial Administration حيث كان موضوع الإنتاجية هو محور الاهتمام لرواد الإدارة الكلاسيكية العلمية والإنسانية. ولعل أهم إنجاز في هذا الحقل هو وضع معايير وتقييس الأجزاء والعمليات Standardization حيث أدى هذا إلى خفض التكاليف وضبط جودة المنتجات.
2. عند توسع المنظمات الصناعية وزيادة كميات إنتاجها مع نهاية القرن التاسع عشر وبداية القرن العشرين فقد حصلت تطورات مهمة في مجال التخطيط والرقابة على الإنتاج حيث اكتشفت مخططات Gantt وطور Earlang نموذج صفوف الانتظار وقام بعض الباحثين بتطوير ما يسمى بدراسة الوقت والحركة وكل هذا ساهم في تطوير دور إدارة الإنتاج. إلا أن أهم تطور في هذه المرحلة هو ظهور خطوط الإنتاج والتجميع وبروز مفهوم الإنتاج الواسع Mass Production من قبل هنري فورد Henry Ford كما ظهر مصطلح إدارة الإنتاج Production Management.
3. تتميز هذه المرحلة بظهور الحواسيب والمكائن المؤتمتة وتطور خطوط الإنتاج وقد تم تطوير أساليب بحوث العمليات واستخدام النماذج الكمية في حل مشاكل إدارة الإنتاج وهو تطور نوعي في هذا الحقل. وقد شهدت هذه المرحلة تطورات مهمة في مجال ضبط الجودة والرقابة عليها خصوصاً في اليابان حيث أوجد ايشيكاوا Ishikawa ما يسمى بحلقات الجودة Quality Circles كذلك استعانت اليابان بعلماء أمريكان لتطوير أساليب ضبط الجودة وتخطيطها إحصائياً، وهنا بدأ أيضاً الاهتمام بإنتاج الخدمات وظهر مصطلح إدارة الإنتاج والعمليات Production and Operations Management، كم حصلت تطورات مهمة في عمليات تخطيط الإنتاج ومستلزماته المادية.

4. لقد توسع استخدام الحاسوب في مجال العمليات الإنتاجية خصوصاً مجال التصميم حيث ظهر مصطلحا CAD و CAM وهما نظاما تصميم وتصنيع بالاعتماد على الحاسوب كذلك ظهرت نظم الإنتاج المرنة Flexible Manufacturing Systems (FMS) وكذلك نظم الإنتاج المتكاملة Computer Integrated Manufacturing (CIM). و استمر التطور في جانب التجهيزات والجوانب المادية ورافق ذلك تطور في المجال الإداري والتنظيمي حيث طورت شركة Toyota نظام الإنتاج الآني Just-in- Time (JIT) والذي يعد تحولاً جذرياً في نظم الإنتاج وخفض تكاليف المخزون. ومن التطورات الأخرى البارزة في هذه المرحلة هو ظهور العديد من جوائز التميز والجودة مثل جائزة Malcolm Baldringe وجائزة Deming والجائزة الأوروبية للجودة وهي مخصصة للشركات المتميزة في أدائها وجودة منتجاتها. كذلك وضعت المنظمة العالمية للتقييس شروطاً تمثل الحدود التي يجب أن تلتزمها الشركات عند إنتاج منتجاتها سميت بحزمة ISO 9000 و ISO 14000 وغيرها.

5. تتسم المرحلة الأخيرة بانتشار تكنولوجيا المعلومات واستخدامها الواسع في الإنتاج وانعكاس تأثير شبكة الإنترنت والتجارة الإليكترونية والعولمة على ميدان إدارة الإنتاج وقد انعكس هذا على حقول معرفية أخرى مثل محاسبة التكاليف والمحاسبة الإدارية والإمداد وغيرها.

ثانياً: تخطيط الإنتاج Production Planning

حتى وقت ليس بالبعيد كان ينظر إلى إدارة الإنتاج والعمليات باعتبارها نشاط يرتكز عمله أساساً على التعامل مع المشاكل اليومية الفنية ومراقبة العمليات الإنتاجية على المدى القصير بعيداً عن النظرة الشاملة والارتباط الأساسي للعمليات الاستراتيجية والتخطيط الاستراتيجي. واليوم فإن منظمات الأعمال أصبحت أكثر اهتماماً باستراتيجية العمليات باعتبارها عمليات أساسية لنجاح المنظمة في البيئة التنافسية. وسنبدأ في الفقرة التالية بالحديث عن استراتيجية العمليات ومن ثم الأنواع الأخرى من الأنشطة التخطيطية ضمن إدارة الإنتاج والعمليات.

* استراتيجية العمليات Operations Strategy

*** استراتيجية العمليات**
Operations Strategy
الرؤية التي تستند إليها وظيفة العمليات في تحديد الكيفية التي تتخذ بها القرارات لتحقيق الترابط والتكامل مع استراتيجية الأعمال التنافسية لوحدة الأعمال والاستراتيجية الرئيسية للمنظمة.

تمثل استراتيجية العمليات الدور المهم الذي تلعبه إدارة الإنتاج والعمليات في الأداء المنظمي ككل وهي أسلوب تصرف إدارة الإنتاج والعمليات ضمن المنظمة في سبيل الوصول إلى الأهداف الأساسية بعيدة المدى والذي يتجسد من خلال مساهمة إدارة العمليات والإنتاج في عمليات الإدارة الاستراتيجية والتخطيط الاستراتيجي. وتمثل هذه الاستراتيجية انطلاق عمليات التخطيط للإنتاج على المستوى القصير حيث أن وضع خطة الإنتاج السنوية أو الرئيسية يفترض أن تأتي في إطار معرفة التوجه الاستراتيجي للمنظمة لغرض تنفيذ خطط

الإنتاج ودعم هذا التوجه الاستراتيجي بأفضل الطرق. فالعملية التخطيطية، تبقى مجرد حساب لكميات الإنتاج واحتياجات المنظمة من المواد الأولية اللازمة لـذلك إذا لم تكـن هناك استراتيجية عمليات تؤطر هذه الخطط على المدى البعيد وتأخـذ بنظـر الاعتبار قـدرة منظمة الأعمال للتنافس من خلال أنشطة الإنتاج فيهـا وبالتـالي فإن كميـة الإنتـاج ونوعيتـه وكلف إنتاجه ضرورية في إطار عملية التخطيط للإنتاج.

إن عزل وظيفة الإنتاج باعتبارها وظيفة فنية يهتم فيها المتخصصون في جوانـب الإنتاج دون الأخـذ بنظـر الاعتبـار التوجـه المستقبلي للمنافسة ومعرفة طبيعتها في أسواق تتغير بسرعة وتتطور التكنولوجيا فيها كثيراً سيجعل المنظمة في مواجهة العديد مـن الإشكالات ويعرضها لمخاطر الفشل. إن استراتيجية العمليات في منظمات الأعمال تشتمل على العديد مـن العناصر الرئيسية التـي يفترض أن تراعى في إطارها ومنها:

1. عدد الوحدات الإنتاجية وما يرتبط بها من مواقع وحجوم ونوع التكنولوجيا المستخدمة.
2. التجهيزات الرأسمالية الرئيسية والخصائص الأساسية للمنتجات وكيفية دخول هذه المنتجات للمنافسة.
3. الطاقة الإجمالية المتاحة.
4. الخيارات الخاصة بالعمليات مثل التكامل العمودي أو الأفقي.
5. البنية التحتية التصنيعية مثل نظم تخطيط الإنتاج والرقابة على الجودة والخزين.
6. الروابط مع الأنشطة الأخرى كالتسويق والمالية وغيرها.

* استراتيجية المنتج   Product Strategy

تتضمن هذه الاستراتيجية ثلاثة عناصر رئيسية هي تحديد المنتجات التي سـتنتج مـن خلال تعريفها بوضوح ثم اختيار المنتجات من بين التشكيلة التي تم تعريفها وأخيراً تصميم هذه المنتجات. إن العنصر الأول، تعريف وتحديد المنتج Product Definition هـو التقـاط مجموعة من الأفكار لمنتجات يحتاجها السوق والمجتمع سواء كانـت سـلع أو خـدمات. وتأتي الأفكار عادة من مصادر متعددة كما في الشكل أدناه :

* تعريف المنتج
Product Definition
تحديد مجموعـة مـن الأفكار لتطـوير منتجات جديدة وتحديد ملامح كل فكرة.

مصادر خارجية	توليد الأفكار	مصادر داخلية
– بحوث السوق.		● قسم البحث والتطوير
– سلوك المنافسين		● تحليـــل اقتراحـــات الزبائن
– اقتراحات خارجية		● العاملون
– البحــوث والمـؤتمرات والمجلات العلمية		

شكل (2-18): مصادر أفكار المنتجات الجديدة

ولا بد من إجراء تصفية للأفكار الكثيرة حيث أن بعضها غير عملي ولا يمكن تنفيذه وإنتاجه والبعض يكلف كثيراً والبعض الآخر لا يتقبله السوق بسهولة لذا سيتم اختيار عدد محدود من الأفكار لتجسيدها بشكل منتجات. وعملية اختيار المنتج Product Selection تتم بواسطة أدوات متعددة منها مثلاً مصفوفة التفضيل التي نقارن فيها بين الأفكار بناء على معايير مختلفة وتقييم لكل معيار ولكل منتج ثم نضرب قيمة المعيار في الأهمية النسبية لكل عامل مقارنة ونختار الفكرة التي تحصل على أكبر عدد من النقاط المرجحة. ثم بعد ذلك تأتي مرحلة التصميم Design حيث توضح الرسوم الهندسية والأبعاد والمقاسات والأوزان لتحويل الأفكار إلى منتج حقيقي. وفي هذه المرحلة تلجأ الشركات إلى ما يسمى التصميم المتزامن Concurrent Design حيث يشترك في عملية التصميم العاملون والمهندسون من مختلف الأقسام أو تجميع أجزاء المنتج لتجنب التعقيد وتسمى عملية تبسيط تصميم المنتج Design For Manufacturability and Assembly وهدفها يتجسد في أربعة أمور أساسية:

1. وضع تصميم يمكن إنتاجه بسهولة.
2. كلفة معقولة.
3. جودة عالية.
4. معولية وموثوقية عالية.

* التنبؤ بالطلب Demand Forecasting

يعتبر التنبؤ بالطلب من الأمور الهمة والأساسية ضمن العملية التخطيطية في الإنتاج فهو القاعدة الأساسية التي تعتمد عليها المنظمة في تهيئة المواد الأولية والتجهيزات وقوة العمل اللازمة للإنتاج. ويمكن أن نعرف التنبؤ بالطلب على أنه تقدير الكميات المطلوبة من منتج معين سواء كان سلعة أو خدمة خلال فترات مستقبلية اعتماداً على بيانات تاريخية أو خبرة سابقة. وإذا حصل خطأ في التقدير فإن هناك كلفة تترتب على ذلك الخطأ وتتناسب مع حجمه. وهناك عوامل عديدة يمكن أن تؤثر في الطلب على السلع والخدمات من أهمها مستوى الدخول للأفراد وعدد المنافسين والتطور التكنولوجي وغيرها من العوامل.

وهناك طرق وأساليب عديدة للتنبؤ بالطلب منها ما هو نوعي مثل أسلوب التقدير من قبل المدراء التنفيذيين والمناظرة التاريخية وأسلوب دلفي وغيرها من الطرق. أما الطرق الكمية فهي من الأساليب المهمة والأكثر دقة في

* اختيار المنتج
Product Selection
اختيار فكرة أو عدة أفكار لمنتجات جديدة من بين مجموعة كبيرة من خلال تقييمها أولاً.

* تصميم المنتج
Product Design
وضع الأبعاد الهندسية والأوزان والمقاسات لتحويل الفكرة إلى منتج حقيقي

* التصميم المتزامن
Concurrent Design
اشتراك عاملين ومهندسين من مختلف الأقسام في تصميم المنتج.

* التنبؤ بالطلب
Demand Forecasting
تقدير الكميات المطلوبة من سلعة أو خدمة معينة في الفترات المستقبلية اعتماداً على بيانات تاريخية أو خبرة سابقة.

التنبؤ بالطلب وأهمها تلك التي تعتمد على الأساليب الإحصائية وأشهرها السلاسل الزمنية، ومن الطرق التي يعتمد عليها: التمهيد الأسي والمربعات الصغرى ومعادلة الانحدار البسيط والانحدار المتعدد وغيرها.

* اختيار موقع الوحدة الإنتاجية Facility Location

لقد أشرنا في فقرة سابقة أن الموقع هو عنصر حيوي للمنظمات الخدمية ولكنه أقل أهمية في المنظمات الصناعية، ولكـن في كلا الحالين فإن القرار يعتبر من القرارات الاستراتيجية. ويمكن أن يجـري البحـث عـن موقـع لوحـدة إنتاجيـة جديـدة أو في حالـة التوسع وعدم إمكانية الموقع الحالي استيعاب هذا التوسع وكذا الأمر في حالة إضافة خطوط إنتاجية أو تغيير الظروف البيئية في الموقع الحالي مثل ارتفاع أسعار المواد الأولية أو حصول اضطرابات سياسية وعـدم اسـتقرار. وطبيعة المواقـع تختلـف بـاختلاف المنظمات فمثلاً إن اختيار موقع لمستشفى أو محطة توليد كهرباء يختلف عن اختيار موقع لمطعم وجبات سريعة أو وحدة طوارئ مثل الدفاع المدني أو المراكز الأمنية.

ولعل العوامل المؤثرة في اختيار الموقع هي:

1. القرب من الأسواق سواء لتصريف المنتجات أو للحصول على المواد الأولية.
2. مدى توفر القوة العاملة ومهاراتها وكلفتها.
3. النقل ووسائطه ومدى القرب من الموانئ أو السكك الحديدية.
4. الأرض وكلفتها.
5. مدى توفر رأس المال.
6. البنى التحتية العلمية خصوصاً للصناعات ذات التكنولوجيا العالية.

وهناك طرق عديدة لاختيار الموقع منها ما هو معقد جداً ويستخدم أساليب بحوث العمليات المتقدمة ومنها ما هو أبسط من ذلك. لكن الأكثر شيوعاً هي:

1. طريقة العوامل النوعية المرجحة.
2. طريقة تحليل نقطة التعادل.
3. طريقة مركز الجذب.
4. طريق النقل.

وكمثال على إحدى هذه الطرق نختار طريقة العوامل النوعية المرجحة ونفترض الحالة التالية:

تفاضل إحدى الشركات بين ثلاثة مواقع لاختيار أحدها لإقامة مصنع جديد عليه وقد حـددت قائمـة بالعوامـل التـي ارتـأت أنها مؤثرة في الموقع وقيّمتها كما في الجدول أدناه علماً بـأن لكـل عامـل مـن عوامـل المفاضلة أهميـة نسـبية تختلـف عـن الآخر والمطلوب اختيار الموقع الأفضل.

العوامل / المواقع	التقييم (نقاط 0-100)			الأهمية النسبية
	أ	ب	جـ	
* النقل	60	70	90	0.10
* العمل	70	80	80	0.20
* القرب من السوق	90	60	50	0.10
* الضرائب	80	70	90	0.10
* الخدمات العامة	60	90	80	0.20
* خدمات هندسية وفنية	70	80	90	0.30

ولحل هذا المثال نقوم بضرب التقييم لكل عامل نوعي في الأهمية النسبية له ولجميع المواقع ثم تجمع التقييم لكل موقع من المواقع ونختار الموقع الذي يحصل على أكبر قدر من النقاط المرجحة وكما يلي:

العوامل / المواقع	أ	ب	جـ
* النقل	6	7	9
* العمل	14	16	16
* القرب من السوق	9	6	5
* الضرائب	8	7	9
* الخدمات العامة	12	18	16
* خدمات هندسية وفنية	21	24	27
المجموع	**70**	**78**	**82**

ونلاحظ هنا أن الموقع الذي حصل على أكبر عدد من النقاط المرجحة هو الموقع جـ.

* أنماط الإنتاج والترتيب الداخلي للوحدة الإنتاجية

Production Types and Facility Layout

إن ترتيب المكائن والمعدات والأقسام والشعب في المصنع أو المنظمة الخدمية يعتمد على نوع المنتج ونمط الإنتاج. وبشكل عام فإن هناك أربعة أنماط من الإنتاج:

1. الإنتاج المستمر Continuous Production

وهو نمط يخص المنتجات التي تنتج بحجوم كبيرة جداً وتنوع قليل جداً، فمثلاً جميع الأجهزة الكهربائية والسيارات تنتج بهذا الأسلوب، ويطلق عليه أيضاً الإنتاج الواسع أو الكبير Mass Production وقد تكون الوحدات المنتجة منفصلة عن بعضها ويمكن عدها أو حسابها ولها أبعاد محددة، أو قد تكون بشكل سائل أو تدفق Flow ولا يمكن حساب كمياتها إلا بوحدات الوزن أو الحجم مثل السكر والورق والبتروكيماويات وغيرها من المنتجات المشابهة. والترتيب الذي يلائم هذا النمط من المنتجات يسمى الترتيب على أساس المنتج Product Layout أو خط التجميع Assembly Line، ويسمى هكذا لأن المكائن والمهام الخاصة بإنتاج الوحدة الواحدة يتم ترتيبها تتابعياً وطبقاً لتسلسل عمليات تشغيل المنتج. ويتميز نمط الإنتاج المستمر بكون العاملين قليلي المهارة وأن المهمة الواحدة لا تستغرق سوى دقيقة واحدة أو أقل أو أكثر قليلاً كما أن المكائن متخصصة جداً وأن حجم الإنتاج ضخم جداً وعدد المنتجات قليل التنوع.

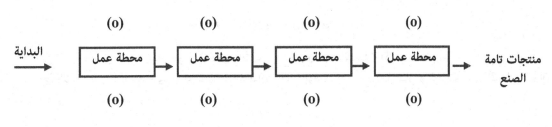

* الترتيب على أساس المنتج
Product Layout
ترتيب المكائن والتجهيزات طبقاً لتسلسل عمليات تشغيل الوحدة الواحدة من المنتج.

شكل (3-18): الترتيب على أساس المنتج

2. الإنتاج المتقطع Intermittent Production

ويسمى هكذا لأن عملية إنتاج الوحدة ليست مستمرة من بداية دخولها إلى خط الإنتاج ولحد الانتهاء من تشغيلها، بل إن عملية الإنتاج تكون متقطعة بسبب نقل وتحريك الوحدات المنتجة من قسم لآخر وقد تضطر الوحدات المشغلة للانتظار ربما لأيام قبل أن يصلها الدور للتشغيل. إن الترتيب الذي يلائم هذا النمط من الإنتاج هو الترتيب على أساس العملية Process Layout ويسمى أحياناً الورشة Job Shop أو الترتيب الوظيفي Functional Layout حيث تم

* الترتيب على أساس العملية
Process Layout
ترتيب المكائن والمعدات التي تقوم بنفس الوظيفة في موقع أو قسم واحد.

تجميع المكائن أو العاملين المتخصصين بوظيفة أو مهنة واحدة في قسم واحد.. ولعل أوضح مثال على هذا النمط هو جميع ورش التجارة والحدادة وتصليح السيارات وغيرها، كذلك من الأمثلة الواضحة المستشفيات والمطابع ومصانع الخياطة وغيرها.

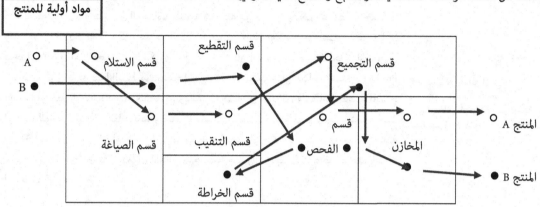

شكل (4-18): الترتيب على أساس العملية

ومن أهم خصائص هذا الترتيب هو أن المكائن ذات غرض عام وأن عدد المنتجات أكثر مما هو عليه في الإنتاج المستمر. وكما أن حجم الإنتاج من كل منتج متوسط أو قليل كذلك فإن أغلب الوقت يضيع في الانتظار أو الحركة بين الأقسام كما أن العاملين يتسمون بالمهارة العالية وأن العمل يتصف بالمرونة.

3. إنتاج المشاريع **Project Production**

وهذا النوع هو الخاص بإنتاج منتجات ضخمة الحجم مثل الطائرات والسفن أو المساكن أو أي مشاريع أخرى مثل كتابة رسالة دكتوراة أو عملية جراحية معقدة كذلك فإن بناء الجسور والمطارات والموانئ وعمليات إصلاح مناهج التعليم وغيرها. والمنتج هنا وحيد من نوعه ولا ينتج أكثر من وحدة واحدة في المرة الواحدة. إن الترتيب الذي يلائم هذا النمط نسميه الترتيب على أساس الموقع الثابت Fixed-Position Layout ويتميز بأن العاملين على درجة عالية من المهارة وأن المشروع يحتاج إلى عملية مراقبة ومتابعة وتخطيط دقيق لطول الفترة الزمنية التي قد تمتد إلى عدة سنوات. كذلك فإن المنتج يكون ثابتاً في مكانه ومجاميع العمل تتحرك حوله على عكس الإنتاج في النمطين السابقين.

* **الترتيب على أساس الموقع الثابت**
Fixed Position Layout
يتم تثبيت مكان المنتج وتتحرك مجاميع العمل حوله لانجازه.

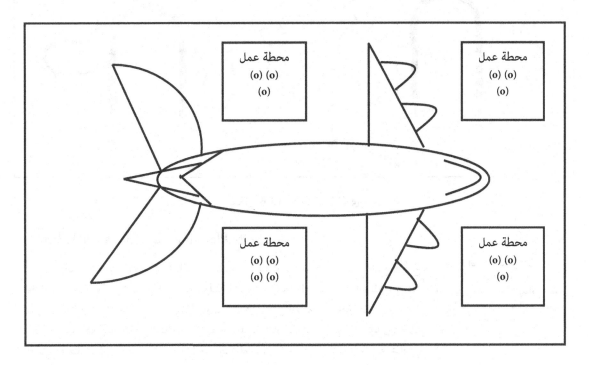

محطة عمل
(o) (o)
(o)
محطة عمل
(o) (o)
(o)
محطة عمل
(o) (o)
(o) (o)
محطة عمل
(o) (o)
(o)

شكل (5-18): ألترتيب على أساس الموقع الثابت

4. الإنتاج الهجين **Hybrid Production**

وهو نموذج مختلط من النمطين الأول والثاني وبدرجات مختلفة من الحجم حيث يكون الهدف من تبنيه هو الاستفادة من مزايا النمطين وتجنب مساوئهما. والترتيب الذي يلائم هذا النوع على درجة كبيرة من التنوع وأوضح صورة له هو الترتيب الخلوي Cellular Layout وتكنولوجيا المجاميع Group Technology وهنا يتم اللجوء إلى هذا النمط عندما تكون هناك أعداد كبيرة من المنتجات ويطلب إنتاج حجوم كبيرة منها فيتم تصنيفها إلى عوائل متشابهة بطريقة الإنتاج أو المواد الأولية المستخدمة في الإنتاج ويتم ترتيب الآلات بشكل عدد من الخلايا أو خطوط الإنتاج داخل المصنع فيكون هناك جمع بين نمطي الإنتاج المستمر والمتقطع. ومن أهم المزايا تشكيل عناقيد من فرق العمل تعمل في خلايا متعددة لحل المشاكل بشكل مشترك ويحقق هذا مرونة عالية حيث يستطيع العاملون إنجاز أغلب المهمات كما أن قرب المسافات بين الخلايا أو المجاميع يساعد في تحقيق المرونة وسرعة الحركة.

*** الترتيب الخلوي**
Cellular Layout
ترتيب المكائن والمعدات الخاصة بإنتاج عائلة منتجات متشابهة في طريقة إنتاجها أو المواد الأولية في خلية أو مجموعة واحدة.

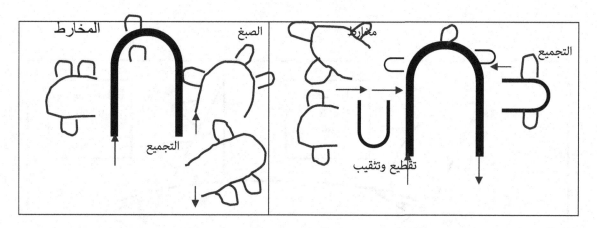

شكل (6-18): الترتيب الخلوي

* تخطيط الطاقة الإنتاجية Capacity Planning

* تخطيط الطاقة الانتاجية
Capacity Planning
هي تحديد وضبط قدرة المنظمة على
انتاج السلع والخدمات لمواجهة الطلب
.

يقصد بتخطيط الطاقة الإنتاجية تحديد وضبط قدرة المنظمة على إنتاج السلع والخدمات لمواجهة الطلب، فإذا أشارت عملية التنبؤ بالطلب إلى أن عدد الزبائن سيزداد بنسبة 20% في السنة القادمة في أحد المصارف فإن هذا يعني أنه يجب تأمين طاقة إنتاجية كافية لخدمة هذا العدد من الزبائن. والمنظمات لديها خيارات متعددة لزيادة قدرتها على الإنتاج أو طاقتها الإنتاجية وذلك إما بتشغيل العاملين ساعات إضافية أو التعاقد مع عاملين أو وسائل إنتاج إضافية أو التعاقد مع جهات أخرى لإنتاج كمية من نفس المنتج لصالح المنظمة أو توسيع المصنع أو الوحدة الخدمية. كذلك فإن من المشاكل الرئيسية في منظمات الأعمال هو وجود الطاقة الفائضة مثال ذلك بقاء عدد من الشاحنات بدون تشغيل في شركة نقل معينة أو إيقاف بعض خطوط الإنتاج لانخفاض الطلب أو أن عدد الغرف المشغولة في أحد الفنادق الكبرى لا يزيد عن 60% من العدد الإجمالي، والتحدي الأكبر للمدراء هنا هو كيفية التصرف بهذه الطاقة الفائضة أو كيفية إضافة طاقة حين الحاجة إليها بدون أي زيادة.

- خطة الإنتاج الرئيسية Master Scheduling Plan

* خطة الإنتاج الرئيسية
Master Production Schedule
كشف بالمطلوب من المنتجات النهائية
أو المكونات الرئيسية المطلوبة خلال
فترة زمنية محددة قادمة.

هو كشف بعدد الوحدات التي ستنتج أسبوعياً خلال فترة قادمة تصل إلى ثلاثة أو أربعة شهور، وخطة الإنتاج الرئيسية تعد للمنتجات النهائية المطلوبة

End Items أو للمكونـات الرئيسـية Major Components وهـي الأجـزاء الكبـيرة والرئيسية في بعض المنتجات مثل المحركات في السيارات حيث أن السيارة منتج نهائي والمحرك مكون رئيسي. وأهمية خطة الإنتاج الرئيسية تكمن في كونها المدخل الرئيسي لنظام تخطيط الاحتياجات المادية MRP ويجب أن نوضح عدد الوحدات المطلوبة في كل أسبوع على الأقل للشهرين التاليين حيث لا يمكن أن يجرى أي تعديل عليها وتمثل التزاماً يجـب تنفيـذه للوفـاء باحتياجات الزبائن وتسمى هذه الفترة بالفترة الثابتة. أما الفترة الباقية وهي شهر أو شهرين فتحدد الكمية التي ستنتج فيها على أساس شهري وتسمى تجريبية Tentative أي يمكن إجـراء تعديلات عليها لأنها ليست ملحة جداً وأن موعد التسليم لا يزال بعيداً.

أفق تجريبي	
الشهر الرابع	الشهر الثالث
170	200
60	70

أفق ثابت

الأسابيع / المنتج	1	2	3	4	5	6	7	8
المنتج A	20	50	-	40	70	-	30	80
المنتج B	10	-	-	20	50	40	30	-
0								
0								
0								

شكل (7-18): خطة الإنتاج الرئيسية

* نظام تخطيط الاحتياجات المادية

Materials Requirement Planning System (MRP)

* نظام تخطيط الاحتياجات المادية
Materials Requirement Planning
نظام جدولي يختص بتحديد المطلوب
مـن الأجـزاء والمـواد الأوليـة للوفـاء
بمتطلبات خطة الإنتاج الرئيسية محدداً
مواعيد إطلاق أوامر الصنع أو الشراء.

وهو عبارة عن نظام جدولي يختص بتحديد المطلوب من الأجزاء Parts والمواد الأولية Raw Materials للوفاء بمتطلبات خطة الإنتاج الرئيسية. ويهدف إلى خفض التكاليف مـن خلال تحديد مواعيد إطلاق أوامر الشراء أو الصنع آخذاً بنظر الاعتبار مواعيد طلب الأجزاء والمـواد الأوليـة وفـترة الانتظـار Lead Time لكـل منهـا. كـذلك فإنـه يحـدد المطلـوب مـن الاحتياجات الصافية بعد أن يحسب ما هو موجود مـن الأجـزاء أو المـواد الأوليـة في المخازن لتخفيض تكاليف المخزون إلى أدنى ما يمكن.

601

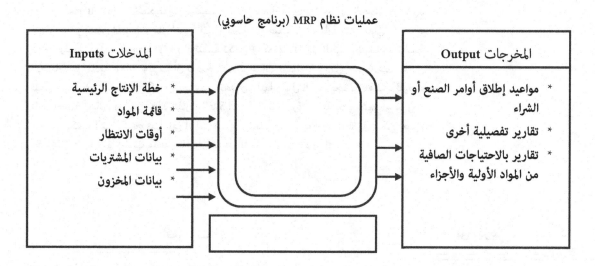

عمليات نظام MRP (برنامج حاسوبي)

المدخلات Inputs
* خطة الإنتاج الرئيسية
* قائمة المواد
* أوقات الانتظار
* بيانات المشتريات
* بيانات المخزون
المخرجات Output
* مواعيد إطلاق أوامر الصنع أو الشراء
* تقارير تفصيلية أخرى
* تقارير بالاحتياجات الصافية من المواد الأولية والأجزاء

شكل (8-18) : آلية عمل نظام MRP

ومن الجدير بالذكر فإنه امتداداً لهذا النظام فقد تم تطوير نظام آخر شامل لكل المنظمة يسمى تخطيط موارد المنظمة Enterprise Resource Planning (ERP) حيث أنه يعد قاعدة معلومات شاملة لكافة أقسام وشعب المنظمة تربط الإنتاج بمختلف الأقسام في منظمة الأعمال.

ثالثاً: رقابة وجدولة العمليات Operations Control and Schedule

إن من أهم الوظائف الإدارية التي يمارسها المدراء في إدارة العمليات والإنتاج هي الرقابة على كمية ونوعية المنتجات بهدف تقليل الانحرافات إلى أدنى حد ممكن. وتشمل الرقابة على المخزون وعلى المشتريات وعلى جدولة العمليات والرقابة على الجودة.

*** الشراء Purchasing**
جميع الأنشطة المتعلقة بالحصول على المواد والأجزاء من المنظمات الأخرى لإدامة العملية الإنتاجية.

* رقابة المشتريات Purchasing Control

تتضمن عمليات الشراء جميع الأنشطة المتعلقة بالحصول على المواد والأجزاء لغرض إدامة العملية الإنتاجية، والهدف الرئيسي لعملية الشراء هو التأكد من توفر المواد والأجزاء بالكمية المناسبة وفي الوقت الذي تطلب فيه. لذا فلا بد من تطوير علاقات مع المجهزين واختيارهم بعناية فائقة. ولا بد من مراعاة عوامل عديدة في عملية الشراء منها:

- **الأسعار Prices:** حيث يجب مقارنة الأسعار المقدمة من قبل المجهزين المختلفين ولكل الأصناف المشتراة مهما كانت صغيرة.

- **الجودة Quality** : إن من أهم التحديات أمام لجان المشتريات هو الحصول على المواد أو الأجزاء المطلوبة بالأسعار المناسبة أو المعقولة وبالجودة المناسبة.
- **مصداقية المجهزين Suppliers Reliability** : إن الهدف الرئيسي للشراء هو الحصول على المواد بنوعية جيدة وبسعر معقول ولكن هذا ليس كافياً فلا بد من التأكد من مصداقية المجهزين وقابلياتهم لاحترام مواعيد التسليم.
- **فترات السداد Credit Terms** : وهذه يجب دراستها بعناية ومعرفة المجهزين الذين يتعاملون بالتسديد الفوري النقدي والذين يعطون فترات سماح مناسبة، وفي حال التسديد الفوري النقدي فهل يعطي المجهز خصومات مناسبة بالأسعار أم لا.
- **كلفة النقل Shipping Costs**: حيث أن كلفة النقل يجب أن تناقش أولاً عند اختيار المجهزين لأنها يمكن أن تكون عاملاً يجعل المنظمة غير قادرة على المنافسة في السوق أو أنها تجعل المنظمة غير مستفيدة من الخصومات أو الأسعار التي يقدمها المجهز بسبب كلفة النقل العالية.

* الرقابة على المخزون Inventory Control

*** الرقابة على المخزون**
Inventory Control
عمليات إدارة المخزون بطرق تؤدي إلى جعل تكاليفه في حدودها الدنيا سواء كانت كلفة احتفاظ بالمخزون أو كلفة إصدار أوامر الشراء.

يشكل المخزون رأس مال مجمد وقد تصل تكاليفه إلى نسب عالية قد تبلغ 30% من سعر بيع الوحدة الواحدة. ولكن المخزون ضروري في جميع منظمات الأعمال ولا يمكن الاستغناء عنه إلا في حالات نادرة، وهناك هدف مشترك لكل منظمات الأعمال هو تخفيض تكاليف المخزون إلى أدنى حد ممكن وهذه التكاليف تتكون من نوعين رئيسيين هما: كلفة الاحتفاظ بالمخزون Holding Cost وتتضمن كلفة إدارة المخزون والتأمين عليه وتوفير جو ملائم للخزن مع مصاريف العاملين في هذه المخازن. والكلفة الثابتة هي كلفة إصدار أوامر شراء المخزون Order Cost وما يتعلق بها من إجراءات إدارية وورقية واتصالات ومتابعة وغير ذلك. وعادة ما يوجد أنواع مختلفة من المخزون هي:

1. **مخزون من المواد الأولية Raw Materials Inventory** : وهي جميع المواد الأولية التي ستصبح جزءاً من المنتج أثناء عمليات الإنتاج.
2. **المخزون تحت التشغيل Work-in-Process Inventory**: ويتكون من الأجزاء أو المواد المصنفة جزئياً وبمختلف مراحل التصنيع.
3. **المخزون من المواد تامة الصنع Finished Goods** : وهي الوحدات المنتجة وتامة الصنع التي أنتجتها منظمة الأعمال.
4. **المخزون من التجهيزات والعدد وقطع الغيار Suppliers** : وهي جميع التجهيزات الثانوية والمعدات ووسائل تسيير العمل الثانوية فضلاً عن قطع الغيار المختلفة.

وبسبب ضخامة تكاليف المخزون فإن شركة Toyota طورت نظام الإنتاج الآني Just-in-Time والذي يقوم على أساس إنتاج الكميات المطلوبة تماماً في الوقت المحدد، بحيث يتم جدولة وصول المواد المطلوبة لخط الإنتاج في الوقت الذي يحتاجها الخط. وبذلك فإنها لن تخزن لفترة وطويلة أو أنها لا تخزن في مخازن الشركة على الإطلاق تفادياً لتكاليف الخزن. وتتبع شركة تيوتا نظام Dock-to-Line أي من دكة التفريغ إلى خط الإنتاج حيث أنها طورت نظام للمجهزين بأسعار تفضيلية لهم تشجعهم على فحص المواد والأجزاء وتدقيقها تماماً وشحنها بأوقات محددة بحيث ترسل مباشرة بعد تفريغها من الشاحنات إلى خط الإنتاج.

وقبل اختتام هذه الفقرة لا بد من الإشارة إلى أداة شائعة في الرقابة على المخزون وهي نقطة إعادة الطلب Reorder Point (ROP) وحجم الوجبة الاقتصادية Economic Order Quantity (EOQ). ونقطة إعادة الطلب تعني النقطة المثلى أو مستوى حجم المخزون الذي يفترض أن يعاد الطلب عنده إما حجم الوجبة الاقتصادية فهو أسلوب لحساب كمية الطلب المثلى من أحد القطع أو المواد بحيث تكون الكلفة الكلية خلال الفترة أدنى ما يمكن.

ويمكن حساب هذه الكمية من خلال المعادلة التالية:

$$EOQ = \sqrt{\frac{2\ OD}{H}}$$

حيث أن:

O = كلفة إصدار أمر الشراء.

D= كمية الطلب السنوية.

H = كلفة الاحتفاظ بالمخزون سنوياً (قد تكون مبلغاً محدداً أو نسبة مئوية من كلفة الوحدة الواحدة)

مثال: لو افترضنا أن إحدى الورش يحتاج إلى قطعة غيار معينة، فإذا كانت كلفة إصدار أمر الشراء 15 وحدة نقدية وكلفة الاحتفاظ بالوحدة الواحدة سنوياً 6 وحدات نقدية كما أن الطلب السنوي يصل إلى 605 وحدات، فإن الكمية الاقتصادية التي يجب شراؤها ستكون:

$$EOQ = \sqrt{\frac{2\ (605)(15)}{6}} = 55$$ وحدة

أي أن الوجبة التي تجعل من الكلفة للمخزون أدنى ما يمكن هي 55 وحدة يتم شراؤها في الأمر الواحد. أما عدد مرات شراء هذه الكمية فسيكون:

$$N = \frac{605}{55} = 11$$ **مرة**

* **نظام الإنتاج الآني**
Just-in-Time
إنتاج الكميات المطلوبة فعلاً في الوقت المحدد بحيث يتم جدولة وصول المواد المطلوبة إلى خط الإنتاج حين الحاجة لها.

* **نقطة إعادة الطلب**
Reorder Point
هي النقطة التي يجب عندها إعادة طلب أو إصدار أمر الشراء الخاص بأحد الأجزاء أو المواد.

* **الكمية الاقتصادية للطلب**
Economic Order Quantity
هي الحجم الأمثل الذي تشترى به المواد بحيث تكون الكلفة الكلية للخزين أقل ما يمكن.

ونقطة إعادة الطلب يمكن حسابها كالآتي:

وا

$$ROP = \frac{\text{الطلب السنوي}}{\text{عد أيام السنة}}$$

أو

$$ROP = \frac{D}{365}$$

و LT التي تمثل وقت الانتظار هي عبارة عن ... الشراء وتاريخ استلام الكمية المشتراة ونفترض هنا أن وقت الانتظار لهذه القطعة هو 3 أيام وبهذا فإن نقطة إعادة الطلب ستكون:

$$ROP = \frac{605}{365}$$ 7 ≈ 5 **وحدات**

أي أن المخزون عندما يبقى منه في المخزن 5 وحدات فإنه ... ب جديد ويمكن تمثيل هذا بالمخطط التالي:

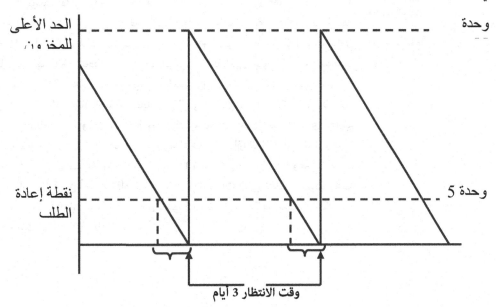

شكل (9-18): الرقابة على المخزون

أما الكلفة الكلية للمخزون فتحسب عن طريق الآتي:

كلفة المخزون = كلفة الاحتفاظ بالمخزون + كلفة إصدار أوامر الشراء

= (متوسط المخزون * كلفة الاحتفاظ بالمخزون) + (عدد الأوامر × كلفة إصدار الأمر)

$$TC = (\frac{55}{2} \times 6) + (11 \times 15)$$

$$= 165 + 165$$

= 330 وحدة نقدة

* الرقابة على الجودة Quality Control

* الجودة Quality
المطابقة للاستخدام.

* الرقابة على الجودة
Quality Control
عملية التأكيد علـى أن السـلع أو
الخدمات المنتجـة هـي مطابقـة
للمواصفات المحددة لها.

إن الرقابة على جودة السلع والخدمات تعني مجمل عمليـات التأكيـد علـى أن هـذه السلع أو الخدمات تنتج وفقاً لمواصفات محددة لها وتشبع احتياجات الزبائن بحيث يكونون راضين عن هذه السلع أو الخدمات عند مقارنتها بالأسعار التي دفعوها مقابلها. وقد عـرف أحد الباحثين الجودة بأنها المطابقة للاستخدام Fitness to Use، ويمكن أن تقاس جودة السلعة من خلال المواد التي صنعت منها ومن خلال الأبعاد والمواصفات المادية فيها لذا فهي أسهل من عملية قياس الجودة في الخدمات حيث أن الخدمة غير ملموسـة وليس لها كيان مـادي ويحكم على جودتها بشكل شخصي- وليس موضوعي. كـذلك فإن جودة الخدمة تتجسد بشخصية مقدم الخدمة ومكان تقديمها وليس بالخدمة ذاتها فقط على عكس جودة السـلعة التي تتركز بالسلعة ذاتها. وتأتي أهمية الرقابة على الجـودة مـن كونها تخلـق شـهرة للشركة وتعطي مصداقية للمنتجات وتجلب ولاء الزبون. كذلك فإنها تساعد في فتح الأسواق العالمية للشركة ولمنتجاتها الأخرى، بل إنها أصبحت ضرورية لدخول الأسواق العالمية من خلال وجوب الحصول على شهادات دولية مثل ISO 9000 و ISO 14000 وشـهادة HACCP وغيرها. و قـد استحدثت جوائز عالمية من أجل مكافأة الشركات ذات المنتجـات التي تتمتـع بجودة عاليـة مثل جائزة Malcotm Baldrige وغيرها. ويمكن للجودة أن تحقق زيادة في ربحية الشركة مـن خلال طريقين وكما في الشكل أدناه.

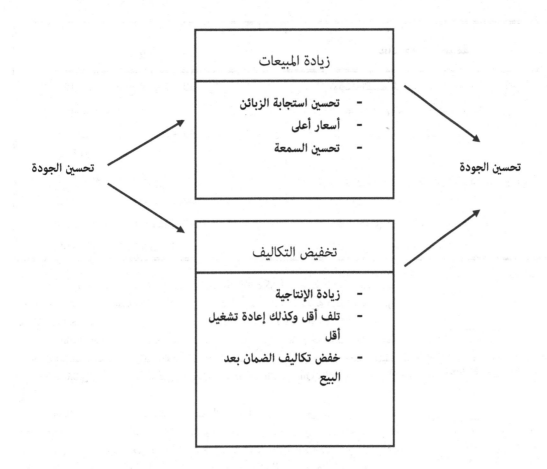

شكل (10-18): مساهمة تحسين الجودة في زيادة الربحية

وقد شاع في الآونة الأخيرة مصطلح إدارة الجودة الشاملة Total Quality Management (TQM) وهـو مرحلـة متقدمـة مـن عملية إدارة الجودة وضبطها حيث يشير إلى تكريس كافة جهود منظمة الأعمال لتحسين الجودة وتحقيق رضا الزبون بل أكـثر مـن ذلك حيث الوصول إلى ما يسمى الزبون السعيد Delighted Customer. وتفترض إدارة الجودة الشاملة مشاركة جميـع العـاملين في المنظمة في هذه المهمة وعدم اعتبار الجودة مهمة من اختصاص قسم فني في المنظمة كذلك فهـي عمليـة وقائيـة Preventive تمنـع حصول العيوب لا أن تنتظر وتفحص وتكتشف العيوب أي أنها ليست علاجية Corrective. ومن الجـدير بالـذكر أن أبعاد الجـودة للسلعة عديدة حيث يمكن من خلالها الحكم على جودة منتج مادي معين وكذلك الخدمة لهـا أبعادهـا الخاصـة بهـا ويمكن إدراج هذه الأبعاد في الآتي:

أبعاد جودة السلعة	أبعاد جودة الخدمة
* الأداء : مثل وضوح الصور في التلفزيون	* توقيت تقديم الخدمة
* المطابقة للمواصفات	* شخصية مقدّم الخدمة وأخلاقه ودماثته
* المعولية: احتمال أداء المنتج لوظيفته بدون عطل لفترة طويلة.	* سهولة الحصول على الخدمة
* القابلية للصيانة والإدامة	* تمام وكمالية الخدمة
* المتانة : الصلاحية وتحمل الصدمات	* استقرار الخدمة عند تقديمها لأفراد مختلفين وبأزمان مختلفة
* العمر التشغيلي والديمومة في العمل	* مكان تقديم الخدمة ومدى نظافته وملاءمته.
* الخصائص الجمالية الإضافية	* السرعة في تقديم الخدمة

ولضبط جودة السلعة الصناعية أو الخدمة فإنه يمكن الاستعانة بعلم الإحصاء لرسم مخططات ذات حدود عليا ودنيا يمكن من خلالها التأكد من أن عملية الإنتاج مستقرة ولا يوجد فيها انحرافات أو تذبذبات وتسمى هذه العملية بالرقابة الإحصائية على الجودة Statistical Quality Control. ويتم هذا بسحب عينات عشوائية من خطوط الإنتاج وقياس الخاصية المطلوب ضبط جودتها. كذلك فإن هناك أساليب ضبط للجودة من خلال المشاركة الواسعة للعاملين من خلال ما يسمى بحلقات الجودة Quality Circles والتي سبق وأن أشرنا إليها.

*** الرقابة الإحصائية على الجودة**
Statistical Quality Control
استخدام الأساليب الإحصائية في علمية ضبط ورقابة الجودة.

وقبل أن نختم هذه الفقرة لا بد من الإشارة إلى رواد عالميين ساهموا في رفد هذا الحقل العلمي بالكثير من المساهمات، ومنهم Edward Deming الذي اشتهر باعتماد الإحصاء في تحسين وضبط الجودة وقد تم تكريمه في اليابان من خلال استحداث جائزة Deming للجودة والتي تمنح للشركات المتميزة في هذا المجال. كذلك يشار هنا إلى ثقافة تحسين الجودة وإدارتها وروادها Juran وGrosby حيث ركز الأول على تخطيط وتنظيم عمليات إدارة الجودة وركز الثاني على نشر ثقافة الجودة من خلال كتابيه Quality is Free و Quality Without Tears. وفي اليابان فإن العالم Ishikawa اشتهر بتطوير أدوات للمساعدة في حل مشاكل الجودة منها مخطط السبب والأثر الذي عرف باسم مخطط ايشيكاوا أيضاً وكذلك عرف بتطويره أسلوب حلقات الجودة.

التحسين المستمر
Continuous Improvement
عملية مستمرة لا نهائية لتحسين جودة السلع والخدمات.

وأخيراً فإن مصطلح التحسين المستمر Continuous Improvement (CI) هو العملية اللانهائية لتحسين الجودة في ظل المنافسة الحادة والتطور

*** كايزن Kaizen**
كلمة يابانية تعني عملية التحسين الدائمة المتزايدة للجودة.

التكنولوجي هو الآخر أسلوب تتبناه الشركات اليوم لدعم موقفها في السوق تقابله في اليابان كلمة Kaizen والتي تشير أيضاً إلى العملية التطويرية اللانهائية لتحسين الجودة وبشكل متزايد.

* جدولة الإنتاج Production Scheduling

يقصد بالجدولة برمجة عمليات تجهيز وتحضير المواد الأولية والموارد الأخرى اللازمة للإنتاج والتأكد من أنها في المكان الصحيح وفي الزمن الصحيح. والجدولة تكون بأشكال مختلفة، فبالنسبة للمواد الأولية يتطلب الأمر تحديد برنامج لحركتها من المخازن إلى محطات العمل ثم تحريكها من محطة لأخرى وفق جدول زمني محسوب ودقيق. أو جدولتها بأسلوب الإنتاج الآني Just-in-Time أي وصولها للمحطات عند الحاجة إليها بالضبط. أما جدولة المنتجات النهائية فهو يتضمن جدولة تقل المنتجات التامة الصنع إلى المخازن وكذلك جدول الشحن إلى الزبائن للوفاء بالطلب. ولا بد من الإشارة إلى مصطلحين مهمين: هما التعاقب Sequencing والجدولة التفصيلية Detailed Scheduling. فالتعاقب هو تحديد أولويات تشغيل أوامر العمل أو الشغلات في مركز عمل واحد أو أكثر حيث تعتمد إحدى الطرق المعروفة في هذا المجال مثل طريقة ما يصل أولاً يشغل أولاً أو طريقة تاريخ الاستحقاق المبكر أو غيرها. أما الثاني - الجدولة التفصيلية - فالمقصود به تحديد وقت الابتداء بتشغيل أمر العمل ووقت الانتهاء منه. كذلك فقد يضطر المسؤولون عن الإنتاج لاعتماد أسلوب التعجيل أو الاستنجاز Dispatching عندما يحصل تأخير في إنجاز أحد أوامر العمل بسبب نقص المواد أو غياب العاملين أو غير ذلك من الأسباب.

وبالنسبة للمشاريع Projects فإن الأسلوب المعتمد في الجدولة هو أسلوب PERT والمسار الحرج Critical Path والذي يقوم على أساس رسم شبكة أعمال تمثل جميع الأنشطة الخاصة بالمشروع وحسب تعاقبها الفني، حيث يتم حساب وقت الإنجاز الكلي للمشروع، كما يتم رسم مخطط آخر يسمى مخطط Gantt.

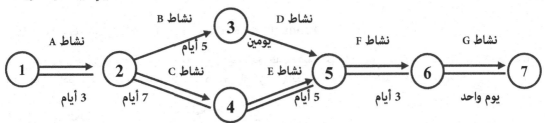

*** جدولة الإنتاج**
Production Scheduling
برمجة عملية تجهيز وتحضير المواد الأولية والموارد الأخرى اللازمة للإنتاج والتأكد من أنها في المكان والزمان الصحيحين.

*** التعاقب Sequencing**
تحديد أولويات تشغيل أوامر العمل في مركز عمل واحد أو أكثر.

*** الجدولة التفصيلية**
Detailed Scheduling
تحديد وقت الابتداء والانتهاء لتشغيل أوامر العمل.

*** التعجيل Dispatching**
استعجال تنفيذ أو إنجاز أوامر العمل المتأخرة بسبب نقص المواد أو غياب العاملين أو غير ذلك من الأسباب.

*** أسلوب PERT**
هو أسلوب لرقابة وتخطيط المشاريع وحساب زمن إنجازها.

*** مخطط جانت**
Gantt Chart
مخطط بياني لمتابعة تنفيذ المشروعات.

شكل (11-18): شبكة أعمال لأحد المشاريع

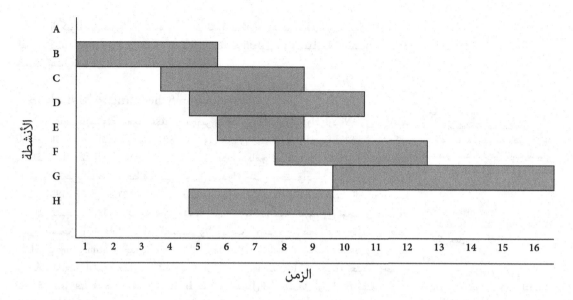

شكل (12-18): مخطط افتراضي لخارطة جانت

رابعاً: قضايا أخرى في إدارة الإنتاج والعمليات

Other Issues in Operations and Production Management

إن حقل إدارة الإنتاج والعمليات أصبح اختصاصاً واسعاً وغنياً بالآليات والأساليب المختلفة وفيه تكتب الكثير مـن البحـوث والنصوص وتنشر العديد من المجلات العلمية لذا لا يمكن الإحاطة بجميع ما يتضمنه هذا العلم ولكن بقيت هناك بعض الجوانـب نتطرق لها في أدناه بشكل مبسط.

* الإنتاجية وقياسها Productivity and Its Measurement

سبق وأن عرفنا الإنتاجية على أنها علاقة بين قيمة المخرجات وقيمة المدخلات وأن جميع منظمات الأعمال تسعى لزيادتها وهذا يعني زيادة عدد الوحدات المنتجة في وحدة الزمن أو من قبل العاملين. وتقاس كما يلي:

$$\text{مؤشر الإنتاجية الكلية} = \frac{\text{قيمة المخرجات}}{\text{قيمة المدخلات}}$$

ويجب أن يكون هذا المؤشر ذي قيمة أكبر من واحد لكي تقول أن الإنتاجية جيدة. وهناك قياسات فرعية للإنتاجية تسمى الإنتاجية الجزئية منها إنتاجية العاملين وإنتاجية الطاقة وإنتاجية رأس المال والإنتاجية متعددة العوامل التي تجمع بـين عـاملين أو أكثر ويمكن حساب كل منها كالآتي:

* إنتاجية العاملين = $\frac{\text{قيمة المخرجات}}{\text{قيمة أجور العاملين}}$

* إنتاجية المواد الأولية =

$$\frac{\text{قيمة المخرجات}}{\text{قيمة المواد الأولية المستهلكة في الإنتاج}}$$

* إنتاجيــة رأس المــال =

* إنتاجيـــة الطــاقــة = $\frac{\text{قيمة المخرجات}}{\text{قيمة رأس المال المستثمر}}$

أما الإنتاجية متعددة العوا

$$\frac{\text{قيمة المخرجات}}{\text{قيمة الطاقة المستهلكة}}$$

* إنتاجية العاملين =
والطاقة

* إنتاجية المواد الأولية =
ورأس المال وأجور العاملين

$$\frac{\text{قيمة المخرجات}}{\text{قيمة أجور العاملين + قيمة الطاقة المستهلكة}}$$

وتتأثر الإنتاجية بعوامل متعددة منها الحوافز المدفوعة للعاملين وأجورهم ونوعية المواد الأولية والمكـائن وظـروف العمـل وكفاءة الإدارة بجدولة العمل.

$$\frac{\text{قيمة المخرجات}}{\text{قيمة المواد الأولية + قيمة رأس المال + قيمة أجور العاملين}}$$

* الإنتاج الرشيق **Lean Manufacturing (Production)**

ويعرف أيضاً باسم الإنتاج الموجه بالقيمة وهـو نمـط مـن الإنتـاج يبحـث عـن تقليـل وإزالة الضياعات والأنشطة غير المنتجة التي لا تضيف قيمة للمنتج النهائي وقد طورتـه شركـة تويوتا ويمكن أن نوضح فكرته بالمخطط التالي

*** الإنتاج الرشيق**
Lean Production
نمـط الإنتـاج الـذي يبحـث عـن إزالـة جميع الأنشـطة التـي لا تضيـف قيمـة للمنتج النهائي.

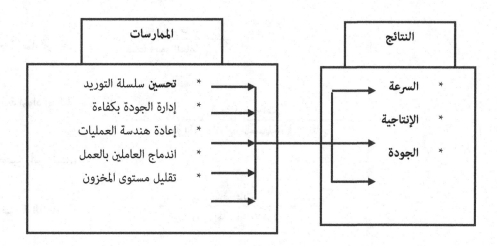

الممارسات
* تحسين سلسلة التوريد
* إدارة الجودة بكفاءة
* إعادة هندسة العمليات
* اندماج العاملين بالعمل
* تقليل مستوى المخزون
النتائج
* السرعة
* الإنتاجية
* الجودة

شكل (13-18): الإنتاج الرشيق

* إعادة هندسة العملية Process Reengineering

يقصد بها إعادة التفكير وإعادة التصميم لكافة العمليات التي تؤدي إلى خلق السلع أو الخدمات. وفي إطار هذه الإعادة يتم إزالة العمليات أو تبسيطها أو تعديلها وخاصة تلك التي لا تخلق قيمة حقيقية للمنتج. وقد ركزت الشركات على هذه الظاهرة بعد أن تطور استخدام الكمبيوتر ومجالات الاستفادة منه وكذلك تقادم الكثير من التكنولوجيا وعمليات الإنتاج. ويساهم في هذه العملية فرق عمل من جميع الأقسام مدارة ذاتياً وتطور الأفكار الجديدة وتنفذها.

*** إعادة هندسة العملية**
Process Reengineering
إعادة التفكير وإدارة التصميم لكافة العمليات التي تؤدي على خلق سلع وخدمات.

* الحيود السداسية Six Sigma

هي أسلوب أو تقنية إحصائية هدفها تقليل العيوب بشكل كبير جداً بحيث يصل إلى 3.4 وحدات في كل مليون وحدة منتجة، وقد طورتها شركة موتورولا Motorolla، وهو هدف طموح جداً ويمثل مقياساً رفيعاً للجودة.

*** الحيود السداسية**
Six Sigma
أسلوب إحصائي هدفه تقليل العيوب بشكل كبير جداً ليصل إلى 3.4 وحدة لكل مليون وحدة منتجة.

* الزبونة (الإيصاء الواسع) Mass Customization

لقد أدت التكنولوجيا الحديثة المتطورة إلى تآكل مفهوم الإنتاج الواسع حيث المنتجات القياسية النمطية وأدت إلى ظهور ما يسمى بالإيصاء الواسع أو الزبونة حيث يتم تفصيل المنتجات على وفق ذوق كل زبون. وبعبارة أخرى فهي عملية الإنتاج المرنة التي تسمح بإنتاج سلع أو خدمات بناء على رغبة وذوق الزبون بمفرده.

*** الإيصاء الواسع (الزبونة)**
Customization
عملية الإنتاج المرنة جداً التي تسمح بإنتاج سلع وخدمات على وفق الزبون المفرد وحسب ذوقه ومواصفاته.

أسئلة الفصل الثامن عشر

* أسئلة عامة

1. عرف إدارة الإنتاج والعمليات، ووضح أهميتها لمنظمة الأعمال.
2. ارسم مخططاً توضح فيه عملية تحويل المدخلات إلى مخرجات.
3. ما الفرق بين إنتاج السلع وإنتاج الخدمات؟
4. ما المقصود بالتنبؤ بالطلب؟ وما هي أهم أساليبه؟
5. ما معنى استراتيجية المنتج؟ وما هي مصادر الأفكار الجديدة للمنتجات؟
6. ما هي أهم أنماط الإنتاج؟ وما هو الترتيب الداخلي الذي يلائم كل منها؟
7. ما هي مدخلات ومخرجات نظام MRP؟
8. ما المقصود بالرقابة على المخزون؟ وما معنى حجم الوجبة الاقتصادية EOQ؟ وكيف يتم حسابها؟
9. كيف تساهم أنشطة تحسين الجودة في زيادة الربحية؟
10. ما المقصود بالإنتاجية وكيف يتم قياسها؟

** أسئلة الرأي والتفكير

1. خذ كمثال ثلاثة منظمات أعمال: جامعة، مستشفى، مصفاة نفط وحاول أن تحدد بالتفصيل المدخلات والمخرجات وأهم عمليات التحويل التي تجرى على المدخلات لكي يتم تحويلها إلى مخرجات، استعن بالمخطط الخاص بالموضوع.
2. لو كنت تعمل في إحدى الشركات المتخصصة بالاتصالات والهواتف الخلوية، وطلب إليك الاشتراك في فريق لغرض تطوير خدمة جديدة لكسب المزيد من الزبائن، ما هي الخطوات التي تنصح باتباعها؟ ومن أين يحصل الفريق على فكرة جديدة لهذه الخدمة؟
3. من خلال مراجعاتك لبعض المصارف أو الإدارت الحكومية أو شركات أخرى، هل تستطيع أن ترسم مخططاً للترتيب الداخلي لكل منها وتحدد نوع هذا الترتيب؟
4. تلاحظ في طريقك يومياً الكثير من المحلات التجارية ومقاهي الإنترنت والمراكز والعيادات والمختبرات الطبية ومحلات بيع الهواتف الخلوية وغير ذلك، هل تستطيع أن تشخص بعض العوامل التي دفعت كل منهم على اختيار الموقع الذي يقيم محله أو مشروعه فيه.
5. لو طلب إليك تقييم جودة الخدمات التالية، ما هي المعايير التي ستعتمدها في الحكم على كل منها ولماذا؟

* التعليم في الجامعة التي تدرس فيها.

* الخدمة في المركز الصحي في المنطقة التي تسكن فيها
* الخدمة في مطعم زرته مؤخراً.
* الخدمة في المصرف الذي تتعامل معه

*** أسئلة الخيارات المتعددة

1. **تركز إدارة الإنتاج والعمليات على الأنشطة**

A. الإدارية B. التنظيمية C. الفنية D. الخدمية

2. **إن أنشطة التخطيط والتنظيم والرقابة والقيادة التي تمارس على عمليات تحويل المدخلات إلى مخرجات تمثل:**

A. الإنتاج B. العمليات

C. إدارة الإنتاج والعمليات D. إدارة الأعمال

3. **إن مصانع تصفية النفط تعتبر من الأنظمة:**

A. التداؤبية B. التحليلية C. التجميعية D. التصنيعية

4. **الآتي هو مجموعة من أهداف إدارة العمليات والإنتاج عدا:**

A. الجودة B. الإنتاجية C. التسليم السريع D. المنتجات العرضية

5. **إن الاختيار بين أهداف متعارضة ومتباينة بحيث أن اختيار أحد الأهداف يؤدي إلى التضحية بالهدف الآخر يسمى:**

A. المنفعة B. المرونة C. حلقات الجودة D. المبادلة

6. **واحد من الآتي ليس أسلوباً كمياً من أساليب التنبؤ بالطلب:**

A. دلفي B. المربعات الصغرى

C. التمهيد الأسي D. معادلة الانحدار البسيط

7. **من الطرق الشائعة في اختيار موقع الوحدة الإنتاجية جميع ما يلي عدا:**

A. طريقة النقل B. طريقة مركز الجذب

C. طريقة تحليل التعادل D. المناظرة التاريخية

8. عندما يتم تجميع المكائن والمعدات التي تقوم بنفس الوظيفة في موقع أو قسم واحد فإن لدينا ترتيباً على أساس:

A. الموقع الثابت   B. الورشة

C. المجاميع التكنولوجية   D. خط التجميع

9. إن إنتاج السفن يقع ضمن :

A. نمط إنتاج المشاريع   B. نمط الإنتاج المستمر

C. نمط الإنتاج المتقطع   D. نمط الإنتاج الهجين

10. إن الكشف الخــاص بــالمطلوب مــن المنتجـات النهائيـة أو المكونـات الرئيسـية خــلال فـترة زمنيـة محددة هو:

A. خطة إنتاج رئيسية   B. تخطيط الطاقة الإنتاجية

C. نظام تخطيط الاحتياجات المادية   D. التنبؤ بالطلب

11. A أي من الآتي ليس من مدخلات نظام تخطيط الاحتياجات المادية:

A. قائمة المواد   B. أوقات الانتظار

C. بيانات المخزون   D. مواعيد إطلاق أوامر الصنع أو الشراء

12. يمكن حساب حجم الوجبة الاقتصادية للطلب من خلال المعادلة التالية:

A. $EOQ = \sqrt{\dfrac{OD}{2\,H}}$ B. $EOQ = \sqrt{\dfrac{2\,OH}{D}}$

C. $EOQ = \sqrt{\dfrac{2\,OD}{H}}$ D. $EOQ = \sqrt{\dfrac{D}{2\,OH}}$

13. إن العملية اللانهائية لتحسين الجودة تسمى:

A. Continuos Improvement   B. Quality Circles

C. TQM   D. Delighted Customer

14. إن تحديد أولويات تشغيل أوامر العمل في مركز عمل واحد أو أكثر يسمى:

A. المشروع   B. التعاقب

C. الجدولة التفصيلية   D. الإنتاج الرشيق

15. ان تفصيل المنتجات على وفق ذوق الزبون هو :

A. الحيود السداسية   B. الزبونة

C. إعادة هندسة العملية   D. الجودة

الفصل التاسع عشر

التســـويق

الفصل التاسع عشر

التسويق

بعد دراستك لهذا الفصل تستطيع الإجابة على هذه الأسئلة:

1. المقصود بالمزيج التسويقي، وما هي أهم مفرداته؟
2. عرف المنتج، واستعرض أساليب تطوير المنتج الجديد؟
3. ما المقصود بالعلامة التجارية؟
4. عرف التسعير، واذكر أهدافه وأهم استراتيجياته؟
5. عرف الترويج وستعرض أهم مفردات المزيج الترويجي؟

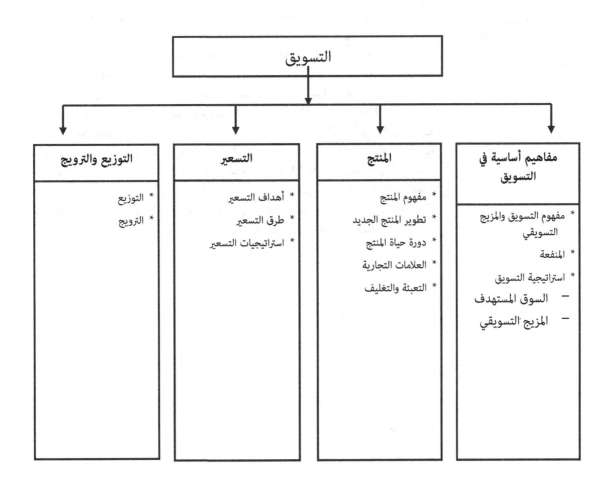

مقدمة الفصل التاسع عشر:

إن منظمات الأعمال وجدت لكي تنتج سلعاً أو خدمات وبالطبع فإن هذه المنتجات موجهة للمستهلكين لذا لا بـد مـن تسويقها بطريقة فاعلة لكي تصل المستفيدين منها في الوقت والمكان الملائمين. إن وظيفة التسويق اليوم تعد حاسـمة في نجـاح منظمات الأعمال وبقائها، فلا يكفي أن تكون المنتجات ذات جودة عالية لكي تفرض نفسها في السوق بـل لا بـد ن أسـاليب توزيع ودعاية وإعلان وطرق تسعير مدروسة بعناية. كذلك فإن تصميم المنتج أولاً ومن ثم تعبئته بطريقة لائقـة أو تقديمـه بشكل مناسب لها أثر فاعل في إقبال المستهلكين عليه. إن هذه القضايا وقضايا أخرى سيتطرق لها هذا الفصل.

أولاً: مفاهيم أساسية في التسويق Basic Concepts in Marketing

* مفهوم التسويق والمزيج التسويقي

Marketing and Marketing Mix

* التسويق
Marketing
عمليـات تخطيـط وتنفيـذ لمفهـوم وتسـعير وترويج وتوزيع الأفكـار أو السلع أو الخدمات بهدف خلق تبـادل يشبـع حاجـات المسـتهلكين ويـرضي منظمات الأعمال

إن التسويق كنشاط مهم من أنشطة المنظمة ينصب عـلى عمليـات تخطيط وتنفيذ مفهوم وتسعير وترويج وتوزيع الأفكـار أو السـلع أو الخـدمات لخلـق تبـادل يشبـع حاجـات الأفراد ويحقق أهداف المنظمات. وبهذا فإن المقصود هنا هو بلورة مفهوم المنتج أولاً وبعـد إنتاجه تتم عملية التسعير والتعبئة والتغليف ومن ثم عمليات الترويج والإعلان والتوزيع عـبر القنوات المختلفة. إن المفهوم الحديث للتسويق جاء عقب تطور تـاريخي لمفاهيم قديمـة كانت تنظر إلى عملية التبادل كعملية بيعية تنصب أساساً على قدرة المنظمة على إنتاج سلع وخدمات بجودة محددة دون فهم لرغبات وحاجات المستهلكين. وكان يعتقد أن الربح يمكن تحقيقه من خلال بيع أكبر كمية من السلع والخدمات للمستهلكين لذلك فإن تركيز منظمة الأعمال يتوجه أساساً إلى بيع ما تم إنتاجه أصلاً من قبلها. وقد تطور الأمر اليوم كثيراً وأصبح مفهوم التسويق أكثر شمولية واتساعاً حيث اعتمدت منظمات الأعمال توجهاً قائماً على أساس إنتاج ما يمكن تسويقه كما أنه اشتمل أيضاً عـلى رؤيـة اجتماعيـة ومسـؤولية أخلاقيـة. ومـن المناسب هنا أن نشير إلى أن التسويق يشتمل على عدد كبير من الأنشطة الفرعيـة الضرورية لزيادة قدرة المنظمة في المنافسة والحصول على حصة من السوق، وتسمى هذه الأنشطة

جميعاً المزيج التسويقي Marketing Mix. والمزيج التسويقي هو توليفة مناسبة من المنتجات وطرق تسعيرها وأساليب ترويجها وتوزيعها، وهدف هذا المزيج هو إشباع سوق معينة أو جزء من سوق مستهدفة. وعادة ما يطلق مصطلح السوق Market على مجموعة الأفراد أو المنظمات أو كليهما والتي تحتاج إلى منتجات محددة سواء كانت سلع أو خدمات أو أفكار ولديها القابلية أو الرغبة والصلاحية لشراء هذه المنتجات. وفي إطار هذا السوق تتنافس منظمات الأعمال بعرض منتجاتها في ضوء دراسة للطلب المتوقع على هذه المنتجات لذلك يتطلب الأمر الوعي جيداً بخائص السوق ونوعه وحجمه وحدوده وأسلوب المنافسة فيه وفي العادة فإن تحديد نوع السوق يصبح أمراً ضرورياً بالنسبة للمنظمة فهناك سوق المستهلك Consumer Market والذي هو عبارة عن البيع المباشر إلى الأفراد الذين يستهلكون هذه السلع. كذلك هناك السوق الصناعي Industrial Market الذي هو سوق يكون فيه البيع إلى جهات وسيطة تشتري لا لغرض الاستهلاك المباشر بل لاستخدامها في إنتاج منتجات أخرى. وتختلف أساليب منظمة الأعمال التسويقية للتعامل مع كلا السوقين سواء في إطار تقدير الطلب المتحقق أو أسلوب عرض السلع بناء على خصائص وطبيعة واحتياجات وحجم المبيعات في كلا السوقين. كما أن منظمة الأعمال يفترض أن تستهدف جزء من هذا السوق أو السوق بصورته الشمولية لغرض الحصول على ما يسمى بالحصة السوقية Market Share والتي هي عبارة عن مبيعات المنظمة المعنية إلى مجموع المبيعات في السوق.

*** المزيج التسويقي**
Marketing Mix
توليفة من المنتجات وطرق تسعيرها وأساليب توزيعها وترويجها. وتهدف هذه التوليفة إشباع سوق معين أو جزء منها.

*** السوق Market**
مجموعة الأفراد أو المنظمات أو كليهما والتي تحتاج إلى منتجات محددة سواء كانت سلع او خدمات أو أفكار ولديها القابلية والرغبة والصلاحية لشراء هذه المنتجات.

*** الحصة السوقية**
Market Share
النسبة المئوية لمبيعات المنظمة من منتج معين قياساً إلى المبيعات الكلية في السوق من نفس المنتج.

* المنفعة Utility

يقصد بالمنفعة هو قدرة السلعة أو الخدمة على إشباع حاجة إنسانية. وبالطبع فإن اي منتج يشترى فهو لغرض إشباع حاجة معينة لذا يحرص الزبون على تحقيق أكبر منفعة ممكنة مقابل السعر الذي يدفعه ثمناً لهذه السلعة أو الخدمة. ويمكن الإشارة إلى عدة أنواع من المنافع المرتبطة بالسلع أو الخدمات أو الأفكار وكما يلي:

*** المنفعة Utility**
قدرة السلعة أو الخدمة على إشباع حاجة إنسانية.

- **المنفعة الشكلية Form Utility:** وهي المنفعة المتحققة جراء تحويل المواد أو المدخلات إلى منتجات نهائية مفيدة مثال ذلك تحويل الخشب إلى أثاث أو النفط الخام إلى مشتقات مختلفة. ومن الواضح هنا أن من يقوم بعملية التحويل هو وظيفة الإنتاج ودور التسويق هنا غير مباشر وذلك عن طريق المعلومات والبيانات التي جمعت من خلال بحوث السوق فإنها تستخدم في تحديد الحجم والشكل والملامح الأخرى للمنتج.

- **المنفعة المكانية Place Utility:** وهذا النوع يتحقق عندما ينقل المنتج إلى مكان آخر حيث يمكن أن يتواجد زبائن أو مستهلكون لشرائه.
- **المنفعة الزمانية Time Utility :** وهي المنفعة الحاصلة عند جعل المنتج متوفراً في وقت حاجة الزبون إليه.
- **منفعة التملك (المنفعة الحيازية) Possession Utility :** وهي المنفعة المتحققة نتيجة تحويل ملكية منتج معين إلى الزبون بواسطة أساليب البيع المختلفة.

وتجدر الإشارة إلى أن المنافع الزمانية والمكانية والحيازية هي منافع مباشرة لوظيفة التسويق. ويمكن توضيح هذه الفكرة من خلال الشكل التالي وبافتراض أن المنتج المراد تسويقه هو ملابس عربية صيفية.

المنفعة	يمكن أن تشبع	لكن لا يمكن أن تشبع
• الشكلية	قياس 50	قياس 62
• المكانية	يمكن أن تباع في الدول العربية	لا يمكن أن تباع في الصين
• الزمانية	الفترة الصيفية	الفترة الشتوية
• الحيازية	القياس 50 في الدول العربية وفي الفترة الصيفية بسعر 10 دنانير	القياس 50 في الدول العربية وفي الفترة الصيفية بسعر 20 دينار

إن المنفعة التي يضيفها التسويق يجب أن تأتي في إطار متكامل يلبي رغبات الزبائن جميعها وفق الاشتراطات التي يفرضها السوق وتقتضيها طبيعة المنافسة.

* استراتيجية التسويق Marketing Strategy

* استراتيجية التسويق
Marketing Strategy
خطة هدفها خلق التكامل في قرارات المنتج والسعر والمكان والترويج وكذلك التنسيق بينها بحيث تتطابق مع الاستراتيجية الشاملة للمنظمة وتساهم في تحقيقها.

يقصد باستراتيجية التسويق خطة هدفها خلق التكامل في قرارات المنتج والسعر والمكان والترويج وكذلك التنسيق بينها بحيث تتطابق مع الاستراتيجية الشاملة للمنظمة وتساهم في تحقيقها. وتتضمن استراتيجية التسويق أمرين مهمين يتمثل الأول باختيار وتحليل السوق المستهدف، أما الثاني فهو إيجاد وإدامة صيغة مناسبة من المزيج التسويقي.

- السوق المستهدف Target Market

* السوق المستهدف
Target Market
مجموعة أفراد أو منظمات أو الاثنين معاً والذي تسعى المنظمة لتطوير وإدامة مزيج تسويقي مناسب لها.

يعني السوق المستهدف مجموعة أفراد أو منظمات أو الاثنين معاً والذي تسعى المنظمة لتطوير وإدامة مزيج تسويقي مناسب لها. ولغرض اختيار السوق المستهدف فإن مدراء التسويق يفحصون القوة الكامنة في هذا السوق واحتمال تأثيرها على المنظمة من ناحية المبيعات والتكاليف والأرباح. وعادة ما يفحص المدراء موارد المنظمة وإمكاناتها لغرض اختيار مزيج تسويقي ملائم يرضي متطلبات السوق المستهدف ويساهم في تعزيز الأهداف الكلية للمنظمة. كذلك

تقوم إدارة التسويق بتحليل جوانب القوة ونواحي الضعف في الأنشطة التسويقية للمنظمة ومصادر التهديد والفرص المتاحة في البيئة الخارجية لبناء استراتيجية تسويقية فاعلة. وغالباً ما يستخدم مدراء التسويق مدخلين لتحديد السوق المستهدف وهما:

- **مدخل السوق الموحد Undifferenciated Approach:** ويقصد بهذا الأمر اعتبار السوق المستهدف سوق يتشابه فيه المستهلكون في احتياجاتهم وبالتالي تستطيع منظمة الأعمال أن تلبي حاجات هؤلاء الزبائن بمزيج تسويقي موحد. إن هذا المزيج سيكون من منتج واحد باختلافات بسيطة أو غير موجودة وكذلك سعر واحد وبرنامج ترويجي واحد ونظام توزيعي واحد للوصول إلى جميع المستهلكين في السوق. ومن أمثلة ذلك بعض المنتجات الغذائية مثل السكر.
- **مدخل تجزئة السوق Market Segmentation Approach:** وضمن هذا المدخل فإن منظمة الأعمال تقوم بتقسيم السوق الكلية إلى مجاميع أفراد أو منظمات تتقاسم واحدة أو أكثر من خصائص مشتركة ويسمى هذا جزء من السوق أو قسم من السوق Market Segment. أما عملية تجزئة أو تقسيم السوق إلى مجاميع من الأفراد أو المنظمات فتسمى تجزئة السوق Market Segmentation وتقوم على أساسين: التركيز في السوق أو التنويع فيها. فعندما تكون عملية التجزئة بصورة تجزئة السوق المركزة Concentrated Market Segmentation فإن ذلك يعني أن المزيج التسويقي الواحد سيوجه إلى جزء واحد من السوق فقط. أما إذا كانت التجزئة على أساس التنويع وتسمى تجزئة السوق المنوعة Differentiated Segmentation وتعني استخدام عدة أنواع من مزيج التسويق إلى عدة أقسام من السوق. وللتوضيح فإن أسس التقسيم للسوق متعددة ويمكن أن تذكر أدناه بعض الأسس الشائعة جداً في هذا المجال.

الديموغرافي	السايكولوجي	الجغرافي	السلوكي
العمر	السمات الشخصية	الإقليم	الكمية المستخدمة
الجنس	الدوافع	الحضري	الاستخدام النهائي
العرق	أسلوب الحياة	الريفي	المنافع المتوقعة
الدخل		كثافة السوق	الولاء للعلامة التجارية
المستوى التعليمي		المناخ	الحساسية للسعر
المهنة		الأرض	
حجم العائلة		حجم المدنية	
دورة حياة العائلة		حجم الولاية	
الدين			
الطبقة الاجتماعية			

شكل (1-19): أسس التقسيم للسوق

ولمزيد من الإيضاح للأفكار أعلاه وبالأخص ما يتعلق بالسوق المستهدفة نعرض الشكل التالي:

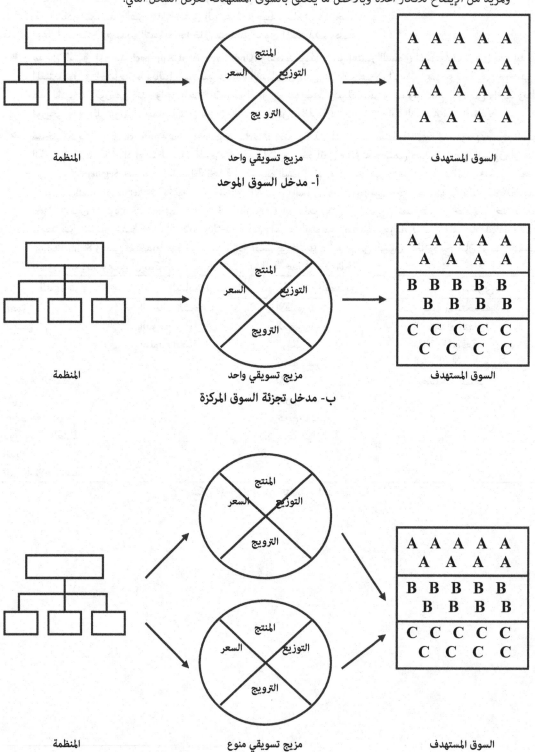

أ- مدخل السوق الموحد

ب- مدخل تجزئة السوق المركزة

شكل (2-19): السوق المستهدف وفق المدخل الموحد أو المنوع

- المزيج التسويقي **Marketing Mix**

لعل العنصر المهم في استراتيجية التسويق فهو التوليفة المناسبة من الأنشطة التسويقية وحسن التنسيق بنيها ومواءمتها مع طبيعة الاستراتيجية الشاملة للمنظمة.

إن عناصر المزيج التسويقي المشار إليها سابقاً تتضمن المنتج والسعر والمكان والترويج والتي قد يضيف البعض لها بعض العناصر الأخرى مثل التعبئة والتغليف، إذا ما صيغت ضمن استراتيجية التسويق بشكل ملائم فإنها ستساهم بفاعلية كبيرة في إسناد الاستراتيجية الشاملة للمنظمة والعكس صحيح. ولا بد من الإشارة إلى أن بعض الباحثين قد أضاف ثلاثة عناصر إضافية للمزيج التسويقي وأسماها (7 Ps) وهي:

1. Product .
2. Price.
3. Place.
4. Promotion.
5. People.
6. Process.
7. Physical.

إن المصطلحات الثلاثة الأخيرة خصصها البعض للمنتجات الخدمية حيث أن الخدمة ترتبط بالناس الذين يقدمون الخدمة والعملية ذاتها والمظاهر المادية المرتبطة بتقديم الخدمة. وهناك من الباحثين من أشار إلى أن المزيج التسويقي يتضمن بعض عناصر ولكن الثلاثة الأخيرة منها هي People ويقصد بها مقدمو السلعة أو الخدمة وكذلك المستهلكين و Packaging التي تشير إلى تعبئة المنتجات وتغليفها وهو نشاط تسويقي مهم وأخيراً Physical Distribution الذي يعني التوزيع المادي للمنتجات وبضمنها كل ما يتعلق بقنوات التوزيع.

ثانياً: المنتج Product

يمثل المنتج أساس وجود المنظمة وأن جميع منظمات الأعمال قد وجدت من أجل الإنتاج الذي قد يكون سلعة أو خدمة. وسنتناول في هذه الفقرة بعض الجوانب المتعلقة بالمنتج ابتداءً من تعريف المنتج وتطويره وتعبئته وتغليفه ودورة حياته وانتهاءً بالعلامات التجارية للمنتج.

*** المنتج Product**
كل شيء يقتنى بمقابل ويتضمن خصائص ملموسة أو غير ملموسة ويشتمل على منافع متوقعة.

* مفهوم المنتج Product Concept

يشتمل مصطلح المنتج ثلاثة عناصر أساسية : السلعة Good والخدمة Service والأفكار Ideas حيث أن المنظمات تقدم منتجات صناعية أو خدمية أو

*** السلعة Good**
كيان مادي ملموس.

أفكار وتركز جهودها لتسويقها بأساليب مختلفة. وعموماً يمكن إعطاء تعريف شامل للمنتج Product على أنه كل شيء يقتنى بمقابل ويتضمن خصائص ملموسة أو غير ملموسة ومنافع متوقعة ويمكن أن يكون سلعة أو خدمة أو فكرة. والسلعة Good فهي عبارة عن كيان مادي ملموس في حين أن الخدمة Service هي تفاعل اجتماعي نتيجة تطبيق لجهود إنسانية أو ميكانيكية، على إنسان أو شيء وهي منتجات غير ملموسة. والفكرة Idea عبارة عن صيغة فلسفية أو درس أو مفاهيم أو نصائح. أما أنواع المنتجات فيمكن أن تصنف إلى نوعين رئيسيين : منتجات للمستهلك Consumer Products ومنتجات صناعية (للأعمال (Industrial Goods (Business).

* **الخدمة Service**
تفاعل اجتماعي يمثل نتيجة تطبيق لجهود إنسانية أو ميكانيكية على إنسان أو شيء وهي منتجات غير ملموسة.

* **الفكرة Idea**
عبارة عن صيغة فلسفية أو درس أو مفاهيم أو نصائح.

- منتجات للمستهلك **Consumer Products**

وهي منتجات تشترى من قبل الأفراد للاستهلاك الشخصي- المباشر ويمكن أن نجد ضمن هذا النوع عدة أصناف.

- **المنتجات الميسرة Convenience Products** : وهي منتجات كثيرة الأنواع وتشترى بشكل متكرر ولا تعتبر غالية الثمن وتعرض في أماكن قريبة للسكن وفي محلات كثيرة من أمثلتها معجون الحلاقة أو الأسنان والسكر والصحف والخبز وغيرها. ولا يكرس الفرد أو المستهلك جهود كبيرة للتخطيط لشرائها ولا مقارنة أسعار العلامات المختلفة منها.
- **منتجات التسوق Shopping Products** : وهذا النوع يتطلب الحصول عليها التفكير والمقارنة بين بدائل عديدة من العلامات التجارية والبائعين وغير ذلك. ومن أمثلة هذا النوع الأثاث والتجهيزات الكهربائية وغير ذلك وهي قليلة التكرار من حيث شرائها وأسعارها عادة أعلى ويتم اختيارها وفق معايير محددة تتعلق بالسعر والجودة والقيمة واللون والأسلوب وغيرها.
- **منتجات خاصة Speciality Products** : وهي منتجات ذات صفة خاصة وتتطلب جهداً خاصاً لشرائها وتخطيطاً طويلاً وهي ذات سعر عالي وهنا لا تكون هناك مقارنة بين الأسعار لأن المنتج قد يكون فريداً في خصائصه. مثال ذلك البحث عن ساعات فاخرة ذات علامة مميزة أو سيارة رياضية خاصة أو نوع معين التحف.
- **المنتجات غير المنشودة Unsought Products** : وهي منتجات غير حاضرة في الذهن ولا تطلب إلا بعد أن تحفز الحاجة إليها من خلال

* **المنتجات الميسرة**
Convenience Products
منتجات كثيرة الأنواع متكررة الشراء غير مرتفعة الثمن.

* **منتجات التسوق**
Shopping Products
منتجات يتطلب الحصول عليها جهداً أكبر ومقارنة بين الأسعار وهي قليلة التكرار من حيث شرائها.

* **منتجات خاصة**
Speciality Products
منتجات ذات صفة خاصة وتتطلب جهداً خاصاً لشرائها وتخطيطاً طويلاً ومقارنة بين الأسعار والعلامات التجارية.

* **المنتجات غير المنشودة**
Unsought Products
منتجات غير حاضرة بالذهن ولا تطلب إلا بعد أن تحفز الحاجة إليها من خلال الإعلان أو رجال البيع الجوالين أو صيغ أخرى.

الإعلان أو رجال البيع الجوالين أو صيغ أخرى. من أمثلة هـذا النـوع مـن المنتجـات خـدمات الحفـلات وخـدمات التـأمين والعيـادات النفسـية وخـدمات دفـن المـوتى والجراحة التجميلية وغيرها.

وهذا تصنيف عام حيث أن الفروقات الفردية قد تجعل بعض المنتجات الخاصة أو بعض منتجـات التسـوق هـي منتجـات من نوع آخر ومنهم من يعتبر بعض أنواع المنتجات الميسرة هي منتجات تسوق وهذا كما أشرنا يعتمـد عـلى خصـائص الأفـراد لـذا يتوجب على منظمات الأعمال معرفة خصائص المستهلكين في كل منطقة.

- منتجات صناعية (للأعمال) **Industrial Products**

وهي منتجات لا تستهلك من قبل الأفراد مباشرة بل تتعامل بها منظمات الأعمال لإنتاج منتجاتها ويمكن أن نجـد الأصـناف التالية ضمنها:

- **المواد الأولية Raw Materials**: وهي مواد خام تدخل في صناعة منتجات أخرى وتستخرج من المناجم أو الغابات أو البحـار والمحيطات أو المزارع أو مواد معاد تدويرها.

- **تجهيزات ثقيلة Major Equipment** : وهي المعدات والتجهيزات والمكـائن الكبـيرة تسـتخدم في الإنتـاج أو تسـيير الأعـمال الضخمة مثل الرافعات والمكائن الثقيلة.

- **تجهيزات مساعدة Accessory Equipment** : وهي معدات وتجهيزات تستخدم في الإنتاج وتتميز بصغر حجمها مثل العـدد اليدوية التي يستخدمها العاملون والطابعات والحواسيب وغيرها.

- **الأجزاء والمكونات Components and Parts** : وهي قطع تامة الصنع أو قد تحتاج إلى تشغيل بسيط لتجميعها في منتجات أكبر مثل الإطارات والساعات والعدادات وأجزاء الحاسوب وغيرها.

- **مهـارات التشـغيل والخـدمات Process Materials** : وهـي مـواد تسـتخدم في المنتجـات ولا يمكـن تشخيصـها أو تحديـد مساهمتها بدقة في كمية المنتج مثل الزيوت والوقود وورق الطباعة والمواد الحافظة في المعلبات.

- **خدمات الأعمال Business Services** : كافة الخدمة المتعلقة بالصيانة والاستشارة المالية والقانونية وبحوث السوق وغيرها.

* تطوير المنتج الجديد New Product Development

إن ديناميكية الأعمال والتغيير السريع في أذواق المستهلكين وزيادة حدة المنافسة دفعت الشركات إلى تقديم ما هـو جديـد من منتجات أو تطوير المنتجات الموجودة حالياً في السوق. وهذه العملية تتمثل بعدة خطوات متتابعـة يمكـن أن نمثلهـا بالشـكل (18-3)، وبعد ذلك نحاول أن نوضح بإيجاز كل مرحلة من هذه المراحل.

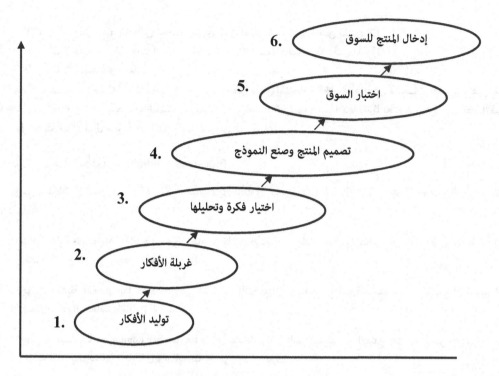

شكل (3-19): مراحل تطوير المنتج الجديد

1. مرحلة توليد الأفكار Ideas Generation

في هذه المرحلة يتم توليد عدد من الأفكار التي يمكن أن تحصل عليها المنظمة من مصادر متعددة قد تكون مـن داخـل المنظمة أو خارجها. فالمصادر الداخلية يمكن أن تكون العاملين أو قسم البحث والتطوير والخارجية قد تكون المنافسين أو بحـوث السوق واقتراحات الزبائن.

2. غربلة الأفكار Screening

هنا يتم دراسة الأفكار واستبعاد غير العملي وغير المفيد منها أو غير القابل للتطبيق وهذه المرحلة يجب أن تكون دقيقـة بحيث لا تسمح باستبعاد أفكا رجيدة وقبول أفكار رديئة.

3. مرحلة التحليل Analysis

في هذه المرحلة يتم التأكد من أن الأفكار المختارة منسجمة مع قوة وقابليات منظمة الأعمال، كما أن المنتج الجديد يـتلائم مع تشكيلة المنتجات وأساليب التوزيع والقدرات المالية للمنظمة.

4. تصميم المنتج وصنع النموذج الأولي Product Design and Prototype Development

يتم في هذه المرحلة وضع التصميم الخاص بالمنتج ومن ثم صنع النموذج الأصلي لـهُ. ويجب التأكد مـن أن التصـميم اقتصادي من حيث الكلفة. ويستخدم هنا أسلوب التصميم بالكمبيوتر والـذي يسـاعد كثـيراً في إجـراء التعـديلات والتحـويرات في التصميم.

628

5. اختبار السوق Test Marketing

يجري هنا اختبار للمنتج في السوق عن طريق طرح عينات أو أعداد قليلة من المنتج حيث يقدم عادة بأسعار وعبوات مختلفة لأعداد متنوعة من المستهلكين.

6. إدخال المنتج للسوق Commercialization

يتم إدخال المنتج للسوق بشكل واسع ويجري تسويقه تجارياً في مناطق واسعة من السوق وتأتي هذه المرحلة تتويجاً لكافة المراحل السابقة.

* دورة حياة المنتج Product Life Cycle

* دورة حياة المنتج
Product Life Cycle
سلسلة من المراحل التي يمر بها المنتج منذ دخوله للسوق ولحين تدهوره وانحداره.

يقصد بدورة حياة المنتج سلسلة من المراحل التي يمر بها المنتج منذ دخوله للسوق ولحين خروجه منه حيث تأخذ المبيعات والإيرادات تتزايد وتصل إلى القمة ثم تبدأ بالانحدار. وتتكون دورة حياة المنتج من أربعة مراحل هي : إدخال المنتج للسوق Introduction ومرحلة النمو Growth ومرحلة النضوج Maturity وأخيراً مرحلة الانحدار أو التدهور وتسمى Decline. وأهمية دورة الحياة هنا هي تنبيه الإدارة إلى ضرورة اتخاذ الإجراءات اللازمة لتعديل أو إلغاء المنتجات من الأسواق أو المحافظة على البعض منها أو إطلاق منتجات جديدة في ضوء الخصائص المرتبطة في كل مرحلة من مراحل حياته وفي ضوء حالة المنافسة السائدة. أساليب ترويج أو توزيع أو تسعير أو أي مؤشرات تسويقية أخرى يفترض أن تكون ملائمة لطبيعة المرحلة من مراحل دورة حياة المنتج، ويمكن أن تعرض هذه الأفكار بالمخطط التالي:

شكل (4-19): دورة حياة المنتج

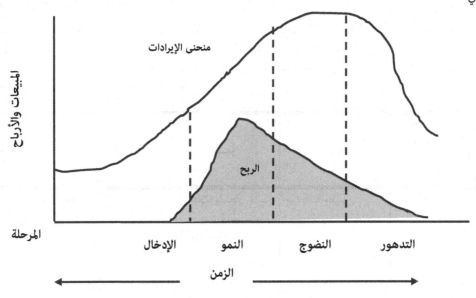

- مرحلة التقديم Introduction

في هذه المرحلة تركز منظمة الأعمال على خلق طلب أولي على المنتج حيث أن عدد قليل من الناس يعرف بـالمنتج، كـما تتميز هذه المرحلة بارتفاع تكاليف الإعلان والترويج وكذلك التعديلات التي تجرى على المنتج نتيجة الشكاوى القادمة من الزبائن. إن عدد الوحدات المباعة في هذه المرحلة قليل والأرباح قليلة أو قد تكون هناك خسارة.

- مرحلة النمو Growth

تبدأ المبيعات بالتزايد ويزداد كذلك وعي وإدراك المستهلكين بوجود المنتج وخصائصه، كذلك فإن الأرباح تبدأ بالتحقق كـما أن الأسعار يمكن أن تنخفض كما أن التكاليف قد تنخفض بسبب تأقلم العاملين مع المنتج وانخفاض عدد الوحدات المعيبة وكذلك لا توجد حاجة كبيرة لإجراء تعديلات في المنتج ولا توجد شكاوى كثيرة من وجود نواحي قصور في المنتج. وتحاول المنظمـة هنا أن تخلق حالة ولاء لعلاماتها التجارية.

- مرحلة النضوج Maturity

تبلغ المبيعات ذروتها في هذه المرحلة وتستقر ثم في نهايتها تبدأ بالتوقف عن النمو والتزايد. يكون المنتج هنا معروفاً في السوق وتبدأ شركات أخرى ومنافسون بالدخول لذا لا بد من تحسين في الخصـائص أو إيجـاد اسـتخدامات بديلـة وتغيـير حجـم أو أسلوب تغليفه.

- مرحلة الانحدار أو التدهور Decline

هنا تبدأ المبيعات بالانخفاض بشكل ملموس وتنخفض الأرباح والإيرادات وأن المنظمـة تعـي أن المنتج أصبح في مرحلـة التدهور لذا لا بد من اتخاذ قرار بالاستغناء عن الكثير من النفقات الخاصة بالجوانب التسويقية.

ولا بد من الإشارة إلى أن مواءمة ضرورية بين استراتيجية التسويق المعتمدة وبين كل مرحلة من مراحل دورة حياة المنتج يجب أن تؤخذ بنظر الاعتبار وسنلخص هذه الجوانب بالشكل الآتي:

المزيج التسويقي دورة حياة المنتج	المنتج	السعر	المكان	الترويج
الإدخال	منتجات معينة	إبداعات بأسعار عالية أو اخـتراق أسـواق بأسعار واطئة.	تطوير قنوات توزيع	اسـتثمار ضـخم في الـترويج لجـذب المستهلكين للمنتج
النمو	منتجات محسنة	تعديل السعر لمقابلة منافسة جديدة	توسيع قنوات التوزيع	حمـلات إعلانيـة تنافسـية قويـة وبنـاء تفضـيل للعلامـة التجارية

630

تأكيد على علامة المنتج ومزاياه	تكثيف التوزيع وبناء ولاء لقنوات التوزيع	اتباع سياسة سعرية هجومية	منتجات متنوعة لأسواق متنوعة	النضوج
ترويج قليل	إسقاط قنوات التوزيع الهامشية	الالتزام بالسعر أو إعادة النظر فيه	تغييرات قليلة أو عدم تغيير للمنتج	الانحدار

شكل (5-19): مواءمة استراتيجية التسويق مع دورة حياة المنتج

* العلامات التجارية Branding

تعتبر العلامات التجارية القوية أصولاً مهمة لمنظمات الأعمال. فعلامات مثل ماكدونالدز وسوني وهونداي ومرسيدس وغيرها لا تقدر قيمتها بثمن في السوق وهي مطبوعة في ذاكرة الزبائن في جميع أنحاء العالم. والعلامة Brand هي اسم أو رمز أو تصميم أو أي توليفة منهم تساعد على تشخيص المنتج وإعطائه هوية مختلفة عن المنتجات المنافسة الأخرى. أما اسم العلامة Brand Name هو الجزء الذي يمكن لفظه من العلامة ورمز العلامة Brand Mark هي الجزء الذي يتمثل برمز أو تصميم مميز. فعلامة شركة ماكدونالدز اسم العلامة فيها هو كلمة ماكدونالدز في حين أن رمز العلامة هو حرف (m) المميز المعروف. كذلك فإن شركة مرسيدس رمز العلامة فيها هو . أما العلامة التجارية Trademark فهي اسم ورمز العلامة المسجلان في السجلات القانونية في بلد ما وتكون محمية من الاستخدام من قبل أي جهة أخرى. والاسم التجاري Trade Name فهو الاسم الكامل القانوني للمنظمة.

- أنواع العلامات Types of Brands

يمكن أن تصنف العلامات بطريق مختلفة، فمثلاً هناك العلامات العائلية Family Brands وعلامات فردية Individual Brands وعلامات وطنية National Brands وعلامات خاصة Private-Label Brands. ولكن لا بد من الإشارة أولاً إلى وجود منتجات لا تحمل أي علامة والعبوة تحمل اسم المنتج فقط

*** العلامة Brand**
اسم أو رمز أو تصميم أو أي توليفة منهم تساعد على تشخيص المنتج وإعطائه هوية مختلفة عن المنتجات المنافسة الأخرى.

*** اسم العلامة**
Brand Name
هو الجزء الذي يمكن لفظه من العلامة.

*** رمز العلامة**
Brand Mark
الجزء الذي يتمثل برمز أو تصميم مميز.

*** العلامة التجارية**
Trademark
اسم ورمز العلامة المسجلان في السجلات القانونية في بلد ما وتكون محمية من الاستخدام من قبل أي جهة أخرى.

*** الاسم التجاري**
Trade Name
الاسم الكامل القانوني للمنظمة.

وعادة ما تكون هذه المنتجات منخفضة السعر لأن المستهلكين يركزون على هذا الجانب الدرجة الأساسية وهي تلتزم بالحد الأدنى من ضوابط الجودة ومن أمثلتها بعض المواد الغذائية. أما العلامات العائلية فهي علامات مفردة تغطي مجموعة من المنتجات ذات العلاقة فيما بينها مثلاً علامة (نبيل) تغطي مجموعة كبيرة من المنتجات الغذائية المختلفة. أما العلامة الفردية فهي علامة تخص منتج واحد محدد ربما داخل العائلة الواحدة مثال ذلك (نوكيا N 70) و علامة Tide أو Pampers وغيرها. وهناك ميزات تحصل عليها منظمات الأعمال عند استخدام العلامات العائلية أو الفردية. فبالنسبة للعلامات العائلية يمكن أن تمثل مظلة لسمعة وشهرة كبيرة للمنظمة تتفرد داخل هذه المظلة منتجات متعددة بخصائص تشبع حاجات أسواق معينة. أما العلامة الوطنية فعادة ما يشار إليها بكونها علامة المنشأ أو المصنع Manufacturer Brand فمثلاً علامة Haagen-Dazs تعتبر علامة وطنية للمرطبات ومملوكة لمنتجها Pillsbury، لكن بعض الأسواق الكبيرة مثل Safeway لها علامة خاصة للمرطبات وهي علامة خاصة كأسواق أو منافذ توزيع خاصة.

وقد تأخذ هذه العلامة اسماً آخر في دولة أخرى.

- سمات العلامة الجيدة Good Brands

إن اختيار العلامات ليس بالأمر السهل، ففي الأسواق توجد العديد من العلامات التي تتداخل ولا يستطيع المستهلك تذكرها بسهولة. لذلك فإن اسم العلامة الناجح يتسم بأربعة خصائص:

1. أن يكون بسيطاً ويمكن تذكره، مثل سوني، نايك يمكن لفظها وتذكرها بسهولة.
2. أن يكون متاحاً بمعنى أنه لم يسبق لجهة أخرى أن اعتمدته وخير مثال يوضح ذلك هو في حالة فتح بريد إليكتروني فقد يحتاج الأمر إلى تجربة عدة أسماء لحين الحصول على اسم لم يسجل لجهة أخرى.
3. أن يكون مناسباً ومرتبطاً بالمنتج ويضعه في دائرة الوضوح
4. أن يكون مقبولاً عالمياً ولا توجد فيه كلمات تثير إشكالية من الناحية الثقافية أو الحضارية أو الأخلاقية عندما تلفظ بلغات أخرى.

ومن الضروري أن تضيف العلامات قيمة للمنتج من خلال خصائصها المميزة الجاذبة للزبائن وتسمى هذه الحالة Brand Equity. ومن الضروري أن

العلامة العائلية
Family Brand
علامات مفردة تغطي مجموعة من المنتجات ذات العلاقة في ما بينها.

العلامة الفردية
Individual Brand
علامة تخص منتج واحد محدد.

العلامة الوطنية
National Brand
علامة المنشأ أو المصنع

العلامة الخاصة
Private-Label Brand
علامة خاصة بالأسواق ومنافذ التوزيع.

قيمة العلامة
Brand Equity
هي القيمة المضافة للمنتج والمتولدة من استخدام اسم ورمز معين.

تكون العلامة ذات استحضار سريع في ذهن الزبون عندما يذكر منتج معين ويسمى هذا الوعي بالعلامة Brand Awareness. كذلك فإن تكوين حالة من الحضور الإيجابي والصورة الذهنية المحببة التي ترضي المستهلك وتجعله مفضلاً للمنتج حامل هذه العلامة عند اتخاذ قراره بشراء سلعة أو خدمة معينة وهذه الحالة نسميها الولاء للعلامة Brand Loyalty. لذا فإن منظمات الأعمال تحتاج إلى حملات إعلانية واسعة وهدايا ترويجية من أجل كسب ولاء الزبائن والمحافظة عليه.

* الوعي بالعلامة
Brand Awareness
المدى اللازم لاستحضار العلامة في ذهن الزبون عندما يذكر منتج معين.

* الولاء للعلامة
Brand Loyalty
درجة أو مدى تشكيل صورة ذهنية إيجابية للعلامة لدى المستهلك تجعله يتخذ قراراً بشراء المتج المرتبط بها.

* التعبئة والتغليف Packaging

يمثل هذا النشاط التسويقي عنصراً مهماً في استراتيجية المنتج. ويقصد بالتعبئة والتغليف Packaging تصميم وإنتاج العبوات أو الأوعية الحاوية للمنتج. فبالإضافة إلى الهدف التقليدي للتعبئة وهو حماية المنتجات من التلف والضياع فإن التصميم الجيد لها يمكن أن يخلق قيمة ترويجية ودعائية مهمة. وتتخذ العبوات أشكال مختلفة فمنها ما هو زجاجي أو كارتوني أو بلاستيكي أو معدني أو خشبي أو غير ذلك. ويجب أن تكون العبوة ذات جاذبية وتساعد على رؤية وحضور المنتج على رفوف المخازن كذلك يمكن أن تكون العبوة مفيدة لغرض آخر بعد استهلاك المنتج الأصلي مثال ذلك الاستفادة من الكؤوس الحاوية لبعض المعلبات أو مشتقات الألبان. ولعل أهم ما يجب أن تشتمل عليه العبوة هو الإرشادات الدالة Labels وهي المعلومات التي تساعد المستهلك أو المستفيد على معرفة كيفية الاستفادة من المنتج أو حفظه أو التخلص من بقاياه بعد الاستهلاك. كذلك يجب أن يوضح فيها تاريخ الإنتاج وفترة الصلاحية ومحتويات العبوة وما شابه ذلك.

* التعبئة والتغليف
Packaging
جميع الأنشطة المصممة والمنتجة للعبوات أو الأوعية الحاوية للمنتج.

* الإرشادات الدالة
Labels
هي المعلومات التي تساعد المتسهلك على معرفة كيفية استخدام المنتج أو حفظه أو التخلص من بقاياه بعد الاستهلاك.

ثالثاً: التسعير Pricing

يمكن تعريف السعر Price على أنه المبلغ المالي الذي يقبله البائع مقابل منتج معين في زمن معين وفي ظل ظروف محددة. والمستهلك يعير أهمية كبيرة للسعر باعتباره المقابل الذي يدفع للقيمة التي يقدمها له المنتج ومدى إشباعه للحاجة التي اشتراه من أجلها. ومن الضروري أن يدرك المستهلك أن هذه القيمة قياساً بالسعر هي مناسبة وفي صالحه.

* السعر Price
هو المبلغ المالي الذي يقبله البائع مقابل منتج معين في زمن معين وفي ظل ظروف محددة.

* أهداف التسعير **Pricing Objective**

قبل تحديد سعر منتج معين يفترض أن تعرف الإدارة الأهداف المتوخاة من عملية التسعير هذه وأن تؤخذ هذه العملية في إطار المزيج التسويقي لمنظمة الأعمال.

- لماذا لتسعير:

تأمل منظمة الأعمال تحقيق الأهداف التالية من جراء القيام بعملية تسعير السلع والخدمات التي تنتجها وتنافس فيها في السوق:

- **الربح Profit** : إن استمرار المنظمة ووجودها مرتبط بقدرتها على توليد الأرباح وخاصة على المدى البعيد. لذلك فإن تغطية تكاليف الإنتاج الكلية وبناء هامش مناسب من الربح يعتبر أمراً ضرورياً. وتستطيع منظمة الأعمال تحقيق أرباح كبيرة إذا كانت هي المنتج الوحيد أو المهيمن الرئيسي على السوق.

- **حجم المبيعات والحصة السوقية Volume and Market Share**: فقد تهدف المنظمة إلى زيادة حجم مبيعاتها وبالتالي الحصول على حصة سوقية أكبر جراء القبول بعوائد معقولة وذلك بتسعير منتجاتها بطريقة تجعل هامش الربح قليلاً في الوحدة الواحدة على أمل بيع كميات كبيرة جداً من المنتج.

- **المنافسة Competition**: يجب أن تأخذ منظمة الأعمال قوة المنافسين وعددهم واستراتيجياتهم عند تسعير منتجاتهم بنظر الاعتبار عند تحديد الأسعار فنادراً ما يوجد قطاع اقتصادي أو مجال إنتاجي تنفرد فيه منظمة واحدة بالسوق.

- **الصورة الذهنية الإيجابية للمنظمة Positive Image**: كثيراً ما يربط المستهلك بين السعر والجودة لذا يجب إقناع المستهلك بأن المتج ذو سعر منخفض وبنفس الوقت ذي جودة عالية.

- **الموقع في السوق Market Position**: يحدد السعر عادة موقف منظمة الأعمال في السوق. فبعض المنظمات تشير إلى أنها تعتمد استراتيجية القيادة على أساس أقل الأسعار مقارنة بالمنظمات الأخرى. في حين أن منظمات أخرى تعتمد سياسة أقل الأسعار قياساً بالمنافسين في جميع المواقف.

- العوامل المؤثرة في الأسعار **Pricing Factors**

غالباً ما توجد عوامل ضاغطة ومؤثرات عديدة تلزم المنظمة باتباع سياسة تسعيرية معينة وأهم هذه العوامل هي:

1. **طبيعة الطلب:** فقد يكون الطلب عالياً أو منخفضاً أو متذبذباً وهذه الحالة لها أثر في اتباع أسلوب أو آخر في تسعير المنتجات، كما أن طبيعة المنتجات ومرونة الطلب عليها يؤثران على اعتماد استراتيجيات تسعيرية معينة.

2. **المنافسة:** من النادر أن تكون المنظمة محتكرة للسوق وبالتالي فإن تحديد السعر يأتي وفق اعتبارات طبيعة المنافسة المباشرة أو غير المباشرة.

3. **كلفة الإنتاج:** إذا كانت كلفة الإنتاج عالية فإن منظمة الأعمال تجد نفسها مجبرة في أن تسعر المنتجات بأسعار عالية لتغطية التكاليف. وإذا تم تحديد السعر في السوق التنافسي، فإن المنظمة سيكون لديها هامش ربح أقل.

4. **عوامل أخرى:** مثل عناصر المزيج التسويقي وكيفية إيجاد التوليفة المناسبة منها أو تدخل الدولة في تسعير بعض المنتجات أو تأثير مجموعات الضغط أو غير ذلك.

* طرق التسعير Pricing Methods

إن السوق هو الذي يحدد الأسعار وليس كلفة الإنتاج في المنظمة خصوصاً في حالة المنافسة الشديدة. وهناك إجمالاً ثلاثة طرق للتسعير:

1. **التسعير على أساس الكلفة Cost-Based Pricing**

يحدد السعر بموجب هذه الطريقة من خلال إضافة نسبة معينة أو هامش ربح محدد إلى كلفة الإنتاج. فلو افترضنا أن الكلفة الكلية للإنتاج هي 100000 وحدة نقدية وعدد المنتجات هو 1000 وحدة فإن كلفة إنتاج الوحدة الواحدة هي 100 وحدة نقدية وإذا كانت المنظمة تضيف 15% هامش ربح فإن سعر الوحدة الواحدة سيكون 115 وحدة نقدية. وهذه الطريقة سهلة التطبيق لكنها ليست عملية جداً في كثير من الأعمال بسبب عدم القدرة على التحكم في نسبة هامش الربح وكذلك فإن الطريقة تهمل دور عناصر المزيج التسويقي الأخرى أو الوظائف المنظمية الأخرى.

2. **التسعير على أساس الطلب Demand-Based Pricing**

يتم التسعير هنا على أساس قوة أو ضعف الطلب على المنتج، فإذا الطلب كبيراً يمكن تحديد أسعار أعلى وبالعكس. وعادة ما تقوم المنظمات بتنويع الاسعار في مناطق مختلفة بناء على الطلب المتحقق في كل منها.

3. **التسعير على أساس المنافسة Competition-Based Pricing**

هنا يتم التسعير على أساس أسعار المنتجات المنافسة في السوق وليس على أساس الكلفة أو الطلب وفي العادة فإن هذا النمط من التسعير هو السائد اليوم في السوق.

* استراتيجيات التسعير Pricing Strategies

استراتيجية التسعير هي مسار أو طريقة تصرف المسوقين حيال الوصول إلى الأهداف المتوخاة من التسعير وتساعد هذه الاستراتيجيات في حل المشاكل العملية لتحديد الأسعار وأهم هذه الاستراتيجيات.

- استراتيجيات تسعير المنتج الجديد **New Product Pricing Strategy**

وتشتمل على استراتجيتين هما:

1. قشط السوق (السعر) **Price Skimming**

يتم التسعير بناء على القناعة بأن بعض المستهلكين مستعدون لدفع أسعار عالية للمنتجات الجديدة إما بسبب كونها جديدة أو بسبب المكانة والوجاهة التي يوفرها اقتناء هذا المنتج، وغالباً ما يكون السعر عالياً جداً في مرحلة إدخال المنتج للسوق.

2. استراتيجية اختراق السوق **Penetration Pricing**

وهي استراتيجية معاكسة للاستراتيجية السابقة حيث تعرض المنتجات بأقل الأسعار رغبة من الشركة في الحصول على أكبر حصة سوقية ممكنة.

- استراتيجيات تنوع الأسعار **Differential Pricing Strategies**

وتعني هذه الاستراتيجيات تحديد أسعار مختلفة لمشترين مختلفين لنفس الجودة ولنفس الكمية من المنتج. وأهم هذه الاستراتيجيات:

1. التسعير التفاوضي **Negotiated Pricing**

يتم تحديد السعر بناء على المفاوضة بين البائع والمشتري.

2. تسعير السوق الثانوي **Secondary-Market pricing**

يتم تحديد سعر معين للسوق المستهدف الرئيسي وأسعار أخرى للأسواق الثانوية.

3. الخصم الدوري **Periodic Discounting**

الخصم المؤقت على الأسعار والذي يحدد بشكل منظم ودوري كل فترة زمنية محددة.

4. الخصم العشوائي **Random discounting**

خصم مؤقت ولكن ليس بشكل منتظم أو دوري وإنما بفترات عشوائية.

- استراتيجيات التسعير النفسي **Psychological Pricing Strategies**

هنا تركز المنظمة على الجوانب العاطفية والنفسية لدى الزبون عند تحديد الأسعار وليس على حسابات منطقية واقتصادية. وأهم هذه الاستراتيجيات:

1. تسعير الرقم الفردي Odd-Number Pricing

تقوم هذه الاستراتيجية على أساس تسعير المنتجات بحيث تكون الأرقام كسرية وقريبة جداً مـن رقـم صـحيح كامـل مثل وضع سعر مقداره 14.99 وحدة نقدية بدلاً من 15 وحدة نقدية أو 6.95 بدلاً من 7 وحدات نقدية، ظناً من الشركات بـأن الزبـون سيركز على الرقم 14 أو الرقم 6 وهي حالة نفسية.

2. تسعير الوحدات المتعددة Multiple – Unit Pricing
هنا يتم تحديد سعر واحد لوحدتين أو أكثر من المنتج مثلاً تحديد سعر دولار واحد لثلاثة أقلام.

3. التسعير المرجعي Reference Pricing

تسعير المنتج بسعر معقول أو متواضع ووضع هذا المنتج قريباً من نفس المنتجات لعلامات معروفـة وعالميـة وذات أسـعار عالية افتراضاً بأن الزبون سيقارن بين السعرين وربما يختار السعر الأقل.

4. تسعير الحزمة Bundle Pricing
تسعر مجموعة من المنتجات المختلفة ولكنها مكملة لبعضها بسعر واحد، مثال ذلك معجون أسنان مع فرشة أسنان بـسعر واحد.

5. التسعير الأقل لكل يوم Everyday Low Prices
ضمن هذه الاستراتيجية وتجنباً لوضع أسعار عالية ثم منح خصومات فـإن الشركة تقـوم بوضـع سـعر مـنخفض لمنتجاتها بفترات منتظمة وقد يكون واحد من المنتجات هو الذي يحمل السعر المنخفض في يوم معين ومنتج آخر في يوم آخر وهكذا.

6. التسعير المتعارف عليه Customary Pricing
يحدد السعر على أساس العادة المتبعة أو التقليد المتعارف عليه مثل تسعير بعض أنواع الحلويات أو اللبان وغيرها.

- استراتيجيات تسعير خط الإنتاج Product-Line Pricing Strategies

بدلاً من تسعير المنتجات بشكل منفرد يتم ربط أسعار مجموعة من المنتجات لخط إنتـاجي معـين بطريقـة خاصـة بحيـث تتحقق المرونة في التسعير للمنظمة ومن أهم أنواع الاستراتيجيات هنا:

1. التسعير الآسر Captive Pricing

هنا يتم تسعير المنتج الأساس بسعر منخفض لكن المنتجات المكملة له والضرورية للاستفادة منه تسـعر بشـكل عـالي مثال ذلك تسعير الطابعات بسعر منخفض لكن أحبارها تكون ذات سعر عالي وكذا الأمر بالنسبة للكاميرات والأفلام.

2. تسعير الأولوية **Premium Pricing**

يحدد سعر عالي للمنتجات ذات الجودة العالية وذات الأولوية في خط الإنتاج ثم تحديد أسعار أقل للمنتجات المرتبطة بالخط مثل مستلزمات المطبخ أو خدمات التلفزيون بالكابل.

3. التسعير المحدود **Price Lining**

هنا يتم تحديد أسعار معينة محدودة تتعامل بها المنظمة خصوصاً في الشركات المتخصصة بإنتاج وبيع الملابس.

- استراتيجيات التسعير الترويجي **Promotional Pricing Strategies**

ونجد هنا اعتماد الشركة أسعاراً مرتبطة بعناصر المزيج التسويقي الأخرى وأهمها الترويج. حيث نجد:

1. قادة السعر **Price Leaders**

يتم التسعير هنا على أساس إضافة بسيطة على كلفة إنتاج الوحدة الواحدة ودون الكلفة أحياناً لبعض الزبائن من أجل جذبهم لشراء منتجات أخرى.

2. تسعير الأحداث الخاصة **Special-Event Pricing**

يتم تحديد أسعار خلال أحداث خاصة ومناسبات وعطل أو فصل معين وعادة ما ترافقها حملات إعلانية كبيرة.

3. تسعير الخصم المقارن **Comparison Discounting Pricing**

تحديد سعر المنتج بشكل محدد ومقارنته في نفس الوقت بسعر سابق له أو لمنتجات منافسة.

وإجمالاً يمكن أن نخلص هذه الاستراتيجيات بالشكل التالي:

استراتيجية تسعير المنتج الجديد	استراتيجيات التسعير التنويعي	استراتيجيات التسعير النفسي	استراتيجيات تسعير خط الإنتاج	استراتيجيات التسعير الترويجي
* قشط السعر (السوق) * اختراق السوق	* التفاوضي * السوق الثانوي * الخصم الدوري * الخصم العشوائي	* الرقم المنفرد * الوحدات المتعددة * المرجعي * الحزمة * الأقل كل يوم * المتعارف عليه	* الآسر * الأولوية * المحدود	* قادة السعر * الأحداث الخاصة * الخصم المقارن

شكل (6-19): ملخص استراتيجيات التسعير

رابعاً: التوزيع والترويج Promotion and Distribution

إن التوزيع والترويج والإعلان أنشطة لها دورها الكبير والمهـم في نجـاح الاسـتراتيجية التسويقية وهـما عنصرـان مهـمان في المزيج التسويقي الذي سبق وأشرنا إليه وفي الفقرات التالية سنستعرض بعض الأمور المرتبطة بهما.

* التوزيع Distribution

* المزيج التوزيعي
Distribution Mix
توليفة من قنوات التوزيع تستخدمها منظمات الأعمال لإيصال منتجاتها إلى المستخدمين النهائيين.

تستخدم منظمات الأعمال اليوم النشاط التوزيعي كوسيلة فعالة لزيادة المبيعـات والحصة السوقية ولإيصال السلع والخدمات إلى مختلف أنواع المسـتخدمين سواء كانوا أفراد أو أعمال. وإن نجاح المنتجات في الأسواق يعتمد في جانب منـه عـلى اسـتخدام مـزيج تـوزيعي Distribution Mix في إطاره يتم إيجاد توليفة من قنوات التوزيع توصـل بهـا منظمـة الأعـمال خدماتها وسلعها إلى المستهلك النهائي.

- الوسطاء وقنوات التوسيع

* الوسيط Intermediary
شخص أو منظمة تساعد عـلى توزيع المنتج.

* قناة التوزيع
Distribution Channel
سلسلة من المنظمات التسويقية التي توجـه المنتجـات مـن المنتجـين إلى المستهلكين النهائيين.

Distribution Channels and Intermediaries

يساعد الوسطاء على توزيع المنتجات والخدمات من خـلال تحركيها إلى المسـتهلك أو بتقديم معلومات وبيانات تحث أو تدعم عملية بيعها إلى المستهلكين. ويعرف الوسيط بأنه شخص أو منظمة تساعد على توزيع المنتج ويعمل الوسطاء عـادة في إطار القنـاة التوزيعيـة التي تربط بين المنتج والمستهلك النهائي. وقناة التوزيع Distribution Channel هي عبارة عـن سلسلة من المنظمات التسويقية التي توجه المنتجات مـن المنتجـين إلى المسـتهلكين النهـائيين. ويوجد العديد من قنوات التوزيع المتباينة في خصائصها وأسلوب استخدام الوسطاء فيهـا كما في الشكل التالي:

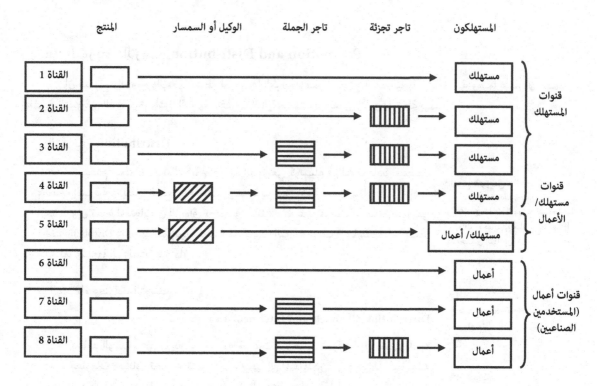

المنتج
الوكيل أو السمسار
تاجر الجملة
تاجر تجزئة
المستهلكون
مستهلك
مستهلك
مستهلك
مستهلك
قنوات المستهلك

شكل (7-19): أنواع قنوات التوزيع

* **القناة المباشرة**
Direct Channel
قناة ينساب فيها المنتج من المنتج إلى المستهلك مباشرة دون أي وسيط.

* **تاجر التجزئة Retailer**
وسيط يبيع المنتجات مباشرة للمستهلكين.

* **تاجر الجملة**
Wholesaler
وسيط يبيع المنتجات لآخرين قد يكونون تجار تجزئة أو أعمال.

* **الوكلاء السماسرة**
Agents / Brokers
وسطاء مستقلون يمثلون العديد من المنتجين ويتوسطون للبيع لتجار الجملة أو تجار التجزئة.

ففي إطار القناة الأولى يتم التوزيع بشكل مباشر من المنتج إلى المستهلك لذلك تسمى هذه القناة بالقناة المباشرة Direct Channel حيث تستخدم منظمة الأعمال قوى البيع الخاصة بها بطرق وأساليب مختلفة، وقد تكون المنتجات الموزعة بهذا الأسلوب متنوعة بشكل كبير ومن أمثلتها الكتب والسيارات وخدمات التأمين وغيرها. وفي القناة الثانية تستخدم المنظمة موزعين أو تجار تجزئة Retailers وهم تجار يبيعون المنتجات بشكل مباشر للمستهلكين. في حين أن القناة الثالثة تعتمد على تجار الجملة Wholesaler وهؤلاء هم وسطاء لديهم قدرة أكبر بالتوزيع ومساحة خزنية كبيرة. أما القناة الرابعة فيتم التوزيع فيها من خلال الوكلاء والسماسرة Agents/ Brokers وهؤلاء يمثلون المنتجين ويبيعون إلى تجار الجملة أو التجزئة أو للاثنين معاً ومقابل هذا يحصلون على عمولة على أساس سعر البيع لهذه السلع أو الخدمات وبالنسبة للقنوات الأخرى فإنها تخص التوزيع إما بشكل مباشر للأعمال أو من خلال وسطاء وبأساليب مختلفة. ومن الجدير بالذكر أن القناة الخامسة هي مشتركة لخدمة المستهلكين المباشرين والأعمال من خلال وساطة الوكلاء والسماسرة.

- استراتيجيات التوزيع Distribution Strategies

إن استخدام الأساليب التوزيعية على حسب نوع المنتجات ودرجة التغطية المطلوبة للسوق. فبالنسبة لنوع المنتجات فقد نجد أن المنتجات الغذائية منتشرة في جميع الأماكن لدى تجار التجزئة لكن قد يوجد موزع واحد لنوع معين من السيارات في المنطقة بأكملها. وفي حقيقة الأمر تعتمد منظمات الأعمال ثلاث استراتيجيات للتوزيع وهي:

1. التوزيع الكثيف أو الشامل Intensive Distribution

في نطاق هذه الاستراتيجية يوزع المنتج من خلال قنوات توزيعية عديدة وبحدود كبيرة من خلال تجار الجملة وتجار التجزئة. وعادة ما تستخدم هذه الاستراتيجية للمنتجات واطئة الكلفة مثل المجلات والأغذية المعلبة والسكر والمواد ذات الاستخدام اليومي.

2. التوزيع الحصري Exclusive Distribution

هنا يتم التوزيع من خلال حصر عملية توزيع المنتج وحقوق بيعه لمجموعة محددة من تجار الجملة أو التجزئة في إطار منطقة جغرافية معينة وعادة ما تختار منظمات الأعمال هؤلاء الوسطاء نتيجة سمعتهم الجيدة. يلائم هذا النوع من التوزيع منتجات التسوق مثل بعض السلع الفاخرة كالمجوهرات والساعات الثمينة وغيرها.

3. التوزيع الانتقائي Selective Distribution

يختار المنتج في ضوء هذه الاستراتيجية عدد قليل من تجار الجملة أو تجار التجزئة ويتوقع منهم أن يعطوا للمنتج عناية خاصة وجهود بيعية كبيرة تساهم في إيجاد ميزات للمنتج، مثال ذلك، السلع المعمرة والمكائن والمعدات وغيرها.

- التوزيع المادي والنقل

Transportation and Physical Distribution

يشير التوزيع المادي إلى الأنشطة المطلوبة لتحريك المنتجات بكفاءة من المصنع إلى المستهلك وتتضمن هذه الأنشطة النقل والخزن والتهيئة لإعادة الشحن. والاستيداع أو الخزن Warehousing عملية الاحتفاظ بالسلع في

*** التوزيع الكثيف**
Intensive Distribution
استراتيجية تعتمد توزيع المنتج بأكثر ما يمكن من قنوات توزيعية وبصورة شمولية.

*** التوزيع الحصري**
Exclusive Distribution
حصر توزيع المنتجات وحقوق بيعها بعدد محدود من تجار الجملة والتجزئة في إطار منطقة جغرافية معينة.

*** التوزيع الانتقائي**
Selective Distribution
اختيار عدد قليل من تجار الجملة أو التجزئة الذين يعطون عناية كبيرة للمنتجات.

*** التوزيع المادي**
Physical Distribution
الأنشطة الضرورية لتحريك المنتجات بكفاءة من المنتج إلى المستهلك.

*** الخزن (الاستيداع)**
Ware housing
عملية الاحتفاظ بالمنتجات في مخازن تتلائم مع طبيعة المنتج.

*** النقل Transportation**

مخازن تتلاءم مع طبيعة هذه السلع، وقد تخزن في مخازن خاصة بالشركة أو مخازن عامة متخصصة بالخزن فقط. أما النقل Transportation فهو عملية شحن المنتجات وتحريكها باتجاه المستهلكين، وتعتبر عملية النقل مهمة لأنها تخلق منفعة مكانية للسلع المنقولة. وهناك وسائط نقل متعددة مثل السكك الحديدية والنقل المائي والنقل الجوي والنقل بالشاحنات والنقل بالأنابيب. وهناك معايير متعددة للمفاضلة بين وسائط النقل لاختيار الوسيلة المناسبة يمكن أن تجمل في الشكل (8-19).

شحن المنتجات وتحريكها باتجاه المستهلكين.

وسيلة النقل	معايير المفاضلة					
	الكلفة	السرعة	الاعتمادية	مرونة التحميل	سهولة الحصول على الوسيلة	تكرار الاستخدام
السكك الحديدية	متوسطة	متوسطة	متوسطة	عالية	عالية	منخفض
الشاحنات	عالية	سريعة	عالية	متوسطة	عالية جداً	عالي
الطائرات	عالية جداً	سريعة جداً	عالية	منخفضة	متوسطة	متوسط
النقل المائي	منخفضة جداً	بطيئة جداً	متوسطة	عالية جداً	محدودة	منخفض جداً
الأنابيب	منخفضة	بطيئة	عالية	منخفضة جداً	محدودة جداً	عالي جداً

شكل (8-19): مقارنة بين وسائط النقل المختلفة

* الترويج **Promotion**

يعتبر الترويج للمنتجات من أكثر الأنشطة التسويقية التي تحاول جذب انتباه المستهلكين إلى السلعة أو الخدمة المنتجة وعادة ما تعتمد المنظمة بيانات ومعلومات حول المستهلكين والبيئة التسويقية بشكل عام لتستخدمها في نطاق أنواع مختلفة من الأساليب لغرض بيع السلع والخدمات.

شكل (9-19): استخدام المعلومات كأساس للترويج

وتأتي هذه المعلومات من مصادر متعددة حيث هناك بحوث السوق Market

Research ودراسات سلوك المستهلك Consumer Behavior التي تساعد المنظمات في الحصول على كم هائل من المعلومات فضلاً عن ما توفره قواعد البيانات ومحركات البحث الإليكترونية في شبكة الإنترنت. وتتداخل عدة عناصر مع بعضها لتشكل ما يسمى المزيج الترويجي Promotion Mix والذي يشتمل على الإعلان Advertising ورجال أو مندوبي البيع Personal Selling والهدايا الترويجية Sales Promotion والعلاقات العامة Public Relations.

* المزيج الترويجي
Promotion Mix
توليفة من الطرق والأساليب تستخدم لترويج المنتج.

- الإعلان Advertising

تخصص الشركات ميزانيات كبيرة لحملاتها الإعلانية والتي تهدف من ورائها زيادة المبيعات ويعرف الإعلان بأنه وسيلة غير شخصية للاتصال عبر وسائل الاتصال المختلفة لإعلام الجمهور حول منتجات المنظمة. وتتباين وسائل الإعلان في قدرتها على إيصال الرسالة الإعلانية إلى عموم الجمهور أو شرائح محددة من المجتمع. ولعل أهم وسائل الإعلان هي التلفزيون والصحف والمجلات والبريد المباشر والإذاعة وغيرها.

* الإعلان Advertising
وسيلة غير شخصية للاتصال عبر وسائل الاتصال المختلفة لإعلام الجمهور أو شرائح من المجتمع حول المنتج.

- رجال (مندوبي) البيع Personal Selling

وسيلة ترويج فاعلة حيث أن الاتصال يكون شخصياً وبذلك يتم تكييف الرسالة وفق نوع وظروف المستهلك لمحاولة إقناعه باقتناء المنتج. إن هذا النمط من الترويج قد يكون وجهاً لوجه بين رجل البيع والمستهلك أو قد يكون عبر التليفون أو البريد الإلكتروني. والمهم هنا هو وجود التفاعل الشخصي المباشر لذا لا بد وأن يتمتع مندوب البيع بمهارات تتعلق بالقدرة على الإقناع وإدارة الحوار.

- الهدايا الترويجية (تنشيط المبيعات) Sales Promotion

تحتوي هذه الوسيلة الترويجية على قائمة طويلة من الأنشطة تنصب أساساً على جلب انتباه المستهلك للمنتج وحثه على الشراء بأساليب مختلفة. فالتنزيلات والعينات المجانية والكوبونات والسحوبات المجانية وغيرها كلها وسائل تهدف إلى تنشيط المبيعات.

- العلاقات العامة والدعاية Public Relations and Publicity

إن العلاقات العامة تمثل نشاطاً مهماً يتم بواسطته استخدام كافة وسائل الاتصال للترويج للمنظمة ككل وبالتالي فهي لا ترتبط بشكل مباشر بعمليات البيع. وبشكل عام فإن إطار عمل العلاقات العامة ينصب على تحسين سمعة المنظمة وصورتها لدى مختلف فئات أصحاب المصالح والمتعاملين معها. ومن

* العلاقات العامة
Public Relations
نشاط مهم يتم بواسطته استخدام كافة وسائل الاتصال والترويج للمنظمة ككل، لذلك لا يرتبط بشكل مباشر بعمليات البيع.

خلال هـذا المـدخل تحـاول المنظمـة زيـادة الـولاء لمنتجاتها. وكـذلك يـتم تعريـف الجمهور بسياسات المنظمة لغرض أن تكون أكثر قبولاً لدى الجمهور كما أن نشـاط العلاقـات العامـة يتعامـل مـع الأحـداث والطـوارئ والأزمـات التـي تحصـل في المنظمـة. أمـا الدعاية Publicity فهي أداة ترويجية من خلالهـا تقـدم المنظمـة معلومـات حـول منتجاتها وأسـلوب عملها بوسائل إعلام جماهيرية. وتختلف الدعاية عن الإعلان، حيث أن الدعاية تتم دون دفع أجر محدد لذلك تعتبر نشاط ترويجي غير مدفوع، كـذلك تعتبر شخصية المـروج في الدعاية التجارية غير مفصح عنها.

* الدعاية
Publicity
أداة ترويجية تقدم من خلالها المنظمة معلومـات حـول منتجاتهـا بوسـائل الإعلام الجماهيرية.

644

أسئلة الفصل التاسع عشر

* أسئلة عامة

1. ما المقصود بالتسويق؟ وما معنى المزيج التسويقي؟

2. وضح معنى المنفعة وأنواعها.

3. ماذا نقصد باستراتيجية التسويق؟

4. عرف المنتج؟ وبين أنواع المنتجات.

5. ما هي خطوات عملية تطوير المنتج الجديد؟ وضحها بالرسم والشرح الموجز.

6. وضح فكرة دورة حياة المنتج.

7. استعرض مفهوم العلامات والأسماء التجارية وأنواعها.

8. ما معنى التسعير؟ وما هي أهم أساليبه؟

9. استعرض الاستراتيجيات التسعيرية.

10. وضح أهم الأفكار الخاصة بالتوزيع والترويج.

** أسئلة الرأي والتفكير

1. برأيك هل يقتصر التسويق وأنشطته المختلفة على منظمات الأعمال الهادفة للربح أم لا؟ قارن بين التسويق في مصرف مع الحملات الإعلانية التي يقوم بها بعض السياسيين أثناء الانتخابات.

2. لو طلب إليك تقدير الحصة السوقية لإحدى منظمات الأعمال المتخصصة في الاتصالات، برأيك ما هي المعلومات التي تحتاجها وكيف ستقوم بالحساب.

3. هل تستطيع أن تحدد مواقع مجموعة من المنتجات المتنوعة التي تراها يومياً أو تستخدمها ضمن دورة حياة المنتج بمراحلها الأربعة (مثال الأجهزة الخلوية، أجهزة التلفزيون، الحواسيب المحمولة...)

4. تتعامل مع الكثير من المنتجات المحلية، هل تستطيع إعداد قائمة أو جدول ببعض العلامات التجارية وأن تحدد الأسماء والرموز الخاصة بها، كذلك حاول أن تحدد الأسماء التجارية وما إذا كانت العلامة وطنية أو عائلية أو فردية.

5. هل تتأثر بالأسعار النفسية، أم تشعر أنها وسيلة قديمة لم تعد ذات تأثير كبيرة؟

*** أسئلة الخيارات المتعددة

1. إن قدرة السلعة أو الخدمة على إشباع حاجة إنسانية لدى المستهلك تسمى:

A. المزيج التسويقي   B. منفعة   C. حصة سوقية   D. السعر

2. عندما يتم نقل سلعة من دولة المنشأ إلى دول أخرى لبيعها فإن نوع المنفعة المتحققة هو:

A. منفعة زمانية   B. منفعة مكانية   C. منفعة شكلية   D. منفعة حيازية

3. واحد من بين الآتي ليس من الأسس الشائعة لتقسيم السوق على أساس ديموغرافي:

A. العمر   B. الطبقة الاجتماعية

C. مستوى التعليم   D. المناخ

4. عندما تستخدم المنظمة مزيج تسويقي واحد لسوق مستهدفة معينة فإن هذا المدخل يسمى:

A. السوق الموحد   B. تجزئة السوق المركزة

C. تجزئة السوق المنوعة   D. تجزئة السوق الموحدة

5. جميع الآتي تمثل عناصر المزيج التسويقي عدا:

A. Product   B. Price   C. Promotion   D. Plan

6. إن الكيان المادي الملموس والذي يشبع حاجة المستهلك يدعى:

A. فكرة   B. خدمة   C. سلعة   D. منتج

7. إن الساعات الفاخرة ذات العلامات المميزة أو سيارات السباق الرياضية تمثل:

A. منتجات خاصة   B. منتجات ميسرة

C. منتجات تسوق   D. منتجات غير منشودة

8. أدناه أربعة مراحل متسلسلة لتطوير منتج جديد، أي منها يمثل التسلسل الصحيح:
A- توليد الفكرة – تصميم المنتج – غربلة الأفكار – اختيار الفكرة وتحليلها..
B- توليد الفكرة – غربلة الأفكار – اختيار الفكرة وتحليلها – تصميم المنتج.
C- غربلة الأفكار – تصميم المنتج – توليد الفكرة – اختيار الفكرة وتحليلها.
D- اختيار الفكرة وتحليلها – توليد الفكرة – تصميم المنتج – غربلة الافكار.

9. إن الجزء الذي يمكن لفظه من العلامة يسمى:

A. رمز العلامة   B. العلامة التجارية   C. الاسم التجاري   D. اسم العلامة

646

10. إن المدى اللازم لاستحضار العلامة في ذهن الزبون عندما يذكر اسم منتج معين يسمى :

A. الولاء للعلامة   B. قيمة العلامة   C. العلامة الوطنية   D. الوعي بالعلامة

11. واحدة من بين الآتي ليس من طرق التسعير المعروفة:

A. التسيير على أساس الكلفة   B. تسعير على أساس الطلب

C. التسعير وفق الحصة السوقية   D. التسعير على أساس المنافسة

12. إن التسعير بأسعار مختلفة لمشترين مختلفين لسلع بنفس الجودة والكمية هو:

A. تسعير نفسي   B. تسعير منتج جديد

C. تسعير خط الإنتاج   D. تسعير تنويعي (تنوع الأسعار)

13. إن السلسلة من المنظمات التسويقية التي توجه المنتجات من المنتجين إلى المستهلكين تسمى:

A. المزيج الترويجي   B. المزيج التوزيعي   C. الوسطاء   D. قناة التوزيع

14. عندما ينساب المنتج من المنتج إلى المستهلك دون أي وسيط فإن هذا يسمى:

A. توزيع حصري   B. توزيع مادي   C. توزيع مباشر   D. توزيع كثيف

15. عند مقارنة مجموعة من وسائط النقل على أساس الكلفة كمعيار للمفاضلة نجد أن الأفضل هي:

A. النقل المائي   B. النقل الجوي   C. الأنابيب   D. السكك الحديدية

الفصل العشرون

إدارة الموارد البشرية

الفصل العشرون

إدارة الموارد البشرية

بعد دراستك لهذا الفصل تستطيع الإجابة على هذه الأسئلة:

1. ما هو الدور الجديد الذي يفترض أن تلعبه إدارة الموارد البشرية في المنظمة؟
2. ما معنى عملية الاستقطاب والاختيار، وما هو دورها في عملية التوظيف؟
3. ما المقصود بالتدريب والتطوير وما هي أهم أساليب التدريب؟
4. كيف يتم تقييم الأداء للعاملين، وما هي أهم الإشكالات في هذا النشاط؟
5. كيف يتم منح المكافآت وبماذا ترتبط؟
6. ما طبيعة علاقات العمل وكيف يتم تطويرها؟

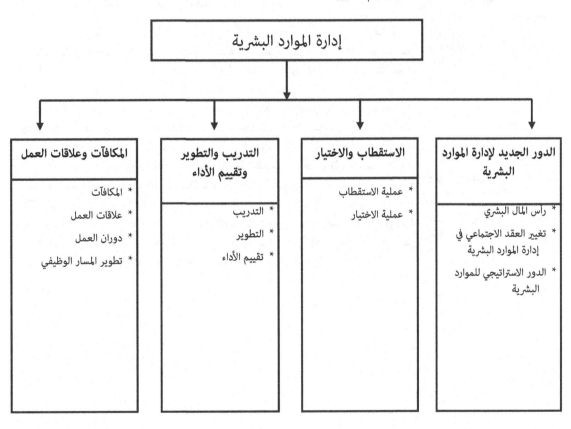

مقدمة الفصل العشرون :

إن إدارة الموارد البشرية في عصر المعلومات والاقتصاد الرقمي تعتبر من أهم وظائف منظمات الأعمال حيث رأس المال البشري والمعرفي هو أساس ميزتها التنافسية في ميدان الأعمال. فاختيار العاملين بعناية ومن ثم تدريبهم وتطويرهم ليس بالمهمة السهلة أو السريعة. كذلك فإن تقييم أدائهم وتحفيزهم بالأجور العادلة هو أمر يتطلب اهتماماً خاصًا من الإدارة المسؤولة عن الموارد البشرية. في هذا الفصل سيتم التطرق إلى هذه المواضيع المهمة فضلاً عن أمور أخرى مرتبطة بالموارد البشرية.

أولاً: الدور الجديد لإدارة الموارد البشرية

The New Role Of HRM

* رأس المال البشري The Human Capital

كما أشرنا أعلاه فإن رأس المال البشري Human Capital هو في الحقيقة قيمة اقتصادية كبرى لمنظمات الأعمال ويقصد به القيمة الاقتصادية للموارد البشرية المتولدة من خلال وجود مؤهلات وقابليات ومعرفة وأفكار وطاقة والتزام لهذه الموارد البشرية في الوظائف التي يشغلونها. إن هذه الموارد لا يمكن أن تقوم بدورها كما يفترض دون وجود إدارة فاعلة لها وهذه الإدارة تسمى إدارة الموارد البشرية Human Resources Management وتمثل أنشطة ذات أبعاد إدارية هدفها استقطاب والاحتفاظ بالعاملين والتأكد من أنهم يؤدون ويساهمون بمستوى عالي لغرض إنجاز أهداف المنظمة. إن الاتجاهات الحديثة في هذه الإدارة ترى ضرورة وجود نظام متكامل للموارد البشرية يأخذ بنظر الاعتبار ضرورة وجود مواءمة وانسجام بين مكونات هذا النظام مع بعضها البعض وكذلك انسجام دور النظام ككل مع الأنظمة الإدارية الأخرى. وهنا فإن الإدارة الاستراتيجية للموارد البشرية Strategic Human Resources Management تمثل مجمل العمليات التي بواسطتها يصمم المدراء توليفة إدارة الموارد البشرية كنظام لجعلها قادرة على أن تلعب الدور المطلوب منها مع باقي العناصر التنظيمية من خلال إنجاز استراتيجية منظمة الأعمال وأهدافها. إن إدارة

* إدارة الموارد البشرية
Human Resources Management
عملية جذب وتطوير والاحتفاظ بقوة عاملة ذات نوعية عالية.

* رأس المال البشري
Human Capital
القيمة الاقتصادية للموارد البشرية المتولدة من خلال وجود مؤهلات وقابليات ومعرفة وأفكار وطاقة والتزام لهذه الموارد البشرية في الوظائف التي يشغلونها.

* الإدارة الاستراتيجية للموارد البشرية
Strategic Human Resources Management
حشد لرأس المال البشري لتنفيذ استراتيجيات المنظمة.

الموارد البشرية التي يفترض أن تلعب هذا الدور المهم، يجب أن تحترم قوانين العمل المرعية في البلد وتعمل على الالتزام بمبدأ تكافؤ الفرص وأن تعي أهمية التنوع في القوة العاملة وتراعي خصوصية مكان العمل Work Place Privacy للفئات المختلفة.

* خصوصية مكان العمل
Work Place Privacy
حق الحفاظ على الخصوصية أثناء العمل.

إن العاملين يجب أن يحظوا بانتباه وعناية الإدارة أولاً لأنهم إذا شعروا بالاهتمام سيعاملون الزبائن بعناية أيضاً الأمر الذي سيزيد من ولاء الزبائن ورضاهم وهذا هو الهدف الرئيسي لإدارة منظمة الأعمال. ولا بد من الإشارة إلى أن هناك علاقة وطيدة بين الأرباح المتحققة وبين الممارسة المركزة على الأفراد في منظمات الأعمال People-centered Practices حسب ما أشارت الدراسات الكثيرة وأهم هذه الممارسات هي:

1. الأمان الوظيفي وعدم تسريح العاملين.
2. عملية استقطاب واسعة للعاملين.
3. التمكين الواسع للعاملين من خلال فرق العمل اللامركزية.
4. ربط الأجور بالأداء.
5. التدريب المستمر والشامل.
6. تقليل الفوارق اللاموضوعية بين العاملين.
7. تقاسم المعلومات المهمة مع العاملين.

* تغير العقد الاجتماعي في إدارة الموارد البشرية

Changing Social Contract in HRM

نقصد بالعقد الاجتماعي Social Contract توقعات العلاقة بين أصحاب العمل والعاملين. إن هذه التوقعات قد تغيرت كثيراً بسبب تغير البيئة بشكل عام وبسبب الرقي الاجتماعي والحضاري في مختلف جوانب الحياة. إن العقد الاجتماعي القديم كان يقوم على أساس أن العاملين يتوقعون أماناً وظيفياً وأن يكونوا مشغلين للآلات والمكائن ويعرفون جيداً خصائص هذه المكائن ويكافأون بأجور دورية محددة. أم أصحاب العمل فيتوقعون تقديم برامج معيارية للتدريب ووظائف روتينية ومعلومات محددة جداً. أما في إطار العقد الاجتماعي الجديد فقد تغير الأمر حيث يتوقع العاملون اليوم تطابق الوظيفة مع المؤهلات والمهارات ومسؤوليات شخصية عالية وشراكة في التحسين المستمر للعمل فضلاً عن التعلم المستمر أيضاً. أما أصحاب العمل فيتوقعون من العامل الجاهزية للتعلم المستمر وتطور المسار الوظيفي أفقياً ومكافآت تحفيزية وفرص تطور إبداعية وواجبات ومسؤوليات تثير التحدي ومعلومات وموارد للمنظمة بهدف تطويرها وتعزيز موقفها في السوق. بعبارة أخرى إن ما يطلب اليوم هو أن تكون الموارد البشرية أصلا معرفياً وقيمة اقتصادية كبيرة.

تجدر الإشارة هنا إلى أن طبيعة العمل اليوم قد تغيرت بذاتها حيث صار بالإمكان إنجاز العامل من قبل عاملين يطلبون حسب الظرف والحاجة Contingent Workers أي عاملين لا يعملون بشكل دائم أو بوقت كامل ومنهم العاملون المؤقتون Temporary Workers وعاملو الإحلال المؤقت مثل الكثير من المهنيين الذين يحلون محل عاملين مجازين لأسباب مختلفة مثل المعلمات اللائي يتمتعن بإجازات الأمومة والولادة وكذلك عاملي نهاية الأسبوع وغيرهم. كذلك لا ننسى الصيغة الجديدة في العمل وهي العمل عن بعد Telecommuting والعمل في المنظمات الافتراضية Virtual Organizations حيث التعامل مع أجهزة الحاسوب بشكل أساسي.

*** العاملون حسب المواقف**
Contingent Workers
هم العاملون في منظمات الأعمال على أساس الظرف والحاجة وليس بشكل دائم منهم العاملون عن بعد والعاملون المؤقتون.

*** العاملون عن بعد**
Telecommuting
العمل من المساكن باستخدام الحواسيب وتجهيزات الاتصال الأخرى.

* الدور الاستراتيجي للموارد البشرية Strategic Role of HRM

لم تعد إدارة الموارد البشرية إدارة تقليدية فنية تعنى فقط بالجوانب العملياتية قصيرة الأمد بل إن دورها أصبح ممتداً ليشكل منظوراً بعيد الأمد تغيرت في نطاقه طبيعة العلاقة النفسية بين العاملين والمنظمة وكذلك مع أنظمة الرقابة والعلاقات والأدوار وشمل أيضاً الوظائف ومسمياتها. ويرجع هذا التغيير في جانب كبير منه إلى أن الموارد البشرية في منظمات الأعمال اليوم تتسم بالتنوع العالي والتكامل في الأدوار وأن هذه الجوانب تخرج من إطار كون هذه الإدارة هي إدارة تنفيذية بل يغلب على عملها الطابع الاستشاري والاستراتيجي. إن المنظور الاستراتيجي لهذه الإدارة اليوم يمكن تصويره بالمخطط التالي:

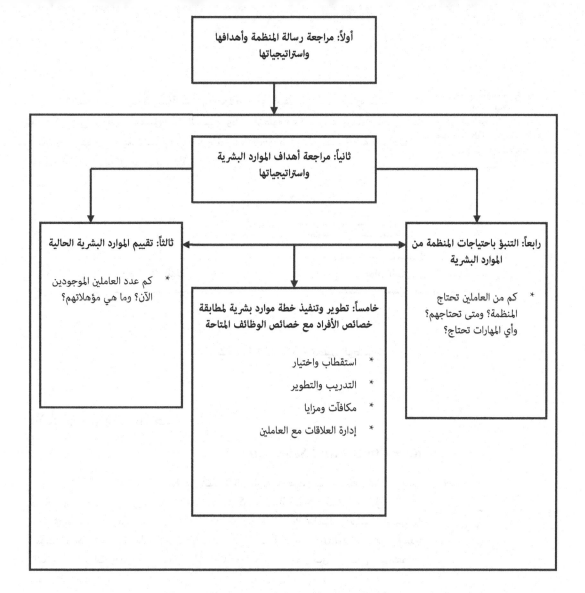

شكل (1-20): خطوات عملية التخطيط الاستراتيجي للموارد البشرية

ويتجسد الدور الاستراتيجي للموارد البشرية اليوم بوجود خطة استراتيجية للموارد البشرية وعملية تخطيطية لهذه الموارد تربط بين توجهات منظمة الأعمال بصورة عامة وكيفية مساهمة إدارة الموارد البشرية في تحقيق هذه الأهداف. إن أساس تخطيط الوارد البشرية ينطلق من تحليل الوظيفة Job Analysis والتي ما عادت مجرد وظيفة روتينية بمهام محددة بل إنها أصبحت أكثر غنى واتساع وانفتاح دائم على التغير في محتواها. إن تحليل الوظيفة يحدد حقيقة الوظيفة ومحتواها وماذا يعمل في إطارها ومتى وكيف ولماذا أو بواسطة من؟ ويمثل هذا التحليل مدخلاً مفيداً لإيجاد معلومات تساعد في كتابة

* تحليل الوظيفة
Job Analysis
جمع المعلومات وتفسيرها حول الواجبات الرئيسية والمهام والمسؤوليات في الوظيفة.

* وصف الوظيفة
Job Description
ملخص دقيق للمهام والمسؤوليات المحددة لوظيفة معينة.

أو تحديث وصف الوظيفة Job Description. ووصف الوظيفة عبارة عن عبارات مكتوبة تتعلق بمتطلبات ومسؤوليات الوظيفة وهذه المعلومات تساعد بدورها في تحديد ما يمكن أن نسميه مواصفات شاغل الوظيفة Job Specification الذي هو قائمة بالمواصفات المطلوب توفرها بشاغل هذه الوظيفة.

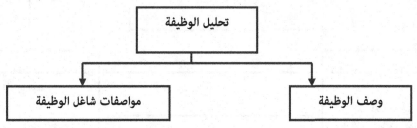

*** مواصفات شاغل الوظيفة**
Job Specification
عبارة عن حزمة المعارف والمهارات والمؤهلات العلمية والقدرات البدنية المطلوب توفرها في الشخص المناسب لأداء مهام الوظيفة بشكل كامل.

شكل (2-20): مفهوم تحليل الوظيفة

ثانياً: الاستقطاب والاختيار

Recruitment and Selection

يعتبر الاستقطاب أول نشاط من أنشطة التوظيف في منظمات الأعمال، لذلك يجب أن تعير إدارة الموارد البشرية لهذا النشاط أهمية كبيرة لأن الخطأ فيه سينعكس على الأنشطة الأخرى المكملة للتوظيف. ويقصد بالاستقطاب *Recruitment* سلسلة الأنشطة المصممة لجذب أعداد مؤهلة من المرشحين لوظيفة معينة. أما الاختيار *Selection* تحديد المؤهلين المتمتعين بالخبرات والمهارات والمعارف المطلوبة لوظيفة معينة من بين مجموع المستقطبين لشغل الوظيفة.

*** الاستقطاب**
Recruitment
سلسلة الأنشطة المصممة لجذب أعداد مؤهلة من المرشحين لوظيفة معينة.

* عملية الاستقطاب Recruitment Process

تستطيع منظمات الأعمال من خلال هذا النشاط أن تجعل وعاء الاستقطاب للمؤهلين كبيراً وكافياً لغرض تلبية احتياجاتها من الموارد البشرية. وتتمثل عملية الاستقطاب بثلاثة مراحل وهي:

- الإعلان عن الوظائف الشاغرة وفق ما تم تحديده في إطار خطة الموارد البشرية.
- الاتصال الأولي بالمرشحين.
- الغربلة الأولى لإيجاد وعاء من المرشحين المؤهلين.

وضمن هذه الخطوات فإن عملية الاستقطاب تهيئ العدد اللازم من المرشحين الأكفاء لغرض متابعة إجراءات الفحص والاختبار ومن ثم الاختيار للعدد المطلوب منهم. ويجب أن تراعي إدارة الموارد البشرية مجموعة القيود والاعتبارات الخاصة بعملية الاستقطاب من قبيل القيود والمحددات التشريعية والحكومية والعوامل التنظيمية المرتبطة بالمنظمة ذاتها.

إن منظمات الأعمال تبحث عن المرشحين لشغل الوظائف من مصادر متعددة منها ما هو خارجي ومنها ما هو داخلي. فالمصادر الخارجية تشتمل على سوق العمل بشكل عام والجامعات ومراكز التوظيف والطلبات الفردية التي تستلمها المنظمة، وهذه المصادر تتيح فرص كبيرة لرفد المنظمة بالخبرات الجديدة والمعارف والطاقات الشابة. أما المصادر الداخلية فهي الترقيات والتنقلات بين الوظائف داخل المنظمة ويجب على إدارة الموارد البشرية أن تجري تقييم دقيق ومفاضلة صحيحة لاختيار أفضل المرشحين من كلا المصدرين. ومن المهم الإشارة هنا إلى أن مصادر توفير المرشحين الخارجية الرئيسية هي مواقع الإنترنت الخاصة بالتوظيف والإعلانات في الصحف اليومية ووكالات البحث عن الكفاءات Head hunters Agencies والتوصيات من قبل الأطراف المرجعية.

* عملية الاختيار Selection Process

* الاختيار Selection
تحديد الأشخاص الملائمين للتعاقد معهم والذين أظهروا طاقات وقابليات أدائية عالية.

تأتي عملية الاختيار بعد عملية الاستقطاب في إطار التوظيف في منظمات الأعمال. وهذه العملية تشتمل على تحديد الأشخاص الملائمين للتعاقد معهم والذين أظهروا طاقات وقابليات أدائية عالية. ويمكن أن نجمل خطوات الاختيار بالآتي:

1. التأكد من تطابق الشروط المطلوبة وإملاء الاستمارات الرسمية الخاصة بالتوظيف

أن الاستمارات هذه إعلان عن أن الترشيح الرسمي قد تحقق لهذا المرشح. وتحتوي هذه الاستمارات على التاريخي الشخصي. والمؤهلات معززة بالوثائق والمستندات الرسمية والسيرة الذاتية.

2. المقابلات والاختبارات Selection Tests and Interviews

من خلال المقابلات يتعرف الطرفان المنظمة والمرشحون على بعضهما حيث تتاح معلومات أكثر لكليهما من خلال التركيز على الخصائص المظهرية والسلوكية للمرشحين. يمكن أن تقسم المقابلات إلى قسمين: مقابلات مهيكلة Structured Interviews وأخرى غير مهيكلة Unstructured Interviews. فالمقابلات المهيكلة هي مقابلات رسمية يتم التهيؤ والإعداد لها مسبقاً من خلال

استمارات معدة ومدروسة بعناية. أما المقابلات غير المهيكلة فهي مقابلات عفوية ولا تعد لها استمارات مسبقة ولا أساليب تقييم للمرشحين وتركز على ردود فعل المرشحين تجاه قضايا معينة ومعرفة سلوكهم بالحوار وقدراتهم على التفاهم مع الآخرين. وبشكل عام فإن المقابلات ليست سهلة والأخطاء فيها واردة، ففي بعض الأحيان يطرح أعضاء لجنة المقابلة الأسئلة الخطأ أو يتكلمون كثيراً أو أن الأشخاص غير مؤهلين هم من يقوم بالمقابلة مثلاً أو أنهم لا يتمتعون بمهارات اتصال كافية. وهناك نوع من المقابلات يسمى المقابلات السلوكية Behavior-Based Interviews، وهي مقابلات تتضمن أسئلة مفصلة حول السلوك في مواقف حدثت في وظيفة المرشح السابقة، وهدفها الرئيسي التأكد من الاتزان السلوكي والاستقرار العاطفي للمرشح. ومن المفيد هنا استعراض بعض الأسئلة التي تطرح في المقابلات المهيكلة في الشكل التالي:

* **المقابلات السلوكية**
Behavior-Based Interviews
مقابلات تتضمن أسئلة مفصلة حول السلوك في مواقف حدثت في وظيفة المرشح السابقة.

نوع السؤال	الطريقة	المعلومات المطلوبة	نموذج للسؤال
موقفي	شفهية	هل يستطيع المرشح التعامل مع مواقف يمكن أن تحصل في مكان العمل؟	ماذا تفعل لو شاهدت اثنين من مرؤوسيك يتجادلان بصوت عالي في مكان العمل؟
معرفة بالوظيفة	شفهية أو كتابية	هل لدى المرشح المعرفة المطلوبة لأداء ناجح في الوظيفة؟	هل تعرف كيف يتم إجراء بحث عن موضوع معين في الإنترنت؟
محاكاة عينة من مهام الوظيفة	ملاحظة الأداء الفعلي أو المحاكى	هل يستطيع المرشح القيام ببعض مهمات الوظيفة عملياً؟	هل تستطيع أن ترينا كيف يمكن أن ترسل بريداً إليكترونياً؟
متطلبات واستعداد العامل	شفهية	هل أن المرشح مستعد للتكيف مع طلبات مثل السفر وتغيير موقع السكن أو القيام بجهد عقلي غير اعتيادي.	هل أنت مستعد أن تقضي ربع وقتك مسافراً بين مدينة وأخرى؟

شكل (3-20): بعض أسئلة المقابلات المهيكلة

أما الاختبارات Tests فإنها تستهدف التعرف على مؤهلات وقابليات المرشحين تحريرياً وتأخذ أشكالاً عديدة منها:

- اختبار القدرات والمهارات.
- اختبار الأداء وإمكانية الإنجاز في الوظيفة.
- اختبارات الاهتمامات المهنية.
- اختبارات شخصية.

ويجب أن يتسم الاختبار بالموثوقية والصدق، فالموثوقية Reliability تعني أن الأداة أو الاختبار المعتمد مستقر ويعطي نفس النتائج إذا ما أعيد استخدامه مرة أخرى وفق نفس الظروف والشروط. أما الصدق Validity فتعني كون الاختبار قادراً على قياس ما يفترض قياسه وأن يكون ذو علاقة بالأداء المستقبلي للوظيفة. إن استخدام الاختبار في ظل هاتين الصفتين يمكن أن يجعل منه قادراً على التمييز بين من هو جيد أو غير ذلك أو من هو مؤهل أو غير مؤهل.

* **الموثوقية Reliability**
كون الاختبار المعتمد مستقر ويعطي نفس النتائج إذا ما أعيد استخدامه مرة أخرى وفق نفس الظروف أو الشروط.

* **الصدق Validity**
كون الاختبار قادراً على قياس ما يفترض قياسه وأن يكون ذو علاقة بالأداء المستقبلي للوظيفة.

3. تدقيق التوصيات الخارجية

من الأساتذة السابقين أو المنظمات التي عمل فيها سابقاً أو خبراء عمل معهم أو أي جهات مرجعية توصي بالاستفادة من مؤهلاته وتتصف هذه المرجعية بالمصداقية.

4. الفحص الطبي **Physical Examination**

وهذا الأمر يساعد على التأكد من الصلاحية البدنية للمرشح وقابليته على الأداء. كذلك هناك اختبارات نفسية واختبارات تتعلق ببعض الأمراض الخطرة للتأكد من سلامة المرشح وقدراته الجسدية.

5. القرار النهائي بالقبول أو الرفض

أي التعاقد مع المرشح أو الاستغناء عن قبوله. ويتخذ هذا القرار بناء على التقييم السابق بكافة مراحله وإسناد الوظيفة لمن يجمع أعلى عدد من النقاط.

6. التعيين

حيث يتم إصدار أمر رسمي يضم المرشح إلى كادر المنظمة واعتباره عضواً فيها يتمتع بامتيازات الوظيفة ويتحمل مسؤولية أداء مهامها والواجبات الواردة في وصفها.

وإذا كانت عمليات استقطاب والاختيار والتعيين تمثل مسؤولية مهمة لإدارة الموارد البشرية فإن الأنشطة المختلفة في إطار هذه العمليات محفوفة بالكثير من المخاطر التي قد يكون بعضها مرتبطاً بالمسؤولية الأخلاقية والاجتماعية أو احتمال خرق القوانين والأعراف السائدة وبالتالي يتطلب الأمر ضرورة الوعي بالمشاكل المصاحبة

لهذه الأنشطة بدءاً من عمليات تخطيط الموارد البشرية وعمليات تحليل ووصف الوظائف وصولاً إلى آخر مرحلة من مراحل تعيين المرشح في الوظيفة ومتابعة أدائه.

ثالثاً: التدريب والتطوير وتقييم الأداء

Training, Development and Performance Appraisal

تمثل عمليات التدريب وتطوير الموارد البشرية وتقييم أدائها أنشطة حيوية مترابطة مع بعضها، فلا يمكن أن تساهم إدارة الموارد البشرية بدور فاعل في تحقيق أهداف المنظمة إذا لم تعي طبيعة التدريب المطلوب المبني على أساس تحديد احتياجات الأفراد التدريبية وفق طريقة علمية منهجية مدروسة.

* التدريب Training

يعني التدريب استخدام خبرة دالة لتغيير المهارات والمعارف والسلوكيات نحو الأفضل عند العاملين. ويعتمد التدريب على ركيزتين أساسيتين: توجهات العاملين Orientation والتي تمثل تأقلم العاملين الجدد مع الوظائف، وزملاء العمل وسياسات المنظمة وخدماتها. والركيزة الثانية هي التطبع الاجتماعي Socialization والتي تمثل عملية التأثير بتوقعات العاملين الجدد وسلوكهم كجهود منهجية منظمة لتحسين الأداء من خلال زيادة المعارف والمهارات المكتسبة لدى العاملين. ويمثل التدريب ظاهرة طبيعية بحكم التطور والتغير الحاصل في بيئة المنظمة الداخلية والخارجية. لذلك تضع المنظمة البرامج التدريبية وتنفق عليها وهي تتوقع أن هذا الإنفاق سيساهم في زيادة العوائد وخفض الكلفة بطرق وأساليب متعددة. ومن المفيد الإشارة إلى أن أكثر المواضيع التي يتم تدريب العاملين عليها كما وردت في استطلاع أجرته مجلة Training الأمريكية على مجموعة كبيرة من الشركات في عام 2001 هي كما في الشكل أدناه.

* التدريب Training
استخدام خبرة دالة لتغيير المهارات والمعارف والسلوكيات نحو الأفضل لدى العاملين.

* توجهات العاملين
Employee Orientation
تأقلم العاملين الجدد مع الوظائف وزملاء العمل وسياسات المنظمة وخدماتها.

* التطبع الاجتماعي
Socialization
عملية التأثير بتوقعات العاملين الجدد وسلوكهم وتصرفاتهم وفق رغبة المنظمة.

موضوع التدريب	النسبة المئوية للشركات التي أعتمدته
تقييم الأداء	%71
توجيه العاملين الجدد	%69
التجاوز الجنسي على النساء	%68
السلامة المهنية	%64
القيادة	%60
معرفة المنتجات	%56
التعامل مع الزبائن	%54
بناء فرق العمل	%53
إدارة التنوع في القوة العاملة	%53
حل المشاكل واتخاذ القرار	%52

شكل (4-20): أهم المواضيع التدريبية في عينة من الشركات الأمريكية

وبشكل عام فإن منظمات الأعمال تهدف من خلال أنشطة وبرامج التدريب إلى تحسين قدرتها التنافسية وتحقيق نتائج إيجابية على المستوى الفردي للعاملين سواء بتطوير معارفهم أو تحسين سلوكياتهم أو زيادة ولائهم وكذلك تنمية ثقافة تنظيمية قوية ومتماسكة والمساهمة ببناء قيادات إدارية مستقبلية كذلك يستخدم التدريب كأسلوب لمعالجة ضعف الأداء في الجوانب المختلفة في المنظمة ولغرض نجاح البرامج التدريبية بشكل عام يتطلب الأمر ربط هذه البرامج بتحليل ووصف الوظائف من جانب ومن جانب آخر اختيار البرامج التدريبية بعناية سواء من ناحية محتوى هذه البرامج وطبيعة المشاركين فيها وكذلك اختيار المدربين وأماكن التدريب وأوقاتها. ويمكن لمنظمة الأعمال أن تعتمد الأسلوبين التاليين في التدريب.

1. التدريب في مكان العمل One Job Training:

يقدم هذا النط من التدريب للعاملين أثناء قيامهم بأداء أعمالهم ويمكن أن يكون التدوير بالوظائف مدخلاً مناسباً لهذا النوع من التدريب وزيادة القابليات والمهارات. كذلك يتم التدريب من خلال خبراء ومتخصصين Coaching يقومون بتقديم النصح والإرشاد التدريبي للعاملين في مكان العمل. وفي إطار التدريب السلوكي للعاملين فإنه يمكن اعتماد النمذجة Modeling أو محاكاة القدوة في سلوكه.

2. التدريب خارج مكان العمل Off-Job Training:

نمط من التدريب يتم خارج مكان العمل، قد يكون بشكل دورات تدريبية للعاملين في مراكز متخصصة بالتدريب وأكثر أنماطه شيوعاً هو تطوير الإدارة والإداريين وتنمية معارفهم ومهاراتهم في كل جوانب العملية الإدارية.

* التدريب في مكان العمل
On-Job Training
يقدم هذا النمط من التدريب أثناء قيام العامل بأداء عمله المعتاد.

* النمذجة أو محاكاة النموذج
Modeling
تدريب سلوكي للعاملين من خلال محاكاة القدوة أو عامل ذو سلوك نموذجي.

* التدريب خارج مكان العمل
Off-Job Training
نمط من التدريب يتم خارج مكان العمل وقد يكون بشكل دورات تدريبية في مراكز متخصصة بالتدريب وعادة ما يعتمد لتدريب الإداريين.

* التطوير Development

إن التطوير يعني تحسين المهارات والمعارف للعاملين ليكونوا أكثر استعداداً لأداء أفضل بمهام جديدة أنيطت بهم أو ستناط بهم. لذلك فهو يمثل حالة تعلم عامة لأي من المستويات الإدارية المختلفة وزيادة معارفها ومهاراتها في أداء المهام الإدارية. وعادة ما يكون التطوير ضمن برامج معدة بعناية لتشمل مدى زمني بعيد قياساً ببرامج التدريب المحدودة. وقد يرى البعض أن عمليات التطوير تنصب أساساً على المستويات الإدارية العليا والقيادات في منظمات الأعمال. وعادة ما تشمل عمليات التطوير تنمية مهارات تؤهل هذه الإدارات لوظائف أعلى في المستوى التنظيمي. وتتوقع منظمات الأعمال أن تكون جهود التطوير والتنمية جهود إدارية مستمرة للتعليم مرتبطة بالخطط بعيدة الأمد وتنعكس بفوائد إيجابية ليس على الفرد والمنظمة بل وعلى المجتمع الذي تعمل فيه.

*** التطوير الإداري**
Management Development
عمليات تحسين مستمرة للمعارف والمهارات الإدارية للعاملين في مختلف المستويات الإدارية.

* تقييم الأداء Performance Appraisal

إن تقييم الأداء Performance Appraisal يعني العملية المستمرة لتقييم وإدارة السلوك والنتائج في مكان العمل. أما إدارة الأداء Performance Management فقد شاع استعمالها عندما كثرت وشاعت برامج إدارة الجودة الشاملة TQM والتي اعتبرت الأداء واحداً من العناصر التي يمكن استخدامها كأداة للارتقاء بجودة العمل وتحقيق مفهوم إدارة الجودة الشاملة والتزام جميع العاملين فنيين وإداريين بتقديم أفضل ما عندهم من إنجاز.

*** تقييم الأداء**
Performance Appraisal
العملية المستمرة لتقييم وإدارة السلوك والنتائج في مكان العمل.

- أهداف عملية تقييم الأداء Performance Appraisal Objective

تجرى عملية تقييم الأداء في جميع منظمات الأعمال لتحقيق غرضين رئيسيين يمكن توضيحهما بالمخطط التالي:

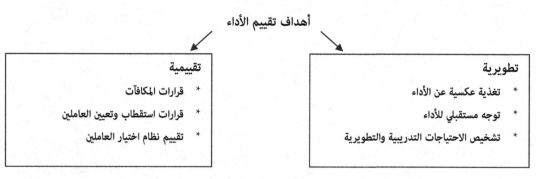

شكل (5-20): أهداف تقييم الأداء

وإن أهم ما يجب أن يراعى في تقييم الأداء هو مصداقية وموثوقية الأساليب والأدوات المستخدمة في القياس والتقييم.

- *طرق تقييم الأداء* **Performance Appraisal Methods**

هناك طرق كثيرة لتقييم أداء العاملين بعضها تقليدية شائعة والبعض الآخر أكثر حداثة وتطور. ومن الطرق المعتمدة في تقييم الأداء.

● **طريقة معايير العمل** Work Standards: وهي معايير محددة يقاس بها أداء العامل.

● **طريقة المقالات** Essay: عبارة عن كتابة مقال لتقييم الأفراد.

● **طريقة السلم البياني للتقييم** Graphing Rating Scale : حيث تستخدم قائمة للسمات والخصائص وفي ضوئها يقيم الأداء بشكل متدرج على سلم بياني يتم اعتماده من قبل من يقوم بعملية التقييم.

● **المقارنة الزوجية** Paired Comparison : حيث تتم مقارنة عاملين ببعضهما.

● **طريقة الإدارة بالأهداف** Management By Objectives: وقد سبق وأن تطرقنا لها في فصل التخطيط هنا يستطيع المدير تقييم أداء العامل من خلال مؤشرات الإنجاز للأهداف التي تم الاتفاق عليها، في إطار زمني محدد.

لكن هناك أخطاء شائعة ومشاكل قد تبرز عند عملية تقييم الأداء وتجعل منه قاصراً عن تحقيق الهدف المرجو منه ولعل أبرز هذه الأخطاء:

1. **تحيز المقيم** Bias : حيث أن الخبرة السابقة والحيادية ضرورية جداً في تقييم الأداء وتحديد من يقوم به. فإذا ما انحاز المقيم لأي سبب كان أصبحت عملية التقييم غير صحيحة وغير عادلة.

2. **التساهل** Leniency: يميل بعض المقيمين إلى التساهل والرفق بالعاملين مما يجعل عملية التقييم غير فاعلة.

3. **تأثير الهالة** Hallo Effect : حيث يتأثر المقيم بصفة واحدة سلباً أو إيجاباً تؤثر على باقي خصائص التقييم.

4. **الوسطية في التقييم** Central Tendency : حيث يميل المقيم إلى تقدير علامات لجميع العاملين تتركز في وسط سلم التقييم، وبالتالي تفقد الخصائص المميزة لدى البعض من أهميتها في العمل.

5. **التأثر بالأحداث القريبة سلبية كانت أو إيجابية وإهمال بقية الأداء خلال الفترة.**

6. **التشدد** Strictness : حيث يتشدد المقيم بإعطاء علامات أو تقديرات جيدة للعاملين.

وكذلك توجد مجموعة من المشاكل الموضوعية المرتبطة بعدم وضوح أهداف التقييم وسياساته وعدم اختيار الوقت الملائم لإجراء التقييم أو سوء اختيار معايير التقييم.

وتجدر الإشارة هنا إلى أن العناصر التي تمثل جوهر الأداء الذي يقيم تضم حزمة متكاملة تحرص الإدارات على مراقبتها ومتابعة تطورها لدى العاملين وهذه العناصر هي :

- **الإنتاجية Productivity**: العلاقة بين قيمة المخرجات الكلية وقيمة المدخلات الكلية أو معدل الإنتاج الذي ينتجه العامل.
- **الجودة Quality**: دقة ومهنية وسرعة تسليم العمل المنتج ووفائه بالمواصفات القياسية واحتياجات الزبون.
- **حل المشكلة Problem Solving**: القدرة على تصحيح المواقف وتحليلها وإزالة الإشكالات منها بفاعلية.
- **الاتصال Communication** : القدرة والفاعلية في بث وإيصال وفهم المعلومات وتبادلها.
- **المبادرة Initiative**: الرغبة والقدرة على التشخيص والتعامل مع الفرص بهدف تحسين الوضع الحالي.
- **مهارات تخطيطية وتنظيمية Planning and Organizing Skills** : القدرة على وضع الأهداف وجدولة العمل وإدامة النظم في منظمة الأعمال.
- **فريق العمل والتعاون Teamwork and Cooperation**: مدى التعاون مع زملاء العمل وإمكانية المشاركة بفاعلية في فرق العمل.
- **الحكم الشخصي السليم Judgment**: القدرة على تحديد الأفعال المناسبة بطريقة تدل على حسن التقدير وإصدار الأحكام.
- **الاعتمادية Dependability**: الاستجابة والمعولية والوعي بمحتوى الوظيفة ودقة أدائها ومعرفة أسرارها أي إمكانية الاعتماد على العامل في أداء الوظيفة.
- **القابلية على توليد أفكار جديدة Creativity**: المدى الذي يمكن أن يأتي فيه بأشياء وأفكار جديدة وحلول ومقترحات عند حصول مشاكل.
- **المبيعات Sales**: النجاح الذي يحققه العامل في بيع منتجات الشركة من سلع أو خدمات أو أفكار.
- **خدمة الزبون Customer Service**: القابلية على الاتصال الفعال مع الزبائن وحل مشاكلهم وتقديم حلول تناسب توقعاتهم .
- **القيادة Leadership** : القدرة على لعب دور الفاعل القوي والدليل ومتخذ القرار والمحفز للآخرين.
- **الإدارة المالية Financial Management**: مدى القدرة على الرقابة على التكاليف والمهارة في التخطيط المالي بالمدى الذي تحدده الوظيفة.

رابعاً: المكافآت وعلاقات العمل Compensation and Labor Relations

تلعب المكافآت من أجور ومرتبات وحوافز مباشرة وغير مباشرة دوراً مهماً في جذب قوة عمل جيدة وذات مواصفات عالية إلى منظمة الأعمال، كذلك تدفع الموجودين إلى تحسين الأداء والاحتفاظ بالموارد البشرية المؤهلة

لذلك يفترض أن تعير المنظمة أهمية لنظام المكافآت فيها. أما إدارة علاقات العمل فإنها هي الأخرى ذات أهمية باعتبارها وسيلة للتقريب بين الإدارة ونقابات العمال والعاملين.

* المكافآت Compensation

إن نظام المكافآت والمنافع الأخرى تقاس كفاءته بقدرته على جذب أفراد مؤهلين للعمل في المنظمة. ويتكون نظام المكافآت من المكافآت الأساسية Base Compensation وهذه تتمثل بالرواتب والأجور المدفوعة للعاملين جراء تحملهم مسؤولياتهم والتزامهم بضوابط العمل الصحيح. إن المكافآت الأساسية تشكل جوهر التعويضات المالية التي يحصل عليها الفرد في المنظمة ويتم التفرقة بين الراتب والأجر، حيث يكون الراتب شهرياً أو سنوياً في حين أن الأجور تدفع وفقاً لساعات العمل المعتمدة يومياً أو أسبوعياً. ويفترض أن يتسم نظام المكافآت وخاصة المكافآت الأساسية المباشرة بمجموعة من الخصائص تجعل منه نظاماً فاعلاً في المنظمة وهي:

*** المكافآت الأساسية**
Base Compensation
الرواتب أو الأجور المدفوعة للأفراد جراء تحملهم مسؤولياتهم والتزامهم بضوابط العمل الصحيح.

1. الكفاية : أي أن يكافئ الأجر أو الراتب الجهد المبذول والنتائج المتحققة في الأداء.
2. المساواة : معنى هذا أن يكون الأجر أو الراتب المفدوع مرتبطاً بالجهد المبذول من جانب ومتساوياً للأفراد المتساوين في المؤهلات والقدرات والمهارات والأداء.
3. أن يكون محفزاً ودافعاً للعمل والإنتاج الأفضل.
4. أن يكون مقبولاً من جانب العاملين وأن يشعرهم بالضمان والأمان وسد الاحتياجات.
5. أن يكون نظام المكافآت في حدود قدرة المنظمة المالية وإمكاناتها.

كذلك من الضروري أن تهتم منظمة الأعمال بالمنافع الثانوية Fringe Benefits وهي مكافآت غير نقدية مثل التأمين الصحي وخطط التقاعد ومنافع ومزايا للعاملين في بيئة العمل. وعادة ما تقدم كل منظمات الأعمال مجموعة من المنافع تسمى حزمة المنافع Benefits Package والتي تعني مجمل المنافع غير النقدية التي يستفيد منها العاملون بطرق مختلفة. وفي بعض منظمات الأعمال توجد برامج اختيارية يسمح بموجبها للعاملين باختيار منافع معينة من بين مجموعة كبيرة من المنافع معروضة علية ويطلق على هذه العملية اسم "منافع الكافتيريا" أو "المنافع المرنة" Cafeteria Benefits. كما أن هناك بعض المنافع

*** المنافع الثانوية**
Fringe Benefits
توليفة التعويضات غير النقدية التي يحصل عليها العاملون.

*** حزمة المنافع**
Benefits Package
عبارة عن تشكيلة من منافع غير نقدية يحصل عليها العاملون تختلف باختلاف المنظمات.

التي تساعد العامل على موازنة حياته العائلية مع العمل وتسمى المنافع الصديقة للعائلة Family-Friendly Benefits مثل الرحلات العائلية والرعاية للأولاد الصغار وجدولة العمل المرنة وخيار العمل الجزئي وغيرها. ويطلق على هذا أحياناً الموازنة بين العمل والحياة Work-Life Balance.

* المنافع الصديقة للعائلة
Family – Friendly Benefits
منافع تساعد العامل على الموازنة بين حياته العائلية والعملية.

كما أنه من المناسب أن نشير إلى أن أنظمة المكافآت ترتبط بتقييم الوظائف والأداء فيها وفق اعتبارات صحيحة ودقيقة وتوجد العديد من الطرق والأساليب الكمية وغير الكمية التي تستخدم في تقييم الوظائف. ومهما اختلفت هذه الأساليب والطرق فإن معايير منح المكافآت عادة ما تكون واحد أو أكثر من المعايير التالية:

● الأداء.

● الجهد المبذول.

● الأقدمية في العمل.

● المهارات والمعارف.

● الصعوبات المرافقة للعمل وأثنائه.

● الوقت الاستنسابي اللازم للإنجاز ويستخدم هذا المصطلح للأعمال التي لا ترتبط بوقت محدد وإنما يتم تقدير الوقت وتحديد التعويض على أساس الوقت المقدر كما هو الحال في الاستشارات القانونية والإدارية. ونجد مهماً أن نشير كذلك إلى أن مجموعة المكافآت غير المباشرة أصبحت ذات دور استراتيجي في منظمات الأعمال الحديثة وعادة ما تكون هذه المكافآت منافع ومزايا تمنح للعاملين بهدف تحريك روح الانتماء وتعزيزها وزيادة مستوى الولاء بحيث ينعكس إيجابياً على الأداء والإنتاجية. وتضم اليوم هذه المكافآت قائمة طويلة من برامج مثل برامج الحماية وخطط الدفع المضمون ومنافع الرعاية الصحية وبرامج الصالح العام للعاملين.

علاقات العمل Labor Relations

تلعب الاتحادات والنقابات العمالية دوراً مهماً في حياة منظمات الأعمال وإن كان هذا الدور قد تضاءل عن ما كان عليه في الستينات والسبعينات من القرن الماضي بسبب التطور التكنولوجي وتغير الأيديولوجيات السياسية حيث أصبح لها دور تعاوني أكثر منه دوراً عدائياً قائماً على أساس الصراع الأيديولوجي. واتحاد نقابات العمال Labor Union هو منظمة تحوي على عدة

* اتحاد نقابات العمال
Labor Union
منظمة تتعامل مع أصحاب العمل بشأن حقوق العاملين المنضوين في إطارها.

منظمات أخرى نقابية تتعامل مع أصحاب العمل في شؤون سلوكهم تجاه العاملين. وتهتم أيضاً بالجوانب المتعلقة بالأعمال والصناعة سواء من ناحية الدور الذي تلعبه الدولة أو القطاع الخاص أو أي جهات ذات شأن وأن أسلوبها بالتعامل يقوم على أساس صوت جماعي موحد لذلك يمثل الاتحاد قوة تفاوضية مؤثرة من خلال ما يسمى المساومات الجماعية Collective Bargaining والتي تمثل عمليات حوار وإدارة وتفسير لعقد العمل Labor Contract.

* دوران العمل Turnover

يعد دوران العمل ظاهرة مكلفة لمنظمات الأعمال وإن كان ظاهرة طبيعية ولا يمكن التخلص منها. ودوران العمل يمثل خروج العاملين من منظمة الأعمال أو دخولهم إليها بسبب الترقية أو النقل أو الفصل أو التقاعد أو لأي سبب آخر. وتمثل في حقيقتها قرارات إحلال دائمي او مؤقت للعاملين في المستويات والوظائف المختلفة. وكأي ظاهرة أخرى لها تكاليف ومزايا ومساوئ، فالدوران بسبب عدم استطاعة المنظمة الإبقاء على العاملين الكفوئين الماهرين يمثل ظاهرة سلبية في حين أن الاستغناء عن عاملين غير كفوئين هو ظاهرة إيجابية. كذلك يرتبط الدوران بالنقل والترقية الحاصلة في المنظمة، فالنقل Transfer هو تحريك العاملين إلى وظائف أخرى بنفس المستوى والمرتب أو الأجر وهو أمر تتطلبه طبيعة العمل في كل مكان. أما الترقية Promotion فهي نقل العاملين إلى وظائف ذات مستوى أعلى إدارياً وبالتالي تتسع السلطات والمسؤوليات وكذلك تزداد المكافآت. كذلك يمكن أن يحصل الدوران بسبب إنهاء خدمات بعض العاملين لأي سبب كان أو بسبب انسحاب البعض من العاملين من المنظمة. كما أن من أسباب الدوران الأخرى المهمة حركة التقاعد Retirement الذي يمثل نهاية الخدمة بسبب الوصول إلى السن القانوني للتقاعد أو إكمال أقصى مدة عمل تسمح بها القوانين في وظائف معينة. وقد يحصل أحياناً أن تنهي الشركة خدمات بعض العاملين بأسلوب الفصل Termination أو التسريح Lay-off، وقد تحصل الحالة الأولى أي الفصل بسبب عقوبة لمشاكل فنية بالأداء أو مشاكل سلوكية خطرة. أما التسريح فقد يكون بسبب تغير ظروف السوق أو سياسات المنظمة فتضطر لتقليص حجم القوة العاملة. وتسمى حالات الفصل والتسريح والتقاعد والاستقالة Resignation بالانفصال عن المنظمة Separation.

* المساومات الجماعية
Collective Bargaining
عمليات حوار وإدارة وتفسير لعقد العمل.

* عقد العمل
Labor Contract
اتفاق أو معاهدة بين الاتحاد وأصحاب العمل حول شروط العمل الخاصة بأعضاء الاتحاد

* دوران العمل
Labor Turnover
حركة العاملين دخولاً وخروجاً إلى منظمة الأعمال لأسباب عديدة.

* النقل Transfer
تحريك العاملين لوظائف أخرى بنفس المستوى والمرتب أو الأجر والصلاحيات.

* الترقية Promotion
تحريك العاملين إلى وظائف أعلى وبالتالي تتسع الصلاحيات والمسؤوليات وتزداد المكافآت.

* تطوير المسار الوظيفي Career Development

إن التغيرات المستمرة في طبيعة عمل المنظمة تتطلب إجراء تغييرات في الوظائف ومحتوياتها ومسمياتها، وفي أحيان عديدة فإن هذا الأمر يخلق إشكالية للعاملين والمسار الوظيفي الذي حددوه لأنفسهم. لذلك يتطلب الأمر من المنظمة أن تعير أهمية كبيرة لهذه الجوانب. والمسار الوظيفي Career Path يمثل تسلسل وتتابع من الوظائف ومجالات العمل التي تشكل ما يعمله الفرد خلال حياته الوظيفية. وعادة ما يتنبأ الفرد بخط مساره الوظيفي من خلال أسلوب تعليمه وتدريبه وتحاول المنظمات جاهدة أن تؤشر هذا المسار والفرص الواقعة عليه للمدى البعيد لذلك يتم تخطيط المسار الوظيفي Career Planning ويتم من خلال هذا التخطيط مواءمة أهداف المسار الوظيفي والقدرات الفردية مع الفرص المتاحة للاستفادة منها. وفي بعض الأحوال يصل العاملون إلى ما يمكن أن يسمى بالاستقرار في المسار الوظيفي Career Plateau نتيجة تخصصهم في مجال معين وعملهم في الوظيفة المرتبطة بهذا التخصص لفترة طويلة جداً بحيث يصبحون غير مستعدين للانتقال والعمل حتى ولو بوظائف أعلى لكن لا تستند إلى هذه القاعدة الواسعة في المسار الوظيفي.

*** المسار الوظيفي**
Career Path
تسلسل وتتابع من الوظائف ومجالات العمل والتي تشكل ما يعمله الفرد خلال حياته الوظيفة.

*** الاستقرار في المسار الوظيفي**
Career Plateau
موقع يكون فيه الفرد غير مستعد للتحرك إلى مستوى وظيفي أعلى يخرق مساره الوظيفي.

أسئلة الفصل العشرون

* أسئلة عامة

1. ما المقصود برأس المال البشري؟ وكيف يؤثر في أداء منظمات الأعمال اليوم؟
2. استعرض مؤشرات تغير العقد الاجتماعي بين العاملين والمنظمة؟
3. ما هو الدور الاستراتيجي الذي يفترض أن تلعبه إدارة الموارد البشرية في المنظمة؟
4. عرف الاستقطاب وحدد مراحله؟
5. ما هي أهم خطوات عملية الاختيار؟
6. حدد تعريفاً دقيقاً وواضحاً لكل من الموثوقية والصدق عند إجراء الاختبارات؟
7. ماذا يقصد بالتدريب؟ وبماذا يختلف عن التطوير الإداري؟
8. ما هي الأهداف المتوخاة من عملية تقييم أداء العاملين؟
9. ماذا يفترض أن يشمل نظام المكافآت من مزايا؟
10. عرف المسار الوظيفي ووضح المقصود بالاستقرار في المسار الوظيفي؟

** أسئلة الرأي والتفكير

1. في تقديرك، كيف أثر تغير مكان العمل في الدور الجديد لإدارة الموارد البشرية في المنظمة؟ خذ المصارف كمثال
2. بناء على تخصصك الحالي، هل لديك تصور عن مسارك الوظيفي المستقبلي؟
3. لو كنت مسؤولاً في أحد المخازن التجارية الكبرى وطلب إليك تقييم البائعين في القسم الذي أنت مسؤول عنه، ما هـي أهم عناصر الأداء التي ستركز عليها؟ ولماذا؟ وهل تفضل أن تعطي نتيجة تقييمك لكل منهم أم تعتقـد أن هـذا التقيـيم يجب ان يضل سراً؟
4. من خلال تعاملك اليومي مع بعض العاملين في أماكن عملهم، هل تشعر بأنهم بحاجة إلى تدريب في مجال معين؟ وضح سبب تشخيصك لحاجتهم للتدريب في هذه المجالات.
5. كيف ستبحث عن فرصة عمل بعد إنهاء دراستك؟ وأين ستبحث عنها؟ ولماذا؟

*** أسئلة الخيارات المتعددة

1. **إن العمل من المساكن عن طريق الحواسيب وتجهيزات الاتصال الأخرى يسمى :**

A. العمل حسب الموقف
B. العمل حسب الرغبة
C. العمل عن بعد
D. العمل المؤقت

2. **إن حزمة المعارف والمهارات والمؤهلات العلمية والقدرات البدنية المطلوب توفرها في شخص لأداء مهام وظيفة بشكل كامل هي:**

A. تحليل الوظيفة
B. تطور الوظيفة
C. وصف الوظيفة
D. مواصفات شاغل الوظيفة

3. **واحدة من الآتي لا يتمثل مرحلة من مراحل الاستقطاب:**

A- الإعلان عن الوظائف شاغرة
B- فحص واختبار المرشحين
C- الاتصال الأولي بالمرشحين
D- الغربلة الأولية لإيجاد وعاء من المرشحين المؤهلين

4. **كل المصادر التالية هي مصادر خارجية لتوفير مرشحين لوظائف المنظمة عدا :**

A. مواقع الإنترنت
B. الإعلان في الصحف
C. وكالات البحث عن الكفاءات
D. التنقلات

5. **عندما يعد المدير استمارة رسمية مدروسة بعناية لغرض المقابلة التي سجريها للمرشحين فإن المقابلة هي:**

A. مقابلة مهيكلة
B. مقابلة غير مهيكلة
C. مقابلة غير رسمية
D. مقابلة سلوكية

6. **لو طرح المدير على أحد المرشحين السؤال التالي: هل تستطيع أن ترينا كيف يمكن أن تستخدم جهاز الاستنساخ المتطور هذا؟ فإن هذا السؤال هو من نوع :**

A. موقفي
B. متطلبات واستعداد العامل
C. محاكاة عينة من مهام الوظيفة
D. معرفة بالوظيفة

7. **إن كون الاختبار قادر على قياس ما يفترض قياسه ويكون ذو علاقة بالأداء المستقبلي للوظيفة يعني:**

A. الصدق في الاختبار
B. الموثوقية في الاختبار
C. تكامل الاختبار
D. مرونة الاختبار

8. إن الاختبارات التي تركز على الجوانب المهنية في العمل والاستعداد للوفاء بمتطلباتها تسمى:

A. اختبارات شخصية
B. اختبارات قدرات ومهارات
C. اختبارات الأداء وإمكانية الإنجاز
D. اختبارات الاهتمامات المهنية

9. إن تأقلم العاملين الجدد مع الوظائف وزملاء العمل وسياسات المنظمة وخدماتها يسمى:

A. التطبع الاجتماعي
B. توجهات العاملين
C. التطوير
D. التدريب

10. إن استخدام الخبراء والمتخصصين لتقديم النصح والإرشاد للعاملين في مكان العمل يسمى :

A. Modeling
B. Coaching
C. Socialization
D. Training

11. إن عمليات التحسين المستمرة للمعارف والمهارات الإدارية للعاملين في مختلف المستويات الإدارية تسمى:

A. التدريب في مكان العمل
B. التدريب خارج مكان العمل
C. التطوير الإداري
D. التدريب

12. الآتي بعض أهداف تقييم الأداء التطويري ما عدا:

A. توجه مستقبلي للأداء
B. قرارات المكافآت
C. تغذية عكسية عن الأداء
D. تشخيص الاحتياجات التدريبية والتطويرية

13. عندما يتأثر المقيم بصفة كون العامل يجيد اللغة الإنجليزية ويعتبرها أساس للتقييم دون مراعاة باقي الخصائص الأخرى فإن هذا يسمى:

A. التشدد
B. تأثير الهالة
C. تحيز المقيم
D. التأثر بالأحداث القريبة

14. عندما يعطي أحد الأساتذة تقديراً ناجحاً ولكنه ضمن فئة الوسط وللأغلبية فإن هذا يمثل:

A. تساهلاً في التقييم
B. تحيزاً في التقييم
C. تشدداً في التقييم
D. وسطية في التقييم

15. إن القدرة على تشخيص الفرص والتعامل معها بهدف تحسين وضع المنظمة تسمى:

A. زيادة الإنتاجية
B. تحسين الجودة
C. المبادرة
D. الاعتمادية

الفصل الحادي والعشرون

الإدارة المالية والمحاسبية

الفصل الحادي والعشرون

الإدارة المالية والمحاسبية

بعد دراستك لهذا الفصل تستطيع الإجابة على هذه الأسئلة:

1. ما المقصود بالمحاسبة؟ وما هي الكشوفات المالية المهمة التي تستخدم في منظمة الأعمال؟
2. ما هي أهم النسب المالية؟ وما هي دلالتها؟
3. كيف تقوم بالتخطيط المالي؟ وما هي أهم مصادر التمويل؟

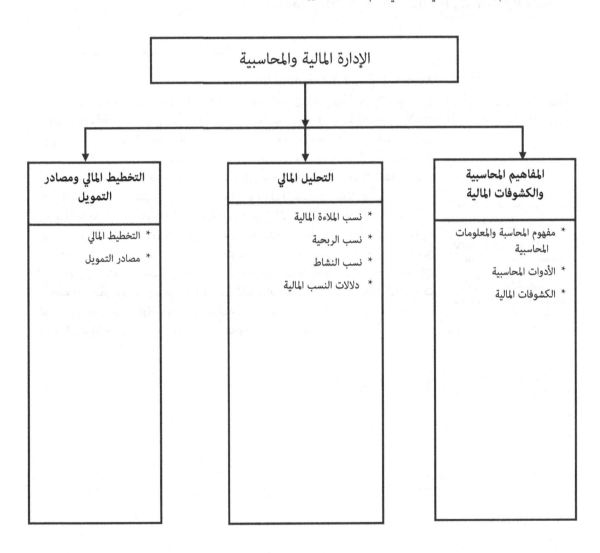

الإدارة المالية والمحاسبية
المفاهيم المحاسبية والكشوفات المالية
* مفهوم المحاسبة والمعلومات المحاسبية
* الأدوات المحاسبية
* الكشوفات المالية
التحليل المالي
* نسب الملاءة المالية
* نسب الربحية
* نسب النشاط
* دلالات النسب المالية
التخطيط المالي ومصادر التمويل
* التخطيط المالي
* مصادر التمويل

مقدمة الفصل الحادي والعشرون :

يعتبر النشاط المالي والمحاسبي من الأنشطة الحيوية في منظمات الأعمال ولذا فإنه من الضروري أن يولى عناية خاصة وأن الوظيفة المسؤولة عنه قريبة من الإدارة العليا واهتماماتها. إن قرارات التمويل والاستثمال تشكل عصب اهتمام هذه الإدارة حيث يتوجب عليها تحديد مصادر التمويل الملائمة وإعداد الخطط المالية ومتابعة استثمارات المنظمة وأصولها. لقد اتسعت هذه الوظيفة وتأثرت شأنها شأن الأنشطة الأخرى بتكنولوجيا المعلومات والمؤثرات البيئية الأخرى. ولغرض الإلمام بجوانب هذا النشاط فإن هذا الفصل سيتناول أولاً المفاهيم المحاسبية والكشوفات المالية ثم التمويل والجوانب المرتبطة بالأسواق المالية وأخيراً التحليل المالي والإدارة المالية.

أولاً: المفاهيم المحاسبية والكشوفات المالية

Accounting Concepts and Financial Statements

* مفهوم المحاسبة والمعلومات المحاسبية

Accounting and Accounting Information

يقصد بالمحاسبة Accounting النظام المسؤول عن جمع وتحليل وتفسير وبث المعلومات المالية، وبهذا فهي تقيس أداء الأعمال ويعتمد عليها في اتخاذ القرارات. كذلك تهيئ المحاسبة تقارير الأداء للمالكين وللجمهور والجهات الحكومية المعنية. ولغرض القيام بهذه المهمة فإن المحاسبين يحتفظون بسجلات محاسبية بكافة التعاملات سواء كانت مصاريف أو إيرادات أو ضرائب مدفوعة. ومن خلال تحليل البيانات الواردة في هذه السجلات يستطيع المحاسبون معرفة مدى نجاح أو فشل المنظمة في عملها. ومسك السجلات Book Keeping هي مرحلة واحدة من مراحل وعمليات المحاسبة حيث أنها - أي المحاسبة - ليست مجرد مسك السجلات وتدوين الصفقات والعمليات التجارية. ولأن المعلومات المالية هي عصب الحياة للقرارات الإدارية فإن المعلومات الدقيقة والمؤشرات الصحيحة هي من واجب نظام المعلومات المحاسبي Accounting Information System (AIS) الذي يمثل إجراءات منظمة لتشخيص وقياس وتسجيل والاحتفاظ بالمعلومات المالية لكي تستخدم في الكشوفات المحاسبية وتقارير الإدارة. ويتضمن النظام أيضاً جميع العاملين والتقارير والحواسيب والإجراءات والموارد الضرورية لإنجاز الصفقات والتبادلات المالية.

*** المحاسبة**
Accounting
النظام المسؤول عن جمع وتحليل وتفسير وبث المعلومات المالية.

*** مسك السجلات**
Book Keeping
تسجيل التبادلات والتعاملات المالية في سجلات محاسبية خاصة.

*** نظام المعلومات المحاسبي**
Accounting Information System (AIS)
إجراءات منظمة لتشخيص وقياس وتسجيل والاحتفاظ بالمعلومات المالية لكي تستخدم في الكشوفات المحاسبية وتقارير الإدارة.

- استخدام المعلومات المحاسبية Accounting Information Use

إن المستفيدين من المعلومات المحاسبية هم جهات عديدة داخل المنظمة وخارجها، ويمكن أن نشير إلى أهم هذه الجهات كالآتي:

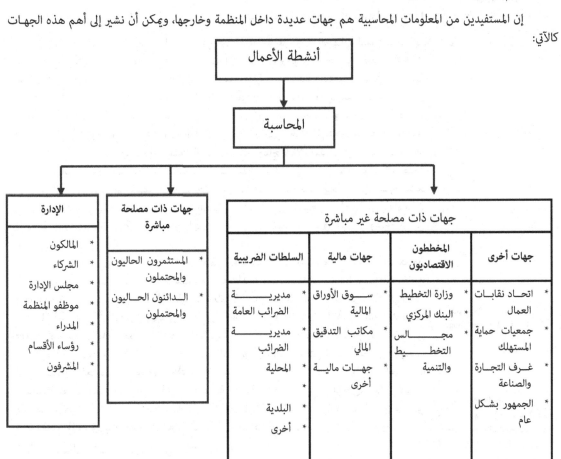

شكل (1-21): المستفيدون من المعلومات المحاسبية

إن المدراء والإدارة يستخدمون المعلومات المحاسبية لصياغة الأهداف والخطط ووضع الميزانيات والتقديرات المستقبلية. في حين أن المستثمرين والدائنين يستخدمونها لتقدير العائد على استثماراتهم وتقدير ما إذا كانت هناك فرصة نمو وما إذا كانت المنظمة تستحق المخاطرة للاستثمار فيها. كذلك فإن السلطات الضريبية الحكومية تستفيد من هذه البيانات لتقدير الضرائب المستحقة على المنظمة. وعموماً فإن الوكالات الحكومية والإدارات المختلفة فيها تستفيد بشكل مباشر أو غير مباشر من هذه المعلومات المحاسبية في التخطيط واتخاذ قرارات اقتصادية.

- المحاسبة المالية والمحاسبة الإدارية

Financial and Managerial Accounting

في منظمات الأعمال عادة ما نجد نوعين من المحاسبة على وفق الجهات المستخدمة لها أو المستفيدة منها وما إذا كانت جهات داخلية أو جهات خارجية. فالجهات الخارجية مثل المستهلكين والاتحادات والمساهين ووكالات الحكومة وإداراتها وغيرها يستفيدون من المحاسبة المالية وما تعده من كشوفات للدخل وميزانيات ختامية وتقارير مالية أخرتنتشر للجمهور. وكل هذه الوثائق تركز على أنشطة المنظمة ككل وليس على أجزاء منها كأقسام أو شعب أو أفراد. أما المحاسبة الإدارية Managerial (Management) Accounting فهي تخدم المستخدمين الداخليين من المدراء على اختلاف مستوياتهم في منظمة الأعمال حيث يحتاج هؤلاء المدراء إلى معلومات لاتخاذ قرارات ورقابة المشروعات وتخطيط الأنشطة المستقبلية. كذلك يحتاج المهندسون والعاملون الآخرون إلى معلومات المحاسبة الإدارية حول العمليات وسبل تحسينها. فالمهندسون مثلاً يريدون معرفة التكاليف وغيرها من المعلومات كذلك رجال البيع يحتاجون إلى معلومات تاريخية حول المبيعات في كل منطقة ومثلهم العاملون في قسم الشراء والتخزين وغيرهم من العاملين.

وتجدر الإشارة إلى أن من يمارس العمل المحاسبي هم أشخاص مهنيون متخصصون والبعض منهم يحمل شهادات محاسبية مهنية عالمية مثل شهادة Certified Public (CPA) Accountant. وتتباين المسميات الوظيفية للعاملين في المحاسبة والإدارة المالية من دولة إلى أخرى ولكن المراقب المالي أو المدير المحاسبي التنفيذي Controller أو يسمى أحياناً Chief Accounting Officer هو شخص يدير جميع الأنشطة المحاسبية في المنظمة. وعادة ما توجد إجراءات تدقيق على الإجراءات المحاسبية في إطار وظيفة تسمى التدقيق Auditing والتي تعني الفحص المنهجي المنظم للنظام المحاسبي في منظمة الأعمال لتحديد ما إذا كانت التقارير المالية والعمليات المحاسبية تعرض بصدق وأمانة عمليات المنظمة. وهذا هو التدقيق الداخلي، كما أن هناك مكاتب متخصصة أو جهات حكومية مثل ديوان الرقابة المالية يكون مسؤولاً عن تدقيق الكشوفات المالية والميزانيات الختامية لمنظمات الأعمال حيث يسمى هذا التدقيق الخارجي.

* الأدوات المحاسبية Accounting Tools

يتم تسجيل العمليات المحاسبية إما يدوياً أو إليكترونياً في السجلات التي تمسكها المنظمة وأن هذا التسجيل والإجرءات يعتمد مبدأين أساسيين هما:

*** المحاسبة المالية**
Financial Accounting
حقل المحاسبة المعني بالمستفيدين الخارجيين من المعلومات المالية للمنظمة.

*** المحاسبة الإدارية**
Management Accounting
حقل محاسبي يخدم الجهات الداخلية في منظمة الأعمال من خلال المعلومات المالية.

*** المدير المحاسبي التنفيذي**
Controller (Chef Accounting Officer)
شخص يدير كافة الأنشطة المحاسبية في منظمة الأعمال.

*** التدقيق Auditing**
فحص منهجي منظم للنظام المحاسبي للمنظمة لتحديد ما إذا كانت التقارير المالية والكشوفات تعرض بصدق العمليات المالية والمحاسبية.

- مبدأ المعادلة المحاسبية The Accounting Equation

وقد يشار له بالتوازن المحاسبي أحياناً والذي يعني أنه في أي فترة من السنة يمكن للمحاسبين استخدام المعادلة التالية لموازنة البيانات الخاصة بالصفقات المالية:

الأصول = المطلوبات + حقوق المالكين

(الموجودات) (الخصوم)

فالأصول (Assets) هي الموارد الاقتصادية والتي يتوقع أن تنفع المنظمة أو الفرد الذي يمتلكها وتشمل أموراً مثل الأرض والمباني والتجهيزات والمخزون والديون المستحقة على الغير مؤكدة الدفع. أما المطلوبات Liabilities فهي الالتزامات التي تدين بها المنظمة تجاه الغير سواء كان فرداً أو منظمة. وحقوق الملكية Owner's Equity وهي المبالغ المالية التي سيستلمها المالكون لو قامت المنظمة ببيع موجوداتها وتسديد ما عليها من التزامات ومطلوبات بشكل كامل وفق المعادلة التالية:

حقوق المالكين = الأصول - المطلوبات (الخصوم)

وقد تكون حقوق المالكين موجبة إذا كانت المنظمة لديها أصول تفوق المطلوبات والعكس صحيح. والمقرضون (الدائنون) وجهات أخرى يهمها جداً هذا الأمر، وعادة ما تكون حقوق المالكين من الأموال المستثمرة أساساً عند بدء الشركة أو النشاط يضاف إليها الأرباح المحتجزة والمعاد استثمارها.

- نظام القيد المزدوج Double Entry Accounting System

إن أي عملية محاسبية سوف تؤثر على حسابين ويقوم المحاسبون بتسجيل الأثر المتبادل على الحسابين في السجلات المحاسبية وهذا التسجيل يجعل من المعادلة المحاسبية متوازنة دائماً. فمثلاً إذا تم شراء مواد أولية نقداً فإن هذا سوف يؤثر على السجلات المحاسبية بحيث تزداد كمية المخزون وتقل كمية النقد في صندوق المنظمة. وعندما يتم تسديد مبلغ لأحد الدائنين فإن الموجودات تقل وكذلك المطلوبات تقل وبهذا فإن المعادلة المحاسبية تبقى متوازنة.

- الدورة المحاسبية Accounting Cycle

في أي نظام محاسبي فإن المعلومات المالية تمر بإجراء ذي أربعة مراحل تسمى الدورة المحاسبية Accounting Cycle لأنها تجمع وتسجل وتحلل البيانات

* **الأصول** **Assets**
وهي الموارد الاقتصادية التي تنفع المنظمة أو الفرد الذي يمتلكها مثل الأرض والمباني والتجهيزات وغيرها.

* **الخصوم (المطلوبات)**
Liabilities
وهي الالتزامات التي تدين بها المنظمة لأشخاص أو منظمات أخرى.

* **حقوق المالكين**
Owner's Equity
المبالغ لمالية التي سيحصل عليها المالكون لو تم بيع كافة الأصول وتسديد كافة المطلوبات.

* **القيد المزدوج**
Double - Entry Accounting System
نظام مسك السجلات بأسلوب يوازن المعادلة المحاسبية عن طريق تسجيل الأثر المتبادل لكل عملية محاسبية أو صفقة مالية.

* **الدورة المحاسبية**
Accounting Cycle
إجراء ذي أربعة مراحل يتضمن التأكد من الوثائق مصدر البيانات وتسجيل البيانات وإرسالها للجهات التي تقوم بتحضير الكشوفات المالية.

الأولية بشكل مستمر طيلة حياة منظمة الأعمال. والخطوات أو المراحل الأربعة في هذه الدورة هي: فحص مصادر المعلومات والتأكد من الوثائق التي تحتوي البيانات الأولية أولاً بعد ذلك يتم تسجيل البيانات في السجلات المحاسبية (اليومية والأستاذ) ثم إرسال البيانات الموثقة إلى الجهات التي تقوم بالمرحلة الأخيرة وهي تحضير الكشوفات المالية.

* الكشوفات المالية Financial Statements

إن النتيجة النهائية للإجراءات المحاسبية تتجسد بإعداد مجموعة من الكشوفات المالية والتي تعني واحداً أو أكثر من التقارير التي تلخص الموقف المالي للمنظمة وتساعد المدراء في اتخاذ القرارات الإدارية.

*** الكشوفات المالية**
Financial Statements
هو واحد أو أكثر من التقارير التي تلخص الموقف المالي للمنظمة وتساعد في اتخاذ القرارات الإدارية.

- الميزانية العمومية Balance Sheet

هي عبارة عن تقرير مالي يتضمن معلومات تفصيلية عن المعادلة المحاسبية الخاصة بالأصول والمطلوبات وحقوق المالكين وهي في كل الأحوال لمحة سريعة عن الموقف المالي للمنظمة في لحظة معينة.

*** الميزانية العمومية**
Balance Sheet
تقرير مالي يتضمن معلومات تفصيلية عن المعادلة المحاسبية الخاصة بالأصول والمطلوبات وحقوق المالكين.

- **الأصول Assets**

يشار لها أيضاً باسم الموجودات وهي كما أشرنا سابقاً أي موارد اقتصادية تمتلكها المنظمة وتعتبر ذات قيمة مستقبلية. يمكن تقسيم الأصول إلى:

1. **أصول متداولة Current Assets** : وهي أصول بشكل نقد سائل أو يمكن تحويلها إلى نقد بسرعة وسهولة ويعطي وجودها بشكل مناسب ما يسمى بالسيولة Liquidity وهي السهولة التي يمكن تحويل الاصل بموجبها إلى نقد. ومن أمثلة الأصول المتداولة الديون القابلة للتحصيل والمخزون السلعي والمصاريف المدفوعة مقدماً.
2. **أصول ثابتة Fixed Assets**: وهي أصول ذات قيمة أو استخدام على المدى البعيد مثل الأراضي والمباني والمكائن وغيرها. وعادة ما يحسب عليها استهلاك أو اندثار سنوي Depreciation لكونها ستصبح غير ذات قيمة في نهاية عمرها الإنتاجي ويتطلب الأمر تعويضها.
3. **أصول غير ملموسة Intangible Assets** : أصول غير مادية مثل براءات الاختراع والعلامات التجارية وسمعة المحل Goodwill ولها قيمة اقتصادية كبيرة وتوفر للمنظمة مزايا عديدة.

*** الأصول المتداولة**
Current Assets
أصول يمكن تحويلها إلى نقد سائل بسرعة وسهولة وتعزز سيولة المنظمة.

*** أصول ثابتة**
Fixed Assets
أصول ذات قيمة أو استخدام بعيد المدى مثل المباني والمكائن والأراضي.

*** أصول غير ملموسة**
Intangible Assets
أصول غير مادية مثل براءات الاختراع وشهرة المحل والعلامات التجارية.

* حقوق المالكين
Owner's Equity
عبارة عن رأس المال المدفوع وحقوق المساهمين والأرباح المحتجزة.

* كشف الدخل
Income Statement
تقرير مالي يعرض ربحية المنظمة خلال فترة معينة من الزمن.

* كشف التدفقات النقدية
Statement of Cash Flows
تقرير مالي يعرض ما تستلمه الشركة من تدفقات نقدية وما تدفعه من النقد للخارج.

* الموازنة التقديرية
Budget
أداة رقابية وتخطيطية تساعد المدراء على اتخاذ القرارات في ضوء ما تحتويه ممن تقديرات للإيرادات والمصروفات المتوقعة لكل الأنشطة.

- **المطلوبات (الخصوم) Liabilities**

وتقسم هذه أيضاً إلى عدة مجاميع هي:

4. **خصوم متداولة Current Liabilities** : هي الالتزامات أو الديون التي يفترض أن تدفع خلال السنة المالية مثل المبالغ المستحقة للمجهزين والأجور المستحقة للعاملين والضرائب المستحقة وغيرها.
5. **حقوق طويلة الأمد Long-Term Liabilities** : هي الالتزامات والديون التي لا تستحق خلال سنة مالية مثل القروض طويلة الأجل التي تدفع عنها المنظمة فوائد سنوية.

- **حقوق المالكين Owner's Equity**

ويشمل رأس المال المدفوع وحقوق المساهمين والأرباح المحتجزة.

- كشف الدخل **Income Statement**

يسمى أيضاً حساب الأرباح والخسائر Profit Loss Statement ويعرف بأنه تقرير مالي يعرض ربحية المنظمة خلال فترة محددة من الزمن مثل شهر أو فصل أو سنة ويمكن التعبير عنه بشكل معادلة كالآتي:

الربح (الخسارة) = الإيرادات - النفقات

- كشف التدفقات النقدية **Statement Of Cash Flows**

يعد هذا الكشف غالباً من قبل الشركات التي يتم تداول أسهمها في الأسواق المالية. ويعني هذا الكشف تقريراً مالياً يصف ما تستلم الشركة من تدفقات نقدية وما تدفعه من النقد للخارج. وأهميته تكمن في بيان قدرة المنظمة على توليد النقد ومصادر استخدامه وهذا الأمر ضروري للمستثمرين والمتعاملين في الأسواق المالية.

- الموازنة التقديرية **Budget**

وهي أداة رقابية وتخطيطية مهمة تساعد المدراء على اتخاذ القرارات في ضوء ما تحتويه من تقديرات للإيرادات والمصروفات المتوقعة لكل بند من بنود الموازنة. فهناك موازنة تقديرية للمبيعات وأخرى للأجور والمصروفات الأخرى وغيرها من الأنشطة.

ونجد من المفيد بعد معرفة أهم الكشوفات المالية أن نعرض مثالين لأهم كشفين وهما كشف الدخل والميزانية العمومية.

كشف الدخل لإحدى الشركات

البيـــان	المبلغ		
	جزئي	كلي	
* **الإيرادات (المبيعات الإجمالية)**			**256425**
- **كلفة البضاعة المباعة**			
■ مخزون سلعي في 1/1/2004	22380		
■ مشتريات بضاعة خلال السنة	<u>103635</u>		
■ بضاعة برسم البيع		126015	
يطرح: مخزون آخر المدة في 31/1/2004	(21250)		
- **كلفة البضاعة المباعة**			(104765)
* **الربح الإجمالي**			**151660**
المصاريف الشتغيلية:			
- **مصاريف بيعية وتغليف بضاعة**			
■ أجور ورواتب	49750		
■ الإعلان	6380		
■ استهلاك (اندثار) المخازن والتجهيزات	<u>3350</u>		
مجموع مصاريف بيعية وتغليف مبضاعة		59480	
- **مصاريف إدارية :**			
■ أجور ورواتب	55100		
■ مجهزون	4150		
■ منافع عامة	3800		
■ استهلاك المكاتب الإدارية	3420		
■ مصاريف متفرقة	<u>4735</u>		
مجموع المصاريف الإدارية		<u>71205</u>	
مجموع المصاريف التشغيلية			(130685)
الدخل التشغيلي قبل الضرائب			**20975**
ضريبة الدخل			**(8390)**
الدخل الصافي			**12585**

شكل (2-21): كشف الدخل لإحدى الشركات

ميزانية عمومية لإحدى الشركات

الأصول		
• الأصول المتداولة :		
-النقد		7050
-أوراق مالية قابلة للبيع		2300
-ديون قابلة للتحصيل	26210	
يطرح: مخصص ديون مشكوك فيها	(650)	22560
-مخزون سلعي		21250
-مصاريف مدفوعة مقدماً		1050
مجموع الأصول المتداولة		**57210**
• الأصول الثابتة :		
- أراضي		18000
- مباني	65000	
يطرح: متراكم الاندثار	(22500)	42500
- تجهيزات	72195	
يطرح: متراكم الاندثار	(24815)	47380
مجموع الأصول الثابتة		**107880**
• الأصول غير الملموسة:		
-براءات الاختراع	7100	
-علامات تجارية	900	
مجموع الأصول غير الملموسة		8000
المجموع الكلي للأصول		173090

الخصوم		
• الخصوم المتداولة :		
-دائنون	16315	
-مستحقات أجور	3700	
-ضرائب مستحقة الدفع	1920	
مجموع الخصوم المتداولة		**21935**
• الخصوم طويلة الأمد :		
-أوراق دفع مستحقة8 % عام 2006	10000	
-سندات مستحقة 9% عام 2008	30000	
مجموع الخصوم طويلة الأمد		40000
مجموع كلي للخصوم المتداولة وطويلة الأمد		**61935**
حقوق المالكين :		
-أسهم بسعر 5 للسهم الواحد	40000	
-إضافات لرأس المال	15000	
-أرباح محتجزة	56155	
مجموع حقوق المالكين		**111155**
مجموع الخصوم وحقوق المالكين		**173090**

شكل (3-21): الميزانية العمومية لإحدى الشركات

ثانياً: التحليل المالي Financial Analysis

إن الكشوفات المالية تحتوي على كم كبير من المعلومات، ولمعرفة معنى الأرقام الواردة فيها لا بد من إجراء ما نسميه التحليل المالي الذي سيجيب على سؤالين مهمين هما: كم حققت المنظمة من أرباح أو خسائر؟ وكم هي قيمة المنظمة حالياً بناءً على المعلومات الواردة في الميزانية العمومية؟. والتحليل المالي الشائع هو التحليل بالنسب Ratio Analysis والذي هو عبارة عن مقاييس لصحة المنظمة من الناحية المالية. والتحليل يخدم المدير من ناحية سحب المعلومات الكثيرة والمعقدة في كشف الدخل والميزانية العمومية إلى مؤشرات مركزة ومختصرة وواضحة التفسير تساعده في اتخاذ القرارات. ويمكن أن نصنف النسب المالية في ثلاث مجموعات رئيسية هي نسب الملاءة المالية ونسب الربحية ونسب النشاط.

*** تحليل النسب**
Ratio Analysis
استخدام المعلومات الواردة في كشف الدخل والميزانية العمومية من أجل استخراج مؤشرات بشكل نسب مختلفة تساعد المدير في اتخاذ القرار.

* نسب الملاءة المالية Solvency Ratios

إن نسب الملاءة المالية هي مؤشرات بشكل نسب مئوية سواء للمدى القصير أو البعيد والتي يتم بموجبها تقدير درجة المخاطرة المرتبطة بالاستثمار في المنظمة.

*** نسب الملاءة المالية**
Solvency Ratios
نسب مالية للمدى القصير والبعيد بتقدير مخاطرة الاستثمار في المنظمة.

- نسب الملاءة المالية للمدى القصير **Short-Term Solvency Ratios**

في المدى القصير تحتاج منظمة الأعمال أن تدفع مستحقاتها خلال فترات قصيرة وهذه المدفوعات تحتاج إل نقد سائل Cash. وهذه النسب تقيس السيولة لدى المنظة وقدرتها على تسديد التزاماتها لذا كلما ارتفعت هذه النسبة كلما كان ذلك دليلاً على قدرتها على تسديد التزاماتها وبالمقابل فإنه يمكن أن يؤثر على الربحية. من أهم هذه النسب:

- **نسبة التداول Current Ratio :** وهي النسبة الشائعة لقياس قدرة المنظمة على توفير السيولة اللازمة لتسديد التزاماتها على المدى القصير كذلك يعتمدها أصحاب المصارف في الحكم على المنظمة وما إذا كانت تستحق أن تعطى قرضاً أو لا. وتحسب هذه النسبة كالآتي:

*** نسبة التداول**
Current Ratio
نسبة تقيس السيولة لدى المنظمة ومدى قدرتها على تسديد مستحقاتها تجاه الآخرين خلال فترات قصيرة.

نسبة التداول =

$$\frac{\text{الأصول المتداولة}}{\text{الخصوم المتداولة}}$$

وتقارن هذه النسبة مع مثيلاتها في الشركات الأخرى من قبل المقرضين وأصحاب رؤوس الأموال لأغراض منح القروض للمنظمة. ومن المتعارف عليه أن نسبة 2 : 1 هي نسبة مقبولة.

- **النسبة السريعة** Quick Ratio (Acid - Test Ratio): وهي مقياس لقدرة المنظمة على دفع التزاماتها من النقد المتاح لديها والأوراق المالية القابلة للبيع والديون القابلة للتحصيل أي يستبعد المخزون السلعي من الحساب. وتحسب كالآتي:

$$\text{النسبة السريعة} = \frac{\textbf{الأصول المتداولة - المخزون}}{\textbf{الخصوم المتداولة}}$$

وعادة ما تعتبر نسبة 1 : 1 نسبة مقبولة في منظمات الأعمال.

* النسبة السريعة
Quick Ratio
مقياس لقدرة المنظمة على تسديد التزاماتها تجاه الآخرين من خلال الأصول المتداولة مستبعداً منها المخزون السلعي.

- **رأس المال العامل Working Capital**: هو الفرق بين الأصول المتداولة والخصوم المتداولة وهو يمثل قدرة المنظمة على دفع الالتزامات قصيرة الأمد بشكل **التزامات** لأطراف خارجية.

رأس المال العامل = الأصول المتداولة - الخصوم المتداولة

* رأس المال العامل
Working Capital
هو الفرق بين الأصول المتداولة والخصومة المتداولة ويمثل قدرة المنظمة على دفع الالتزامات قصيرة الأمد بشكل التزامات لأطراف خارجية.

- نسب الملاءة على المدى البعيد **Long-Term Solvency Ratios**

لبقاء المنظمة فترة طويلة من الزمن فإنها تحتاج أن تفي بالتزاماتها على المدى القصير وكذلك على المدى البعيد. والالتزامات بعيدة المدى تتضمن تسديد فوائد على القروض والقروض ذاتها، وعدم القدرة على التسديد يجعل المنظمة في مواجهة مخاطر كبيرة تصل ربما إلى الانهيار وتجعل المستثمرين والممولين حذرين في التعامل معها. وأهم النسب هي:

* **نسبة الدين إلى حقوق المالكين Debt - to Owner's Equity Ratio**

- بشكل عام فإن نسبة المديونية Debt Ratio تقيس قابلية المنظمة لمواجهة التزاماتها بعيدة المدى. أما نسبة الدين إلى حقوق المالكين Debt to Equity Ratio فتمثل الملاءة والتي تشير إلى المدى الذي تكون فيه المنظمة ممولة بالاقتراض الخارجي. والدين Debt يمثل التزامات كلية للمنظمة تجاه الغير. ويمكن قياس هذه النسبة كالآتي:

* نسبة المديونية
Debt Ratio
مقياس لقابلية المنظمة على مواجهة التزاماتها طويلة الأجل.

* نسبة الدين إلى حقوق المالكين
Debt to Equity Ratio
هي مؤشر على مدى توسع المنظمة بالتمويل الخارجي.

* الدين Debt
التزامات المنظمة تجاه مختلف الأطراف الخارجية.

$$\text{نسبة الدين إلى حقوق المالكين} = \frac{\text{إجمالي الديون}}{\text{حقوق المالكين}}$$

وتجدر الإشارة إلى أن هذه النسبة تشمل الديون أو الخصوم المتداولة وطويلة المدى.

في حين أن نسبة المديونية تقاس كالآتي:

$$\text{نسبة المديونية} = \frac{\text{الديون طويلة الأجل}}{\text{حقوق المالكين}}$$

ومن الواضح أنها تركز على الديون طويلة الأجل فقط.

* هامش الربح
Profit Margin
هو حاصل قسمة صافي الدخل على المبيعات.

- **الرافعة Leverage** : يعتبر التمويل من خلال الاقتراض ذو فائدة كبيرة في بعض الشركات بسبب قدرة هذه الشركات على توليد أرباح تفوق تكاليف الاقتراض وقد تقوم بعض الشركات بالاستحواذ أو اقتناء شركات أخرى للاستفادة من الفرق بين الأرباح التي تحققها وكلفة القروض التي استحوذت بها على الشركة الأخرى. والرافعة تمثل قدرة المنظمة على تمويل استثماراتها من خلال الأموال المقترضة وبالطبع فإن قبول الجهات الخارجية لتمويل المنظمة دليل على موقفها المالي الجيد بحيث يخاطر المستثمرون بتوفير المصادر المالية لها.

* نسب الربحية Profitability Ratios

تقيس هذه النسب مدى قدرة المنظمة على تحقيق دخل تشغيلي أو دخل صافي نسبة إلى الأصول أو حقوق المالكين أو المبيعات. ومن أهم النسب المعتمدة هنا:

- **هامش الربح Profit Margin** : يمكن حساب هذه النسبة من خلال قسمة صافي الدخل على المبيعات أي:

$$\text{هامش الربح} = \frac{\text{صافي الدخل بعد الضريبة}}{\text{المبيعات}}$$

ويمكن الحصول على المعلومات اللازمة لحسابه من كشف الدخل، وارتفاعه يدل على سيطرة جيدة على التكاليف في منظمة الأعمال كما أن العائد المتولد من الاستثمار هو عائد جيد وتسمى هذه النسبة أيضاً العائد على المبيعات Return on Sales.

- **العائد على الموجودات (الأصول) Return on Assets**

ويمكن حساب هذه النسبة كالآتي:

العائد على الأصول = $\frac{\text{صافي الدخل بعد الضريبة}}{\text{الأصول}}$

وهذه النسبة توضح مساهمة كل وحدة نقدية تم استثمارها في الأصول بالدخل المتحقق، وإذا كانت هذه النسبة منخفضة فإن ذلك يدل على أن المنظمة لم تستطع استخدام الأصول بشكل منتج أو فعال. والمعلومات اللازمة لحساب هذه النسبة يمكن الحصول عليها من كشف الدخل والميزانية العمومية.

* **العائد على حقوق الملكية Return on Equity (ROE)**

يسعى المالكون دائماً إلى معرفة مدى استفادتهم من الاستثمار في المنظمة، ويستخدمون هذه النسبة تحت مسمى آخر هو العائد على الاستثمار Return on Investment (ROI). ونحسب هذه النسبة كالآتي:

العائدعلى حقوق الملكية = $\frac{\text{صافي الدخل}}{\text{حقوق الملكية}}$

وإذا كانت هذه النسبة منخفضة فربما يحتاج الأمر اتخاذ إجراءات إدارية عاجلة.

* **ربحية السهم Earning Per Share**

تستخدم البيانات الخاصة بربحية السهم من قبل المستثمرين لمقارنة أداء الشركات مع بعضها. وتقاس هذه النسبة كالآتي:

ربحية السهم = $\frac{\text{صافي الدخل}}{\text{عدد الأسهم القائمة}}$

وهذه النسبة ، أخرى تحدد قيمة الأسهم بالسوق المالي وبالتالي يمكن ان تتدخل إيجابيا في عوائد المساهمين.

*** العائد على حقوق الملكية**
Return on Equity
عبارة عن الدخل الصافي مقسوماً على حقوق المالكين ويسمى أيضاً العائد على الاستثمار (ROI).

ربحية السهم
Earning Per Share
الربح الصافي مقسوماً على عدد الأسهم القائمة.

* نسب النشاط Activity Ratios

إن كفاءة استخدام موارد المنظمة مرتبطة بالأرباح وقدرتها على تحقيق ذلك والمستثمرون يودون معرفة أي المنظمات هي الأفضل في استخدام مواردها وتستطيع تغطية تكاليفها وتحقق عوائد إيجابية أكبر من المنظمات المنافسة. إن هذا الأمر هو الذي تقيسه نسب النشاط حيث التركيز على كفاءة استخدام الموارد. وأهم نسب النشاط الشائعة هي:

* **معدل دوران المخزون** Inventory Turnover Ratio

نسبة نشاط تقيس متوسط عدد المرات التي يباع فيها المخزون ويخزن غيره.

- **معدل دوران المخزون Inventory Turnover Ratio**

إن هذه النسبة تعطي مؤشر على استغلال وحسن إدارة المخزون السلعي في المنظمة، ففي خلال الفترة المالية موضع التحليل يتم معرفة عدد مرات دوران البضاعة والمخزون السلعي، وكلما كان عدد مرات الدوران أكثر دل ذلك على قدرة المنظمة على إدارة عمليات الشراء والمخزون وتحويلها إلى مبيعات لكي تحقق ربحاً في كل دورة من هذه الدورات. وتحسب النسبة بالشكل التالي:

معدل دوران المخزون =

$$= \frac{\text{كلفة البضاعة المباعة}}{\text{متوسط رصيد المخزون}}$$

معدل دوران الذمم
Receivable Turnover
حاصل قسمة المبيعات على الديون القابلة للتحصيل.

- **معدل دوران الذمم المدينة Receivable Turnover**

إن هذه النسبة تمثل عدد المرات الناتجة من قسمة المبيعات على الديون القابلة للتحصيل:

$$\text{معدل دوران الذمم} = \frac{\text{المبيعات}}{\text{الديون القابلة للتحصيل}}$$

وهي تشير إلى عدد المرات التي استطاعت المنظمة تحصيل ديونها خلال السنة، أي مدى سرعة وقابلية المنظمة على تحصيل قيمة مبيعاتها الآجلة. وهي مؤشر على جودة وسيولة حسابات الذمم المدينة.

* **متوسط فترة التحصيل**
Average Collection Period
مؤشر يدل على متوسط الفترة الزمنية اللازمة لتحصيل الدين.

- **متوسط فترة التحصيل Average Collection Period**

وهذه النسبة تقيس سرعة تحصيل ديون المنظمة من خلال المعادلة التالية:

$$\text{متوسط فترة التحصيل} = \frac{\text{عدد أيام السنة}}{\text{معدل دوران الذمم}}$$

* معدل دوران الأصول
Total Assets Turnover
حاصل قسمة المبيعات على مجموع الأصول وتوضح مدى قدرة المنظمة على استخدام الأصول في توليد المبيعات.

● **معدل دوران الأصول** Total Assets Turnover

وتقاس بقسمة المبيعات على مجموع الأصول، وتوضح مدى استخدام المنظمة لجميع أصولها في توليد المبيعات وما إذا كانت المنظمة تستخدم أصولها بشكل جيد في توليد المبيعات.

$$\text{معدل دوران الأصول} = \frac{\text{المبيعات}}{\text{مجموع الأصول}}$$

* دلالات النسب المالية Financial Ratios Significance

إن حساب العديد من النسب المالية سواء كانت نسب سيولة أو ربحية أو نشاط يبدو غير مفيد إذا لم يتم استخراج الدلالات المحددة لكل نسبة سواء من خلال مقارنتها مع معايير مثالية مطلقة كما لو اعتبرنا مثلاً أن النسبة السريعة 1 : 1 ونسبة للتداول 2 : 1 هي نسب معيارية يتم مقارنة نتائج حساب المنظمات المختلفة بها. كذلك يمكن أن تجري منظمة الأعمال مقارنة لنسبها المالية مع النسب الشائعة في القطاع الصناعي الذي تعمل فيه لترى ما إذا كان إنجازها يتماشى مع متوسط الإنجاز في القطاع أو يتفوق عليه. كذلك تستطيع منظمة الأعمال مقارنة نتائج أدائها للسنة مع نتائج سنوات سابقة لها. وهنا تستطيع معرفة ما إذا كان هناك تحسن في أدائها أم لا. كذلك فإن الجهات الرقابية الداخلية تستفيد من النسب المالية في تحديد الانحرافات الحاصلة عن الأهداف المخططة وبالتالي اتخاذ الإجراءات اللازمة لتصحيحها.

ثالثاً: التخطيط المالي ومصادر التمويل

Sources of Financing and Financial Planning

يعتبر التخطيط المالي جزءاً مهماً وأساسياً من العملية التخطيطية في منظمات الأعمال، حيث تستطيع الإدارة المالية من خلال هذه الخطة معرفة الاحتياجات المالية وإمكانية توفيرها لغرض تحقيق الأهداف. لذلك عادة ما يرتبط التخطيط المالي بمصادر الحصول على الأموال اللازمة سواء عن طريق الاقتراض من المصارف أو المؤسسات المالية الأخرى.

* التخطيط المالي Financial Planning

*** الخطة المالية**
Financial Plan
خطة للحصول على الأموال واستخدامها لتحقيق أهداف المنظمة.

إن اعتبار الخطة كإطار عام لتوجيه الأفعال التي تتحقق من خلالها أهداف المنظمة لذلك فإن الخطة المالية Financial Plan تمثل خطة للحصول على الأموال واستخدامها والتي تحتاجها منظمة الأعمال لإنجاز أهدافها.

- تطوير الخطة المالية Financial Plan Development

تبدأ الخطة المالية بتحديد أهداف رئيسية وأهداف تشغيلية واقعية وممكنة التحقيق. وضمن هذا السياق يحدد المدراء الماليون كمية الأموال اللازمة لإنجاز كل هدف رئيسي أو ثانوي وارد في الخطة، بعد ذلك تحاول الإدارة إيجاد مصادر التمويل واختيار أفضلها للحصول على الأموال اللازمة. ويمكن أن نوضح خطوات التخطيط المالي من خلال الشكل التالي:

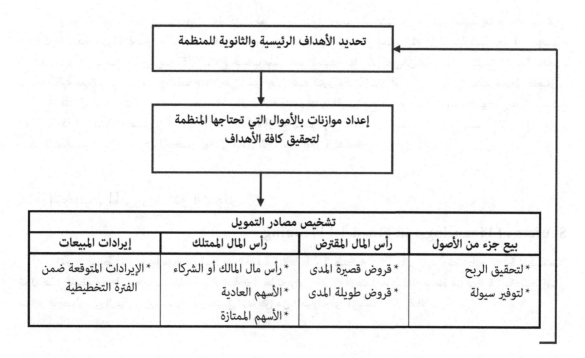

تحديد الأهداف الرئيسية والثانوية للمنظمة

↓

إعداد موازنات بالأموال التي تحتاجها المنظمة لتحقيق كافة الأهداف

↓

تشخيص مصادر التمويل			
بيع جزء من الأصول	**رأس المال المقترض**	**رأس المال الممتلك**	**إيرادات المبيعات**
* لتحقيق الربح * لتوفير سيولة	* قروض قصيرة المدى * قروض طويلة المدى	* رأس مال المالك أو الشركاء * الأسهم العادية * الأسهم الممتازة	* الإيرادات المتوقعة ضمن الفترة التخطيطية

شكل (4-21): مراحل التخطيط المالي

- تحديد الأهداف الرئيسية والثانوية

Establishing Organizational Goals and Objectives

باعتبار أن الخطة المالية هي جزء أساسي من العملية التخطيطية الشاملة للمنظمة لذلك فإن تحديد الأهداف الرئيسية التي تنجز في إطار زمني يتجاوز السنة ثم تشتق منها أهداف ثانوية يفترض أن تنجز في مدى زمني أقل من سنة. فإذا كانت الأهداف غير محددة بشكل واضح ولا يمكن قياسها فإنه يصعب ترجمتها في إطار الخطة المالية إلى كلف بالوحدات النقدية. كذلك يجب أن تكون الأهداف واقعية ومثيرة للحماس.

- وضع الموازنات لمواجهة الاحتياجات المالية **Budgeting For Financial Needs**

بعد أن يتم تحديد الأهداف يستطيع المخططون تقدير الكلف النقدية والإيرادات المتولدة من المبيعات لتغطية هذه الكلف. وقد سبق وأن أشرنا إلى الأنواع المختلفة من الموازنات في فصول سابقة.

- تشخيص مصادر التمويل **Identifying Sources of Funds**

إن مصادر التمويل عديدة من أهمها إيرادات المبيعات ورأس المال الممتلك ورأس المال المقترض والأموال المتأتية من بيع جزء من أصول المنظمة. وفي العادة فإن الإيرادات المتأتية من المبيعات تغطي الجانب الأكبر من حاجة المنظمة للتمويل أما رأس المال المملوك فهو الجزء من رأس المال المقدم من المالك أو الشركاء وعادة ما يستخدم للتمويل طويل الأجل خصوصاً في بداية حياة المنظمة أو عند التوسع أو عندما يتم الاندماج مع منظمة أخرى. أما رأس المال المقترض فهي أموال تحصل عليها المنظمة من البنوك ومؤسسات التمويل الأخرى سواء لاستخدامه في المدى القصير أو المدى البعيد. وأخيراً فإن بيع جزء من الأصول قد يكون لأسباب عدة من ضمنها عدم الحاجة لبعض هذه الأصول أو الحاجة إلى تمويل سريع أو أن البعض من هذه الأصول لم تعد متلائمة مع العمل الرئيسي الذي تمارسه المنظمة.

* مصادر التمويل **Sources of Financing**

يمكن أن تقسم مصادر التمويل إلى صنفين أساسيين: مصادر تمويل قصير المدى ومصادر تمويل طويل المدى.

- مصادر التمويل قصير المدى **Short Term Financing Sources**

يعني هذا الصنف الحصول على الأموال التي يفترض أن يعاد تسديدها في سنة أو أقل وفي العادة فإنه من السهولة الحصول على التمويل قصير الأمد مقارنة بالتمويل بعيد المدى للأسباب التالية:

1. بالنسبة للمقرض فإن قِصر الفترة يعتبر عامل مهم لتقليل مخاطر عدم الدفع.
2. اختلاف قيمة النقد عندما يكون القرض بعيد المدى.
3. عادة ما تكون هناك علاقات قوية بين المقرض والمقترض في المدى القصير.

• التمويل قصير المدى دون ضمان Unsecured Financing

هناك من القروض قصيرة المدى ما يمكن أن تمنح للمنظمة دون الحاجة إلى إجراءات معقدة أو ضمان أو كفيل وتسمى تمويل دون ضمان Unsecured Financing.

1. الائتمان التجاري Trade Credit

تحصل المنظمة على ائتمان لغرض شراء مستلزمات ومواد أولية وما تحتاج إليه من المجهزين. والائتمان هو الحصول على الاحتياجات دون شرط الدفع المباشر بل إن الدفع يتحدد وفق طول فترة الائتمان الممنوحة. ويمثل الائتمان تمويل قصير الأمد للمنظمة يمكن أن تستفيد منه بشكل كبير من خلال تخطيط مجرى النقد الداخلي مع فترة الائتمان الممنوحة.

2. السندات والكمبيالات Promissory Notes

وهي تعهدات مختلفة الأنواع تلتزم بموجبها المنظمة بدفع مبلغ معين في المستقبل جراء حصولها على خدمات أو مواد أو بضاعة من المجهزين. إن هذه الأوراق المالية تعطي للمنظمة ميزتين أساسيتين وهي أنها وثيقة ملزمة ورسمية كذلك فإنها قابلة للتداول والبيع بسرعة عندما تحتاج المنظمة إلى الأموال.

3. القروض المصرفية دون ضمان Unsecured Bank Loans

تعطي البنوك والمؤسسات المالية تمويلاً قصير المدى بشكل قروض للمنظمات بمعدل فائدة يتباين باختلاف درجة ائتمان الزبون.

4. أوراق تجارية Commercial Papers

تعتمد الشركات الكبيرة هذا النوع من الأوراق والسندات للتمويل قصير الأمد وتكون مضمونة بسمعة الشركة وشهرتها.

• التمويل قصير المدى بضمان Secured Shot - Term Financing

في العادة لا تستطيع المنظمات الحصول على المال الكافي من خلال التمويل غير المضمون لذلك تلجأ إلى مثل هذا النوع من التمويل. وعموماً فإن أي أصل يمكن أن يعتبر ضمان للقروض أو التمويل وأهم مصادر التمويل بضمان هي:

*** القروض دون ضمان**
Unsecured Financing
وهي تمويل قصير المدى لا يحتاج إلى ضمان أو كفيل.

*** الائتمان التجاري**
Trade Credit
تمويل قصير الأمد للحصول على الاحتياجات والمستلزمات يمنح بموجبه المستفيد فترة زمنية للتسديد أي أنه لا يسدد نقداً.

*** أوراق تجارية**
Commercial Papers
أوراق تجارية أو سندات تصدرها الشركات الكبرى وتكون مضمونة بسمعة أو شهرة الشركة التي أصدرتها.

* Factor
شركة متخصصة بشراء الذمم المدنية من المنظمات الأخرى.

5. القروض بضمان المخزون Loans Secured By Inventory

إن منظمات الأعمال غالباً ما يكون لديها مخزون من السلع تامة الصنع أو نصف مصنعة أو مواد أولية وجميع هذه الأنواع تستخدم لضمان الحصول على قروض قصيرة الأجل. ويفضل المقرضون والمصارف السلع تامة الصنع كضمان على غيرها من أنواع المخزون الأخرى.

6. القروض بضمان الذمم المدينة القابلة للتحصيل

Loan Secured by Receivable

إن هذه الذمم هي ديون مستحقة للمنظمة على الزبائن نتيجة البيع لهم بالآجل. ويمكن للمنظمة استخدام هذه الذمم كضمان للحصول على قروض، حيث يدقق المقرضون بنوعية هذه الذمم ومدى إمكانية تحصيلها.

7. بيع الديون القابلة للتحصيل إلى شركات متخصصة في ذلك

Factoring Accounts Receivable

توجد شركات متخصصة بشراء الذمم القابلة للتحصيل من مختلف منظمات الأعمال وتسمى الشركة التي تقوم بذلك Factor. وبذلك تستطيع منظمات الأعمال الحصول على تمويل سريع جراء بيع جزء من الذمم المدينة.

- مصادر التمويل طويل الأمد Long-Term Financing Sources

يعتقد البعض ان اقتراض منظمة الأعمال هو مؤشر ضعف في حين لا يبدو الأمر كذلك دائماً. وهناك من الأسباب المهمة التي تدفع المنظمات للاقتراض على المدى البعيد ومنها:

1. الابتداء بمشروع جديد.
2. الاندماج والاستحواذ.
3. تطوير منتجات جديدة.
4. أنشطة تسويقية للمدى البعيد.
5. استبدال المكائن والتجهيزات.
6. توسيع الوحدات الإنتاجية.

وهكذا يبدو أن الأعمال الناجحة تحتاج إلى تمويل بعيد المدى حيث تتعدد مصادره وتتنوع ويمكن الإشارة إلى أهمها بالآتي:

- **القروض طويلة الأجل** Long - Term Loans

تمويل العديد من المنظمات على المدى البعيد من خلال القروض سواء من المصارف أو شركات التأمين أو مؤسسات التقاعد وغيرها من المؤسسات المالية. ويتفق على شروط الحصول على القرض ضمن عقد بين الطرفين تحدد بموجبه مبالغ القرض والفائـدة وأسلوب التسديد والضمانات اللازمة له.

- **السندات** Bonds

تعهدات تلتزم بموجبها المنظمة بإعادة مبلغ معين هو قيمة سند تصدره مع فوائد تترتب عليـه خـلال فـترة زمنيـة معينـة. وتوجد أنواع عديدة من السندات تصدرها مختلف المنظمات بهدف الحصول على أموال.

- **مصادر تمويل الملكية** Equity Financing Sources

إن مصادر تمويل الملكية للأمد البعيد تختلف باختلاف حجم المنظمة ونوعها ففي المنظمات الفردية يتم الحصول على رأس مال ممتلك من المالكين أو المستثمرين الشركاء مباشرة وتسمى Owner's Equity أما منظمات الأعمال الكبيرة فإن التمويـل بالملكيـة Equity Financing فيها يتضمن بيع الأسهم أو استخدام الأرباح المحتجزة وغير الموزعة أو الحصول على الأموال من خلال الاندماج.

أسئلة الفصل الحادي والعشرون

* أسئلة عامة

1. ما المقصود بالمحاسبة؟ وما معنى نظام المعلومات المحاسبي؟
2. من هي الجهات المستفيدة من المعلومات المحاسبية بصورة مباشرة أو غير مباشرة؟
3. ما الفرق بين المحاسبة الإدارية والمحاسبة المالية؟
4. ماذا يقصد بالأدوات المحاسبية؟
5. ما هي أهم أنواع الكشوفات المالية؟ عرفها بإيجاز وبين فائدة كل منها.
6. استعرض أهم النسب المالية التي يهتم بها التحليل المالي وكيف يتم حساب كل منها.
7. كيف يمكن الاستفادة من النسب المالية؟
8. ما هي مصادر التمويل قصيرة المدى؟
9. ما معنى التخطيط المالي؟ وما هي مراحله؟
10. وضح كيف يتم تمويل حقوق الملكية؟

** أسئلة الرأي والتفكير

1. لو أردت أن تؤسس مشروعك الصغير بعد التخرج وعندك مبلغ معين ولكنه لا يكفي كراس مال للمشروع. كيف ستحصل على رأس مال كافي للمشروع وأي المصادر ستلجأ إليها؟
2. حاول أن تحصل على التقارير المالية لبعض الشركات أو المصارف وأن تجري لها تحليلاً باعتماد النسب المالية الرئيسية وتقدم تقريراً بموقفها المالي.
3. ارجع إلى الشكلين (2-21) و (3-21) وحاول أن تعلق على موقف هذه الشركة وهي تتفاوض للحصول على قرض من أحد المصارف.
4. افترض أنك عضو في لجنة التخطيط المالي في إحدى الشركات وطلب منك وزملائك وضع إطار أولي لخطة مالية تشخصون فيها أهم مصادر التمويل المتاحة في بيئتكم، كيف ستعدون هذه الخطة؟
5. حاول أن تراجع أحد المصارف القريبة منك لتحديد كيفية منح الائتمان للزبائن في هذا المصرف وما هي الضمانات أو الشروط المطلوبة منهم.

*** أسئلة الخيارات المتعددة

1. **إن تسجيل التبادلات والتعاملات المالية في سجلات محاسبية خاصة يسمى:**

A. المحاسبة
B. مسك السجلات
C. نظام المعلومات المحاسبي
D. نظام المعلومات الإداري

2. **إن الحقل المحاسبي الذي يخدم الجهات الداخلية في منظمة الأعمال من خلال المعلومات المالية يدعى:**

A. المحاسبة المالية
B. المحاسبة التجارية
C. المحاسبة الإدارية
D. المحاسبة المتخصصة

3. **أي من المعادلات التالية صحيحة :**

A- الأصول = المطلوبات - حقوق المالكين
B- الأصول = حقوق المالكين - المطلوبات
C- الأصول = المطلوبات + حقوق المالكين
D- حقوق المالكين = الأصول + المطلوبات

4. **إن الشخص المسؤول عن إدارة كافة الأنشطة المحاسبية في منظمات الأعمال يسمى :**

A. Controller
B. Auditor
C. Accountant
D. Supervisor

5. **واحد من بين الآتي لا يعتبر من بين الأصول الثابتة :**

A. الأراضي
B. المباني
C. المخزون السلعي
D. المكائن

6. **إن التقرير المالي الذي يعرض ربحية المنظمة خلال فترة معينة من الزمن يسمى:**

A. ميزانية عمومية
B. ميزان مراجعة
C. موازنة تقديرية
D. كشف الدخل

7. **واحد من بين الآتي لا يمثل خصوماً متداولة:**

A. أوراق دفع
B. دائنون
C. مستحقات أجور
D. ضرائب مستحقة الدفع

8. **إن قياس قدرة المنظمة على تسديد التزاماتها تجاه الآخرين من خلال الأصول المتداولة بعد استبعاد المخزون السلعي تسمى:**

A. النسبة السريعة
B. نسبة التداول
C. نسبة الملاءة المالية
D. نسبة المديونية

9. إن حاصل قسمة صافي الدخل بعد الضرائب عل الأصول يمثل:

A. ربحية السهم
B. هامش الربح
C. معدل دوران الأصول
D. العائد على الموجودات

10. يمثل رأس المال العامل في منظمة الأعمال:

A- الفرق بين الربح الصافي والربح الإجمالي
B- الفرق بين الدخل الصافي والمبيعات
C- الفرق بين الأصول المتداولة والخصوم المتداولة
D- الفرق بين الأصول الثابتة والخصوم طويلة الأجل

11. إن حاصل قسمة عدد أيام السنة على معدل دوران الذمم يسمى:

A. معدل دوران الذمم
B. متوسط فترة التحصيل
C. معدل دوران المخزون
D. معدل دوران الأصول

12. أي النسب التالية تعتبر نسبة معيارية لقياس نسبة التداول:

A. 1 : 1
B. 1 : 3
C. 1 : 4
D. 1 : 2

13. واحدة من بين الآتي لا تمثل أحد مصادر التمويل لحقوق الملكية:

A. إيرادات المبيعات
B. رأس المال الممتلك
C. الأسهم العادية
D. الأرباح المحتجزة

14. إن التمويل قصير الأمد الذي تمنح بموجبه المنظمة فترة زمنية للسداد يسمى:

A. القروض بضمان
B. القروض دون ضمان
C. الائتمان التجاري
D. الأوراق المالية

15. إن الشركة المتخصصة بشراء الذمم المدينة من المنظمات الأخرى تسمى:

A. Firm
B. Enterprise
C. Organization
D. Factor

الفصل الثاني والعشرون

وظائف منظمية أخرى

الفصل الثاني والعشرون

وظائف منظمية أخرى

بعد دراستك لهذا الفصل تستطيع الإجابة على هذه الأسئلة:

1. ماذا يقصد بنشاط العلاقات العامة؟
2. من هم فئات أصحاب المصالح الذي يتعامل معهم نشاط العلاقات العامة؟
3. ما هي أهمية الموارد المعرفية والمعلوماتية، ولماذا تعتبر موردًا نادرًا في منظمات الأعمال؟
4. ما المقصود بالبحث والتطوير والإبداع التكنولوجي في المنظمة؟

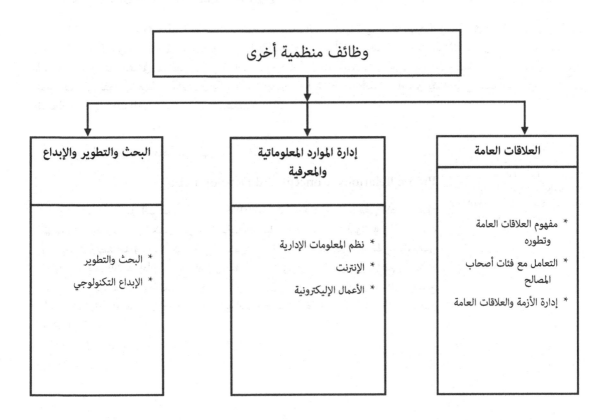

وظائف منظمية أخرى
العلاقات العامة
* مفهوم العلاقات العامة وتطوره
* التعامل مع فئات أصحاب المصالح
* إدارة الأزمة والعلاقات العامة
إدارة الموارد المعلوماتية والمعرفية
* نظم المعلومات الإدارية
* الإنترنت
* الأعمال الإليكترونية
البحث والتطوير والإبداع
* البحث والتطوير
* الإبداع التكنولوجي

مقدمة الفصل الثاني والعشرون:

إن اتساع حجم المنظمات بكافة أشكالها وكذلك التطور التكنولوجي الكبير في مختلف نواحي الحياة فرض على منظمات الأعمال ممارسة وظائف أخرى إضافية وخصصت لها إدارات لمتابعة شؤونها وإدامة عملها والعمل على تحسينه باستمرار. فمثلاً إن نشاط العلاقات العامة أصبح نشاطاً حيوياً في هذه المنظمات بسبب تعدد فئات أصحاب المصالح وجماعات الضغط الأمر الذي تطلب وجود حلقة وصل بين المنظمة والفرقاء الخارجيين. كذلك الحال مع التطور التكنولوجي والمعلوماتي الحاصل في بيئة الأعمال واضطرار المنظمات إلى التعامل الواسع مع تكنولوجيا المعلومات والمعرفة والدخول في حقبة اقتصاد المعرفة اضطر المنظمات إلى استحداث وحدات خاصة بإدارة المعلوماتية والمعرفة. ونفس الأمر يقال عند ازدياد حدة المنافسة واضطرار منظمات الأعمال إلى تقديم ما هو جديد وتطوير منتجات جديدة، الذي تطلب الاهتمام بالبحث والتطوير والإبداع التكنولوجي. كل هذه الأمور سيتم تناولها في هذا الفصل المخصص للأنشطة المنظمية الأخرى.

أولاً: العلاقات العامة Public Relations

تمثل العلاقات العامة وظيفة مهمة في منظمات الأعمال اليوم، حيث يتجسد دورها الرئيسي في إيجاد السبل والآليات والطرق المساعدة على تسويق المنظمة بصورتها الشاملة لتصبح مقبولة أكثر في بئتها الخارجية وكذلك تأمين التفاعل الإيجابي بين المنظمة والفئات المختلفة في المجتمع. لكن العلاقات العامة كنشاط ليس سهلاً وواضحاً على الدوام بسبب تباين واختلاف الممارسات التي تقوم بها منظمات الأعمال وكذلك تداخل هذا النشاط مع أنشطة أخرى يضاف إلى ذلك تعدد وجهات نظر وتطلعات الإدارة العليا للدور المرتقب لهذا النشاط.

* العلاقات العامة
Public Relations
نشاط وآليات ومناهج يتم بواسطتها إدارة العلاقات مع مختلف فئات أصحاب المصالح لغرض تحسين صورة المنظمة.

* مفهوم العلاقات العامة وتطوره

Public Relations: Concept and Development

تتباين المداخل التي يتم النظر من خلالها لنشاط العلاقات العامة، ففي الإطار العام لهذا النشاط تتداخل الكثير من العلاقات الإنسانية والشخصية والمهنية والاجتماعية والسياسية والصناعية وغيرها. ففي إطار المنظور الإنساني تشكل العلاقات روابط إنسانية بين الأفراد والمجموعات في إطار من التعاون والثقة والود لتعزيز روح التعاون والتفاهم والانتماء كذلك لا تخلو هذه العلاقات من الالتزام بالحقوق والواجبات في إطار تبادل المصالح الاقتصادية والاجتماعية. إن مجمل هذه الجوانب تجسدت لاحقاً في منظمات الأعمال من خلال إدارة

المصالح المشتركة بين العاملين والإدارة والمالكين في إطار إدارة العلاقات الصناعية أثناء الثورة الصناعية وما بعدها. وفي سياق هذه العلاقات الصناعية يتم تنظيم العلاقات بين هذه الأطراف بشكل حقوق والتزامات متقابلة لكي لا يصل الأمر إلى حدوث تصادم وصراع. ومع التطور الحاصل في حجوم المنظمات أصبحت إدارة العلاقات العامة ذات أدوار أخرى بسبب انفتاح منظمة الأعمال على البيئة وازدياد أصحاب المصالح المباشرين وغير المباشرين الذين يتبادلون التأثير مع المنظمة. فكلما ظهرت فئات جديدة بسبب التطور الاقتصادي والحضاري والتكنولوجي تشكلت ضرورة لإدارة العلاقة مع هذه الفئة الجديدة وأضيفت أنشطة وأعمال لهذه الإدارة. وبشكل عام وبعد هذا الاستعراض فإنه يمكن القول أن نشاط العلاقات العامة هو نشاط وآليات ومناهج يتم بواسطتها إدارة العلاقات مع مختلف فئات أصحاب المصالح لغرض تحسين صورة المنظمة لدى مختلف هذه الفئات التي تتعامل معها المنظمة.

إن ازدياد أعداد هذه الفئات في المجتمع وتبادلها العلاقة مع المنظمة كما يظهر في الشكل (22-1) زاد من أهمية هذا النشاط بشكل كبير.

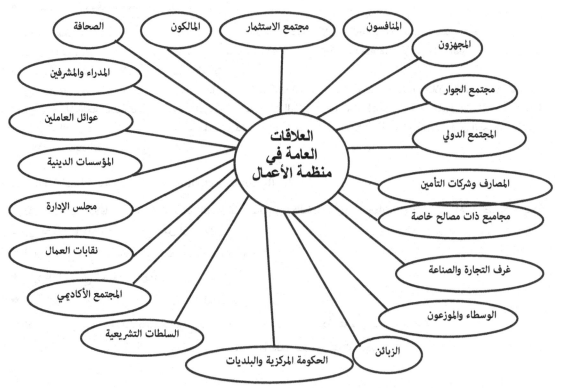

شكل (22-1): الفئات التي تتعامل معها العلاقات العامة في منظمة الأعمال

لقد أصبحت إدارة العلاقات العامة في منظمات الأعمال علماً وفناً وفي إطار هذه الإدارة يعمل متخصصون في العلوم السلوكية والنفسية والاجتماعية والاتصال والسياسة والتصميم وغيرها، خاصة وأن هذه الإدارة تجري بحوث ودراسات علمية واستطلاعات للآراء وتقوم بتحليلها لغرض تعزيز الجوانب الإيجابية وتقليل السلبيات في عمل المنظمة تجاه مختلف الفئات.

* التعامل مع فئات أصحاب المصالح Relations with Steakholders

إن كون نشاط العلاقات العامة نشاط متشعب يتعامل مع فئات عديدة بطرق سلوكية وأساليب إعلام واتصال لإقامة علاقات ثقة فإن الأمر يقتضي من إدارة العلاقات العامة إيجاد الصيغة المناسبة التي يتم بموجبها تصنيف هذه الفئات إلى مجموعات لغرض التعامل معها وفق استراتيجيات محددة واستناداً لاعتبارات الأهمية والتأثير وطبيعة الظروف التي تمر بها المنظمة. فمثلاً يمكن اعتماد التصنيفات التالية لهذه الفئات:

1. فئات داخلية وفئات خارجية.
2. فئات أساسية وفئات ثانوية وفئات هامشية.
3. فئات تقليدية قديمة وفئات حديثة الظهور.
4. فئات حليفة وفئات محايدة وفئات معارضة

وهكذا يمكن أن تستمر في تصنيف هذه الفئات وفق اعتبارات عديدة لإدامة العلاقة بالأساليب المناسبة مع كل مجموعة تضم عدد من المجموعات وفق اعتبارات التصنيف. إن هذا الأمر يظهر مدى تعقد وأهمية وظيفة العلاقات العامة خصوصاً وأنها ذات تماس مباشر بالسلوكيات للأفراد داخل هذه الفئات.

ويلاحظ أن العديد من منظمات الأعمال تهمل نشاط العلاقات العامة بحجة وجود قسم للإعلان والتسويق في المنظمة معتقدة أن صورة المنظمة الكلية تبنى من خلال الترويج والإعلان عن السلع والخدمات المنتجة ورغم تكامل الإعلان مع نشاط العلاقات العامة إلا أن هذا الأخير ضروري لترويج المنظمة بشموليتها وتحسين سمعتها في المجتمع. لذلك فإن الضرورة تقتضي بإدامة العلاقة مع هذه الفئات بأساليب مختلفة.

- أنشطة العلاقات العامة وسلوكياتها Public Relations Activities

يشمل نشاط العلاقات العامة العديد من الفعاليات تتباين في تكاليفها وفترتها والجهات الموجهة لها. ففي إطار الأنشطة التي تراعي مصالح المنظمة في المجتمع يمكن أن نجد:

- العلاقات مع وسائل الإعلام وأساليب الاتصال الجماهيري.
- إدارة العلاقة مع العملاء والمجهزين.
- إدارة العلاقة مع المنافسين والمنظمات العاملة في نفس المجال.
- القيام بالبحوث والدراسات ذات التاثير في سلوك ومعتقدات فئات محددة لتحسين صورة المنظمة.
- تقديم المشورة للجهات الطالبة لها في إطار تعزيز علاقة المنظمة مع مؤسسات المجتمع المدني.

● التخطيط لأنشطة تعزز سمعة المنظمة وصورتها وفي إطار مناسبات محلية أو وطنية أو عالمية.
● إدامة العلاقة مع الحكومة في إطار برنامج واضح يتم مناقشته بين المنظمة والجهات الحكومية المسؤولة عن الأعمال.

كما يمكن لأنشطة العلاقات العامة أن تدعم وتقوي الوضع الداخلي من خلال بناء اتصال فعال وإيجابي مع مختلف الأطراف الداخلية في المنظمة كإدارة العلاقة بين الوحدات التنظيمية أو تأمين علاقة إيجابية مع جميع العاملين في المنظمة وكذلك تأطير العلاقة مع المساهمين والمستثمرين وإدارة المنظمة والعاملين فيها.

ونظراً لكون أنشطة العلاقات العامة تتضمن قدراً كبيراً من الاتصال والتفاعل الإنساني والاجتماعي لذلك فإنها تحمل مضامين أخلاقية وسلوكية وترتب مسؤوليات يفترض أن تلتزم بها المنظمة تجاه مختلف الأطراف. فمثلاً نرى أن الجمعية الأمريكية للعلاقات العامة تقوم بجهود كبيرة لتقوية الجانب المهني والسلوكي والأخلاقي للعاملين في العلاقات العامة كما وضعت مدونه أخلاقية للسلوك المهني نجد فيها ستة قيم أساسية تمثل سلوكيات مهنة العلاقات العامة وهي:

1. **الدفاع والمحاماة** Advocacy : أي أن العاملين في العلاقات العامة يدافعون عن مصالح المنظمة ولا يفشون أسرارها حتى لو كانت المغريات كبيرة.
2. **النزاهة** Honesty : أي الصدق في التعامل وإعطاء المعلومات الممكنة دون مبالغة أو تحريف.
3. **الخبرة** Expertise : يجب أن يتصف العمل بالمهنية واحترام سلوكياتها ومعاييرها الفنية.
4. **الاستقلالية** Independence: يجب أن تتخذ المواقف باستقلالية وبعيداً عن توجهات تحاول التأثير في المواقف المطلوب الدفاع عنها.
5. **الولاء** Loyalty : الشعور المطلق بالانتماء للمنظمة والدفاع عن مصالحها.
6. **العدالة** Fairness: أي التعامل بمسؤولية مع المعلومات وعدم التشهير والتجريح مع وجوب التوازن في التعامل.

إن مجمل هذه الجوانب يفترض أن تشكل سلوكاً أخلاقياً تعززه المنظمة بممارسات فعلية لتحسين صورتها في المجتمع.

* إدارة الأزمة والعلاقات العامة

Public Relations and Crisis Management

تواجه منظمات الأعمال العديد من الأزمات مختلفة المنشأ، وتلعب العلاقات ووسائل الاتصال دوراً ضرورياً في التعامل مع الأزمة وتقليل الضرر الحاصل على المنظمة جراء الأزمة وتداعياتها. وإدارة الأزمة تعني العملية التي تتبناها المنظمة للاستجابة للأحداث الطارئة والصدمات والكوارث التي تواجه المنظمة.

*** إدارة الأزمة**
Crisis Management
العملية التي تتبناها المنظمة للاستجابة للأحداث الطارئة والصدمات والكوارث التي تواجه المنظمة.

وفي العادة فإن إدارة العلاقات العامة تشكل لجنة أو مجموعة من بين أعضائها والإدارات الأخرى إذا تطلب الأمر للتعامل مع الأزمة. وإن ما يثير اهتمام الإدارة هنا هو الدور الفعال للناطق الرسمي لهذه اللجنة والذي يعد حلقة وصل مع وسائل الإعلام الأخرى والفئات الأخرى، حيث أن هذا الدور يحتاج إلى دقة وحذر عند إطلاق التصريحات أو الإجابة عن استفسارات الصحافة. ورغم أن كل أزمة هي فريدة من نوعها ولكن يمكن تلخيص خصائص الأزمة بالآتي:

1. **المفاجأة Surprise** : حيث أن المنظمة لم تكن مستعدة أو جاهزة لمواجهة مثل هذا الحدث وبالتالي فإن الأمر يتطلب السرعة والتعامل بحذق مع الأزمة.

2. **نقص المعلومات Lack of Information** : على الرغم من كثرة المعلومات وتوفرها فإن ظهور الأزمات عادة ما يرافقه نقص كبير لمعرفة أسباب وتداعيات الأزمة وأن هذا الأمر يجبر الإدارة على التعامل بشكل سريع مع الأحداث مع نقص المعلومات.

3. **التصاعد المتدرج للأحداث Escalating Pace of Events** : حال بدء الأزمة فإ هناك سلسلة متتابعة من الأحداث تتزايد في عددها ودرجة تعقيدها مما يتطلب الأمر فرزها بشكل منطقي للتعامل مع الأحداث الحرجة.

4. **التفحص الدقيق للموقف Intense Security** : إن القرارات الصادرة خلال فترة الأزمة تكون عرضة للفحص الدقيق والتحليل العميق من قبل الصحافة ووسائل الإعلام الأخرى وإن التغذية الراجعة على هذه القرارات تأتي سريعة، كما أن القرارات تقيم بسرعة من قبل العديد من أصحاب المصالح والفئات التي ذكرناها سابقاً. إن هذه الجوانب تجعل من دور العلاقات العامة دوراً مهماً ومحورياً في معرفة ردود أفعال هذه الفئات على أسلوب التعامل مع الأزمة وربما اتخاذها مدخلاً مناسباً لمد جسور الثقة والعلاقات للعديد من أصحاب الفئات المشار إليها من خلال اتصال نزيه وشفاف وصادق.

ثانياً: إدارة الموارد المعلوماتية والمعرفية

Knowledge and Informational Resources Management

لقد تغيرت المفاهيم كثيراً في عصر الاقتصاد الرقمي والمعرفة، فبعد أن كانت المعلومات من بين موارد المنظمة أصبحت اليوم مع المعرفة من أهم بل أندر الموارد التي تمتلكها منظمات الأعمال، حيث أن الميزة التنافسية القائمة على المعرفة والمعلومات النادرة يمكن أن تكون ميزة تنافسية مستدامة ولا يمكن تقليدها. كما أن تطور تكنولوجيا المعلومات ساعد كثيراً في تنويع قاعدة الاستفادة منها من قبل مختلف الأنشطة والوظائف الإدارية الأخرى لتحسين عملية صناعة القرار وجعلها أكثر فاعلية.

* نظم المعلومات الإدارية Management Information Systems

إن امتلاك المنظمة لنظام معلومات متكامل يبين قدرة هذا النظام على تلبية استخدامات عديدة ومتنوعة مـن قبـل أفـراد ومجموعات وإدارات مختلفة في أسلوب اتخاذها للقرارات والأهداف التي تسعى إليها. إن هذا الأمر يعني أن نظام المعلومات في المنظمة أصبح معقداً باعتباره نظاماً يخدم مستويات إدارية مختلفة وإدارات وأقسام مختلفة وعمليات ومجموعات متعـددة. وإذا ما لاحظنا الهيكل التنظيمي فإننا نجد أن احتياجات المجاميع للقـرارات في إطار المسـتوى التنظيمي تتبـاين وكذلك تختلـف هـذه الاحتياجات في ظل مجالات الأنشطة المختلفة. وهذا يعني أن النظام ومتطلباته يجب أن يأخذ في الاعتبار هـذا التبـاين والاختـلاف في الاحتياجات كمـا يعــرض الشكل(22-2).

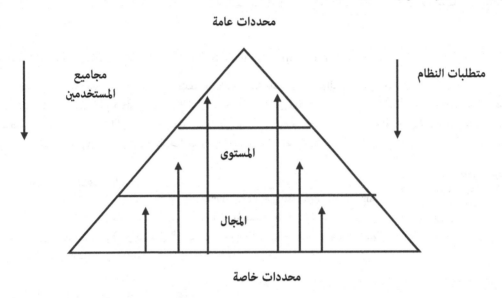

شكل (2-22): محددات احتياجات المنظمة من معالجة المعلومات

- مجاميع المستخدمين ومتطلبات النظام User Groups and System Requirements

بشـكل عـام يمكـن أن نجـد أربعـة مجاميع مـن المستخدمين لكـل مـنهم متطلباتـه الخاصـة، أولهـم العـاملون المعرفيـون Knowledge Workers وهم المتخصصون المهنيون العاملون في المنظمة في مجالات الهندسة والعلوم وتكنولوجيا المعلومـات وغيرهـا، ويستخدمون تكنولوجيا المعلومات لتصميم منتجات جديدة أو لتنفيذ العمليات بسياقات عمل جديدة. كذلك المـدراء في مختلـف المستويات الإدارية Managers at Different Levels تتباين احتياجاتهم للمعلومات بسبب تباين طبيعة المشاكل التي يتعاملون معهـا. فالإدارة العليا والإدارة الوسطى والإشرافية تختلف كل منها في درجة احتياجها للمعلومـات سـواء مـن ناحيـة تفصيلها أو كميتها أو نوعيتها أو غير ذلك من المؤشرات. فالإدارة الإشرافية تحتاج إلى معلومات تفصيلية يومية حول طبيعة العمل في مختلف الوظائف

والمشاريع التي تتابعها ويحتاج العاملون المعرفيون معلومات خاصة لإدارة وتنفيذ مشاريع تكنولوجية معينة. أما الإدارة الوسطى فإن حاجتها تتمثل بملخصات فيها تحليل يساعدها على وضع الأهداف للمدى المتوسط للأقسام والمشاريع الرئيسية وأخيراً فإن الإدارة العليا تقوم بتحليل واسع للاتجاهات الاقتصادية وبيئة الأعمال وأداء المنظمة الشامل وهذا يشكل خطة بعيدة الأمد للمنظة. أما الفئة الثالثة فهي احتياجات وظائف المنظمة الرئيسية Functional Areas حيث الإنتاج والعمليات والتسويق والموارد البشرية والمالية والمحاسبية، فلكل واحدة من هذه الإدارات احتياجاتها الخاصة من المعلومات التي تتخذ طابع معين وفق اعتبارات انفتاح النشاط على البيئة الخارجية أو عكس ذلك. ورابعاً، فإن اختلاف ترتيب وانسيابية النشاط في العمل له أثر كبير في حاجة العمل للمعلومات سواء من حيث التفصيل أو العمومية أو من حيث السرعة أو الجودة أو غيرها. فإذا ما أخذنا جميع هذه العوامل بنظر الاعتبار نجد أن نظام المعلومات في منظمات الأعمال اليوم أصبح متشعباً ويخدم احتياجات متباينة. إن التطور الحاصل في تكنولوجيا الاتصالات والحواسيب والمعرفة ساعد هو الآخر في زيادة قدرة هذا النظام لأن يستجيب لتلبية هذه الاحتياجات بشكل كفوء.

- أنظمة المعلومات حسب المستويات **Information Systems By Levels**

هناك نظم متعددة تقدم تطبيقات مختلفة لمختلف المستويات الإدارية والعاملين فيها خاصة وأن الأعمال الروتينية المتكررة والقرارات المهيكلة تلائمها نظم وتطبيقات خاصة لها، في حين أن العاملين المعرفيين يحتاجون إلى أنظمة تستطيع أن تلبي احتياجاتهم المتخصصة جداً باعتبار أن المشاكل التي يتعاملون معها هي مشاكل فنية متخصصة. وبالنسبة للإدارتين العليا والوسطى فإنها تحتاج إلى تطبيقات مرنة لمواجهة مشاكل تتسم بالاختلاف والتجديد. ويمكن تصنيف النظم كالآتي:

- **نظم معالجة الأعمال اليومية**

Transaction - Processing Systems (TPS)

وهي نظم تختص بمعالجة التبادلات اليومية في المنظمة مثال ذلك استلام وتأكيد الحجوزات في الخطوط الجوية أو تسجيل الصفقات التجارية اليومية وغيرها. وهي أعمال روتينية للمستوى الإشرافي في الإدارة.

*** نظام معالجة الأعمال اليومية TPS** هي نظم أو تطبيقات معالجة المعلومات الخاصة بالتبادلات والأعمال اليومية في المنظمة.

- **نظم للعاملين المعرفيين والتطبيقات المكتبية**

Knowledge Workers and Office Applications Systems

وهذه النظم تلبي احتياجات العاملين المعرفيين والعاملين في الوظائف الكتابية في المنظمة حيث معالجة المعلومات وتصميم وثائق الاتصالات بين الأقسام. وقسم نظم المعلومات مثله مثل بقية الأقسام يضم عاملين معرفين وعاملين متخصصين بمعالجة البيانات Data Workers. إن توسع نظم الدعم والمعالجة ساعدت في التصميم للمنتجات الجديدة ومحاكاة سير العمليات من خلال نماذج معقدة وكذلك ساهمة في تطوير النشر المكتبي الأمر الذي زاد من إنتاجية العاملين بشكل كبير في المكاتب الإدارية أو الفنية.

- **نظم لمنفذي العمليات ومدخلي البيانات System For Operations/ Data Workers**

إن العاملين في مجال التجهيزات الحاسوبية في المنظمة مـن ناحيـة إدخـال البيانـات أو اختيـار البرامج الصحيحة للتطبيـق ومراقبة ومتابعة كافة هذه البرامجيات، هم بحاجة إلى نظم معلوماتية خاصة بمتابعة تنفيذ هذه الأنشطة.

- **نظم المعلومات الإدارية Management Information Systems (MIS)**

تدعم هذه الـنظم الإدارة بالتقـارير اليوميـة والجدولـة والخطـط والموازنـات المعـدة بالحاسوب وتستفيد كل الأقسام والوحدات الإدارية من هذه النظم. ويعرض الشـكل (3-22) مفهوم نظام المعلومات الإدارية في إحدى المنظمات حيث يلبي احتياجات مختلـف الوظـائف المنظمية من جانب وكذلك المستويات الإدارية المختلفة.

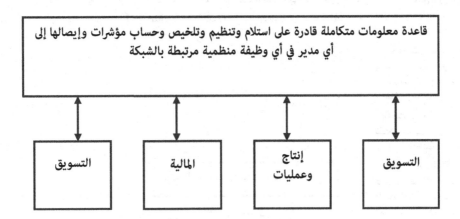

* **نظام المعلومات الإدارية**
MIS
نظام يدعم المدراء من خـلال التقـارير اليومية والجدولة والخطـط والموازنـات المعدة بالحاسوب.

شكل (3-22): المفهوم الأساسي لنظم المعلومات الإدارية

وأنظمة المعلومات اليوم أصبحت من الاتساع والتطور وتعدد التطبيقات بحيـث تجـد أن هنـاك مـا يسـمى نظـم مسـاندة القـرار Decision Support System (DSS) ونظـم دعـم المـدير Executive Support System (ESS) وكـذلك الـنظم الخبـرة والـذكاء الاصطناعي Artificial Intelligence and Expert Systems ، حيث تتباين أنواع الدعم المقدمة من هـذه الـنظم لـلإدارة، فهنـاك الـدعم الاستراتيجي والدعم الإداري والدعم التشغيلي والدعم المعرفي.

*** الإنترنت The Internet**

لعل أهم ثورة حصلت في تاريخ البشرية هي الشبكة العالميـة للإنترنـت وهـي شـبكة عملاقة من شبكات تخدم ملايين أجهزة الحاسوب وتقدم معلومات عن كل شيء وفي كل حقل علمي وتوفر اتصالات بين كافة بلدان العالم. وقد استفادت

منظمات الأعمال بشكل كبير جداً من خدمات هذه الشبكة بل إن جزءاً كبيراً من التجارة والأعمال أصبح يدار وينجز على هذه الشبكة. وقد تخصصت بعض الشركات بتقديم خدمات الإنترنت وتسمى مجهز خدمة الإنترنت Internet Service Provider وهي عبارة عن شركات تجارية تحتفظ باتصال دائمي مع الشبكة وتبيع الاتصالات المؤقتة للمشتركين. والشبكة العالمية الواسعة World Wild Web (www) هي عبارة عن نظام بمعايير مقبولة عالمياً لخزن وحفظ وسحب وتنسيق وعرض المعلومات. ولغرض تصفح المعلومات فإن المستخدم يلجأ إلى أحد المتصفحات العالمية المعروفة لاستخدامه في الدخول إل المواقع المختلفة والاستفادة من المعلومات المتاحة فيها وتسمى Web Browsers. وتلجأ منظمات الأعمال إلى إقامة شبكاتها الداخلية الخاصة لنقل وخزن والاستفادة من المعلومات وتسمى Intranet وهي تماثل الإنترنت لكن تعمل داخل حدود المنظمة فقط. وأيضاً قد تسمح المنظمة لبعض المستفيدين الخارجيين الاستفادة من شبكة الإنترانت الخاصة بها بناءً على توفر معايير معينة فيهم وفي هذه الحالة تكون هناك شبكة اكسترانت Extranet أي شبكة المنظمة الخارجية. ويمكن توضيح هذه الأفكار من خلال الشكل (4-22).

* **الإنترنت** Internet
شبكة اتصالات عملاقة تخدم ملايين أجهزة الحاسوب وتقدم معلومات عن كل شيء وفي كل حقل علمي وتوفر اتصالات بين كافة أنحاء العالم.

* **مجهز خدمة الإنترنت**
Internet Service Provider
شركة تجارية لها اتصال دائم بالشبكة العالمية وتتيح خدمة الاتصال المؤقتة للمشاركين.

* **الشبكة العالمية الواسعة**
World Wild Web (www)
نظام بمعايير عالمية متفق عليها لخزن وسحب وتنسيق وعرض المعلومات.

* **المتصفحات** Browsers
برامج تمكن المستخدم من الدخول إلى المواقع المختلفة على شبكة الإنترنت والاستفادة من المعلومات فيها.

* **إنترانت** Intranet
شبكة مماثلة للإنترنت لكنها تعمل داخل حدود منظمة الأعمال فقط.

* **اكسترانت** Extranet
شبكة اتصالات خاصة بإحدى المنظمات وتسمح لبعض الأطراف الخارجية بالدخول إلى الشبكة.

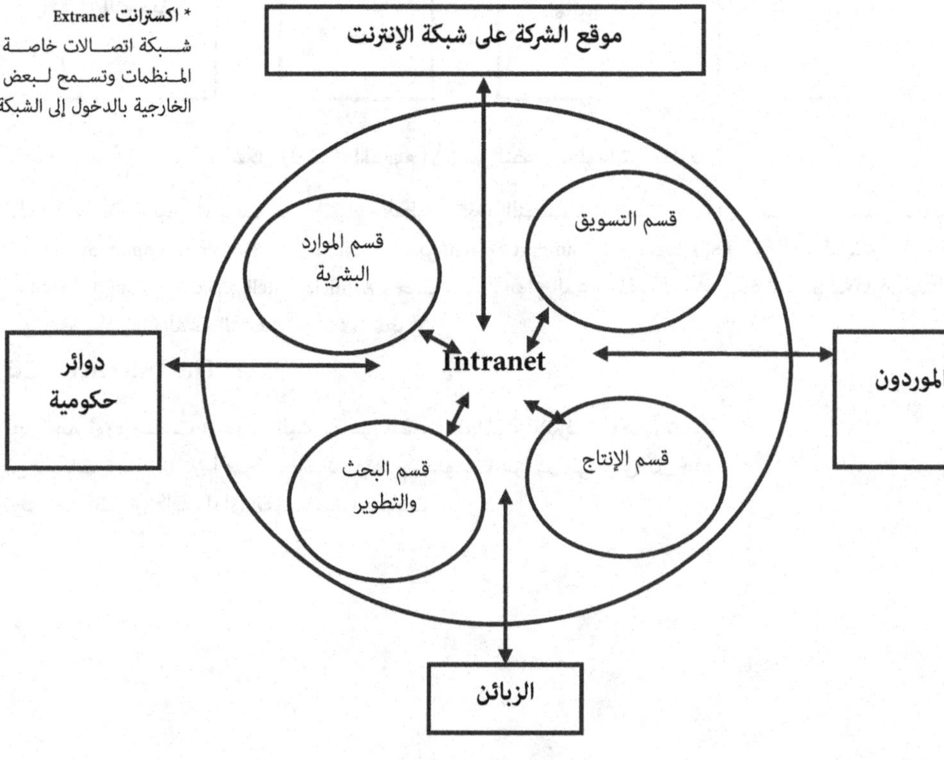

شكل (4-22): شبكة انترانت واكسترانت في منظمة الأعمال

* الأعمال الإلكترونية E-Business

يعتبر مفهوم الأعمال الإليكترونية مرافقاً لمفاهيم أخرى بشكل دائم وأن البعض يستخدمها بشكل مرادف. فهناك التجارة الإليكترونية e-Commerce والتي هي عبارة عن مجمل عمليات البيع والشراء التي تتم على شبكة الإنترنت. وتعتبر التجارة الإليكترونية استخداماً مكثفاً لتكنولوجيا المعلومات في ممارسة التجارة والأعمال من خلال شبكات الحاسوب التي تتضمن التبادل الإليكتروني للبيانات والبريد الإلكتروني والتطبيقات الأخرى للإنترنت. ويرى البضع أن التجارة الإلكترونية تعبر عن وجود سوق عالمي إليكتروني يتمكن من خلاله العاملون في حلقات الإنتاج والتسويق من التعامل الآني الفوري لمصالح شركاتهم المتبادلة. و رغم أن البعض يستخدم التجارة الإليكترونية مصطلحاً مرادفاً للأعمال الإليكترونية إلا أن الأمر لا يبدو كذلك حيث أن الأعمال الإليكترونية هي أوسع في مداها ونطاقها حيث تشمل الخدمات المقدمة للزبائن والتعاون مع شركات الأعمال كما أنها تهدف إلى سرعة السير باتجاه عولمة الاقتصاد فضلاً عن السعي لزيادة الإنتاجية والوصول إلى زبائن جدد وتقاسم المعرفة عبر المنظمات المختلفة لتحقيق ميزات تنافسية. وعلى هذا الأساس فإن الأعمال الإليكترونية أشمل من التجارة الإليكترونية، فهي عبارة عن جهد الأفراد المنظم لإنتاج وبيع - لغرض الربح - سلع وخدمات تشبع احتياجات المجتمع من خلال تسهيلات متاحة على شبكة الإنترنت. ويعطي البعض مدى أوسع للأعمال الإليكترونية باعتبارها استخدام الشبكات الإليكترونية وتكنولوجيا الويب في الأعمال. لقد ساعدت الأعمال الإليكترونية على الانتقال من المفاهيم القديمة في الأعمال إلى مفاهيم جديدة فمثلاً سلسلة القيمة وفق المنظور القديم كانت تقوم على أساس فحص الأنشطة واحداً تلو الآخر لمعرفة مدى قدرتها على إضافة قيمة للمنتج أو الخدمة في حين أن المنظور الجديد لسلسلة القيمة يتم بموجبه فحص السلسلة من خلال التداخلات والتأثير المتبادل بين الأنشطة مع بعضها البعض بشكل ثنائي أو جماعي للوصول إلى ما تضيفه هذه الأنشطة من قيمة حقيقية للمنتج سواء كان سلعة أو خدمة. إن الأعمال الإليكترونية والاتصالات سمحت بالقيام بمثل هذا العمل. كما أن الأعمال الإليكترونية لا يقتصر عملها على سلسلة التوريد بل يمكن أن يشمل كذلك إدارة علاقات الزبائن وإدارة العمليات الداخلية وإدارة سلسلة القيمة.

*** الأعمال الإليكترونية**
e- Business
جهد الأفراد المنظم لإنتاج وبيع سلع وخدمات بهدف الربح وإشباع احتياجات المجتمع من خلال تسهيلات متاحة على شبكة الإنترنت.

وتقـوم الأعـمال عـادة بـالجمع بـين المـوارد المختلفـة سـواء الماليـة أو البشرـية أو المعلوماتية أو المادية لغرض الإنتاج والبيع. ونفس الشيء يقال عن الأعمال الإليكترونيـة لكـن نجد هنا أن هناك تركيز على تكنولوجيا المعلومات وأجهزة الحاسوب وكما يوضح الشـكل (5-22).

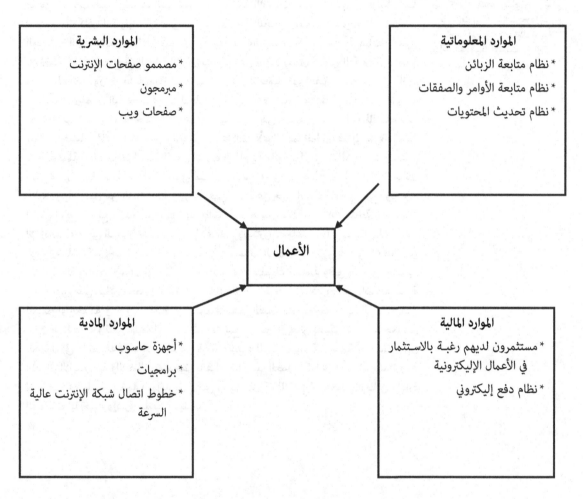

شكل (5-22): حشد الموارد في الأعمال الإليكترونية

- فوائد الأعمال الإليكترونية **e-Business Advantages**

تعطي الأعمال الإليكترونية العديد من المزايا لمن يمارسونها، وأول هذه الفوائد زيادة الإنتاجيـة للمسـتهلكين والعـاملين عـن طريق توفير الوقت والمال. كذلك فإنها تساعد في الدخول إلى المعلومات المتاحة على الشبكة من أي مكان في العالم. كما أنها يمكـن أن تعطي مرونة عالية للشركات وذلك بمساعدتها في خدمة أسواق صغيرة أحياناً والوصول إليها بسهولة. ومن المزايا المهمة أيضاً هي إمكانية عرض البضائع والخدمات على مدار الساعة في كل

مكان في العالم كما أنها لا تحتاج إلى ديكورات وأجور مياه وكهرباء أو عاملين كثيرين وأن الكثير من الأعمال الصغيرة صارت أعمال كبيرة أو حتى عملاقة على الإنترنت. وقد ساهمت الاعمال الإلكترونية في ظهور الكثير من الأعمال الأخرى التي لم تكن معروفة سابقاً كما أنها أسهمت في تنمية جيل جديد من رواد الأعمال. إن هذا النمط من الأعمال ساعد أيضاً في دعم الأعمال الصغيرة وساعد في تنشيط حالات الابتكار.

ثالثا: البحث والتطوير والإبداع

Research and Development & Innovation

تكاد لا تخلو منظمة من منظمات الأعمال من وحدة أو إدارة متخصصة بالبحث والتطوير حيث أن تطوير المنتجات الجديدة وإدخال الأساليب التنظيمية الجديدة صار واحداً من السمات الأساسية للأعمال اليوم. وصار من أهداف المنظمات إدخال منتجات أو عمليات جديدة أو تطوير ما هو موجود منها فعلاً.

* البحث والتطوير Research and Development

إن المقاييس التي تعتمد الآن في تقييم القدرات التنافسية للدول وقدراتها على الإتيان بما هو جديد على صعيد المنتجات أو العمليات تعتمد على مقدار ما تنفقه الدول على البحث والتطوير نسبة إلى ناتجها القومي الإجمالي. إن مفهوم البحث والتطوير يندرج في إطاره أنواعاً مختلفة من الأساليب العلمية التي تؤدي إلى خلق معرفة إضافية تساعد على خلق قيمة تؤدي إلى إيجاد منتجات وعمليات جديدة في منظمة الأعمال لذلك يعتبر البحث والتطوير هو الطريق المؤدي إلى الإبداع التكنولوجي في المنظمة. ويمكن التمييز بين أربعة عناصر رئيسية في البحث والتطوير وكما يلي:

1. **البحث الأساسي Basic Research**: وهي البحوث التي تهتم بالحقائق الأساسية والنظريات مثل نظرية Electromagnetics والميكانيك الكمي أو أي بحوث أخرى في مجالات المعرفة المتنوعة.
2. **البحوث التطبيقية Applied Research**: وهي البحوث الموجهة لحل مشاكل عملية تمول في العادة من الشركات الكبيرة وتهدف إلى إجراء تحسينات أو زيادة فعالية تطبيقات علمية معينة أو تنقية أو صقل الافكار الواردة من البحوث الأساسية.
3. **البحوث التطويرية Development Research** : وهي مجمل البحوث التي توجه إلى إيجاد حزم تكنولوجية لتحسين التصميمات أو العمليات بهدف زيادة قابلية تسويق المنتجات أو تسهيل عملية إنتاجها.
4. **البحوث المساعدة Supporting Research** : وتسمى بحوث تحسين المنتج وتهدف إلى إجراء تحسينات في وسائل وأدوات العمل التي تستخدم في الانماط الثلاثة المشار إليها أعلاه. ولا بد من الإشارة هنا للدور الفعال للإنترنت في دعم وتراكم المعرفة والمساعدة في تنمية البحث والتطوير في منظمات الأعمال ومراكز البحث العلمي والجامعات. وتشير بعض الدراسات إلى أن ما يقارب 95% من الباحثين والمهندسين يستخدمون الإنترنت في تصميم وتطوير أعمالهم وهذا يؤدي إلى ما يسمى الإبداع الافتراضي Virtual Innovation والذي يشار إليه أحياناً Cyber Innovation، كذلك يلاحظ الانتقال إلى

مرحلة e-R&D وهي مرحلة متقدمة في مجال البحث والتطوير تلائم مرحلة الاقتصاد الرقمي أو الاقتصاد المعرفي. إن ما تقدم يشير إلى أن للبحث والتطوير دوراً مهماً في تنمية وترصين الإبداع التكنولوجي ويمكن توضيح هذه العلاقة بالمخطط التالي:

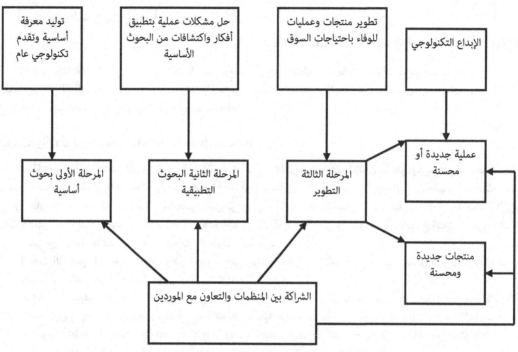

شكل (6-22): العلاقة بين البحث والتطوير والإبداع لتكنولوجي

- تفعيل نشاط البحث والتطوير في منظمة الأعمال

R & D Activation in the Organization

بما أن نشاط البحث والتطوير ذو مردود مادي وفائدة كبيرة لمنظمات الأعمال فقد أصبحت منظمات الأعمال تتبارى في الإنفاق على هذا النشاط خاصة وأن هناك علاقة بين هذا الإنفاق وعدد براءات الاختراع المسجلة لصالح منظمات الأعمال. فعلى سبيل المثال سجلت بعض الشركات الكبرى والتي تتميز بانفاقها الكبير على البحث والتطوير تزايداً في عدد براءات الاختراع المسجلة من قبلها كما توضح ذلك الإحصائية أدناه حول بعض الشركات الأمريكية في عام 2002:

الشركة	عدد براءات الاختراع
IBM	3288
Canon	1893
Micron	1833
NEC	1821
Hitachi	1602

ورغم أن منظمات الأعمال في الدول النامية ما تزال في بداية الطريق في الإنفاق على هذه الأنشطة حيث لم تشهد بيئة الأعمال تفعيلاً لأنشطة التبادل العلمي وتطوير البحث باعتبارها القاعدة الأساسية لنشاط البحث والتطوير والإبداع في المنظمات.

714

ويمكن أن تشكل الخطوات التالية مدخلاً ملائماً لتنمية أنشطة البحث والتطوير والإبداع التكنولوجي للمنظمات في منطقتنا وكالآتي:

1. الاهتمام بالتوعية في مجال البحث والتطوير والإبداع التكنولوجي واعتمادها كاستراتيجية منافسة ملائمة للمنظمات.
2. خلق مناخ يساعد على تطوير الإبداع في المنظمة ودعم المبادرات والمشاريع الابتكارية والبحوث التطبيقية التي تساهم في تعزيز قدرة المنظمة.
3. التوسع في عمليات ربط الجامعات ومراكز البحوث بالمنظمات الصناعية والتواصل الدائم معها.
4. البدء بتكوين وحدات البحث والتطوير ودعمها مالياً وإدارياً وبالمتخصصين وإتاحة المجال لها للاطلاع على ما يجري من تطوير بحوث في الحقل لصناعي في الشركات العالمية وتحفيز ما يسمى بالتنبؤ التكنولوجي.
5. استخدام تجارب رائدة في نقل وتوطين التكنولوجيا في شركات صناعية مرموقة كدليل وقاعدة لتقليدها من قبل المنظمات.
6. الاستفادة القصوى مما تتيحه الإنترنت كوسيلة من وسائل التراكم المعرفي والتطوير العلمي وعدم الاقتصار على الاستخدام البسيط لها في مجالات الاتصال والممارسات اليومية.
7. حث الشركات الصناعية على دعم مشاريع البحوث التطبيقية وخاصة البحوث التي يجريها الباحثون وأساتذة الجامعات وطلبة الدراسات العليا وخاصة تلك البحوث التي تنعكس بفائدة على هذه الشركات الصناعية.

* الإبداع التكنولوجي Technological Innovation

لقد سبق وأن أشرنا إلى الإبداع التكنولوجي في فقرات سابقة في الفصول المتقدمة، وهنا نؤكد على أن الإبداع التكنولوجي هو تحديث وإضافة بأصالة في منتج معين أو عمليات محددة لذلك فهو يعتبر تطوير أو تحسين لمنتج موجود أو إطلاق منتج جديد للسوق وكذلك تطوير وابتكار عملية جديدة أو تحسين عملية موجودة أصلاً. وإجمالاً يمكن أن نحدد الإبداع التكنولوجي بالآتي:

1. منتج جديد تماماً يدخل السوق New Product
2. تحسين منتج موجود في السوق Product Improvement
3. عملية جديدة تماماً New Process
4. تحسين عملية موجودة Process Improvement
5. خدمات Services

- دوافع الإبداع التكنولوجي وأهميته

Motives and Importance of Technological Innovation

تتحمل منظمات الأعمال مخاطر وهي تقدم على الإنفاق في أنشطة الإبداع التكنولوجي. ورغم أن لكل منظمة أسبابها ومبرراتها إلا أنه بشكل عام يمكن إجمال هذه الأسباب بالآتي:

1. **المنافسة الحادة في السوق:** حيث أصبحت بيئة أعمال المنظمة ديناميكية ولا يمر يوم دون أن تكون هناك تغيرات لذلك أصبح لزاماً على المنظمات اللجوء إلى الإبداع وتحمل مخاطره من أجل الحفاظ على الحصة السوقية.
2. **الثورة العلمية:** فقد اصبحت الفترة بين التوصل إلى النتائج والاكتشافات وتجسيدها بمنتجات مادية قصيرة جداً وهذا يعني أن هناك تطبيق فوري لنتائج البحوث والاكتشافات. وقد شجع هذا الأمر على تطوير الأبحاث والإكثار من التعاقدات مع مراكز البحوث والجامعات بل أقامت الشركات مختبراتها الخاصة للتطوير.
3. **إمكانية الإنتاج بحجوم كبيرة:** وهذا يعني أن كمية الأرباح المتولدة ستكون أكبر بسبب انخفاض بالتكاليف وإمكانية البيع بأسعار تنافسية.
4. **أزمة الطاقة:** وبسبب هذا الحدث فقد طورت كثير من المنظمات منتجات كثيرة خصوصاً في الصناعات الكهربائية والميكانيكية والطاقة وغيرها. وتؤشر هذه الحالة ازدياد الحاجة للبحث والإبداع التكنولوجي لغرض إيجاد حلول للمشاكل المترتبة على تلك الأزمات.
5. **التسهيلات والمساعدات الحكومية:** خاصة تلك التي تقدم لدعم عمليات الإبداع التكنولوجي سواء كانت مساعدات فنية أو مالية.
6. **تكنولوجيا المعلومات:** إن التطور الهائل في تكنولوجيا المعلومات انعكس إيجاباً على أنشطة الإبداع والتطوير حيث يساهم الإنترنت اليوم في تقديم خدمات في مجال التصاميم والتحسين وغيرها في مختلف الشركات.

أسئلة الفصل الثاني والعشرون

* أسئلة عامة

1. استعرض مفهوم العلاقات العامة وتطوره.

2. ما هي الأطراف التي تتعامل معها إدارة العلاقات العامة؟

3. حدد أهم أنشطة العلاقات العامة في منظمة الأعمال.

4. ما هي السلوكيات التي تمثل مهنة العلاقات العامة؟

5. وضح أهم خصائص الأزمة؟ وما معنى مصطلح إدارة الأزمة؟

6. حدد أهمية نظم المعلومات الإدارية في منظمة الأعمال ومن هي الجهات التي تحتاج إلى نظم المعلومات.

7. ما الفرق بين الإنترنت والإنترانت والإكسترانت؟

8. وضح معنى الأعمال الإلكترونية وكيف يختلف عن التجارة الإلكترونية.

9. ما هي أنواع أو عناصر البحث والتطوير؟

10. ما هي الأسباب التي تدفع منظمات الأعمال للإنفاق على الإبداع التكنولوجي؟

** أسئلة الرأي والتفكير

1. بصفتك مستفيداً من الجامعة التي تدرس فيها، ما هي انطباعاتك ورأيك في نشاط العلاقات العامة وكيف تتحسسه وما هي مقترحاتك لتطويره؟

2. من خلال تعايشك اليومي في المجتمع، تحصل العديد من الأزمات سواء ما كان منها سياسياً أو اقتصادياً أو اجتماعياً، اذكر بعض هذه الأزمات ووضح كيف يتم التعامل معها وأعط تقييماً لذلك.

3. كيف تقيم نظام التسجيل في الجامعة التي أنت فيها من خلال ملاحظاتك وتعاملك وتفاعلك المباشر مع قسم أو وحدة التسجيل.

4. حاول أن تدخل إلى بعض مواقع الشركات الكبيرة وتحصل على إحصاءات تخص حجم الإنفاق على البحث والتطوير فيها.

5. حاول أن تقوم بزيارة ميدانية لإحدى الشركات الصناعية (الأدوية مثلاً) واكتب تقريراً مبسطاً عن نشاط وحدة البحث والتطوير في الشركة.

*** أسئلة الخيارات المتعددة

1. واحد من التصنيفات التالية لا يعتبر من تصنيفات فئات أصحاب المصالح:

   A. داخلية وخارجية   B. أساسية وثانوية

   C. عامة وخاصة   D. حليفة ومعارضة

2. جميع الآتي يمثل أصحاب مصالح خارجيون عدا:

   A. المجهزون   B. الزبائن

   C. غرف التجارة والصناعة   D. العاملون

3. إن الشعور المطلق بالانتماء للمنظمة والدفاع عن مصالحها يمثل:

   A. النزاهة   B. الولاء   C. العدالة   D. الاستقلالية

4. إن العملية التي تتبناها المنظمة للاستجابة للأحداث الطارئة والصدمات والكوارث هي:

   A. إدارة الأزمات   B. المفاجأة

   C. نظم المعلومات الإدارية   D. أنشطة العلاقات العامة

5. إن الدفاع عن مصالح المنظمة وعدم إفشاء أسرارها هو:

   A. النزاهة   B. الولاء   C. لدفاع والمحاماة   D. الاستقلالية

6. إن العاملين المعرفيين في المنظمة هم:

   A. المتخصصون والمهنيون   B. جميع العاملين في المنظمة

   C. الإداريون   D. وظائف المنظمة

7. يرمز لنظم مساندة القرار بالآتي:

   A. ESS   B. DSS   C. SDS   D. SES

8. إن الشبكة المماثلة للإنترنت والتي تعمل داخل منظمة الأعمال تسمى:

   A. انترانت   B. اكسترانت   C. انترنت   D. Web Site

9. إن نظام الدفع الإلكتروني يعتبر حشداً للموارد ضمن :

   A. الموارد البشرية   B. الموارد المعلوماتية

   C. الموارد المالية   D. الموارد المادية

10. إن البحوث التي تهتم بحل المشاكل العملية وزيادة فاعلية العمل هي:

A. بحوث أساسية   B. بحوث تطبيقية

C. بحوث تطويرية   D. بحوث مساعدة

11. جميع الآتي يمثل خطوات عملية باتجاه تنمية أنشطة البحث والتطوير عدا:

A- الاهتمام بالتوعية في مجال البحث والتطوير

B- الاهتمام بدعم مشاريع البحوث الأساسية فقط

C- تكوين وحدات البحث والتطوير ودعمها مالياً

D- الاستفادة القصوى من الإنترنت

12. جميع الأسباب والمبررات التالية تشكل دافعاً للإنفاق على أنشطة الإبداع عدا:

A. المنافسة الحادة في السوق   B. الإنتاج بحجوم صغيرة

C. الثورة العلمية   D. التسهيلات والمساعدات الحكومية

13. الآتي أهم خصائص الأزمة عدا:

A. المفاجأة   B. كثرة المعلومات

C. التصاعد المتدرج للأحداث   D. التفحص الدقيق للموقف

14. في إطار الاحتياج لأنظمة المعلومات الإدارية فإن مستوى الإدارة العليا في المنظمة يحتاج:

A. معلومات تفصيلية ودقيقة   B. خلاصات مركزة

C. معلومات عامة واسعة   D. بيانات

15. إن النظم وتطبيقات معالجات المعلومات الخاصة بالتبادلات والأعمال اليومية تسمى:

A. TPS   B. MIS   C. WWW   D. ISP

مصادر الباب السادس

* المصادر العربية :

1. أبو شيخة، نادر، "إدارة الموارد البشرية"، دار صفاء للنشر، عمان، 2001.

2. أبو فارة، يوسف، "استراتيجية التجارة الإليكترونية"، جامعة الخليل، الخليل، 2002.

3. أبو فارة، يوسف، "التسويق الإليكتروني"، دار وائل للنشر، عمان، 2004.

4. أبو قحف، عبد السلام، "التسويق وجهة نظر معاصرة"، كلية التجارة، جامعة بيروت العربية، لبنان، 2001.

5. برنوطي، سعاد، "إدارة الموارد البشرية"، دار وائل، عمان، 2001.

6. البكري، ثامر ياسر، "التسويق والمسؤولية الاجتماعية"، دار وائل لنشر، عمان، 2001.

7. البكري، سونيا محمد، "إدارة الإنتاج والعمليات: مدخل النظم"، الدار الجامعية الاسكندرية، 2001.

8. التميمي، حسين عبدالله، "إدارة الإنتاج والعمليات"، دار الثقافة، عمان، 1997.

9. جودة، محفوظ أحمد، "العلاقات العامة: مفاهيم وممارسات"، دار زهران للنشر، عمان، 1999.

10. ديسلر، جاري، "إدارة الموارد البشرية"، ترجمة محمد سيد أحمد وعبد المحسن عبد المحسن، دار المريخ، الرياض، 2003.

11. سويدان، نظام موسى وشفيق إبراهيم حداد، "التسويق: مفاهيم معاصرة"، دار الحامد للنشر، عمان، 2003.

12. شريف، علي، "إدارة المشتريات والمخازن"، الدار الجامعية للنشر، بيروت، 1986.

13. الشماع، خليل محمد حسن، "الإدارة المالية"، مطبعة الزهراء، بغداد، 1975.

14. الصياح، عبد الستار وسعود جايد العامري، "الإدارة المالية: أطر نظرية وحالات عملية"، دار وائل للنشر، عمان، 2003.

15. العامري، صالح مهدي، "الإبداع التكنولوجي: دراسة مرجعية"، التعاون الصناعي، العدد 96، يوليو، 2004.

16. العامري، صالح مهدي، "التجارة الإليكترونية: عنصر أساسي في اقتصاد المعرفة"، المجلة الدولية للعلوم الإدارية، العدد 4، 2002.

17. عبيد، عاطف محمد، "الإدارة المالية"، مطابع الشروق، القاهرة، 1978.

18. عبيدات محمد إبراهيم، "سلوك المستهلك: مدخل استراتيجي"، دار وائل للنشر، عمان، 2003.

19. عبيدات، سليمان خالد، "إدارة العمليات والإنتاج"، مركز طارق للخدمات الجامعية، عمان، 1999.

20. عبيدات، محمد إبراهيم، "التسويق الاجتماعي: الأخضر البيئي"، دار وائل للنشر، عمان، 2004.

21. العلاق، بشير وحميد الطائي، "تسويق الخدمات"، دار زهران، عمان، 2001.

22. علوان، قاسم نايف، "إدارة الجودة الشاملة والآيزو 9000"، دار الثقافة، عمان، 2004.

23. علوان، قاسم نايف، "إدارة الجودة في الخدمات"، دار الثقافة، عمان، 2006.

24. العلي، عبد الستار محمد، "إدارة الإنتاج والعمليات"، الطبعة الثانية، دار وائل للنشر، عمان، 2006.

25. العلي، عبد الستار محمد، "الإدارة الحديثة للمخازن والمشتريات"، دار وائل للنشر، عمان، 2001.

26. الغالبي، طاهر محسن وأحمد شاكر العسكري، "الإعلان : مدخل تطبيقي"، دار وائل للنشر، عمان، 2003.

27. الغدير، حمد ورشاد الساعد، "سلوك المستهلك: مدخل متكامل"، دار زهران، عمان، 1996.

28. قنديل، أماني، "تنمية الموارد البشرية والقدرات التنظيمية للمنظمات العربية"، وقائع مؤتمر التنظيمات الأهلية العربية، المنظمة العربية للتنمية الإدارية، 1997.

29. محسن، عبد الكريم وصباح النجار، "إدارة الإنتاج والعمليات"، مكتبة الذاكرة، بغداد، 2004.

30. محمد، يونس خان وهاشم صالح غرايبة، "الإدارة المالية"، مركز الكتاب الأردني، عمان، 1995.

31. مطر، محمد، "الاتجاهات الحديثة في التحليل المالي والائتماني"، دار وائل للنشر، عمان، 2003.

32. مطر، محمد، "التحليل المالي والائتماني"، دار وائل للنشر، عمان، 2000.

33. معلا، ناجي ورائف توفيق، "أصول التسويق: مدخل استراتيجي"، مركز طارق للخدمات الجامعية، عمان، 1998.

34. نجم، عبود نجم، "إدارة العمليات: النظم والأساليب والاتجاهات الحديثة"، مركز البحوث، معهد الإدارة العامة، الرياض، 2001.

35. الهيتي، خالد، "إدارة الموارد البشرية: مدخل استراتيجي"، دار وائل للنشر، عمان، 2003.

36. ياسين، سعد غالب، "الإدارة الإليكترونية"، معهد الإدارة العامة، الرياض، 2004.

* المصادر الأجنبية:

37. Chase, Richard B. et. al., "Operations Management For Competitive Advantage", 10th Edition, Irwin, Boston, 2004.

38. Ferrell, O.C and Geoffrey Hirt, "Business: A Changing World", McGraw-Hill, New York, 2003.

39. Fitzsimmons, James A and Mona Fitzsimmons, "Service Management", 4th Edition, McGraw-Hill/Irwin, Boston, 2004.

40. Griffin, Ricky W. and Ronald J. Ebert, "Business", 8th Edition, Pearson Prentice-Hall, New Jersey, 2006.

41. Heizer, Jay and Barry Bender, "Operations Management', 7th Edition, Prentice-Hall, New Jersey, 2004.

42. Keegan, Warren J. and Mark C.Green, "Global Marketing", 3rd Edition, Prentice-Hall, New Jersey, 2003.

43. Krajewski, Lee J. and Larry Ritzman, "Operations Management: Processes and Value Chains", 7th Edition, Pearson Prentice Hall, New Jersey , 2005.

44. Noe, Raymond A. el al., "Fundamentals of Human Resources Management", Irwin, New York, 2004.

45. Phillip Kotler et.al, "Principles of Marketing", Prentice-Hall, New York, 2002.

46. Phillip Kotler, "Marketing Management", 11th Edition, Prentice-Hall New Jersey, 2003.

47. Pride, William M.et.al., "Business", 8th Edition, Houghton Mifflin Co., Boston, 2005.

48. Ross, Stephen A. et.al, "Essentials of Corporate Finance", 4th Edition, Irwin, Boston, 2004.

49. Wendell L. French, "Human Resources Management", 5th Edition, Houghton Mifflin Co., Boston, 2003.

50. Wild, John J.et.al, "Financial Statement Analysis", 7th Edition, McGraw-Hill, Boston, 2001.

ملحق حلول أسئلة الخيارات المتعددة

رقم السؤال

20	19	18	17	16	15	14	13	12	11	10	9	8	7	6	5	4	3	2	1	الفصل
					C	A	C	A	A	C	A	C	C	D	D	B	A	C	C	الأول
A	B	A	B	C	B	D	C	B	A	B	D	C	C	A	C	C	D	D	B	الثاني
					A	D	B	C	C	C	B	C	C	C	C	D	C	B	C	الثالث
					C	D	C	C	B	C	D	D	B	C	C	A	C	C	A	الرابع
					D	C	C	B	C	C	B	C	C	C	C	C	A	C	D	الخامس
					D	B	D	C	D	B	C	C	C	C	D	C	D	D	B	السادس
					A	D	C	B	D	A	C	C	B	B	C	C	D	A	C	السابع
					B	C	C	C	C	A	B	B	A	B	C	C	B	D	D	الثامن
					A	B	B	C	A	C	C	B	A	C	A	C	B	B	B	التاسع
					D	C	C	C	B	A	D	B	A	D	C	A	D	C	D	العاشر
					D	B	C	D	B	B	D	C	D	A	B	D	D	A	B	ملحق العاشر
					C	C	C	B	A	C	D	C	B	B	B	B	C	B	D	الحادي عشر
					C	B	B	A	D	B	D	C	C	A	A	A	D	C	B	الثاني عشر
					D	D	C	D	A	C	C	D	B	B	A	C	D	C	A	الثالث عشر
					C	D	C	A	A	A	A	D	C	B	C	A	C	D	D	الرابع عشر
					D	B	D	C	A	B	D	C	B	C	D	D	D	B	C	الخامس عشر
					D	A	B	D	B	D	A	A	B	D	B	C	D	D	C	السادس عشر
					B	A	C	A	D	B	D	C	B	C	D	A	C	B	B	السابع عشر
					B	B	A	C	D	A	A	B	D	A	D	D	B	C	C	الثامن عشر
					A	C	D	D	C	D	D	B	A	C	D	A	D	B	B	التاسع عشر
					C	D	B	B	C	B	A	D	A	D	A	D	B	D	C	العشرون
					D	C	A	D	B	C	D	A	A	D	C	A	C	C	B	الحادي والعشرون
					A	C	B	B	B	B	B	C	B	A	C	A	B	D	C	الثاني والعشرون

Printed in the United States
By Bookmasters